怪話秋

编委会

主 任 关爱和　刘增杰

委 员（以姓氏笔画为序）

马小泉　白春超
关爱和　任　光
刘增杰　刘进才
刘　涛　刘小敏
朱秀梅　张云鹏
张先飞　李国平
李　敏　沈红芳
杨萌芽　杨站军
孟庆澍　侯运华
胡全章　郝魁峰
高恒文　袁喜生
解志熙　靳宇峰

总校阅 任　光

任访秋文集 ④

近代文学研究 上

河南大学出版社
·郑州·

图书在版编目(CIP)数据

任访秋文集.近代文学研究/任访秋著.—郑州:河南大学出版社,2013.7(2018.6重印)
ISBN 978-7-5649-1289-5

Ⅰ.①任… Ⅱ.①任… Ⅲ.①任访秋(1909~2000)-文集 ②中国文学-近代文学-文学研究 Ⅳ.①I217.2

中国版本图书馆CIP数据核字(2013)第158558号

责任编辑	程新晓 苗卉
责任校对	吴红霞 赵明明
封面设计	翟淼淼

出 版	河南大学出版社
	地址:郑州市郑东新区商务外环中华大厦2401号 邮编:450046
	电话:0371—86059701(营销部) 网址:www.hupress.com
排 版	河南新华印刷集团有限公司
印 刷	河南瑞之光印刷股份有限公司
版 次	2013年7月第1版 印 次 2018年6月第3次印刷
开 本	710mm×1000mm 1/16 印 张 45.75
字 数	616千字 插 页 2
定 价	(全二册)175.00元

(本书如有印装质量问题,请与河南大学出版社营销部联系调换)

1985年夏天摄于家中

1996年与长子任光同范泉先生（《中国近代文学大系》总编审）摄于家中

出 版 说 明

本编收录了作者有关近代文学研究的四部论著。其中《中国近代文学简论》(原名《中国近代文学史话》)由《文学知识》1984年第5至6期及1985年第2至5期连载;《中国近代文学作家论》1984年由河南人民出版社印行;《中国新文学渊源》1986年由河南人民出版社印行;《中国近现代文学研究论集》1992年由河南人民出版社作为"中国近现代文学研究丛书"之一印行。

此次整理出版一并以简体字排印,参考了作者当时的勘误记录,只对其中明显的文字错误作了改正。

凡　　例

一、《任访秋文集》收入作者1920年代末以来的作品，包括专著、论文、序跋、回忆性散文、日记以及部分未刊稿。文集大致按内容分为七编，分别是古代文学研究、近代文学研究、现代文学研究、鲁迅研究、未刊著作三种、集外集和日记。

二、已经发表和出版的作品，以初次发表的报刊和初版本为依据收录，首次出版的日记及未刊稿，均按原件收录，除明显错误外，原则上不做任何改动。每编之首加《出版说明》对该编著作的发表情况、版本沿革等问题作必要交代。

三、文集各卷所收著作，除个别技术处理外，根据不同情况，分别按内容性质或出版时间先后排序；未经结集的文章，以发表或写作时间先后排序。

四、原文中读之疑似不通，或疑有误而不知所误为何者，一仍其旧，不作改动，加注释说明；原文偶有印刷缺漏，不妄自以意添增，加注释说明；个别字迹不可辨识的，用□标识。

五、编制《任访秋先生生平著作系年》、《任访秋先生著作分类目录》作为附编置于末卷。

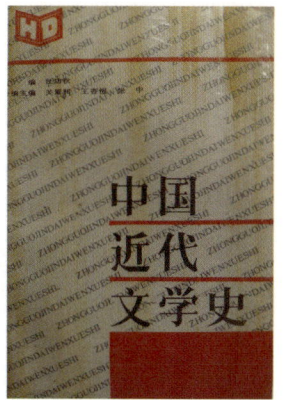 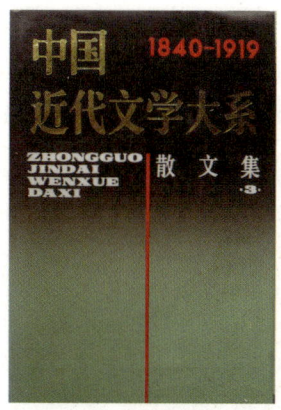

任访秋主编的《中国近代文学大系·散文集》和《中国近代文学史》

任访秋的这两部著作在中国近代文学研究中占有重要地位

目 录

中国近代文学简论

第一章 性质、分期、各个流派的文学观 …………（3）
第二章 中国近代诗歌与散文（上）………………（15）
第三章 中国近代诗歌与散文（下）………………（25）
第四章 中国近代的小说 ……………………………（37）

中国近代文学作家论

龚自珍 ……………………………………………（51）
魏源 ………………………………………………（71）
黄遵宪 ……………………………………………（85）
严复 ………………………………………………（98）
康有为 ……………………………………………（118）
谭嗣同 ……………………………………………（136）
梁启超 ……………………………………………（158）
章炳麟 ……………………………………………（173）
刘师培 ……………………………………………（193）
苏曼殊 ……………………………………………（215）
林纾 ………………………………………………（227）

王国维…………………………………………………………（241）
吴沃尧…………………………………………………………（260）
李伯元…………………………………………………………（271）
曾朴和他的《孽海花》………………………………………（280）
刘鹗及其《老残游记》………………………………………（288）
附录
胡适……………………………………………………………（299）
钱玄同…………………………………………………………（316）
晚清文学思潮的流派及其论争………………………………（331）
后记……………………………………………………………（349）

中国新文学渊源

一、李贽与晚明思想解放及文学革新运动 …………………（359）
二、十七世纪初中国文学革新运动的倡导者——袁中郎 …（373）
三、晚明的文化革新运动与中国十七、十八世纪的文学……（401）
四、清代朴学家的反理学思想与先进的文学观 ……………（426）
五、清代桐城派的兴起、发展与衰竭…………………………（441）
六、晚清西学输入与中国近代文学的发展 …………………（469）
七、晚清的"排荀"、"批孔"与"五四"思想革命 ……………（502）
八、晚清文学革新与"五四"文学革命…………………………（521）
九、结束语………………………………………………………（533）

中国近现代文学研究论集

中国近代散文各种流派作家作品的不同风貌 ………………（541）
关于近代文学史的断限与分期问题…………………………（556）
清代朴学家的反理学思想与进步的文学观…………………（564）
清代桐城派的兴起、发展与衰歇………………………………（579）
晚清西学输入与中国近代文学的发展 ………………………（607）
晚清的"排荀"、"批孔"与"五四"思想革命 …………………（640）

晚清文学革新与"五四"文学革命 …………………………（659）
试论晚清第二次文学运动（存目） ……………………（671）
孔学评议的今昔观………………………………………（671）
龚自珍与晚清诗坛………………………………………（684）
从文学流派上看文学研究会与中国现代文学…………（698）
简论从批孔到尊孔的章太炎……………………………（713）
鲁迅论中西文化（存目）…………………………………（721）
鲁迅与龚自珍（存目）……………………………………（721）
鲁迅与晚清几个作家
　　——严复、梁启超、章太炎（存目）………………（721）
鲁迅与周作人（存目）……………………………………（721）
鲁迅与胡适（存目）………………………………………（722）

中国近代文学简论

第一章 性质、分期、各个流派的文学观

（一）

就中国历史发展来看，从 1840 年到 1919 年，这近八十年间，国际帝国主义打进了中国的大门，它们用武装威胁，迫使清政府同他们订立了一系列的丧权辱国的不平等条约，于是在经济、政治、文化等各个方面，进行着掠夺、压迫与腐蚀渗透，使中国封建经济破产，政权受到破坏，一步步沦为半封建半殖民地的社会。

中华民族是有着悠久的文明史的，是勤劳、勇敢、富于反抗精神的民族，是不甘心受压迫与奴役的，于是不断地爆发了一次又一次的农民起义，进行反抗帝国主义、推翻封建统治的革命斗争，而这就成为后来资产阶级革命派发动旧民主主义革命的先驱。到最后，在旧民主主义革命的洪流中，终于摧垮了清王朝历时二百六十余年的封建统治，结束了两千余年的封建专制制度。

文学是时代精神面貌的反映，所以这八十年间的中国近代文学，也就有它独自的特点，这就是反封反帝文学是这个时期中国文学的主流。相反的，卫护封建主义，或屈服于帝国主义压力的文学，则为这个时期的逆流。中国近代史既是在尖锐的阶级斗争与民族斗争中发展的历史，那么反映时代精神的文学，也必然是在意识形态领域里经过阶级斗争与民族斗争发展壮大起来的。所以这一时期的文学，

是新兴的资产阶级、工人阶级、小资产阶级和广大的农民阶级,向封建地主阶级以及帝国主义进行殊死的斗争在意识形态里的反映。我们必须把握着这一点,才能理解这个时期文学发展的脉络与线索,同时才能正确地评价这一时期的文学,哪些是革命的、进步的,是代表人民的意愿,表达人民的思想感情;而哪些是落后的、反动的,是代表封建阶级与帝国主义的利益的。否则,不根据时代的动向、分不清文学的主流与逆流,而单纯地从艺术上评价其优劣,这不是广大人民所需要的文学史。

(二)

关于近代文学的分期,有人认为应以这个时期政治上的大事件,作为分期的标准。也有人主张应以文学本身的发展情况作标准。我觉得二者讲的,都有一定的道理,从前一说来看,文学是社会生活的反映,文学不可能不受历史上的大事件的制约与影响。从后一说来看,文学本身,在发展上也有其相对的独立性。对时代生活的反映,有时并不那样及时。而历史上的大事件反映到文学作品中,往往在数年或数十年之后。因此我认为在分期上,二者都应当予以考虑,这样去分期,才能比较切合实际。

就我个人的看法,近代文学从1840年到1919年这八十年间,可以分作三个时期。

一、1840到1894,这是第一时期。这五十多年中,政治上经历了鸦片战争,二次鸦片战争,中法战争,特别是太平军的起义运动,中间革命与反革命的激烈斗争近二十年之久。由于太平军战略上的失误与内部的分裂,致使清王朝的反动势力与帝国主义勾结在一起,进行镇压,其结果遭到了失败。从此清王朝政权暂时得到了稳定。这时洋务运动在曾、李大军阀大官僚的提倡下,一时成为时代的风尚。而反映到意识形态领域中,在思想上提出了"中学为体,西学为用"论,于是一向为巩固封建统治服务的程朱理学,一时又大大地兴旺起来。

而在文学上复古之风,亦应时而生。诗歌上的宋诗运动,散文上的桐城、阳湖的古文运动又盛极一时。尤其在小说上,过去从《水浒》、《儒林外史》、《红楼梦》具有进步思想,而采用现实主义创作方法,反映人民群众的思想情感的市民文学,在残酷的清王朝文化政策的打击下,消沉绝响了,诗歌在嘉、道时期,龚自珍与魏源所开创的新的诗风与文风,在当时反动的政治形势与思想上复古主义的压力下,也因而中断。至于太平军,虽然在诏令中主张捐去浮辞,倡导真实平易的文风,但由于战争的激烈,在文学理论同写作上,并没有比较成功的作品遗留下来。所以这一时期文学可以说绝大部分是代表了封建统治阶级利益的文学,而属于人民的,则微乎其微。

二、1894到1911,这是第二时期。即一般说的晚清时期。

这一阶段的文学,与前一时期相比,则发生了极大的变化。这就是维新派在提倡变法运动时,在文学上提出了"诗界革命"、散文解放以及"小说界革命"。这标志着资产阶级改良派,要求对封建文学进行改革。这种改革,虽然远远不如五四文学革命的彻底,但对君临一切的封建文学,则是一次极大的冲击,因而影响了当时一代的文学青年。而这些文学青年,到五四前夕,就成了发动文学革命的主力军。

三、1911到1919,这是第三时期。辛亥革命后,全国情况有所好转,在革命的新形势下,封建反动势力有所收敛,革命形势有所发展。但不久,袁世凯篡夺了总统大权,于是封建军阀同官僚又卷土重来。接着袁因阴谋帝制,于是在意识形态领域里,大唱尊孔、祀孔、读经的复古论调,不久就演出了帝制的丑剧。由于全国反对,袁以忧愤而死。接着又演出了张勋、康有为等拥护溥仪复辟的第二次丑剧,但很快也垮了台。以后就开始了北洋军阀统治与地方割据的局面。

在文学上,由于辛亥革命由成功而趋于失败,革命党人在最初胜利下,有些飘飘然,于是内部就产生了分化的局面,有的飞黄腾达,甚至与旧军阀旧官僚合流。有的痛心于封建势力的重新抬头,革命成果已付之东流,看不到将来的前途,于是颓唐、堕落,往日的那种踔厉风发、呼唤风雷的气概,都完全消沉了。因而反映到文学上,就衍袭了晚清一些上海堕落文人所从事的缠绵幽愁的鸳鸯蝴蝶派一套的颓废文学。

但是晚清提倡文学革新与思想革命的先进人士,有一部分则继续从事意识形态上的革命,为首的就是陈独秀。最初陈氏曾针对当时康有为的尊孔复古论,进行了驳斥与抨击。接着胡适发表了《文学改良刍议》,陈接着又发表了《文学革命论》。于是钱玄同、刘半农相继响应。鲁迅不久也发表了划时代的小说《狂人日记》。由于钱、刘双簧信的发表,因而引起了守旧派林纾对革命派的攻击。于是文学革命运动影响了全国,形成了一个划时代的革命运动。新文化革命促成了五四运动的爆发,而五四运动则又促使文化革命进一步地扩大与深入。另外,由于苏联十月革命的爆发与马列主义的传入中国,无产阶级思想对五四运动的领导,于是结束了中国近代史上的旧民主主义革命,而开始了中国新民主主义革命。中国文学由于文学革命的胜利,于是在中国文学史上开创了一个新的伟大的历史时代。

(三)

在近代史的八十年中,文学现象虽极其纷纭复杂,但如果仔细地加以考察与分析,并不是没有脉络可寻的。根据各个作家的世界观、政治倾向以及因此而派生出的文学观,另外再从其对文学遗产的批判继承上,就自然而然地形成了文坛上的各种流派。

下边拟就四个方面,来略加论述:

一、龚自珍、魏源与晚清维新派的文学观。

龚自珍是我国近代文学的开山。他的诗文开拓了晚清文学的新风。由于他家三世为宦京师,对朝章国政以及当时官僚士大夫的阘茸泄沓,昏聩糊涂,不知形势的变化,不关心国家命运,只知以保持禄位与长养子孙为目的的堕落情况,了解得非常清楚。而他本人在学术上,属于公羊学派,是力图通经致用的,同时他又是关心国家命运,幼年即以澄清天下为己任的,所以他在政治上是主张变法的,是反对因循守旧的。他看到朝政的腐败,人民生活的日不聊生,所以大声疾呼,揭发时弊,力主改革。正由于定庵有这样先进的思想,所以在文学观上才能力主打破陈规陋矩,从事改革与创新。

首先他是反对八股取士制度的。他在《述思古子议》中,指出文章所以要写的原因,以及当时考生学写八股文的情况道:

> 言也者,不得已而有者也。如其胸臆本无所欲言,其才武又未能达于言,强之使言,茫茫然不知将为何等言,不得已,则又使之姑效他人之言。……于是,剽掠脱误,摹拟颠倒,如醉如呓以言。

这个揭露,真是淋漓尽致,但是当时还认为是说经,是代圣人立言,龚自珍说:"童子但宜讽经,安知说经?是为侮圣。"至于父兄归咎于功令,他主张改变功令。

其次龚自珍对桐城派所提倡的"文章义法",也作了深刻地批判。他指出这些作者:"就已然之迹,而画其朝代,条其义法也,为书若干通,畀人舆者,又有畀之者。曾曾云礽,又必有祖祢之者。日月自西,江河自东,圣知复生,莫知奈何也已。"说明桐城义法一代代地传下去,即令圣知复生,对他们也无可如何。所以定庵在《常州高材篇送丁若士履恒》一诗中说:"学徒不屑谈贾孔,文体不甚宗韩欧。"说明当时常州派的学风,在经学上不服膺贾、孔,而文章则不宗法桐城。

至定庵的美学观点,具体地表现在他的《病梅馆记》中,他主张自然之美,反对以矫揉造作为美。他痛斥了当时的文人画士,由于他们荒谬的主张,而使江浙之梅皆病。从这样的美学观点出发,所以他主张打破文学上束缚作家的一切清规戒律。

第三,是他在文学上贵独创,反因袭。他在《文体箴》中说:

> 呜呼!予欲慕古人之能创兮,予命弗丁其时。予欲因今人之所因兮,予荍然而耻之。

又说:

> 虽天地之久定位,亦心审而后许其然。
> 苟心察而弗许,我安能领彼久定之云?

这说明他对一切都要经过自己独立思考后，才决定其是非。假若自己考虑后，不是像前人所说的那样，即令是前人所久已承认的定论，自己也决不盲目信从。这种尊重自我，尊重独立思考，而反对随人脚跟，人云亦云的精神，大似左派王学中李卓吾的言论。这是近代思想史上极其光辉的思想，所以后来的维新派，都深深受到他这种思想观点的影响。

与定庵同时，而和他交往甚密的魏源，也是一位公羊学家，也是主张通经致用的。他在《海国图志》中，主张"师夷之长技以制夷"。因此后来有人说他是近代主张向西方学习的第一人。不过魏源的文学观，完全是儒家正统的老一套，他提出文章要能"贯道秉经"，把《六经》作为古今文字之辰极。认为后来的诗赋作者，不知约《六经》之旨以成文，而文始不贯于道。南朝萧统、徐陵的诗文选本，不知祖诗书文献之谊，无裨于考治辨学之用。于是总集始不秉乎经。魏源集中论文的文章不多，但见解则极不高明，比诸龚自珍的破除陈规，解放思想，敢于创造，勇于革新的精神，简直有云泥之别。

龚自珍的文学思想，后来曾经受到遏抑，未能得到发展。直到晚清康、梁出来，经学上承庄、刘、龚、魏的公羊之学，提出维新变法的主张，特别是梁启超是当时提倡维新变法的杰出宣传家。他为了推行变法的主张，因而把文学作为工具。但中国的古文学对宣传新思想是不适用的，于是他在文学观上，继承了龚定庵的革新与独创的精神，提出"诗界革命"之说，当时和他同调而在创作上能实践自己的革新理论的，则为黄遵宪。他在诗歌理论上曾主张"我手写我口"，同时又提出"诗之外有事，诗之中有人"的主张。"诗之外有事"，即诗歌要有寄托，不是为写诗而写诗。至于"诗之中有人"，即诗中要有诗人自己独特的思想感情，也就是要在作品中塑造出作者个人的鲜明形象。前者很显然源于白居易的"文章合为时而著,诗歌合为事而作"的论点。后者则是黄遵宪个人独创的见解。既然诗之中有人，那就须要用自己创造出的新形式，来表现自己独特的思想感情，这样就必然要反对因袭模拟，而要自出机杼了。这种创作思想，与龚自珍是完全一致的。

在散文方面,梁启超同龚定庵一样,是反对桐城义法的,他说:

> 启超夙不喜桐城派古文,幼年为文,学晚汉魏晋,颇尚矜练。至是自解放,务为平易畅达,时杂以俚语韵语及外国语法,纵笔所至不检束,学者竞效之,号为新文体。(《清代学术概论》)

另外他在《烟士披里纯》一文中形象地讽刺了那班讲究文章义法的古文家们。梁启超的文章正是适应了当时时代的新形势,对古文进行了大胆解放后的散文。拿这种解放的文章,表述他的变法维新的新思想,所以能风靡一时,被世人号为"新文体。"其次是他大力宣扬小说对人们精神生活的巨大作用,而提出"小说界革命"的口号,用它作为提高人民思想,转移时代风气的武器。他在《论小说与群治之关系》中,一反古人视小说为"小道",而认为"小说为文学之最上乘"。其所以如此,因为小说对于读者具有熏、浸、刺、提的四大作用之故。所以他提出"欲改良群治,必自小说界革命始,欲新民,必自新小说始"的口号。梁启超不只从理论上来提倡"小说界革命",并且于1902年在东京创办《新小说》杂志,刊印反映时代生活的新作品。他不只鼓励别人创作,而且自己也进行创作,发表了小说《新中国未来记》与戏曲《劫灰梦传奇》等作品。由于他的大力提倡,于是在文坛上新的小说杂志,如雨后春笋,破土而出,新的作品不断出现。晚清的所谓"谴责小说",即是受此影响而纷纷出现于文坛的。

二、后期桐城派的文学观。

中国近代散文,以桐城派的影响最大,这派的创始人为桐城方苞,标榜"学行程朱,文章韩欧",创为"义法"之说。其后学刘大櫆,姚鼐继之,特别是姚氏对方氏之论,作了进一步发展,并以古文传授生徒,于是桐城派的文章遂为海内所推重。但继起者往往空疏不学,惟知遵循方姚矩矱,而文风遂日趋卑下,因而受到世人的诋訾。到了咸、同之际,曾国藩出,继承姚氏之学,而加以恢宏扩大,桐城古文遂又大行于时。

曾氏论文,极端推崇姚氏,他把姚氏列到他对古人最尊奉的圣哲之林,声称"姚先生持论闳通,国藩之粗解文章,由姚先生启之也"。(《圣哲画象记》)与国藩同时从事古文写作的吴敏树,对姚鼐就不大佩服,在《与筱岑论文派书》中,把他比作宋人江西诗派中的吕居仁,曾氏对此论深不以为然,在《与吴南屏书》中,大为姚氏辩护,最后并认为"方氏以后,惜抱固当为百年之正宗"。

至曾氏论文,对古文的写作方法,以及文章风格的看法,都继承了姚氏之论。即如首先对中国学术,继承了姚氏的三分法(义理、考据、辞章)之论,曾氏在《圣哲画象记》中列举的三十二人,在学术上即包括这三类人,并引了姚氏对学术分类的话。

其次曾氏论文,基本上承袭了姚氏提出的理论原则,而又进一步地加以阐发。

1. 在风格上他承袭姚氏"阳刚、阴柔"之说,并进一步发展为太阳气势,少阴趣味;太阳识度,少阴情韵。并选出了四卷《古文四象》的选本。后来曾氏弟子张裕钊又以二十字分配阴阳、神气、势骨、肌理、意识、脉声,阳也。味韵、格态、情法、词度,阴也。(见《古文四象》目次后,吴挚甫识)说明桐城派的文论受到宋代理学的影响,真是越搞越神秘。

2. 在评论文章时,采用了姚氏的神理、气味、格律、声色八字的标准。(《复子序书》)

3. 对学习古文,据姚氏的"从声音证入",主张对古人范文必须进行朗读。(《复邓寅阶书》)

4. 初学为文,必须摹拟古人。(《家训》)以上各点可说全本于姚氏。至曾氏在写作上突出的一点,是他重视写作的艺术,对程朱理学家们"重道轻文"的主张,采取了批判的态度。

曾国藩之所以能成为桐城派的后劲,以及桐城派古文之所以又延续了近半个世纪,这与他在古文上的成就和大力提倡,是有着一定关系的。

曾氏之后,其四弟子吴汝纶、黎庶昌、张裕钊、薛福成等在文学观上,基本承方姚与曾氏之论,而不敢稍有逾越。黎庶昌曾编选《续古文辞类纂》，继姚鼐的《古文辞类纂》之后，除选录了《六经》诸子及秦汉以来诸大家之作外，并选辑了方、姚以后，属于这派各家的作品，从方姚历曾国藩，直至其同辈如吴（汝纶）、薛（福成）、张（裕钊）等人的作品，这样的选本自然很大。

至吴汝纶继姚氏之后，在讲学中以古文之法授生徒。在古文上成就最大的则为严复同林纾。两人均用古文介绍西方学术名著与文学名著，在晚清产生了极大的影响，一时有"严林"之称。

严氏文学观受桐城影响极深，所以比较保守。他反对白话文，认为古文的词汇极丰富，所以当梁启超介绍他译英人亚当斯密《原富》一书时，曾指出"文笔太务渊雅，一翻殆难索解"。接着提出："文界之宜革命久矣，……况此等学理邃赜之书，非以流畅锐达之笔行之，安能使学僮受其益乎？"梁的正确主张，竟遭到严复的驳斥，说什么"徒为通俗之辞以便市井乡僻之不学，于文界乃所谓陵迟非革命也"。（《与梁任公论所译〈原富〉书》）由此可见，他二人观点是如何背道而驰了。到了"五四"，严之反对文学革命，可以说是丝毫不足怪的。（见严氏《与熊纯如书》）

至于一向以卫护桐城文统自命的林纾，论文与历来古文家的观点是毫无二致的。韩、柳都曾经提出"明理"（韩愈《送陈彤序》）和"明道"（柳宗元《答韦中立论师道书》）的看法，林纾认为"古文惟其理之获与道无悖者，则味之弥臻于无穷"。（《国朝文序》）在这篇文中他提出了为文的目的在于"明道"。为文应有的修养，不仅要多读书，广阅历，尤当深究乎古人心身性命之学。惟此，言之始衷于理，且与道合。并且还要积理养气。最后在命笔时应采取非常审慎的态度，先考虑这篇文章写出后能否名世，然后再下笔。写成后，经过一个时候再去看，既要削繁而归于简，同时还要去其靡而衷之正。

林氏是上承韩欧，近法方姚的，所以在五四文学革命的时候，他一面致书蔡元培，抨击北大教授中提倡文学革命的人们。（《与蔡鹤卿太史书》）同时还用小说《荆生》同《妖梦》来影射谩骂陈、胡、钱、蔡等。因此深为上林所不直。

三、王国维的文学论。

同林纾一样,在政治上忠于清室,最后竟然以死殉清的则有王国维。他虽然在政治上极端顽固保守,但在文艺思想上却与林纾大相悬殊。

王国维早年曾研治德人康德、叔本华等人的哲学,同时文艺思想又深受他们的影响。他反对文学功利主义,比较倾向于超政治、超现实的为艺术而艺术的一派。不过有时也不免于自相矛盾。即如他在《人间词话》中讲:

> 客观之诗人,不可不多阅世,阅世愈深,则材料愈丰富,愈变化,《水浒传》、《红楼梦》之作者是也。

又说:

> 诗人对宇宙人生,须入乎其内,又须出乎其外。入乎其内故能写之,出乎其外故能观之。入乎其内故有生气,出乎其外故有高致。

他就是现实主义的创作态度,循着这个道路产生的作品,不可能是超政治超现实的作品。同时施耐庵、曹雪芹倘若是超政治超现实,也决写不出《水浒传》同《红楼梦》来。

但王国维在文艺观上确有一些极其精辟的见解,为当时一般保守派文人所不及的,就是他的"境界说"与"真实论"。所谓"境界"也就是生活图画,也就是文学的形象特征。王国维就以境界为标准,来衡量古今作品的优劣。至于"真实论",可以说是文学的精髓与灵魂,所以他又用这个标准,来评价古今人的作品。至"境界"与"真实"二者,又是密不可分的。作者只有从"真实"着眼与用力,才能写出有境界的作品。他说:

> 大家之作,其言情也必沁人心脾,其写景也必豁人耳目,其辞脱口而出,无矫揉妆束之态。

为什么能达到这种境界?他认为是"以其所见者真所知者深也"。这样就同他的"诗人对于宇宙人生,必须入乎其内,出乎其外",以及"客观之诗人不可不多阅世"的看法,一致起来了。

不过王国维由于在世界观上是属于当时行将没落而濒于灭亡的封建阶级,政治倾向是反动的,因而在文艺观上不可避免地要受到一定的影响,所以他早期曾倾向于唯美主义与形式主义,后期在创作思想上,倾向于悲观主义。因而对亡国之君李后主后期的作品,则产生共鸣,而大加推赞。对《红楼梦》中主人公宝玉的出家,认为是人生痛苦解脱的最好道路。这些观点,都是极不正确的。

四、革命派作家的文学论。

在近代革命派作家中,其文学观影响较大的有章炳麟、刘师培、鲁迅等。

章炳麟是晚清的一位学者兼革命家。他在文章上是推崇魏晋名理之文,而不满于六朝的骈俪与唐宋的古文。在诗歌上,他提出"盖诗赋者,所以颂善丑之德,泄哀乐之情。故温雅以广文,兴渝以尽意"。(《辩诗》)他抨击咸、同以来的宋诗派说:

> 及曾国藩自以为功,诵法江西诸家,矜其奇诡,天下鹜逐,古诗多诘诎不可诵,近体乃与杯珓谶辞相等。江湖之士艳而称之,以为至美,盖自商颂以来,歌诗失纪,未有如今日者也。(同上)

因此他主张复古,他说:

> 物极则变,今宜取近体一切断之,古体断自简文以上。……要之,本情性限辞语,则诗盛;远情性熹杂书,则诗衰。

太炎看到诗坛的流弊,但他的办法不是革新,而是复古,所以是行不通的。

刘师培早期参加革命,在政治思想上是进步的,而在文学观上,也有其进步的一面。他根据文学进化的观点,认为中国文学一定会有言文合一的一天。他举出《水浒》、《三国演义》诸书,已开俗语入文之渐。(《论义杂记》)不过他对文学革新的看法,还是二元论的。他主张"近日文词宜趋两派:一修俗语,以启渝齐民。一用古文,以保存国学。庶前贤矩范,赖以仅存"。(同上)

其次他继承他的乡先辈阮元《文言说》的理论,严格区分文笔之别,推崇骈体,而訾毁桐城。

刘氏泥于六朝时的文笔之分,认为惟"沉思翰藻"的文章,始配称"文",因此诋"古文"为"杂著",说明选派与桐城在文章正宗上的争论,是由来已久了。

刘氏后来叛变革命,投降了清室后,其文学观随着政治思想,产生了极大变化,由革新而趋向复古。到了五四时期,竟成为反对文学革命的顽固派。鲁迅在与钱玄同信中,称他为"侦心探龙",这种讽刺性的揭露,完全是符合实际的。

在辛亥革命前夕,鲁迅、周作人、许寿裳,在日本打算提倡文学运动,他们准备了许多篇论文,计划办个刊物。后来刊物流产了,但他们的文章,都在《河南》杂志上发表了。同时他们又印行了两本关于东欧小说的译著,即《域外小说集》。这在晚清应该说是继维新派的文学革新,而发起的第二次文学运动。虽然由于当时革命派正在从事武装起义运动,对于文学运动,未能给以足够的重视,但这个意义,却是值得重视的。它在晚清维新派的文学革新,到五四文学革命二者间,起了承先启后的作用。而鲁迅、周作人在五四时期成为文学革命的主力,特别是鲁迅,成为中国文化革命新军的英勇旗手,都是源渊有自,而非偶然的。

第二章　中国近代诗歌与散文(上)

关于中国近代历史发展的特点,以及近代文学的特点,在第一章中已经有所涉及,但谈的比较简单。近代史的八十年,历史脚步跨越之迅速,思想发展变化之急剧,可以说远远超过过去的几十年,或几百年。同一个人,在最初还是时代的先驱,被世人目为洪水猛兽,但转眼间,曾几何时,竟又成为历史的绊脚石,而被目为顽固派或反动派。在思想上往往最初被国人认为极其新奇而可喜的,但不久竟成为明日黄花。所以近代的诗文,从总的发展来说,可分为主流与逆流。就作家个人来说,也往往有前期后期之别。前期是革新的,进步的,而后期则沦为保守的或反动的。

何为主流?何为逆流?大致可以这样来分:

一、立足于革新或革命,也就是不满足于现实,要求改造现实的;

二、提倡向西方学习,并用新的立场、观点,对几千年来的封建主义进行批判,如在意识形态领域里,最初是反程、朱,继之以反荀卿,而最后反孔子的;

三、揭露并抨击封建的官僚政治,以及几千年或几百年来在封建专制政治的体制下,种种错误的制度,以及腐朽颓败的风气与习俗的。

以上都是时代的主流。反之,凡是卫护中国封建的传统思想,卫护封建专制政体,卫护一切旧的制度和风气习俗,都是逆历史潮流而动的。这都应该说是逆流。但其中也有主张向西方学习,引进一些资本主义生产技术,但其目的则在巩固清王朝封建统治的秩序,企图建设强大的国家机器,来镇压人民反抗的,所以这仍然是一种逆流。

具体到近代的诗文上,凡关心国家民族的盛衰兴亡,关心人民疾苦,敢于正视现实,用现实主义创作方法,揭露时代黑暗,指出其症结所在,并用浪漫主义的方法,来寄托对未来的理想,在思想感情上与广大人民相通,在这样情况下产生的作品,对近代中国历史的发展产生了积极地推动作用的。凡属这一类的作家与作品,不论其为诗歌或散文,都可以说是这个时期的主流。

反之,凡不敢正视现实,或故意地逃避现实,为巩固清王朝的封建专制统治,在意识形态上,捍卫封建传统思想,如"程朱理学"与"孔孟之道",而竭力抵制西方的科学与民主主义思想,在文学上追求脱离现实,抒发士大夫没落遁世,甚至沉溺于酒色等等不健康的情绪,在表现上则大力追求形式主义,而反对一切革新的,凡此,都属于文坛上的逆流。

下边即拟根据以上标准,来分论这一时期的诗文。

根据上边的标准,本时期在诗歌发展上属于主流的代表人物为龚自珍、魏源,继龚、魏诗歌传统的维新派的作者黄遵宪,革命派的作者章太炎、秋瑾、柳亚子、苏曼殊等,当予以扼要的论述。

至于属于逆流的作者及诗派,如曾国藩提倡的宋诗运动,继之而又有以陈三立、郑孝胥与陈衍等人的同光体,另外如标榜魏晋的王闿运,模仿晚唐的樊增祥与易顺鼎,还有郑珍同金和等。由于篇幅有限,只得从略了。

龚自珍(1792~1841)一名巩祚,字璱人,号定庵,浙江杭州人。他是中国近代文学的开山,在思想上,文学上,给中国文学史开创了一个新的历史时代。他的影响既深且远,南社诗人柳亚子称之为"三百年来第一流",实非过誉。

龚自珍的诗歌,不仅内容上是新颖的,形式也是解放的,在创作方法上能把现实主义与浪漫主义给以恰当的结合,而形成他自己独有的俊逸、清新、瑰丽、豪放的风格。他自称"庄骚两灵鬼,盘踞肝肠深。"(《自春徂秋偶有所触拉杂书之漫不诠次得十五首》)又说:"配食漆吏与楚臣,六艺但许庄骚邻。"(《辨仙引》)可知其瓣香所在,与渊源所自了。

就他的诗歌思想内容来看,首先他看到了时代将要发生急剧的变化,看到官僚的泄沓,政治的黑暗,人民的无限痛苦,对社会的前途,不免为之忧心忡忡。如:

> 黔首本骨肉,天地本比邻。一发不可牵,牵之动全身。圣者胞与言,夫岂夸大陈。四海变秋气,一室难为春。宗周若蠢蠢,褰纬烧为尘。所以慷慨士,不得不悲辛。看花忆黄河,对月思西秦。贵官勿三思,以我为杞人。(《自春徂秋偶有所触拉杂书之漫不诠次得十五首》)

这不正像屈原的"长太息以掩涕兮,哀民生之多艰"的态度吗?诗中把黔首看作骨肉,把天地看作比邻,而在整个国家形势趋向崩溃的时候,他深切地感到个人与人民是同命运的,所以说:"一发不可牵,牵之动全身。……四海变秋气,一室难为春。"

定庵对当时赋敛之重,人民所受徭役的痛苦,是有着深切的同感的。他在《己亥杂诗》中道:

> 不论盐铁不筹河,独倚东南涕泪多。国赋三升民一斗,屠牛那不胜栽禾!

> 只筹一缆十夫多,细算千艘渡此河。我亦曾縻太仓粟,夜闻邪许泪滂沱。

而对当时灾区人民饥寒交迫的痛苦,更是不能无动于衷。

> 诗谶吾生信有之,预怜夜雨闭门时。三更忽轸哀鸿思,九月无襦淮水湄。

定庵对当时腐败的政治,不但有清楚的认识,而且抱有改革的宏愿。他在《己亥杂诗》中回忆到早年的抱负,是"少年揽辔澄清意",是"终贾华年气不平"。所以在他殿试时,即本着王荆公《上仁宗皇帝书》中的主旨,写出个人的考卷。在《己亥杂诗》中说:

霜毫掷罢倚天寒,任作淋漓淡墨看。何敢自矜医国手,药方只贩古时丹。

　　当自己的改革政治的宏图,成为泡影的时候,他不得不借网罗文献以消磨岁月,借溺情声色与谈空参禅以遣怀。甚至在悲愤之余,幻想变革时代的动乱,能快快到来,因而写出:

　　九州生气恃风雷,万马齐喑究可哀。我劝天公重抖擞,不拘一格降人才。

但这不过出于一时的希望而已!

　　在创作艺术上,定庵生在嘉道的时候,虽然康、雍、乾三朝的文字狱已成往事,但作者不能不心有余悸,"避席畏闻文字狱"即充分表达了这种心情。定庵关心时事,又喜谈国事,但正如他诗中所说的"第一欲言者,古来难明言。姑将谲言之,未言声又吞"。(《自春徂秋》)所谓"谲言之"就是用象征,用寓言的写法,正如后人评阮嗣宗的《咏怀诗》,是"言在耳目之内,情寄八荒之表"。如前面所引的"九州生气恃风雷"篇,"促柱危弦太觉孤"篇(《己亥杂诗》)都是象征之作,而《伪鼎行》则是寓言之作。

　　另外就是想象的丰富,如《西郊落花歌》,在通篇用词汇上完全打破了过去诗人们那种清规戒律,以俗语、佛语入诗,因而丰富多彩。这在后来,就影响了晚清黄遵宪、梁启超等人,他们提出的"诗界革命"实际是在定庵的文学观与文学创作的启发下而产生的。

　　魏源(1794～1857)字默深,湖南邵阳人。他与龚自珍是朋友,在学术上又都是公羊学派,所以在经世致用,关心时政上,也都有一致之处,故二人齐名,有"龚魏"之称。

　　不过魏源在文学观上,受正统的儒家思想影响较深,不及自珍解放;在处世上,注意于明哲保身,不像自珍的敢于放言勿惮,议论朝章、国政、仕风、习俗,因而也不像自珍遭到一般人的忌妒。

　　魏源在诗歌上受到阮嗣宗、白乐天的影响较深。他对现实的政治是不满的,但他采用讽谕的态度与象征的或寓意的写法,来寄托自己的思想感情。他一生的诗作大致可分为三类:一咏怀,二讽谕,三山水。

首先是咏怀诗。默深处当时时代,常有怀才不遇之感。他在十三首《行路难》中,自注道:

> 鲍明远行路难,寄慨身世,非汎咏也。旷世同感,辄附"盍各言志"之义。

在《杂诗》里,他以越媒自炫,与深闺守礼的淑女相比。世人皆以前者为美,而忽略了后者。用扁鹊与田侯的故事,说明不听忠言,到后来虽悔无及。写由于雄蛇卵的变化,酿成洪涛的灾害。这三篇诗歌有点近于自珍的《尊隐》,暗喻大乱的可能爆发。

其次是讽谕诗。魏源是关心世道、同情人民疾苦的。他的《新乐府》、《江南吟》、《都中吟》等,都写明"效白香山体"。但他对人民民不聊生的痛苦生活,并不认为是统治者残酷剥削的结果,而错误地替统治者辩护,说什么是"运会"造成的。即如在《道中杂言》中,描绘出人民在灾荒之年,卖儿鬻女,骨肉分离的惨象,但在第三首中却忽然为皇帝辩解,说什么:

> 九重日忧勤,四海日疮痍。岂非运会间,盈亏各有时?

把人民的痛苦归之于"运会",这完全是封建统治者的立场,比诸定庵对当时形势的深刻分析与理解,确实是差得太多了。

第三,咏歌山水的诗篇。在魏源集中占有极大的分量。他同晚明文人一样,有着山水之癖。他自己称之为"溺",并把山水比作"尤物",说什么"世间尤物醉人性,色声光景忘往还"。不过魏源的诗作好发议论,即在山水诗中,也未能免。我觉得他的这些诗篇,状山水之美,有时反不如他前边的"小序"写得生动、清冽而逼真。这里暂不谈,俟论到他的散文时再说。

魏源诗的特点:(一)形式比较解放,明白如话;(二)诗中好发议论,这是受宋诗的影响;(三)诗中常常杂以俚语,并好以成语入诗,前者如"会者不难,难者不会"(《行路难》其五),后者如:"三十六辐共一车,车毂之用当其无。"(同上其十三);(四)以写文之法写诗,即如《游山吟》、《游山后吟》都可说是有韵的散文。他的诗对后来维新派

"诗界革命"的影响很大,试把他的作品与黄遵宪的诗作作一对比,就可以看出他们之间的关系了。

龚自珍、魏源所开创的诗歌的革新倾向,到甲午之后,由于政治形势的发生巨变而得到继承与进一步的发展。其突出的表现,即维新派所提出的"诗界革命"。首先提出这个口号的是谭嗣同、夏曾佑等人。他们喜欢以新名词入诗,如谭嗣同的《金陵听说法》有"纲伦惨以喀私德,法令盛于巴力门"。梁启超说:"'喀私德',即 Coste 之译音,盖指印度分人为等级之制也。'巴力门'即 Parlinment 之译音,英国议院之名也。"(《饮冰室诗话六》)梁氏还说:"其时夏穗卿尤好为此。"可知当时他们所谓的"诗界革命",不过是堆砌一些新名词,除他们几个朋友之外,如果不加注释,别人是决不会懂的。所以后来梁启超也认为他们这种作法不是正确的方向。他说:

> 过渡时代必有革命,然革命者,当革其精神,非革其形式。吾党近好言"诗界革命",虽然,若以堆积新名词为革命,是又满洲政府变法维新之类也。能以旧风格含新意境,斯可以举革命之实矣。(同上六三)

而在"诗界革命"中,成绩卓著,堪称大家的,则为黄遵宪。

黄遵宪(1848~1905)字公度,广东嘉应州人。他在创作思想与创作实践上,实上承龚魏,并有着进一步地发展。他反对因袭模拟,而提出改革同创新,这一点颇近于定庵。他在《杂感》中,批评那班俗儒道:

> 俗儒好尊古,日日故纸研。六经字所无,不敢入诗篇。古人弃糟粕,见之口流涎。沿习甘剽盗,妄造丛罪愆。

因而提出:

> 我手写吾口,古岂能拘牵。即今流俗语,我若登简编,五千年后人,惊为古烂斑。

因此他非常欣赏民间流行的民歌,他曾仿民歌而作《新嫁娘诗》五十首;并且在出使日本时,仿当地群众的舞歌而作《都踊歌》。他的作品,不仅继承前代作者的优良传统,并且从民间文学中吸取营养。所以他的作品,能摆脱旧套,而富有清新泼辣的气息。

黄遵宪在晚清是一个经常出使外国的职业外交官,他对资本主义国家的朝章国政以及社会情况比较了解。他深痛祖国由于贫弱,经常受制于外人,因而感慨万千,不能不用诗歌抒发自己的忧愤。他的诗大体不外这三方面:一、反映当时政治外交等巨大事变的;二、具有异国情调的;三、遭党祸后退居田园的。

公度当时处在民族矛盾与阶级矛盾异常尖锐的时代。在民族矛盾上,他是站在自己民族的立场上,即如《悲平壤》、《东沟行》、《哀旅顺》、《哭威海》、《降将军歌》、《聂将军歌》等。一面揭露了清政府的腐朽,部分将帅的无能,以及帝国主义的贪婪、阴险和狡诈,带有一定的反帝倾向,并且对少数抗敌的英雄,也加以赞颂。这些作品都具有一定的积极意义。

在对国内阶级矛盾上,如对太平天国,公度则站在封建地主阶级的立场上,而予以抨击与诋訾。即如《拔自城中述所闻》、《喜闻恪靖伯左公至,官军收复嘉应贼尽灭》的第二首。对于义和团的反帝运动,公度斥之为"狐党"、"狗偷"。根据他当时的处境,对那拉氏利用义和团,最后遭致八国联军之祸,他之诋毁抨击,是可以理解的。

在反映异国风光,描写新事物上,公度此类作品尤多。如《樱花歌》、《今别离》、《以莲菊桃杂供一瓶作歌》,都具有新内容新意境,是古人作品中所难看到的。

戊戌政变后,公度因系党人,几遭不测。以后就罢官家居,对国家命运、个人前途,均觉艰危渺茫,因而感到无限殷忧与无穷悲叹。即如他的《感事》,先写六君子无辜被杀,继写株连之酷,最末一首则抒发个人无限感慨与迷惘之情,兹录于下:

　　太白星芒月色寒,五云缥缈望长安。
　　忍言赤县神州祸,更觉黄人捧日难。
　　厌己真忧天梦梦,穷途并哭海漫漫。
　　是非新旧纷无定,君看寒蝉喋众官。

庚子事变后,革命浪潮蓬勃兴起,一时在诗坛上涌现出一批慷慨悲歌的作者,其中最为读者所称道的有章炳麟、秋瑾、柳亚子、苏曼殊等诗人。

章炳麟(1869~1936)字枚叔,一名绛,字太炎,浙江余杭人。他论诗重视内容,主张"颂善丑之德,泄哀乐之情。"他平生诗作不多,但却富于战斗的精神。即如他在庚子年写的《杂感二首》,讽刺抨击以康有为为首的维新派张皇勤王,结果还是遭到失败。其一为:

> 万岁山边老树秋,瀛台今复见尧囚。
> 群众辛苦怀忠愤,尚忆扬州十日不?

其二:

> 谁教两犬竟呀呀,貂尾方山总一家,
> 恨少舞阳屠狗侣,扫除群吠在潼华。

此外,为当时所传诵的还有《狱中赠邹容》,与《狱中闻沈禹希见杀》,今录前首:

> 邹容吾小弟,披发下瀛洲。
> 快剪刀除辫,干牛肉作餱。
> 英雄一入狱,天地亦悲秋。
> 临命须掺手,乾坤只两头。

秋瑾(1879~1907)字璿卿,号竞雄,又号鉴湖女侠,浙江绍兴人。为组织光复军,准备武装起义,事泄被捕,殉难。秋瑾不仅是一位女革命家,而且是位杰出的革命诗人。她的诗风,多半是激昂慷慨,抒发了为挽救国家的危亡,推翻清王朝的专制统治,而不惜抛头颅洒热血的壮志宏图。即如她的《失颈》中"头颅原大好,志愿贵纵横。权失当思复,时危敢顾身。……思宗轻富贵,为国作牺牲"。此正如其《致王时泽书》中所讲的:"吾自庚子以来,已置吾生命于不顾。即不获成功而死,亦吾所不悔也。"可知她为革命,很早就抱有必死之决心了。至于表现出她的伤时忧国,以及驱除鞑虏、光复河山的远大抱负的,则有《柬某君》之第三章,以及《宝刀歌》及《宝剑歌》。兹录其《柬某君》于后:

> 河山触目尽生哀,太息神州几霸才!

牧马久惊侵禹域,蛰龙无术起风雷。

头颅肯使闲中老,祖国宁甘劫后灰。

无限伤心国家恨,长歌慷慨莫徘徊。

柳亚子(1886~1958)原名慰高,字安如;更名人权,字亚卢;再更名弃疾,字亚子,江苏吴江人。1903年加入上海爱国学社,1906年加入中国同盟会,1909年与陈去病、高天梅共创"南社",鼓吹革命。他在诗歌上抨击晚清代表封建官僚地主阶级文人的拟古主义与形式主义。在论诗六绝句中,对王闿运的作品,说他是"古色斓斑真意少"。对同光体的代表作者郑孝胥、陈三立等,说是"郑陈枯寂无生趣",对樊增祥、易顺鼎,说他们是"樊易淫哇乱正声"。讽刺他们说:"一笑嗣宗广武语,而今竖子尽成名。"

亚子早年的作品,也深受龚自珍的影响,他称龚是"三百年来第一流"。所以他的诗也是踔厉风发,歌颂历史上具有高度民族气节的人物,如《题张苍水集》之于张煌言,《题夏内史集》之于夏完淳。其次是赞扬当时为革命而牺牲的革命烈士,如《吊鉴湖女侠》之于秋瑾,《吊刘烈士炳生》于刘道一。这些作品都是激昂慷慨,苍凉悲壮,对读者具有高度的感发兴起的作用。

苏曼殊(1884~1918)原名玄瑛,字子谷,曼殊是他削发后的法号。广东中山县人。

曼殊早年因在日本时与当时光复会革命人士如章炳麟、刘师培等来往,所以参加了当时的革命运动。他的诗,在内容上一方面表现了他关心祖国前途的爱国主义精神,另一方面由于他的"身世有难言之恫",因而不少篇中,流露出缠绵悱恻的伤感之情。属于前者的,如《以诗并画留别汤国顿》、《题拜伦集》之类。至于后者如《本事诗》及《无题》等。但属于后者的篇子,则特别多。

总之,近代诗歌,除早期的龚、魏以外,其余如晚清的改良派与革命派作者的作品,比较有新思想同新意境。其原因,即在这些作者的思想感情与当时的广大人民比较接近或相通的原故。至于当时宋诗派,以及后来的同光体,不是站在统治阶级立场敌视人民群众的革命运动,就是反映没落的官僚地主阶级的消极颓废的情绪。尽管他们追步古人,摹拟古人的格调同风韵,并且在他们之间,互相赞许同欣赏,但因远离人民,或竟至敌视人民,因而为广大人民所不取。

第三章 中国近代诗歌与散文(下)

乾嘉时期,由于朴学的盛行,当时散文受朴学治学方法与精神的影响,重证据,主论理而恶浮夸,因之文风倾向朴实与质直。但当时也有一边从事考据,一边喜为魏晋偶俪之文的,如洪亮吉、孔广森等。另外桐城姚鼐承其乡先辈方苞与刘大櫆之学,在思想上宗法程、朱,在文章上,崇尚韩、欧,并以之传授生徒,于是桐城文派,驰名海内。

到了嘉道时期,外有帝国主义的入侵,内有人民的起义运动,此伏彼起。而忧国之士看到时代的将变或已变,同时由于清廷的文网因形势的不同,已不如往日之严酷,于是龚自珍、魏源等批判时政和世风的文章,应运而生。

龚、魏不仅在学术上提倡所谓公羊学,开了一代知识分子学以致用,关心国事,关心民瘼,对朝章国政,提出变法主张的新风气,同时在文章上,也一反朴学大师们质直朴拙的文风,而代之以纵横恣肆、发扬踔厉、笔锋常带情感的文风。另外在写作上还大力批判桐城派所设置的种种清规戒律,而主张"自信"与"独创",因而给我国散文开辟了一个新时代。所以龚、魏可谓开辟近代文风的先行者。他们代表了时代精神的新动向,是革命的、前进的,是符合历史发展正确方向的。

在龚、魏的影响下,后来就出现了维新派的作家,如康有为、梁启超、谭嗣同等,他们不仅继承了龚、魏的批判朝章国政以及颓败的社会风气的精神,而且在写作上也敢于打破一切古人对散文所设置的律令,而大胆创新,尤其是梁启超的散文一时有所谓"新文体"之称。

至于桐城派,由于曾国藩宗法方、姚,而尤其推崇姚氏,自称"国藩之粗解文章,自姚先生启之也"。由于曾国藩在道咸时期的政治地位以及学术地位,于是桐城派的影响越发扩大,一时间海内文坛,在散文方面,几为桐城所独霸。在曾门,一时有所谓四弟子,即吴汝纶、张裕钊、薛福成、黎庶昌等。此外,籍隶桐城的还有马其昶、姚永朴等。而吴汝纶曾掌教河北莲池书院多年,严复、林纾都曾从之问古文之法,而严、林又以介绍西方学术与文学而名噪一时。所以桐城古文其流风直至五四时期而未沫。五四文学革命,以"桐城谬种"作为打击的对象,不是没有原因的。

此外,近代革命派散文作家,以章炳麟为巨擘。他的文章有时论与述学两类,前者比较易懂,后者则古雅渊懿,初学多不能断句。太炎在邹容《革命军》一书的序中,即对自己的时论文字,由于字句艰深,影响宣传革命的效果,作了自我批评。后来在主编《民报》时,些战斗性的文章,在文风上已有了变化,所以鲁迅称他那时的文章是"所向披靡,令人神旺"。(《关于太炎先生二三事》)

总之,近代散文由于时代变化,西方思想的输入,国事的蜩螗,各派思想斗争的剧烈,因而在散文上形成了百家争鸣与百花齐放的奇观。所以在成就上远远超过了近代的诗歌。下边拟对这一时代影响比较大的作家龚自珍、魏源、曾国藩、严复、梁启超、章炳麟等略作论述。

龚自珍不仅在诗歌上开了一代的新风,散文也同样如此。

定庵散文的特点,首先在于它高度的思想性。他自己讲"早年揽辔澄清意","终贾年华意不平"。他早年即关心天下大事,关心人民的疾苦,所谓"圣人胞与言,夫岂夸大陈"。其次是他对现实有着锐敏的观察力,对时代的发展变化有着诗人的预感。特别是他敢于把自己的所见、所闻与所感,能够发而为文章,来进行揭露与批判的勇猛无畏的精神,在这一点上,魏源是远远比不上他的。

其次是它的高度的艺术性。他自己曾说:"庄骚两灵鬼,盘踞肝肠深。"他的诗歌受他们的影响至深,他的散文也毫不例外。他从庄骚学得了象征的写法、寓言的写法,并且充满着愤激的感情,因而有些作品,在形式虽是散文,而从其内容来看,乃是介乎散文与诗歌之间的散文诗。下边试举几篇代表作,加以论述。

一、对当时腐败的官僚政治,予以揭露与抨击的,如《明良论》形象地刻画了朝中那班大官僚的庸懦、畏葸、阘茸、泄沓、置国事于脑后,只知保全禄位与长养子孙。像这样的官僚,一旦国家出现危机,他们就会纷纷像鸠燕一样,飞去得无影无踪,真正能遗大投艰与国家共存亡的,是极难找到的。

另外在《京师乐籍说》中,直斥历代封建的统治者,为了怕知识分子危害他们政权的巩固,于是在京师设置女闾,用女色来腐蚀消磨天下英明才俊之士的志气。但是这种办法毕竟不能把所有士大夫都沉溺到里边去,这是封建统治者所感到无可奈何的事。

二、用寓言与象征的手法,对封建统治者及其帮凶们一向用以扼杀束缚人们个性的各种封建教条,主张彻底予以摧毁从而解放恢复人们的本性的,有《病梅馆记》。这篇文章真是以愤慨的激情抒发了对封建教条的憎恨以及个人要采取的措施。这是一篇主张解放人们个性的宣言书。

属于这类作品的还有《尊隐》,这是定庵得意之作,到晚年还有"少年尊隐有高文,猿鹤真堪张一军"的诗句。篇中用一天的早午晚三时来象征清王朝的国运,已到了傍晚时分。同时篇中并写出由于豪杰英俊之士不能见用于世,散而在野。这样朝野的形势同过去发生了巨大的变化,最后终于出现了山中有大声音起,这暗寓革命的爆发,于是"天地为之钟鼓,神人为之波涛矣"。这就预见到人民将发生暴动来颠覆黑暗而腐朽的政权。

至于以时序作比喻的,还有《己亥重游扬州记》,用对扬州一地盛衰的刻画来暗示清王朝的国运也逐渐走上了下坡路,由繁盛的春天而到了澹荡萧瑟的初秋了。

三、比较更加隐晦但却显示出对危害于人民的反动统治者主张给以剿灭的，有《捕蜮》等篇，表现了作者的人民立场和人民的感情。在这一点我觉得定庵不仅受到庄周、屈原的创作思想与创作方法的影响，同时与柳宗元的散文也是一脉相承的，试一读子厚的那些短篇杂文就可以了解到它们在思想上与艺术上多么近似了。

魏源的散文，可分为议论同写景两类。一、议论文，魏源这方面的代表作，为《默觚》。里边分《学篇》《治篇》。在政治上，他对现实同龚定庵一样，有着敏锐的观察，认识到国势是一天天在走下坡路，他是非常关心政治，关心人民疾苦的。对当时贻误国家的庸懦无能和只知保持个人禄位的官僚们，进行了揭露与抨击。不过他同龚自珍不同，龚文是直指现实中政治上的人物，如《明良论》等。而魏源比较含蓄，在文章上只是泛论。即如他的《默觚·治篇十一》论政治的腐败，庸人的误国，叹人才之被压抑，文章最后总结亡天下之患有七，特别对鄙夫之亡人国，给以揭发说：他们的"胸中除富贵而外不知国计民生为何事。除私党之外，不知人才为何事。以宴安酖毒为培元气，以养痈贻患为守旧章，以缄默固宠为保明哲"。这对当时朝廷上一般官僚们的伎俩，真是揭露得淋漓尽致。

但魏源的胆子是小的，他不像龚自珍那样的大声疾呼，并且对龚自珍在稠人广众中批评时政的举动很不以为然。在给龚的信中，指出这是"暗于明哲保身之谊"（原信见《甲寅杂志》一卷七号）。

魏源具有经邦济世之才，《清史稿》中说他：

> 源兀傲有大略，熟于朝章国故，论古今成败利病，学术流别，驰骋往复，四座皆屈。（《清史稿》卷四八十六页）

因此魏源的文章，开后来晚清经世文的先河。他的议论文都能提出自己的论点，并以史实作证据；同时他深研老学，掌握了朴素的辩证观点。这样对事理的阐发，异常深刻透辟，对读者具有强烈的说服力。

在论学文中，往往一篇之中分成几个段落，每个段落谈一个问题。即如《默觚·学篇二》里，谈了不少问题：如为学要专精，为学要勤劬,应当是夙兴夜寐。接着又谈修养、谈实践、谈交友,最后论文章的价值与作用。这种写法,有点近于先秦诸子如《庄子》一类的文章,决不像当时桐城派的文章,上下衔接、前后呼应,在结构上那样的紧密。应该说这是魏源文章的特点之一。

其次是山水小品一类的写景文。魏源是酷嗜山水的一位作者。他写了大量的咏歌山水之美的诗歌,可是他没什么游记一类的文章留下来,要说有,那就是他写的山水诗的小序,真写得清彻冷隽,不亚于郦道元的《水经注》与柳子厚的山水小品。今录其《下盘泉》以见一斑:

> 盘泉之胜,全在行宫。盖东西涧水,会于中盘,有唐文皇睡甲石,横亘其冲,卷水为小潭,水至石,怒跃而下,曰千尺雪,为行宫第一胜。从此历坡坂,流乱松中,忽有小石城壁面瀑而亭于松间,以听众涛,为第二胜。再下则南峰横案其前,曰四山翠合,面面芙蓉,而静寄山庄在焉。水汇左大涧,闸之、桥之、亭之、潆洄荡漱,声光并绝,而泉观止矣。左逾桥上山,复有行宫四所,以览云壑,则胜在山不在水,今不述焉。

曾国藩(1811~1872),字伯涵,号涤生,湖南湘乡人。道光进士,军机大臣穆彰阿门生。曾从倭仁、唐鉴等研治程朱道学。太平军兴,进入湖南时,国藩丁母忧回籍帮办团练后扩充为湘军。在与太平军作战中,最初屡屡受挫,几次投水自杀而未果。后屡立战功,取得清廷信赖,累官至协办大学士。1864年其弟国荃攻破天京,加太子太保,封一等侯爵。国藩镇压太平军,所以取得最后胜利主要在于借助了帝国主义的兵力。范文澜说他是封建中国数千年尤其是两宋以下封建统治阶级一切黑暗精神的最大体现者;又是鸦片战争后百年来对外投降、对内屠杀的反革命的汉奸刽子手们'安内攘外'路线的第一个大师。他于1872年病死于两江总督任内。著有《曾文正公全集》。

国藩在文章上是宗法桐城的。他推崇的历代圣哲人物三十二人,而姚鼐亦在其中。他在论文上的见解主张,基本上都本于姚氏。

甚而在学习古文的方法上,主张对古人范文要朗读、要模拟也都本于姚氏。

曾国藩因受姚氏影响,是非常重视写作艺术的。他虽然在道学上推崇程、朱,但对道学家的重理轻文的看法是极不同意的。他用文以载道的说法而认为"吾辈今日苟有所见而欲为行远之计,岂可不早具坚车乎"?!(《与刘孟容书》)

曾国藩在写作上,曾被后人目为桐城派古文中兴的第一大将(胡适《五十年来之中国文学》),至曾氏弟子如黎庶昌,他的《续古文辞类纂》序言中更是对他推崇备至。

曾国藩的文章,确有其独特的风格,这就是雄伟闳放,如《欧阳生文集序》、《湖南文徵序》、《送周荇农南归序》等。他的文章的特点不外:一、有内容有个人的见解,不是人云亦云;二、条理井然,层次清晰;三、用字遣词比较精当;四、笔锋往往注入个人感情。因此虽然是一般的应用文,却都具有某种程度的艺术性。因此受到当时人的称道。读曾氏文更应以批判的眼光读之,这样方能辨别其精华与糟粕。

严复(1854~1921),初名体乾,改名宗光,字又陵。后又改名复,字几道,号愈壄老人,福建闽侯人。初肄于马江学堂,习海军。光绪二年(1876年),派赴英伦,学习海军,光绪五年(1879年)卒业。曾任船政学堂教习、天津水师学堂总教习。甲午(1894年)中日之战失败后,清政府与日本订立了割地赔款的马关条约,一时瓜分中国之说,甚嚣尘上。严复目击当时国家的衰危,出于个人的爱国激情与对当时中西形势的理解,在天津《直报》上连续发表了《论世变之亟》、《原强》、《救亡决论》、《辟韩》等具有震动人心的时论文章。由于《辟韩》一文后为上海《时务报》所转载,而内容具有强烈地反封建专制主义与提倡民主主义的倾向,因而受到封建大官僚张之洞等人的嫉忌,在政治上险遇不测。以后严复又从事对西方学术名著的翻译,而其影响最大的为英人赫胥黎的《天演论》、斯宾塞的《群学肄言》、亚当斯密的《原富》、约翰穆勒的《群己权界》,法人孟德斯鸠的《法意》等。对落后愚昧的思想界产生了极大的启蒙作用。严复中年以后,思想渐趋保守,特别到晚年,曾参与袁世凯的"筹安会",因而遭到舆论界的指责,1921年去世。著作除译著外,有《严几道诗文集》。

严复的早期思想,过去蔡元培曾概括为:"尊民叛君"、"尊今叛古",要从他甲午后的论文来看还可以加上一句,即尊西叛中。严复在晚清对西方资本主义社会情况比较熟悉,对资产阶级的学术思想,有较深的钻研。同时对祖国的学术思想及政治社会情况,更其清楚。所以在中西对比上,能道出西方之所以强与中国之所以弱的主要原因。因此,他在时论中大声疾呼,想要救亡图存,免于亡国灭种的惨祸,只有全力向西方学习,摒弃中学,改革旧制,大力提倡民主和科学。这对当时思想界产生了发聋振聩的作用。而对当时青年一代的启发与诱导,尤其有着不可估量的巨大作用。

严复当时不仅在时论中直抒己见,并在新译的西方名著中,常常结合中国国情,写出"按语",在中西对比中发挥自己的见解。现在分析他当时的文章内容主要为:一、对当时岌岌不可终日的国家形势进行了淋漓尽致的揭露。二、从中西学术的比较,指出中国之所以落后与西人之所以强的原因之所在。三、痛斥科举制度用八股取士的弊病,不仅不能出人才而且还败坏了士风。四、大力提倡民主与科学。五、对传统的儒家思想的批判。这一些都是正确的。但到了辛亥革命前后,严复思想逐渐走上保守,最后竟走上复古主义的道路。其所以有此变化(不只严氏,其他资产阶级的改良主义者如康、梁都未能免),正如毛泽东同志所说的:"因为中国资产阶级无力,和世界已经进到帝国主义的时代。这种资产阶级思想,只能上阵打几个回合,就被外国帝国主义的奴化思想和中国封建主义的复古思想的反动同盟所打退了。……旧的资产阶级民主主义文化在帝国主义时代已经腐化,已经无力,它的失败是必然的。"(《新民主主义论》)严复思想的发展变化正是这段话的最好证明。

严复的散文,逻辑性强,并经常用对比的方法列举实证,同时在论及国家前途,民族命运时,往往无限忧愤之情洋溢于言表,充分流露出高度爱国主义思想,对读者具有强烈的说服力与感染力。

严复的译著,其对社会影响最大的为《天演论》。由于其内容的新颖,加上译文具有桐城古文的气息,竟成为许多青年们熟读的范文。即如当时的鲁迅、许寿裳等,对里边许多篇都能熟读成诵。这就说明它的影响是多么大了。

梁启超(1873～1929),字卓如,号任公,广东新会人。少颖异,八岁学为文,能缀千言。十五岁肄业于广州学海堂,十七岁举于乡,十九岁与陈千秋受业于康有为之万木草堂。1894年中日战争失败后,曾代表广东公车百九十人,上书陈时局。接着康有为联合公车三千人上书请变法,启超随其师多所奔走。1896年曾在上海主编《时务报》,提倡变法,后又去长沙,任时务学堂教习。

1898年,参与康有为、谭嗣同的变法运动,失败后,逃亡日本。最初主编《清议报》,1902年又创办《新民丛报》及《新小说》杂志,提倡改革小说。1905年,提倡君主立宪,反对排满革命,与革命派进行激烈的论战,因反时代潮流,终于以失败而告终。

辛亥革命后,曾任袁世凯政府司法总长。当袁氏帝制时,参与其弟子蔡锷的反帝制运动,袁氏失败后,又曾任段祺瑞内阁的财政总长。1926年,讲学清华研究院,1929年卒。著有《饮冰室合集》。

梁启超是晚清提倡维新变法的宣传家,先后主编了各种报纸,曾介绍西方哲学思想、科学思想,抨击中国顽固派的保守思想。他自称为晚清思想界烈山泽、辟新局之陈涉(《清代学术概论》二十六),这个话是很有道理的。

梁启超在学术上,于中国则宗法公羊,推崇龚、魏;于西方则信奉达尔文的"进化论"与卢梭的《民约论》。所以对一切都主张变革,反对保守,主张进化,反对复古。在文学上,主张"诗界革命","小说界革命",而在散文上则反对桐城义法,主张大力解放。

梁启超的散文,深受龚自珍的影响而有着进一步的发展。他的散文有长篇的论著,也有短篇的杂文。其长篇论著往往如长江大河,泥沙俱下。正如他自己所说的"纵笔所至不检束",但是条理井然,语言形象,并时时注入个人高度的爱国热情,因而对读者具有强烈的感染力。即如他的长篇传记《近世第一女杰罗兰夫人传》，完全是用文学的笔墨来论述女杰的一生，而重点则叙其在法国大革命时的政治活动，最后终于以身殉。文章一开端引罗兰夫人临终前的批评"自由"一词的话，接着用问答的口吻，对罗兰夫人进行介绍与评价。文中说：

> 罗兰夫人何人也？彼生于自由，死于自由。罗兰夫人何人也？自由由彼而生，彼由自由而死。罗兰夫人何人也？彼拿破仑之母也，彼梅特涅之母也，彼玛志尼、葛苏士、俾士麦之母也……

中间写罗兰夫人如何赞助其夫罗兰从事革命的伟业，为渲染其在法国大革命时之影响，插入了如下一段气势磅礴的文章：

> 虽然天不许罗兰夫人享家庭之幸福以终其天年也，法兰西历史必要求罗兰夫人之名以增其光焰也。于是风渐起，云渐乱，电渐进，水渐涌，谆谆！出出！法国革命嗟嗟！咄咄！法国遂不免于大革命！

文中写到罗兰与其党人从事重要计划会议时，而夫人常常参与，作者以形象的笔触刻画她当时的情况道：

> 呜呼！当此国家艰难之时，衮衮英俊，围炉抵掌以议大计，偶一瞥眼则见彼眉轩轩、目炯炯，风致绝世，神光逼人，口欲言而唇微唶，眼屡闪而色愈历之一美人监督于其侧，夫人虽强自制，而其满腔之精神，一身之魔力，已隐然举一世之好男儿而卢牟之矣，亭毒之矣！

文章写罗兰夫人最后为敌人杀害，而罗兰夫人革命之精神，终于影响一世。作者在结尾时指出在上位者与在下位者，读此传后，均应有所鉴戒。这篇文章当时传诵海内，因而曾有人认为拿破仑与梅特涅两人同为一母之生，为什么性格竟那样的不同。

又如长篇论文《论进步》，在论述西方之所以有今日之文明，而中国则否的原因，进行了内因与外因的分析，而最后则认为欲进步、欲改革，则必不免于破坏。任公写这篇文章时是1902年，当时他是倾向革命的。因而大倡"破坏主义"。在这篇文章的结尾道：

> 然则救危亡求进步之道奈何？曰必取数千年横暴混浊之政体，破碎而斋粉之，使数千万如虎如狼如蝗如螨如蛾如蛆之官吏失其社鼠城狐之凭藉，然后能涤荡肠胃，以上于进步之途也，必取数千年腐败柔媚之学说，廓清而辞辟之，使数百万如蠹鱼、如鹦鹉、如水母、如畜犬之学子，毋得摇笔弄舌，舞文嚼字，为民贼之后援，然后能一新耳目，以行进步之实也，而其所以达此目的之方法有二：一曰无血之破坏，二曰有血之破坏。

即从以上所举两文，已可见任公当时文章风格之一斑。至于短篇杂文，其具有浓厚的文学色彩的，有揭发，如《说橙》：文中引农民的计算，新会如果全县种植橙子，岁收可增一万一千万，可是现在县官岁以橙贡天子，岁十月差役大索于野，号为贡橙，罄所有乃去。百亩之橙，一日尽之矣，故今日新会之橙将绝于天下。

又有《傀儡说》，写于戊戌后一年，指出西后以皇上（光绪）为其傀儡，而荣禄又以西后为其傀儡，而俄人又以中国政府为其傀儡。语极精辟，一针见血。

革命预言性质的小文如《动物谈》，列举甲乙丙丁四人，各以个人所见之动物的对话，用以比拟中国之人民如巨鲸，因无脑气筋，所以任人宰割而不知疼痛。又如意大利某巨壑之盲鱼，盲无所见，一旦与不盲者遇，因而遭到吞噬，几将绝种。又如巴黎走向屠宰机前的羊群，不知死期已至，仍前后追逐，雍容雅步。又如伦敦博物院中陈列的人制的睡狮，由于机件已坏，因而长睡不醒。这虽系短札，而比拟深切，所以能发人深省！

章炳麟的诗歌，已见前章，现在谈谈他的散文。太炎在晚清，鲁迅称他是"一位有学问的革命家"（《关于太炎先生二三事》）。所以在散文上有两种：一是具有革命精神的战斗性散文；二是具有实事求是、有个人独到见解的述学文。今分述于后：

太炎幼年从他外祖父朱左卿读书时，即受到晚明王船山、顾炎武两人民族思想的影响，因此种下排满思想的根子。后来又读到《明季稗史十七种》,因而革命之志益坚。甲午战后的次年,参与了康、梁师弟的变法维新运动,戊戌变法失败后,虽受株连,曾一度逃亡台湾(时该省已割给日本)。归来后往谒他的业师俞樾,遭到俞樾严厉地斥责和辱骂。太炎于是就发表了《谢本师》一文,表示同他断绝关系。在这篇小文中,太炎毫不示弱地以民族大义相诘责,文中道:"先生既治经,又素博览,'戎狄豺狼'之说,岂其未喻!而以唇舌卫捍之,将以尝仕索虏,食其廪禄耶!?"从此就同他的业师彻底决裂了!

其次是他的《驳康有为论革命书》。当时康氏已堕落成反动的保皇派,他当时发表了《与南北美洲诸华商书》,主张保皇,反对革命。文中的话完全是为清政府涂脂抹粉,评功摆好,同时歌颂载湉的英明,认为革命适足以引起大乱,并有亡国的危险。太炎针对他的论点,一一加以驳斥,真是词严义正,揭露了清廷的罪恶,说明只有走革命的道路,才能救亡图存。这篇文章在《苏报》上发表后,震动了当时舆论界,于是清廷必欲置之死地而后快。终于因此遭到逮捕,被租界法庭判处了三年徒刑。

太炎出狱后到日本东京主编《民报》。正如鲁迅文中所说:

> 我爱看这《民报》,但并非为了先生的文笔古奥,索解为难,或说佛法,谈"俱分进化",是为了他和主张保皇的梁启超斗争,和"××"的"×××"斗争,和"以《红楼梦》为成佛之要道"的×××斗争,真是所向披靡,令人神旺。(《关于太炎先生二三事》)

这里边第二项为和献策的吴敬恒斗争。在1908年的《民报》中有《复吴敬恒书》与《再复吴敬恒书》。文中除对吴向清廷官僚俞明震逮捕邹容及其本人献策,作详细地说明外,并在第二书中,不但揭露其丑史,并且进行骂詈。像"足下本一洋奴资格,迨而执贽康门,特以势利相缘,非梁启超、陈千秋辈,从之求学者比。先生既败,文武道穷,今日言革命,明日言无政府,外椠大阉,亡其雅素。"最后教训他道:"善箝而口,勿令舐痫;善补而裤,勿令后穿,斯已矣!"

这些战斗的文章,后来太炎自定丛书都删去了,鲁迅对这样作,深不以为然。他说:

今年吴先生讥刺太炎先生受国民政府优遇时，还提起这件事。这是三十余年前的旧帐，至今不忘，可见怨毒之深了。但先生手定的《章氏丛书》内，却都不收录这些攻伐的文章。先生力排清虏，而服膺于几个清儒，殆将希踪古贤，故不欲以此等文字自秽其著述。……但由我看来，其实是吃亏上当的。此种醇风，正使物能遁形，贻患千古。(《因太炎先生而想起的二三事》，见《且介亭杂文续编》)

鲁迅的看法是对的。而他自己也正是这样作的。试读他的《伪自由书》、《准风月谈》等杂文集的《后记》，就可以了解他为什么要这样作了。

其次是述学文。太炎在这方面的论著有早年的《訄书》(后改为《检论》)和《国故论衡》等。太炎是晚清的大学者，不仅学问渊博，而且有精辟的独到之见。他是乾嘉朴学中皖派的压阵大将。他的述学论文析理明晰，论证确凿而文辞又极其简练。他的《检论》中《清儒篇》对清代二百多年的学术发展，仅用四千余字，作了全面的论述，并说明其源流特点，评论其得失。没有高度的概括力与精练的语言，是绝对做不到的。即如他比较吴皖两派在学风上的不同，也只用几句话："凡戴学诸家，分析条理皆密严瑮，上溯古义，而断以己之律令，与苏州诸学殊矣。"

此外如《案唐》一文，不仅用清代朴学家的实事求是、诚朴笃实的精神批判唐初王勃伪造史事、盛称先德的虚伪浮夸的卑污作风，同时对整个唐代一般士大夫所受其恶劣影响进行了批判，最后联系当时保皇派的学风与唐代士风有其极端相似之处。所以他在批判了唐代的士风同时也抨击了现时的维新派的浮夸之风。由此可知，太炎的文章，已完全摆脱了乾嘉学者"为学术而学术"的风气，而是结合实际，借古喻今，具有一定的战斗性、政治性的学术论文。

第四章　中国近代的小说

中国从 1840 到 1919 这近八十年间的小说,从其思想内容与创作方法而论,显然可以分作三个时期:

第一个时期,为 1840 至 1894 年。

第二个时期,为 1894 至 1911 年。

第三个时期,为 1911 至 1919 年。

现分述于后:

第一时期:(1840~1894 年)这是中国小说的中衰期。在 1840 年鸦片战争以前,中国小说曾经出现过一个黄金时代,也可以说出现过以现实主义创作方法为主流的创作高峰。原因是从清代开国,直到乾隆朝,百余年间作者在思想上受晚明左派王学及公安派文学革新运动的影响,在思想上一定程度地摆脱了传统儒家思想与程、朱理学的束缚。在立场上,倾向于广大被压迫人民,并倾向于追求平等、自由与个性解放,揭露并抨击现实社会中封建统治阶级及其帮凶们对人民所进行的残酷剥削与压迫。同时对封建的婚姻,以及社会上不合理的等级制度不同程度地给以批判。此外还塑造了一些敢于冲破封建传统思想网罗的青年男女们的叛逆形象。在写作上则是运用了现实主义与积极浪漫主义或者二者互相渗透的创作方法。作为这一时期的代表作是《聊斋志异》、《儒林外史》及《红楼梦》等小说,以及《桃花扇》同《长生殿》等戏曲。

但是反动的封建统治阶级和他们的御用文人们,对这一股汹涌澎湃的冲破封建传统堤防的进步思潮,是怕得要死的,因而他们不能不采取种种打击与扼杀的措施,而使之夭折。他们的办法一是大搞文字狱,对于当时不甘心俯首帖耳作他们的奴隶或奴才的知识分子,借端给以杀头,或族诛的严刑。其次是大力提倡宣扬纲常名教的奴隶主义的程、朱派理学。三是对过去这种具有反对封建思想的文学创作与理论,则予以口诛笔伐,并通令禁止与销毁。在康、雍、乾三朝竭力推行这种文化专制主义政策的统治下,果然奏了效。到嘉、道时期,于是在小说方面就出现了一股逆流。这股逆流,就是创作了为封建统治阶级利益服务的一些思想腐朽以至于立场反动的小说。其中比较突出的作品,就是《荡寇志》、《品花宝鉴》、《花月痕》、《儿女英雄传》,以及稍后的《海上花列传》。还有仿《聊斋志异》的短篇小说《淞隐漫录》等。这些小说的内容包括以下四个方面:

一、丑化农民起义的英雄,歌颂镇压农民起义的刽子手的《荡寇志》。这部小说作者是嘉、道时期的俞万春。

俞万春又名仲华(1794~1849),别号忽来道人,浙江山阴人。平生屡次参加清朝统治阶级镇压农民起义的战争,所以他的立场纯粹是封建统治阶级的立场。

《荡寇志》,作者开始写于道光六年(1826),历时22年,直到道光二十七年(1847)始定稿,但还没来得及细加润色而逝世,后经其子俞龙光代为修饰,于道光二十九年(1849)问世。

书中对梁山泊英雄极尽歪曲丑化之能事。如把梁山头领宋江,描写成一个阴险毒辣、为个人地位不惜出卖梁山泊利益的个人野心家。其它如卢俊义、林冲等等,也无不给以丑化。相反地对反动统治阶级镇压人民起义的刽子手陈希真、陈丽卿,则大力加以美化。把陈希真刻画成菩萨心肠、英雄手段、神仙事业、名将风流、十全十美的英雄人物。而镇压人民起义军的急先锋陈丽卿(陈希真之女),书中把她刻画成天真烂漫、勇冠三军的名将。

这部思想反动的作品,在故事情节安排、人物刻画上,却具有相当高的艺术水平,因此鲁迅称它"几摩前人之垒"(《中国小说史略》)。

二、写封建官僚地主及士大夫的颓唐放荡生活的,有《品花宝鉴》、《花月痕》、《海上花列传》等。

《品花宝鉴》的作者陈森,自署毗陵人,号少逸。道光中在京都出入菊部,因就个人见闻,写成此书,共六十回。

乾隆时,优与倡无异,当时男伶称为像姑。《品花宝鉴》中全写男伶与当时士大夫及其富家子弟彼此眷爱与狎昵的生活。书中叙事行文,以缠绵见长,风雅为主。鲁迅评论:

描摹儿女之书,昔又多有,遂复不能摆脱旧套。虽所谓上品,即作者之理想人物如梅子玉、杜琴言辈,亦不外伶如佳人,客为才子。温情软语,累牍不休,独有佳人非女,则他书所未写者耳。(《中国小说史略》第二十六篇《清之狭邪小说》)

至于写知识分子眷爱妓女的,则有魏子安的《花月痕》。

魏子安(1819~1874)名秀仁,福建侯官人,乡试中试,屡上公车不售,于是从事游幕生活。最后曾为成都芙蓉书院院长,因乱回里,卒年五十四。

书中写男主人公韦痴珠与韩荷生两人,都到并州游幕,友谊极笃,并经常去妓馆,各有所眷。韩所爱者为采秋,韦为秋痕,但二人日后升沉与婚姻的离合,则大不相同。韦痴珠遭遇不偶,潦倒以死。而韩则一帆风顺,飞黄腾达,最后升至兵科给事中,因战功累至封侯。而采秋则早嫁韩,竟封一品夫人。

作者书中写韦、韩二人的遭遇与结局,实为自己个人后日的结局作两种可能的设想,但后来作者既不像韩的飞黄腾达,也不像韦的潦倒以死。说明理想与现实,是不可能完全相符的。

此外还有写妓女生活的,如松江韩子云的《海上花列传》。书中所写不似上述两书所写士大夫与优伶妓女相互眷爱的柔情艳迹,其用意则系对妓家的奸谲诡诈,给以揭露,借以教育当时耽情声色的读者。书中说按心寻踪,心通其意,见当前之媚于西子,即可知背后之泼于夜叉;见今日之蜜于糟糠,即可卜他年之毒于蛇蝎;可知其创作意图之所在。此书在语言上纯用苏白,在手法上则采用直叙与白描来刻画人物,因而得到鲁迅的好评,谓其"记载如实,绝少夸张,则固能自践其'写照传神,属辞比事,点缀渲染,跃跃如生,之约者矣"。(《中国小说史略》第二十六篇《清之狭邪小说》)

三、开侠义小说先河的《儿女英雄传》。这部书是满州作家文康著。文康费莫氏,字铁仙,根据该书马从善的序文说:

> 先生少席家世余荫,门第之盛,无有伦比。晚年诸子不肖,家道中落,先时遗物斥卖略尽。先生块处一室,笔墨之外无长物,故著此书以自遣。……且先生一身亲历乎盛衰升降之际,故于世运之变迁,人情之反覆,三致意焉。先生殆悔其以往之过而抒其未遂之意欤!

文康同曹雪芹一样,同为早年贵盛晚年潦倒,但两人思想则大相悬殊。曹雪芹的《红楼梦》根据个人经历,揭露了封建社会制度的罪恶,其创作方法,为现实主义的。而文康的《儿女英雄传》所写的,乃纯虚构,借一个理想的圆满家庭,来安慰自己晚年精神上的空虚。因此,作品中的女主人公十三妹,纯粹是传奇式的人物,而创作方法乃是浪漫主义的。胡适评此书,甚鄙其庸俗的思想,说本书作者:

> 究竟也还脱不了那"世上人"的俗见,他写的"英雄"终脱不了"使气角力"的邓九公十三妹一流人,他写的"儿女"也脱不了才子佳人夫荣妻贵的念头。

胡适曾极不满意《儿女英雄传》的庸俗思想,但对它的语言艺术,则异常欣赏。他认为在语言的生动上,简直超过了《红楼梦》。因此胡适对这部小说竟作了较高的评价,说什么:

> 为了这点子语言上的风趣,我们真愿意轻轻地放过这书内容上的许多陋见与腐气了。

胡适形式主义的文学观,在这里表现得何等突出。

《儿女英雄传》之后,歌颂侠义的有《三侠五义》。这部小说原名《忠烈侠义传》,署石玉昆述。后俞樾见此书大为欣赏,惟认为开篇写

"狸猫换太子"为不经,乃另撰第一回,并概括书中侠士,改《三侠五义》为《七侠五义》。正如鲁迅所说:"凡此流著作,虽意在叙勇侠之士,游行村市,安良除暴,为国立功,而必以一名臣大吏为中枢,以总领一切豪俊。"(《中国小说史略》第二十七篇《清之侠义小说及公案》)对之深表不满之意。到三十年代,鲁迅已成为马克思主义者,从阶级的观点出发,对此种侠义作品,有了更进一步的分析与批判。他在《流氓的变迁》中说:"满州入关,中国渐被压服了,连有侠义的人也不敢再起盗心,不敢直斥奸臣,不敢直接为天子效力,于是跟一个好官员或钦差大臣,给他保镖,替他捕盗。一部《施公案》也说得很分明,还有《彭公案》、《七侠五义》之流,至今没有穷尽。他们出身清白,连先前也并无坏处,虽在钦差之下,究居平民之上。对一方固然必须听命,对别方还是大可称雄。安全之度增多了,奴性也跟着加足。"(《三闲集》)就从这里,可知此类小说,是如何在为统治者服务了。

四、继《聊斋》之后出现的传奇小说集《淞隐漫录》。这部小说集是太平天国起义运动时期的作者王韬写的。

王韬(1828~1897),江苏长洲(今吴县)人,初名利宾,字紫诠,别号弢园老人,天南遯叟。早年从事科第,屡试不售,后应英传教士之聘,至上海,任职英教会主办的墨海书馆。后因回乡上书太平军将领刘肇均事为清廷所知,遂被缉拿,因去香港,后又去英国为教士理雅各译书。1874年,在香港主编《循环日报》,评论时政,主张变法自强,后为李鸿章所默许,回上海,主持格致书院,曾为洋务派当局出谋献策。著有《弢园文录》、《外编》等若干种。

《淞隐漫录》系王韬晚年之作。最初以单篇刊于《申报》发行的画报。后辑成书,共十二卷,一百二十一篇。作者在《自序》中说明他写作的动机道:

追忆三十年来所见所闻,可惊可愕之事,聊记十一,或触前尘或发旧恨,则墨渖淋漓,时与泪痕狼藉相间。每脱稿即令小胥缮写别纸,尊闻阁主见之,辄拍案叫绝,延善于丹青者,即书中意绘成图幅,出以问世。将陆续成书十有二卷,而名之曰《淞隐漫录》。

本书很显然是模仿《聊斋》而写成的短篇传奇小说集。因而又名《后聊斋志异图说》,或《绘图旧聊斋志异》。作者尽管在自序中说明鬼狐神仙之荒诞,很清楚他是不相信这些的。但由于自己的耿介坦直,因而遭遇不偶,故借鬼狐仙佛以寄愤或抒怀。不过从这些作品的内容上看,在思想水平上,似乎远逊于《聊斋志异》。

一、《聊斋》对当时官僚吏胥之贪残凶暴,多所揭露,表现出愤愤不平之气,而《漫录》中绝无。

二、《聊斋》中对异族统治者对人民反抗的镇压,也予以揭露,而透露出作者的民族意识,但《漫录》对太平天国则以发逆称之。很清楚是站在统治者立场上的。

三、《聊斋》中对社会之黑暗,人心之险诈,多所揭露,《漫录序》对现实也深怀不满,但小说则写的很少。

因以上种种,小说中反封建思想极不显著。但是《聊斋》作者思想中所存在的封建糟粕,《漫录》中却应有尽有,即如一、如扶乩一类的迷信,《漫录》中则写得神乎其神,而且乩仙的话竟得到应验(《蒋丽娟》)。二、《聊斋》中不反对一夫多妻,而且以此为艳事,《漫录》中也这样,如《蒋丽娟》。三、《聊斋》作者是"金莲迷",写一美人必涉及到下体,而《漫录》作者也在许多篇中,表现出这种不健康的美的观点(《窅娘再世》)。

在艺术上,作者语言明澈流丽,很少运用典故,同时描景抒情,也极生动真实,历历如绘。但大抵叙男女的爱情,或婚姻的纠葛,尤其写上海的妓女生活,这是《聊斋》中所无的。衍袭此风,以后就出现了韩子云的《海上花列传》。到晚清狭邪小说,竟成为一时的风尚。

第二时期:从1894年到1912年,也就是从甲午战争到辛亥革命,这是中国小说在发展中的蜕变时期。

甲午中日战争,中国的惨败,招致了割地赔款、丧权辱国的《马关条约》的订立。大清帝国的纸老虎彻底被戳穿了。曾国藩、李鸿章之流的军阀官僚所积极提倡的富国强兵的洋务运动,全部破产。于是列强瓜分中国之说,喧嚣一时。这才惊醒了中国士大夫们歌舞升平的迷梦,而忧时忧国的先进人士,进一步向西方寻求真理,企图用西方的民主与科学,来医治中国人的愚昧与贫弱,以实现对国家与民族的救亡图存的目的。其表现之于政治上的,即维新变法运动蓬勃兴起,而成为一股不可阻遏的时代思潮。为维新变法作舆论宣传的,即创办报章杂志,介绍西方的政治、经济、哲学等各种新思想新学说。至于文学,当然也毫不例外。在文学中首先被注意和重视的,除诗歌而外,就是小说。特别当戊戌变法失败后,梁启超逃亡日本,到1912年,他除主编《新民丛报》外,并创办了《新小说》杂志,发表了《译印政治小说序》与《论小说与群治之关系》等论文,并在刊物中发表了个人的创作,如小说《新中国未来记》,戏曲《新罗马传奇》、《劫灰梦传奇》等,他在理论上大力宣扬小说对改革社会的巨大作用,把小说抬高到与经史相等的地位。

在梁启超的影响下,一时间在上海出版的小说刊物如雨后春笋,其中除创作外,还有对西方小说理论与创作的介绍,并在西方文学理论的影响下,对中国宋、元以来小说以及戏曲等,进行了全新的估价,批判了过去正统派文人轻视小说,歪曲小说的错误观点,用民主思想,以及人性论的观点,来阐发宋、元以来小说戏曲的反封建思想的内容。所以到晚清西学的输入,特别对西方文学思想与创作的介绍,使中国文学界开阔了新的视野。在对小说戏曲的认识上,产生了一个巨大的划时代的变化。

理论虽然有着显著的进展,但创作实践则远远地跟不上,其原因:一则当时全国都在高喊维新,但具体到作家,有的世界观远远落后于形势的发展,有不少高呼维新口号的作者,其思想还是沿袭洋务派的"中体西用"论。一脑子的纲常名教,并且还为捍卫此种传统思想而大声疾呼,根本不理解自由、平等为何事。即如著名的谴责小说作家李伯元、吴沃尧、刘鹗等,都是如此。

另外一些革命派作者,为了借文艺来为革命服务,又往往粗制滥造一些作品,只注意革命思想的宣传,而忽视艺术水平的提高,因而作品的成就不大。

还有部分流寓上海的文人,借写稿以谋生,为了个人生活,不免有意地适应市民们低级趣味,于是写出了大量的男女爱情一类的作品,这类作者后被称为鸳鸯蝴蝶派。

下边试将被鲁迅称为谴责小说的几位作家,略作论述。

一、李宝嘉(1867～1908)字伯元,别署南亭亭长,江苏武进人。因累举不第,去上海从事新闻工作,曾主编不少报纸,后到商务印书馆编《绣像小说》,写小说十余种,而代表作则为《官场现形记》,及《文明小史》。

从这两部小说中,反映出晚清的官场与社会的种种的黑暗现实,揭露了统治者与统治者、统治者与人民、以及中国人民与帝国主义者中间的种种矛盾与斗争。还有家庭中父子之间,夫妇之间,所出现的矛盾。李伯元以现实主义的写作方法,对上述矛盾作了淋漓尽致地刻画与描绘,因而启发了读者。不过李伯元的政治倾向是保皇派,是反对革命的。他的写作动机在指出弊端,期望政府的改革,而不是要推翻清朝的政权。因此,他的作品的客观效果,同他本人的意图,是矛盾的,这也是他所不及料的。

二、吴沃尧(1866～1910)字趼人,广东南海人。因家在佛山镇,故笔名为"我佛山人"。他是一个多产的作家,其代表作为《二十年目睹之怪现状》、《九命奇冤》、《恨海》等。

《二十年目睹之怪现状》中,揭露官场的黑暗,人心的奸诈,通过主人公九死一生的所见所闻,把当时社会作了形象的刻画,令读者为之触目惊心。可惜作者对当时世道人心之败坏、黑暗的政治与世风的改革所具的认识,不是从政治制度上去着眼,而是认为道德堕落的结果。因此,他大力主张恢复旧道德,最明显的例子,是他写的《恨海》中,就塑造了两个青年男女的典型,一为张棣华,为孝女节妇的典型。一为陈仲蔼,为孝子义夫的典型。

至于他的政治立场,完全是站在清王朝统治者的立场。他在《剖心记》中,对革命党人徐锡麟刺杀安徽巡抚恩铭一案,把恩铭说成是贤明的官吏,徐锡麟是野蛮的凶徒。恩铭部下对徐进行剖心致祭,并且把它吃掉的残酷野蛮的暴行,曾遭到中外舆论的谴责,但吴沃尧却为此而替清廷辩护。吴沃尧思想的顽固、反动,即此已可以充分证明了。

三、刘鹗(1857～1909)字铁云,江苏丹徒人。他是洋务派中一位封建买办,在他经手用外资在河南、山西开办煤矿的过程中,出卖国家利益,发了大财,因而被时人目为汉奸。他的小说《老残游记》,由于在艺术上有一定的水平,所以曾经风行一时。其政治立场,从书中主人公梦中看到在风浪中行驶的一只残破的大船,和对船上几种人行动的评论,可以看出他是拥护清王朝,而反对革命的。

小说中借主人公老残在游历中的见闻,揭露了当时官吏如玉贤的残暴、刚弼的武断,以致在他们统治下的人民过着暗无天日的生活。同时也批判了抚台治河采取了错误的理论与方法,造成了黄河湮没的惨祸。

这部作品所以受到后人的称道,是由于在艺术上有较高的成就。一向被选入中学课本中的《大明湖》、《黄河打冰》、《白妞说书》等,都是以白描的手法,来写景状物,用烘托的手法,写人物事件,因而给予读者以深刻的印象。

四、曾朴(1872～1935)字孟朴,笔名东亚病夫,江苏常熟人。生平代表作为《孽海花》。这部小说反映了清末几十年间的政治文化、社会生活等方面的大事件。涉及当时朝野上下士大夫的学术风尚、政治思想以及生活趣味等情况。

曾朴是当时的维新派,因此书中对该派的主要人物,如唐猷辉(康有为)、戴胜佛(谭嗣同)等,都带有赞扬的色彩。另外当时维新派与革命派之间,还没有分道扬镳,因而书中对革命派中人物,如孙中山、陈清等的革命活动,也有所反映。

在作者思想中还残存着因果报应的迷信观念,如对傅彩云与金雯青的婚姻关系,认为傅为金前曾被遗弃的妓女自杀后而转生的。

这种因果报应的写法,遭到胡适的抨击。

第三时期:从1912到1919年,这是中国近代小说的第三时期。辛亥革命推翻了清王朝的统治,结束了中国两千多年的封建专制政体。当时进步人士都为之欢欣鼓舞。但是好景不长,很快就被袁世凯篡夺了革命果实。袁氏包藏祸心,蓄意帝制,最初用武力镇压革命派,大批起用清室的官僚,提倡尊孔读经,最后终于演了一出帝制的丑剧。由于全国人民的声讨,袁氏以忧愤死。但接着又有康有为、张勋拥戴溥仪复辟的滑稽戏,也很快地被段祺瑞的军队给推翻了。最后在段氏当政的时候,由于欧战的结束,为日本霸占山东问题,爆发了"五四"运动,从此,揭开了中国历史的新篇章。

辛亥革命到五四运动,中间不过六七年之间,中国政局起伏变化,动荡不安,竟如此频繁,所以在文学上,特别在小说上很难出现什么杰出的作家与作品。当时一部分革命派的文人,如南社诸公,大抵对现实感到悲观失望,特别生活在上海的,都溺情于青楼楚馆。原来旅居上海的一些没落文人,在写作上更是竭力写一些艳情、哀情一类鸳鸯蝴蝶派的小说,以投合时人的低级趣味。这些作品,到20年代曾受到文学研究会作者沈雁冰、郑振铎等人的批判。

在这个阶段,小说创作上比较值得称述的,是苏曼殊的短篇作品。

曼殊的诗歌,已见前章,他在辛亥革命后,发表了一些小说。从内容上看,具有自传性的有《断鸿零雁记》,其次写封建婚姻制度下,男女恋爱出现悲剧的,有《绛纱记》、《焚剑记》、《碎簪记》等。此外从作品中时时流露出民族思想与爱国激情的,即在《断鸿零雁记》中论述宋亡时,陆秀夫抱幼帝殉国的故事,而在《绛纱记》中,反映了戊戌变法被镇压时,反动统治者对维新派党人大肆株连的暴行。

由于曼殊小说多半写男女爱情,因此有人认为他的作品开了后来鸳鸯蝴蝶派的先河,不过后来作者,日趋泛滥,这是曼殊个人所不及料的。

综上所述,可知近代小说其第一期,乃中国古典小说中衰时期,不论思想与艺术,与晚明以来几部名作,简直有天渊之别。第二期,小说界受西方新思潮的影响,在理论上比过去有所突破,但有些作者由于思想的保守,未能摆脱传统思想与道德观的束缚,因而也未出现超迈前人的作品。但由于时代在前进,新思潮在发展,文学在原有的基础上,撷取西方文学之长,而产生新的划时代作品,正在孕育。"五四"文学革命爆发后,鲁迅的像春雷一样的作品《狂人日记》出现后,遂结束了几千年来中国的古典小说,而为中国现代小说的创作开辟了一个崭新的历史时代。

中国近代文学作家论

龚自珍

一

龚自珍(1792～1841),号定庵,浙江仁和人。清乾隆五十七年,生于一个封建官僚的家庭中。祖敬身,乾隆己丑进士,官至云南迤南兵备道。父丽正,嘉庆丙辰进士,官至江南苏松太兵备道。他的母亲是乾隆时期著名的朴学家段玉裁的女儿,具有较深的文学素养,因此在童年,其母即授以吴梅村诗。(癸未《三别好诗序》)十二岁,他的外祖父段玉裁,就又教给他以许氏《说文部目》。十六岁读《四库提要》。由于他幼年经常生活在外祖父家里,而段氏是当时东南有名的学者,和他经常往来的多半是在文学上和学术上的知名之辈,因而定庵得以有机会和这一些人周旋,如臧在东、顾子述、恽子居、赵味辛等。(丁亥《常州高才篇送丁若士》)加上定庵天资超绝,所以在诗文的创作和学术的研究上,早已名噪一时。所谓"貂毫署年年甫中,著书先成不朽功,名惊四海如云龙"(《能令公少年行》)等诗句,正说明了他当时的实际情况。

定庵具磊落不羁之才,早年抱澄清天下之志,(《己亥杂诗》)但是遭遇不偶,二十七岁应浙江乡试,始中式,二十九岁官内阁中书,三十八岁(道光九年己丑)始中进士。后官宗人府主事,久困闲曹,于是寄情于诗,寄情于著述,寄情于醇酒与妇人。所谓:

奇气一纵不可阖,此是借琐耗奇法,
　　奇则耗矣琐未休,眼前胪列成五岳。

　　不容儿辈妄谭兵,镇物何妨一矫情,
　　别有狂言谢时望,东山妓即是苍生。

　　风云材略已消磨,甘隶妆台伺眼波,
　　为恐刘郎英气尽,卷帘梳洗望黄河。(《己亥杂诗》)
正是他这种生活的具体写照。

　　道光十九年,定庵乞假南归,越两年卒于丹阳,著有诗文集及其他论学著述数十种。

二

　　定庵的一生,正处在清王朝的统治由盛而衰的时代。在清代的初叶,由于统治者以异族入主中国,因而形成了民族的与阶级的双重矛盾。清王朝以严刑峻法,来镇压汉民族的起义运动。同时又屡兴文字狱,来诛锄士大夫阶层的桀骜不驯之气,从而使其统治权逐渐趋于巩固。但为时不久,统治阶级日趋腐败,政治上招权纳贿,对人民进行残酷的搜刮;生活上骄奢淫佚,置政治的颓败与民生的疾苦于不顾。加以西方列强的侵略矛头已指向中国,洋货鸦片逐渐渗入。所以尽管在表面上似乎是天下太平,实际在这时一面国内的阶级矛盾日趋于尖锐化,另一面同西方列强的矛盾也有着一触即发之势。

　　在这样的情况下,由于定庵生禀磊落不羁之才,又出身于三世为宦的家庭,世居京都,熟悉国家政治情况。特别是他遭遇不偶,早年科场失意,中年宦途落拓,于是以其锐利的目光,客观的态度,来观察分析当时朝政的腐败,西方列强势力的入侵,以及广大人民群众所受的压迫。于是感于时代的将变,因而发为危言深论,揭出时代的病痛,提出革改政治的意见,成为中国提倡变法维新的先驱者。

　　清代学术,在乾嘉时期最盛行的为考据之学。当时有所谓吴皖两大派,就中特别是皖派大师戴东原,攻击程、朱,著《原善》及《孟子字义疏证》。同时如纪昀,在其所纂修之《四库全书总目提要》中,对宋儒理学亦时有微辞。当时在文学上有所谓桐城派,标榜"学行程朱,文章韩欧",卫护宋儒。这派中的学者方植之,著《汉学商兑》,来抨击考据学的破碎。此外在史学上又有浙东学派,重要学者如章学诚所著《文史通义》,也诋訾汉学繁碎,主张言天人性命必有切于人事,也就是理论与实际应该结合,不应空谈性理。另外又有常州的庄(存与)刘(逢禄)之学,"于六经皆能阐抉奥旨,不专专为汉宋笺注之学,而独得先圣微言大义于语言文字之外"。(阮元《庄方耕宗伯说经序》(《味经斋遗书》卷首))

定庵生当嘉道之际,为当时考据学大师戴东原的高足弟子段玉裁的外孙,幼年习闻东原之论,自不待言。稍长又读纪昀的《四库提要》,熟知程、朱理学之弊,所以在思想上他受程、朱思想的束缚较轻。其次他又深受浙东史学的影响,承实斋的"六经皆史"之论,对汉学的脱离实际,为学术而学术的倾向也深不以为然。他在《乙丙之际箸议第六》中讲:

> 后之为师儒不然,重于其君,吾所以使民者,则不知也。重于其民,民所以事君者,则不知也。生不荷耰锄,长不习吏事,故书雅记,十窥三四,昭代功德,瞠目未睹,上不与君处,下不与民处。由是士则别有士之渊薮者,儒则别有儒之林囿者,昧王霸之殊统,文质之异尚。其惑也,则且援古以刺今,嚣然有声气矣。是故道德不一,风教不同,王治不下究,民隐不上达,国有养士之赀,士无报国之日。殆夫,殆夫!终必有受其患者,而非士之谓夫?

特别是常州派兴起后,定庵颇醉心于庄刘公羊之学,而倾向于通经致用。而此种精神,与浙东史学的言性命者必究于史的主张,颇有一致之处。所以定庵平生对当代政治非常留意,观察分析,终于揭露了当时现实中所存的种种矛盾,并大胆地提出个人的看法与主张。

首先他指出清代的君主专制,对士大夫的震荡摧锄,使他们廉耻

道丧,形成偷惰畏葸之风。他说:

> 昔者霸天下之氏,称祖之庙,其力强,其志武,其聪明上,其财多,未尝不仇天下之士,去人之廉,以快号令;去人之耻,以嵩高其身。一人为刚,万夫为柔,以大便其有力强武,而允孙乃不可长。乃诽,乃怨,乃责问,其臣乃辱。荣之宂,辱之始也;辩之宂,诽之始也;使之便,任法之便,责问之始也。……大都积百年之力,以震荡摧锄天下之廉耻,既殄,既狋,既夷,顾乃席虎视之余荫,一旦责有气于臣,不亦莫乎! (《古史钩沈论一》一本作"觊耻")

在这种情况下,一般政府的官吏,只知唯唯诺诺,奉行故事,保持自己的禄位,什么国家,什么人民,都不在自己考虑范围之内。所以定庵在《明良论二》中指出当时仕风的泄沓情况道:

> 官益久,则气愈偷;望愈崇,则谄愈固;地益近,则媚亦益工。……臣节之盛,扫地尽矣。……窃窥今政要之官,知车马服饰,言词捷给而已,外此非所知也。清暇之官,知作书法,赓诗而已,外此非所问也。堂陛之言,探喜怒以为之节,蒙色笑,获燕闲之赏,则扬扬然以喜,出夸其门生妻子。小不霁,则头抢地而出,别求夫可以受眷之法。彼其心,岂真敬畏哉?问以大臣应如是乎?则其可耻之言曰:"我辈只能如是而已。"至其居心又可得而言,务车马捷给者,不甚读书,曰:"我早晚直公所,已贤矣,已劳矣。"作书赋诗者,稍读书,莫知大义,以为苟安其位一日,则一日荣,疾病归田里,又以科名长其子孙,志愿毕矣。且愿其子孙世世以退缩为老成,国事我家何知焉。嗟乎哉!如是而封疆万万之一有缓急,则纷纷鸠燕逝而已,伏栋下求俱压焉者鲜矣。

他根据当时西方列强的强大,以及中国在长期专制制度的压抑下,政治的腐败,经济的破产,人民生活的困苦等情况,于是预言天下之将乱。他说:

> 世有三等,三等之世皆观其才。才之差,治世为一等,乱世为一等,衰世别为一等。衰世者,文类治世,名类治世,声音笑貌

类治世。黑白杂,而五色可废也,似治世之太素。宫羽淆,而五声可铄也,似治世之希声。道路荒,而畔岸骧也,似治世之荡荡便便。人心混混,而无口过也,似治世之不议。左无才相,右无才史,阃无才将,庠序无才士,陇无才民,廛无才工,衢无才商,抑巷无才偷,市无才驵,薮泽无才盗。……当彼其世也,而才士与才民出,则百不才督,缚之,以至于戮之。戮之,非刀,非锯,非水火。文亦戮之,名亦戮之,声音笑貌亦戮之。戮之权,不告于君,不告于大夫,不宣于司市,君大夫亦不任受。其法亦不及要领,徒戮其心,戮其能忧心、能愤心、能思虑心,能作为心,能有廉耻心,能无渣滓心。又非一日而戮之,乃以渐。……才者自度将见戮,则蚤夜号以求治。求治而不得,悖悍者则蚤夜号以求乱。夫悖且悍,且睊然,胴然,以思世之一便已,才不可问矣。向之伦憖有辞矣。然而起视其世,乱亦竟不远矣。(《乙丙之际箸议第九》)

至于怎样才能挽救当时政治经济各方面颓败的局势,定庵提出了变法的主张。在他早年写的《明良论四》中就这样讲:

仿古法以行之,正以救今日束缚之病,矫之而不过,且无病,奈之何不思更法,琐琐焉,屑屑焉,惟此之是行,而不虞其陊也!

后来又在《乙丙之际箸议第七》中,从历史的发展,说明每一个朝代的灭亡,都由于法制的敝坏。至后一代之所以兴起,即在能纠正前代法制之弊。所以每一代的末叶,当法制出问题时,即应迅速的来革改。否则,就会有别人来起而代之。他说:

无八百年不夷之天下,天下有万亿年不夷之道。然而十年而夷,五十年而夷,则以拘一祖之法,悍千夫之议,听其自陊,以俟踵兴者之改图尔。一祖之法无不敝,千夫之议无不靡,与其赠来者以劲改革,孰若自改革?

但是这种危言深论,并未能引起当时已经走向腐化的反动统治者的注意,因之也就说不上设法进行法制上的改革。所以在定庵死的前一年(1840年),发生了英国殖民主义武力入侵的鸦片战争。他死后不到十年,太平军起义于广西,他的政治预言,都一一地应验了。

三

定庵在政治上是反对因袭保守一切成法和制度,而主张进行改革的。在文学上,也同样反对既有的成规,讲一些言不由衷的话的文章。他抨击八股文道:

> 言也者,不得已而有者也。如其胸臆本无所欲言,其才武又未能达于言,强之使言,茫茫然不知将为何等言。不得已,则又使之姑效他人之言。效他人之种种言,实不知其所以言。于是剽掠脱误,摹拟颠倒,如醉、如呓,以言。言毕矣,不知我为何等言。今天下父兄必使髫卯之子弟,执笔学言,曰:"功令也,功令实观天下之言。"曰:"功令观天下说经之言。"童子但宜讽经,安知说经?是为侮经。曰:"功令兼观天下怀人、赋物、陶写性灵之华言。"夫童子未有感慨,何必强之为若言?然则天下之子弟心术坏,而义理锢者,天下之父兄为之。父兄咎功令,宜变功令。(《述思古子议》)

从这一段话中,可以看出定庵认为文章诗赋,必须是有见解,有感慨,不吐不快,不得不写才行。至于一般童子为应试而写的八股文,并不是有什么见解;应试的诗赋,也并不是有什么感慨,结果是模拟前人,抄袭前人,写了一通,在别人看来就像是醉人的胡话,梦中人的呓语,连写的人也不晓得自己所讲的是些什么话。而构成这种情况的原因,归根结蒂,是功令,所以必须改变功令。

其次,他也甚不赞成桐城派文人标榜的所谓文章义法。他在《绩溪胡户部文集序》中,论述文章之产生,由于自然,但后人有意根据前人的文章,条为义法,从而世代传授,他认为这是一种多余之举。他说:

> 且天地不知所由然,而孕人语言。人心不知所由然,语言变为文章。其业之有籍焉,其成之有名焉,浠为若干家,厘为总集

> 若干,别集若干。又剧论其业之苦与甘也,为书一通。又就已然之迹,而画其朝代,条其义法也,为书若干通。异人舆者,又必有异者。曾曾云礽,又必有祖祢之者。日月自西,江河自东,圣知复生,莫之奈何也已。

他说他自己,"不幸不殀于言,言满北南,口绝论文,瘅于苦甘。言之不戢,以为口实;独不论文得失,未尝为书一通。高扃筲中,效韩媲柳,以笔代口,以论文名。"(《绩溪胡户部文集序》)从这一段话,很显然是对桐城派的讥讽。并且他在《常州高材篇送丁若士履恒》一诗中说:"学徒不屑谭贾孔,文体不甚宗韩欧。人人妙擅小乐府,尔雅哀怨声能遒。"也说明他与桐城的异趣。

此外特别是他的《病梅馆记》一文,十分鲜明地表现出他的进步的美学观点。他主张美要出于自然,更应该要健康,这才是真美。他反对从主观上来定出一个美的标准,然后用矫揉造作的方法,去破坏自然,损害健康,来实现一种病态的美。他痛斥文人画士们提出的美的标准,所谓"梅以曲为美,直则无姿;以欹为美,正则无景;梅以疏为美,密则无态"。其结果使一些鬻梅者,"斫其正,养其傍条;删其密,夭其稚枝;锄其直,遏其生气,以求重价"。其结果是"江浙之梅皆病"。从这里可以看出,他对桐城派的大师姚鼐所标出的写文标准,"神、理、气、味、格、律、声、色",是深不以为然的。他自己独不论文得失,原因恐怕就是怕这样会产生许多流弊。但从这里,也就看出了他的重视自然同健康的美学观点了。

另外就是他重视独创的精神,他鄙视因袭前人,人云亦云。他说:

> 呜呼,予欲慕古人之能创兮,予命弗丁其时。予欲因今人之所因兮,予莜然而耻之。(《文体箴》)

又说:

> 虽天地之久定位,亦心审而后许其然。苟心察而弗许,我安能颔彼久定之云?(《文体箴》)

这是何等的自信精神!他在《己亥杂诗》中又说:

> 觥觥益阳风骨奇,壮年自定千首诗。勇于自信故英绝,胜彼优孟俯仰为。(《别汤海秋户部鹏》)

正因为如此,他给后来的影响极大,戊戌时代的变法运动,以及文学改良运动,都是对他这种精神继续发扬的结果。

四

定庵的诗,不仅表现了他个人的思想情感,同时也反映出当时的时代精神,和时代面貌。他的诗由于表现方法的曲折隐晦,及其在内容上广泛复杂,乍一读起来,感到扑朔迷离,莫知端倪。但只要经过一番细心研索,就可以发现一条清晰的线索,把它的全部内容贯串起来。

我们知道定庵的时代,是一个矛盾斗争既复杂而又尖锐的时代。同时这种矛盾斗争,又非常鲜明地反映到定庵的思想意识中,因而又具体地表现在他的作品中。定庵的思想,首先是他继承了中国儒家"民胞物与"的思想传统,关心人民疾苦,关心民族国家的未来命运。《自春徂秋偶有所触拉杂书之漫不诠次得十五首》其二云:

> 黔首本骨肉,天地本比邻。一发不可牵,牵之动全身。圣者胞与言,夫岂夸大陈。四海变秋气,一室难为春。宗周若蠢蠢,婺纬烧为尘。所以慷慨士,不得不悲辛。看花忆黄河,对月思西秦。贵官勿三思,以我为杞人。

定庵把黔首看作骨肉,把天地看作比邻。而在整个的国家形势趋向崩溃的时候,他深深理解到个人与人民是同其命运的,所以他说"一发不可牵,牵之动全身。……四海变秋气,一室难为春"。所以在他的诗中颇有一些痛心于统治者对劳动人民的赋敛之重,与徭役之苛,以及在灾荒中人民的冻馁流离之苦。如:

> 不论盐铁不筹河,独倚东南涕泪多。
> 国赋三升民一斗,屠牛那不胜栽禾!

> 只筹一缆十夫多,细算千艘渡此河。

> 我亦曾糜太仓粟,夜闻邪许泪滂沱。
>
> 诗谶吾生信有之,预怜夜雨闭门时。
>
> 三更忽轸哀鸿思,九月无襦淮水湄。(《己亥杂诗》)

在这样情况下,农业生产下降,物价昂贵,民不聊生。在《馎饦谣》中,诗人以极其形象的笔墨,写出馎饦的价格高了,个儿反而更小了,从而说明社会经济的趋势。

> 父老一青钱,馎饦如月圆。儿童两青钱,馎饦大如钱。盘中馎饦贵一钱,天上明月瘦一边。噫,市中之馂兮天上月,吾能料汝二物之盈虚兮,二物照我为过客。月语馎饦:"圆者当缺。"馎饦语月:"循环无极。"大如钱,当复如月圆。呼儿语若:"后五百岁,俾饱而玄孙。"

但在当时,日益走上崩溃道路的满清王朝的统治者,并没有丝毫的觉悟。一方面任用非人,另一方面仍然钳制人民的舆论。定庵在愤慨之余,不能不借吟咏史事,对当时黑暗政治进行揭发与抨击。

> 金粉东南十五州,万重恩怨属名流。牢盆狎客操全算,团扇才人踞上游。避席畏闻文字狱,著书都为稻粱谋。田横五百人安在?难道归来尽列侯。(乙酉《咏史》)

定庵对当时腐败政治是抱有改革的雄图的,他说"少年揽辔澄清意",(《己亥杂诗》)又说"终贾华年气不平"(《己亥杂诗》)。在追述其己丑殿试,大旨祖王荆公上仁宗皇帝书一诗中,表现出他的自信与自负。

> 霜豪掷罢倚天寒,任作淋漓淡墨看。何敢自矜医国手,药方只贩古时丹。(《己亥杂诗》)

但是他的远大抱负,在当时的政治情况下,是不可能实现的。并且他的见解同主张,在一般顽固守旧者看来简直是狂妄,是幼稚,因而遭到了谤议。至于对个人来说,不仅是无益,而且是有害,所以当他受到挫折,个人的理想成泡影的时候,就产生了退隐的消极思想。他曾写他的早年思想发展过程说:

> 少壮心力殚,匪但求荣仕。有高千载心,为本朝瑰玮。人或

砧功令,功令不任诽。屋漏胎此心,九庙赫在咫。天步其艰哉,光岳踵难恃。育气六合来,初日照蒙汜。抱此葵藿孤,斯人拙无比。一夫起锄之,万夫孰指使? 一夫怒用目,万夫怒用耳。目怒活犹可,耳怒杀我矣。去去一何求,买山请归尔。(《自春徂秋偶有所触拉杂书之漫不诠次得十五首》)

在《寒月吟》中又写出要与他夫人偕隐的思想,说明所以要偕隐的原因,是"朴愚伤于家,放诞忌于国"。最后写出偕隐的决心:"忧患吾故物,明月吾故人。可隐不偕隐,犹如月一轮。"但是他又不能真正的退隐,他的豪情壮志,不能不寻找一种寄托,于是寄情于考索。丁亥《铭座》诗:

精微惚恍,少所乐兮。躬行且践,壮所学兮。日以事天,敢不诺兮。事无其耦,生靡乐兮。人无其朋,孤往何索兮。借琐耗奇,嗜好讬兮。浮湛不返,狗流俗兮。吁! 琐以耗奇兮,不如躬行以耗奇之约兮。回念故我,在寥廓兮。我诗座右,荣我独兮。

从事文献的搜罗,与古器物的考索,仍不能消除掉自己苦闷的情绪,于是歌颂义侠。

朝从屠沽游,夕拉驺卒饮。此意不可道,有若茹大鲠。传闻智勇人,伤心自鞭影。蹉跎复蹉跎,黄金满虚牝。匣中龙剑光,一鸣四壁静。夜夜辄一鸣,负汝汝难忍。出门何茫茫,天心牖其逞。既窥豫让桥,复瞰轵深井。长跪奠一卮,风云扑人冷。(《自春徂秋偶有所触拉杂书之漫不诠次得十五首》)

在这样心情下,使他对陶潜的退隐,和陶诗中某些诗篇,有着进一步地体会。

陶潜诗喜说荆轲,想见停云发浩歌。吟到恩仇心事涌,江湖侠骨恐无多。

陶潜酷似卧龙豪,万古浔阳松菊高。莫信诗人竟平淡,二分梁甫一分骚。(《己亥杂诗》)

由歌颂豪侠,进而希望革命。在前边所引的《箸议第九》中,即明明指出在专制政权压迫下,一些才智之士不甘于被戮,其中悖且悍者,就

期图起而造反。另外他又在《尊隐》中,刻画出革命风暴卷起的前夕,暂时寂静的情况:

> 俄焉寂然,灯烛无光,不闻馀言,但闻鼾声。夜之漫漫,鹖旦不鸣。则山中之民有大音声起,天地为之钟鼓,神人为之波涛矣。

因此定庵到晚年追忆早年表现自己理想的作品时,还说:

> 少年尊隐有高文,猿鹤真堪张一军。难向史家搜比例,商量出处到红裙。(《己亥杂诗》)

定庵当自己早年梦想成为虚幻的时候,曾借考索与诗文来消磨自己的豪情壮志,但为之既久,又觉厌倦,于是就又转向声色,并且逃禅学佛。《己亥杂诗》中道:

> 网罗文献吾倦矣,选色谭空结习存。江淮狂生知我者,绿笺百字铭其言。

> 少年揽辔澄清意,倦矣应怜缩手时。今日不挥闲涕泪,渡江只怨别蛾眉。

> 少年虽亦薄汤武,不薄秦皇与武皇。设想英雄垂暮日,温柔不住住何乡。

由于这样的情况,所以定庵后来在男女关系上非常的放浪,相传定庵曾与满人贝勒弈绘宠姬顾太清有恋爱关系,晚年在扬州因恋妓女灵箫,竟致被鸩而死。梁启超评定庵,说他"性诙宕,不检细行,颇似法之卢梭"(《清代学术概论》二十二),即指上边所谈事迹而言。所以在定庵集中,艳情篇什,不一而足。如《小游仙词》十五首,《己亥杂诗》中的一部分,都是具体的例子。

在逃禅学佛方面,如:

> 狂禅辟尽礼天台,掉臂琉璃屏上回。
> 不是瓶笙花影夕,鸠摩枉译此经来。

自注:"丁酉九月二十三夜,不寐,闻茶沸声,披衣起,菊影在扉,忽证法华三昧。"(《己亥杂诗》)

最后在《己亥杂诗》的结尾,仍归结到佛。

吟罢江山气不灵,万千种话一灯青。
　　忽然阁笔无言说,重礼天台七卷经。
　　从以上的论述,我们可以看出定庵思想,其主流是关心民族国家的命运,关心人民的疾苦,是入世的,是积极的。但是由于所处的时代,使他无所可为,虽然抱有不世之才,但是英雄无用武之地,因而寄情考索,消磨岁月于零篇断简中;寄情声色,消磨精力于醇酒妇人中;寄情佛典,消磨豪气于空妙寂灭中。虽然如此,而他雄心壮志,不可一世的情怀,仍然流露于晚年作品里。即如为后人所传诵的:
　　九州生气恃风雷,万马齐瘖究可哀。
　　我劝天公重抖擞,不拘一格降人材。(《己亥杂诗》)
论者说他希望革命的到来,迅速地出现新的各方面的人才,来创造一个新的时代。我们要从定庵的整个思想的发展来看,这个说法是很有道理的。
　　总之从定庵诗中,非常生动而具体地刻画出了作为一代的思想家和诗人龚定庵的形象,同时也反映出他所处的社会面貌与时代的特征。当然,从这里也说明了在封建社会中,作为封建统治阶级中成员的知识分子的阶级局限性,以及在思想意识上的矛盾性。即如当他看到社会政治出现问题的时候,他对统治者提出他的改革办法,这当然是效忠于当时的皇室的。可是当他的主张未能得到采纳,而个人又未能得到统治者的重视,在政治上遭到投闲置散的冷遇的时候,又未能甘居寂寞,于是从民族的观点上,认识到自己不过是一个客卿。同时从思想上产生了对未来革命的遐想,这样就要推翻腐朽的统治者,希望有新的力量起而代之。但是这种希望只是一种希望,不可能马上实现,而自己又不能去投身于革命活动,这时胸中的磊落不平之气,无所倾泄,于是就不得不寻找方法来排遣。因而表现为放浪形骸,不检细行。正始晚明的名士如此,定庵也同样是如此。而这正是处在时代将变未变时期一些先进的知识分子所遭到的不可避免的悲剧性的命运,定庵不过是这一历史时期的典型罢了。
　　定庵在诗的表现方法上,有他的独特创造,因而形成了他自己特有的艺术风格。前边曾谈到他所处的时代,以及他的思想,与他诗歌的内容。明了这一些,对他的作品艺术特色,自然就很容易说明了。

在清代嘉道时期,统治者对士大夫言论的控制,虽然已不像康雍乾三朝那样的严酷了,但是士大夫们对文字狱的余悸犹存。定庵曾有"避席畏闻文字狱"的诗句,就说明了当时士大夫的思想情况。但是定庵是一个非常关心国家民族命运的人,也就是非常关心政治的人。眼看天下形势一天天地坏下去,自己忍不住要说出个人的看法来。而这些看法又往往是震惊流俗的,是极容易招谤贾祸的,于是没办法,只好当创作时,在这个问题上露一点,或者在那个问题上露一点。同时还不敢直然地讲出自己的意思,必须转弯抹角,隐晦其词才行。最后竟至坚决戒诗,不再写它。这种痛苦的心情,他曾在《自春徂秋》那组诗中,最末的一篇讲得很清楚。

戒诗昔有诗,庚辰诗语繁。第一欲言者,古来难明言。姑将谲言之,未言声又吞。不求鬼神谅,剚向生人道?东云露一鳞,西云露一爪,与其见鳞爪,何如鳞爪无。况凡所云云,又鳞爪之馀。忏悔首文字,潜心战空虚。今年真戒诗,才尽何伤乎!

"第一欲言者,古来难明言。姑将谲言之,未言声又吞。"沉痛地说明了当时言论的被钳制,而自己欲言不敢明言,而又不能已于言的矛盾痛苦的心情。没有办法,只好是东云露一鳞,西云露一爪。这样地好让那些有心人去体会,去理解。

至于这一鳞一爪如何露法,这就是诗人所惯用的象征的同寓意的方法。有时作者尽管也写出写诗的原因,或者歌咏的题目,但往往用这作为烟幕,而真正意思乃在彼而不在此。

先就象征方法而论,最明显的是前边所引的《己亥杂诗》中的"九州生气恃风雷"那篇。据定庵下边自注乃是为道士写的祷祀玉皇及风神雷神的青词。但在内容意义上,却有着极其深远的寄托。所谓"风雷"实际是象征打破现实的宏伟的革命风暴。"万马齐瘖"象征着人民在封建制度严酷的压迫下的缄默寂静,死气沉沉,像鲁迅去香港,在一次讲演中所说的"无声的中国"那样,(《三闲集》)而作者认为这是极可悲哀的事。下边两句,则透露出作者对于未来的革命风暴的急切期待与憧憬。所谓"我劝天公重抖擞,不拘一格降人材"。"人材"如何才能产生?如何才能不拘一格地产生?只有在伟大的革命运动中,才能出现。但作者不能明言,不敢明言,所以只提出对天公的劝告,希望他能够不拘一格地降生人材。

此外《己亥杂诗》中的"促柱危弦太觉孤,琴边倦眼眄平芜。香兰自判前因误,生不当门也被锄",也同样是种象征的写法。第一句写曲高和寡,象征个人虽有远见卓识,但由于危言深论,深受时人的嫉忌。第二句由琴声而转到放眼平芜,由于香兰不为人所贵重,生非其时其地,所以虽不当门,也被别人锄去。末一句用三国时刘备的话,所谓"芳兰生门,不得不锄"。(《三国志》卷四十二《蜀志·周群传》)作者深慨当时俊杰之士,生不逢时,虽然在朝并未妨碍他人,但由于像芳兰,与一般野草不同,所以也竟遭到摈斥。

其次是寓言之作,最典型的是《伪鼎行》,写他家用的一个伪鼎,忽然爆裂毁坏。作者在诗中斥骂伪鼎,说它:

  徒取云雷傅汝败漆朽壤,将以盗膻腥。内有饕餮之馋腹,外假浑沌自晦逃天刑。四凶居其二,帝世何称。

很显然,这是用伪鼎来比拟当时在朝的那些实际贪婪腐化,而外表又装作奉公守法,而竟然以寿终的人。定庵认为这种人,一方面是饕餮,另一方面又装作浑沌,在古代四凶中已具有二凶的恶德。但是身居高位,安然以终。愤慨之余作《伪鼎行》以摅胸中的不平。

定庵诗歌的另一特点,是他极其丰富的想象。真是上九天,下九渊,古往今来,大千世界,无不包罗在他的胸中,无不在他的想象驰骋的范围内。所以他的诗怪怪奇奇,读起来不由你不惊诧骇叹。即如《西郊落花歌》,他描写落花的情景,真是异想天开。

  如钱唐潮夜澎湃,如昆阳战晨披靡,如八万四千天女洗脸罢,齐向此地倾胭脂。奇龙怪凤爱漂泊,琴高之鲤何反欲上天为?玉皇宫中空若洗,三十六界无一青蛾眉。又如先生平生之忧患,恍惚怪诞百出难穷期。

最后他又想到佛典中所写的落花,和他自己的希望。

> 又闻净土落花深四寸,冥目观想尤神驰。西方净国未可到,下笔绮语何漓漓。安得树有不尽之花,更雨新好者,三百六十日长是落花时。

此外在词汇上,定庵也打破了过去诗人们的清规戒律,俗语、佛语均以之入诗,因而丰富多彩。前者如《己亥杂诗》中的"悲欢离合本如此,错怨蛾眉解用兵。""秦邮驿近江潮远,是剔银灯诅我时。"后者如:《西郊落花歌》中的"先生读书尽三藏,最喜维摩卷里多清词。又闻净土落花深四寸,冥目观想尤神驰"。像这样例子,是不胜枚举的。

定庵诗受古人影响最深的是《庄子》同《离骚》。他自己曾说:"名理孕异梦,秀句镌春心。庄骚两灵鬼,盘踞肝肠深。"(《自春徂秋偶有所触拉杂书之漫不诠次得十五首》)其次是正始时期的阮嗣宗。从他作品的内容上看,感情的磅礴,想象的丰富,以及象征手法的运用,都是源于《离骚》的。至于气魄的雄放,语言的傀诡瑰丽,又是源于《庄子》。至于寄托深远,感时伤事,"言在耳目之内,情寄八荒之表",又源于嗣宗。由于他分别继承了过去这些大作家们的特点,而又加以熔铸陶炼,终于形成了他自己独特的风格。正如他《送徐铁孙序》中所说的:

> 于是乃放之乎三千年青史氏之言,放之乎八儒三墨兵刑星气五行,以及古人不欲明言,不忍卒言,而姑猖狂恢诡以言之之言。乃亦掫证之以并世见闻,当代故实,官牍地志,计簿客籍之言,合而以昌其诗,而诗之境乃极。则如岭之表,海之浒,磅礴浩汹,以受天下之瑰丽,而泄天下之拗怒也,亦有然。

这虽是诗人评论徐氏作品的话,我觉得拿来用以评论他的作品,倒是非常恰当的。

五

定庵的散文,在当时的文坛上,也是一种特异的存在。它不像当时桐城派散文的迂拘,又不像选派散文的偶俪,更不像考据学者散文的朴拙,乃是一种汪洋恣肆,纵横驰骤,豪放跌宕,诙诡谲怪的文章,真可说是当时文坛上的一支异军突起。

定庵的散文从内容上看,他的积极意义有以下几个方面:

一是对黑暗现实的揭露,像前边所引的《明良论二》里边对当时那班腐朽庸懦的官僚阶级的自私自利,卑鄙无耻,作了穷形尽相的刻划。《乙丙之际箸议第九》中对当时才士在精神上的被虐杀,也作了沉痛的控诉。在吏治方面,对当时衙门中的刑签自上而下形成了行帮组织,盘踞衙署,为所欲为,肆虐人民,也进行了抨击,称他们为"豺踞而鸮视,蔓引而蝇孳"。(《乙丙之际箸议第三》)至于当时社会上各种形形色色为害人民的渣滓,定庵更是恨之入骨,由于不能明言,他就采用寓言的写法。《乙丙之际箸议第十八》:

　　　　达官畏鬼,士以水火、盗贼、风雨、歌笑、涕泪、女色饰文章。
　　有闻如雷,曰不祥之大者。以鸟兽治大官,大官以鸟兽治有司。
　　鬼以水火、风雨、盗贼贼士,鸟兽以水火、风雨、盗贼予人国。

这里边的所谓"鬼"所谓"鸟兽"以及"水火、风雨、盗贼",都是有所指的。特别是"鬼"同"鸟兽"都不是好东西。鬼也就是魑魅魍魉之类,用阴谋,用诡计,来贼害一般士大夫。而鸟兽乃是指那些没有思想,没有脑筋,像学舌的鹦鹉,效命的走狗一般,只知忠实服从主子的奴才,因而这些人就必然会把国家葬送掉。至于水火、风雨、盗贼,乃是指的冷热不常,翻手为云,覆手为雨,以及种种凶残的行为。在这样的情况下,士大夫受到戮辱,国家亦跟着被断送掉。

其次定庵对社会上各种为害人民的蠹贼,提出同他们斗争的办法。集中《捕蜮第一》《捕熊罴鸱鸮豺狼第二》《捕狗蝇蚂蚁蚤蟹蚊虻第三》等三篇,都是寓言一类的文章。蜮性善忌,熊罴、鸱鸮、豺狼性善愎,必噬有恩者及仁柔者。至于狗蝇、蚂蚁、蚤蟹、蚊虻皆无性,聚散皆适然,而朋嚼人,使人惯耗。这三种东西,它们的性质不同。前两种是最坏的东西,必须用方法来消灭它们,惩治它们。而后一种是由于社会环境造成的,它们本身没有太大的罪恶,所以法不得殄灭。但如何才能使它们不再为害,唯一办法是改变环境,特别提出"炼猛火,烧田的办法",这简直是希望用革命的烈火,来烧掉一切腐朽了。从这里,我们可以看出定庵的战斗精神。

第三,对未来革命的憧憬与展望。定庵因受先秦道家思想的影响,所以有着素朴的辩证观点,他认识到事物的发展,必然有着由盛到衰的过程,这是一种自然的规律。他在《乙丙之际箸议第七》论变法时所说的"无八百年不夷之天下",和"一祖之法无不敝,千夫之议无不靡"的话,鲜明地反映出他这种变的观点。至论到世有三等,所谓"治世,乱世,衰世",更是用公羊家的理论,来分析观察历史的发展所得到的结论。尤其是在《尊隐》中,用一天的太阳,所谓"蚤时,午时,昏时"来比拟朝代的兴废盛衰。诗人用象征的笔墨,激动的感情,来宣泄出对未来群众革命的期待与欢呼。

> 俄焉寂然,灯烛无光,不闻餘言,但闻鼾声。夜之漫漫,鹍旦不鸣,则山中之民有大音声起,天地为之钟鼓,神人为之波涛矣!

写黎明前的黑暗,以及革命风暴到来前的情况,多么生动形象。

至于《己亥六月重过扬州记》,其文辞的瑰丽,叙事的委婉多致,写情描景的生动感人,简直就是散文诗。《病梅馆记》也属于这类作品。

定庵在写诗时,也采用了写散文的方法,所以开阖变化,纵横裕如,无不可言之情,无不可状之景,与无不可达之意。至于他写散文时,又采用了写诗的方法,所以生动形象,瑰丽雄奇,意在言外,发人深思。

在表现方法上,他最喜欢用寓言的形式,同象征的写法。前者如《捕蜮》等,后者如《尊隐》、《己亥六月重过扬州记》等。更突出的是他的句子的排列和组织,是变化极多的。他喜欢用排句,如:

> 戮之,非刀,非锯,非水火;文亦戮之,名亦戮之,声音笑貌亦戮之。(《乙丙之际箸议第九》)

又如:

> 梅以曲为美,直则无姿;以欹为美,正则无景;梅以疏为美,密则无态。(《病梅馆记》)

像这样的排句,在定庵散文中不一而足。其次在句子的组织上,短句短到两个字的,如《病梅馆记》中的"固也"。长句有长到三十六字的,如同篇中的结尾一句"呜呼! 安得使余多暇日,又多闲田,以广贮江宁、杭州、苏州之病梅,穷余生之光阴,以疗梅也哉?"此外定庵在句子的构造上又喜欢在一个长句中,用许多两字一顿的短语,如:

> 有呈所业若文,若诗,若笔,若长短言,若杂著,若丛书,乞为序,为题辞者。(《己亥六月重游扬州记》)

> 梅之欹,之疏,之曲,又非蠢蠢求钱之民,能及其智力为也。(《病梅馆记》)

正因为定庵文章的句子的多变化,因而让读者感到既雄浑豪放而又骀荡多姿。

定庵文章的另一特点,即辞汇的丰富。特别是他喜欢把辞赋中的辞汇入文,即如《送徐铁孙序》中的:

> 肃若,沈若,缜若,崋若,而莽荡,而噌吰,猖狂恢诡……磅礴浩汹。

《己亥六月重过扬州记》中的:

> 零觉断甓,凄馨哀艳,繁缛淫蒸,萧疏澹荡,泠然,瑟然,苍莽廖泬。

都是最显著的例子。

定庵文章在内容上新颖卓越的见解,与充沛激越的感情;在方法上采用了形象的写法;在句子上的参差多变;在词汇上的丰富多彩,于是就形成了他的豪放雄奇,诙诡瑰丽的特殊风格。

六

定庵的创作,从它对后世的影响来看,主要有积极的和消极的两方面。

从积极方面来看,他的诗文,在形式上打破了一切清规戒律,而趋于解放。在风格上,诙诡谲怪,踔厉风发。这些,都是由于它的思想内容所决定的。这种思想,是愤世嫉俗,忧国忧民的思想;是要求打破成规,革改一切的思想;是嘉道时期内忧外患交相煎迫下先觉者的思想,是广大群众的呼声;是时代的呼声。因此他的作品,在当时虽然受到顽固保守派们的嫉忌与排击,但却很快地风靡一世,不论是思想同艺术都成为以后革新者与革命者的先驱。

首先,是戊戌时代的提倡变法维新的诸君子,几乎没有不受他的影响的。梁启超讲:

> 段玉裁外孙龚自珍,既受训诂学于段,而好今文,说经宗庄、刘。自珍性诙宕,不检细行,颇似法之卢骚,喜为要眇之思。其文辞诇诡连犿,当时之人弗善也。而自珍益以此自熹,往往引《公羊》义讥切时政,诋排专制。晚岁亦耽佛学,好谈名理。综自珍所学,病在不深入,所有思想,仅引其绪而止。又为瑰丽之辞所掩,意不豁达。虽然,晚清思想之解放,自珍确与有功焉。光绪间所谓新学家者,大率人人皆经过崇拜龚氏之一时期,初读定庵文集,若受电然,稍进,乃厌其浅薄。然今文学派之开拓,实自龚氏。(《清代学术概论》二十二)

这个评论,是非常平允确切的。当时维新派人物不止在思想学术上受定庵的影响极大,就在文学上,也同样继承了定庵的创作精神。最显著的,是:(一)对清王朝腐败政治的揭发,(二)打破陈旧的格律束缚,(三)笔锋常带情感,(四)政论文、学术文的艺术化。我们试看当时梁启超、谭嗣同的散文,黄遵宪、夏曾佑的诗歌,都是极清楚的说明。

其次晚清的革命派像南社中的柳亚子,同介绍西方诗歌的苏曼殊,他们的诗也都在追步定庵。甚至鲁迅,他的诗同散文,也可以看到他受定庵影响的迹象。沈尹默《追怀鲁迅先生六绝句》中,有"少时喜学定庵诗,我亦离居玩此奇。血荐轩辕荃不察,鸡鸣风雨已多时"的句子,可为明证。由此看来,定庵实不愧我国近代文学史上一个开辟新的历史时期的人物,是一个杰出的天才作家。他给后来的深远影响,的确是不可估量的。

但无庸讳言,定庵还有其另外消极的一面,这也须要指出,并加以批判。因为他毕竟是封建时代的文人,他深深受着古代一些落拓名士们生活作风的流毒。当自己的抱负不可能实现,而遭到排挤摈斥的时候,就感到抑郁无聊,而寻求心灵上的寄托。正如梁启超所说的:"性诙宕,不检细行。"他不仅狎妓,并且搞一些暧昧的恋爱关系。他与顾太清的故事似乎并非诬陷。而这种浪漫生活,表现在他的诗歌中,也出现了不少艳情篇什。王国维在《人间词话》中,根据《己亥杂诗》中《偶赋凌云偶倦飞》一篇,诋其为"凉薄无行",不是绝无道理的。这种行为,这类作品,本来是应受到批判的,但是后来竟有一些封建文人,专从这种消极方面来步趋模仿,并且进一步加以发展。辛亥革命后上海的礼拜六派,就是如此。就在五四后,创造社的郁达夫,他在生活同创作上,也都有着定庵的消极因素在作祟。

由此可见,对于古典文学的批判继承,是何等重要。元遗山《咏诗绝句》云:"少陵自有连城璧,争奈微之识碔砆。"古人作品有精华,也有糟粕。我们必须善于识别其中何者为精华,何者为糟粕,而分别地进行去取。否则把"碔砆"当作"连城",把糟粕认做精华,那是非常危险的。

1963年12月27日改定

魏　　源

一

　　魏源(1794~1857)原名远达,字默深,又字汉士,清乾隆五十九年,生于湖南邵阳之金潭。父邦鲁,历任江苏嘉定、吴江等地巡检、宝山水利主薄等职。有四子,魏源是他的第二子。

　　源九岁应童子试,县令某公,在唱名时指茶盅中画的太极图说:"杯中含太极。"当时魏源带两个麦饼,因随声答道:"腹内孕乾坤。"县令十分惊异。

　　年十五(1808),补县学弟子员,开始接触到王阳明的论著。嘉庆癸酉(1813)举明经,入都从胡墨庄(承珙)问汉儒家法,从姚敬塘(学塽)问宋儒六学,学《公羊》于刘申受(逢禄)。同时又和董小槎(桂敷)、龚定庵(自珍)纳交,相与研讨古文辞。

　　道光二年(1822)中顺天乡试第二名,为江苏布政使延辑《皇朝经世文编》,从此留心经世致用之学,并与江苏巡抚陶澍经常以文章经济相研讨,甚受重视,凡海运水利诸大事,无不同他商量。

　　道光二十年(1840),中英鸦片战争爆发,江浙受到波及。源曾参钦差大臣裕谦幕。辞归后,搜罗典籍著《圣武记》十四卷。一八四四年中进士,以知州用,分发江苏,知扬州府东台县事。不久,因母忧去官,于是搏罗东西南北四洋海国诸纪述,辑《海国图志》及轮船机器各图说成六十卷。在序中提出写这部书的目的是"为以夷攻夷而作,为以夷款夷而作,为师夷长技以制夷而作"。同时,他也感到了当时政治的腐败,官吏的偷堕,因引明代人御倭名言:"欲平海上之倭患,先平人心之积患。"给当局敲起警钟。

咸丰元年(1851),任高邮知州,次年太平军攻入江南,南京扬州相继被攻陷。魏源站在封建统治者的立场上,坚决与起义军为敌,因在地方办团练。由于民心所向,义军所至,势如破竹。被击溃的官兵四处逃窜,沿途焚掠。魏源训练的团队,只起了抵御乱军的作用。不久,以迟误驿报被革职。当时,他一面感到自己的衰迈,同时也看到了形势的危殆与宦途的艰险,遂告归,不与人事,惟从事平生著述的整理。咸丰七年(1857)卒,年六十四。遗著有《圣武记》、《海国图志》、《诗古微》、《书古微》及诗文集等数十种。

二

魏源同龚定庵都是嘉、道时期的今文学家,他们都曾问学于刘逢禄。刘为当时今文学大师,以讲《公羊》、《春秋》名重于时。道光二年,两人都曾参与恩科会试落第,而房考适为刘逢禄,因赋《两生行》对他们表示无限惋惜之情。他们都看到了当时国势的阽危,而具有救国救民的宏愿,所以他们发扬西汉公羊学派的精神,而主张通经致用,不满意当时古文经学脱离政治,脱离实际、务为声音训诂之学,而无补于国计民生。(魏源《两汉经师今古文家法考叙》)所以他的著作《圣武记》和《海国图志》,都是企图有补于内政外交而作的。

不过魏源在改革政治的见解上,魄力远逊于龚自珍。龚自珍敢于提出"更法"的主张,(《明良论四》)而魏源则认为"君子不轻为变法之议,而惟去法外之弊,弊去而法仍复其初矣"。(《默觚下·治篇四》)他虽然认为历史无时不在发展变化,所谓"三代以上,天皆不同今日之天,地皆不同今日之地,人皆不同今日之人,物皆不同今日之物",而反对复古、泥古,且提出"执古以绳今,是为诬今;执今以律古,是为诬古,诬今不可以为治,诬古不可以语学"。(《默觚下·治篇五》)但因受董仲舒的"天不变道亦不变"的影响甚深,尽管他看到了天、地、人、物,都在变,而仍认为道是不变的,所以他又说:"故气化无一息不变者也,其不变者道而已。"(同上)因此在世界观上,他以儒为表而受有道佛两家的影响。所以有人说他是今文经学,而与术士合流,而与道教合流,而与理学合流,而与黄老合流。因为他与黄老合流,所以他说:"兼黄老申韩之所长,而去其所短,斯治国之庖丁乎!"(《默觚下·治篇三》)(杨向奎《清代今文经学》见《清史论丛》)

了解了这一点,就可以知道魏源思想中既有唯物主义因素,也有唯心主义因素。他相信"天人感应"之说,所以他任兴化令的时候,洪水暴涨,堤防将溃,他伏堤上哀号,愿以身贷民命。同时他又相信方士堪舆之说,他为了选择吉地,不惜把他父母分葬两处。尤其令人诧异的,是他在高邮任职时,曾下令伐去奎星阁前的大槐。当时遭到士林的非议,而他却认为"高邮近年科第断绝,皆此故耳。今诸士不能毋怨,狃于习耳。虽然,后必有易怨而为德者"。(魏耆《邵阳魏府君事略》)把奎星阁前的大槐,视为与高邮的科第有关,这是多么荒唐的看法。但却可以了解到魏源的思想深受董仲舒思想的影响,那是无疑的。

魏源在《海国图志序》中,谈他写这部书的目的,是为"以夷攻夷而作,为师夷之长技以制夷而作"。这种思想,在当时是先进的。有人说他是近代提出向西方学习的第一人,这也是符合实际的。但后来当维新派兴起之后,主张在政治制度上学习西方,同时提倡民权的思想,这都遭到了洋务派张之洞等人的反对。他们就是本着魏源的理论,认为中学是不能变的,而大力提倡所谓"中学为体,西学为用"论。这种理论就又成为极其反动的了。

魏源在文学观上,基本上是儒家的正统观点,这就是文章要能够贯道、秉经。他说:

> 然则整齐文字之学,自夫子之纂《六经》始。后世尊之为经,在当日夫子自视,则亦一代诗文之汇选,本朝前之文献而已。故

> 曰:"文不在兹乎?"是则古今文字之辰极也。宋、景、枚、马以后,不知约《六经》之旨成文,而文始不贯于道;肖统、徐陵以后选文者不知祖《诗》、《书》文献之谊,瓜区豆剖,上不足考治,下不足辨学,而总集始不秉乎经。(《国朝古文类钞序》)

把《六经》作为古今文字之辰极,认为诗赋作者不知约《六经》之旨以成文,而文始不贯于道。南朝肖、徐的诗文选本,不知祖《诗》、《书》文献之谊,无裨于考治辨学之用,于是总集始不秉乎经。

魏源尽管知事物在发展中都不断地变化,但是对文学的看法,全不如此,纯然不脱一般儒者之见,这和龚自珍的"文体不甚宗韩欧"的见解就大异其趣了。

其次是他的"文章与世道污隆"的看法,更是一偏之见,是违背文学发展规律的。他说:

> 南宋之文必不如北宋,晚唐之文,必不如中唐,两晋、六季之文必不如两汉,而东汉之文又不如西京。(《国朝古文类钞序》)

他的意思是文章与世道有着密切的关系,这自然是对的。但他认为世道盛,则文章也随之而盛,世道衰,则文章亦因之而衰。这就不是规律。即如唐代诗文之盛在中唐,那么为什么不在初唐,贞观之治为唐代的全盛时期,为什么文学上不是全盛? 又如东汉,在承平时期,文学并无足观,反而在末年天下大乱之后,会出现了建安文学。特别是先秦,当战国纷争之时,竟会出现中国文学上的百家争鸣时代,这又该是怎么解释呢? 魏源从他的这种偏见出发,在盛赞清代"由治平,升平而进于太平"的同时,认为当代文章"不当驾两汉、两晋、三唐而上乎!"这纯是颂谀之词。实际上清代由于康、雍、乾三朝的文字狱,使文学大受摧残。正如章太炎说的:"多忌,故歌诗文史楛。"(《清儒》)

魏源集中论文的文章不多,其见地总不脱儒者窠臼,比诸龚自珍的提出破除陈规、解放思想、敢于创造、勇于革新,就差得远了。从思想影响上看,龚自珍的诗文,开后来维新派和南社的革新文学的先河,而魏源则为后来洋务派奠定了理论基础。所以从发展上来看,魏源就很难与定庵比肩了。

三

默深的写作,值得注意的是诗歌同散文,兹分论于后。

先说诗歌,从内容上看,主要可分为三类:一、咏怀。二、讽谕。三、山水。在这三类诗中,以咏怀为较好。默深当时曾写过《海国图志》,了解世界各国情况,因而开扩了视野。加上他曾受宋儒"民胞物与"思想的影响,因而驰骋想象,希望世界语言统一,交通往来,实现天下一家的理想。他在《偶然吟十八首》中的其八道:

四远所愿观,圣有乘桴想。所悲异语言,笔舌均忼悯。聪谁介葛卢,舌异公冶长。所至对瘖聋,重译殊烦怏。若能决此藩,万国同一吭。朝发旸谷舟,暮宿大秦港。学问同献酬,风俗同抵掌,一家兄弟春,九夷南陌党。绕地一周还,谈天八纮放,东西海异同,南北极下上。直将周孔书,不囿禹州讲。因思肇辟初,声音孰分壤。破碎混沌天,吾愿轩羲往。

他也常常对世人不辨美丑,发出怀才不遇之叹。在杂诗第二中道:

越嫫炫罗纨,捧心颦西市,何曾见者避,竞云西施美。东邻淑如玉,终身不窥里,性情合诗书,动辄无违礼。持此将谁授,幽寂慎终始。春光忽如遗,鹈鴂鸣不已。举世尽登徒,芳情竟何以。瑶池青鸟来,佳期斯可俟。

另外,最足以说明他当时愤世嫉俗思想的,是他的十三首《行路难》,他自注道:

鲍明远《行路难》,寄慨身世,非汛咏也。旷世同感,辄附盉各言志之义。

诗中揭发讽刺任人用非所长的,为其三。其中有:"一年之技惊流俗,十年之技国工服。上下同艺艺必神,巧者不过习者之门。奈何使鸡守夜犬司晨;奈何臣唐好武君好文?"

认为任人如能发挥其所长,即卑贱的人,也能解决巨大的问题,

有时圣哲所不能奏功的,到是小人物可以胜任。其五说:

> 尧牵羊,舜荷篑,不如牧竖肱麈指;左画圆,右画方,更兼掣肘谁成章。会者不难,难者不会,虎铃解缚非二人,龙国蓁屠藏一芥。起雷造冰有何技,神符只是人间纸。中流一壶洴澼洸,肯信三军待君济。九曲丝穿不如蚁,大圣有时拜桑蜱。

这种看法,正与庄子中所说的"梁栭可以冲城,而不可以窒穴"的意思是相同的。

其六咏扁鹊与田侯故事,说明不听忠言,到后来虽悔无及。魏源与龚自珍有较深的友谊。龚看出当时清廷政治形势的不妙,所以提出"更法"的主张,而且警告当时的当政者道:

> 无八百年不夷之天下,天下有万亿年不夷之道。然而十年而夷,五十年而夷,则以拘一祖之法,惮千夫之议,听其自陊,以俟踵兴者之改图尔。一祖之法无不敝,千夫之议无不靡,与其赠来者以劲改革,孰若自改革。(《乙丙之际箸议第七》)

而魏源比较含蓄,对当时当政者的泄沓,不敢像定庵那样明白地揭露,而仅借历史故事来抒发自己的见解,这是二人的大不相同处。

其九,写由于雉蛇卵的变化,酿成洪涛的灾害。所谓:"前村后寺波涛黑,顷刻丘陵成泽国。"又说:"四海但谓麟甲盬,谁知乃是雉蛇卵。……多少蛰龙潜土室,欲作风雷无羽翼。吁嗟造物风雷职,不假潜龙假蜥蜴。"我觉得这篇诗在内容上很有点近于定庵的《尊隐》,暗寓大乱的可能爆发。不过内容更加隐晦,使你不易看出他的诗旨之所在。

其十,指出朝廷所用官吏,都是不能当事的,而真正有问题时,他们什么也不能解决。魏源把他们比作布谷鸟、罗浮蝶、鸟不能代犍犁春晓,蝶不能代蚕成茧帛。但到了"霜高木落黄云飞,九月天寒未授衣。"这时主人始悔"所用是,所养非。"这正是用韩非的思想,来批判当时政治上用人的失当。

其十三,用讽刺的笔墨,来写那些善于变化的官吏们,而拿精卫和秋蝉相比:

精卫万年摩顶踵,秋蝉一蜕何其勇。由来妙用善藏用,修罗宫即藕丝孔,何必垂天之翼方图南!海大风多身不安,何必垂天之翼方图南?

总之,默深是积极入世的士大夫,在诗歌上曾受有嗣宗《咏怀》与太冲《咏史》等作的影响,但却远远比不上嗣宗的"言在耳目之内,情寄八荒之表"那样逸世独立的风格。

其次是讽谕诗。魏源是关心世道,同情人民疾苦的。他的《新乐府》,《江南吟》十首,《都中吟》十三首,都写明"效白香山体"。而《君不见》十六章,包括将臣六章,相臣五章,督抚臣五章,也都具有揭露、批评与讽刺的色彩。此外还有一些其他的篇子,就无须一一列举了。在上述一些篇子中,涉及到的问题比较多,有政治的,经济的,社会风尚的……

先就政治经济与人民生活关系较密切的来看,《江南吟》中的《种花田》篇,写苏州效外一片花田,真是"虎丘十里山塘沿,春风玫瑰夏杜鹃,午夏茉莉早秋莲,红雨一林香一川"。农民为什么不种稻子,偏偏种花呢?原因是税太重。辛苦一年,交了税,已所余无几。可是"稻田贱价无人买,改作花田利翻倍"。作者在这里把城中豪贵人家的生活,与农民作对比道:"呜呼!城中奢淫过郑卫,城外艰苦逾唐魏。游人但说吴民娇,花农独为田农泪。"

在《江南吟》的《再清查》篇中,反映了当时税目之多,官吏不胜其烦,而人民不堪其苦。所谓:"再清查,三清查,新旧款目多如麻。前亏未补后亏继,转瞬又望四查至。借问亏空始何年,半缘漕项半摊捐。帮费愈加银愈贵,民欠愈多差愈匮。"这样老百姓永无还清税捐之一天。老百姓已经穷得不堪,当然再催再逼也榨不出油水来。作者叹道:"吁嗟呼!催科之难难于上青天,补亏之难难于塞巨川。"魏源当时曾作县令,他是深深吃过这种苦头的,所以才发此叹。可惜他这篇诗有点替官吏来说话,没有写出人民在催科之下,更甚于官吏千百倍的痛苦。作者在《道中杂言》中描绘出了人民在灾荒之年,卖儿鬻女,骨肉分离的惨景:

>客途已寒食,忽见如云女。野草久无青,踏青向何处。前去既何之,来岁未可期。东邻新鬻女,前春相伴嬉。谁知草再青,已成长别离。

但在第三首中,作者有个别很错误的看法,他说:

>恭惟三纪前,九宇殊丰熙。六巡醉大酺,连城贡琛犀。浩浩元气盛,荒歉恬不知。迩来百敛节,胡为仅支持!九重日忧勤,四海日疮痍。岂非运会间,盈亏各有时。

他把人民的日不聊生,不认为是封建统治者的残酷剥削的结果,而归之于"运会"。所以说魏源的立场完全是统治者的立场,比诸龚定庵对当时形势的深刻分析与了解,确实是差得太多了。

当时,鸦片的流毒已经遍及举国上下,他深深为当时政府的即将垮台而担忧,在《江南吟》第八首诗中说:"长夜国,莫愁湖,销金锅里乾坤无。涸六合,迷九有,上朱邸,下黔首,彼昏自痼何足言,溃决膏殚付谁守。"最后,他认为这种嗜好之所以不能断,是由于在上有不能断的原因。因而在诗的末尾道:"中朝但断大官瘾,阿芙蓉烟可立尽。"

魏源对当时科举的小楷书、八韵诗,作为选拔的重要标准,进行了批判,认为这与从政毫无关系。他在《都中吟》其一中说:

>官不翰林不谙文,官不翰林不入阁。从此考枢密,从此列谏官,尽凭针管绣鸳鸯。借问枢密职何事,佐上运筹议国计;借问谏臣职何秉,上规主缺下民隐。雕虫竟可屠龙共,谁道所养非所用!屠龙技竟雕虫仿,谁道所用非所养!

指出了当时科举的弊害,确是有见之言。

《都中吟》对于封建时代的吏胥政治揭露得尤其深刻。所谓"吏兵例,户工例,茧丝牛毛工会计,全恃舞文刀笔吏"。又说:"缺可补,可不补,级可去,可不去,翻手覆手敢予侮,能令公喜令公怒。"作者提出疑问道:"府吏胥徒非世业,谁道尽握六官法。若言部胥不可捐,何故刑部胥无权。"末尾作者提出自己的看法:"任法任人孰操券,请看汲黯、张汤传。"

至于第十二首《山西债》，说明山西帮的高利贷者对都中穷官的剥削。作者站在穷官们的立场上，希望政府设借俸之例，以免穷官在外选时，不至同高利贷者打交道，造成"网罗一入天地窄，蝼蚁反被蛟龙食"的可怜下场。

总之，魏源从现实中，确切发现了不少问题，抱着改良主义的态度，采用诗歌的形式，提出自己的意见。作者是拥护满清王朝的，他对清朝开国后为了巩固其统治，对中国各民族所实行的武力镇压，不惜一一进行歌颂，写成了《皇朝武功乐府》，表现他对皇室的赤心拥戴。所以尽管他写了那些新乐府，对现实中的问题有所揭露，有所批评，但决不会受到统治者的怀疑。也正因为他的立场，基本上是统治者的立场，所以对当时的阶级矛盾，认识的不深，而揭露的也不够有力。这同龚定庵的"起视其世，乱已竟不远矣"的政治预见，是不可同日而语的。

魏源生前喜欢游览名山大川，正如他说的："从此芒鞋踏九州，到处山水呈真面。"（《游山吟》之一）因而他写的游山诗，也特别多。他因游山成癖，于是赋予山以活的灵魂。他说："游山浅，见山肤泽；游山深，见山魂魄。与山为一始知山，寤寐形神合为一。"（同上之二）他把海内名山，用孔子对人分为狂、狷、中行，来进行分类评价。他说：

  五岳山大圣，岩立天中央，余山尽狂狷，天骨仙开张。武夷雁宕天之狷，黄海桂林天之狂，王屋台庐颇得岳气势，正如具体之中行。其余平远雷同半乡愿，胡广中庸之孔光。（《游山吟》之六）

他同晚明文人一样，有着山水之癖，而他称之为"溺"，他说："溺仙溺佛溺山水，与溺酒色无殊轨。嗜好不专溺不深，安能万事不易此。"他把山水也比作"尤物"。说什么"世间尤物醉人性，色声光景忘往还"。最后说他：

  半生放浪深山里，日逐烟霞穷不已，世人狂我弃利名，我亦怪世贵云水。易地而观一律耳。臧谷亡羊孰歧视，役情于外皆

堪耻。安得太上忘悲喜,安得见智见仁遗听视!(《游山后吟》其六)

由于他写的山水诗太多,实在引不胜引,这里只引其《西湖夜游吟》第一首中一段,借见其写景的特点。

……梅雨渐波湖渐响,水情始活游始健。绮罗箫管渐远匿,我始得为此湖长。峰峰鬟髻尽为烟水幻,亭台庵塔尽为烟水漾。摇曳模糊别生面,非复六朝烟柳之旧状。阴忽霁兮霁复阴,时明媚兮时萧森。一日不知几朝暮、几春夏、几古今。嗟嗟湖之变幻隐显若此兮,谁能一日可了其精神。逋仙但得此湖雪,坡老但得此湖月,白公但得此湖桃柳春,万古全湖究为何人设?……

魏源的山水诗很多是长篇之作,有些前边还附有小序。我深深感到他的诗所状的山水之美,有时反不如其诗序写得生动、清冽而逼真。对于这,我拟在后边论到他的散文时再讲。

魏源的诗受魏晋乐府诗影响较深,以后唐代的白乐天、宋代的苏东坡、甚至明代的公安派,都曾给他以较大影响。最突出的特点:(一)他的诗是比较解放的,明白如话的。(二)诗中经常发议论,这是受宋诗的影响,这也可以说是他诗的长处,但同时也是短处。(三)诗中往往杂以俚语,如"会者不难,难者不会。"(《行路难》其五)还常常以成语入诗,如"三十六辐共一车,车毂之用当其无。"(同上其十三)"尺短岂无寸长,小智不可大量。"(同上其四)(四)以写文的方法写诗,即如《游山吟》、《游山后吟》,都可说是有韵的散文。

魏源在诗歌上的解放,我认为对晚清维新派的诗歌革命是有一定影响的。试把他的诗与黄遵宪的诗作一对比,就可以看出他们之间的关系来。

在散文方面,魏源的作品值得注意的:(一)议论文。在这方面,他的《默觚》里边有《学篇》和《治篇》。魏源在政治上是有他独特见解的,尤其对嘉、道时期的政治,他也深感到是在一天天地走下坡路。由于他和龚自珍有过较密的交往,所以两人的看法有极其相近之处。即如他的《默觚·治篇十一》论政治的颓败,痛庸人之误国,叹人才之

被压抑,这和定庵的《明良论二》和《乙丙之际箸议第九》等篇的见解完全相同。篇中论及到政治的泄沓腐败道:

> 《蟋蟀》之诗三曰"无已太康","好乐无荒"。荒者乱之萌也,乱不生于乱,而生于太康之时。堂陛玩愒,其一荒;政令丛琐,其二荒;物力耗匱,其三荒;人材觟荼,其四荒;谣俗浇酗,其五荒;边场弛警,其六荒;大荒之萌未有不由此六荒者也。去草昧愈远,人心愈溺,其朝野上下莫不玩细娱而苟近安,安其危而利其菑,职思其居者容有之矣,畴则职思其忧者乎?畴者职思其外者乎?以持禄养骄为镇静,以深虑远计为狂愚,以繁文缛节为足黼太平,以科条律例为足别奸蠹,甚至圜熟为才,模棱为德,画饼为文,养痈为武,头会箕敛为富,"出话不然,为犹不远"举物力、人材、风俗尽销铄于泯泯之中,方以为泰之极也。

下边总结亡天下之患有七,而以"鄙夫"殿之。就中特别对"鄙夫"之亡人国,给以指出,并加以痛斥。他说:

> 历代亡天下之患有七:暴君、强藩、女主、外戚、宦寺、权奸、鄙夫也。暴君无论矣,强藩、女主、外戚、宦寺、奸相,皆必乘乱世暗君而始得肆其毒,人人得而知之,人人得而攻之。惟鄙夫则不然,虽当全盛之世,有愿治之君,而鄙夫胸中,除富贵而外不知国计民生为何事,除私党而外不知人材为何物。所陈诸上者,无非肤琐不急之谈,纷饰润色之事,以宴安酖毒为培元气,以养痈贻患为守旧章,以缄默固宠为保明哲,人主被其薰陶渐摩,亦潜化于痿痹不仁而莫之觉。岂知久之又久,无职不旷,无事不蛊,其害且在强藩、女祸、外戚、宦寺、权奸之上,其人则方托老成文学,光辅升平,攻之无可攻,刺之无可刺,使天下阴受其害而己不与其责焉。

这对当时在朝的大臣的抨击、指斥,真是一针见血,切中要害。定庵的《明良论二》所鞭挞的不也是这类大官僚么?但魏源只是泛论,而龚定庵的文章,则往往直指当时的在位者,所以龚在当时受到攻击而不能安于位。魏源对定庵平时和一般人在筵席间相聚时,往

往不免议论时政的作法很不以为然,认为他有点"阖于明哲保身之谊",因而他在致龚定庵书中云:

> 近闻兄酒席谈论,尚有未能择人者。夫促膝之言,与广廷异,密友之诤,与酬酢异。苟不择而施,则于明哲保身之谊,深巩有关,不但德性之疵而已。承吾兄教爱,不啻手足,故率尔诤之。然此事要须痛自惩创,不然结习非一日可改。酒狂非醒后所及诲也。(原载《甲寅》杂志一卷七号)

这可看出两人性格与修养的差异。

魏源对于当时的法制是不满的,他一再指出当时政府"所养非所用,"与"所用非所养"。但他并不像定庵直然提出"更法"的主张。他只是反对复古,反对泥法,他说:

> 庄生喜言上古,上古之风必不可复,徒使晋人糠秕礼法而祸世教;宋儒专言三代,三代井田、封建、选举必不可复,徒使功利之徒以迂疏病儒术。君子之为治也,无三代以上之心则必俗,不知三代以下之情势则必迂。读父书者不可与言兵,守陈案者不可与言律,好剽袭者不可与言文;善琴奕者不视谱,善相马者不按图,善治民者不泥法。无他,亲历诸身而已。(《治篇五》)

说明要通过个人实践,不应拘泥前人的成规,需要因时制宜。

魏源的经世之材,正如《清史稿》本传中所说:"源兀傲有大略,熟于朝章国故,论古今成败利病,学术流别,驰骋往复,四座皆屈。"但生不逢时,仅仅作到知州,并未获得大用。接着太平军起义,于是被解官,不久就死掉了。

他的议论文,均能提出论点,并以史实作论据,尤其是他掌握了朴素的辩证观点,因而对事理阐发,往往非常透彻,而具有强烈的说服力,黄象离在《重刊古微堂集跋》中,拿他的论文和龚定庵的论文相比较说:

> 近日持论家谓龚、魏两家皆深于释氏之学。龚氏之于释氏,固自谓造深微,先生盖深于道家言,其论学篇往往见之。而《老子本义序》,尤为深至明晰。余尝谓龚氏文,深入而不欲显出,先

生文,深入而显出。其为独辟町畦,空无依傍,一也。
这个看法基本上是符合实际的。

魏源的山水小品,写的非常好。这些小品乃是他的游山水诗的诗序。这些诗序写得清彻冷隽,正如王国维所谓"写景能豁人耳目"也。即如《华山西谷》的诗序:

华山中断为二,而苍龙一岭联之。岭左右为东西二谷,东谷直抵潼关,而西谷最胜。登华者皆自此入,即所谓张超谷也。谷口水汇于玉泉禅院,寻涧而入,双峡壁立,麓址互错,地深天高,石奇泉养,凡百十曲而至水帘洞。瀑自绝壁万仞飞下,即谷水之源也。洞居半壁,一面凹出受瀑,倒入洞腹,将至涧底,复穿石出,下汇寒碧。而两峡松各数十万,绿天翠海,涛满虚空,光响灵幻,非复人世,宇内断无第二。而自来游华者,皆半途即舍涧登青柯坪,从无一人穷源至斯者。洞天咫尺,不许问津,何必桃源,始迷前路。

《华山西谷》的诗,他一共写了四首。但我悟得这个序实比他的诗写得好。他的诗,说明与说理太多,缺乏含蓄,反不如这样的小品,能给人以无限回味的力量。下边再引两篇。

太室北溪石淙谷三

石淙在平地,已不见嵩,而嵩之水口也,盖太室之北原,受平洛涧之委,其上游水行地中,至阳城之山,石壁百仞,水漱石根,始汇为潭,束为涧折西,石愈奇,是为上下两石淙。南北两崖,各有洞窟,可避兵。有唐武后磨勒诗记两淙。涧水之石,如怒笋林立,如饮兕,卧虎,高或数丈,平或半亩,纵横偃仰,肤骨态色,穷丽极研。水萦其根,穿其腹幽黝沉碧,相得相忘,极人世光色,无可名状。全泯怒狂啮噬之态,是为车箱潭。潭之下,峡愈束,水愈静,筏泛其中,青天如垂片玉,人语如出瓮中,而青壁上复呀石门,游人登岸,背穿洞腹出,坐石唇,可觞席其上,以览水石之奇,造物贶人至矣哉。自此出峡,旷然禾畴,与峡中各一天地。视东

溪南溪之可游不可家者，又有桃源人世之别。盖三溪嵩室之胜，石淙又三溪之最胜矣。(《嵩麓诸谷诗》)

盘山纪游·下盘泉

盘泉之胜，全在行宫。盖东西涧水，会于中盘，有唐文皇晾甲石，横亘其冲。卷水为小潭，水至石，怒跃而下，曰"千尺雪"，为行宫第一胜。从此历坡坂，流乱松中，忽有小石城负壁面瀑，而亭于松间，以听众涛，为第二胜。再下则南峰横案其前，四山翠合，面面芙蓉，而静寄山庄在焉。水汇左大涧，闸之、桥之、亭之，潆洄荡漱，声光并绝，而泉观止矣。左踰桥上山，复有行宫四所，以览云壑，则胜在山不在水，今不述焉。

这的确是最晶莹的山水小品，方之明人，毫无愧色。魏源性嗜山水，每到名胜之地，即穷幽探赜，流连忘返，以其观察精微，而笔致又能汲取郦道元写景状物之长，故能委婉曲折，刻画细腻，绘声绘色，向读者展示出幅幅画卷，引人入胜。及读其诗，反觉景物零乱，印象反成片段。这种感受，我想读者试将其诗序与诗作一对比，当信吾言之非谬。

1981年10月25日

黄 遵 宪

一

黄遵宪(1848~1905)字公度,曾署"东海公","法时尚任斋主人","水苍雁红馆主人"等,广东嘉应州人(今改梅县)。出身于一个封建官僚家庭,父鸿藻,曾官广西知府。他于清光绪二年(1876)应顺天乡试中举,次年即随何如璋出使日本,任参赞。从此,开始接触到西方资产阶级的政治学说,和该国效法西方的一些政治制度。光绪八年(1882)调任美国旧金山总领事。十一年(1885),由美乞假回国,曾刊行《日本杂事诗》,并编写《日本国志》。

光绪十六年(1890)随薛福成出使英、法、意、比四国,仍任参赞。光绪十七年(1891),调任新加坡总领事。光绪二十年(1894),中日战争爆发,奉调回国,在张之洞幕府,主持江宁洋务局。甲午战败之后,维新变法运动,蓬勃兴起。遵宪因曾看到日本的强盛,与欧美的社会政治经济的先进情况,因而于次年参加强学会,初识康有为,政见契合,朝夕过从。(康有《黄公度诗集序》)

光绪二十二年(1896),与汪康年在上海办《时务报》,由汪任经理,梁启超任主笔,大力鼓吹变法,出版发行后,风行海内,在舆论界产生了不可估量的影响。光绪二十三年(1897)任湖南按察使,参与了维新派在湖南推行的各项新政。光绪二十四年(1898)被任命为出使日本大臣,因病未成行,而戊戌政变已经发生。由于他系新党,随被革职,从此不再出仕,老死乡里,于1905年逝世。著有《日本国志》,《人境庐诗草》(钱萼孙《黄公度先生年谱》)。

黄遵宪一生,曾多次出国,任外交官的职务,因而使他接触到资本主义国家的文明,所以在一定程度上,受到资产阶级民主思想的影响。但在日本的时间较长,并写有《日本国志》,对日本有较清楚的了解。不过他对西方学术的渊源,并不真了解,他曾用中国先秦诸子思想与之相比附,真可谓极牵强附会之能事。即如他在《日本国志》卷三二《学术志一》中,论西方的学术渊源道:

> 余考泰西之学,其源盖出于墨子。其谓人人有自主权利,则墨子之尚同也。其谓爱汝邻如己,则墨子之兼爱也。其谓独尊上帝,保汝灵魂,则墨子之尊天明鬼也。至于机器之精,攻守之能,则墨子备攻、备突,削鸢能飞之绪余也。而格致之学无不引其端于《墨子·经》上下篇。……

又说:

> 其入于泰西,源流虽不可考,而泰西之贤智推衍其说,至于今日,而地球万国行墨子之道者十居其七。距之,辟之于两千年之前,逮今而骎骎有东来之意,呜呼!何其奇也。

接着他用中国儒家的一套尊卑亲疏的伦理观,来批判西方的民主政治道:

> 推尚同之说,则谓君民同权,父子同权矣。推兼爱之说,则谓父母兄弟同于路人矣。天下之不能无尊卑,无亲疏,无上下、天理之当然,人情之极则也。圣人者,知其然,而序以别之,所以已乱也。今必欲强不可同,不能兼者,兼而同之,是启争召乱之道耳。

以上所引,我认为非常重要,一则说明他对西方的文明的渊源,是茫然无知,竟认为是来源于中国的墨子。其次,他又用中国儒家的一套,来批判西方的民主思想,说明他的观点基本上是洋务派的"中体西用"的看法。后来他又到英国做外交官,对西方政治有了进一步的

了解,因而在见解上又有了进步。他在《日本杂事诗自序》中说:

> 嗟夫!中国士夫闻见狭陋,于外事向不措意,今既闻之矣,既见之矣,犹复缘饰古义,足已自封,且疑且信,逮穷年累月,深稽博考,然后乃晓然于是非得失之宜,长短取舍之要,余滋愧矣!(光绪十六年七月)。

这是他对过去见解的自我批判。所谓"缘饰古义,足已自封,且疑且信",说明他过去对西方先进文明所持的错误态度。就在这时,他提出我国政体必当法英的主张(钱谱),而奠定了他后来参加康梁等人维新变法运动的思想基础。

戊戌变法失败,接着又有庚子事变,于是有不少原来主张维新变法的改良主义者,由于认清了清王朝的统治者对内镇压对外投降,甘当帝国主义者的代理人的反动面目,理解到要救亡图存,避免豆剖瓜分之祸,唯一办法只有起来革命,推翻清王朝的反动统治。但是康梁等人不但反对革命,并且起而保皇。至于黄遵宪他在1902年的《论学笺》中说什么:

> 近来民权自由之说遍海内,其势长驱直进,不可遏止。而或唱革命,或称族类,或主分治,亦嚣之然尘上矣。而仆仍欲奉主权以开民智,分官权以保民生,及其成功,则君权民权两得其平。

这仍然是卫护清王朝统治的立场,坚持他原来的自上而下进行改良的变法主张。由此可见,他当时丝毫没有接受戊戌变法失败的惨痛教训,对当时最高的封建统治者,仍旧抱着可与图治的不切实际的幻想。其所以如此,还是他的地主、资产阶级的阶级意识在作怪。所有的地主、资产阶级,都是轻视群众的,康有为在《答南北美诸华侨论中国只可行立宪不可行革命书》中,就认为群众愚昧,革命必然会引起大乱,招致外人的干涉。当时章太炎曾在《驳康有为论革命书》中,对他的荒谬论点逐条给以驳斥。后来的保皇派,为反对革命一直重弹康有为这种老调。

黄遵宪当时的思想,也不例外。他说什么:

> 胥天下皆憒憒无知,碌碌无能之辈,而以如此无权利思想,

> 无政治思想,无国家思想之民,而率之以冒险进取,耸之以破坏主义,譬之八九岁幼童,授以利刃,其不至引刀自戕者几希。
> (《论学笺》)

1900年庚子事变之后,国内革命浪潮蓬勃兴起,这是大势之所趋,清王朝的崩溃覆灭,已在早晚之间,但黄遵宪认识不清历史的动向,与发展的前途,仍然抱着自己的旧观点,反对革命,这就使他走向人民的对立面,由进步而转为反动了。近来有人为他晚年的政治观点作辩护,说他后来有排满的倾向,所持论据多系个人的推测,是完全不符合黄当时的思想实际的。

二

一个作家的文艺思想,和他的政治思想,历来都是密切相关的。晚清的维新派提倡政治上变法的时候,也曾掀起过文艺上的革新运动。梁启超是这次运动主要倡导人。他对散文曾经进行过一次大解放。他运用各种字句语调,来做宣传维新变法的时论文章。他不避排偶,不避长比,不避佛书名词,诗词典故,以及从日本输入的新名词。他彻底打破了当时统治文坛上散文的桐城派的古文义法,加上他在行文时往往渗入以个人激动的感情,所以特别具有感人的魔力。

其次,他同谭嗣同、夏曾佑等,提倡所谓"诗界革命"。这种革命,即在形式上打破格律的束缚,在内容上表现新的思想同意境,而他们中成就最大的,是黄遵宪。所以,维新派的文学改良运动,在作品上最成功的,散文应推梁启超,而诗歌则舍黄遵宪莫属了。

公度在青年时期,所写的《杂感》中,对文学的语言,就提出了自己独特的见解,他说:

> 少小诵诗书,开卷动龃龉,古文与今言,旷若设疆圉。竟如置重译,象胥通蛮语。

由于今言与古文的不同,所以后人谈古人的书,往往出自主观臆测,因而不免流于穿凿附会。所以他说:"燕相说郢书,越人戴章甫。多

歧道益亡,举烛乃笔误。"从这里,他认识到那些刻意模古的复古派的作家,所走的道路,完全是错误的。他说:

　　俗儒好尊古,日日故纸研。六经字所无,不敢入诗篇。古人
　弃糟粕,见之口流涎。沿习甘剽盗,妄造丛罪愆。

他认为古今人的智慧相去并不甚远,当今的作者应该用现在的语言来从事写作,那么用今天的语言写出的作品,等到几千年后的读者,也会认为是古色斑烂,弥足珍贵。他说:

　　黄土同抟人,今古何愚贤。即今忽已古,断自何代前。……
　我手写我口,古岂能拘牵。即今流俗语,我若登简编,五千年后
　人,惊为古斓斑。

由此可知,公度对时代的变化,和语言的发展,是有正确认识的。正因为这样,他能认识到当时当地流行的民歌价值,他在《山歌序》中说:"土俗好为歌,男女赠答,颇有《子夜》《读曲》遗意。"因此他仿当时民歌,写了《新嫁娘诗》五十首。(见《人境庐集外诗辑》)后来他出使日本,又仿日本习俗,在节日街头市女结队舞蹈时,所唱的歌词,写了《都踊歌》。正由于他能重视民间文学,从那里吸取营养,所以他的诗能摆脱因袭模拟,而有着一定的清新泼辣的气息。

　　公度在论诗和创作上,尤其值得我们注意的,是他晚年在《人境庐诗草自序》中提出了"诗之外有事,诗之中有人"的主张。所谓"诗之外有事",即诗歌要有寄托,不是为写诗而写诗。所谓"诗之中有人",即诗中要有作者独特的思想情感,也就是通过作品,塑造出作者本人的鲜明形象。前者很显然源于白乐天的"文章合为时而著,歌诗合为事而作"的论点(《与元九书》),而后者,应该说是公度的独到见解。既然要"诗之中有人",那就需要用创造性的形式,来表现自己独特的思想感情,这样必然要反对因袭模拟,而要自出机杼。从这一点来说,公度的创作是实践了他的理论的。

　　至于在散文上,他是主张革新,而不赞同复古的。这一点上,他和梁任公的见解是比较接近的。对于这一问题,梁任公同严复曾经有过争论,当严译英人亚当斯密的《原富》出版后,梁曾在《新民丛

报》上,加以介绍,并批评他的译文不够通俗。严的复书对梁的看法,予以驳斥,并否认文学界有革命之说。公度在光绪二十八年(1902)给严的信中,称赞他为学界中第一流人,但对他也提出了自己的要求,并针对严所说的"文界无革命",而认为虽无革命,却有革新,他举出:

> 如《四十二章经》,旧体也,自鸠摩罗什辈出,而内典别成文体,佛教益行矣。本朝之文书,元明以后之演义,皆旧体所无也,而人人遵用之,而乐观之。文字一道,至于人人遵用之,乐观之足矣。(由甫藏先生与严又陵书稿,见年谱1902年)

在小说创作上,他也曾在给梁任公书中,提出自己的意见,他说:

> 小说所以难作者,非举今日社会中所有情态,一一饱尝烂熟,出于纸上,而又将方言谚语一一驱遣,无不如意,未足以称绝妙之文。前者,须富阅历,后者须积材料。(由甫藏先生与梁任公书稿,同上)

这说明在创作上,他是主张现实主义的,就是小说是反映现实中的世态人情的,另外他又主张创作须向中国古典小说中的名著和西方作品学习。所以公度的文学观,同梁任公的主张,基本是一致的,也无怪乎梁氏对他的诗作是那样的倾服和赞扬了。

三

黄公度一生诗歌创作,为数达千余首,确可称为晚清诗坛上的一位大家。他的诗的特点,从内容上和他并世的作家,只有谭嗣同、康有为等人早期的作品,可以与之比拟。他们都是关心人民疾苦,关心国家兴亡,而有志于挽救民族命运的志士仁人,和那些一意追古拟古,置国家民族的安危于不顾的江西派,魏晋派,以及晚唐派的作家,是不能同日而语的。

黄公度的诗,从内容看,大致可分为三类:一、反映政治外交等方面巨大事变之作。二、具有异国情调之作。三、罹党祸后,退居田园之作。现分述于后：

一、黄遵宪的一生正是处在中国历史上发生剧烈变化的时代，一方面是国内阶级矛盾的激化，同时又加上同列强的民族矛盾，也达到空前尖锐的地步。这种双重矛盾所产生的激烈斗争，有不少是翻天覆地、震撼人心的大事件，即如洪、杨的农民起义，几乎颠覆了清王朝的统治。其余如中法之战，中日之战，沙俄的入侵，义和团的反帝运动，和八国联军的入侵。而在政治上维新变法运动，以及戊戌政变之被镇压……这些对黄遵宪来说，都是他不能不关心的客观现实。作为一个感觉锐敏而又关心国家兴亡的诗人，不能不见之于诗作。所谓"长歌当哭"，正可以说明他创作反映这些事实的诗篇时的情怀。

不过对公度这一类的诗作，必须有分别地给以肯定或批判，原因是他出身官僚地主阶级，后来虽然接受了西方资产阶级思想的影响，但仍然是地主、资产阶级的立场，因此在对外的民族矛盾上无疑是站在自己民族的立场上，即如《悲平壤》，《东沟行》，《哀旅顺》，《哭威海》，《降将军歌》，《台湾行》，《度辽将军歌》，《聂将军歌》等。这些作品一面揭露了清政府的腐朽，和部分将帅的无能，以及帝国主义者的贪婪、阴险和狡诈，带有一定的反帝倾向。同时，对少数坚决抗敌的民族英雄，也进行了歌颂，无疑这些作品是有一定的积极意义的。但对国内阶级矛盾上，即如对太平军和义和团的看法，就反映出他的地主、资产阶级的反动思想。无疑这是属于他的诗歌中的糟粕部分。即如《乙丑十一月避乱大埔三河虚》、《拔自贼中述所闻》、《喜闻恪靖伯左公至，官军收复嘉应贼尽灭》、《初闻京师义和团事感赋》、《谕剿义和团感赋》等，都属于这一类。

在前一类中虽然是直述其事，但却含有深刻的讽谕之意，即如《悲平壤》中写叶志超的溃败狂奔："一夕狂驰三百里，敌军便渡鸭绿水，一将因拘一将诛，万五千人作降奴。"又如《哭威海》写中国海军的被歼，最后是："天盖高，天不闻，四援绝，莫能救。即能救，谁死守。炮未毁，人之咎，船幸存，付谁某，十重甲，颜何厚，海漫漫，风浩浩，龙之旗，望杳杳，大小李，愁绝倒，岿然存，刘公岛。"而《降将军歌》中，指出丁汝昌:"已降复死死为谁？可怜将军归骨时,白幡飘飘丹旐垂,中一丁字悬高桅,回视龙旗无孑遗,海波索索悲风悲,悲复悲,噫！噫！噫！"对这样将领的愚昧,感到说不出的痛心！

在反映阶级斗争方面,公度的诗对太平军纯然是诬蔑,即如《拔自贼中述所闻》,说他们的生活：

朝倾百斛酒,暮饱千头羊。时时赌搏簺,夜夜迎新娘。
今日阿哥妻,明日旁人可。但付一马驮,何用分汝我。

这对太平军是一个极大的诬蔑。又如《喜闻恪靖伯左公至,官军收复嘉应贼尽灭》的第二首：

恢恢天网四围张,群贼空营走且僵。举国望君如望岁,将军擒贼早擒王。十年窃号留馀孽,六百名城作战场。今日平南驰露布,在天灵爽慰先皇。

地主、资产阶级的立场是多么鲜明！

关于义和团引起的八国联军,京师沦陷,慈禧、光绪逃亡西安,辛丑条约缔结后,他们又回北京,在这一次事变中,公度写了几十篇诗,他痛诋义和团为"狐党",为"狗偷"(《初闻京师义和团事感赋》),指斥那拉氏在戊戌政变后,大兴党狱,把变法措施一律革除,恢复旧制,诗中道：

博带峨冠对旧臣,三年缄口讳维新。尽将儿戏尘羹事,付与尸居木偶人。绍述政行皆铁案,党人狱起又黄巾,即今刚赵来宣抚,犹信投戈是义民。(《初闻京师义和团事感赋》)

在亲受党祸之苦,又听到义和团的情况,公度发出这样的感慨议论,完全是可以理解的。至于团民的反帝思想,和勇敢的行动,其意义与精神,公度在当时是不可能理解的。站在他的立场上,必然指团民为乱民,而视利用团民以对付帝国主义为昏聩糊涂之举。总之,公度当时的立场是地主、资产阶级的,同时是站在清王朝一边的,所以他之视太平军为"贼",视义和团为"乱民",都是毫不足怪的,拿他这种观点同革命派的相比,不仅落后,而且也是反动的。

其次是反映异国风光,含有异国情调的作品。公度由于他长期地出使东西各国,见闻广而阅历多,并且有意把自己的见闻一一地写到自己的作品中去,正如他自己说的"古人未有之物,未辟之境,耳目所历,皆笔而书之"。这样不仅扩大了他的诗的领域,同时也开阔了读者的眼界,给人以极其新颖而奇特的感受。即如《樱花歌》,描写出日本在樱花盛开时,举国如狂的赏花盛况。所谓"一花一树来婆娑,坐者行者口吟哦,攀者折者手挼莎,来者去者肩相摩"。诗中特别写每年花朝时候的情形:

  一年最好推花朝,喷云吹雾花无数。一条锦绣游人路。明明楼阁倚空虚,玲珑忽见花千树。花开别县移花来,花落千丁载花去。十日之游举国狂,岁岁骧虞朝复暮。

这是写日本在闭关时代的情况,所谓"承平以来二百年,不闻鼙鼓闻管弦"。但是到西方列强来敲开日本的大门后,情况就大异了,这就是"一朝轮舶炮声来,惊破看花众人梦"。诗人这时一方面缅怀往昔,一方面看看现实,而产生了一种奇想,他说:

  我闻桃花源,洞口云迷离,人间汉魏了不知。又闻净土落花深四寸,每读华严经卷神为痴。拈花再拜开耶姬,上告丰苇原国天尊人皇百神祇,仍愿丸泥封关再闭一千载,天雨新好花,长是看花时。

其次是《今别离》,梁时江淹曾写过为后人所传诵的《别赋》,写出了古人对离别在心灵上的感受,是"黯然消魂"!是"行子肠断,百感凄恻"因而风云异状天地变色。公度的这篇诗,正是针对这篇赋,写出由于时代的变化,别离的情绪同古时也有所不同。首先是时间的限制与紧迫,所谓"古亦有山川,古亦有车舟。车舟载离别,行止犹自由"。可是今天呢?"今日舟与车,并力生离愁,明知须臾景,不许稍绸缪。钟声一及时,顷刻不少留。"接着是"送者未及返,君在天尽头。望影倏不见,烟波杳悠悠"。

其次是别后打来的电报,想到是不是自己的亲人打来的,这时的思念远人的心情,是"寻常并坐语,未遽悉心事。况经三四译,岂能达人意?只有斑斑墨,颇似临行泪"。

接着写远方寄来的小照,诗中写接到小照时的心情,"自别思见君,情如春酒浓。今日见君面,仍觉心忡忡。"于是决定把自己的小照,也寄给他,因而又产生了联想,"妾有钗插鬓,君有襟当胸。双悬可怜影,汝我长相从。"但是离恨并未因此消失,接着又说:"虽则长相从,别恨终无穷。对面不能语,若隔山万重。自非梦来往,密意何由通!"

最后写到由于两人住的不在一个半球之上,因而梦魂也不能相通。"昨夕入君室,举手搴君帷,披帷不见人,想君就枕迟。"因而想到你在梦中来寻我时,也不可能见到我。

君魂倘寻我,会面亦难期。恐君魂来日,是妾不寐时。妾睡君或醒,君睡妾岂知。彼此不相闻,安怪常参差。

最后以恋君之心,永无变异作结。

地长不能缩,翼短不能飞。只有恋君心,海枯终不移。海水深复深,难以量相思!

这篇诗用极其生动而形象的刻画,表达了夫妇的缠绵爱恋之情,比着文通的《别赋》可说是毫无逊色。

至于《以莲菊桃杂供一瓶作歌》,是他在新加坡养病时写的。莲、菊、桃三种花,花时本不在一个季节,莲在夏,菊在秋,而桃在春。由于当地气候,和园艺家的新法培植,居然能巧夺天工,三种花同时开放。这在过去来说,真是不可想象的。诗人对此不免浮想连翩,产生了许多联想、奇想同遐想。试看他的联想:

如竞筘鼓调筝琶,蕃汉龟兹乐一律;如天雨花花满身,合仙佛魔同一室;如招海客通商船,黄白黑种同一国。

再看诗人的奇想,诗人把三种花都拟人化了,下边写出它们处在一起,各个都有自己的考虑:

一花惊喜初相见,四千余岁甫识面。一花自顾还自猜,万里绝域我能来。一花退立如局缩,人太孤高我惭俗。一花傲睨如居居,了更妩媚非粗疏。有时背面互猜忌,非我族类心必异。有时并肩相爱怜,得成眷属都有缘。有时低眉若饮泣,偏是同根煎太急。有时仰首翻踌躇,欲去非种谁能锄。有时俯水瞋不语,谁滋他族来逼处。有时微笑临春风,来者不拒何不容。

最后试看作者的遐想:

> 即今种花术益工,移枝接叶争天功。安知莲不变桃,桃不变为菊,回黄转绿谁能穷。……安知夺胎换骨无金丹,不使此莲、此菊、此桃、万亿化身合为一,众生后果本前因,汝花未必原花身,动物植物轮回作生死,安知人不变花花不变为人。

诗人这时从佛家的轮回之说,想到个人的将来,与花的将来,可能会我变成花,花变成我:

> 六十四质亦么么,我身离合无不可。质有时坏神永存,安知我不变花,花不变为我。千秋万岁魂有知,此花此我相追随。待到汝花将我供瓶时,还愿对花一读今我诗。

诗人以丰富的想象力,借科学中的育种学,以及佛家的轮回思想,写出了不仅各种花卉都可以互变,而且人与花也同样可以互变的情况来。这种写法,真是古人诗中未有之物与未辟之境,可以说是前无古人的。

戊戌政变前,光绪曾任命公度以三品京堂充出使日本大臣,当时因病未能成行。政变后,被免职还乡。当时虽未遭到拘系,但从此也结束了他的政治生涯。从 1898 到 1905 去世,七年之间退居田园。当时国势益趋颠危,以具有爱国热情的诗人,当然不能释然于怀,于是发为诗歌,更加充满了感慨悲愤的情绪。如《感事》的第四首,写殉难的六君子,都是无辜被杀,所谓"东市朝衣真不测,南山铁案竟无名。芝焚蕙叹嗟僚友,李代桃僵泣弟兄"。第五首写到株连之酷,"可怜时俊才无几,瓜蔓抄来摘更稀。"最后一首写个人对国家前途的渺茫,抱着无限地殷忧与无穷地慨叹:

> 太白星芒月色寒,五云缥缈望长安。忍言赤县神州祸,更觉黄人捧日难。厄己真忧天梦梦,穷途并哭海漫漫。是非新旧纷无定,君看寒蝉噤众官。

公度晚年在表面上似乎是在过着无拘无束的悠闲生活,但心灵深处,是痛苦的,深感同党的被害,环境的逼迫,以及国家前途的无望。因而发为诗歌,在闲适中杂有苦辛,在描景中寓意深远。如《寓章园养疴》:

> 海色苍茫夜气微,一痕凉月入柴扉。独行对影时言笑,排日量腰较瘦肥。平地风波听受惯,频年哀乐事心违。笠檐簑袂桄榔杖,何日东坡遂北归!

又如《寒夜独坐卧虹榭》:

> 今时何时我非我,中夜起坐心仿惶。风声水声乌乌武,日出月出团团黄。层阴压屋天四盖,寒云入户山两当。回头下视九州窄,高飞黄鹄今何方!

当时党祸株连,给诗人的压力是沉重的,又如《雁》:

> 汝亦惊弦者,来归过我庐。可能沧海外,代寄故人书。四面犹张网,孤飞未定居。匆匆还不暇,他莫问何如。

在瓜蔓抄的形势下,对流亡海外的党人,寄以深切的怀念。所以公度晚年的诗作在反映当时反动统治者对党人的株连,与个人沉重的心情,从内容与艺术上看,其成就是不亚于他早年同中年之作的。

> 公度曾与梁任公自论其诗,谓:"吾之五古诗,自谓凌跨千古。若七古诗不过比白香山、吴梅村略高一等,犹未出杜、韩范围。"(《由甫藏先生与梁任公书稿》)

姑不论他这个自我评价,是否正确。但从他的诗的渊源上看,是受到这几个作者还有清代龚定庵的影响的。

公度在描摩人情世态上,其委婉细腻,曲尽其妙的地方,确实受到工部的影响不小,即如《拜曾祖母李太夫人墓》,里边写自己儿时在曾祖母爱抚下的情况,记忆中太婆生活的片段,个人幼年顽皮的举动,都不能不想到工部的《北征》和《自京赴奉先咏怀五百字》。而《锡兰岛卧佛》,洋洋两千余言,任公说它"在震旦,吾敢谓有诗以来所未有也"。(《饮冰室诗话》)从内容上看,任公说:"以文名名之,吾欲题为印度近史,欲题为佛教小史,欲题为地球宗教论,欲题为宗教政治关系说。然是固诗也,非文也。有诗如此,中国文学界足以豪矣。"(同上)根据以上内容,可知其大部分为叙事说理之作,令人读后,也不禁会想到韩愈的《南山》一类五言古诗篇。

  其次白乐天、吴梅村,他们都是擅长长篇歌行的,公度集中,此类作品指不胜屈。但白、吴两人有一最大的不同,即梅村喜隶事,而乐天则否。王国维曾谓:"以《长恨歌》之壮采,而所隶之事只小玉、双成四字,才有余也。梅村歌行,非隶事不办,白、吴优劣即于此见。"(《人间词话》)公度长篇之作,有近于乐天的,如上述之《今别离》,和《以莲菊桃杂供一瓶作歌》,此外受民歌影响的如《山歌》,与《新嫁娘诗》,更是清新俊逸,足可上追南北朝的民间乐府。但是另一方面,也有不少近于梅村歌行的,因为在反映历史上的大事件时,不能不抒发一点个人的看法,因而不免于带有几分讥评之意。这样就不得不稍稍隐约其词,于是就要借用历史故事以相比附,这就是公度一部分诗所以隶事的主要原因。有许多这类篇什,令读者感到不如那些不隶事的明白晓畅,通俗易懂。但这决非由于公度的才短,而实出于不得已。

  公度的绝句,则大似龚定庵。定庵有《己亥杂诗三百六十首》,叙其平生学行,及身世阅历的感怀。而公度的《己亥杂诗》系戊戌政变后放归田园所作,其感慨时事,比之定庵,其愤激不平,胸怀隐痛,只有过之而无不及。

  公度的诗作,为晚清大家已为举世所公认,我们认为他在诗歌的改革同创新上,的确成就很大,为并世作者所不及。但我们还嫌其不彻底,因其在形式上还未能尽脱古人蹊径。但是一些守旧的顽固派,竟极诋他为"谬戾乖张,丑怪已极"。(《徐英论国学》)也有的故意吹毛求疵,说他的作品"过欠剪裁,瑕累百出"。(胡先骕《读郑子尹〈巢经巢诗集〉》)(均见钱萼孙《人境庐诗草笺注》)对这些人,也不妨拿工部的"尔等身与名俱灭,不废江河万古流"的诗句赠给他们。

1982 年 6 月 1 日

严　复

一

严复(1853~1921)初名体乾,改名宗光,字又陵。后又改名复,字几道,号愈壄老人,福建闽侯人。十四岁丧父,家贫,不再从师。时同县沈葆桢初创船政,因考入马江学堂习海军。同治十年(1871)以最优等卒业,从军舰实习,周历南洋黄海。光绪二年(1876),派赴英伦,学习海军,每试都取得最优异成绩。时洋务派郭嵩焘,任驻英公使,常同他讨论中西学术和政治制度的异同,深为郭所赏识,曾与国内某要人函,有"出使兹邦,惟严君能胜其任,如某者,不识西文,不知世界大势,何足以当此"一类的话,但这位要人,以郭为轻率,竟一笑置之(王蘧常《严几道年谱》)。

光绪五年(1879),在英卒业。归国后,初任船政学堂教习,次年李鸿章经营北洋海军,被任为天津水师学堂总教习。当时列强对中国无不虎视眈眈,但中国朝野上下,仍然玩日愒岁,毫无警惕振作、发愤图强之志。曾经与严复在英伦留学的日本学生如伊藤博文,大隈重信等,归国后均被重用,不久日本吞并我藩属琉球。严复对此深感痛心,他同人讲:"不三十年,藩属且尽,缳我如老牸牛耳。"(同上)但听者都认为他有点迂阔,甚至觉得他太激烈,丝毫不予重视。

严复一向抱有经邦济世的大志,但归国后却被投闲置散,一直未被重用,因而认为这是当局瞧不起留学生的原因,所以他发愤治八比,纳粟为监生,回籍应乡试,结果落第。以后又曾一再应顺天乡试,均未获售。光绪十六年(1890)被李鸿章任命为总办水师学堂,不预机要,奉职而已。甲午战败,严复深感激愤,给他儿子璩的信中说:"中国今日之事,正坐平日学问之非,与士大夫心术之坏。由今之道,无变今之俗,虽管、葛复生,亦无能为力也。"(《严几道年谱》1894年)

光绪二十一年与日订立了马关条约,赔款割地。时当甲午之后,全国上下,议论沸腾,洋务派所高唱的"富国强兵"的一套搞法,通过这次战争的考验,宣布了它的彻底破产。而以康有为为首的维新派,正在大声疾呼,企图用变法维新,来挽救中国的危亡。

严复是一个具有高度爱国主义思想的知识分子,由于他留学英伦时,对西方学术有较深的造诣,对西方资本主义文明,也有比较清楚的了解。回国后,又对中国学术有较系统的钻研。这时便以他对中西文化的理解,进行二者对比,研索西方之所以强,中国之所以弱的原因,从而提出自己对中国今后救亡图存的方略,借以唤醒国人;并且警告政府,如果再因循守旧,长此以往,中国将必不免于亡国,而成为印度、波兰之续。他在这一年,连续在天津《直报》上发表了《论世变之亟》、《原强》、《救亡决论》、《辟韩》等具有石破天惊,振聋发聩作用的文章。这些文章,后来蔡元培曾概括其中心思想为"尊民叛君"和"尊今叛古"(《最近五十年来中国之哲学》)。这在当时,是富于革命性的杰作。

到了一八九六年,由于梁启超在上海创办《时务报》,把《原强》、《辟韩》等篇又加以转载,于是引起洋务派官僚张之洞的痛恶,认为是洪水猛兽,命其部属屠仁守作《辟韩驳议》,并拟对严进行惩处。由于他的同乡郑孝胥的斡旋,才免于难。

严复在《辟韩》中,根据西方资产阶级民主主义的观点,来批判中国几千年来的封建专制主义,揭露了封建专制制度是残酷地压迫人民,剥削人民的各种罪恶的根源。但严复是当时由地主阶级向资产阶级转化的知识分子,他是一个信奉"进化论"的渐进主义者。尽管他指出了专制制度的严重危害,但他却不敢提出革命的主张,说什么"然则及今而弃吾君臣可乎?曰:是大不可。何则?其时未至,其俗未成,其民不足以自治也。彼西洋之善国,且不能,而况中国乎!"最后期望中国"有圣人兴",也就是能出现一位贤明的皇帝,考求西洋各国之道,去其害富害强,日求其与民共治而已。然而就这样极其温和的改良主张,还被视为大逆不道,当时洋务派的顽固反动,也就可想而知了。

严复在这个时期,还译了英人赫胥黎的《天演论》。这部书"上半部是唯物论,下半部是唯心论。上半部主要讲生物界的进化发展,宣传科学的达尔文主义。下半部主要讲社会的进化发展,把生物学的科学原理错误地套用到社会领域,是反动的社会达尔文主义"(任继愈《中国哲学史》第四册第206页)。严复译此书时,经常在章节后边,就书中理论,结合世界形势,与中国的现实,发为危言深论,企图令国人洞悉"物竞天择"、"优胜劣败"、"适者生存"之理,知中国立于世界之林,与列强竞争,彼优者常胜,而吾劣者常败,如不发愤图强,将终难免于亡国灭种之祸。

《天演论》出版后,如一声春雷,震动了当时的思想界。一时"物竞天择"、"优胜劣败"几成为知识分子文章中的常用语。于是向西方学习,主张维新变法的浪潮,奔腾澎湃,不可遏抑。所以严复的政论,同他对《天演论》的介绍,对当时的变法运动,确起了极大的推波助澜之功。

光绪二十四年(1898),严复以王锡藩的推荐,蒙载湉召见,让他缮写曾拟的《万言书》以进。在这篇上书中,提出在未变法前所急宜实行的有三事:一、联各国之欢,二、结百姓之心,三、破把持之局。所谓"结百姓之心",办法是皇帝亲至沿海各省巡守省方,纵民聚观,嵩呼瞻视共主。说百姓只要能见到皇帝一面,就会欢忻感泣,人人有戴主死敌,奋不自顾之心。过去他在《辟韩》中对封建君主的批判,以及他所说的民权,所谓平等自由,在《万言书》中一点影子也没有了。所以戊戌变法失败后,顽固派并没有找他的事,不是没有原因的。

严复继《天演论》之后,又译了英人亚丹斯密的《原富》(译于1897~1900)、穆勒约翰的《自繇论》(译于1899,后改为《群己权界》)及《名学》(译于1900~1902)、耶芳斯的《名学浅说》(译于1908)、斯宾塞的《群学肄言》(译于1898~1902)、甄克思的《社会通铨》(译于1903)、法人孟德斯鸠的《法意》(译于1902)等,后人称之为严译八大名著。三十年代,曾集印为《严译名著丛刊》。严复在《原富》、《法意》等书的译文中,往往联系中国社会政治经济学术以及风俗习惯等实际,进行批判。但他的政治倾向日趋保守,反对革命,甚至对梁启超某些激烈言论,也深致不满。他这时已完全走向教育救国的唯心主义的道路上了。他在1902年写的《群学肄言序》中说:"乃窃念近者吾国以世变之殷,凡吾民前者所造因,皆将于此食其报。而浅谫剽疾之士,不悟其所从来如是之大且久也,辄攘臂疾走,谓以旦暮之更张,将可以起衰而以与胜我抗也。不能得,又搪撞号呼,欲率一世之人与盲进以为破坏之事,顾破坏宜矣,而所建设者又未必其果有合也,则何如其稍审重,而先咨于学之为愈乎!"

这是针对梁启超在一八九九年逃亡到东京后所发表的《破坏主义》(《饮冰室文集类编》)一类文章的主张而发的。梁文中说:"历观近世,各国之兴,未有不先以破坏时代者,此一定之阶级,无可逃避者也。有所顾恋,有所爱惜,终不能成。"又说:"快刀断乱麻,一拳碎黄鹤,使百千万亿蠕蠕恋旧之徒,瞠目结舌,一旦尽丧其根据之地,虽欲恋而无可恋。然后驱之以上进步之途,与天下万国驰骤于大剧场,其庶乎其可也。"这是革命的主张,是当时中国社会的对症之药。但是素来主张温和保守的严复,却认为是极端的错误。直到一九一六年他给熊纯如信中还说:"嗟嗟!吾国自甲午戊戌以来,变故为不少矣。而海内所奉为导师以为趋向标准者,首屈康梁师弟。顾众人视之以为福首,而自仆视之,则以为祸魁。何则?政治变革之事,蕃变至多,往往见其是矣,而其效或非。群谓善矣,而收果转恶。是故深识远览之士,愀然恒以为难,不敢轻以掉之,而无予智之习。而彼康梁则何如,于道徒见其偏,而由言其易。南海高年,已成固性。至于任公妙才,下笔不能自休。自《时务报》发生以来,前后所主任杂志几十余种,而所持宗旨,则前后易观者甚众。然此犹有良知进行之说为之护符。顾而至于主暗杀,主破坏,其笔端又有魔力,足以动人。主暗杀,则人因之而倜然暗杀。主破坏,则人又群然争为破坏矣。敢为非常可喜之论,而不知其种祸无穷。……今夫亡有清二百六十年社稷者,非他,康梁也。"(《严几道年谱》1916年)

这一段话,充分说明严复当时的立场是清王朝的立场,对康梁师弟所起的作用,夸大得未免有点太过分了。中国从戊戌变法到辛亥革命中间十几年历史的变化,他似乎不曾给以仔细的考察。庚子事变后,在革命浪潮蓬勃兴起后,康梁已逐渐堕落到反革命的保皇派,已成为阻挡历史车轮的绊脚石。但是潮流所向,是任何反动力量也阻挡不住的。所以武昌起义一爆发,举国响应,终于推翻了清王朝,结束了中国几千年来的封建专制之局。人民革命的胜利,在严复看来是极可悲的事。他这时在政治上同清室遗老们已经站在一个立场上了。

庚子(1900)事变时,严复避难到上海,此后脱离水师学堂职务,辛丑(1901)以后曾任编译局总办和审定名词馆总纂。

辛亥革命后,袁世凯盗窃国柄,当上了民国的总统。当袁氏任直隶总督时,曾邀请严氏到他那里任职,但严氏谢绝了。后来袁氏罢政,回乡家居后,严复却认为清廷措施失当,并推许袁氏之才,一时无两。由于他同袁氏有着这样一种关系,所以当袁执政后,于一九一二年就任命他为京师大学堂校长,不久辞去。以后又被任为约法会议议员,参政院参政等职。到了一九一五年袁氏准备帝制时,为了制造舆论,组织了"筹安会",严复也被拉进去作发起人之一。袁氏垮台后,避地天津。不久,即回北京。以后家居,不再任职,于一九二一年卒,年六十九。

严复在辛亥革命后,思想越发趋于保守与复古。本来在他译《天演论》时,就曾把西方的逻辑学与中国的《易经》、《春秋》等书中义理相比附。即如他在译这部书的《自序》中,引司马迁评《易》同《春秋》

的话:"《易》本隐而之显,《春秋》推见至隐。"说什么"迁所谓本隐之显者,外籀也,所谓推见至隐者,内籀也"。这纯粹是牵强附会。辛亥革命后,他所交游的人大半都是清室遗老,如郑孝胥、林纾、陈衍之流。这时对孔子,就更加推赞。在一九一四年写的《译卫西琴〈中国教育议〉》中说:"其所言虽不必尽合于吾意,顾极推尊孔氏,以异种殊化,居数千载之后,若得其用心。中间如倡'成己'之说,以破仿效与自由,谓教育之道,首官觉以达神明,以合于姚江'知行合一'之旨,真今日无弃之言也。"实际卫西琴可以说是帝国主义奴化思想的代表人物,他反对义和团的反帝运动,反对中国人民推翻清王朝的革命运动,希望用孔丘的教育思想,来挽回既倒的狂澜。

严复之所以看重卫氏这部书,正是由于卫氏之推崇孔丘的教育思想,与自己的见解不谋而合的缘故。他于一九一三年在中央教育会演说时,即极力提倡在学校中设读经科目,而其目的在"严古尊圣"。由此可见。当袁世凯帝制前曾大肆提倡"尊孔"、"祀孔",这与严复不能说没有关系。至他之参与筹安会,似乎与袁氏的胁迫有关,但他之堕入这种泥潭,也决非偶然。严复早年的政治倾向即接近梁启超曾经提倡的"开明专制"的观点,后来他又盛赞袁氏为中国最有能力的人物。而在袁氏当国后,又一直在袁的部下任职。那么,到后来之被列名于劝进的行列,岂不是很自然的事么!

欧战爆发后,严复一面看到中国革命后政局的动荡,社会秩序的紊乱,同时又看到西方资本主义各国的惨剧,因而越发看不到人类光明的前景。他不理解战争是帝国主义之间争夺殖民地的必然结果,更不理解,工人阶级是改造人类社会的最伟大的力量,于是更加倾向于复古主义。他给熊纯如书中说:"不佞垂老,亲见支那七年之民国,与欧罗巴四年亘古未有之血战,觉彼族三百年之进化,只做到利己杀人寡廉鲜耻八个字。回观孔孟之道,真量同天地,泽被寰宇。"向西方学习的幻梦破灭了,于是转而来歌颂中国的古圣先贤,这时他把早年的"进化论"观点几乎也抛掉了。

止当严复竭力尊孔的时候,《新青年》杂志社却开始发动了一个思想革命,和文学革命运动。前者的矛头直指孔丘,后者则指向桐城派和选派。这在严复看来,无一不是大逆不道,狂悖恣肆的举动。当时赤膊上阵,与革命派作殊死战的正是严复的好友林纾。严复虽在当时没有发表什么文章(因为当时政治形势对他很不利,他还在韬光养晦的时候),但从他给熊纯如的信中看,他是非常反对革命派的。他说:"须知此事,全属天演。革命时代,学说万千,然而施之人间,优者自存,劣者自败,虽千陈独秀,万胡适、钱玄同,岂能劫持其柄,则亦如春鸟秋虫,听其自鸣自止可耳。林琴南辈与之较论,亦可笑也。"

对于苏联十月革命,由于他听信帝国主义者报刊的反宣传,更是痛恨诋毁,不遗余力。他说:"其宗旨行事,实与百年前革命一派绝然不同,其党极恶平等自由之说,以为明日黄花,过时之物,所绝对把持者,破坏资产之家,与为均贫而已。残虐暴厉,其在鄂得萨所为,报中所言,令人不忍卒读。方之德卒入比所为,又有过矣。足下试思如此豺狼,岂有终容于光天化日之下者耶。此如明季政窳,而有闯献,斯俄之专制末流,而结此果,真两间劫运之所假手!其不能成事,殆可断言。"(《与熊纯如书》)由此可见,严复到了晚年,思想已经僵化,成为极其保守的顽固派了。

二

严复虽不是文学评论家,但他却有他的文学观。在诗歌上,他倾向于唯美主义,认为诗歌是至无用之物,他说:"嗟夫!诗者两间至无用之物也,饥者得之不可以为饱,寒者挟之不足以为温,国之弱者不可以诗强,世之乱者不可以诗治。又所谓美术之一也。美术意造,而恒超夫事境之上,故言田野之宽闲,则讳其贫陋;赋女子之妍妙,则掩其儜蚩。必如其言,夷考其实,将什八九无是物也。故诗之失,常诬而愚。其为物之无用而鲜实乃如此。"(《诗庐说》)但是人类社会不论中外古今,都有诗歌,它是一种客观存在。因此严复又认为"诗之于人,若草木之花英,若鸟兽之鸣啸,发于自然,达于至深,而莫能自已。盖至无用矣,而又不可无如此"(同上)。

就上边的话看,严复的见解同中国古代各家诗论加以比较,先就把诗歌当作美术,是作者表现自己想象,任意虚构的东西,颇有点近于齐梁时期唯美主义的观点。再从他把诗歌与人的关系,比作草木之花英、鸟兽之鸣啸,发于自然,达于至深而莫能自已来说,又有点近于魏晋时期受老庄思想影响的自然主义派的观点。但却与孔子所说的兴、观、群、怨,孟子的"知人论世",汉儒所说的"先王以是经夫妇、成孝敬、厚人伦、美教化、移风俗"(《诗大序》)等观点,是丝毫没有相同之处的。

在散文上,他却继承了从孔子以来儒家一派正统的观点。他在《天演论》的《译例言》中引用了"修辞立诚"、"辞达而已"、"言之无文,行之不远"的话,认为"三者乃文章正轨,亦即为译事楷模。故信,达而外,求其尔雅"。在这样的标准下,他提出越是用汉以前的字法句法,则作到"达"比较容易,用近世通俗的文字,作到"达"反而比较困难,所以他之用文言来译,并不是有意钓奇,乃是出于不得已。

在严复认识上,觉得中国古文学词汇丰富,表现方法比较完备,白话是不能与之比拟的。一九〇二年他译的《原富》问世后,梁启超曾加以推荐,称许他"于西学中学皆为我国第一流人物"。最后指出这部译著,"文笔太务渊雅,刻意摹仿先秦文体,非多读古书之人,一缤殆难索解"。下边又提出"文界之宜革命久矣。况此等学理邃赜之书,非以流畅锐达之笔行之,安能使学僮受其益乎?著译之业,将以播文明思想于国民也,非为藏山不朽之名誉也。文人积习,吾不能为贤者讳"(《新民丛报》第一号《介绍新著》)。

梁启超的见解是很对的,但却受到严复的驳斥。首先他提出通俗的文字,决不能翻译西方理论较深的著作。他说:"窃以谓文辞者,载理想之羽翼,而以达情感之音声也。是故理之精者,不能载以粗犷之词。而情之正者,不可达以鄙俗之气。"其次,他认为西方根本无所谓"文界革命"。他说:"且文界复何革命之与有?持欧洲挽近世之文章,以与其古者较,其所进者在理想耳,在学术耳,其情感之高妙,且不能比肩乎古人,至于律令体制,直谓之无几微之异可也。"三、依照梁的说法,"徒为近俗之辞,以取便市井乡僻之不学,此于文界乃所谓陵迟,非革命也"。四、他译的这种学理邃赜之书,并非让学僮看的,而是让多读过中国古书的人看的(《与梁任公论所译〈原富〉书》)。由此可见,严梁二人文学观是多么大相径庭了!

到了五四时期,文学革命爆发后,严复还是本着他这种观点,来反对文学革命。他说:"彼之为此(指陈独秀、胡适等),谓为西国然也。不知西国为此,乃以语言合之文字,而彼则反是,以文字合之语言。今夫文字语言之所以为优美者,以其名辞富有,著之手口,有以导达要妙精深之理想,状写奇异美丽之物态耳。如刘勰云:'情在词外曰隐,状溢目前曰秀。'梅圣俞云:'含不尽之意,见于言外,状难写之景,如在目前。'又沈隐侯云:'相如工为形似之言,二班长于情理之说。'今试问欲为此者,将于文言求之乎?抑于白话求之乎?诗之善述情者,无若杜子美之《北征》;能状物者,无若韩吏部之《南山》。设用白话,则高者不过《水浒》、《红楼》,下者将同戏曲中黄皮之脚本,就令以此教育,易于普及,而斁弃周鼎,宝此康瓠,正无如退化何耳。"(《与熊纯如书》)

严复轻视用语体文写成文学作品,说明他对中国宋元以来的词曲小说,并没有真正的了解,所以他认为它们都是毫不足道的,因而坚持屈、宋、李、杜之诗、马、班、韩、柳之文,才真正是文学中的典范之作这种正统的文学观,无怪乎他对新文学认为是一种退化现象。从这点来说,在晚清作者中,他还远比不上王国维,更不要说梁启超了。

三

严复在甲午以后,和戊戌以前,所发表的政论文章,可以说是意气风发,锋芒毕露的。同时他在一九○二年以前所译的西方名著中所附的许多按语,实际是用资产阶级的观点,对中国封建文化的批判。在"学校与科举之争,新学与旧学之争,西学与中学之争"(毛主席《新民主主义论》》上,严复实是当时斗争中的主要人物。根据中国当时的客观形势与需要,他这些作品,不少是具有启蒙作用和积极意义的。这些政论文同"按语",从内容到形式,都有点近于鲁迅所写的那种"杂文"。下边试就其内容略作分析:

一、对清王朝面临崩溃的危急形势的揭露。在政治上,他在《原强》中写甲午之战失败的原因:①在形势危急时,朝野上下,无一人足以胜折冲御侮之任的。②在战败后,"首善震矣,四海晏然,视邦国之颠危,犹秦越之肥瘠"。说明当时虽号称统一,而实际封疆大吏各保疆土,形成了割据的局面。在经济上,他说:"兵连不及周年,公私扫地赤立。"说明财政已濒于崩溃的境地。在军事上,士卒素无训练,无异乌合之众。至于将弁,半皆无赖小人,临战之所以自报奋勇,其目的不过是"觊觎所支饷项而已"。

严复是学海军的,所以对中国军事之落后,了解更其清楚。他在《救亡决论》中斥"中国将帅皆奴才也,患在不学而无术"。他曾举出许多令人啼笑皆非的笑话,如"某总兵所称铜头铁额如蚩尤,驱使虎豹如巨无霸"。还有的在军中竟延请了一些奇门遁甲之家。所以最后他说:"夫用如是之将领使之率兵向敌,吾国不亡亦云幸矣,尚何必以和为辱也哉!"

二、对西学与中学的比较。当时中国朝野上下的一些顽固派,蒙昧无知,完全不了解西方情况,认为西人所擅长的不过是会计同机巧等等荒谬的看法。严复严辞驳斥了他们,认为汽机兵械之伦皆其形下之粗迹,即所谓天算格致之最精,也不过是他们能事的发端,并非命脉之所在。其最根本的原因,是"于学术,黜伪而崇真,于刑政,则屈私以为公而已"。下边比较中西之所以不同,主要由于自由与不自由的差别。由于"自由既异,于是群异丛然以生"。他列举以下各点,如"中国最重三纲,而西人首明平等。中国亲亲,而西人尚贤。中国以孝治天下,而西人以公治天下。中国尊主,而西人隆民"。"其为学也,中国夸多识,而西人尊新知。其于祸灾也,中国委天数,而西人恃人力"。又说:"斯此之伦,举有与中国之理相抗,以并存于两间,而吾实未敢遽分其优绌也。"(《论世变之亟》)很清楚,在当时的情况下,严复不得不这样讲,实际是在说彼优而吾绌。

当时顽固派攻击他是"杞人忧天"、"耸于达尔文的邪说"、"被发狂叫",真有点"白昼见魅",又引用苏轼"中国以法胜,而匈奴以无法胜"的话,来进一步说明历代异族入侵中国后,有的虽然统治了中国,但到后来总是为中国所同化,因而得出了"异族常受制于中国,不得为异族制中国"的荒谬论点。对此,后来他在《原强》中,也痛加驳斥,同时又将中西文化作了对比。末了得出"彼以自由为体,以民主为用。……故能用法,而不受法之弊,此其所以为可畏也"的结论。

他还从历史的角度,来进行今昔对比,说:"往者中国之法,与无法遇,故虽经累胜而常自存。今也彼亦以其法以与吾法遇,而吾法乃颓隳朽蠹,如此其敝也,则彼法日胜,而吾法日消矣。……此吾前者所以言四千年文物,俛然有不终日之势者,固以此也。"严复用当时西方资本主义制度与中国封建制度相比较,从而得出西方优胜,中国劣败的结论,是完全符合当时客观实际的。

三、痛斥以八股取士的科举制度的弊害。严复在比较了中学与西学二者的优劣之后,指出中国从海禁大开以来,已经采取了不少向西方学习的措施,但不管是什么措施,一到中国,就成了"淮桔之枳"。究其原因,在于中国人的力、智、德三者都太差了。追根求源,都由于八股之为害。他认为"此之不除,徒补苴罅漏,张皇幽渺无益也"。(《救亡决论》)

四、批判当时士大夫穷年累月,疲精劳神所致力的考据、词、章、义理之学,认为这些不是"无用"就是"无实"。因为对于救弱救贫既不切用,同时对民生国计也无所裨益,"均之无救危而已"。(《救亡决论》)

五、大力提倡民主与科学。严复在批判了八股取士,和考据、词章、义理等一类中学之后,提出的救亡之道,就是民主同科学。不过在晚清,不提民主,而提自由平等,其实质是一样的。严复的文章中,不惜再三阐明西方各国之所以强,纯粹由于人人都能得到自由平等的待遇。他说:"夫自由一言,真中国历古圣贤之所深畏,而从未尝立之以为教者也。彼西人之言曰:惟天生民,各具赋畀,得自由者,乃为全受。故人人各得自由,国国各得自由,第务令毋相侵损而已。……故侵人自由者,虽国君不能,而其刑禁章条,要皆为此设耳。"(《论世变之亟》)在《原强》中,他又论及西方自由与平等,来与中国封建等级制作对比,认为中国的三纲,其流弊之极,至于"怀诈相欺,上下相遁,则忠孝之所存,转不若贵信果者之多也"。把资本主义制度下的道德准则,同中国封建主义相较,显然中国是落后的,野蛮的。不过严复后来由于革命浪潮蓬勃兴起,深感这是受到法国卢梭《民约论》的影响,于是又作《民约平议》,把所译英人穆勒的《自由论》,改名为《群己权界》。在这本译著的凡例中,把自由解释为"平实地说实话,求真理,一不为古人所欺,二不为权势所屈而已"。这样就大大缩小了"自由"的范围,恐怕和他早期所讲的"人人自由"主义,大不相同了。

其次是科学,严复在《救亡决论》中说:"盖欲中国之不亡,则虽尧舜周孔生今,舍班孟坚所谓通知外国事者,其道莫由。而欲通知外国事,则舍西学洋文不可,舍格致亦不可。盖非学洋文,则无以为耳目。而舍格致之事,将仅得其皮毛,罾井罾人,其无救于亡也审矣。"所谓"格致",在晚清时是对科学一词的译名。因为《大学》中有"格物致知"的话,所以译为格致。严复当时大声疾呼,要国人大力学习科学,因为科学不仅能救中国人盲昧无知之病,而科学精神,也可以矫正中国学者虚骄浮夸之习。他说:"中土不幸,其学最尚词章,致学者习与性成,日增惛慢。又况以利禄声华为准的,苟务悦人,何须理实,于是惛慢之余,又加以险躁。……仆前谓科举破坏人才,此又其一者矣。然而西学格致,则其道与是适相反。一理之明,一法之立,必验之物物事事而皆然,而后定之为不易。其所验也,贵多,故博大。其收效也必恒,故悠久。其究极也必道通为一,左右逢源,故高明。方其治之也,成见必不可居,饰词必不可用,不敢丝毫主张,不得稍行武断,必勤,必耐,必公,必虚,而后有以造其至精之域,践其至实之途。迨夫施之民生日用之间,则据理行术,操必然之券,责未然之效,先天不违,如土委地而已矣。且西士有言:凡学之事不仅求知未知,求能不能已也。……其绝大妙用,在于有以练智虑,而操心思。使习于沈者不至为浮,习于诚者不能为妄。是故一理来前,当机立剖,昭昭白黑,莫使听荧。凡夫恫疑虚猲,荒渺浮夸,举无所施其伎焉者。"

以上说明科学本身不仅能正确地解决现实中各方面的问题,而研治科学,对人们思想的锻炼,与品质的修养,尤其有着不可估量的巨大作用。严复在戊戌前,大力宣传民主和科学,把这作为救国的方策,虽然未能从政治上提出根本解决的办法,但对当时极其顽固腐朽的中国社会,还是起了一定的振聋发聩作用的。

六、对封建社会制度的支柱——儒家思想的批判。严复在早期发表的《辟韩》中,已经对儒家思想的反动性,进行了揭露。以后在他译的《法意》的《按语》中,又继续有所批判。从内容上,大致有以下几个方面:

(一)应重新确定是非标准,不应以儒家所谓古圣先贤的话作为论定是非的准则。他说:"人生于群,是非固亦有定。盖其义必主于养生,而求其是非之所在,则为术不出于因明。因明者何,譬如与人言一事理,欲辨其理之是非,不得如前者之则古称先,但云某圣人云然,某经曰云尔,以较其离合也。亦不得以公言私言为断。必将即其理而推其究竟,使其终有益而无害于人群,斯其理必是。是者何?是于此世界之人道也。……居是世界,以人言人,不得不以此为程准也。呜呼!不自用其思想,而徒则古称先,而以同于古人者为是非,抑异于古人者为是非,则不幸往往而妄。即有时偶合而不妄,亦不足贵也。"(《法意》第十九卷第二章《按语》)这种反对不根据现实的具体情况,而徒以圣贤们的言论,作为判断是非的标准,不仅在当时反对封建主义,有着极大胆的革新精神,就在今天,对解放思想也是有着一定的启发作用的。

(二)通过对道、儒两家思想的对比,批判专制制度的弊害,指出儒家思想的无用。他说:"按老氏庄周,其薄唐虞,毁三代,于一是儒者之言,皆鞅鞅怀不足者,岂无故哉!老之言曰:'失道而后德,失德而后仁,失仁而后义,失义而后礼。礼者,忠信之薄,而乱之首也。'始吾尝怳然怃然!不知其旨之所归,乃今洞然能观火矣。礼者,诚忠信之薄,而乱之首也。……嗟乎!三代以降,上之君相,下之师儒,所欲为天地立心,生人立命,且为万世开太平者,亦云众矣。顾由其术则四千余年,仅成此一治一乱之局,而半步未进。然则,老庄之所訾警者,固未可以厚非,而西人言治之编,所以烛漫漫长夜者,未必非自他之有耀也。"(《法意》八卷二十一章按语)

(三)对封建道德旧意识的批判,首先对夫为妻纲的旧礼教,进行了抨击。他说:"乃至后世,其用此礼也,则杂之以男子之私。己则不义,而责事己者以贞。己之妾媵,列屋闲居,而女子其夫既亡,虽恩不足恋,贫不足存,甚或子女亲戚皆不存,而其身犹不可以再嫁。夫曰事夫不可以贰固也。而幽居不答,终风且暴者,又岂理之平者哉!且吾国女子之于其夫,非其自择者也。……以他人之制,为终身之偿,稍一违之,罪大恶极。……过三十年而不大变者,虽抉吾眼拔吾舌可也。"(《法意》二十四卷二十六章按语)严复在文中揭露了中国旧道德给妇女造成的痛苦,并预言不久的将来,一定会发生变革,事实证明他的话的确是有预见性的。

传统的儒家思想,是中国封建社会的上层建筑,它同资本主义制度,是存在着尖锐矛盾的。严复当时竭力宣扬资本主义社会的优越,那么他之抨击儒家思想,自是毫不足怪的。

余如严复从经济上,揭出中国和当时帝国主义者的基本矛盾。说他们深恐中国之强大,而不利于其侵略,所以他们一定要"奋其沮力,以与我争一旦之命,其必不坐视以听我之精进,又灼然可知者矣"(《原富》部丁篇八按语)。这同毛主席所说的帝国主义侵略中国,反对中国独立,反对中国发展资本主义的历史,就是中国近代史的看法,基本上是一致的(《新民主主义论》七)。又如严复曾论到中国早婚之害,和对儿童教育的轻忽,对国家前途深感忧虑(《法意》十八卷二十五章按语)。到了五四前夕,鲁迅谈到这一问题时,还引了严复的看法,深深佩服他"的确与众不同,是一个十九世纪末年中国感觉锐敏的人"(《热风·随感录二十五》)。

总之,严复在晚清,从资产阶级的立场观点出发,对中国封建的政治经济文化,以及社会风习,加以批判,在当时无疑是进步的,对社会的发展是起了积极作用的。不过正如毛泽东同志所说的因为中国资产阶级的无力,和世界已经进到帝国主义的时代,这种资产阶级思想,只能上阵打几个回合,就被外国帝国主义的奴化思想,和中国封建主义的复古思想的反动同盟所打退了。……旧的资产阶级民主主义文化,在帝国主义时代已经腐化,已经无力了,它的失败是必然的。(《新民主主义论》)从严复的思想发展来看,把他在庚子前后的革新思想,同辛亥革命后的保守思想加以对比,就是毛泽东同志这段话的最好说明。

严复的杂文在写作方法上最突出的有以下几点:

一、对比。关于中西政治经济文化的对比,前边已引了不少,没必要再来重复。而最足以令人触目惊心的,乃是帝国主义统治下的殖民地与宗主国之间政治军事经济各方面的对比。他说:"且吾所谓无以自存,无以遗种者,岂必死者以国量乎泽若蕉,而后为尔耶!第使彼常为君,而我常为臣;彼常为雄,而我常为雌。我耕,而彼食其实;我劳,而彼享其休;以战,则我常居先;出令,则我常居后。彼且以我为天之僇民,谓是种也,固不足以自由而自治也。于是加束缚驰骤,奴使而房用之,俾吾之民智无由以增,民力无由以奋,是蚩蚩者亦长此困苦无聊之众而已矣。夫如是,则去不自存无遗种也,其间几何?"(《原强》修订稿)

二、骈散杂糅,基本上以散体为主。严复早期的散文,还是比较解放的,往往于散体之中,杂以偶俪,因而加强了作品的感染力。即如在《救亡决论》中,批判中国的旧学道:"自有制科以来,士之舍干进梯荣,则不知焉所事学者,不足道矣,超俗之士,厌制艺,则治古文词。恶试律,则为古今体。鄙折卷者,则争碑版篆隶之上游。薄讲章者,则标汉学考据之赤帜。于是,此追秦汉,彼尚八家。归、方、刘、姚、恽、魏、方、龚。唐祖李杜,宋祢苏黄,七子优孟,六家鼓吹,……诸如此伦,不可殚述,然吾得'一言以蔽之'曰'无用'。"

三、笔锋常带情感。这是晚清梁启超评他自己文章的话,我认为严复早年文章,也具有这样的特点。即如《论世变之亟》中这段话:"噫,今日倭祸特肇端耳,俄、法、英、德,旁午调集,此何为者?此其事尚待深言也哉!尚忍深言也哉!《诗》曰:'其何能淑,载胥及溺。'又曰'瞻乌靡止',心摇意郁,聊复云云,知我罪我,听之阅报诸公。"

又如《原强》中这一段:"矧自甲午迄今者几何时,天下所振兴者几何事,固诸君所共闻共见者耶!乌乎!吾辈一身无足惜,如吾子孙与四百兆之人种何?天地父母,山川神灵,尚相兹下土民,以克诱其衷,咸俾知奋。"像这样垂涕而道的言论,在严文中随处可见,不一而足。而这正是他当时一腔爱国主义思想感情的具体表现。

"不惜歌者苦,但伤知音稀!"读严复文,也令人深有此感。严复在《原富·译事例言》中说:"不佞每见斯密之言,于时事有关合者,或于己意有所怅触,辄为《按语》,丁宁反复,不自觉其言之长,而辞之激也。"所以严复的政论文也好,译书中的按语也好,每涉及到国家的安危与民族的存亡问题时,总是用抒情的笔调,反复地告诫国人。吴汝纶说"其文反复顿挫",也是指的这种特点。而这正是由于作者忧国忧民的思想感情的发抒,而形成的文章风格。章太炎诋訾他的文章说:"相其文质,于声音节奏之间,犹未离于帖括,申夭之态,回复之词,载鸣载飞,情状可见。盖俯仰于桐城之道左,而未趋其庭庑者也。"(《社会通诠商兑》)我觉得,认为严文未能尽脱帖括痕迹,从技巧上看,也可能是缺点。但从表现思想情感,对读者的影响而论,也未始不是一种长处。

总之,严复的散文在晚清各家中,是有其独特的风格的,它之所以能风靡一时,影响广大读者,决非偶然。

四

严复是中国近代介绍西方资产阶级学术名著的第一人,由于他精通英文,所以同林纾听别人口述而进行翻译西方文学名著,在质量上就大不相同了。他对译事的态度是非常严肃认真的。他在《天演论》例言中说:"译事三难,信、达、雅。求其信已大难矣,顾信矣,不达,虽译犹不译也,则达尚焉。……《易》曰:'修辞立诚',子曰:'辞达而已',又曰:'言之无文,行之不远'。三曰乃文章正轨,亦即为译事楷模。故信达而外,求其尔雅。"这是他对译事所定的准则。其次对于名词的确立,往往经过反复的考虑,并和朋友们进行商榷。他说:"一名之立,旬月踟蹰。我罪我知,是存明哲。"鲁迅对他这样谨严的精神,时常称道,因而给他一个轻松的绰号,叫做"不佞"。(许寿裳《亡友鲁迅印象记·杂谈名人》)

严复第一部译著,是赫胥黎的《天演论》。他自称是"达旨"。所谓"达旨",用现在的话说就是意译。他说:他的译法是将全文神理融会于心,则下笔抒词,自善互备。至原文词理本深,难于共喻,则当前后引衬,以显其意。这种译法,当然是不足为训的。严复自己也很清楚,所以他说:"题曰:'达旨',不云笔译,取便发挥,实非正法。什法师有云:'学我者病'。来者方多,幸勿以是书为口实也。"不过,后来严复又译《法意》、《原富》、《群学肄言》等书时,就不再采用这样的译法了。

由于《天演论》是"达旨",所以译者可以运用他的流丽畅达的文笔,和渊懿尔雅的词采,来抒发原作的精义,于是震动了当时的思想界。现录其一段,以见一斑:

赫胥黎独处一室之中,在英伦之南,背山而面野,槛外诸境,历历如在几下。乃悬想二千年前,当罗马大将恺撒未到时,此间有何景物,计惟有天造草昧,人功未施,其借征人境者,不过几处荒坟,散见坡陀起伏间,而灌木丛林,蒙茸山麓,未经删治如今日者,则无疑也。怒生之草,交加之藤,势如争长相雄,各据一抔壤土,夏与畏日争,冬与严霜争,四时之内,飘风怒吹,或西发西洋,或东起北海,旁午交扇,无时而息,上有鸟兽之践啄,下有蚁喙之啮伤,憔悴孤虚,旋生旋灭,菀枯顷刻,莫可究详。是离离者,亦各尽天能,以自存种族而已。数亩之内,战事炽然,强者后亡,弱者先绝,年年岁岁,偏有留遗,未知始自何年,更不知止于何代。苟人事不施于其间则莽莽榛榛,长此互相吞并,混逐蔓延而已,而诘之者谁耶?(《察变》)

鲁迅在南京读书时,是熟读《天演论》的,他在《朝花夕拾·琐记》中曾有所叙述。据许寿裳讲:他同鲁迅都是喜欢这部译著的。有一天,他们谈到《天演论》,鲁迅有好几篇能够背诵,他同样也有几篇是能背的。于是二人忽然把第一篇《察变》背诵起来了(《亡友鲁迅印象记》)。这说明当时这部书在青年中间的影响是多么大了。

鲁迅在三十年代同瞿秋白讨论翻译问题时,曾论到严复。瞿秋白当时把严的译著,与赵景深的译著相提并论。鲁迅不同意他的看法,于是对严译进行了评述。末了说:"严赵两大师,实有虎狗之差,不能相提并论的。"(《二心集·关于翻译的通信》)

鲁迅在论到《天演论》译文时说:"最好懂的自然是《天演论》,桐城气息十足,连字的平仄也都留心,摇头晃脑的读起来,真是音调铿锵,使人不自觉其头晕。这一点,竟感动了桐城派老头子吴汝纶,不禁说是足与周秦诸子相上下了。"接着鲁迅又说明严复一开头所以采用这种译法的原因道:"那么他为什么要干这一手把戏呢?答案是那时的留学生没有现在这么阔气,社会上大抵以为西洋人只会做机器,——尤其是自鸣钟——留学生只会讲鬼子话,所以算不了'士人'的。因此他便来铿锵一下子,铿锵得吴汝纶也肯给他作序。这一序,别的生意也就源源而来了。于是有《名学》,有《法意》,有《原富》等等。但他后来的译本,看得'信'比'达雅'都重一些。他的翻译实际在是汉唐译经历史的缩图。中国之译佛经,汉末质直,他没有取法。六朝真是'达'而'雅'了,他的《天演论》的模范就在此。唐则以

'信'为主,粗粗一看,简直是不能懂的,这就仿佛他后来的译书。"(《二心集·关于翻译的通信》)可知鲁迅对严译还是肯定的。

五

综上所述,严复在十九世纪末中国的思想界和文艺界,的确是一个非常重要的人物。尽管他的文艺观从今天看来是不够正确的,但他的杂文同译著,对当时读者都产生了不可估量的巨大影响。他的杂文同译著中的"按语",一面大力提倡科学同民主,一面用资产阶级的思想武器,对中国封建文化进行了多方面的批判,应该说他已给五四时期提倡"德""赛"二先生,同批判封建文化的思想革命,作了先导。

至于他的译著,对西方资产阶级学术思想政治制度以及治学方法作了比较系统的介绍,尤其是在"按语"中往往是苦口婆心,语重心长,不惜反复的强调科学与民主为救国的必由之路,这不仅对国人收到了发聋振聩的效果,就是在整个思想界也产生了启蒙作用。

晚清与严复并世的人物,无论维新派与革命派,都公认他在学术文章上的卓越贡献。如梁启超称他"于西学中学皆为我国第一流人物"。(《介绍新著〈原富〉》)当时革命派机关刊物《民报》二期所载《述侯官严氏最近政见》一文中说:"侯官严氏,为译界泰斗,而学有本源,专于文章,斯真近世所许为重言者也。"就是批判他的译著《社会通诠》的章太炎,论到当时人对严复的看法时,也说:"闻者不憭,以其邃通欧语,而中国文字湛深如此,益以危言足以耸听,则相与尸祝社稷之也亦宜。"(《社会通诠商兑》)凡此种种,都足以说明严复在晚清文学界思想界崇高的地位。

严复在政治倾向上后来日趋于保守,特别到晚年曾列名于筹安会,而贻世人的讥评。但如果根据历史唯物主义观点来评论严氏,那么他的早年论著,对中国社会所产生的积极作用,还是应该给以充分的肯定,而不应一笔抹杀的。毛泽东同志把他与洪秀全、孙中山相提并论,列到晚清中国人向西方寻求真理的先进人士之一,决不是偶然的。

1979 年 5 月 4 日改定

康 有 为

一

康有为(1858~1927)一名祖诒,字广厦,号长素。戊戌变法失败后,易号更生,广东南海人。他生的时代正当清王朝处于风雨飘摇之际,内而农民起义运动如燎原烈火,外而帝国主义者纷纷入侵,企图变中国为他们的殖民地。有为是一个具有强烈的爱国主义思想的人,他为挽救祖国的危亡,奋起从事资产阶级的改良运动,虽屡遭挫折,而毫不屈挠。但由于中国政治形势的急剧发展,有为坚持其原来的道路,当革命高潮到来的时候,竟不惜与之为敌,终于由进步堕入反动。辛亥革命后,又进而参与封建军阀张勋的复辟活动,于是声名扫地,从此被世人"永定为复辟的祖师"。(鲁迅《趋时和复古》)

有为出身于封建官僚地主家庭,祖父赞修,官连州教谕,是程朱派的理学家。有为父达初早逝,因从其祖父学,少而颖异,读书过目不忘,七岁能属文,一时有神童之目。由于他幼年即有志于圣贤之学,经常讲"圣人! 圣人!"因而乡里的人给他起个绰号叫"圣人为"。

光绪二年(1876),应乡试不第,遂从同里朱次琦(九江)学。有为称他"夐识高行,独不蔽于俗,厉节行于后汉,探义理于宋人,既则舍康成、释紫阳,一以孔子为归"。此外还称他"原本孔子,而以经世救民为归"。(《兰如斋诗序》)有为从次琦学习了三年,光绪五年

(1879),入西樵山,居白云洞,试图用佛、道两家哲学,一意养心。后又决然舍去,秋间出山还乡,居澹如楼,而经世济时的念头,终日萦绕于心,于是慨然以经国济世为职志。

光绪八年(1882)进京,应顺天乡试,不第。归途经上海、香港,见西人殖民政治之完整,属地尚且如此,本国更可想而知。于是尽购江南制造局及西教会所译诸书,尽读之。举一反三,因小知大。因而在思想上,别开一境界。

光绪十四年(1888),再次赴京,应顺天乡试,仍不第。有为因感于国势之危殆,于是上书请变法,虽被阻未能上达,由于内容传出,对当时部分士大夫却发生了极大的影响。返粤后,为培养人才计,遂于次年讲学于长兴里,尽出所学以教弟子,以孔学、佛学、宋明理学为体,以史学、西学为用。其教旨专在激励气节、发扬精神。当时弟子中以陈千秋、梁启超、麦孟华等称为高弟。所著《新学伪经考》,于十七年刊行,震动了当时的思想界。

光绪二十年(1894),入京会试,当时顽固派给事中余联源上书劾有为《伪经考》是"非圣无法,同于少正卯,请焚该书,并禁粤人从学"。后经沈曾植等营救,遂令其自行焚毁。这年中日战争爆发,中国遭到惨败,洋务派的富国强兵论,全部破产。次年李鸿章与日本订立了丧权辱国的《马关条约》,除赔偿巨款外,还割去了台湾。当时群情激愤,眼看国已不国,有为便联合了各省的应试举子约千余人,联名上书,提出拒和、迁都、变法三事。于是名大噪。不久榜发,有为中进士,授工部主事。不久上皇帝第三书,对公车上书的内容,进行了补充。这次光绪帝看到了他的建议,并表示赞许。不久又上第四书,有为为团结进步人士,扩大社会影响,由帝党中坚人物文廷式出面,组织"强学会"。接着在上海又组织"强学会分会",发行《强学报》。由于改良运动的声势日趋浩大,清廷顽固派竭力进行阻挠破坏,光绪在后党的迫胁下,下令封禁。

光绪二十二年(1896)有为弟子梁启超与汪康年创办《时务报》于上海。梁启超发表了《变法通议》和《西学书目表》。由于顺应时势,合乎人心,因而风靡一时。几月内,发行至万余份,于是维新变法运动,成为当时政治上的高潮。

光绪二十四年(1898),夏历四月二十八日,有为被光绪帝召见,长谈至九刻钟,命有为在总理衙门章京上行走,并予以"专摺奏事"之权。接着对当时维新派如梁启超、谭嗣同、杨锐、刘光弟、林旭等分别予以任命。后四人并以四品卿衔,在军机章京上行走,参预新政事宜。有为当时曾上许多奏折,对新政提出许多建议,光绪也曾下许多上谕,命令推行。但就在这时,顽固派对维新派发动了反击,并爆发了一次宫廷政变。光绪被幽禁,有为及其弟子梁启超等逃亡海外,而被杀者有谭嗣同、康广仁等六人,时号为"戊戌六君子"。

戊戌政变失败后,有为流亡海外,最初到日本,后来到新加坡,以后又到槟榔屿、印度,在那里住了一个时期。光绪二十九年(1903)从印度到香港,发表了《与南北美洲诸华商书》,大力攻击革命派,认为中国只能走君主立宪的路,不能进行革命,否则就会招致亡国之祸。当时革命派的章炳麟,在《苏报》上发表了《驳康有为论政见书》,给他的反动论点,以有力地驳斥。这时以康有为为首的维新派,已由从事具有一定进步意义的改良运动而走向反对革命的保皇道路上去了。

1904年,有为从香港出发,到欧洲,又到美洲,后来就往来于美欧各国漫游。在这一段时间里,改良派以梁启超为主,在日本发行《新民丛报》,就中国未来政治上走的方向道路问题,与革命派的《民报》展开了激烈的论争。但由于改良派这时已成为保皇派,他们的主张是违反历史的潮流和人民群众的意愿的,所以就被人民群众无情地抛弃了。这次的论争,以他们的彻底失败而告终。

1911年(辛亥),有为从东南亚到日本,这年武昌新军发动了起义,全国各地纷纷响应,清王朝的统治彻底垮台了,但革命的果实很快就被大官僚大军阀袁世凯篡夺了。有为这时仍然坚持其反革命立场,初则企图纠集一部分旧军阀保卫清政权,镇压人民革命。继而又觉得这种计划行不通,便发表了共和政体十二种,想借以混淆国人视听,并创刊《不忍杂志》,对革命后的中国现实,大肆攻击。把旧社会所造成的种种黑暗现象,统统认为是革命所造成的恶果,这就是他当时所发表的《中华救国论》的主旨。

1913年,袁世凯镇压了人民的二次革命以后,即阴谋复辟帝制。有为因母亲在香港病故,奔丧而归国。从此结束了他十五年的国外流亡生活。这时袁世凯邀请他去北京,遭到了他的拒绝,不久定居上海。

1916年,袁世凯帝制失败,不久就死掉了。这年康有为已与军阀张勋进行勾结,次年即赴京参与张勋拥立废帝溥仪的反革命复辟活动。但很快就成为泡影。康有为与张勋成为叛国的罪魁祸首,遭到通缉,遂逃进美国使馆,暂时躲藏了起来。后又逃至青岛,到了1918年才为北洋军阀政府所特赦。此后,曾漫游国内各地,但仍寄希望于避居天津租界的废帝溥仪。在他临死前几天过生日时,溥仪还派人到上海为他赐寿。他还有诗纪恩,但不到一个月,即去世。生平著作有《新学伪经考》、《孔子改制考》、《康南海诗文集》等。

二

有为的思想,主要有以下几个来源:首先,宋明理学。他最早接受的是程朱派思想。因他幼年即从他的祖父赞修读书,而赞修正是"专以程朱之学,提倡后进的儒者"。接着他又从学于粤中大儒朱九江之门,有为称他为"厉节行于后汉,探义理于宋人。既则舍康成,释紫阳,——以孔子为归"。(《是如斋诗序》)这都足以说明有为在早年,确曾受过程朱理学极深的影响。直到他讲学于万木草堂的时候,他对他的学生定的课程,除《公羊》外,还要点读《资治通鉴》、《宋元学案》和《朱子语类》等。(梁启超《清代学术概论》二十五)正由于程朱思想的影响,使他终生不忘清室,初则企图保皇,后则从事复辟,这和当时其它一些满清遗老,可以说毫无二致。这不能不说是程朱理学在他世界观中起主导作用的结果。

其次,是陆王心学。梁启超在《南海康先生传》(第三章)中说:"九江之理学以程朱为主,而间采陆王。先生则独好陆王,以为直捷明诚,活泼有用。故其所以自修,及教育后进者,皆以此为鹄焉。"所以有为在当时能以天下为己任,以一介书生,发起公车上书,敢于担负起改革政治的魄力与勇气,实与接受陆王心学的影响有关。

其次是佛学,梁启超说他"曾潜心佛典,深有所悟,于是以智为体,以悲为用,不染一切,不舍一切,又以愿力为无尽,故与其布施于将来,不如布施于现在。大小平等,故与其恻隐于他界,不如恻隐于最近,于是浩然出出世而入入世,横纵四顾,有澄清天下之志"。(《南海康先生传》第三章)

至于他的改革政治的理论基础,则建立于春秋公羊学之上。有为承嘉道以来龚(自珍)、魏(源)、庄(存与)、刘(逢禄)之学,提出孔子改制的学说。有为喜言通三统,三统者,谓夏商周三代不同,当随时因革也。喜言张三世,三世者,谓据乱世,升平世,太平世,愈改而愈进也。这就是有为变法维新的依据。

此外,有为又杂采庄子之自由,墨子之兼爱等,以及西方资产阶级所倡导的自由、平等、博爱之旨,而附之以佛家妙谛,而最后借《礼运》大同之说,从而形成了他的大同社会的"乌托邦"。这种理想不能说不美妙高远,但如何能达到,他却茫然无知。正如毛泽东同志所说的,康有为写了《大同书》,他没有也不可能找到一条到达大同的路。(《论人民民主专政》)有为弟子梁启超盛称此书,谓其:"著此书时,固一无依傍,一无剿袭,在三十年前,而其理想与今世所谓世界主义、社会主义者,多合符契,而陈义之高,且过之,呜呼!真可谓豪杰之士也已。"(《清代学术概论》二十四)这话对有为赞颂得未免有点过高。实际上在有为写《大同书》的时候,马克思主义早已诞生于欧洲,且已得到了广泛的传播。我们把《大同书》里空想共产主义和马克思的科学共产主义比较起来,相去奚啻千里。任公说它"陈义之高且过之",正说明了任公对科学共产主义无知到何等可怜的程度。

有为常言:"吾学三十岁已成,此后不复有进,亦不必求进。"

(《清代学术概论》二十六)他曾构成了一整套大同世界的理想,但他却并没有打算实现他始终以"小康义"救今世,也就是师法英、日两国的君主立宪。所以,不论政治风习以及社会道德等问题,他都抱以维持现状为职志。而尤其果于自信,虽遭亿万人的诟詈,而仍不改其度。特别当清王朝行将垮台,革命胜利已成为必然趋势的时候,他仍不惜为清王朝谋求救命的药方,发表《共和救国论》,主张虚君共和,借以保存清王朝的统治。不久又发表了《中华救国论》,把清末在国内封建势力与国外帝国主义相互勾结下,给中国社会所造成的种种惨象,人民所遭受的种种痛苦,一概归罪于革命党。这种颠倒黑白、混淆是非的伎俩,简直达到了令人难以容忍的地步。同时,他还提出要"整纪纲、行法令、复秩序、锄暴民",这就是鼓励反动势力来镇压革命人民,用反动的旧秩序来代替革命的新秩序。然而,这时康有为的声名早已狼藉,他的言论早已没有市场,同时他所属望的旧军阀、旧官僚们,也都惶惶然,大有树倒猢狲散之势,他的企图终于同他早年的变法主张一样成了过眼云烟。

总之,有为在戊戌前的思想活动,基本上是适应当时的时代潮流的,所以曾发生了巨大影响。变法虽然失败了,但却震动了世界,并教育了中国广大的革命人民,使他们认识到要救国必须改弦易辙、舍改良而走革命的道路。庚子之后,当革命浪潮压倒一切的时候,而康有为仍然旧调重弹,逆历史潮流而动;辛亥革命后,竟又参与复辟的叛国阴谋,而贻笑千古,这不能不说是一个极大的悲剧!

三

有为在诗歌创作方面,可以说是晚清的一个大家。他的诗风上承龚定庵,而又有所发展,与当时的同光体是截然不同的。他的诗是自己平生的思想感情和抱负,以及曲折的生活阅历的写照。所以从他的诗中,不仅对他本人的一生会有一个概括的了解,同时也可以看出晚清几十年中的政治发展变化。因此他的诗,在创作方法上是现实主义和浪漫主义相结合的作品。

有为的诗,根据他的生活发展过程,大致可分为三个时期:一、一八八七年以前,是他读书和讲学的时代,为早期。二、一八八八年到一八九八年,即戊戌前,从事变法运动时期,是中期。三、一八九八年变法失败,流亡海外后,是晚期。这三个时期,由于作者身世的变化,反映到诗歌上,在风格上也有着显然的差异。

有为早期的诗歌,在内容上突出地表现出一个关心国家命运,有志于挽救民族危亡,以天下为己任的仁人志士的崇高精神。即如他的《苏村卧病写怀》第一首:

> 少年心事本拿云,南望樵山日又曛。卖舂何惭王景略,画斋故是范希文。拟经制礼吾何敢,蜡屐持筹事未分。稷契许身空笑尔,稻粱不及鹜鹅群。

作者以王猛、范仲淹自况,且又同杜甫一样,以"稷契"自许。在这同一题目的第三首诗中,又有"道丧官私惟帖括,政芜兵食尽虚名。虞渊坠日忧难挽,漆室幽人泣六经"之句。这既抨击了当时科举制度和政治、军事上的颓败腐朽,而又抒发了无限忧虑和极其愤慨的情怀。

又如《秋登越王台》:

> 秋风立马越王台,混混蛇龙最可哀。十七史从何说起,三千劫几历轮回。腐儒心事呼天问,大地山河跨海来。临眺飞云横八表,岂无倚剑叹雄才!

表现了个人的壮志宏图无从施展的抑郁苦闷的情绪。

这一时期有些诗,是在行旅中经过历史名城时,借以倾吐个人无限怀古幽情的作品。如《游扬州。久经兵燹,名园尽毁,繁华无睹,怆然赋诗》:

> 千年形势话维扬,苍翠坡陀作蜀冈。旧日名园皆瓦砾,只今环郭剩垂杨。孤臣雪岭梅花墓,贤守平山芍药堂。廿四桥头又明月,不堪回首更平章。

有为中期的诗作,反映了一个政治运动的倡导者,那种意志坚定,几经挫折而不灰心仍能再接再厉的坚韧不拔的精神。和在运动高潮到来时,那种慷慨激昂,意气风发的雄伟气魄。

有为开始给光绪上书,请求变法,是在一八八八年,时年三十一岁。这次上书仅仅提出"变成法,通下情,慎左右"三条纲领。但已为当时顽固的大官僚们所嫉恶,而未能上达,并且遭到了谗毁与谤议。所以他在次年写了《上书不达,谣诼高张,沈乙盦、黄仲弢皆劝勿谈国事,乃邰埽汗漫舫以金石碑版自娱,箸〈广艺舟双楫〉成,浩然有归志》一诗,表现出一个书生在失意时那种无可奈何的抑郁情绪。

  上书惊阙下,闭户隐城南。洗石为僮课,摊碑与客谈。著书销日月,忧国自江潭。日步回廊曲,应从面壁参。

这时他对当路的那些为害人民的官僚们痛心疾首,把他们比作蚊虻,企图想办法来扫荡他们、消灭他们。于是写了具有象征性与揭露性的诗篇《苦蚊行》:

  吾生多园居,雅性爱水木。揭来居宣南,高斋饶槐竹。林薄既森翳,丛蔓并争育。蚊虻浩辐凑,薨薨满耳目。大者如苍蝇,虎飞食人肉。嗟此翘椅桐,台阁久①荫瞩。秖许白凤凰,飞鸣掞其足。么么尔何物?乃亦此巢宿!誓当聚火焚,扫除命僮仆。秽草皆捐涤,绝汝凭借属。大扇摇清风,卧簟书可读。

光绪十四年(1889年),他再次上书,仍未能达,他只得愤然离京,作《出都留别诸公》诗,自注:"吾以诸生上书请变法,开国未有。群疑交集,乃行。"诗中表现了他忧国忧民,而被谗奸中阻,上书未达的忧愤激昂之情。录其中两首:

  沧海惊波百怪横,唐衢痛哭万人惊。高峰突出诸山妒,上帝无言百鬼狞。岂有汉廷思贾谊,拚教江夏杀祢衡。陆沉预为中原叹,他日应思鲁二生。

---

① 据汤志钧:《康有为政论集》(上)为"交"。中华书局1981年版,第63页。简夷之等编注《康有为诗文选》为"久"。人民文学出版社1963年版,第157页。

天龙作骑万灵从,独立飞来缥缈峰。怀抱芳馨兰一握,纵横宙合雾千重。眼中战国成争鹿,海内人才孰卧龙?抚剑长号归去也,千山风雨啸青峰!

有为回到南方后,从事讲学活动,最初在桂林。后来因受到顽固派的攻击,曾一度避居桂林。在《和临桂周黻卿翰林有感》一诗中,抒发了他当时的心情:

兵甲满天地,苍生竟若何!蹉跎梦金马,感怆泣铜驼。避地梁鸿去,忧时杜牧多。只愁好春色,无处著烟萝。

光绪二十年(1895),由于甲午战争的失败,李鸿章赴日鉴订了丧权辱国的马关条约。消息传到北京,一时群情激愤,舆论大哗。于是有为与其弟子梁启超,在当时应试举人中鼓动,因而形成了历史上震动一世的公车上书,要求变法的请愿运动。有为多年来梦寐以求的变法维新的主张,已是人心所向。于是有为慷慨激昂,奋笔书写了当时的壮烈场面:

海东龙泣舰沉波,上相辎轩出议和。辽台朒朒割山河,抗章伏阙公车多。连名三千毂相摩,联轸五里塞巷过。台人号泣秦桧歌,九城谣谍遍网罗。杠棺摩拳,击鼓三挝。桧避不朝,辞位畏讦。美使田贝惊士气则那!索稿传抄,天下墨争磨。呜呼!椎秦不成奈若何!(东事战败,联十八省举人三千人上书,次日美使田贝索稿,为人传抄,刻遍天下,题曰《公车上书记》。是时主和者为军机大臣孙毓汶,众怒甚,孙畏不朝,遂辞位)

真是大气磅礴,有声有色地描绘了当时群众运动的威力,使主和的奸臣不得不辞职,帝国主义者也对当时的士气感到震惊,这真堪称为一篇生动真实的诗史。

在戊戌变法前,有为及其同党所提倡的维新变法运动,是顺应当时的历史潮流的,有为为实现满腔救国救民的宏愿,南北奔走,强聒不舍,表现了一个以天下兴亡为己任的志士仁人的勇毅果敢精神,因而反映他这一时期思想、行动的诗作,无不感情充沛,勇猛无畏,虎虎有生气。但到变法失败后,流亡海外,那拉氏又复亲政,光绪被囚,往日的理想化为泡影。有为这时虽仍幻想着有一天光绪复辟,自己好东山再起,于是搞保皇、搞勤王,但在唐才常等人的计划失败后,更觉得前途渺茫,同时革命浪潮的蓬勃兴起,对仍然坚持变法主张的康有为说来,则又是一个极大的打击。所以,在这一时期,诗人琴弦上奏出的歌,总是充满着羁旅孤臣在无可奈何情况下的一种感伤悲凉的情调。所以后期诗作,在风格上同前边两个时期大大地不同了。

首先看他在大难后亡命日本时所写的《戊戌八月国变记事》诗,如其中第一首:

历历维新梦,分明百日中。庄严对宣室,哀痛起桐宫。祸水滔中夏,尧台悼圣躬。小臣东海泪,望帝杜鹃红。

真是忧时伤君,感慨凄怆。又如其中第四首:

南宫惭奉诏,北阙入无军。抗议谁曾上,勤王竟不闻。更无敬业卒,空讨武曌文。痛哭秦庭去,谁为救圣君?

英雄束手,报君无门的悲愤,可谓填塞天地。后来他流亡到东南亚、印度、美洲。萍踪浪迹的海外生涯,使他认识到当年变法维新的春梦,已是彻底地破灭了。但他仍不忘忠于载湉,而以屈原、苏武自况。即如一九〇四年写的《除夕加拿大海岛卧病感怀五首》其最后一首,自注:"伤残年也。"

纵横宙合周寰宇,飘泊身名度落机。泽畔行吟无远近,海边啮雪太支离。一年垂尽阴阳战,万树僵枯云物悲。谁识伍胥吴市日,鬓须全白异当时。

有为在政治倾向上,始终未能在原来的基础上,向前跨进一步。尤其是对辛亥革命,抱着敌对的态度。以至于后来与一般的清室遗老,在思想上毫无二致。即如辛亥革命推翻了几千年来的帝制和统治了中国二百多年的满清王朝,这是广大人民所欢欣鼓舞举国同庆的历史上空前的创举,但是康有为却为之感到惆怅凄楚。当他听到党禁已开,能以重返故国的消息时,他并不以此感到欣慰,而是怀着对人世沧桑的怅惘,唱出自己内心的悲哀:

十四年于外,流离万死间。子卿伤白发,坡老指青山。国事

亦多变,神州竟未还。惜哉迟岁月,念乱泪潸潸。(《辛亥重九日闻党禁开》其二)

又如一九一二年(壬子)在日本时,写他的弟子梁启超等十余人为他祝寿的诗,其中第三首道:

我比古贤寿已永,幼讶衰翁今与参。绝域苏卿人老矣,书空殷浩事何堪。婆娑槐树伤身世,烂漫樱花照鬓岩。故国于今易朝市,惟将凄怆问江潭。(《壬子二月自须磨双涛园迁近月见山下须磨寺侧公园前桃樱满山居有小园适吾览揆门人梁启超等十余人连日为寿且作诗会相慰藉赋三章》)

字里行间饱和着因江山易主而感到美人迟暮、壮志未酬的憾恨。显而易见,这时康有为在思想感情上与人民是完全对立的。因而也就决定了他以后敌视民国、走和张勋一起阴谋复辟的反动道路。

有为的诗在艺术上,前两个时期的作品使人感到具有极其丰富的想象力和磅礴郁勃的感情,以曲折含蓄的手法,运以瑰丽的辞采,读起来令你不能不联想到龚定庵的诗作。即如前边所引的《苦蚊行》,显然是受到龚定庵的《伪鼎行》和《捕狗蝇蚂蚁蚤蝨蚊虻》等作品的启发而写的。

戊戌政变后,有为流亡海外,足迹所至,遍及五洲,阅历既伙,感慨益深。所谓:"灵均之行吟泽畔,骚些多哀。子卿之啮雪海上,平生已矣。河梁陇首,游子何之? 落日屋梁,水波深阔。嗟我行迈,皆寓于诗。"(《诗集自序》)有为因为既已作异国羁旅,不像在国内时文网高张,多所顾忌,所以能纵情所至,自由发抒。在赴欧美的途中,经过茫茫的海洋,使他的诗情,也如崩腾的波涛,构成了汪洋恣肆的巨作。如一九〇六年从美洲往欧洲的船上写的《九月廿二日重泛大西洋》和《五度大西洋放歌》等诗。另外,游览西方诸国的名胜古迹,也时有因感事伤时而写的一些长篇作品,如《游德国波士淡旧京诸宫苑,于阿朗苏宫前,睹天仪五事。盖吾京师观象台仪器,元太史郭守敬制也。昔曾摩挲,不意绝国重抚之,感怀故国,泪下沾襟,乃作长歌》这些诗都近于白居易、吴梅村的歌行。不过有为不喜用典,这又与梅村不同而有点近于乐天。此外,有为这一时期的诗作,颇富于异国情调,时以新意境入诗,这又与其同时的作者黄遵宪有些近似。正如他论自己的诗时所说的"新世瑰奇异境生,更搜欧亚造新声"。因而他自诩他的诗作是前无古人,一空依傍的所谓:"意境几于无李杜,目中何处着元明。……扫除近代新诗话,惝恍诸天闻乐声。"(《与菽园论诗兼寄任公孺博曼宣》其三)这一方面,说明了他对同时期那些追步汉唐、瓣香山谷的那班作者的讥评,同时也道出了他自己是如何在有意地走向超迈前人,自铸伟词的独创精神。梁启超在《清代学术概论》中,论到清代的诗歌时说:"以言夫诗,真可谓衰落已极。"他对清初直至乾嘉,世人所称道的一些大家,几乎没有一个看得上的,说他们不是"靡曼",就是"脆薄",再不然是"臭腐殆不可响迩"。对咸、同后的作者,则认为"竞宗宋诗,只益生硬,更无余味"。惟对晚清的金和、黄遵宪、康有为,则认为"元气淋漓,卓然称大家。"(三十一)这个评价是很值得我们参考的。

四

　　康有为的散文,从它的内容和体裁来看,可分为三类:一、给皇帝上的长篇奏折,还有辛亥以后,一九一三年他办的《不忍杂志》中的长篇论文。二、较短的杂文(如书信、序言之类)。三、流亡异域的一些长篇游记。

　　有为早年是以维新变法,挽救国家危亡为己任的政治思想家。他当时改革政治的主张,大抵表现在他给光绪所上的奏折中。其中堪称代表作的是《上清帝第五书》、《第六书》、《请废八股试帖楷法试士改用策论摺》等。

　　有为当时的政治思想,在朝野的士大夫中,可以说是比较先进的。他的变法主张,是顺应时代潮流。他的这些文章,最突出的特点:一、论点明确,论据有力。二、对当时士大夫的昏聩,政治的腐朽,直言不讳地予以抨击。三、提出自己的变法主张与步骤。四、敢于预言亡国之惨,为皇帝敲起警钟。其中尤以二、四两项,表现出了有为当时的大无畏的斗争精神,和当时那些只图个人荣身固位,而置国家民族危亡于不顾的喑莩腐朽的老官僚们相形之下,真有天渊之别。

即如在《上皇帝第五书》中,论到当时世界形势的剧变与在朝官僚们的愚昧无知时说:

> 大地八十万里,中国有其一;列国五十余,中国居其一。地球之通自明末,轮路之盛自嘉道,皆百年前后之新事,四千年未有之变局也。

接着论到在朝大臣们的顽固昏庸,处处因循保守的情况道:

> 顷闻中朝诸臣,狃承平台阁之习,袭薄书期会之常,犹复以尊王攘夷施之敌国,拘文牵例以应外人,屡开笑资,为人口实。

下边又论到当时大臣皆昧于时事道:

> 至西政新书,多出近岁,诸臣类皆咸同旧学,当时未有,年耄精衰,政事丛杂,未暇更新考求;或竟不知万国情状,其蔽于耳日,狃于旧说,以同自证,以习自安。故贤者心思智虑,无非一统之旧说;愚者骄倨自喜,实便其尸位之私图。有以分裂之说来告者,傲然不信也;有以侵权之谋密闻者,懵然不察也。语新法之可以兴利,则瞋目而诘难;语变政之可以自强,则掩耳而走避。

至于政治,乃是:

> 贿赂昏行,暴乱于上。胥役官差,虐乱于下。乱机遍伏,即无强敌之逼,揭竿斩木已可忧危。

至于朝廷中官僚们的精神状态,他说:

> 顾见举朝上下,相顾嗟呀,咸识沦亡,不待中智。群居叹息,束手待毙。耆老仰屋而咨嗟,少壮出门而狼顾。并至言路结舌,疆臣低首,不惟大异于甲申,亦且迥殊于甲午。无有结缨誓骨,慷慨图存者。生机已尽,暮色凄惨,气象如此,可骇可悯,此真自古所无之事。夫至于公卿士庶,偷生苟活,候为欧洲之奴隶,听其犬羊之封缚,哀莫大于心死,病莫重于痹痿。

接着便大声疾呼,为光绪帝大敲警钟道:

皇上远观晋宋,近考突厥,上承宗庙,孝事皇太后,即不为天
　　下计,独不计及宋世谢后签名降表,徽钦移徙五国之事耶!

这样敢于直陈利害,敢于对当时土崩瓦解的政治局面,予以揭露,敢于毫无顾忌地指出将要遭到亡国惨祸,在当时士大夫中,没有一定的胆识,是不敢这样上书的。就此而论,康有为在当时不愧是位豪杰之士。然而,有为在辛亥革命后,却完全走上了反面,在他自己所创办的《不忍杂志》上发表了一系列思想反动的文章。如《中华救国论》、《救亡论》、《中国颠危误在全法欧美而尽弃国粹说》等,竭力仇视革命、诋毁新政,把封建专制所造成的种种积弊、惨象完全归之于革命,甚至有许多论点同他戊戌前的自相矛盾,自相攻伐,徒贻世人的嘲弄,成为千古之笑柄!

其次,有为所写的书序及书函一类的短文,有以下特点:一、体裁的解放。它既不同当时朴学家的论文朴质无华,又不同于桐城派的古文,恪遵所谓"义法"。他的这些文章,往往散体中杂以排偶,有时还加上一段韵语。即如《朱九江先生佚文序》,全文散体间有排偶。

　　　当是时,汉学方盛,饾饤为工,猎琐文而忘大义,矜多闻而遗
　　躬行。先生夐识高行,独不蔽于俗,厉节行于后汉,探义理于宋
　　人。既则舍康成、释紫阳,一一以孔子为归。其行如碧霄青云,
　　悬崖峭壁;其德,如粹玉馨兰,琴瑟彝鼎;其学如海,其文如山,高
　　远深博,雄健正直,盖国朝二百年来,大贤巨儒未之有比也。

又如《诗集自序》,散体中忽杂韵语。

　　　故志深厚而气雄直者,莽天地而独步,妙万物而为言,悱恻
　　其情,明白其灵,正则其形,玲珑其声,芬芳烈馨,秾华远情,中和
　　永平。……

其次,有为还善于用形象的笔墨,来刻画人物、事态以及一些抽象的东西。在《人境庐诗草序》中,作者是这样描摹黄公度与吴德潇的风度神采的:

　　　吾游上海,开强学会,公度以道员奏派办苏州通商事,挟吴
　　明府德潇叩门来访,公度昂首加足于膝,纵谈天下事,吴双遣澹

然旁坐,如枯木垂钓。之二人也,真人也,畸人也,今世寡有是也。

又如写黄公度诗的境界和风格道:

> 公度之诗乎,亦如磊砢千丈松,郁郁青葱,荫岩竦壑,千岁不死,上荫白云,下听流泉,而为人所瞻仰徘徊者也。

三是笔锋常带感情。即如《强学会序》,痛陈如果国家遭列强瓜分所造成的后果:

> 若吾不早图,倏忽分裂,则桀黠之辈,王谢沦为左衽;忠愤之徒,原郤夷为皂隶。伊川之发,骈阗于万方;钟仪之冠,萧条于千里。三州父子,分为异域之奴;杜陵弟妹,各衔乡关之戚。哭秦庭而无路,餐周粟而匪甘。矢成梁之家丁,则螳臂易成沙虫;觅泉明之桃源,则寸埃更无净土。肝脑原野,衣冠涂炭。嗟吾神明之种族,岂可言哉!岂可言哉!

有为在流亡时,写了大量的游记。这些游记的特点,在叙述描写异域诸国的政治制度、景物风光,以及民情时俗,往往联系到祖国的情况,抒发个人的感怀。即如《突厥游记》,看到该国宫中皆用阉人,因而联系到我国宫廷中也同样如此。但突阉人,已不用突人为之,而但阉黑人,恶自伤其种也。于是有为慨叹道:

> 其用阉与吾国同,而不残同种,犹胜我国。然欧人指目而讪笑之,其国耻哉!吾国何不幸而与突同。今大地中,亦惟吾国与波突有此怪异不祥之事耳!常侍亡汉,天策亡唐,魏氏亡明,祸患险酷,而国朝尚不去之,真大险大耻之事也。

而在后边所赋的诗中,并联系到那拉氏所宠幸的阉宦李莲英,给国家造成的危害:

> 近者李莲英,弄权苞苴肥。宰臣与疆吏,鬻卖视馈施。甚乃废圣主,由其媒孽之。拳匪以攘外,联军入郭夔。津辽血涂地,西道雨淋漓。京邑既丘墟,庙社皆离披。中国几陆沉,不绝如亘縻,亡人遍海外,十载良为兹。

由看到突厥的阉人联想到中国的阉人,又联想到当时擅权弄势、炙手可热的宦官李莲英，从而指出当时朝廷上的卖官鬻爵，以及光绪的被废，戊戌变法的失败，自己的流亡生活，无不与之有一定的关系。因此对这种弊政，表现出了无限深恶痛绝的心情！

另外，在《希腊游记》中，还颇不乏优美的写景文字。如：

> 吾自雅典乘汽车至可连士，易汽船，穿内海二千里，至北极之可孚岛。群山连亘，突兀起伏，变化波峭，雄秀奇妙，亭亭媚妩，宇内少有其比。惟意大利、挪威、及吾江浙与日本，间少近之。其在北者少粗豪，群山奔走，龙飞凤舞，至极南之端，以渐淘汰其粗，则秀美而稍特，独臻其胜。东坡诗所谓"端庄杂流丽，刚健含婀娜"矣。况又与海波相映带，遥遥二千里，如美人照镜、罗袜凌波。

下边又写到雅典古时，大破波斯海军的地方沙林士道：

> 北有崇山，中穿至城中，突起石冈，高十余丈，曰厄岌坡利士。冈为京城之镇，气象骏骎，古寺庙、议院、胜迹多在其巅麓，王宫在其前。吾乘马车登冈巅，而望全城，侧睨海波，俯瞰邑野，群山嵯峨而合抱，海水喷激而飞扬。西南一冈，为囚索格底之狱。冈外海角，名沙林士，即昔战拒波斯，大坏波人军舰数百艘，大流士王遂遁。夫以百万之师船，临蕞尔小国之京邑，而雅典能以数万之众破之，用以保其文明，导扬光大，而传于欧土。雅人虽文乎，其武功之盛，惟项羽以三万人破章邯百万之师可比之。嗟乎！岂非山川奇秀，吞吐海波，有以致之耶！

这种看法，尽管不一定正确，但写景抒情，因物兴感的笔致，还是很可取的。

有为末期的散文，正如他的诗，由于忠于清室，眷怀清室，所以也表现出悲伤凄凉的情调和对未来不胜忧心忡忡之感。最突出的是他的《辛亥腊游箱根与梁任甫书》，试看其中的一段：

> 浮云西驰，忽睨故国，金铁鸣飞，神州陆沉。江汉滔滔，则楼船惊波。京邑岌岌，则风尘顸洞。成皋荥阳，复见刘项之相距。朔方西域，又闻吴越之称王。惨淡兵戈，萧条城野。月照白骨，

是深闺梦里之人；马拥残旗，恸部下招魂之祭。国殇渐无壮者，空巷只余寡妻。嗟我遗黎，民生欲尽。一百日之倒戈，风云惨黯。三百年之王业，宗社忽焉。每念宣室之陈，更感东市之戮。追思鼎湖之恸，自哀绝国之奔。摩党人之碑，锢逾十载。写湘累之怨，行吟《九歌》。萧萧松柏，慕茂陵而不归；莽莽河山，对新亭而下泪。江海万里，乾坤百年，宗国濒危，生民莫救。及党禁之解除，随旧朝而同尽。俯仰身世，悲从中来。自非木石，能无哀乎！

真是淋漓尽致地倾吐了他那种亡国遗民的忉怛悲伤的情怀，恐怕清室的遗老们读起来，会深有同感的。历史上每次天翻地覆的大变动，不同立场的人在情绪上必然会有不同的反映。对辛亥革命和清王室的覆灭，有为同革命人民在情绪反映上恰成鲜明的对比，是毫不足怪的。

五

综上所述，可知有为的诗歌和散文都堪称大家。在内容上，有他个人独特的思想，并且在他一生各个时期，都能表现出他不同的思想感情。

他的诗文，对古人都不屑于一步一趋地去蹈袭、模拟，而是敢于打破前人的成规，所谓"意境几于无李杜，目中何处着元明"。由于他敢于独创，因而形成了自己特有的诗文风格。他的诗，气势磅礴，无视前人的规律，而言自己之所言。在这点上，同光体的作者们是不能与之同日而语的。

至于散文，则上承龚、魏，并有所发展，开梁启超"新文体"的先河。这一点，也是值得称道的。章太炎在学术上、政治倾向上，和有为完全立于敌对的地位，因而对有为的文章也不无微辞。他在较早写的《与邓实书》（见《文录》卷二）中，对有为作品还有所肯定，说："康长素时有善言，而稍谲奇自恣。"但后来，他在《民报》上发表的

《说林下》中,对龚自珍大加诋訾。其攻击自珍实际是在攻击康、梁。因为在学术同文章上,康、梁与自珍都有一定的渊源关系的缘故。《说林》中道:

> 自珍承其外祖之学,又多交经术士,其识源流,通条理,非源之侪。然大抵剽窃成说,无自得者。……若其文辞佻媚,自以取法晚周诸子,然佻达无骨体,视晚唐皮、陆且弗逮,以校近世,犹不如唐甄《潜书》近实。后生信其诪耀,以为巨子。诚以舒纵易效,又多淫丽之辞,中其所嗜,故少年靡然乡风。自自珍之文贵,则文学涂地垂尽,将汉种灭亡之妖邪!孔子云:"觚不觚,觚哉!觚哉!"(《文录》卷一下)

太炎在政治上、思想上,都是比较革命的,这是康、梁师弟所远远不能比拟的。但在文学观上,则未免倾向于保守,对于敢于打破陈规,而自出心裁的诗文创作,横加诋諆,这的确是一种偏见,是不足为训的。

1982 年 3 月 23 日初稿

谭 嗣 同

一

谭嗣同(1865～1898)字复生,号壮飞,又号华相众生,湖南浏阳人。出身于官僚地主家庭,父继洵官至湖北巡抚。幼年随父在京读书,和他的二哥嗣襄俱师事欧阳中鹄。中鹄平生在学术上非常倾服王夫之,因自号瓣薑,取瓣香薑斋(王夫之号)之意。其次如黄宗羲,刘继庄,也都为他所称道。所以嗣同后来也深受这些思想家的影响。

光绪二年(1876)北京发生流疫,嗣同被传染,死去三天,又苏醒过来,所以改号复生。就在这一年,他的亲属死去了六人,他的母亲也是这年去世的。母亲死后,嗣同备受庶母的虐待,遂遭到父亲的歧视,因而心灵上受到极大创痛。后来他曾追述当时的痛苦道:"吾自少至壮,遍遭纲伦之厄,涵泳其苦,殆非生人所能任受,濒死累矣,而卒不死,由是益轻其生命,以为块然躯壳,除利人之外,复何足惜。"(《仁学自序》)可知他后来勇于为自己的理想而献身的崇高思想,很早就产生了。

光绪八年(1882)嗣同从家乡到父亲兰州任所,冬又返浏阳。九年春又赴兰州,这年读《墨子》,因而深受其影响。后来在他所著《仁学》的思想体系上,墨子占有极重要的地位。他在《仁学自序》中说:"能为仁之元而神于无者有三:曰佛,曰孔,曰耶。而孔与耶仁同,而所以仁不同。能调变联融于孔与耶之间,则曰墨。"又说:"墨有两派:一曰任侠,吾所谓仁也。……一曰格致,吾所谓学也。"因而他的"深念高望"即"私怀墨子摩顶放踵之志",也就是在墨学的影响下种下了以身殉个人政治理想的思想根子。

1884年(光绪十年)爆发了中法战争,当时嗣同在新疆巡抚刘锦堂幕府任职,感于形势之日迫,因作《治言》,借以抒发个人对当前国势的主张。现在看来,他当时的政治思想还没有摆脱儒家思想的束缚,他认为中国四千年历史是三其变,环球九万里而三其区。从上古到秦的统一,为道道之世。从秦历汉晋隋唐宋元明为法道之世。清以后到当时为市道之世。从这里可以看出他对中国历史的发展,认为还是在不断的变化中。至他划世界为三区,也就是三类国家,一、华夏之国,一、夷狄之国,三、禽兽之国。在这样划分中,虽然还是当时一般儒者那种"夜郎自大"的看法,说什么"经纬风教,礼俗于以敦,而三纲五常于以备"的礼仪之邦。不过他已经看到西方之所以强,由于"其出一令而举国奉之若神明,立一法而举国循之若准绳。君与民而相联若项领,名与实而相副若形影。先王之言治曰:'道一而风同',道非道而固一,风非风而固同,斯其忠质之效,而崛起强立,足以一振者矣"。当时有人牵强附会,说西方之教出于墨,又说什么景教之十字架矩也,墨道也,运之则规也……等等,嗣同认为说它们出于墨,是从其文化最初的渊源说的,至"其出而为治,罚必而赏信,刻核而寡恩,暴敛而横征,苛法而断刑,君臣以形名相责,而父子不相亲,奋厉桓拨以空其国于佳兵",所以他说:"昔之夷狄,墨家之夷狄也;今之夷狄,法家之夷狄也。"这些都可说是似是而非,牵强附会的说法。至于如何解决当前存在的问题,归根结底,还是儒家的一套,即中庸所谓"诚能不自欺也",最后以《大学》中的"意诚而心正,心正而身修,身修而家齐,家齐而国治,国治而后天下平"结尾。

谭嗣同后来对他早年的这种错误的见解,曾进行了自我批判。他说:"此嗣同最少作,于中外是非得失,全未缕悉,妄率胸臆,务为尊己卑人,一切讦疏虚骄之论,今知悔矣,附此所以旌吾过,亦冀谈者比而观之，引为戒焉。"(《治言》题下自注)有人认为这时他"已蕴有变法思想"，这是不符合实际的。

嗣同随他父亲在兰州一段生活，的确是放浪形骸，倜傥不羁。他在《刘云田传》中，谈到他当时生活的片段道："安定防军隶大人部，嗣同闲至军，皆橐鞬帛首，以军礼见。设酒馔，军乐，陈百戏，嗣同一不顾，独喜强云田并辔走山谷中，时私出近塞，遇西北风大作，沙石击人如中强弩，明驼呦嗳与鸣雁嗥狼互答。臂鹰，腰弓矢，从百十健儿，与凹目凸鼻黄须雕题诸胡，大呼疾驰，争先逐猛兽。夜则支幕沙上，椎髻，箕踞，刎黄羊血，杂雪而咽。拨琵琶，引吭作秦声，或据服匿，群相饮博，欢呼达旦。"

又在《致刘淞芙书一》中，说他早年的生活道："东游江海，中郎之椽竹常携。西极天山，景宗之饿鸮不释。飞土逐肉，掉鞅纵禽。目营浩罕所屯，志驰伊吾以北，穹天泱漭，矢音敕勒之川，斗酒纵横，抵掌游侠之传。戊己校尉，椎牛相迎，河西少年，擎拳识面。于时方为驰骋不羁之文，讲霸王经世之略。墨酣盾鼻，诡辩澜翻，米聚秦山，奇策纷出，狂瞽不思，言之腾笑，以为遂足以究天人之奥，居上游之势矣。"

从以上的自述中，可以了解嗣同当时豪放不羁的生活，和他所受东汉党锢诸公和南宋永嘉学派的影响，大谈其王霸经世之略的情况。这时他的学术思想，纯粹渊源于中国固有的系统，而对西方学术不仅不理解，并且采取轻视与反对的态度。他给贝元征书中曾追述他早年的思想道："嗣同少时，何尝不随波逐流，弹抵西学，与友人争辩，常至失欢。久之，渐知怨艾，亟欲再晤其人，以状吾过，而或不更相遇，或遂墓上宿草，哀我无知，负此良友。"说明他早年思想还是相当保守的。

评谭嗣同的，有人曾说他"鄙科举"，这是不符合实际的。一个曾经深受儒家思想影响，并抱有经世之志的知识分子，在当时决不可能抛弃科举，因为他必须通过这条道路，取得政治上的显要地位，才能施展自己的怀抱。康有为、严复等人是如此，嗣同自然也不能例外。

他从光绪十年(1884)起,直到光绪二十年(1894)止,十年间来往南北各地,其主要目的在参加科举的考试,正如他所说的"为此仆仆,迫于试事居多。十年中至六赴南北省试,唯一以兄忧不与试,然行既万有余里矣,合数都八万余里,引而长之,堪绕地球一周"。(《三十自纪》)

嗣同在文战中,是一个败北者,始终没有考中,最后不得不走捐班的道路。由这里足以证明几百年来的科举制度不知埋没了多少真正的人才。屡次应试虽然都失败了,但却有了另外的收获,这就是游览了全国的名山大川,了解了许多地方的风土民情,特别是广大劳动人民的疾苦。因而激发了他强烈的民族意识,产生了"风景不殊,山河顿异,城郭犹是,人民复非"(同上)的深沉的感慨!

光绪十五年(1889)嗣同与仲兄嗣襄赴北京应试,问学于同乡刘人熙,开始读王夫之的《船山遗书》和黄宗羲的《宋元学案》《明儒学案》、《明夷待访录》等书,这样初步地否定了过去自己对政治的看法,萌发了民族与民主思想和哲学上的唯物主义观点。他在《致刘淞芙书一》中说:"既而薄上京师,请业蔚庐(即刘人熙),始识永嘉之浅中弱植,俶睹横渠之深思果力。闻衡阳王子精义之学,缅乡贤朱先生阇然之致,又有王信余、陈曼秋、贝元征诸君以为友,困而求亨,幡然改图。"

由于他的天资卓绝,对古代贤哲著作确能细心探究,撷取精华,从孔庄书中,悟出事物时时在变,并且时时对已成者进行否定的辩证道理。即如他在《报贝元征书》中说:"夫大易观象,变动不居,四序相宣,匪用其故,天以新为运,人以新为生,汤以日新为三省,孔以日新为盛德,川上逝者之叹,水哉水哉之咏,惟日新故也。未生之天地,今日是也,已生之天地,今日是也,亦日新故也。……方其事之终成,即其害之始伏,何异日夜相代乎?前而藏舟,自谓已固,则患且发于无方矣。此又皆不新故也。早岁之盛强,晚岁已成衰弱,今日之神奇,明日即化腐臭,道眎之以无穷,学造之以不已,庸讵有一义之可概,一德之可得乎?"这种朴素的辩证观点,已奠定了他勇于接受西方的新事物,和锐意变法的思想基础了。

光绪十九年(1893)路过上海,和英人傅兰雅相识并购买了当时江南制造局翻译馆译出的自然科学,广学会译出的外国历史、地理、政治和耶稣教神学,以及《西国近事汇编》、《环游地球新录》等书,后来梁启超称他"亦尝尽读所谓格致类之译书",(《清代学术概论》二十七)"究心泰西天算、格致、政治、历史之学,皆有心得。"(梁启超《谭嗣同传》)由于他对西方资本主义国家有了进一步地理解,于是对中国封建腐朽的官僚政治,越发深恶痛绝,这是他所以成为维新派中的激进派的主要原因。

光绪二十年(1894)七月中日战起,嗣同看到当时政府的腐败,强邻的进逼,国家命运危在旦夕,在他的《报贝元征书》中充分地表现了他在当时的知识分子中那种高度的思想水平,首先是他受张横渠、王夫之的影响,而表现出的唯物主义思想。他引王夫之《周易外传》中的话:"道者,器之道,器者不可谓之道之器也。无其道,则无其器,人类能言之。……无其器,则无其道,人鲜能言之。"因而他批判宋儒颠倒了道与器的关系,他说:"自学者不审,误以道为体,道始迷离徜恍,若一幻物,虚悬于空漠无朕之际,而果何物也邪?于人何补?于世何济?得之何益?失之何损邪?将非所谓惑世诬民异端者耶?"他根据"道不离乎器"的这种观点,进而说明,一、"器既变,道安能独不变?"这就否定了从汉以来董仲舒所说的"天不变道亦不变"的唯心主义谬说。其次他认为道非中国所独有,西人有器,自然也有他的道。他说:"且道非圣人所独有也,尤非中国所私有也。惟圣人能尽之于器,故以归诸圣人。以归诸圣人,犹之可也,彼外洋莫不有之,以私诸中国,则大不可!"嗣同接着论述了西人在日常生活上和我国并没有大的不同。至体国经野,法度政令,又无一不备,但一般腐儒独于伦常,疑其偏绝。

嗣同对这种荒谬看法,痛加驳斥,他说:"夫伦常者天道之所以生生,人道之所以存存。上下四旁,亲疏远迩之所以相维相系,俾不至瓦解而土崩,无一息之或离,无一人之不然。……未有一举伦常,而无之者。"在这里,他特别赞扬西方的民主,他说:"即如君臣一伦,人人知其有,不待言矣。而有所谓民主者,尤为大公至正,彬彬唐虞揖让之风,视中国秦以后尊君卑臣,以隔绝不通气为握固之愚计,相去奚止霄壤。"接着又根据中国所谓父子、兄弟、夫妇、朋友之间的关系,用中西对比,论证了中国远远不如西洋。最后又道:"使彼无伦常则不相爱,不相育,彼吞此噬,攻斗涣散,族类澌灭久矣,尚安能举国一心,孜孜图治,一旦远出中国上,如今日乎?"

再次基于"无其器,则无其道"的理论,提出了向西方学习的变法主张。他认为周公之法,已无从复,而"今日所用,不但非儒术而已,直积乱二千余年暴秦之弊法,且几于无法"。那么现在怎么办呢?他说:"于此不忍坐视,而幡然改图,势不得不酌取西法以补吾中国古法之亡,正使西法不类于古,犹自远胜积乱二千余年暴秦之弊法,且几于无法。又况西法之博大精深,周密微至,按之周礼往往而合,盖不徒工艺一端,足补《考工》而已。斯非圣人之道,中国亡之,独赖西人以存者耶?"最后他说:"故嗣同以为变法图治,正所以不忍尽弃圣人之道,思以卫而存之也。"

谭嗣同为什么把学习西洋,举行变法,一定说成是要恢复古圣人之道呢?这不同他的"有其器必有其道"的理论,和"日新"的理论相矛盾吗?须知当时旧势力的力量太强大了,他们张口就是"吾闻用夏变夷者,未闻变于夷者也"。(《孟子·滕文公上》)把中国几千年来传统的纲常名教,典章制度,都革掉来学习西洋,那真是非圣无法大逆不道,为了减少阻力,说服一部分中间势力,就不得不采用这样的说法。我们应该原谅他这种不得已的苦衷。

光绪二十年(1894)由于与日本战争失败,清政府订立了马关条约,嗣同愤慨到极点,他在《上欧阳瓣薑师书》中首先痛斥割地赔款丧权辱国的和议条款为"竟忍以四百兆人民之身家性命,一举而弃之"。同时在这个话的小注中,对清政府又加以痛斥,说:"满汉之见,至今未化,故视为倘来之物,图自全而已,他非所恤。岂二百五十年之竭力供上,遂无一点好处耶?宜乎台湾之民,闻见弃之信,腐心切齿,以

为恩断义绝,开辟以来,无忍心如此者。"其次痛陈儒学的无用,他说:
"然今之世变,与衡阳王子所处不无少异,则学必征诸实事,以期可起行而无窒碍,若徒著书立说,搬弄昌平阙里之大门面,而不可施行于今日,谓可垂空言以教后世,则前人所垂,亦既夥矣。且此后不知尚有世界否?又谁能骄语有河清之寿,以俟其效耶?"在这段话下边又有小注道:"黄舍人言,昔客上海有西人到其斋头,见书籍堆案,伴为不识,而问曰:'此何物也?'曰:'书也。'又问:'有何用处?'舍人不能答。乃徐笑曰:'此在我西国,自皆有用处。汝中国何必要此?'哀哉此言!亦所谓无其器则无其道也。不力治今之器,而徒言古之道,终何益矣!"

接着,写出他的忧心国事,五内如焚的情况道:"然事已糜烂至此,岂补苴所能了。平日于中外事虽稍稍究心,终不能得其要领,经此创钜痛深,乃始屏弃一切,专精致思,当馈而忘食,既寝而累兴,绕屋彷徨,未知所出。既忧性分中之民物,复念灾患来于切肤,虽躁心久定,而幽怀转结。"可见嗣同当时所受刺激之深,同时也可以看到他的确是一个高度的爱国主义者。

最后提出要决心从事变法,他说:"详考数十年之事变,而切究其事理,远验之故籍,近咨之深识之士,不敢专己而非人,不敢讳短而疾长,不敢徇一孔之见而封于旧说,不敢不舍己从人,敢于人以为善。设身处境,机牙百出,因有见于大化之所趋,风气之所溺,非守文因旧所能挽回者,不恤首发大难,画此尽变西法之策。"可知他是经过一个相当长的时期进行研究讨论,深思熟虑,而最后认为要救国救民,只有走变法之一途。同时自己决心要作为变法的首倡者。

不久他就在家乡浏阳设立学会,作变法的舆论准备。又设立算学格致馆,培育新的人材,开后来南学堂、时务学堂、算艺学堂,种种变法事业的先河。后来听说康有为、文廷式等在北京设立"强学会",因而赴京,没有见到康有为,却认识了梁启超。启超向他介绍了康有为的学术思想同政治主张,于是大相敬佩,自称为康有为的私淑弟子。他在《与欧阳瓣薑师书》(二十七)中称赞康氏为"传孔门不传之正学,阐五洲大同之公理,三代以还一人,孔子之外无偶"。

不久强学会被封闭,嗣同深为愤慨,与其师欧阳氏书中说:"传耶稣教则保护之,传孔子教,则封禁之,自虐其民以供外人鱼肉,中国人士何其驯也!"(《上欧阳瓣薑师书》二十五)给刘淞芙的信中又说:"强学会之禁也,实防吾华民之盛强,故从而摧折之,依然秦愚黔首之故智。而当道诸公,又挟一忌才之见,故禁之甚严。现今虽开,却改名官书局,不过敷衍了事,羊存礼亡矣。"(《谭嗣同佚稿》一九五八年第四期《湖南历史资料》)

光绪二十二年(1896)嗣同以同知纳资就官为候补知府,分司浙江。离京后,在南京候补一年,于是究心佛法,梁启超谓其"闭户养心读书,冥探孔佛之精奥,会通群哲之心法",(《谭嗣同传》)于戊戌前写成《仁学》,凡五万言,一名《台湾人所著书》,借台人以抒愤。成书后,自藏其稿,以副本交梁启超。戊戌政变后,启超亡命日本,遂印行之。(《清代学术概论》二十七)

《仁学》一书不仅为谭嗣同的代表作,同时也代表了当时中国思想界反封建主义的最先进水平。尽管他当时的思想来源比较庞杂,甚至有自相矛盾之处。但其主导思想,则是唯物主义的。他继承了中国从王充、张横渠、王船山的唯物论传统,发扬了"道源于器,无其器则无其道"的哲学观点,作为他提倡变法的理论根据。同时又根据墨子、王船山、黄宗羲的民族民主主义学说,而参以西方的民主思想,形成了他的民主思想,从而提出冲决网罗,反对纲伦的革命思想。他在《仁学》里边的许多言论,都是极端大胆的石破天惊之论。特别是对清政府的种族之见,及其腐朽的政治的抨击,完全超过了改良主义的限度。直到 20 世纪初,革命派还把《仁学》中的下卷,作为反清、宣传革命的锐利武器。从这里就充分说明了这部书在当时所达到的思想高度了。

光绪二十三年(1897)嗣同经常往来于南京、上海,与梁启超、汪康年提倡维新变法的同志商量国家大事。当时宣传维新变法的理论与主张的《时务报》在前一年已发刊,一时革改旧制度的新思潮,已经汹涌澎湃地发展起来,同时湖南巡抚陈宝箴也醉心于维新事业,他的儿子陈三立襄助他,恰巧这时江标、黄遵宪等维新派人物也到湖南任职,于是嗣同被邀返长沙,和这班在位的大吏,还有新创办的时务学堂的教习梁启超,以及当地人士唐才常、熊希龄等提倡变法维新,并建设新政,如商办矿务、湘粤铁路、湘报、保卫局等,又创立南学会,集众讲学。嗣同是当时主要负责人。他先后曾讲了《中国情形危急》、《论今日西学与中国古学》、《论学者不当骄人》、《论全体学》等题目。

在变法维新浪潮席卷全国之时,特别是湖南《湘学报》、《湘报》,鼓吹新思想尤力,因而湖南的顽固派叶德辉、王先谦之流,视之为洪水猛兽,攻击诋毁无所不用其极。洋务派头子张之洞时为湖广总督,竟致电陈宝箴、黄遵宪,禁止发行。一时时务学堂中部分教习,竟欲离校他去。嗣同当时以大无畏的精神,致书其师欧阳中鹄道:"平日互相劝勉者,全在'杀身灭族'四字。岂临小小利害,而变其初心乎?耶稣以一匹夫而撄当世之文网,其弟子十二人皆横被诛戮,至今传教者犹以遭杀为荣,此其魄力所以横绝于五大洲,而其学且历二千年而弥盛也。呜呼!人之度量相越,岂不远哉!今日中国能闹到新旧两党流血遍地,方有复兴之望。"(《上欧阳瓣蔃师书》三)从这里可以看到嗣同当时已经对于从事维新变法的斗争,抱着全力以赴,甚至牺牲个人身家性命也在所不惜的决心了!

戊戌(1898)载湉颁布了定国是的诏令,嗣同以学士徐致靖的推荐,被征。七月入都,擢为四品衔军机章京,与杨锐、林旭、刘光第同参予新政,时号军机四卿。所谓参与新政,就像唐宋两代的参知政事,相当于汉代宰相的职务。于是锐意变法,厉行新政,因而与顽固保守的后党之间的矛盾斗争,遂益趋于尖锐化。当时军权均操在后党手中,载湉眼看形势的危急,他的皇位马上就要垮台,于是密诏设法营救。嗣同误认为袁世凯了解新政,拥护新政,密奏载湉结以恩遇,冀缓急或可援助。载湉即于八月一、二两日连续召见,特赏侍郎。到了初三的晚上,嗣同并亲自往访袁世凯,谓上方有大难,非公莫救。袁世凯这样一个阴险狡诈的权奸,采取了虚为应付的态度,终于背信弃义,向那拉氏告密,一场宫廷政变终于爆发。

八月初六日嗣同被逮,在狱中赋诗道:"望门投止思张俭,忍死须臾待杜根,我自横刀向天笑,去留肝胆两昆仑。"十三日壮烈牺牲,临终绝命语为"有心杀贼,无力回天,死得其所,快哉!快哉!"

梁启超给嗣同作的传中说:"被逮之前一日,日本志士数辈,劝君东游,君不听,再四强之,君曰:'各国变法,无不从流血而成。今日中国未闻有因变法而流血者,此国之所以不昌也。有之,请自嗣同始。'卒不去,故及于难。"可知嗣同的牺牲,是他自觉自愿地为自己的政治理想而牺牲,是要借自己的鲜血,来警醒国人,教育国人。所以戊戌党人的流血牺牲,并非徒然的。经过这样的大事变,使多少原来抱着改良主义幻想的人们,都觉醒了起来,认识到反动透顶的清王朝,如果不彻底予以推翻,中华民族将永远沦为异族的奴隶,于是随着改良主义的失败,革命运动就蓬蓬勃勃地发展了起来。

二

谭嗣同是一个政治思想家,并不是专力于诗文的文学家。但他的诗文,却具有个人独特的风貌。他的诗约有百五十篇,可以说是他一生的生活经历和思想感情的写照。

复生幼年遭遇是很不幸的。七岁他父亲官京都,他母亲带他大哥回故乡浏阳就婚,把他留在北京,遭到庶母的冷遇,精神上受到打击,郁郁寡欢,逐渐瘦弱起来。所以他在文章中说他"少遭纲伦之厄"。十二岁时北京又发生了大流疫,他个人是死而复苏,所以名叫复生。他的二姐、母亲、大哥在这次流疫中先后去世。这种变故,给他幼小时心灵上的刺激,是非言语所能形容的。所以他在后来追忆往事时写的《湘痕词》叙中说:"少更多难,五日三丧,惟亲与故,岁以凋谢,营营四方,幽忧自轸,加以薄俗渗气,隐患潜滋,迁学孤往,良独怅然。"因而他说他的作品"发音鲜宣平之奏,摛辞有拂郁之嗟"。这就说明了他的凄苦感伤一类作品产生的生活根源。作为这类作品的代表有《湘痕词八篇》。这是他对死者的挽歌,一方面写出生离死别的痛苦,所谓"昔为连理枝,郁郁桂与兰。今为泉下土,蔓草霜露寒。深谷或可陵,容光觌无端,亦有阡与陇,徒作异物观"。再一方面在思想上又故作达观,来排遣自己悲哀的情绪。但为时不久,就又为原来思绪所控制。诗的最后一篇中说的很好:"安知今日悲,非我梦中事。达观亦殊暂,觉梦终成异,欲知泉下恨,蜀魄血犹唳。试聆独征鸿,则知生者意。"尽管他用庄子的思想来进行自我安慰,但客观现实怎么也难使自己长期抱着这种达观的观点。这种说法的确把个人心情的变化真实地描绘出来了。

复生十八岁时,他父亲官甘肃布政使。他这年春天,从家中浏阳动身,去兰州父亲任所。以后的十年中,他曾来往于直隶、新疆、甘肃、陕西、河南、湖北、湖南、江苏、安徽、浙江、台湾各省。察视风土,物色豪杰(梁启超《谭嗣同传》)而他自己在《三十自纪》中也说:"合数都八万余里,引而长之堪绕地球一周。经大山若朱圉、岛鼠、崆峒、六盘、太华、终南、霍山、匡庐无算,小水若泾、渭、漆、沮、浐、灞、洮、潼、沣、蓝、伊、洛、涧、缠、恒、卫、汾、沁、滹沱、无定、沅、澧、蒸、渌无算。"这正如苏辙论司马迁,说他"周览四海名山大川,与燕赵间豪俊交游,故其文疏宕,颇有奇气"。(《上枢密韩太尉书》)

由于他有这样阅历,所以在他的诗作里写旅途中所见与所感的篇子就非常多。写自然景物的代表作有《江行》、《夜泊》、《马上作》、《洞庭夜泊》、《泝汉》、《出潼关渡河》、《潼关》。在这些诗篇里作者往往寓情于景,从而表现出作者特有的精神面貌,即如《出潼关渡河》:

平原莽千里,到此忽嵯峨。关险山争势,途危石坠窝。崤函罗半壁,秦晋界长河。为趁斜阳渡,高吟击楫歌。

前边写自然景物的变化,最后一句抒发了自己的远大抱负。又如《潼关》:

终古高云簇此城,秋风吹散马蹄声,河流大野犹嫌束,山入潼关不解平。

这篇七绝,的确写的好,它最为苏曼殊所赞赏,特别为这首诗画了一幅画,并在跋中说:"昔人出山海关诗,有'马后桃花马前雪,教人那得不回头'句,然稍陷柔弱。嗣同仁者有潼关诗云,'……'余常诵之。今奉慈母迁居村舍,残冬短暂,朔风号林,吾姐榎本荣子属画,泚笔成此。"(《苏曼殊全集》卷一序跋类页二十六)这首诗之所以写得好,是因为把个人的思想,特别是要求自由解放的思想,拿复生自己的话来讲即"冲决纲罗"的思想,借描写自然,而充分地表现了出来。河流大野犹嫌束,这代表了当时民主主义者要冲破封建牢笼的时代精神。最末一句,象征地反映出世路崎岖艰险,对一切现实都须要提高警惕。

其次复生在他长期往来南北的旅途中,了解到人民群众贫困的生活,和受到的残酷剥削和压迫,如《罂粟米囊谣》:

罂无粟,囊无米,室如悬磬饥欲死。饥欲死,且莫理,米囊可疗饥,罂粟栽千里。非米非粟,苍生病矣!

写当时西北一带为了广收鸦片,大种其罂粟,给人民带来的饥荒。又如《六盘山转饷谣》:

马足蹩,车轴折,人蹉跌,山岌峚,朔雁一声天雨雪。舆夫舆夫尔勿嗔,官仅用尔力,尔胡不肯竭。尔不思! 车中累累物,东南万户之膏血。呜呼! 车中累累物,东南万户之膏血。

集中的《儿缆船》一诗,刻画一个船夫的儿子为了救一船乘客的生命,自己冒险忍痛,终于把行将被风击沉的船只,曳进了港内,结果这个孩子的手掌被绳子勒出了骨头。这种为救一船人生命,不惜牺牲个人的勇敢精神,是应该大加歌颂的。原诗如下:

北风蓬蓬,大浪雷吼。小儿曳缆逆风走。惶惶船中人,生死在儿手。缆倒曳儿,儿屡仆。持缆愈力,缆縻肉。儿肉附缆去,儿掌惟见骨。掌见骨,儿莫哭,儿掌有白骨,江心无白骨。

复生在西北一带生活较久,所以诗中不少描写边塞风光的篇什,如《河梁吟》、《西域行》、《陇山》、《白草原》等,都有雄浑的气魄,和生动的刻画,读这些篇子不能不令你想起唐代反映边塞生活的名家岑参同李顾等诗人。即如他写大西北的群山道：

> 陇右之山崛然起，号召峰峦俱至此。东南培塿小于拳，杂沓西行万余里，渐行渐巨化为一。恍若朝宗汇群水，其上宽广不可计。肉张骨大状殊异，欲断不断势相麼，谁信人间犹有地。譬如亡秦以上之文章，鼓荡寥天仗真气。不复矜言小波磔，横空一往茫无际。策我马，曳我裳，天风终古吹琅琅。何当直上昆仑巅，旷观天下名山万迭来苍茫，山苍茫有终止，吁嗟乎！山之终兮水之始。（《陇山》）

这种雄浑的诗篇，正是来源于这雄浑的大自然。

另外，写成边将士们的战争生活的。如：

> 将军夜战战北庭，横绝大漠回奔星。雪花如掌吹血腥，边风冽冽沈悲角，冻鼓咽断貔貅跃，堕指裂肤金甲薄。云阴月黑单于逃，惊沙锵击苍龙刀。野眠未一辞征袍，欲晓不晓鬼车叫，风中僵立挥大纛，又促衔枚赴征调。（《西域引》）

此外，最值得重视的是他的忧国忧民，伤时感事的作品。复生当国家危亡之时，目睹时事的杌陧，真是心中如焚。他的《咏史》七篇，篇篇都有个人寄托，试看其中的第二首：

> 嫠不恤其纬，宵中独汍澜。漆室非明堂，乃闻忧国叹。矧彼衣缝披，而忘危与安。抚兹意屏营，当乐不能欢。顾己岂有余，奈此悲悯端。先师炳遗训，果哉末之难。

说明当时一般群众还关心国事，可是那班当政者，反而置国家的安危于不顾，因而个人非常的焦灼。在《秦岭》中，由于几次经过这里，都看到韩昌黎的庙，从论述退之的一生遭遇，认识到"观公所造岂不善，犹然举世相讥诃。是知白璧不可为，使我奇气难英多"。于是决心投笔从戎，誓以马革裹尸。诗中道：

> 便欲从军弃文事，请缨转战肠堪拖，誓向沙场为鬼雄，庶展怀抱无蹉跎。生平渴慕瞿铄翁，马革一语心渐摩。非曰发肤有弗爱，涓埃求补邦之讹。

由于岁月易逝，华年如水，而所志无成，所以感到无限的沉痛和悲愤。《和仙槎除夕感怀四篇》中其四道：

> 年华世事两迷离，敢道中原鹿死谁。自向冰天炼奇骨，暂教佳句属通眉。无端歌哭因长夜，婪尾阴阳剩此时。有约闻鸡同起舞，灯前转恨漏声迟。

复生曾自述其创作的渊源，在《致刘淞芙书二》中说：

> 嗣同于韵语，初亦从长吉、飞卿入手，旋转而太白，又转而昌黎，又转而六朝。近又欲从事玉溪，特苦不能丰腴。大抵能浮而不能沉，能辟而不能翕，拔起千仞，高唱入云，瑕隙尚不易见。迨至转调旋宫，陡然入破，便绷弦欲绝，吹竹欲裂，猝迫下隘，不能自举其声，不得已而强之，则血涌筋粗，百脉腾沸，岌乎无以为继。此中得失，惟自己知之最审，道之最切。今日拟暂辍不为，别求所以养之者。……

这段话，首先讲自己向古人学习的经过变化，我们读他的诗确切是这样。从风格上看有阴沉冷艳的，如《蜕园》、《残魂曲》、《登洪山宝通塔寺》……等，显然是受长吉的影响。有跌宕豪放的，如《陇山》、《鹦鹉洲吊祢正平》、《文信国日月星辰砚歌并叙》又显然是受太白的影响。而《怪石歌》很清楚是在学韩退之的《南山》。另外有一些关心人民疾苦的乐府诗，如《罂粟米囊谣》、《六盘山转饷谣》，还有内容上潇洒淡雅的五言古诗，如《兰州庄严寺》、《病起》、《道吾山》、《秋日郊外》等，很清楚又是受魏晋诗人的影响。复生三十岁以前的诗虽然在艺术上还没有臻于成熟，正像他自己所讲的，还没有达到丰腴的境地，有点过于发露，不够含蓄，但毕竟能够淋漓尽致地抒发了自己对现实的激情，并且有自己独特的意境。

复生到后来从事维新运动，与夏曾佑等人大倡"诗界革命"。他自刻《莽苍苍斋诗》，题曰"东海褰冥氏三十以前旧学第二种"。盖断自己未前也。他这时对他早期作品深感不满，说"天发杀机，龙蛇起陆，犹不自惩，而为此无用之呻吟，抑可靡与？三十前之精力，敝于所谓考据辞章，垂垂尽矣。勉于世，无一当焉。愤而发箧，毕弃之。刘君淞芙独哀其不自聊，劝令少留，且裙拾残章为补遗，姑从之云尔"

(《莽苍苍斋诗自叙》)。至他三十以后的诗作,初刊于梁启超的《饮冰室诗语》,后补入其全集诗集中的有《留别湘中同志八篇》、《感怀四篇存三》、《金陵听说法》、《狱中题壁》,最末一篇为其狱中绝笔诗,各报多登之,日本人至谱为乐歌,海宇传诵。(《饮冰室诗话》)至《留别湘中同志八篇》,梁任公谓其"篇中语语有寄托,而其词瑰玮连犿,断非寻常所能索解。唐绂丞(按即唐才常)尝语余曰:'此诗惟我能解之。'余时匆匆未暇叩绂丞也。而今绂丞亦云亡,诵元遗山'独恨无人作郑笺'之句,又怆然涕下矣!"(《饮冰室诗话》)

至于《感怀四首》梁启超谓:"沈郁哀艳,浏阳集中所罕见者,不知其何所指也。然遣怀之中,字字皆学道有得语。"(《饮冰室诗话》)

至于《金陵听说法》梁启超在《诗话》中曾为它作了注解。像这样隐晦曲折,而又采用一些佛典、《新约》中的故事和词句,并不是诗歌创作的正确道路,梁启超是提倡"诗界革命"的,但他所推崇的是黄遵宪那些反映新事物具有新意境的作品,而对复生这类作品,并不认为是方向。他说:

> 复生自喜其新学之诗,然吾谓复生三十以后之学,固远胜于三十以前之学。其三十以后之诗。未必能胜三十以前之诗也。盖当时所谓新诗者,颇喜捃扯新名词以自表异,丙申、丁酉间(1896~1897)吾党数子皆好作此体。提倡之者为夏穗卿,而复生亦綦嗜之。(《饮冰室诗话》)

按任公这样批评是非常正确的。当时这种创作道路不是写诗,而是钻牛角尖。写出的作品只能有几个人了解。那么,这样的诗能产生什么作用呢?正如任公所说的"至今思之,诚可发笑,然亦彼时一段因缘也"。

三

晚清文坛在散文方面,桐城派的势力笼罩一时,于是所谓"义法",所谓"神理、气味、格律、声色"种种清规戒律束缚了作者的手脚。其结果就出现了"千夫秉笔，如出一手"的局面。因而有些倜傥不羁的作者，鄙弃八家，而上溯魏晋，直至先秦。比较早的是龚自珍、魏源，稍后则有王闿运，到晚清则有章太炎。他们都不是走桐城道路的。特别是梁启超更为大胆解放。复生对散文的见解有许多地方和章太炎相近。他自述其写作的经过道：

> 嗣同少颇为桐城所震，刻意规之数年，久自以为似矣。出示人，亦以为似。诵书偶多，广识当世淹通婷壹之士，稍稍自惭，即又无以自达。或授以魏晋间文，乃大喜，时时籀绎，益笃嗜之。由是上溯秦汉，下循六朝，始悟心好沈博绝丽之文，子云所以独辽辽焉。……昔侯方域少喜骈文，壮而悔之，以名其堂。嗣同亦既壮，所悔乃在此，不在彼。窃意侯氏之骈文，特伪体，非然，正尔不容悔也。所谓骈文非四六排偶之谓，体例气息之谓也。则存乎深观者。(《三十自纪》)

同时他在《论艺绝句》第二首的自注中说：

> 文至唐已少替，宋后几绝。国朝衡阳王子，膺五百之运，发斯道之光，出其绪余，犹当空绝千古。下此若魏默深，龚定庵，王壬秋，皆能独往独来，不因人热，其余则章摹句效，终身役于古人而已。至于汪容甫，世所称骈文家，然高者直逼魏晋，又乌得仅目曰骈文哉？自欧、曾、归、方以来，凡为八家者，始得谓之古文，虽汉魏亦鄙为骈俪，狭为范以束迫天下之人才，千夫秉笔，若出一手，使无方者有方，而无体者有体，其归卒与时文律赋之雕镂声律，墨守章句，局促辕下，而不敢放辔驰骋者无异，于是鸿文硕学，耻其所为，而不欲受其束迫，遂甘自绝于古文，而总括三代两汉咸被以骈文之目，以摈八家之古文于不足道。为八家者，不深观其所以，而徤幸其不与争古文之名，遂亦曰此骈文云尔。呜乎！骈散分途，而文乃益衰，则虽骏发若恽子居，尚未能蠲除习气，其它又何道哉。

从这两段话里，可以看出复生首先对当时桐城派古文，进行了批判，对他们那套"义法"认为是"狭为范以束迫天下之人才"，其结果是"千夫秉笔,若出一手",其归卒与"时文律赋之雕镂声律,墨守章句,局促辕下而不敢放辔驰骋无异"。所以,对自己曾经努力向桐城学习,感到自惭。

其次,对反桐城的作者的批评,认为这正是对桐城文风不满,而走的一条新路。

三,是提出他所推崇的典范的作者,乃是王夫之,龚定庵、魏默深、王闿运,还有汪中。

四,驳斥一般人把骈文纯然看作四六排偶之作。他认为应该从体例气息上来分辨,文章不应分为骈散,可是到晚清由于桐城的关系而骈散分途,遂使文章越发走上衰败的道路。

由于他有这样的看法,所以他的散文,既不同于桐城派的古文,也不同于晚清所谓骈文,乃是属于骈散杂揉的。试一读其《远遗堂集外文初编自叙》、《报贝元征书》、《与沈小沂书一》、《刘云田传》等篇,往往于散体中而杂以骈俪的句子,这就说明复生是有意打破骈文同古文在形式上的区划的。这同梁启超的散文,有其近似之处。不过梁文往往杂以俚语韵语,与外国语法,复生在这方面是赶不上梁文的解放的。章太炎《与邓实书》中谈到当时有选文的把他与谭复生、黄公度耦,他不同意这样的看法,说:"二子志行,顾亦有可观者,然学术既疏,其文辞又少检格,复生气体骏利,以少习俪语,不能远师晋宋,熹用雕琢,悰而失粹,轻侠之病,眭眭相属。"这个批评是值得参考的。

下边就复生散文关于抒情、记叙与议论三类,略论如下:

复生是最富于感情的作者,他的《远遗堂集外文初编自叙》虽是一篇文集的叙文,但却是最动人的抒情文。篇中写他童年和他二哥跟一位姓毕的老师读书,"夏雨初霁,嬉戏阶下,兄适他去,四顾孑然,情不可已,遂嗷嗷以哭。"后来每遇死生离异不幸的事的时候,往往童年时这种感触,就会重现。后来他的二哥去世那一年,他因应试,带着他的侄子又去京师,下边写他到后的情绪:

览童年之遗迹,怅岁月其不淹。以今准昔,喟焉远想。忆夫烟雨在帘,蛙声夜噪,或败叶塞窣,霜钟动宇,燃灯共读,意接神

> 亲,追溯所及,方怦怦于中,而兄之讣至矣。创巨痛深,惛不省事,哭踊略定,则志骞形索,清刻至骨,自顾宛五六岁孺子也。于时苍然之感,不可以解。当其幽思潜抽,莫可告语。道逢林叟耕夫,辄欲流涕,引与话旧。睹禾黍布陇,废冢断碑,以及坏墉蛛丝,皆若与我有一日之好,使得见囊之童仆,且将视为肺腑,而不能一日离。……(《远遗堂集外文初编自叙》)

这种抒写个人感情的委宛曲折,与对外物的感受反映,简直是一篇散文诗。另外他的《远遗堂集外文续编自叙》一文同样可以作如是观。至于在《与沈小沂书一》中写个人的多情善感,尤其恻怆动人。

至于叙事之作,大抵具有浓郁的艺术色彩,对事物能描摹声貌,展现出一幅栩栩如生的画面。即如《刘云田传》写云田是一个性格温和善良,但思想上却非常迂阔拘执,受方巾气影响极深的人。文中写他的性格同自己兄弟们的不同道:

> 云田既以行谊为大人所重,而仲兄泗生及嗣同,尤暱就云田。中表徐蓉侠从子传简,亦皆与莫逆。嗣同兄弟少年盛气,凌厉无前,蓉侠亦敏毅自喜,传简年尤少,益下陿,自卑莘法度外。云田性独迂缓,短小貌寝,般辟,行圈豚,恶豪迈人如寇仇。时时称道村儒腐语,规切人,听者唾涕欠伸,犹絮聒不休。而数人者,或数年十数年,日益亲密周间,聚则绐以非礼理,戏谑百出,又嬲使骑,鞭马奔驶,观其伛偻伏鞍,啼号战栗,以为笑乐。云田则庄色陈论不可,终不以为侮。

这不仅写出了云田同他们性格上的不同,同时也可以看出他们这些贵公子们,对一个穷书生,采取的戏弄态度。而云田对此虽极反对,却不以为侮,说明他的度量的宽弘。下边写云田经常陪同他在那些荒凉偏僻的地方所过的不平常的生活。(原文见上引)虽然他们的思想距离甚远,但嗣同倒反而乐于同他接近。

全文一边描绘他们当时那种倜傥不羁的生活,使人如亲历其境。而在后边忽插入"回顾云田方蛙坐瞑目,诵《大学章句》"。这把云田的迂腐性格的特点越发鲜明地突出出来了。这真可说是传神之笔。

余如《报刘淞芙书一》写自己早年不可一世的抱负和翱游南北放浪不羁的生活,也是历历如绘。而《先妣徐夫人逸事状》,写他母亲早年由他父亲起家寒畯,所以勤慎作苦,鸡鸣兴爨,氾扫浣涤,纫绩至夜不得息。直至后来他父亲官郎曹十余年,位四品,但他母亲生活仍然非常简朴,勤劬如故。衣裙俭陋,补绽重复,纺车轧轧,夜彻于外。这些给他们兄弟以极深的影响。所以他说:"嗣同兄弟所遇即益华腆,终不敢弛于慆淫非辟,赖先夫人之身教夙焉。"写得委曲尽情,感人至深。

复生的议论文字最重要的是他的《仁学》,这是他平生精心之作。从这里边不仅可以看到他的哲学思想,同时也表现出他的政治倾向。他一方面继承了中国先秦以来各家的优良传统,同时也接受了从西方输入来的科学和民主思想,于是他以这为武器,对晚清的封建思想和专制政体的弊害,进行了深刻的揭发和批判。这部书分上下两卷,内容不分章节,不标篇目,但却分为大段,每段谈一个问题,自为起讫。所以总起来好像是混然一体的一部书,可是分起来,又像是许多篇论学、论政、论事的短篇论文。从内容上看,同并世的思想家比起来,是最先进最大胆最深刻的。从文笔上看是有论有据,文辞锋利,具有非常的说服力的。书中首先提出要冲决网罗,他在《仁学自叙》中说:

> 网罗重重,与虚空而无极。初当冲决利禄之网罗,次冲决俗学若考据、若词章之网罗,次冲决全球群学之网罗,次冲决君主之网罗,次冲决伦常之网罗,次冲决天之网罗,①终将冲决佛法之网罗。然其能冲决,亦自无网罗。真无网罗,乃可言冲决。故冲决网罗者,即是未尝冲决网罗。循环无端,道通为一。凡诵吾书,皆可于斯二语领之矣。

复生在《仁学》中大胆批判了儒家所尊奉的"名教",所谓三纲五

---

① 此处缺"次冲决全球群教之网罗",《谭嗣同全集》,第290页。1954年三联书店版《谭嗣同全集》无此句。

伦。他说:

> 俗学陋行,动言名教,敬若天命而不敢渝,畏若国宪而不敢议。嗟乎!以名为教,则其教已为实之宾,而决非实也。又况名者,由人创造,上以制其下,而不能不奉之,则数千年来,三纲五伦之惨祸烈毒,由是酷焉矣。君以名桎臣,官以名轭民,父以名压子,夫以名困妻,兄弟朋友各挟一名以相抗拒,而仁尚有少存焉者得乎?

其次对于君臣一伦,认为二千年来尤为黑暗否塞,无复人理,沿及今兹方愈剧。后边特别对清王朝对汉族的残酷统治,其抨击更烈,他说:

> 虽然,成吉思汗之乱也,西国犹能言之,忽必烈之虐也,郑所南《心史》纪之。有茹痛数百年不敢言不敢纪者,不愈益悲乎!《明季稗史》中之《扬州十日记》、《嘉定屠城纪略》,不过略举一二事。当时既纵焚掠之军,又严薙发之令,所至屠杀虏掠,莫不如是。……亦有号为令主者焉,观《南巡录》所载淫掳无赖,与隋炀明武不少异,不徒鸟兽行者之显著《大义觉迷录》也。

复生对清政府中顽固派当时常讲的"宁予友邦,不予家奴"尤其愤激,他说:

> 况东事亟时,……且曰"宁为怀愍徽钦,而决不令汉人得志"。……故华人慎毋言华盛顿、拿破仑矣,志士仁人求为陈涉、杨玄感,以供圣人之驱除,死无憾焉。

他竟号召人们起来造反了!

所以梁启超讲:"此等言论,著诸竹帛,距后此'同盟会'、'光复会'等之起,盖十五六年矣。"(《清代学术概论》二十七)充分说明了它的革命性与先进性。在这样的思想基础上,他必然地要同情洪、杨,所以他说:"洪、杨之徒,苦于君官,挺而走险,其情良足悯焉。"对于镇压洪、杨的所谓湘军及中兴诸公,则加以痛诋,他说:

> 虽洪、杨所至,颇纵杀,然于既据之城邑,亦未尝尽戮之也。乃一经湘军之所谓克复,借搜缉遗匪为名,无良莠皆膏之于锋

· 155 ·

刃,乘势淫掳焚掠,无所不至。卷东南数省之精髓,悉数入于湘军,或至逾三四十年无能恢复其元气,若金陵其尤凋惨者矣。中兴诸公,正孟子所谓"服上刑者",乃不以为罪,反以为功,湘人既挟以自骄,各省遂争慕之,以为可长恃以无败。苟非牛庄一溃,中国之昏梦,将终天地无少苏。

在学术方面,复生力排荀学,认为后来的汉学同宋学,都是从荀学发展来的。因此后来的统治者无不大力推崇宋儒,把他们作为洙泗正传。所以复生,指出他们的关系道:

> 故当以为二千年来之政,秦政也,皆大盗也。二千年来之学,荀学也,皆乡愿也。惟大盗利用乡愿,惟乡愿工媚大盗。二者交相资,而罔不托之于孔。执托者之大盗乡愿,而责所托之孔,又乌能知孔哉!

复生以"冲决网罗"自命,但只能冲决汉宋诸儒之网罗,还未能冲出作为汉宋诸儒祖师的孔子的网罗。从这点看来,他就远远赶不上后来革命派的彻底了。

总之《仁学》一书,从当时思想界来看,的确是一代杰作!在当时阶级矛盾与民族矛盾斗争激烈的情势下,这部书确能发聋振聩,扩大读者视野和心胸。后来革命派之把这部书的后半部加以翻印传播,是决非偶然的。梁启超论《仁学》时说:"其驳杂幼稚之论甚多,固无庸讳,其尽脱旧思想之束缚,戛戛独造,则前清一代,未有其比也。"又说:"由今观之,其论亦至平庸,至疏阔,然彼辈当时并卢骚《民约论》之名,亦未梦见,而理想多与暗合,盖非思想解放之效不及此。"(《清代学术概论二十七》)这是很正确的评价。

至于复生散文的特点,我觉得首先是关切国家民族的命运,把救亡图存当作自己义不容辞的责任,因而发出出自肺腑,而能令读者感发兴起之言。其次他继承了中国古代哲学思想的优良传统,如朴素的唯物论同辩证法。再次是民族思想,与民主思想。吸取了西方的进步思潮。第四是他从当时庸俗作者所提倡的形式主义中解放了出来,无视前人散文方面所设置的清规戒律,能够自由抒发。所以他的散文打破骈散界限,散体中有时杂以对偶,在说理中往往杂以慷慨激昂,或感伤悲愤的语句,因此别具一格。

梁启超在《清代学术概论》中把谭嗣同比作思想界的慧星,我也觉得在思想上他当时所达到的高度是很少有人能够和他相比的。尤其在品质上,为了自己的政治理想而牺牲自己生命,其光明磊落,视死如归的精神,在维新派中可以说是独一无二的。在诗文上过去论近代文学的,谈他的很少。实际上他比着那些内容空泛,在艺术上规摩前人,不敢自辟蹊径的作者,不知要高出多少倍了。所以在晚清文学史上,复生应该给以相当的地位的。

1980 年 6 月 5 日初稿

梁 启 超

一

梁启超(1873~1929)字卓如,号任公,广东新会人。四五岁,就从他的祖父及母亲读《四子书》《诗经》。六岁后就父读,受中国略史、《五经》卒业。八岁学为文。九岁能缀千言。十二岁应试学院,补博士弟子员。十五岁肄业于广州学海堂,从事训诂词章之学。十七岁(1889)举于乡。十九岁与陈千秋受学于康有为之万木草堂,康氏教以陆王心学,并及史学西学之梗概。自是决然舍去旧学,生平知有学问自此始。一八九四年中日战争失败后,曾代表广东公车百九十人上书陈时局。接着康有为联合公车三千人上书请变法,启超随其师多方奔走。一八九六年去上海,与汪康年、黄遵宪等办《时务报》,专任撰述,有《变法通议》、《西学书目表》等著述,宣传维新变法。不久受陈宝箴、江标之聘,主湖南时务学堂讲席。

一八九八年参与康有为等人的维新运动,曾被载湉召见,命办大学堂译书局事务。由于清廷顽固派对维新派进行镇压,六人死难,启超遂乘日本大岛兵舰赴日,从此开始流亡生活。(《三十自述》)

庚子事变后,从日本回上海,拟参加唐才常、林圭等人发起的勤王运动。到沪后,就听到了汉口失败的消息,遂去南洋澳洲。一九〇二年在日本创办《新民丛报》及《新小说》杂志,并出版《饮冰室文集》。一九〇五年,著《开明专制论》,大倡君主立宪主义,反对排满革命,与当时同盟会所代表的革命派进行论战,终因违反时代潮流,遂以彻底失败而告终。

辛亥革命后,由日本返国。一九一三年任袁世凯政府的司法总长。一九一五年,袁氏准备帝制,蔡锷在云南发动了护国之役,梁启超发表了《异哉所谓国体问题者》,反对袁氏帝制,赴云南参与这一倒袁运动。不久袁氏以忧愤卒。继袁氏之后,一九一七年又有张勋的复辟之举,不久也宣告失败。这年,梁启超就任了段祺瑞内阁的财政总长。一九一八年欧战告终,赴欧游历,著《欧游心影录》。一九二六年,讲学清华研究院。一九二九年一月十九日,卒于北平。遗著有《饮冰室合集》。(杨复礼《梁任公先生年谱》)

二

梁启超的文学观,源于他的学术思想。而他的学术思想,又源于:

一、陆(九渊)王(阳明)的心学。这是他早年受业于康有为的万木草堂时,首先学到的。这派思想是上承孔孟,特别把孟子的唯心主义作了进一步地发展,成为极端的唯心主义学派。从梁启超一生的言行中可以看出,他在这几方面受这派思想的影响是很深的,(一)以天下为己任的思想。孟子称伊尹为圣之任者,而他自己则认为"当今之世,舍我其谁!"梁启超早年也是把开辟新的时代,转移社会的风气,作为己任,因而自号任公。在《自厉》诗中,陈述自己的抱负道:"献身甘作万矢的,著论求为百世师。誓起民权移旧俗,更研哲理牖新知。十年以后当思我,举国犹狂欲语谁!"梁启超在庚子前后从事新闻工作时,发表的许多时论文章,的确在当时曾影响了一代的知识分子。(二)王学根据孟子"良知"之说,提出了"良知"。梁启超处在晚清社会急剧变化之时,一方面中国固有的学术,已不能适应新时代的需要;另一方面西方各种学术流派,又纷纷被介绍到中国来。在这时,他常常根据自己之良知,随着客观形势的变化,而为之抉择。但时事多变,而一切事物之演进,非能全如个人之所预期,所以他在政治主张上,常常变化。即如他在刚刚逃往日本后,曾一度主张排满,大倡破坏与暗杀。但不久,又主张保皇,最后又反对袁氏的帝制。又如对于袁世凯,初为政敌,后来又合作,不久又起而谋打倒之。这种反复变化的根源,即在于全凭个人一时之良知加以抉择的缘故。他曾说:"启超……保守性与进取性,常交战于胸中,随感情而发,所执往往前后矛盾,尝自言曰:'不惜以今日之我,难昔日之我。'"(《清代学术概论》二十六)

二、常州派的公羊学。清代最早提倡这派学术的为刘逢禄与庄存与,继之者为龚自珍同魏源。他们两人论政之文极多,都是一面讲今文,一面谈经世。到了后来,康有为之学,就是从这派衍出的。梁启超早年从学于康氏,因而熟读龚、魏之书。他说:"我们年轻时,读他二人的著作,往往发烧。南海康先生的学风,纯是从这一派衍出。我们一面赞成今文家的政治论,一面反对旧有的传统思想,就是受常州派的影响。"(《儒家哲学》第五章《丙·清中叶以后四大潮流·四》)由于讲"公羊学",就大讲其三世之说,所谓据乱世,升平世,太平世,以及《礼运》中的"小康""大同"之说。康有为根据此义,并吸收西方各派哲学思想,因而构成了他对未来的大同世界的理想。(《大同书》)

三、西方思想。他曾说:"启超平素主张,谓须将世界学说为无制限的尽量输入。……启超务广而荒,每一学稍涉其樊,便加论列,故其所述著多模糊影响笼统之谈,甚者纯然错误。及其自发现,而自谋矫正,则已前后矛盾矣。平心论之,以二十年前思想界之闭塞萎靡,非用此种卤莽疏阔手段,不能烈山泽以辟新局,就此点论,梁启超可谓新思想界之陈涉。"(《清代学术概论》二十六)他曾对西方的哲学与科学的各种流派,进行了大量的介绍。在哲学上有斯宾塞、霍布士、边沁、亚里斯多德、卢梭。科学上有培根、达尔文、笛卡尔……等。同时他又把西方的科学与民主思想与孔教相比附,说:孔教"乃进化主义,非保守主义;(乃)平等主义,非专制主义,(乃)兼善主义,非独善主义"。(《论支那宗教改革》)等等。这种观点,的确如其师康有为所说的,是"托古改制",实际这不是什么学术研究,不过是用这附会的说法,来推行他们所提倡的改良主义的政治理想罢了。

根据以上的论述,可知他由于受孔、孟以及后来的陆、王心学的影响,因而具有"英雄造时势"的观点,以先觉者自居,勇于批判旧的,提倡新的,企图靠自己的一支笔,来唤醒世人,转移时代的风气。同时又由于他受到西方资产阶级民主思想的影响,所以鼓吹民权,反对专制。特别在戊戌变法失败后,曾一度主张破坏,把几千年来从政治制度,以及腐朽的学术思想,风俗习惯等一举而摧陷廓清之。由于他接受进化论的影响,因而使他向前看,提倡改革,反对因袭和保守。但也由于进化的观点,所以主张渐变,反对突变。主张政治上的改良,而反对革命。尤其在一九〇六年和一九〇七年,由于他囿于维新派固有的成见,未能客观地分析中国政治形势的发展变化,于是同革命派在改造中国的方向道路上,以及对已成为帝国主义在中国的代理人的清王朝所持的态度上,所进行的激烈论战,充分显示出他对形势潮流的错误理解,这样就使他由一个改良派,变成为一个反革命派。最后他在论争上的失败,证明了他的历史唯心主义的彻底破产。

辛亥革命后,梁启超在政治上与北洋军阀政府的关系,说明了在政治上走改良主义道路的必然结果。因为一个改良主义者,只有依附于现实中的当权派,才有可能实现个人在政治上的改良主张。但当时的北洋军阀头子,不论是袁世凯,还是以后的段祺瑞,没有一个不是外而投靠帝国主义,内而残害人民的。他们压根就没有改造中国的打算,甚而为了巩固自己的政权,不惜把历史的车轮拉向后转。因此梁启超最初与袁世凯合作,以后又与段祺瑞合作,其结果只不过成为他们政府中的点缀品,个人的理想,无不一一化为泡影。斯大林曾经说:"为了在政治上不犯错误,便要做革命家,而不要做改良主义者。"(《联共布党史》第四章)晚清康梁等改良主义的失败,充分证明这是一条颠扑不破的真理。

三

　　梁启超的学术思想渊源已如上述,那么表现到文学观上,就产生了以下两种革新的主张。

　　一、文学的进化观。这个观点,在当时是具有极大的革新作用的。因为中国文人,过去大半在儒家复古主义的思想束缚下,多半严重的存在着"厚古薄今"的观点。所以"文必秦汉,诗必盛唐"的看法,不仅明代前后七子是这样,即清代不少文人,也很少不受其影响的。"书不读秦汉以下"成为流行的春联的上联。梁启超因为受到达尔文进化论思想的影响,所以他就把它运用到对中国文学发展的观点上,再加上他受西方资产阶级文艺论的影响,所以就形成了他的中国文学进化观。

　　他说:"文学之进化有一大关键,即由古语之文学,变为俗语之文学是也。各国文学史之开展,靡不循此轨道。中国先秦之文,殆皆用俗语,观《公羊传》、《楚辞》、《墨子》、《庄子》,其间各国方言错出者不少,可为左证。故先秦文界之光明,数千年称最焉。寻常论者,多谓宋元以降为中国文学退化时代。余曰:不然。夫六朝之文,靡靡不足道矣。即如唐代韩、柳诸贤,自谓起八代之衰,要其文能在文学史上有价值者几何?昌黎谓:'非三代、两汉之书不敢观。'余以为此即其受病之源也。自宋以后,实为祖国文学之大进化。何以故?俗语文学大发达故。"(《小说丛话》,阿英《晚清文学丛钞·小说戏曲研究卷》)

　　他在《饮冰室诗话》(八)中又说:"中国结习,薄今爱古,无论学问、文章、事业,皆以古人为不可及。余生平,最恶闻此言。窃谓自今以往,其进步之远轶前代,固不待蓍龟。即并世人物,亦何遽让于古所云哉?生平论诗,最倾倒黄公度,恨未能写其全集。顷南洋某报录其旧作一章,(按指《锡兰岛卧佛》)乃煌煌二千余言,真可谓空前之奇构矣。荷、莎、弥、田诸家之作,余未能读,不敢妄下比儗。若在震旦,吾敢谓有诗以来,所未有也。"这都可以看出他是怎样的在反对"厚古薄今"的复古主义的观点。而这种观点,正是从进化论思想产生的。在这样思想指导下,所以他提倡"诗界革命",提倡作品要独创,反对因袭同模拟,把那些宗古模古,对古人亦步亦趋的复古派的作品,一脚踢开,企图创造出一个别开生面的新文坛。

二、在具体实践上,主张文章要通俗化,与言文合一。他在讲述了中国文学的进化论之后,接着又说:"宋后俗语文学有两大派:其一则儒家禅宗之语录,其二则小说也。小说者,决非以古语之文体,而能工者也。本朝以来,考据学盛,俗语文体,生一顿挫,第一派又中绝矣。苟欲思想之普及,则此体非徒小说家当采用而已,凡百文章,莫不有然。"(《小说丛话》)这就说明,要想普及新思想,必须采用俗语文学,也就是五四时期所说的"白话文",并且不只小说要采用,所有文章都应采用。另外他在《新民说》《论进步》一文中,曾痛陈言文分离的弊病,而主张言文的合一。他说:"文字为发明道器第一要件,其繁简难易,常与民族文明程度之高下为比例差。……言文合,则言增而文与之俱增,一新名物新意境出,而即有一新文字以应之,新新相引,而日进焉。言文分,则言日增而文不增,或受其新者,而不能解。或解矣而不能达。故虽有方新之机,亦不得不窒,其为害一也。言文合,则但能通今文者,已可得普通之知识,其古文之学,待诸专门名家者之讨求而已。故能操语者,即能读书,而人生必需之常识,可以普及。言文分,则非多读古书通古义,不足以语于学问。故近数百年来学者往往瘁毕生精力于《说文》、《尔雅》之学,无余裕以从事于实用,夫亦有不得不然者也,其为害二也。且言文合,而主衍声者,识其二三十字母,通其连缀之法,则望文而可得其音,闻音而可解其义。言文分,而主衍形者,则《苍颉篇》三千字,斯为字母者三千,《说文》九千字,斯为字母者九千。《康熙字典》四万字,斯为字母者四万。夫学二三十之字母,与学三千、九千、四万之字母,其难易相去何如?故泰西日本,妇孺可以操笔札,车夫可以读新闻,而吾中国或有就学十年,而冬烘之头脑如故也,其为害三也。"(《论进步》)还有他在《沈氏音书序》中,又申明我国古代言文一致,所以"古者妇女谣咏,编为诗章,士大夫问答,著为辞令,后人皆以为极文字之美。""后之人弃今言不屑用,一宗于古",其结果"专门之士,或乃穷老尽气,不能通小学,而山海僻壤百室之族,知书者往往而绝也。"因此,他盛赞用字母拼音的方法,来使言文合一,这样读书识字的智民,就可以一天天多起来了。这在当时,应该说是非常先进的主张,是五四时期提倡白话文,同文字改革的人们的先驱。

三、强调小说(包括戏曲)的教育作用,和转移风气的巨大效能,因而推尊"小说为文学之最上乘",提出"欲改良群治,必自小说界革命始,欲新民,必自新小说始"(《论小说与群治之关系》)的口号。在梁启超创办《新小说》杂志之前,我国一般具有封建主义思想的文人,没有不轻视小说戏曲的,他们把它们看作小道,听其自生自灭。更有甚者,是把小说戏曲一概看作海淫海盗的坏东西,而加以诋訾,并主张一律禁毁。梁启超在当时由于从进化论观点来观察中国文学的发展,认为宋元以来俗语文学的发达,是中国文学的大进化,也就是认为应该把小说戏曲,看作是中国近世文学的主流。

梁启超又因为受到西方文学观的影响,因而批判了中国文人一向卑视小说戏曲的错误观点,所以在一八九八年,他为配合维新派变法运动,就着手译印有关政治小说,用以教育群众。(《译印政治小说序》)到了一九〇二年,他创刊《新小说》杂志时,他的见解又有了进一步的发展。他在该刊的一卷一期上发表了《论小说与群治之关系》一文,强调小说的作用,抬高小说的价值,也指出小说具有四种力,足以支配人道。这四种力,即熏、浸、刺、提。熏,是熏陶;浸,是浸润;熏,是从空间而言,浸,是从时间而言。刺,是刺激,提,是提高。用最典型的事例,给读者以刺激,用正面的典型人物,给读者以感发。由于小说具有此四种力,所以它能够"卢牟(犹言牢笼)一世,亭毒(化育也)群伦,教主之所以能立教门,政治家所以能组织政党,莫不赖是"。"有此四力而用之于善,则可以福亿兆人。有此四力而用之于恶,则可以毒万千载。而此四力所最易寄者惟小说"。此外他还认为于日本维新之道有大功者,则小说亦其一端。(《传播文明之利器》)正因为这样,他推许"小说为文学之最上乘"。接着他论到中国社会上种种迷信思想,名利思想,颓废思想,以及种种自私自利,卑鄙龌龊,伤风败俗,粗暴野蛮的行为,都是由于小说内容不健康所造成的。

因此,他慨叹道:"大圣鸿哲数万言谆诲之而不足者,华士坊贾一二书败坏之而有余。斯事既愈为大雅君子所不屑道,则愈不得不专归于华士坊贾之手,而其性质其位置,又如空气然,如菽粟然,为一社会中不可得避,不可得屏之物。于是华士坊贾,遂至握一国之主权而操纵之矣。呜呼!使长此而终古也,则吾国前途尚可问耶?"最后他大声疾呼道:"故今日欲改良群治,必自小说界革命始。欲新民,必自新小说始。"

四、主张文学为革新政治服务,提倡反映现实,揭露现实,讽刺现实的现实主义作品。梁启超在《饮冰室诗话》三四中,录东亚伤心人依白乐天《新乐府》诗题名《哀星轺》,讥辱国也",在前边加的按语道:"顷得上海一匿名书,自题东亚伤心人者,内新乐府一章,属登报。读之,香山、西堂(尤侗号西堂,诗仿白乐天)不是过也,因急攫以实我《诗话》。"此外《诗话》(五八)中又选录报纸上的反映现实的几篇作品,如《黄花谣》、《都司斩》、《总兵囚》……等,按语道:"近日时局,可惊、可怛、可哭、可笑之事,层见叠出。若得《西涯乐府》之笔写之,真一绝好诗史也。顷从各报中见数章,谑而不虐,婉而多讽,佳构也,录之。"

就这些诗来看,《哀星轺》揭露了中国驻日公使的丑态,用贿赂与献媚的手段,谋得了公使的职位,到任后,与留学生发生了冲突,竟至蓄意谋害学生,所以诗里骂他"市侩得志惯横行","紫绶金章衬绿巾","君名不愧替钱死。"《黄花谣》大力揭露并讽刺八股取士制度,对知识分子的压抑与凌辱,特别是后四章,是反映辰州教案的,揭露帝国主义专横,同情人民群众反帝的义愤,痛斥清王朝对外的卑躬屈膝,对人民进行镇压,对官吏实行惩办,等等卑怯卖国的丑行,令读者为之发指,是具有深刻教育意义的作品。从梁启超对这些作品的评价,就鲜明地看出他的文学主张了。

此外诗话中还录了黄遵宪的《出军歌》、《军中歌》、《旋军歌》三首,并揭力加以揄扬。按黄诗共二四章,其每章最后一字,意思是连贯的,以"鼓勇同行,敢战必胜,死战向前,纵横莫抗,旋师定约,张我国权"二十四字作殿。《诗话》中称其:"精神之雄壮,活泼,沉浑,深远不论,即文藻亦二千年所未有也。诗界革命之能事,至斯而极矣。吾为一言以蔽之曰:读此而不起舞者,必非男子。"

以上的诗论,他不仅发展了白乐天的"诗歌合为事而作,合为时而作"的现实主义的创作原则,并且进一步主张用诗歌为当前的政治服务,把它作为鼓舞人民,捍卫祖国的武器了。

五、对诗文的革新主张。在诗的方面,梁启超和他的同道们,曾提出"诗界革命"的口号,他反对因袭模拟,诋訾过去一惟步趋古人的词章家为"鹦鹉名士",谓"今日不作诗则已,若作诗,必为诗界之哥伦布、玛赛郎"。接着又提出:"欲为诗界之哥伦布、玛赛郎,不可不备三长:第一要新意境,第二要新语句,而又须以古人之风格入之。"(《汗漫录》见《饮冰室文集类编》下)从意境来说,是指的诗的内容,从语句来说,是指的诗的语言。这种对内容与语言的革新,自然会把诗歌创作向前大大的推进一步。

在散文上,他主张文章须发于至诚,而反对用什么绳墨来评论前人的作品。他说:"如冬烘学究之批评古文,以自家之胸臆,立一定之准绳,一若韩柳诸大家作文,皆有定规,若者为双关法,若者为单提法,若者为抑扬顿挫法,若者为波澜擒纵法。自识者视之,安有不喷饭者耶?"(《烟士披里纯》见《类编》下)梁启超自己的文章,就是解放了的散文的最好的典型。他晚年评论他的文章道:"启超夙不喜桐城派古文,幼年为文,学晚汉魏晋,颇尚矜练;至是自解放,务为平易畅达,时杂以俚语韵语,及外国语法,纵笔所至不检束;学者竞效之,号新文体。"(《清代学术概论》二十五)

根据上边所讲的梁启超的革新文学见解来看,对当时中国文学的发展,是产生了积极作用的。但其中部分观点,是不够正确的,同时也存在着严重的局限性,这将在后边论述。

梁启超之所以能成为晚清文学革新运动的倡导者,不仅是由于他的一系列对文学革新的理论见解,同时还在于他对这一运动的发展,采取了一系列的有效措施。即:

一、创作上的实践。先就散文而论,他的早期作品,在内容上是新颖的,并且具有革命性,同强烈的感染力。他以所接受的西方先进思想的进化论,同民权论的观点,来观察分析中国的社会政治同文化,于是对中国数千年来的封建社会的痼疾,进行了揭露与抨击,同时并提出向西方学习的改革主张。这些主张,虽是从资产阶级立场出发的,但却代表了当时群众的呼声,同时代的呼声。在这样新的内容决定下,在形式上就不得不打破一切古文学的清规戒律。正如他自己讲的:"至是自解放,……纵笔所至,不检束",所以才能震撼人心,风靡一时,形成一种"新文体"。即如他的名篇《论进取冒险》、《论进步》、《少年中国说》、《呵旁观者文》以及《近世第一女杰罗兰夫人传》等,在当时风行全国,至今读之犹能令人张脉偾兴而为之感发兴起。

在诗歌上,梁启超本不是以诗名的,但他偶有所作,也是实践了他的要有新意境与新语句的主张的。从内容看,表现出他的改造社会的雄心壮志的有《自厉》、《举国皆我敌》。表现他的高度爱国思想的,有《壮别》、《书感四首》。另外还有对当时黑暗政治的揭露与抨击的,如《去国行》,直斥洋务派头子张之洞的如《刘荆州》。在写作方法上,常常用新词汇,表现新意境。至于在诗中进行叙事抒情同说理,在开辟前人未有之境上,真可与黄遵宪的诗作比美。如《赠别郑秋蕃兼谢惠画》、《二十世纪太平洋歌》,真是纵横恣肆,波澜起伏,形成了特有的雄浑豪放的风格。

在小说戏曲方面,梁启超为了提倡从内容上进行革新,所以他写了小说《新中国未来记》,戏曲《新罗马传奇》、《劫灰梦传奇》等。尽管在写作技巧上存在着概念化的倾向,但却洋溢着高度的爱国主义思想,同民主主义思想,并充满着反帝排满的情绪。

二、在所办的报纸刊物中,大力地宣传文学革新运动。梁启超于一八九六年,在上海主编《时务报》,一八九八年维新变法失败后,逃往日本,创办《清议报》,一九○二年创办《新民丛报》,与《新小说》杂志。在这一段流亡生活中,他特别注意对文学革新的宣传工作。在《清议报》中,发表了《译印政治小说序》,同时还发表了政治小说《佳人奇遇》、《经国美谈》等。在《新小说》中除发表了理论文章《小说与群治之关系》外,在创作上发表了他所写的《新中国未来记》、吴沃尧的《痛史》、《二十年目睹之怪现状》、《九命奇冤》等,还有苏曼殊等人翻译的小说。此外在《新民丛报》上还发表了《饮冰室诗话》,大力鼓吹"诗界革命"的主张。这些理论创作同翻译,对当时中国文坛,都曾产生过巨大的影响。尤其值得注意的,是继《新小说》杂志之后,在国内文坛上,小说刊物如雨后春笋,纷纷出现。一九○三年,上海出版了《绣像小说》,里边发表了夏曾佑的《小说原理》一文,至于该刊的政治倾向,从夏文中可以得到说明。一九○六年,又有《月月小说》与《新世界小说社报》的出版,而前者主要撰稿人为吴沃尧。一九○七年,又有《小说林》同《小说月报》的发行。在这样的倡导下,于是小说与戏曲的地位,在群众的眼目中,同过去已有天渊之别,而新著新译的小说,亦层出不穷。所以《月月小说》的序中说:"吾感夫饮冰子《小说与群治之关系》之说出,提倡改良小说,不数年而吾国之新著新译之小说,几于汗万牛,充万栋,犹复日出不已,而未有穷期也。"另外鲁迅后来从事文学运动,也深受梁启超的影响。据周作人回忆,鲁迅和他在东京时,颇注意林琴南、苏曼殊等人译的外国作品,谈到梁启超,他说:"末了是梁任公所编刊的《新小说》。《清议报》与《新民丛报》的确都读过,也很受影响。但是《新小说》的影响,总是只有更大,不会更小。梁任公的《论小说与群治之关系》,当初读了,的确很有影响,虽然对于小说的性质与种类,后来意见稍稍改变,大抵由科学或政治的小说,渐渐转到更纯粹的文艺作品上去了。不过这只是不看重文学之直接的教训作用,本意还没有什么变更,即仍主张以文学来感化社会,振兴民族精神,用后来的熟语来说:可以说是属于'与人生的艺术'这一派的。"(周启明《鲁迅的青年时代》附录三《关于鲁迅之二》)由此可见,梁启超提倡小说革新的影响是多么大了。同时当时维新派利用小说进行政治宣传,即革命派也一样如此。章太炎曾为黄世仲的《洪秀全演义》作序,陈天华还写了《猛回头》、《警世钟》一类作品,进行革命宣传。

三、举行小说笔谈,从理论上扩大对读者的影响。梁启超于一九〇三年在《新小说》上发表了笔谈性质的《小说丛话》。他在按语中说:"余今春航海时,箧中挟《桃花扇》一部,藉以消遣,偶有所触,缀笔记十余条。一昨平子、蜕庵、璱斋、慧厂、均历、曼殊,集余所,出示之,佥曰:'是小说丛话也,亦中国前此未有之作,盍多为数十条,成一帙焉。'谈次,相与纵论小说,各述其所心得之微言大义,无一不足解颐者。余曰:'各笔之,便一帙。'众曰:'善。'遂命纸笔,一夕而得百数十条,畀新小说社次第刊之。……"

由笔谈而集成的《小说丛话》,里边都是大胆地论述小说(包括戏曲)的社会价值,和它们与广大群众之间的关系,并且对中国古代的优秀作品,小说如《水浒》、《金瓶梅》、《红楼梦》、《儒林外史》、《聊斋志异》,戏曲如《西厢记》、《牡丹亭》、《桃花扇》等,进行了评价。这样结合对作品的评价所阐发的理论,对当时的影响极大。后来在《小说林》中发表的《小说丛话》,和《觚庵漫笔》等都是受了《小说丛话》的启发而产生的。从此评论小说的文章,随着创作的发展,就一天天地多了起来。

不过这次文学革新运动,由于倡导者的阶级局限,与思想局限,因而影响了这次运动的深入与发展。就阶级而论,维新派在当时代表了由地主阶级转化过来的资产阶级,他们在政治思想上是"主以中学(君主)辅以西学(立宪)"(郑观应《盛世危言》《西学篇》)一方面固然吸取了西方资产阶级的民主思想,但另一方面对代表封建地主阶级利益的儒家思想,还没有能够和它彻底地决裂。这种世界观,必然决定他们的政治倾向与文学主张,这也就是他们改良主义的阶级根源与思想根源。

梁启超在文学上的改良主义,首先表现在对作品内容上没有能提出一套系统的彻底的反帝反封的主张。对"诗界革命"仅仅提出新意境,至于新意境的内容究竟是什么,并没有具体的说明。像黄遵宪的作品,他已认为堪称"诗界革命"的典范之作了,实际黄的作品,充满着封建保皇思想。在形式上,就诗而论,他的旧风格合新意境的提法,也容易引起一般人的误会,因而使作者对旧形式采取迁就的态度。在这样的理论指导下,就不可能产生出崭新的新诗。至于语言,从理论上他是主张言文合一的,但他又没有彻底地推翻文言,采用白话的决心与勇气。说什么:"自语言文字相去愈远,今欲为此,诚非易易。吾尝试验,吾最知之。"(《小说丛话》)这无形中从实践上,又否定了自己的理论。所以这次的文学革新,仅仅收到了改良的效果,对封建文学未能进行彻底地革命,并非偶然的。

虽然如此,我们对它的成就,还必须作出必要的肯定。因为它毕竟给中国文学,开辟了一个新的历史时期,即旧民主主义文学革新的时期。即如梁启超、严复早期的散文,黄遵宪、夏曾佑的诗歌。梁启超、吴沃尧等人的小说同戏曲,林纾、苏曼殊、鲁迅、周作人等对西方诗歌小说的翻译,都曾给当时旧民主主义革命以一定的促进作用。

就这一时期的作品的内容同形式来看,显然的都同过去有着极大的不同,只要比较进步的作品,都不同程度的表现出一定的反帝反封的爱国主义思想,特别在政治上,有着民主主义的要求,在形式上对封建古文学传统的清规戒律,有着不同程度的解放,而散文尤其显著。语言上也倾向于通俗易懂,初步接近了群众的口语。在创作方法上,也出现了一些揭露与抨击黑暗现实的近于现实主义的作品。尽管这种革新,有其极大的局限性和不彻底性,但从这里也正好暴露出中国资产阶级本身软弱性的特点。

至于就中国文学的发展来说,虽然对封建文学的改革是不彻底的,但却在一定程度上,打击了封建文学。内容的反帝反封,形式的初步解放,毕竟使中国文学向前迈进了一大步。因此这次革新运动,应该说是作了五四文学革命运动的先导,给五四文学革命提供了一些宝贵的经验同教训。

四

以往对晚清文学革新的看法,好像它是随着维新变法运动而出现的对文体枝节改良的表现,一方面没有把诗文同小说戏曲的革新联系起来进行考察,因而没有把它看作是一种有意识有目的的配合维新变法而产生的文学革新运动,即如胡适的《五十年来之中国文学》,钱基博的《现代文学史》,陈炳堃的《最近三十年中国文学史》等,都不免如此。既然没有把它作为一次有目的有意识的运动来看,自然对这次运动的倡导者,以及参与这次运动的,谁是最主要的人物,也不可能加以分辨,而给以明确的提出。其结果,对梁启超在晚清文学史上所应占的地位的估计,自然也就不可能恰如其分。

过去论梁启超的大抵只注意其在散文解放上,给社会所发生的巨大影响,而忽略了他对诗歌同小说革命的宣传与提倡,最近虽有人注意到他在提倡小说方面的贡献,但未能将其当时整个文学活动进行总的考察,因而在认识上还是不够全面的。我觉得戊戌变法运动,当时的领导人物主要是康有为,而梁启超乃是一个追随者。但是在鼓吹变法维新,为了加速实现其政治理想,从而竭力掀起一个文学革新运动,在这方面的倡导人物比较贡献最大的,恐怕是非梁启超莫属了。

至梁启超在这一文学革新运动中,隐隐然成为一个领导者,也是有其一定的客观原因的。首先他是康氏的大弟子,在变法运动中,也是属于核心人物,对他们的政治理想,自然是鞠躬尽瘁,以图其能早日获得实现。其次,他是维新派中一位杰出的宣传家。因此这派的报纸从《时务报》、《清议报》直到《新民丛报》,都是他主编的,这就促使他利用各种文学形式,来为他们的政治运动服务。所以他不但要利用诗文,同样也要利用小说同戏曲。三、梁启超对当时的政治形势有着极其锐敏的洞察力,同时他的兴趣又是多方面的,所以在文学上为了服从政治宣传的需要,既可以从事文学批评工作,同时又可以从事文学创作,有这种种原因,很自然的使他成为晚清文学革新运动的一位领导者。

1979 年 5 月 30 日改完

章 炳 麟

一

章炳麟(1867~1936)字枚叔,浙江余杭人。后因仰慕清初学者顾炎武的为人,改名绛,别号太炎。他所处的时代,正是中国社会逐步地由封建社会沦为半封建半殖民地社会的时代,同时也正是中国人民为推翻封建统治与帝国主义压迫,一次又一次地进行革命运动的时代。这种客观形势,深深地影响了他的思想同行动。

太炎幼年从他外祖父朱左卿读书的时候,就听到了关于明末清初的大学者王船山、顾炎武两人关于民族思想的言论,因而就种下了排满思想的根。后来他又读了《明季稗史》十七种,因而这种思想就更加蓬勃地发展起来。(《狱中答新闻报》《民国光复》,均见汤志钧《章太炎政论选集》)

1892年从德清俞樾问学,但他并非埋头治学,倒是非常关心当时社会政治的发展情况。1895年就开始了政治活动,戊戌前参加过康有为发起的"强学会"和梁启超举办的《时务报》编辑工作。由于梁的介绍,才知道当时革命家孙中山的为人。正由于他和康梁等人有一定的关系,所以当戊戌变法失败后,他也在被清廷追捕之列,于是不得不逃往台湾。

太炎后来从台湾回国后,曾去看望他的老师俞樾,想不到会遭到俞的申斥,说他:"背父母陵墓,不孝;讼言索房之祸,毒敷诸夏,与人书指斥乘舆,不忠。不孝,不忠,非人类也,小子鸣鼓而攻之可也。"于是他写了《谢本师》,坚决同他那坚持封建主义师道的老师俞樾决裂了。

不过在戊戌变法前,他在政治主张上同康梁的改良主义还是一致的,从他1897年写的《变法箴言》,以及称清廷为"客帝",都是很好的说明。至他同康梁稍有不同的,是他看到变法也不是轻而易举可以实现的,不能托之空言,必须见诸实际行动。倘若在实行中遇到阻力,必须赴汤火,冒白刃以行之。同时他也很看不惯康门弟子,把康捧得神乎其神,一遇到不同意他们的意见的,就痛加诋諆,甚至饱以老拳。因此他抨击他们,说他们是"狂悖恣肆,造言不经"。(《致谭献书》)这就说明在当时他同康梁在思想同作风上,已有着不小的分歧。

戊戌变法的失败,特别又经过庚子事变,使他深刻地认识到清政府不过是帝国主义的奴才,如果不推翻清朝的统治,"欲士之爱国,民之敌忾,不可得也。浸微浸削,亦终于欧美之陪隶而已矣"。(《訄书》《客帝匡谬》)不久,他去日本,因得与孙中山相识。1903年,在上海爱国学社任教,为邹容的《革命军》作序,倡言革命,并为文驳斥康有为在《与南北美诸华商书》中提倡保皇,攻击革命的谬论,发表于《苏报》(《驳康有为论革命书》)因而被捕入狱。

1906年太炎由上海出狱后,即东渡赴日。这时他所领导的光复会,已于前一年与孙中山领导的兴中会,和黄兴领导的华兴会联合,改组为同盟会,发刊《民报》。他抵日后,就担任了该报的笔政。当时在东京的中国人士,从事政治活动的特别多,但最主要的有两大派,一、改良派,以康梁为首,创办了《新民丛报》,宣传君主立宪,后来干脆堕落为保皇党。他们的言论在当时产生了极其恶劣的反动作用。二、革命派,主要是孙中山领导的同盟会,是与改良派针锋相对的革命组织。他们以《民报》为主要阵地,树立了鲜明的民主革命的大旗,发表了一整套民主革命的纲领,同改良派进行了一场尖锐的关于国体问题,实际也就是革命的方向与路线问题的激烈斗争。而太炎实是当时斗争中冲锋陷阵的猛将。这一斗争,前后持续了长达数年之久,最后革命派终于取得了伟大的胜利,粉碎了立宪派改良主义的幻想,给辛亥革命的胜利,打下了思想理论的基础。

1912年清王朝垮台,民国建立。不久大军阀大官僚袁世凯篡夺了革命胜利的果实,盗窃了国柄。太炎最初曾被任为东三省筹边使,但他很快地就看穿了袁世凯的帝制阴谋,毫不畏惧地对他进行揭发,大骂他为"包藏祸心",于是遂被幽禁。在这个期间,他对袁抱着坚持斗争到底的必死决心,1914年他曾给他的女婿龚未生书,嘱以身后之事。1915年又撰《终制》一文,以为旦暮绝气,欲依刘基墓旁片地以葬。不久,袁氏垮台,他才恢复自由。

由于中国革命不断发展,太炎则停留在旧民主主义思想基础上,未能随时代而前进,所以在中国共产党领导的新民主主义革命蓬勃发展的时期,他就成了逆历史潮流而动的人物。他不仅反对白话文,而且对中国共产党领导的人民革命事业,也进行过盲目的诽谤。这都说明他的思想的停滞,和阶级局限性。晚年定居苏州,创立"章氏国学讲习所",成为一个闭门讲学的国学大师。正如鲁迅所说的:"先生遂身衣学术的华衮,粹然成为儒宗。"(《关于太炎先生二三事》)1936年6月,卒于苏州,著有《章氏丛书》及《续编》等。

二

章太炎在晚清是一位学者而兼革命家,不是单纯从事文学创作的。但他对文学有他独到的看法,并且他的看法在当时还具有相当的影响。他的论文作品最早有《文学论略》,后来在《国故论衡》卷中里有七篇(里边的《文学总略》系《文学论略》的修改稿),此外还有与人论文的书信等。

他给文学下的定义,是从文字学,以及中国文体演变的角度出发的,因此,他既不同意韩柳以来古文家意为散体,美其名曰"古文辞",

因而排斥骈俪诸家,不欲登之文苑。同时更驳斥选派文人如阮元辈,强调"文笔"之分,认为文必须以骈俪为主的荒谬说法。所以他提出研究文学当以文字为主,不当以彣彰为主。他的定义是"以有文字著于竹帛,故谓之文。论其法式,谓之文学"。(《文学论略》)意思是凡有文字著于竹帛的,都叫做文。研究讨论它的法则和样式的,叫做文学。在这样的理解下,他把文学分为有句读文,与无句读文两大类,又可分为有韵文与无韵文两大类。有韵文中又分赋颂、哀诔、箴铭、占繇、古今体诗、词曲六类。就他的论点来看似乎是也能持之有故,言之成理。但他不晓得学术是发展的,随着社会的发展,各种学科都越分越细。按他的见解,文学同文献几乎毫无分别了,更不必说它与历史、哲学以及科学之间的区别了。很显然,他这种论点是不能成立的。因而后来同意他的人很少。就在当时,他的学生鲁迅就曾批评过这种看法。鲁迅曾对许寿裳讲:"先生诠释文学,范围过于宽泛,把有句读的和无句读的悉数归入文学,其实文字和文学固当有分别的。《江赋》、《海赋》之类,辞虽奥博,而其文学价值就很难说。"(许寿裳《亡友鲁迅印象记》七)

至于他对诗文的见解,大体根据各种文体的特点,而指出在写作时应注意的地方。即如他认为一般的叙事、议论一类文章,在表现方法与词汇运用上,不应当同于小说和诗歌。他说:"除小说外,凡叙事者尚其直叙,不尚其比况。若云'血流漂杵'或云'积戈甲与熊耳山齐',其文虽工,而为俪规改错矣。凡议论者,尚其明示,而不尚其代名。若云'颜渊,虽笃学,附骥尾而行益显'或云'足历王庭,垂饵虎口'。其文虽工,而为雕刻曼辞矣。乃若叠韵双声,连字连义,用为形容者,惟于韵文为宜。无韵之文,亦非所适。所以为何。韵文以声调节奏为本,故形容不患其多。……无韵之文,便与此异。前世作者用之符命,是为合格。其他诸篇,傥见则可,过多则不适矣。……夫解文者以典章学说之法,施之历史、公牍,复以施之杂文,此所以安置妥贴也。不解文者,以小说之法施之杂文,复以施之历史、公牍,此所以骩骳不安也。"(《文学论略》)

由此可见，太炎是主张用平实的叙事说理的方法，来写历史、公牍同杂文一类的文章；而反对用小说那种铺张扬厉言过其实的修辞方法，来写杂文以及历史和公牍。因此，他对《尚书》中的《武成》，同《史记》中的《伯夷列传》中某些辞句，也加以诋訾。

其次，太炎论文还提出了"雅俗"的标准。他说："或曰：'子前言一切文辞，体裁各异，故其工拙亦因之而异。今乃欲以书志疏证之法施之于一切文辞，不自相刺谬耶？'答曰：'前者所说，以工拙言长也。今者所说，以雅俗言也。工拙者，系乎才调。雅俗者，存乎轨则。轨则之不知，虽有才调，而无足贵。是故俗而工者，无宁雅而拙也。雅有消极积极之分，消极之雅，清而无物，欧曾方姚之文是也。积极之雅，闳而能肆，杨班张韩之文是也。虽然俗而工者，无宁雅而拙。故方姚之才虽驽，犹足以傲今人也。'"（同上）从这一段话中，可知太炎所谓"雅俗"的区别，在于文章是否合乎他所说的"轨则"，合的为"雅"，否则为"俗"。

至于他所提出的"雅"有两个标准：一是"轨则"。他说："先求训诂，句分字析，而后敢造词也。先辨体裁，引绳切墨而后敢放言也。"这是从文字的训诂入手，然后遣词造句。从辨别体裁入手，然后再进行发挥。这是合乎"轨则"的基本之点。

二是便俗致用。他说："或曰：'子谓不辨雅俗，则工拙可以不论，前者已云，以便俗致用为要者，公牍是也。彼公牍者，复何雅之足言乎？'，答曰：'所谓雅者，谓其文能合格。公牍既以便俗，则上准格令，下适时语，无屈奇之称号，无表象之言辞，斯为雅矣。'《汉书·艺文志》曰：'书者古之号令，号令于众，其言不立具，则听受施行者弗晓。'古文读应尔雅，故解古今语而可知也。是则古之公牍以用古语为雅，今之公牍以用今语为雅。或用军门、观察、守令、丞倅，以代本名，斯所谓屈奇之称号也。或言'水落石出'，'剜肉补疮'以代本义，斯所谓表象之言词也。其余批判之文，多用四六，昔在宋世，已有《龙筋凤髓》之书，近世宰官，相率崇效，以文掩事，猥渎万端，此弊不除，此公牍所以不雅也。公牍之文，与所谓高文典册者，其积极之雅不

同,其消极之雅则一,要在质直而矣。"(同上)

从这一段里,可以看出"便俗致用"之要,在老老实实地叙事说理,让看的人容易理解,这就是"雅"。至于那些引用古时官名以代时制,用一些陈词滥调与浮夸的语句来表现事理,既不切合实际,反令读者莫明其妙,这就是不雅,也就是庸俗。

此外他还用这样的标准,来衡量小说。他认为小说亦有"雅俗"之别,如《史记》之《滑稽传》,《汉书》之《东方朔传》,邯郸淳之《笑林》,刘义庆之《世说》,以及《搜神记》、《幽明录》之类,无淫污流漫之文,是在小说,犹不失为雅也。相反的,那些"惟怀婚姻,自诩风流"廉耻道丧,以及那些以古艳相矜,以明媚自喜,则无不沦入恶道。最后他说:"故知小说自有雅俗,非有俗无雅也。"(同上)

以上这些看法,基本上是正确的。即如他提出质直的标准,主张叙事说理要老老实实,不炫奇,不浮夸,以及命笔之前先辨体裁,引绳切墨,然后再放言遣词,这在今天还是值得我们借鉴的。但是也有值得商榷的,即如他提出先求训诂,句分字析,尔后敢遣词,这个要求就有点太高。倘若不是从事文字学研究的,怕很难作到这个地步。那么按照这个要求,写作者只有搁笔了。太炎因为是小学家,所以常常用这个标准来衡量别人的文章,因之能被他看上眼的作家和作品,是屈指可数的。另外他还抨击小说中写男女爱情的作品,说是"惟怀婚姻,自诩风流""流入恶道"等,这种观点还是由于他受正统的儒家思想影响的结果。

至于太炎所提出的雅的标准,从理论上似乎还能自圆其说,但在实践上,根据他的要求,其结果往往形成艰深古奥的文风,令人读不断,看不懂。这同他所提的"雅"的另一标准,所谓"便俗致用"产生了明显的矛盾。不过这种矛盾,太炎自己也并非没有感觉到。他在给邹容写的《革命军序》中,讲到当时宣传革命的文章时,说邹容写成了《革命军》后,给他看,说:"欲以立懦夫,定民志,故辞多恣肆,无所回避,然得无恶其不文耶?"这里说明邹容认为自己的文章,笔锋尖刻露骨,毫无顾忌,因而深怕太炎嫌自己的文章不够文雅。可是太炎根据洪、杨失败的历史教训,深深感到为了革命的胜利,对理论的宣传,是非常重要的。而宣传革命理论,就不应该用那种温文尔雅的文章。他谈到他们所处的时代,同洪、杨那个时候已有所不同。但真正决心从事革命的,为数还不多。但就这些人所发表的"文墨议论"来看,大抵"务为温藉,不欲以跳踉搏跃言之",意思是他们的文章总是偏重于含蓄,不想搞所谓奔走呼号,大喊大叫。接着又说"虽余亦不免是也",显然他认为蕴藉尔雅的文章,是不能适应客观的战斗要求的,因而对自己所写的这方面的文章,也作了自我批评。

下边他对邹容的文章,从宣传革命的角度上作了肯定,认为对于甘心为敌人效命的汉民族士大夫,让他们读后,会惭愧觉悟。对于文化水平不高的屠沽负贩之徒,由于它的径直易知,也能受到教育。最后归结到,要不是不文,怎能会收到这样的效果。这段话很可以作为他对文章要能作到"便俗致用"的主张,在道理上最好的阐发。

太炎的见解后来又有进一步地发展,他在《与人论文书》(《章氏丛书·文录卷二》)中,除"雅"以外,又提出"俗"的标准。他说:"徒论辞气,太上则雅,其次犹贵俗耳。俗者,谓土地所生习,婚姻丧祭旧所行也,非猥鄙之谓。孙卿云:'有雅儒者,有俗儒者。'季斯云:'随俗雅化。'夫以俗为缦白,雅乃继起以施章采,故文质不相畔。世有辞言袭常,而不善故训,不綮文理,不致隆高者,然亦自有友纪,窕儇侧媚之辞,薄之,则必在绳墨之外矣,是能俗者也。"这里所说的"俗"不是"庸俗"的"俗",乃是指的适于日常生活中需要的文章,不过是极其朴质,没有作进一步的加工。在这样文章的素质上,作进一步的艺术加工,就成为"雅"的文章了。

他以这为标准,来评论古代作者,他推许魏晋名理之文,认为"其守已有度,伐人有序,和理在中,孚尹旁达,可以为百世师矣"。(《国故论衡》《论式》)他肯定唐代的韩、吕、刘、柳,而薄宋代的欧、曾、王、苏等。前者他认为"纵材薄不能攀姬汉,其愈隋唐末流猥文固远"。而后者则"志不师古,乃自以当时决科献书之文为体"。(《文录》卷二《与人论文书》)对清代文人,重汪中,不薄姚鼐、张惠言。由于

"姚、张所法,上不过唐宋,然视吴、蜀六士为谨。……要之文能循俗,后生以是为法,犹有坛宇,不下堕于猥言酿辞,兹所以无废也"。(同上)至于并世作者,他认为"王闿运能尽雅,其次吴汝纶以下有桐城马其昶为能尽俗"。他所鄙薄的,乃是严复同林纾。严的文章有故意做作的倾向,他比之为"曳行作姿",至于林纾,他说他"辞无涓选,精采杂污,而更浸润唐人小说之风……自以为妍,而只益其丑也"。(同上)

在诗赋方面,他的见解有以下几点值得注意:

一、诗赋的作用。他说:"盖诗赋者所以颂善丑之德,泄哀乐之情。故温雅以广文,兴谕以尽意。"(《辨诗》)从前者来说,是要歌颂美的,暴露丑的。从后者来说,是发抒作者哀乐的感情。因之在写作上要用比兴和讽谕的方法,这是上承汉儒的见解,而加以综合。

二、诗体代变。他说:"语曰'在心为志,发言为诗',此则吟咏情性,古今所同,而声律调度异焉。魏文侯听今乐则不知倦,古乐则卧。故知数极而迁,虽才士弗能以为美。"所谓"数极而迁",就是指四言之变为五言,又变为七言,再变而为长短句来说的。下边他就谈到"四言之势尽矣","至是时五言之势又尽"……等。这个论点,也是本于顾宁人同焦理堂之说,不过又从作品上给以证明与阐发。

三、诗歌创作本乎性情,不关学问。他说:"古者学诗,有大司乐瞽宗之化。在汉,则主情性。往者《大风》之歌,《拔山》之曲,高祖、项王未尝习艺文也,然其言为文儒所不能举。苏、李之徒,结发为诸吏骑士,未更讽诵,诗亦为天下宗。及陆机、鲍照、江淹之伦,拟以为式,终能莫至。由是言之,性情之用长,而问学之助薄也。"(《同上》)这种见解与宋人严羽《沧浪诗话》中说的"诗有别材,非关书也。诗有别趣,非关理也"的论点也有近似之处。

四、反对创作用典故。他说:"诗又与议奏异状,无取数典。钟嵘所以起例,虽杜甫蹵之矣。"同时他还对宋诗加以抨击。他说:"讫于宋世,小说杂传禅家方技之言,莫不徵引。夫昔孙、许高言庄氏,杂以三世之辞,犹云'风、骚体尽',况乎辞无友纪,弥以加厉者哉?宋世诗势已尽,故其吟咏情性,多在燕乐。"

在抨击宋诗之余,接着对晚清宗法江西诗派的作者,又大加诋訾。他说:"及曾国藩自以为功,诵法江西诸家,矜其奇诡,天下骛逐,古诗多诘诎不可诵,近体乃与杯珓谶辞相等。江湖之士艳而称之,以为至美。盖自《商颂》以来,歌诗失纪,未有如今日者也。"

太炎根据他这种文体代变的观点,对于诗歌总认为后人不及前人。他说:"物极则变,今宜取近体一切断之。古诗断自简文以上。唐有陈、张、李、杜之徒,稍稍删取其要,足以继风雅,尽正变。夫观王粲之《从军》,而后知杜甫卑闬也;观潘岳之《悼亡》,而后知元稹凡俗也。观郭璞之《游仙》,而后知李贺诡诞也。观《庐江府吏》、《雁门太守》叙事诸篇,而后知白居易鄙倍也。淡而不厌者陶潜,则王维可废也。矜而不愆者谢灵运,则韩愈可绝也。要之,本情性,限辞语,则诗盛。远情性,熹杂书,则诗衰。"从艺术的标准来看,这个看法自然是正确的。但要从反映生活来看,这种观点就未免有点太狭隘了。

太炎的文学观,总的说来,主张把作品内容放在第一位,对散文主张"必先预之以学",对诗歌主张"颂善丑之德,泄哀乐之情",这都是无可非议的。在形式上,他提出"雅"与"俗"的标准,提出文章要遵循一定的规矩,因而对那些敢于打破旧的格套的作家是痛诋的,对那些通俗的作品,是鄙视的。即如他由于痛恶维新派,特别是梁启超,因而对维新派受影响较深的龚自珍也加以攻击。他论及龚氏时说:"若其文辞侧媚,自以取法晚周诸子,然佻达无骨体,视晚唐皮、陆且弗逮,以校近世,犹不如唐甄《潜书》近实。后生信其诳耀,以为巨子。诚以舒纵易效,又多淫丽之词,中其所嗜,故少年靡然乡风。自自珍之文贵,则文学涂地垂尽,将汉种灭亡之妖邪!孔子云'觚不觚,觚哉!觚哉!'"(《文录》卷一《说林下》)而对白居易诗的批评则已见前引。像这样的见解,不能不说是由于正统的文学观对他的局限。

正由于他这种狭隘的正统文学观,所以他早年有不少宣传革命的文章,由于古雅,许多人读不懂,因而大大削弱了它的战斗效果,他的诗歌也同样是如此。

三

　　章太炎在晚清,正如鲁迅所说:"是有学问的革命家。"他在学术上,虽然继承了乾嘉以来所谓戴、段、二王皖派的正统,但他从早年到中年,誓志革命,1902年后,特别在他主持《民报》笔政的时候,发表了许多具有强烈战斗性的文章。就是他早年出版的学术论著《訄书》,也决非一般为学术而学术的著述,而是富有极其深刻的政治性与革命性的战斗作品。鲁迅在太炎逝世后纪念他的文章中,追忆他在日本留学时期对太炎文章的热爱道:"一九〇六年元月出狱,即日东渡,到了东京,不久就主持《民报》。我爱看这《民报》,但并非为了先生的文笔古奥,索解为难,或说佛法,'谈俱分进化',是为了他和主张保皇的梁启超斗争,和'××'的×××斗争,和'以《红楼梦》为成佛之要道'×××斗争,真是所向披靡,令人神旺。"(《关于太炎先生二三事》)

　　太炎的文章有他独特的风格,在晚清的散文方面,的确是独树一帜的。下面拟把他的文章分为杂文与述学文两类来探讨一下。

　　太炎在《文学论略》(见《国粹学报》第九、十、十一期)中,把一般散文均称为"杂文",里边包括符命、论说、对策、杂记、述序、书札等六类。太炎杂文在当时影响最大的,即论说文,也就是属于政治斗争的作品。另外,还有比较短篇的属于书序一类的。现在可以举出《驳康有为论革命书》和《张苍水集序》略加评述。

　　驳斥康有为的文章,在当时来说乃是革命路线与改良路线第一次的尖锐斗争,戊戌变法失败后,康梁逃往日本。康因受载湉知遇,并且期望他有朝一日能够复辟,自己仍将被重用,所以就力倡立宪保皇之说,来与当时已经蓬勃高涨的革命思潮相对抗。1903年,康有为曾发表《与南北美洲诸华商书》,长达万余言,内容不外(一)说明满汉民族同出一本,不应存民族界限。(二)满清政府建立后,政治措施比明代开明。(三)载湉是一位贤明的皇帝,一定可以实行立宪。

(四)革命不但要流血,而且容易召致瓜分。(五)中国民智未开,即令革命,决不能建立共和政体,只能令中国社会越发糟下去,等等。

太炎当时就针对他这种荒谬反动的论点,写了《驳康有为论革命书》一文批驳之,并且指出康氏所以如此歌颂清室,卫护清室,原因不外是为他个人将来的功名利禄打算的卑鄙意图,一一加以驳斥。这篇文章虽是驳斥康的改良主义路线的,但却揭露并抨击了清王朝政治的腐败与对汉族残酷的压迫,并大力宣传了革命胜利的可能,鼓舞了革命者的斗志,因而为清廷所深恶痛绝,必欲置之死地而为快。

这篇文章最精采的是对清廷残酷统治汉人的揭露。在赋税上,实行一条鞭法后,名为永不加赋,而耗羡平余,犹在正供之外。至于玄烨弘历数次南巡,强勒报效,数若恒沙,已居尧舜之美名,而使佞幸小人间接以行其聚敛,其酷有甚于加税开矿者。至于对待汉族,廷杖虽除,诗案史祸,较着廷杖毒螫百倍。接着用康氏的话来反击康氏道:"至于近世戊戌之变,长素所身受,而犹谓满洲政治为大地万国所未有。呜呼!斯诚大地万国所未有矣!"

其次,是对载湉自私无能的揭露。文中说:"载湉小丑,未辨菽麦……戊戌百日之政,……其迹则公,而其心则只以保吾权位也。"接着分析他当时的处境,以及清廷顽固势力的强大,结论是:"彼其为私,则不欲变法矣;彼其为公,则亦不能变法矣。"说明康氏仍把立宪变法寄托在载湉的身上,纯粹是梦想,是绝对不可能实现的。

继此之后,文中着重论立宪与革命二者的难易问题。他认为革命犹易,立宪尤难。二者比较起来,则无宁取其稍难而差易至。至于下边驳斥康氏的"人心公理未明",不能革命的论点,更其精辟。文中说:"人心之智慧,自竞争而后发生。今日之民智,不必恃它事以开之,而但恃革命以开之。且勿举华、拿二圣,而举明末之李自成。李自成者,迫于饥寒,揭竿而起,固无革命观念,尚非今日广西会党之俦也。然自声势稍增,而革命之念起。革命之念起,而剿兵救民,赈饥济困之事兴。岂李自成生而有是志哉,竞争既久,知此事之不可已也。虽然,在李自成之世,则赈饥济困为不可已。在今之世,则合众共和为不可已。是故以赈饥济困结人心者,事成之后,或为枭雄。以合众共和结人心者,事成之后,必为民主。民主之兴,实由时势迫之,而亦由竞争以生此智慧者也。征之今日,义和团初起时,惟言'扶清灭洋',而景廷宾之师,则知'扫清灭洋'矣。今日广西会党,则知不必开衅于西人,而先以扑灭满洲,剿除官吏为能事矣。唐才常初起时,深信英人,密约漏情,乃卒为其所卖。今日广西会党,则知己为主体,而西人为客体矣。人心进化,孟晋不已,以名号言,以方略言,经一竞争,必有胜于前者。今之广西会党,其成败虽不可知,要之继此而起者,必视广西会党为尤胜,可豫言也。然则公理之未明,即以革命明之;旧俗之俱在,即以革命去之。革命非天雄大黄之猛剂,而实补泻兼备之良药矣。"

前边太炎认为革命比立宪较易,同时又说明就是真正的立宪,也不是不流血可以达到的。这就充分说明了反动阶级,是决不会退出历史舞台的,必须用革命的手段,来摧垮它才行。至于革命本身,就是团结群众,提高群众觉悟的唯一有效手段。太炎这一段话,一方面说明革命者必须通过革命斗争的实践,才能得出经验教训。总结过去的经验教训,就会一步步的提高。这个看法,是完全正确的。正由于太炎在当时就立场说,是人民的立场,革命的立场。就观点说,是进化论的观点,唯物论的观点。就整个政治倾向说,是民族主义,民主主义的。他所代表的是新生事物的力量,他的方向是符合历史发展规律的,所以,他的话辞严义正,能完全立于不败之地。

正由于太炎当时是站在真理的一边,正义的一边,因而对康有为的谬论,能驳斥得体无完肤。他在文中善于以康氏之矛,来攻康氏之盾,使对方无辞以对。即如康氏为了反对革命,因而牵强附会,泯灭汉满界限。这时太炎就康氏所谓"三世"之说,来驳康氏道:"今彼满洲者,其为归化汉人乎?其为陵制汉人乎?……若言同种,则非使满人为汉种,乃适使汉人为满种也。长素固言大同公理,非今日即可全行。然则今日固为民族主义之时代,而可溷殽满、汉以同薰莸于一器哉？时方'据乱'，而言'太平'，何自悖其'三世'之说也！"像这样以康氏的理论，来反驳康氏主张的地方，文中不一而足。

这篇文章因理论明确，文笔犀利，所以具有极大的战斗作用。后来有人曾把它与邹容的《革命军》合刊称为《章邹合刻》，清王朝之立志追捕太炎，必欲得而甘心，并不是没有原因的。

太炎另外还有不少富于激情，而又具有强烈战斗性的杂文，当时感动了不少青年读者，对革命起了巨大的鼓舞作用与推动作用。如《中夏亡国二百四十二年纪念会书》、《张苍水集后序》、《南疆逸史序》、《国粹学报祝词》、《〈民报〉纪念会祝词》等。即如《张苍水集后序》，前边叙述这部集子的发现与整理的经过，接着论述张苍水率师抗拒清兵的情况，结尾抒发了个人对这位先烈的景仰与追怀，并表示了自己同清王朝势不两立的决心。的确是能激励人心的。即如末段："乃夫提师数千，出入江海，一呼南畿，数郡皆蒲伏至。江淮鲁卫诸豪，悉诣军门受约束。群虏眷栗丧气而不敢动。若公者，非独超跃史、何诸将相，虽宋之文、李犹愧之矣。余生后于公二百四十岁，公所挞伐者益衰，然戎夏之辨，九世之仇，爱类之念，犹湮郁于中国。雅人有言，'我不见兮言从之迈'，欲自杀以从古人也。余不得遭公为执牧圉，犹得是编丛杂书数札，庶几明所乡往。有读公书而犹忍与彼虏终古者，非人也！"据许寿裳讲，"章先生的《张苍水集后序》，也是鲁迅所爱诵的"，可知他当时影响之大。（《亡友鲁迅印象记》）

下边，我们谈一下太炎的述学文章。这方面的代表作是《訄书》，(后来经过修改易名《检论》)与《国故论衡》等。前者共分九卷，由六十四篇短文集起来的。后者分三卷，包括二十七篇论文。从这两部书中，首先可以看出太炎学术的博大精深。不论是中国历代盛衰兴亡的原因，学术思想的演变，典章制度的因革，都能观其会通，就个人所处的时代，与个人的观点，而提出意见，因而有着极其精辟的论断，而达到"学以致用"，以及"古为今用"的目的。尽管有不少观点，从今天看来是有问题的，是有其阶级的时代的局限的，但在当时来说，是产生了巨大的积极影响的。其次在小学上，更有其卓越的创见，使中国文字学在前人基础上有着更进一步的提高。现仅就《检论》中的《案唐》同《清儒》二文,来看太炎述学文的特点。

《案唐》是一篇论唐代学风的文章。文中首先对唐代用科目来代替前代门阀世胄的制度,作了肯定。认为这样,出身低微的人只要有才能的,都会有施展的机会。但接着指出唐代的学风,一般习于夸肆,而忘礼让。从言论上看,好像很了不起,就是汉代的贾、晁也不在话下,可是试一考察他们的操行,就连楼护、陈遵都赶不上。追溯这种风气的作俑者,乃是源于王勃。他假造了一些史事,来抬高他先人王通的声价,借以抬高自己的地位。流风所被,后来文士韩、吕、柳、刘、李翱、皇甫湜之流,都受到他的影响。像韩愈,远远比不上杨雄,然竟大言不惭的以孟轲、荀卿自比。从他的品质看来,是色厉内荏,内冒没而外言仁义,这完全是受到王勃《中说》的影响。

其次,王勃虚构史事,增其先德。而韩愈等公然受金誉墓,这又是受王勃的影响。此外太炎把唐代比于魏晋江左,认为就像七国与十二诸侯。从风俗人才上和学术思想上作了对比,而驳斥了宋人王应麟的"《世说》清浮,《中说》闳实,天下治乱系之"的看法,为皮相之见。

综观全文,对唐代学风,有评论,有阐述,有考证,最后证实了自己的新看法,纠正了前人的谬论。从文章结构上看,开始的"尽唐一代学士,皆王勃之化也"这句话为全文的主题。下边先就制行上论述王勃,接着提出了"浮泽盛故虑宪衰,矜夸行故廉让废,其败俗与科目相依而加劲轶焉。终唐之士,如韩愈、吕温、柳宗元、刘禹锡、李翱、皇甫湜之伦,皆勃之徒也,其辞章觭耦不与焉"的论断。

再后边,又从文章作风上提出:"公取宠赂,盛为碑铭,穷极虚誉,以诬来史,此又勃之化也。"这都在证明他开始所提出的论点。结尾又论述从文章上看,韩柳古文与王勃的骈俪似乎是不同的,但是从其精神实质上看,实际也还是一致的。也都说明了太炎述学文章结构是严谨的,而逻辑性也是很强的。

其次是《清儒》。太炎是继承清代皖派学术的一位朴学大师,同时又深受浙东学派的影响,另外又是同常州公羊学派处于对立的地位,进行斗争的主将。所以他对清代学术源流,以及各派的得失,都有着极明晰与透辟的见解。从全文来看,它具有以下几个特点:

一、条理明晰。文中首先论述了清代学术产生的时代背景及其原因,其次论述清初几位朴学的开山大师;接着又论述吴、皖、浙东、桐城、常州今文,以及清末的汉宋调和派。最后评述朴学在整理经学上的总成绩。

二、高度概括。对清代有二百多年的学术发展,仅仅用四千多字,作了全面的论述,而且说明其源流特点,并评论其得失,没有高度的概括能力,是决作不到的。

三、文字的简练,论断的准确。即如论朴学产生的原因,仅仅用极短的几句话作了说明,即:"清世理学之言竭而无余华,多忌,故歌诗文史梏;愚民,故经世先王之志衰。家有智慧,大凑于说经,亦以纾死。"每句话都包含着极其丰富的内容。像这样的简炼,真达到了惊人的程度。又如他比较吴皖两派在学风上的不同,也只用了几句话:"凡戴学数家,分析条理,皆多密严瑮,上溯古义,而断以己之律令,与苏州诸学殊矣。"这又是多么简要准确。至于清儒与汉儒在学风上的同异,讲的又极概括,他说:"大氐清世经儒,自今文而外,大体与汉儒绝异。不以经术明治乱,故短于风议。不以阴阳断人事,故长于求是。短长虽异,要之皆徵其通雅。"

四、具有一定的战斗性。太炎写《訄书》的时候,正当他开始进行排满运动的时候,所以虽是述学的文章,但篇篇都渗透着他的民族思想与民主思想。即如《清儒》中,论朴学产生的原因,从"多忌""愚民"以及"纾死"等句中,就深刻地揭露了清廷对汉族知识分子的残酷压迫。《案唐》产生时间较晚,这时他正与保皇派进行斗争。篇末有一段话,即:"当清之世,学苦其质不苦其文矣。末流矫以驰说,操行至汙,乃更以后圣涣号,此复返循王勃《中说》之涂。故仲长子曰:'变而不如前,易而多所败者,亦不可不复也。复又弥戾,以王礼导奸人。'"这就针对以康有为为首的保皇派的作风,认为是复返王勃《中说》之涂,而给以抨击。所以太炎的述学文并非客观主义的,而是有其立场、观点,具有一定的战斗意义的作品。

太炎散文,已如上述。至于诗歌,在诗论方面已见前论。创作方面,篇数虽然有限,但却有自己的独特风格,与并世作者显然有所不同。先就内容来看,由于他是一个革命家,所以他的篇篇诗作都反映了现实的阶级斗争。他对诗的作用曾提出"颂善丑之德,泄哀乐之情"。后来在《韵文集自序》中谈到他创作的动机与目的道:"余生残清之季,逃窜东隅,躬执大象,幸而有功,余烈未殄,复遭姗议,险阻艰难,备尝之矣。既壹郁无与语,时假声韵以寄悲愤。躬自移录,不敢比于古人。采之夜诵,抑可以见世盛衰。"这就说明他的作品,不仅是他个人思想感情的发抒,而且也是当时的时代记录。

太炎早年,因反对清廷被捕入狱后,写的《狱中赠邹容》、《狱中闻沈禹希见杀》等篇,像前一首的"临命须掺手,乾坤只两头"。后一首中的"中阴当待我,南北几新坟"。既表现了革命者不怕杀头的英雄气概,同时也揭露了清廷镇压革命者的暴行。而这些诗对当时读者曾发生过深刻的影响,广泛地播下了革命的火种。

"颂善丑之德"方面,在为赞扬孙中山而写的《〈孙逸仙〉题辞》中,一面把孙比作农民起义的领袖刘邦,来推翻索虏的残酷统治,另方面又把他看作继郑成功、洪秀全之后的汉民族中抗清革命的群众领袖。

又如《魏武帝颂》。太炎在辛亥革命后为什么忽然想起来歌颂曹操呢?原因由于当时在窃国大盗袁世凯篡夺了人民革命果实之后,一时颇有一些人把他比作曹操,这当然有点比拟不伦。太炎为了纠正这种错误看法,即既不了解曹操,同时也不认识袁世凯。篇中赞美了曹操在军事政治上建树的丰功伟绩,以及在生活作风上的廉洁耿介。这种对曹操的正面歌颂,恰恰是从反面对袁的丑行,进行了对比,而加以讥讽。特别在篇末点出了主题,即"夫唯其锋之锐,故不狐媚以弭戎警。其气之刚,故不宠赂以要大政。桓、文以一匡纪功,尧、舜以耿介称圣,苟拟人之失伦,胡厚颜而无赧"。指出这种不伦不类的比拟,那么当之者难道就厚颜无耻到一点也不觉得脸红吗!

在揭露批判方面,如《梁园客》之于梁鼎芬,《咏南海康氏》之于康有为,都是辛辣的讽刺之笔,画出了看风转舵的老官僚,和誓死保皇的立宪派人物的可耻嘴脸。

《艾如张》写出了在张之洞那里遭到打击的惨痛教训,深悔这次江汉之行是错误的,从而看到改良政治的无望和反动势力的嚣张,从而产生了进一步从事革命的思想。太炎的政治理想,正是从现实中屡屡遭逢挫折,而逐步向前发展的。他没有因碰壁而灰心丧气,恰恰相反,越受挫折,越使他对前进的道路认识越清,而革命的意志更加坚决。

综观太炎诗的内容,主要有这几方面:(一)反映他在早年由于关心国家民族的命运,与人民的疾苦等问题,而寻找救国救民的道路。由最初的参加维新变法运动,最后坚决走向革命的历程。(二)他从国家民族的利益,同革命的前途出发,对他所接触的人物,有的给以赞颂,有的给以暴露,表现出自己强烈的爱憎。(三)在革命的道路上遭到敌人的逮捕,在死亡的边缘上,表现出革命者视死如归,坚贞不屈的英雄气概。所以他的诗篇正如他自己所说的一则是寄托个人悲愤的产物,再则可以通过这些作品,看出这个时期历史发展的进程。

太炎诗在形式上绝大部分是五言,原因是他非常称道建安、正始、太康、直到永嘉这几个时期的著名作者。他说:"独风有异,愤懑而不得舒,其辞从之,无取一通之书,数言之训。及其流风所扇,极乎王粲、曹植、阮籍、左思、刘琨、郭璞诸家,其气可以抗浮云,其诚可以比金石。终之,上念国政,下悲小己,与十五国风同流。"(《辨诗》)所以他的诗风,正是继承了魏晋作者的流风。"上念国政,下悲小己",发抒自己愤懑的作品。

在表现方法上,基本采用了比兴的手法,即如他的《杂感》二首之二中的"谁教两犬竞呀呀,貂尾方山总一家,恨少舞阳屠狗侣,扫除群吠在潼华"。这篇诗揭露清王朝的统治者就是在联军入侵,仓皇逃到西安时,还在进行着权利之争。"貂尾""方山"指满族与汉族的官僚，他们之间的斗争只不过是统治者内部强狗与弱狗，饱狗与饿狗之间的斗争，是说不上谁是谁非的。作者深叹没有像早年曾经干过屠狗行业的舞阳侯樊哙，来把这群在国破家亡时仍然为着私利而猖猖斗争不息的丑类，在潼关华阴一带彻底把他们消灭干净。从这里表现了作者对那班对外屈膝投降，对内残酷镇压的反动派，在感情上的确达到深恶痛绝的地步。

但也有直抒胸怀，热情磅礴的作品，就是前边已经引过的《狱中赠邹容》、《狱中闻沈禹希见杀》，完全是从胸中自然流露的语言，一点也不加雕饰，但却感人至深，无怪乎鲁迅早年读过，直到晚年还是记忆犹新啊！

四

章太炎是我国近代学术上继往开来的一位大师，而兼革命家。他的桃李满天下，所以他的思想言论影响是极其深远的。单就文学而论，五四前夕的文学革命，与太炎就有着密切的关系。

先就这次文学革命的思想内容来看，是彻底地反帝反封。而在反封方面，最主要的是"打倒孔家店"。而这种反孔教思想，从学术批判来看，追溯上去，应该说是导源于太炎。太炎在1906年所发表的《诸子学略说》，彻底地把几千年来披在孔子身上的一层神圣不可侵犯的庄严外罩，给剥去了，露出了他的本来面目。我们试一读五四前《新青年》中发表的吴虞同陈独秀等人反孔文章的论点，不少是本于太炎的。不过又根据当时新的形势，作了进一步的阐发罢了。

在新文学的创作上，鲁迅的《狂人日记》，是对当时反孔教，同反封建家族制度起过发聋振聩作用的一声春雷。而这篇作品的思想，同样渊源于太炎。直到三十年代，鲁迅在历史小说《出关》中，在描述孔丘与老聃的关系方面，据他自己讲，也还是受了太炎《诸子学略说》的影响。(《〈出关〉的"关"》)

其次革命派对当时统治文坛的古文学，所谓桐城派，以及选派的攻击来说,钱玄同提出了"桐城谬种"与"选学妖孽"(《寄胡适之》)的口号。这两个口号的提出,也应该说是受到太炎的启发。因为太炎在散文上推尊魏晋名理之文,而菲薄骈俪同古文。他在《论式》中说:"然今法六代者,下视唐宋。慕唐宋者,亦以六代为靡。夫李翱、韩愈局促儒言之间,未能自遂。权得舆、吕温及宋司马光辈,略能推论成败而已。欧阳修、曾巩好为大言,汗漫无以应敌。斯持论最短者也。若乃苏轼父子,则佞人之戈戈者。凡立论欲其本名家,不欲其本纵横。儒言不胜,而取给于气矜,游獩怒特,蹂稼践蔬,卒之数篇之中自为错忤,古之人无有也。法晋宋者知其病征,宜思有以相过,而专务温藉,词无芒刺。甲者讥乙,则曰郑声。乙者讥甲,又云常语。持论既莫之胜,何怪人之多言乎!"太炎对骈文同古文是这样的评论,特别是对晚清曾风靡一时的林纾同严复的古文,太炎都曾给以严酷的诋訾。那么,他的弟子钱玄同在提倡文学革命时,标出"谬种"同"妖孽"的口号,当然不是偶然的。

　　至于钱玄同之主张用白话代替文言,其根源也渊源于太炎。他曾说:"章先生于1908年著了一部《新方言》,他说:'考中国各地方言,多与古语相合。那么古代的话,就是现代的话。现代所谓古文,倒不是真古。不如把古语代替所谓古文,反能古今一体,言文一致。'这在现在看,虽然觉得他的话不能通行,然而我得了这古今一体,言文一致之说,便绝不敢轻视现在的白话,从此便种下了后来提倡白话之根。民国元年(1912年)一月,章先生在浙江省教育会上演说,他曾说过:'教育部对于小学校删除读经,固然很对。但外国语、修身亦应删去。历史宜注重,将来语言统一以后,小学教科书不妨用白话来编。'我对于白话文的主张,实在植根于那个时候,大都是受章先生的影响。"(《文化与教育》二十七期,熊梦飞《记录玄同先生关于语文问题谈话》)

　　由此可见,太炎文学观的影响之大。当然太炎对文学的看法有不少错误之处,如对文学含义,定得那样广泛,对打破旧的形式格律束缚的龚自珍、梁启超等人散文的攻击,都是不够客观,不够实事求是的。特别在五四以后反对白话文学,在三十年代提出"你们说文言难,白话更难。现在的口头语有许多是古语,非深通小学就不知道现在口头语的某音,就是古代的某音,不知就是古代的某字,就要写错"。这种理论在当时就曾遭到鲁迅的批评。(《名人与名言》)所以对太炎文学观,我们也必须有分别的给以批判与继承。

1978 年 9 月 15 日改写

刘 师 培

一

刘师培(1884～1919)字申叔,后因参加排满运动,改名光汉,又号左盦,江苏仪征人。曾祖文淇,祖毓崧,伯父寿曾,都以治《春秋左氏传》闻名于清代道、咸、同、光四朝。父贵曾,亦以经术知名于时。师培天资超卓,十二岁即读毕《四书》《五经》。又因生长于世代治经的家庭,所以早年即博通群籍。年十八补县学生员。十九(1902)中乡试。二十赴京会试,不第。归途过上海,得识章太炎、蔡元培及其他参加爱国学社的革命志士,从此参加排满运动。不久"苏报案"发生,章太炎、邹容均被捕入狱,国内震动,但革命浪潮益趋高涨。

光绪三十年(1904)秋冬间,蔡元培、龚宝铨、陶成章组织光复会于上海,师培由蔡绍介入会。这年冬,俄人进兵东三省,人心骚动,蔡氏与师培创办报刊《俄事警闻》,发表了不少耸动视听的言论,来唤醒国人。不久该刊改名《警钟日报》,毅然以继承宣传革命而被当局取谛的《苏报》及《国民日日报》等报刊自命。同时并延请林獬、陈去病等人为编辑。后因诋訾德人,遂被查封。师培亦离沪,寓居浙江平湖大侠熊嘉敖家避祸。

光绪三十一年(1905)为上海《国粹学报》撰稿。次年因安徽友人邀请,任芜湖皖江中学教职,与陈独秀、章士钊、苏曼殊等人交游。

这时除教课外,并与同志发行白话报。师培英年气锐,遒厉风发,所写论著如《攘书》、《中国民约精义》、《古政原论》、《中国民族志》,均引古证今,阐明种族革命之大义,对当时读者影响极大。

光绪三十三年(1907)为避敌人搜捕,偕其妻何震及姻弟汪公权等亡命日本,抵日后,均加入同盟会。师培并任《民报》撰述,笔名韦裔。当时康梁等已堕落为保皇派,与同盟会在国体问题上,进行了针锋相对的论争。梁启超在所办的《新民丛报》中,倡言"满州本为明朝旧属,中国亡于满州,绝非亡国"的谬论。光汉著《辨满州非中国之臣民》一文,列举史事,为文数万言,加以驳斥,义正辞严,时人大为震动。

师培不久因与日本社会党之急进派北辉次郎、和田三郎等往来,遂醉心于无政府主义,因与其妻编印《天义报》月刊,宣扬无政府主义,曾发表《无政府主义之平等观》、《论种族革命与无政府革命之得失》等文。同时并与张继等组织"社会主义讲习会"。这时他的思想,与主张排满的革命党人意见已渐趋纷歧。后他又介绍日人北辉与和田二人为同盟会会员,并推荐他们为同盟会干事。由于庶务干事刘揆一的反对而未能实现。这时他企图改组同盟会,和篡夺盟务职权,未能得逞,遂产生背叛该盟的思想。就在这时,清王朝大官僚肃王善耆、铁良、端方等,对革命党人的暗杀手段,深感恐怖,因而采用收买与分化政策,当时肃王善耆曾罗致安徽同盟会会员程家柽,派他到东京,愿以万金献给同盟会本部,表示友好,并声明绝无条件,后遭到拒绝。端方这时也收买一部分留学生中的败类,来贿买并离间同盟会会员。师培的老婆何震和他的姻弟汪公权,遂上贼船,成为清廷的侦探、革命的叛徒。

师培当时,一则因事与章太炎、陶成章等发生冲突,二则勾结日人拟篡夺同盟会的领导权,而未能获逞,于是何、汪二人乘机怂恿师培,归国投敌,藉谋禄位,并对党人进行报复。师培由于不忍一朝之愤,竟不惜牺牲政治生命,铤而走险,于是随投靠端方,成为革命的罪人。

光绪三十四年(1908)冬,师培偕何震、汪公权回上海,急于向清廷立功报效,当时光复会领袖陶成章因徐锡麟被株连,名在通辑之列,师培听到他要从南洋回国的消息,于是与清廷军官米占元天天到各码头侦察成章踪迹,但迄无所获,所以无法报命。次年(1909)党人因谋大举,经常集会于上海马霍路德福里常设机关,师培当时叛变面目尚未被党人识破,所以经常列席,遂以所得情报,向端方汇报。端方命上海道向租界交涉,派警吏查抄党人机关,党人张恭被捕。师培后因王金发持枪,以死刑相威胁,师培不得不以个人生命担保张恭安全。后恭被移禁南京监狱。

革命前一年,师培随端方到四川,端方为革命人民所镇压,当时师培因讲学于四川国学院,才得幸免。章太炎因其学问渊懿,不念旧恶,与蔡元培联名在上海各报刊登广告,劝其东下。1913年赴山西,次年赴北京。1905年袁世凯阴谋帝制,其幕僚杨度与梁士诒等献策,主张罗致当时政治上失意的革命党人,赂以重金,由他们上书劝进。对舆论会产生较好的影响。袁表示同意,于是遂成立筹安会,师培遂与其他老同盟会员如胡瑛、李燮和、孙毓筠等,均列名为该会会员。师培并著《君政复古论》,为袁氏帝制涂脂抹粉。袁氏垮台后,师培惧祸,避居天津。蔡元培任北京大学校长,因聘他为该校教授。1919年11月20日,以瘵卒,年三十六。平生著述经其弟子陈钟凡刘文典搜辑,其友钱玄同的整理,辑成《刘申叔先生遗书》,内容关于群经及小学者二十二种,论学术及文辞者十三种,辑书校释二十四种,论文集四种,读书记五种,学校教本六种,共七十四种行于世。(蔡元培《刘君申叔事略》、陈钟凡《刘先生行述》、钱玄同《左盦年表》,以上均见《刘申叔先生遗书》、冯自由《革命逸史》第二集)

二

在清末鸦片战争后,西方列强打进中国大门,接着是太平军的农民起义运动,清廷虽然借外力把它镇压下夫了,但接着是英法联军的入侵,特别是甲午之战的失败,的确惊醒了当时一些先进的中国人士,这就是以康、梁为首的提倡变法的维新派。他们大力地介绍了西方的先进思想,并以它为武器,揭露批判清廷政治的腐败,官吏的贪污和无能,以及中国旧学的无用。提出向西方学习的主张。但当戊戌变法失败后,一部分先进人士中以孙中山为首,掀起推翻清王朝的革命运动。刘师培正是在这时,由于他的科场失意,在上海结交了革命派章太炎等,因而走上了革命的道路。

刘师培参加革命后所以能成为名噪一时的宣传家,是有他的理论基础的。他的理论的渊源,一是中国固有的,大致分析起来:(一)春秋公羊家的"异内外"的思想,也就是所谓"夷夏之防"。(二)是晚明几位具有高度民族气节的大师们的影响,从顾炎武、王船山的遗著中,吸取了他们强烈的种族观念。从黄宗羲的著作中,吸取了他的民主思想。这几位大师在当时不论维新派同革命派,都不同程度的对他们比较先进的思想进行过表彰。(三)是晚明揭露清兵南下征服中国人民时凶残暴行的著作,如《扬州十日记》、《嘉定屠城记》等。尤其是师培系扬州人,他对当时情况,在父老传说中,印象更深。这一切都是他比较易于接受革命理论的重要原因。

另外是西方资本主义思想的影响,这些大半是由于维新运动倡导者宣传与介绍的结果。其中特别是严复,对西方资产阶级学者的名著作了比较系统的翻译。如赫胥黎的《天演论》、穆勒的《名学》、甄克思的《社会通诠》、孟德斯鸠的《法意》、斯宾塞的《群学肄言》等。刘师培年岁比他们小得多。康、梁、谭、严等人的论著,他早年都曾接触到过。特别是到上海后,与章太炎、蔡元培等交游,这时从西方学到并掌握了资产阶级革命理论武器,用这种新武器,来对他较为熟悉的中国古代学术思想,进行了参考比较与批判继承,并能给以条理化,系统化,于是写出了许多就当时来说比较先进而且精辟的论著。特别在革命方面继王船山的《黄书》,而作《攘书》。继黄宗羲的《明夷待访录》,而作《中国民约精义》。而在这些论著中,都渗透着中国固有的种族思想与西方的民主思想。在《攘书》的《夷种篇》中,发出了"中原不兢,鞑虏凭陵,鸟迹兽蹄,交于中国。神州赤县,莽为牧场"。而在《罪纲篇》中,痛斥儒家三纲的谬论,造成"强柔相凌,日以窒理,拑锢民心,束缚才智"的恶果。而在《帝洪篇》中,则大力歌颂了农民革命领袖洪秀全,称他"张挞伐于殷武,振大汉之天声。义旗所指,力扫胡尘"。充分说明了他当时那种高昂的革命精神。

他的《中国民约精义》写于1904年,他从中国古籍中搜集了先哲关于近于卢梭《民约论》中的言论,而又绳以卢梭的理论,并提出自己的看法。他在序中说:

> 吾国学子,知有"民约"二字者三年耳。大率据杨氏廷栋所译和本卢骚《民约论》以为言。顾卢氏《民约论》于前世纪欧洲政界,为有力之著作,吾国得此乃仅仅于学界增一新名词,他者无有。而竺旧顽老,且以邪说目之。若以为吾国圣贤从未有倡斯义者。暑天多暇,因搜国籍,得前圣曩哲言民约者若干篇,篇加后案,证以卢说,考其得失。(《中国民约精义序》)

全书摘录古籍二十三种,先哲三十九人的言论。把具有民主思想的片言只语、证以卢氏之说,并提出个人看法。即如书中引许行的话(《孟子》中引),作者指出许行之说不独背于孟子,亦且大背于卢氏者也。下边指出其"背于民约之旨厥有三端;一、不知分工之义,二、欲去民主之有司,三、举国人民皆平等"。最后又说:"许行之言,与西人无政府党较近。"结尾批判了当时有人认为许行知民约之义的说法是荒谬的。

刘师培在这一阶段的论著,不论其为谈政治的,或者是讲学术的,都运用了当时的新观点与新方法,所以有许多精辟的见解,闪耀着真理的光芒。也就是表达了当时广大人民群众的愿望和要求。而推翻清王朝,建立民主制的国家,就是当时人民的最大利益,也就是当时的社会思潮。刘师培当时对此有较深的认识和理解,而自己则全力投了进去,能言当时一般人所不能言之理,能讲时人所想说而说不出的话,所以他当时的论著,是顺应了时代的潮流,而且推动了时代的潮流。从这一点说,他对当时的革命事业,还是起过一定的积极作用的。

不过刘师培于1907年去日本后,最初还投稿《民报》,参与了当时同盟会,与康梁保皇派的论争。但不久自创《天义报》,提倡无政府主义,发表文章已不同意光复会的排满革命运动,这和章太炎的政治主张,已发生了纷歧。他们之间产生龃龉,固然由于多方面原因,而政治主张上的纷歧,应该说是最主要的。

刘师培后来遭到同盟会同志的责难之后,又迫于其妻的蛊惑,竟走上叛变革命的可耻道路。正如鲁迅小说《孤独者》中主人公魏连殳,由一个改革者后来为生活所迫与旧势力妥协后,给他的朋友信中所说的"我已经躬行我先前所憎恶所反对的一切,拒斥我先前所崇仰所主张的一切了"。但魏连殳的情况远远非刘师培所可比。他穷愁潦倒、已到了不能活下去的地步。而刘师培不是这样,魏连殳只不过失身军阀,担任了光拿薪水而不管事的闲职,并未作出危害革命的事。而刘师培则变成了敌人的侦探,替敌人刺探情报,破坏革命大计,出卖同志,以博敌人的恩宠,真是可耻到了极点。魏连殳在作了军阀顾问之后,大有玩世不恭,佯狂颓废,更加速结束自己的生命,这种情况,还是值得人们同情的,但刘师培却是死心踏地地向敌人效忠了。

"哀莫大于心死,而身死次之。"清廷颠覆后,本应向人民表示忏悔,息影匿迹以终余年,竟又不甘寂寞,为虎作伥,参加筹安会,以危害人民,其为舆论所不齿,不是完全咎由自取吗?由此可见,政治是灵魂的话一点也不错,一个失掉了灵魂的人,什么也都谈不上了!

三

刘师培论文的著作极多,比较重要的有《文说》、《文章原始》、《南北文学不同论》、《论近世文学之变迁》、《论文杂记》……等。这些论文绝大部分是谈中国文学的渊源流变的。其中也涉及到文体论、作家论,以及创作方法和写作技巧等。下边试就其对文学主要观点,加以论述。

一、历史的发展观。刘师培在晚清几位对文学具有革新观点的作者当中,年龄是比较小的。如梁启超、谭嗣同、夏曾佑、黄遵宪、章太炎等,从年龄上都可说是他的前辈,因此这些人的论述和译著,他大半都已阅读过。由于他的思想的敏锐,同时又勇于接受新事物,所以他对文学的看法,同当时革新派的步调是完全一致的。即如对中国文学发展的看法。他说:

> 英儒斯宾塞耳有言:"世界愈进化,则文字愈退化。"夫所谓退者,乃由文趋质,由深趋浅耳。及观之中国文学,则上古之书,印刷未明,竹帛繁重,故力求简质,崇用文言。降及东周,文字渐繁;至于六朝,文与笔分;宋代以下,文词益浅,而儒家语录以兴;元代以来,复盛兴词曲;此皆语言文字合一之渐也。故小说之体,即由是而兴。而《水浒传》、《三国演义》诸书,已开俗语入文之渐。陋儒不察,以此为文字之日下也。然天演之例,莫不由简趋繁,何独于文学而不然!(《论文杂记》民国十六年朴社校订本)

这对中国文学的发展,用历史进化的观点,加以分析与论断,并且批判了一些顽固的复古派。另外,他一面根据历史发展,指出俗语入文,为今后必然的趋势。同时并从普及文化的角度来说明言文合一的必要性与迫切性。他说:

> 故世之讨论古今文字者,以为有浅深文质之殊,岂知此正进化之公例哉。故就文字之进化公理言之,则中国自古代以来,必经俗语入文之一级。昔欧洲十六世纪,教育家达泰氏,以本国语言用于文学,而国民教育以兴。盖文言合一,则识字者日益多。以通俗之文推行书报,凡世之稍识字者,皆可家置一编,以助觉民之用,此诚近今中国之急务也。然古代文词岂可骤废,故近日文词,宜趋二派:一修俗语以启渝齐民;一用古文,以保存国学,庶前贤矩范赖以仅存。(同上)

刘氏主张以俗语入文这个见解,同当时梁启超完全是一致的。梁氏曾提出言文合一的主张,但却没有完全用白话来代替文言的勇气,说什么"自语言文字相去愈远,今为此,诚非易易。吾尝试验,吾最知之"。(《小说丛话》)而刘氏则是二元论者,认为白话只能用于开通群众的文化,而文言则用以保存国学。两人都没越出改良的范围,所以真正的革命,不能不有待后人了。

二、从内容、思想上对历代作家与作品进行分类,同时又把历代作家作品,从思想和风格上纳入先秦的九流十家中。这种重视作品的思想内容,而不单纯从形式上去分类,应该说是比较合理,也比较正确。他说到《汉书艺文志》对赋体的划分道:

> 汉书《艺文志》叙诗赋为五种,而赋则析为四类:屈原以下二十家为一类,陆贾以下二十一家为一类,荀卿以下二十五家为一类,客主赋以下十二家为一类。而班志于区分之意,不注一词。近代校雠家亦鲜有讨论及此者。自吾观之,"客主赋"以下十二家,皆汉代之总集类也,余则皆为分集。而分集之赋,复分三类:有写怀之赋,有骋辞之赋,有阐理之赋。写怀之赋,屈原以下二十家是也;骋辞之赋,陆贾以下二十一家是也;阐理之赋,荀卿以下二十五家是也。(同上)

这三种拿现在的话说,即抒情之作,铺叙之作和哲理之作。刘氏继而又指出它们的渊源道:

> 写怀之赋,其源出于诗经;骋辞之赋,其源出于纵横家;阐理之赋,其源出于儒、道两家。

这种看法都是非常精辟的。

刘氏对中国学术思想,同文学的渊源流派,确能观其会通,因而对历代各体文学的作家与作品,都能纳入先秦的九流十家中,有些讲得比较准确,有些就不免有点牵强附会了。即如他论述唐宋古文作家道:

> 且古人学术,各有专门,故发为文章,亦复旨无旁出,成一家言,与诸子同。试即唐宋之文言之:韩李之文,正谊明道,排斥异端,欧曾继之,以文载道;儒家之文也。子厚之文,善言事物之

> 情,出以形容之词,而知人论世,复能探源立论,核覈刻深,名家之文也。明允之文,最喜论兵,谋深虑远,排兀雄奇,兵家之文也。子瞻之文,以粲花之舌,运捭阖之词,往复卷舒,一如意中所欲出,而属词比事,翻空易奇,纵横家之文也。介甫之文,侈言法制,因时制宜,而文辞奇峭,推阐入深,法家之文也。立言不朽,此之谓欤!(同上)

这种看法,基本上是正确的。可是他对唐宋诗人如把杜甫归入儒家,这自然是对的。但把李白归入纵横,孟浩然苏轼归于道家,储王归入农家,黄庭坚归入法家,就很值得商讨了。

三、继承阮元《文言说》的理论,严格区分文笔之别,推崇清代的骈体,而诋毁桐城古文。刘氏在《文章源始》中道:

> 刘彦和《文心雕龙》:"今之常言,有文有笔;无韵者笔也,有韵者文也。"文笔区分,昭然不爽矣。故昭明之辑《文选》也,以"沉思翰藻"者为文。……是则文也者,乃经史诸子之外,别为一体者也。齐、梁以下,四六之体渐兴,以声色相矜,以藻绘相饰,靡曼纤冶,文体亦卑。然律以沈思翰藻之说,则骈文一体,实为文体之正宗。

刘氏以骈体为正宗,因而对明以来推崇唐宋八家的文人深致非议,他说:

> 明代以降,士学空疏,以六朝之前为骈体,以昌黎诸辈为古文,文之体例莫复辨,而文之制作不复睹矣。

接着他攻击桐城派道:

> 近代文学之士,谓"天下文章,莫大乎桐城"。于方、姚之文,奉为文章之正轨;由斯而上,则以经为文,以子史为文。(如姚氏、曾氏所选古文是也)由斯以降,则枵腹蔑古之徒,亦得以文章自耀,而文章之真源失矣。

但对清代的骈文作家,则大力肯定,他说:

> 惟歙县凌次仲先生,以《文选》为古文正的。与阮氏"文言说"相符。而近世以骈文名者:若北江、容甫,步趋齐梁;西堂、其

201

年,导源徐、庾。即縠人、毗轩、穉威诸公,上者步武六朝,下者亦希踪四杰。文章正轨,赖此仅存。而无识者流,欲别骈文于古文之外,亦独何哉?(同上)

还有他曾探究宋以来文人为文所以以韩欧为圭臬的原因道:

即两宋文人,亦以韩、欧为圭臬。试推其故,约有三端:一以六朝以来,文体益卑,以声色词华相矜尚,欲矫其弊,不得不用韩文;一以两宋鸿儒,喜言道学,而昌黎所言适与相符,遂目为文能载道。既宗其道,复法其文。一以宋代以降,学者习于空疏,枵腹之徒,以韩、欧之文便于蹈虚也,遂群相效法。有此三因,而韩、欧之文遂为后世古文之正宗矣。世有正名之圣人,知言之君子,其惟易古文之名,为杂著乎。(《论文杂记》)

由此足证,刘氏泥于六朝时的文笔之分,认为惟"沉思翰藻"的文章,始配称文。此外只能称笔,因而诋諆古文为杂著。这种文学上的派别之争,从刘氏论文中,得到充分的证明。

四、认为八股文渊源于曲剧,指出世人重八股而轻曲剧的观点的谬误。他说:

元人以曲剧为进身之媒,犹之唐人以传奇小说为科举之媒也。明人袭宋元八比之体,用以取士,律以曲剧,虽有有韵无韵之分,然实曲剧之变体也。如破体小讲,犹曲剧之有引子也。提比、中比、后比,犹曲剧之有套数也。领题、出题、段落,犹曲剧之有宾白也。而描摹口角以逼肖为能,尤与曲剧相符。乃习之既久,遂诩为代圣贤立言。……故知八比之出于曲剧,即知八比之文,皆俳优之文矣。乃近数百年之间,视八比为至尊,而视曲剧为至卑,谓非一代之功令使之然耶!(《论文杂记》)

刘氏从八股与曲剧的内容与结构上,说明它的渊流关系,见地至为精辟。

五、复古的错误观点。刘氏曾承认事物是发展变化的,尤其在语言文字上,应该尊重群众的习惯。古人所谓"约定俗成"是也。但他有些看法却不如此。往往以古绳今,认为这是背离了古义,而主张作

者遵循古义;以《尔雅》《说文》为准,这就走上了复古的道路。他在《文说》《析字篇》中说:

> 后世不然,日夕雨止亦沿晴字之称(且注晴字为雨止,昼间雨止日出,始谓之晴。莫夜间雨止,则当另用姓字)。日入而风,亦袭"暴"字之名。(注尔雅曰:日出而风为暴,非大风可称暴也)水不注川,亦名为溪。(注《尔雅》曰:水注川曰溪)地非山脊,亦号为冈。(《尔雅》曰:山,脊冈)……

这种都是人民群众的习惯用法,而要一一以《尔雅》为依归,那么文章根本就写不成了。但刘氏却说:

> 今欲文质相宜,出言不紊,其惟衷《尔雅》以辨言,师许君之《解字》,心知其意,解释分明,庶立言咸有渊源,而出词远于鄙倍矣。

这种复古主义的观点,绝对是行不通的。总之,刘氏的文学观有其进步的一面,也有其保守的一面。但到了后期把前期自己所主张过的,比较具有积极意义的观点,也否定了。这样就成为时代的绊脚石。鲁迅在与钱玄同信中讥之以"侦心探龙",决非偶然的。

四

　　刘师培的四卷《左盦诗录》是经过钱玄同整辑的,凡四卷共二百四十首。他的诗从内容与形式上看,显然可以分为两期:变节以前为前期,以后为后期。而前期又可分为两个阶段:一、为提倡种族革命阶段。二、为鼓吹无政府主义阶段。前期的诗作从内容上看,有不少激昂慷慨、发扬踔厉的作品,表现出一个革命者内心那种忧时伤事和决心献身救国救民的爱国激情。作者的精神面貌,从诗中充分呈现出来了。至于在形式上,则是流俐畅达,不事雕琢,不假粉饰,任意挥洒,而情景自然,优美如画。现就其内容来看,大致有以下几个方面:

　　首先,抒发个人献身革命的豪情壮志的,有《杂咏》二首、《和周美权夜坐偶成用原韵》、《咏史二首》。在这些篇子里,一感岁月易逝，而自己流落漂泊，抑郁不得志，所以有："朝饮燕市酒，夕驱夷门车，丈夫不得志，寥落悲穷途。长铗鸣秋风，知音无冯胡。"(《杂咏》)又有"朝倾蓟市酒，夕驱梁门车，丈夫讪鸣铗，志士伤郁居"之句。(《咏史》)但是他却不愿轻易依附权贵，放弃自己的远大抱负，所以在另一首诗中又说："宁为投林鸟，不为吞钩鱼。君看投林鸟，犹借一枝居。游鱼吞钩去，何时返江潮。"(《杂咏》)同时在《咏史》中又说"置兔在中逵，亡羊多歧途。钓璜隐姜公，乞飱羁荆胥。掉手谢洒纷，条欻归江湖"的旷达之句。

同时驳斥了当时世俗人追求功名利禄的浅见，显示出自己以陈胜吴广自期的革命抱负。《杂咏》中有"良辰易蹉跎，去去将安适？鸿鹄有高志，燕雀安能识。歌我陇上吟，英雄在草泽"。而在《咏史》中又说："丹凤歧轩翱，樊鸟畴能测？阒我陇头吟，冥湛甘草泽。"雄心壮志，真是跃然纸上！

其次，是借评论歌颂历史人物，来寄托自己的革命思想。这类作品有《读王船山先生遗书》、《书顾亭林先生墨迹后》、《文信国祠》、《读楚辞》、《咏明末四大儒》、《谒顾亭林先生祠》等篇。

刘氏早年对明清易代时的史事，是非常熟悉的。他对顾、黄、王、颜四位大师都是非常敬佩的。他的民族意识，排满思想，确实受他们的影响甚深，因而对他们往往寄以深切的怀念和予以热情的歌颂。

对王船山，说他遭逢的时代是"中原板荡灰劫余，胡尘颎洞风沙粗"。说他在明亡前后的态度，"上书忧国筹军输，攘狄大义春秋符，帝子不归愁苍梧，孤忠直与湘累俱"。最后写他如何怀抱孤愤，眷念故国，高风亮节，誓死不渝，"著书万卷黄顾如，眷怀宗国心不渝。黍离麦秀悲遗墟，举世谁复知申胥。井中心史传遗书，所南忠愤古所无"。(《读王船山先生遗书》)

对顾亭林，说他的才学和对明室的忠贞。"先生经世才，文采华南国，拜表至行朝，真意迈肝鬲。微忱抱区区，岁寒坚金石。"说他在明亡后为逃避清廷的罗致，而到处流亡。"神州既沦沉，悲哉陷异域。秋风吹济南，摧藏铩鸿翮。一鹗翔云霄，肯为罻罗得。昌平风萧条，关塞悲行役。伤哉《麦秀歌》,君驾将安适"。最后写得到他的手札墨迹,自己如何的珍惜,并慨叹清室的统治,至今还未推翻。缅怀先贤,心情不禁为之怆然。"缣简随云烟,寒落凭谁惜。手迹尊名贤,珍护如球璧。沉埋三百载,幽光岂终匿。生民尚左衽,天未厌夷德,郁此坚贞心,对此空凄恻。"(《书顾亭林先生墨迹后》)另外在《咏明末四大儒》中的第一首和《谒冶山顾亭林先生祠》两诗中,都抒发了对亭林的崇仰和怀念。

对于黎洲在《咏明末四大儒》之第二首中,称他:"惊心西浙非王土,伺籍东林作党人。毕竟艰贞成大节,晦明无复九畴陈。"

此外如《读楚辞》之赞屈原,《文信国祠》之歌颂文天祥,无不含有极其浓郁的民族思想。

刘氏在诗作上另一个突出特点,是对清王朝初期残酷的文字狱的揭露,特别对吕留良之狱,对死者剖棺戮尸,对生者抄家灭族,而清代无耻文人赵执叔献媚当道,力诋吕留良,申叔对此甚为不平。他在《阅赵执叔诗集,诋吕晚村甚力,因作二绝正之》中说:

  东南文网密于织,党祸谁怜瓜蔓抄。堪笑宋廷禁伪学,考亭名共嵩华高。文祸早偕胡(中藻)戴(名世)著,儒名犹共陆(稼书)张(考夫)齐。(当时以吕、陆、张及劳麟书为四大儒)如何言更因人废,此论吾嗤赵会稽。(魏默深先生谓留良言不可废,而赵氏诗则曰如何言不因人废,此论吾嗤魏邵阳,故此句反之,以存公论)

此外《癸卯夏记事》写1903年章太炎、邹容的被逮而囚于上海西牢的事。

  苍狗浮云变幻虚,纵横贝锦近何如。
  日斜秦野瓜空蔓,秋到湘江蕙已锄。
  蹈海何心思避世,愚民应更笑焚书。
  鸾凤窜伏神龙隐,搔首江天恨有余。

又如《闻某君卒于狱作诗哭之》:

  七宁凄凉墨迹新,当年争说自由神。(某君前赠余篆隶书

"中国自由神出现"七字)草间偷活吾滋愧,奇节而今属故人。
(梅村诗云:故人慷慨多奇节,恨当日沉吟不断,草间偷活)

刘氏当时深叹国家的危亡,人民的痛苦,而自己过着宁静的生活,感到无裨于世的忧愤心情。他的《仲夏感怀》的第二首中道:

闭门枯坐息尘梦,松斋寥寂供仇书。静观自得山梁雉,真赏忘言濠濮鱼。寄傲羲皇聊复尔,许身稷契近何如?伤情别有忧时泪,不学相如赋《子虚》。

总之,在申叔前期第一阶段的诗作中,刻画出一个忧时伤事,有磅礴热情与远大抱负,敢于以农民起义领袖自期的革命者的形象。到了第二阶段,他到了日本,与其妻何震发行《天义报》,他已不谈种族革命,而大讲其无政府主义了。这时他发表了同情工人、农民同军人的作品。有《滇民逃荒行》、《工女怨》二首、《从军苦歌》七首,这些作品颇有白乐天《新乐府》的风味。由于作者对人民群众生活体验的不够深,其思想感情与劳动人民有着一定的距离,所以这些诗流于现象罗列,不够深刻有力,因而感人不深。刘氏当时借提倡无政府主义而反对种族革命,从表面上看似乎他的主张更彻底,更积极,而实际与当时同盟会正确的革命路线是背道而驰的,是分化革命力量,是对清廷有利。后来章太炎、苏曼殊与之决裂,从思想分歧上看,是有其必然原因的。所以此后不久他就走上了变节投敌的道路。

刘申叔的诗歌,前期作品从艺术上看是有他的特色的。当时在诗坛上有所谓同光体,如郑孝胥、陈三立等皆宗法山谷后山,但他的作品似乎并不专宗一家,他的诗有学魏晋古诗的,如《孤鸿》、《咏怀》五首等。慷慨激昂,寄托遥深,有嗣宗《咏怀》与太冲《咏史》之风。此外如《丹穴有翔凤》、《书契易结绳》、《龙门百尺桐》三首,亦属此类。"丹穴篇"以翔凤、大鲲自比。"书契篇"以挽救学术界末流的颓风自任,"龙门篇"深叹个人的曲高和寡。

有宗法长吉的,含有悲凉凄戾的意境,又具有幽艳冷隽的风格。即如《效长吉》中的"洞庭人千里,风浪谁能渡?江头明月黑,来照青枫树。薜萝风萧萧,夜深山鬼语"。又如《后湘汉吟》"翠盖淡凝雾,碧旕轻拂霓。水弄雒神珮,竹凄江妃啼。蓉老残红褪,蘼深惨绿齐。销魂自有地,不必襄阳堤"。可为代表。其他如《铜人辞汉歌》、《对月》等,仿长吉诗风,尤其显著,不俱引。

在近代诗人中,刘氏受龚定庵影响也颇深。晚清作者不仅维新派如康有为、梁启超、谭嗣同等人曾受龚定庵诗作的沾溉,即革命派如柳亚子、苏曼殊亦同样承定庵的流风。刘申叔处在那样时代,在慷慨激昂发抒个人磊落不平之气的方面,自然也接受了定庵诗歌的表现方法。即如《杂咏》二首中的第一首,"朝饮燕市酒,夕驱夷门车"。不能不令人想起定庵的"朝从屠沽游,夕拉驵卒饮"的诗句。(《自春徂秋偶有所触拉杂书之漫不诠次得十五首》)又如《留别》二首第一首中的"三载饥驱战冰蘖,万重哀怨悟浮沤",又怎能不令人想到定庵的"金粉东南十五州,万重恩怨属名流"(《咏史》)之句呢!特别是《左盦诗录》中,绝句有不少近于定庵《己亥杂诗》中的情调的。所以刘氏的诗不拘一格,既有嗣宗的寄托遥深,又有长吉的哀怨冷艳。既有乐天的明白畅达,又有定庵的慷爽激越,但总的说来,前期诗作体现了现实主义的创作原则,因而表现出了诗人的革命精神。同时也反映出了一个大时代的时代风貌。

刘申叔后期的作品,与前期简直判若两人。从内容上看,这时表现出消极颓唐的情绪,如《未遂》中的"未遂绵山隐,低回稷下冠。错薪劳汉广,伐木愧河干"。其次对死生的宿命观点,如《己分》中的"己分同朝槿,何心慕大椿。……彭殇原自定,不必问严遵"。还有的是感伤消沉,如《独居》:"独居良寡欢,乘兴展晨眺。微霜变初条,湛落零丰草。阴阳有积迁,万卉递荣槁。沉思郁无端,对此伤怀抱。"另外有些长篇之作,如《八堧篇》、《大象篇》等都是隐晦艰涩,用一般人所不用的僻词奥句,来写他自己不愿明言与不便明言的往事与心情。他又不加诠释,读起来比《周诰》《般盘》还要"诘屈聱牙。"特别是他的《癸丑记行六百八十八韵》,全篇长达三千余言,他在篇后自记道:"民国二年夏,由蜀适沪,秋复由沪适晋,作诗纪行,韵宗《集韵》,间用正字及经典段文,因系初稿,瑕类孔多,改定未遑,姑付石印。应注之处,亦均从略。师培记。"这就说明他完全走向复古的道路,从内容上应注之处亦均从略,这样应注而没有注的地方,恐怕谁也不了解。在形式上既用正字,还采用经典段文,于是满篇古字古词就更不易了解了。五四时期曾称过去有些古典作品为死文学,像刘师培后来所写的这些长篇诗作,那真可说是名副其实的"死文学"。

五

刘师培的散文,绝大部分是论学的著作。另外就是他在参加革命后所写的反封排满的论著。前者如《文说》、《论文杂记》、《谶纬论》、《孔学真论》,后者如《攘书》、《中国民约精义》等。至于一般的散文、传记如《全祖望传》、《颜李二先生传》,序跋如《周末学术史总序》、《梵文典序》、《跋焦理堂家训》、《跋顾亭林书札》,此外书后有《书曝书亭集后》、《书汪小谷先生遗书后》……等。由于刘氏学术造诣比较渊博,对经学、史学、文学、哲学,都有其独到的见解,所以没法就内容上来进行论述。因此关于他的散文,只有从它的写作特点上,来加以分析说明。他的散文同诗歌一样可分为前后两期。前期作品的特点:

(一)立场鲜明。刘师培前期由于他从中国历史上,接受了王船山顾亭林的民族思想,同时又受到从西方介绍过来的民主与科学思想。加以他又参加了当时以推翻清王朝为职志的革命组织光复会;所以他这一时期的散文,民族民主的立场非常鲜明。从下列文章中可以得到充分地说明。民族立场如《攘书》中的《变夏篇》中论到汉人奉异族为主子,而对汉人反加卑视道:

> 魏晋以降,虏众既迁,胡军深入渎中土之神皋,冒中邦之士族。婚宦相奔,习久相安。而陷身虏域者,大抵弃礼义之乡,入无知之俗。故老消谢,民习于夷,廉耻道消,右虏下汉。甚至割弃山河,恬奉异类,假之羽翼,授以神州。戴首豪为元后,弃故国如敝屣,北方之强梁安在乎?此张骏所由思悲,而表圣所由兴叹

也。

后边结合现实,对汉民族提出警告道:

使神州之民仍偷息苟生,日与夷族相杂处,吾恐百年之后必凌灭至于无文,而蔑不夷矣。千年以降将生理殄绝,反之太古之初,而蔑不兽矣。汉唐区宇,黄炎子孙,惓言思之,潸然出涕矣!

其次在《鬻道》篇中抨击中国的儒者以孔孟之道奉献异族,使异族得以利用统治中国。他说:

中国贱儒,昧于中外之防,作夷狄戎蛮之羽翼,不惜窃圣贤之道,以文致房酋为圣贤。房酋利其然也,益得饰治定功成之名,以恣其妖妄。沐猴而冠,俳优而戏,其诬渎圣言不亦甚邪,故许衡魏象枢之罪,上通于天者也。古人以鬻地与夷者谓之卖国,今以数千年道学之传,视为邀利希荣之具,丧心失志,罪不容于死矣!

这痛骂了奉仕夷虏,出卖孔孟之道的贱儒。而在《帝洪篇》中则大力歌颂了敢于造反、来推翻清室统治的洪秀全道:

及虏焰既衰,洪王崛起。以匹夫之力,为天下倡。张挞伐于殷武,振大汉之威声,义旗所指,力扫胡尘,江淮以南,复为净土。虽所经郡邑多出灰烬之余,然改正朔,易服色,兴言扬之科,布鬻庙之令,蠲除繁苛,与天下相更始。观于檄虏之文,谕民之判,百世之下犹凛然有生人气。胡焰既张,南都倾覆,湘、粤遗民,至湛族殒身而不悔,则其志亦足多矣。

下边直斥曾、左之徒道:

湘、楚诸臣,弃顺就逆,作胡虏之干城,坠中兴之大业,致光复奇功,终成画饼,读而农、晚村之书,能无愧欤!

接着希望后起者能闻新田之风而兴起道:

虽然往者已矣,夫复何言!嗟我遗民,来日大难。辫发胡装,虏骑若织,呻吟虐政之中,屈服膻腥之下,夷德未厌,国仇莫恤,过新田之故墟,亦有闻风兴起者乎!

其次是民主立场,他批判"三纲"之说,认为古代并没有这样的规定,乃是后儒舍理论势,以势为理,舍是非而论逆顺,于是产生了名分之说,因而出现了"强弱相凌,日以空理相诘责,拑锢民心,束缚才智"的不合理的现实。他认为这都是宋儒所造成的错误。他们的罪是不可饶恕的。最后他用西方思想家们的理论来驳斥中国儒者指三纲乃天所为,非人所设的谬论道:

> 佔毕小儒,至谓"三纲"乃天所为,非人所设。呜呼,岂知西儒社会之理哉! 上古之初,牝牡相逐,肆意为生,知有母不知有父。君民之约未成,上下之序未立,天然之世并"伦"且无,何有于"纲"? 贱儒扶强锄弱,饰邪说而文奸言,岂足信欤?

这样根据社会之发展,来批判中国儒者卫护三纲之说的荒谬,是极有说服力的。从这里可以看出他当时鲜明的民主立场。

(二)用对比的写法。刘师培因为对中国学术比较精通,同时又从严复所译的西方学术名著如《天演论》、《名学》、《社会通诠》、《法意》等书中,吸取了资产阶级的观点和方法,因而对中外学术,以及社会制度,能进行参互比较,所以有些见解非常精辟,能发前人之所未发。

一、他运用的中西对比,最突出的是《孔学真论》中,对孔学之失,指出四点,都是用西方学术与孔学对比而得出来的结论。这四点:一是信人事,而并信天事。由于孔子创天变之说,于是到西汉则为变异学,到东汉则有谶纬学。于是浸淫至今,遂为民智之一大阻。二是重文科而不重实科。他指出西学学人从梭格拉底氏,数传至亚理斯多德诸贤,昌明物理之蕴。可是孔门弟子舍六艺儒书之外,无一能言及名数质力者,这种影响直到晚清,儒者遂高谈性命,视科学为无足轻重,而唯物派之学术于中国遂寂然未闻。三有持论而无驳诘,就是说师生之间,没有互相辩难的风气。其所以形成这样的原因,他认为一则由于论理思想之缺乏,即没有因明法,欧洲有归纳、演绎法,故持论圆满精微,合于论理。孔子虽创正名之说,亦仅托空文,未能实求其用,故辩诘之法,杳然无闻。再则由于孔门之专制,弟子问难为孔子所不乐闻,有听受而无问难,是为教育之专制。四执己见而抛异说。

孔子为儒教排外之鼻祖,禁言论思想之自由,仍沿官学时代之遗法。孔子之后,孟子斥杨墨,荀子非十二子,荀卿之学流为李斯之焚书,孟子之学流为宋儒道统之说。学术定于一尊,学术与孔孟异者,悉以非圣无法非之。刘氏这种从历史的发展,与中西对比上来论孔子的错误,就当时来说,是极精到的见解。

二、用古今学派作对比,同时也进行了中西对比。即如《政法学史序》,刘氏根据英人甄克思的《社会通诠》,来分析中国社会的发展,他把中国的原始社会,君主的禅让,与西方的共和政体相比。他说:"盖草昧之初,君主之任位有定年,与晢种共和政体同。君位既盈,必另举贤者以代之。封禅者,即取禅让之意者也,是为揖逊之天下。及图腾社会,易为宗法社会,遂为专制之先驱。"刘氏在这段文字的下边注道:《社会通诠》曰:"宗法社会者,王者专制之先驱也。"这就说明他用甄克思对西方社会发展作出的论断,来比照中国历史,从而对中国社会的发展作出如上的论断。

其次他又对先秦诸子对政法的看法,进行比较论述。他先论中国从黄帝以来的政治的体制道:

> 又黄帝之时,战胜苗族,抑为黎民,因种族而区贵族,此阶级制度所由兴也。阶级制度既兴,由是为君者握统治之权,为民者尽服从之责。试征之古代政治学,在舜之告禹曰:"臣作朕股肱耳目,予欲左右有民,汝翼。予欲宣力四方,汝为。"是臣僚者,君主之属吏也。而禹之告舜曰:"万邦黎献,共为帝臣。"是臣庶者,君主之私产也。君主政治,昔已萌芽。

这是从纵的方面论述中国君主政治之萌芽,下边比较战国时各家对政法的认识与主张的不同,他论儒家道:

> 儒家以德礼为本,以政刑为末,视法律为至轻,其立说之初,非不欲破阶级之制度,惟囿于名分尊卑之说,不欲尽去其等差,特欲使为君者与臣民一体耳。君与臣民一体,必能采众议,而戢淫威。夫人君既操统治之权,无法律以为之限,而徒欲责其爱民,是犹授刃与盗,而欲其不杀人也,有是理哉!

这个论断是非常精辟的。舍法治而用人治,确实是"授刃与盗,而欲其不杀人",是绝对办不到的。下边他论述法家:

> 管子以法家而尊儒家,以德为本,而不以法为末。以法为重,而不以德为轻。……举君臣上下同受制于法律之中,虽以主权归君,然亦不偏于专制。……商鞅著书亦知以法治国之意,重国家而轻民庶。……然主立法不泥古,此其所长。韩非亦然,复以峻法严刑,助其令行禁止,……盖纯以法律为政治之本者也。……及暴秦削平六国易王为帝,采法家之说,而饰以儒书,愚锢人民,束缚言论,相沿至今,莫之或革,此则中土之隐忧也。(《政法学史序》)

像这样用比较的方法,而阐明各种学派的得失,在刘师培论著中随处可见,就无须——列举了。

(三)对偶工整,词采秀丽。刘氏是推重魏晋骈俪作品的,他一方面在所写的宣传革命的论著时不能不用一般的散文,如前边所引《攘书》及《周末学术史总序》一类的文章,这类作品大概是他所说的属于"笔"的作品。至于他所谓属于"文"的作品,也颇有一些,而是对偶工整,词采秀丽的作品。刘氏对清代作者非常赞扬他的乡先辈汪中的骈文的,他说:

> 江都汪氏,熟于史赞,为文别立机杼,上追彦升,虽字酌句斟,间遥姿媚,然修短合度,动中自然,秀气灵襟,超轶尘堨。于六朝之文,得其神理。或以为出于《左传》、《国语》,殆誉过其实。(《论近世文学之变迁》)

因此他的骈文在风格上,确有点近于汪中。即如他的《书曝书亭集后》,评论朱彝尊,其词采之秀丽,情感之充沛,大似汪中的评论黄祖同马守真的文章(《吊黄祖文》、《经旧宛吊马守真文》)。而《函谷关铭》,又大似汪中的《汉上琴台之铭》,这一些都是属于艺术之作,和一般的应用文大不相同了。

(四)感情洋溢,激动人心。刘师培不论是宣传革命的文章,论述学术的著作,以及单篇的骈丽作品,往往在笔调上洋溢着充沛的感

情,因而别有一种感人的力量。散文如《攘书》中《变夏篇》:

> 嗟乎!燕赵之地,古称多感慨悲歌之士,而衣冠文物,萃于中州。函关以西,又天府膏腴甲天下。居今思古,何风流歇绝亦至于此极,盖胡虏煽乱,中原甲姓,避乱南迁,故冠带之民萃居江表,流风所被,暨于楚粤。回顾中州,惟有荒荒大陆,人兽杂居而已,不亦重可叹哉!

骈文如《书曝书亭集后》,对朱彝尊颇有微词,称其甲申以后,决心不仕异族,"高栗里之节,卜梅市之居。"作者说他:"观于马草之什,伤虏政之苛残;北邙之篇,吊皇陵而下泣,亡国之哀,形于言表。"后来不甘寂寞,出仕清廷,文中说他:"献赋承明,校书天禄,文避北山之移,径夸终南之捷,甚至辂车秉节,朵殿承恩,仕莽子云,岂甘寂寞;陷周庾信,聊赋悲哀,此又一时也。"文章末尾评论他道:"后先异轨,出处殊途,冷落青门,忆否故侯之宅?萧条白发,难沾处士之称。此则后凋松柏,莫傲岁寒;晚节黄花,顿改初度者矣。秋风戒寒,朗诵遗集,因论其行藏之概,以备信史之乎采焉。"

刘氏讥讽朱氏,但想不到他自己的一生行谊更有劣于朱氏者。当他后来重读他早年这些文章时,不知有愧于中否也!

论刘氏的散文(包括骈文)应该以他的前期为主,因为不论从思想内容,到表现形式,都代表了当时进步的倾向。而后期除部分论学著作,有些还有参考价值外,至于他的思想同见解,大半是违背历史潮流的东西,是应该予以批判的!

六

综观刘师培的一生,在政治与文学的关系上,给我们以极大的启发。他在政治上的表现,是由早年的革命,堕落成后期的反革命。而在革命的时期,不论其诗文以及学术论著,都代表了时代的精神,是前进的,而非倒退的。是解放的,而非保守的。是具有创造性的,而非因袭固陋,抱残守阙的。是敢于吸取外来的新事物的,而非拒外排外,闭关自守的。因而他的著作同作品能给当时社会以巨大的影响,产生了发聋振聩的启蒙作用。

但到后期,由于政治上走上叛变的道路,于是一反往日之旧,逆历史潮流而动,正如鲁迅在《趋时与复古》中评论康有为、严复时所说的:"原是拉车前进的好身手,腿肚大,胳膊也粗。这回还是请他拉,然而是拉车屁股向后。这里只好用古文'呜呼哀哉尚飨'了。"所以刘氏的一生,在政治与文学上的表现,应该是后来者永远作为前车之鉴的。

1980 年 8 月 6 日初稿

苏 曼 殊

一

　　苏曼殊(1884~1918)字子谷,又名玄瑛(曼殊是他削发后的法号),广东中山县人(原名香山县)。父苏杰生,为旅日华侨,曾任日本横滨英商万隆茶行买办。嫡母黄氏,居原籍。生母为日人若子(家人称为"贺哈喙"日语"才若——オリカ"),原为杰生的下女,生曼殊后,不到三个月,即离开苏家。曼殊为其父所纳妾河合仙所抚养(文公直《曼殊大师传》),因而曼殊终身认河合仙为亲母。

　　一八九四年,中日爆发战争,曼殊随他的父母返国。不久,因其父家道中落,于是令曼殊跟他的母亲又去日本。一八九九年曼殊十六岁,入横滨大同中学读书。一九〇一年,由于他的亲戚林氏的资助,入东京早稻田大学,次年转学于振武学校,习初级陆军。

　　曼殊开始参加革命活动,在一九〇二年,由大同中学时同学冯自由介绍,加入了留日革命人士组织的青年会。该会宣言,以实行民族主义为宗旨。不久又参加拒俄义勇队和军国民教育会。由于他的表兄林紫垣反对,曼殊不听,因而停止了对他的资助。此后,曼殊生活无着,被迫返国。回国后即削发为僧,易名曼殊。后到上海与革命人士陈独秀、何靡施、章行严等往来,并为《国民日报》助理编辑,与陈独秀合译法人嚣俄的小说《惨世界》。后曾往来于苏州、长沙、芜湖、江宁等地，担任学校教职。

一九〇六年再至东京，与章太炎、刘申叔夫妇住在一起，所著《梵文典》成书后，曾请章刘二人作序。所译英诗人拜伦的诗篇，也曾请太炎为他润色，同时并为太炎主编的《民报》和刘申叔主编的《天义报》撰稿。在《民报》上曾发表《岭海幽光录》和译的小说《婆罗海滨遁迹记》。在《天义报》上发表《梵文典自序》、《秋瑾遗诗序》、《画谱自序》等。曼殊精于绘事，刘申叔夫人何震曾拜他为师，并曾辑印《曼殊画谱》行世。后刘申叔夫妇变节，入端方幕府，为清廷侦探，党人中有人疑曼殊亦与其事，曾投函警告。太炎听说后，发表《书苏玄瑛事》，为他申辩。文中极称曼殊品格高洁，说："广东之士，儒有简朝亮，佛有苏玄瑛，可谓厉高节，抗浮云者矣。"最后还说："玄瑛可诬，乾坤或几乎息矣！"

辛亥革命后，党人多已飞黄腾达，但曼殊不涉足仕途，仍以卖文教书为活。他深愤袁氏当国，政治日趋腐败，过去个人对革命的期望，成为泡影，因而不免感伤愤激，流于消极颓唐。有时或为朋辈所邀，亦曾涉足娼寮，但不过逢场作戏，虽姹女盈前，始终不一破其禅定。

此后，曾倾全力于小说的创作，先后在国内外各报章杂志发表中短篇，如《断鸿零雁记》、《天涯红泪记》、《绛纱记》、《焚剑记》、《碎簪记》等。一九一八年因患肠胃病，入上海广慈医院，终于不起，于五月二日卒，年三十有五。遗著后由其生前挚友南社创始人柳亚子及其公子柳无忌纂辑为《苏曼殊全集》行世。(以上根据：(一)冯自由《苏曼殊之真面目》，见《革命逸史》初集；(二)文公直《曼殊大师传》，见《苏曼殊大师全集》；(三)柳无忌《苏曼殊年表》，见《苏曼殊全集》卷一。)

二

曼殊是一位杰出的画家兼诗人，他的作品也同王摩诘一样，是诗中有画,画中有诗。

曼殊的诗近百首,从内容上看,所抒发的绝大部分是身世之感,其次是家国之感。

曼殊是一个极富于感情的作家,由于遭遇不偶,所以他尝说:"思维身世,有难言之痛。"因而才决然削发,遁迹空门。但他并不同于一般的僧侣,在寺院里参禅打坐,诵经念佛,脱落世事,断绝尘缘,而仍然和现实社会中的友朋亲故相往还,特别在他青少年时期,曾遇到一些妙龄女子,对他无限钟情,如调筝人、雪鸿等。他对她们的青睐,不能不为所动。但根据他的初衷,已不可能接受她们的爱情,因而在思想感情上,产生了剧烈的矛盾和痛苦。而这种矛盾和痛苦,正是他那些缠绵悱恻,幽怨哀惋的诗篇产生的根源。在他的这类篇什中,往往表现出当爱情在自己心湖里泛起波澜时,总是用佛法作为解除个人痛苦与矛盾的手段。即如《寄弹筝人》:

> 禅心一任蛾眉妒,佛说原来怨是亲。
> 雨笠烟蓑归去也,与人无爱亦无嗔。
> 生憎花发柳含烟,东海飘零二十年。
> 忏尽情禅空色相,琵琶湖畔枕经眠。

另外在《本事诗》中反映出他同爱他的女子之间的感情,已达到了相当深邃的地步,如:

> 桃腮檀口坐吹笙,春水难量旧恨盈。
> 华严瀑布高千尺,未及卿卿爱我情。
> 碧玉莫愁身世贱,同乡仙子独销魂。
> 袈裟点点疑樱瓣,半是胭脂半泪痕。

但由于他已出家,已不可能再同她结合,所以在诗中写出自己无可奈何的怅恨。

> 乌舍凌波肌似雪,亲持红叶索题诗,
> 还卿一钵无情泪,恨不相逢未剃时。

这些作品的产生,不少在辛亥革命之后。由于当时袁氏当国,镇压革命党人,曼殊日睹国事的蜩螗,而又看不见光明的前途,所以不免与南社其他作家一样都流于消极颓唐。这些篇什不过是借以排遣自己无限的忧愤的情怀而已。

另外由于他孑然一身,四海为家,所以诗中时时流露出无限的孤苦、寂寞、飘泊流浪的感伤情绪。即如《题拜伦集》:"秋风海上已黄昏,独向遗编吊拜伦。词客飘蓬君与我,可能异域为招魂。"又如《过若松町有感示仲兄》:"契阔死生君莫问,行云流水一孤僧。无端狂笑无端哭,纵有欢肠已似冰。"都说明一个富于感情的诗人,但却要作断绝尘缘,泯灭五情的比丘,这是多么的不可能。但曼殊以最大的克制力,来抵御外缘的侵袭。表面上似乎是行云流水,悠闲自得,可是心灵深处的苦痛,又使他不能不发露出来,这就表现为"无端狂笑无端哭"的样子,像是一个神经上有毛病的人,而实际上这正是他思想感情的如实写照。

其次,是他的家国之感。曼殊在晚清是一个具有高度民族思想与爱国思想的作家。这些思想表观在他的各种创作中,诗词当然也不例外。即如《以诗并画留别汤国顿》:"蹈海鲁连不帝秦,茫茫烟水着浮身。国民孤愤英雄泪,洒上鲛绡赠故人。海天龙战血玄黄,披发长歌览大荒。易水萧萧人去也,一天明月白如霜。"诗中歌颂了鲁仲连和荆轲,真是慷慨激昂悲壮豪放,令读者感发兴起。与这篇风格相近的,还有《耶婆提病中末公见示新作伏枕奉答兼呈旷处士》:"君为塞上鸿,我是华亭鹤。遥念旷处士,对花弄春爵。良讯东海来,中有游仙作。劝我加餐饭,规我近绰约。炎蒸困羁旅,南海何辽索。上国亦已芜,黄星向西落。青骊逝千里,瞻乌止谁屋。江南春已晚,淑景付冥莫。建业在何许?胡尘纷漠漠。佳人不可期,皎月照罗幕。九关日以远,肝胆竟谁托?愿得趋无生,长作投荒客。竦身上须弥,回顾无崖崿。我马已玄黄,梵土仍寥廓。恒河去不息,悲风振林薄。袖中有短书,思寄青飞鹊。远行恋俦侣,此志常落拓。"这篇诗大似阮嗣宗的《咏怀》,它写于一九一〇年。当时曼殊对革命形势估计不足。就在这年,革命军在广州起义失败,党人刺摄政王不成而被捕,日本帝国主义吞并了朝鲜,设朝鲜总督。他眼看革命无望,祖国很可能成为朝鲜之续,所以才发出"上国亦已芜,黄星向西落。青骊逝千里,瞻乌止谁屋?……建业在何许?胡尘纷漠漠"的慨叹。

曼殊的诗,绝大部分为七绝,而言情篇什居十之九。诗中有"猛忆定庵哀怨句"(《东居杂诗十九首》),同《集义山句怀金凤》,即说明他是深受定庵、义山影响的。至于集中豪放之作,自系受英诗人拜伦的影响。惜乎在这方面,他没有作进一步的发展,这应该说是与他的平生遭遇,和个人气质有关。而他的享年不永,也是他的诗歌未能有着进一步地发展的原因。

三

曼殊从事小说创作,在辛亥革命后。他于一九一二年发表具有自传性的中篇作品《断鸿零雁记》。一九一四年,有《天涯红泪记》;一九一五年,有《绛纱记》和《焚剑记》;一九一六年,有《碎簪记》;一九一七年,有《非梦记》。这些都是短篇,共约十万余言。它们都揭载于国内外的著名报刊,如《太平洋报》、《民国杂志》、《甲寅杂志》、《新青年》杂志等。后来有的单行本发行,有的列入小说集中。到了二十年代,柳亚子父子编印《全集》,因而风行海内,对青年读者影响极大。过去评曼殊小说的,颇不乏人,但解放后论者还属寥寥,因而有重新给以估价的必要。

曼殊小说从内容上看,表现个人身世之感的《断鸿零雁记》,可以说最突出了。柳亚子根据它写曼殊的传记。冯自由曾反对亚子的这种看法。我觉得把小说看作完全是历史事实,自然是错误的。但要说它纯粹的虚构,也是不正确的。即如篇中写"余"回东京省母,和他的姨表姐静子一段爱情关系,证之以他所写的诗篇,如《为调筝人绘像》、《寄调筝人》、《调筝人将行嘱绘金粉江山图题赠二绝》、《东居杂诗十九首》等都足以证明。小说中的静子,决非纯属子虚。又如其他短篇中,如《绛纱记》中所说的"有广东人流落可叹者,依郑氏处馆度日,其人类有疯病,能食酥糖三十包"。也是写他自己的。

至于其余的几篇，大抵写青年男女的恋爱悲剧，如《绛纱记》、《焚剑记》、《碎簪记》、《非梦记》等。至于构成悲剧的原因，不外是新旧思想的矛盾。从晚清西方资本主义的民主思想传入中国，婚姻自由在一部分接受新思潮的青年男女中，已深有影响。但是作长辈的，仍然恪遵"父母之命，媒妁之言"的封建陈规，两者发生了矛盾，于是造成了悲剧。如《碎簪记》中主人公庄湜，他的叔婶为他定了一位大家闺秀莲佩，而他的好友又给他介绍了自己的妹妹灵芳。庄湜心中所属意的乃是灵芳，而非莲佩。但他叔叔是一个具有浓厚封建道德观的老先生，认为不通过长辈的许可，而私订婚姻，是"蛮夷之风，不可学也"。但庄湜已经接受了灵芳的信物玉簪。当他叔父知道这件事后，非常恼火，一次碰到灵芳，他就像《茶花女遗事》中阿芒的父亲，对茶花女晓以大义，让她和自己儿子断绝关系一样，他也让灵芳自己碎其给庄湜的信物玉簪，并对庄湜的挚友怒斥庄湜道："此人不听吾言，狂悖已甚。烦汝语彼，吾已碎其玉簪矣。此人年少任情，不知'衒女不贞，衒士不信'，古有明训耶？"其结果庄湜病死，两女均自杀。作者在篇末道："今兹庄湜、灵芳、莲佩之情缘既了，彼三人者或一日有相见之期，然而难也。"

出身于封建家庭的青年，一则由于在世界观中还残存有封建思想的流毒，认为长辈之命不可违。其次是社会的舆论。三是在经济上不能独立，还需要仰赖前辈的遗产。所以在婚姻上不能自主的时候，只能走殉情这条路。因此在那个过渡时期的小说中所反映的种种婚姻悲剧，是完全符合当时的现实实际的。

在曼殊这些作品中，时时流露出民族思想与爱国思想的激情。即如在《断鸿零雁记》中，开卷第一章，一开头即写"百越有金瓯山者，滨海之南，巍然矗立"。下边写出"盖海云古刹在焉"。由此联系到宋末遗事，"相传宋亡之际，陆秀夫既抱幼帝殉国崖山，有遗老遁迹于斯，祝发为僧，昼夜向天呼号，冀招大行皇帝之灵"。下边写后人的传说与自己的感怀，"故至今日遥望山岭，云气葱郁；或时闻潮水悲澌，尤使人欷歔凭吊，不堪回首"。

第十二章，作者又借"余"的表姐静子之口，评述明亡后逃往日本的朱舜水的遗事。说："朱公以崇祯十七年，即吾国正保元年，正值胡人猖披之际，孑身数航长崎，欲作秦庭七日之哭，竟不果其志。迨万治三年，而明社覆矣。朱公以亡国遗民，耻食二朝之粟，遂流寓长崎。以其地与平户郑成功诞生处近也。"最后说："公目清人腼然人面，疾之如仇。平日操日语至精，然当易箦之际，公所言悉用汉语，故无人能聆其临终垂训，不亦大可哀耶！"朱舜水高度的民族气节，深为后人所景仰。鲁迅在去仙台读书时，一次曾中途下车，展望他的丘墓。作者在小说中忽然插入这一段话，充分表现了他对朱舜水的景慕之情。

小说第二十六章引澹归和尚贻吴梅村的诗："十郡名贤请自思，座中若个是男儿？鼎湖难挽龙髯日，鸳水争持牛耳时。哭尽冬青徒有泪，歌残凝碧竟无诗。故陵麦饭谁浇取？赢得空堂满酒卮。"作者借主人公"余"愤慨地说："当日所谓名流，忍以父母之邦委于群胡，残暴戮辱，亦可想而知矣。澹归和尚固是顶天立地一堂堂男子，呜乎！丹霞一炬，遗老幽光，至今犹屈而不申，何天心之愤也！"他深愤国人之不觉悟，未能早日推翻异族统治，光复祖国河山，其情感之真挚，不自觉地流露在字里行间，这是我们读曼殊小说时决不应忽视的。

曼殊的小说还反映了戊戌政变后，清政府镇压维新派的情况。《绛纱记》中写梦珠的未婚妻秋云，自述其遭遇道："先是有巨绅陈某，欲结缡吾族，先君谢之。自梦珠出家事传播邑中，疑不能明也。有谓先君故逼薛氏子为沙门，有谓余将设计陷害之。巨绅子闻之，强欲得余，便诬先君与邝常肃通。巡警至吾家，拔刃指几上《新学伪经考》，以为铁证。以先君之名登在逆籍，先君无以自明，吞金而殁。吾将自投于井，二姊秋湘闻之，携余至其家，以烛泪涂吾面，令人无觉，使老妪送余至香港，依吾姉。"

这里提到的邝常肃，即康长素（有为）的谐音。《新学伪经考》，为康的著作。名登逆籍，即曾参加过康梁师弟所组织的"强学会"、"保国会"的人。实际当时列名于这两个会的，不一定都参加了康梁等的变法运动,但是只要有人揭发,即难幸免。

《焚剑记》中反映出晚清社会的混乱情况,人民在水深火热之中,遭受深重的灾难。里边写两个青年女子,由于受到家庭逼迫,出走逃亡,在路上经受了种种的遭遇。二人以灰炭自污其面为乞妇状,旬日至东馆西约十里,日将西坠,有军将似留学生,策马而至,见二女勒马欲回,二女拜跪马前求食。军将笑以手探鞯,举一人腿示女曰:"吾侪以此度日,今仅余一腿,尔曹犹欲问鼎耶?"真是惨不忍睹。当时由于乱离与灾荒,许多村落已无人烟,小说中写主人公的经历与所见:"二女昏然如醉,生抱之登小舟,沿流而下,已二日,舍舟登陆,憔悴困苦,不可复言。村间烟火已绝,路无行人,但有死尸而已。此时万籁俱寂,微月照地,阿蕙忽牵生手,一手指丛尸中,悄语生曰:'此尸蓬首,挺身欲起,或未死也。'生趋前问尸曰:'子能起耶?'尸曰:'苦哉!吾被弹洞穿吾肩,不知吾何罪而罹此以厄也。汝三人慎勿前去,倘遇暴兵,二女宁不立为齑粉?暴兵以半日杀尽此村人口。此虽下里之民,然均自耕而食,自织而衣,素未闻有履非法者。甚矣!天之以人为戏也。'"

很显然,在晚清,广东一再发生革命暴动事件,清廷进行镇压,迁怒于人民群众,于是有洗劫农村的残酷暴行。这与国民党对苏区,日寇对抗日根据地,实行三光政策,前后如出一辙。像这样从侧面反映辛亥革命前后,革命与反革命的斗争激烈情况,在同时小说中,还是不多见的。

不过,曼殊小说中也存在不少问题。首先,由于他的世界观是唯心主义同虚无主义的,所以在内容上充满着世事多变,人生无常和感伤颓唐的情绪。作品中的男女主人公,如《断鸿零雁记》中的"余",以及《绛纱记》中的秋云、玉鸾,《非梦记》中的燕生,最后结局都以遁入空门为僧为尼而告终。这对广大读者,是会产生不小的消极影响的。

在创作方法上,作品中所反映的现实生活,以及主人公的思想情绪和遭遇,的确是符合中国辛亥革命前后社会的真实情况的。但作品中的故事情节，人物际遇，往往出于作者虚构。其中最大缺点，即某些事态，是不符合人物性格，或现实生活发展逻辑的。

曼殊的小说，全部题材都是男女爱情同婚姻问题，而且也都是以悲剧而告终。五四前后鸳鸯蝴蝶派的作品，不少源于曼殊，到后来渐趋恶滥。所以有人把他也列入到这一派中。周作人在他的《答芸深先生》的信中，认为这是在"宣统、洪宪之间的一种文学潮流，一半固然是由于传统的生长，一半则由于革命顿挫的反动，自然倾向于颓废，原是无足怪的。只因旧思想太占势力，所以渐益堕落，变成《玉梨魂》这一类的东西。文学史如果不是个人的爱读书目提要，只选中意的诗文来评论一番，却是以叙述文学潮流之变迁为主，那么正如近代文学史，不能无视八股文一样，现代中国文学史也就不能拒绝鸳鸯蝴蝶派，不给它一个正当的位置。曼殊在这派里，可以当得起大师的名号。却如儒教的孔仲尼，给他的门徒们带累了，容易被埋没了他的本色"。(《苏曼殊全集》卷五附录下)周作人从时代背景上说明鸳鸯蝴蝶派产生的根源，以及曼殊在这派作家中应占的地位，是值得读者参考的。

另外曼殊小说，一方面继承了《聊斋》、《红楼梦》的传统，另一方面也受西方文学，如当时风行一时的《茶花女遗事》和《迦茵小传》的影响不小，所以鸳鸯蝴蝶派也并非纯然国产。

四

曼殊的散文因受章太炎、陈独秀、柳亚子等的影响，表现了革命的思想，如《秋瑾遗诗序》。此文虽短，但却表现出无限哀惋愤激同仰慕之情。试看其开头的一段话：

死即是生，生即是死。——秋瑾以女子身，能为四生请命，近日一大公案。秋瑾素性，余莫之审，前此偶见其诗，尝谓女子多风月之作，而不知斯人本相也。秋瑾死，其里人章炳麟序其遗诗，举袁公越女事，嗟夫！亡国多才，自古已然。

特别在一九一三年,袁氏镇压二次革命的时候,曼殊站在革命党的一边,发表了《讨袁宣言》,备陈袁氏的罪恶,申明二次革命的意义,表示个人的决心。文章开端在引了拜伦《哀希腊》的诗句之后,接着抒发个人的激愤之情,他说:

　　呜呼!衲等临瞻故国,可胜怆恻!自民国创造,独夫袁氏,作孽作恶,迄今一年,擅操屠刀,杀人如草,幽蓟冤鬼,无帝可诉。诸生平等,杀人者抵。人讨未伸,天殛不遄,况辱国失地,蒙边夷亡,四维不张,奸回充斥,上穷碧落,下极黄泉,新造共和,固不知今真安在也!独夫祸心愈固,天道愈晦,雷霆之威,震震斯发,普国以内,同起伐罪之师。衲等虽托身世外,然宗国兴亡,岂无责耶?今直告尔,甘为元凶,不恤兵连祸结,涂炭生灵,即衲等虽以言善习静为怀,亦将起而褫尔之魄,尔谛听之!

　　此外,曼殊还写了些书札,从文艺的角度上看,的确是冷隽飘逸,读起来令人不由想起东坡同山谷的尺牍,往往是信手拈来,而情趣盎然,意态横生。

五

　　曼殊在翻译方面,诗有汉译英和英译汉两种,他曾辑为《文学因缘》一书问世。另外他还和陈独秀合译法国大作家嚣俄的《惨世界》(现译作雨果的《悲惨世界》)。因系与别人合译的,这里不多评论,只略论其译诗。而译诗只论其对英人拜伦诗的译作。

　　曼殊认为诗是很难译的,由于语言不同,用这国文字来译另一国的诗歌,就很难把作品中的意境和声律之美,完全表达出来。他说:

　　先是在香江读 Candlin 师所译《葬花诗》,词气凑泊,语无增减。若法译《离骚经》、《琵琶行》诸篇,雅丽远逊原作。夫文章构造,各自含英,有如吾粤木棉、素馨,迁地弗为良,况歌诗之美,在乎节族长短之间,虑非译意所能尽也。(《文学因缘·自序》)

但是他还是用汉文译了英诗,同时又把中国许多诗篇译为英诗。在英国诗人中他尤其酷嗜拜伦的作品,他所以喜爱的原因,一是由于他的身世与拜伦有相近之处,所以特别有着同感。如:"丹顿(但丁)摆伦是我师,才如江海命如丝。朱弦休为佳人绝,孤愤酸情欲语谁!"(《本事》)但是更重要的则是拜伦提倡自由和反抗的精神,给曼殊的影响最大。在中国,最早译拜伦《哀希腊》中部分章节的,为梁任公的小说《新中国未来记》。由于当时中国正在进行反满革命,拜伦因曾帮助希腊进行独立战争,所以当时不少革命者,都曾醉心于阅读他的诗篇,企图从中吸取力量。正如鲁迅在《杂忆》中所说的:

其实那时 Byron 之所以比较为中国人所知,还有别一原因,就是他的助希腊独立。时当清的末年,在一部分中国青年的心中,革命思潮正盛,凡有叫喊复仇和反抗的,便容易惹起感应。

曼殊当时之盛推拜伦,当亦与此有关。不过他的译诗太受古诗的局限,所以那种激昂慷慨的情调,未能得到充分的表达。正如鲁迅对他的评论:"但译文古奥得很,也许曾经章太炎先生的润色的罢,所以真像古诗,可是流传倒并不广。后来收入他自印的绿面金签的《文学因缘》中,现在连这《文学因缘》也少见了。"(《坟·杂忆》)

由于曼殊虽然盛赞拜伦,但一则所译的篇数寥寥无几,加上译文的古奥,所以在文坛上的影响是远不及他的创作的。

综观以上的论述,曼殊在中国近代文坛上是一个奇人,也是一个才人。不论诗歌小说同散文,都有其独特的风格,闪耀着天才的火花。特别是他的革命思想同感情,在他的作品中往往于不自觉中流露出来,这更是值得重视的。可惜的是他在思想上受到佛家唯心主义与消极出世思想影响较深,尤其在辛亥革命后,袁世凯当国,镇压革命党人和进步人士,当时南社诗人大半看不到政治的前途,因而走上消极颓唐,用醇酒妇人来排遣苦闷的道路。曼殊当时也未能免,在创作上借艳体诗篇来发抒自己无可奈何的情怀,而在小说上,也写了不少带悲剧色彩的恋情作品,这些对青年读者的影响未免是消极的。加上他寿不永年,所以在艺术上也未臻于成熟,因而在小说中难免出现一些不符合生活逻辑的描述。特别是由于他开其端,后人扬其波,形成了弥漫文坛,影响恶劣的鸳鸯蝴蝶派。因而后来论者,追溯根源,对曼殊也深有微辞。

在今天重新评价曼殊的作品,应该本着历史唯物主义的精神,实事求是地对他的作品进行分析评价,在晚清文学史上应该给他以一定的地位,而不应一笔抹煞,把他与后来的鸳鸯蝴蝶派等量齐观。

1979 年 12 月 10 日改定

林　　纾

一

林纾(1852~1924)字琴南,号畏庐,福建闽县人。出身于一个小商人家庭,幼年贫苦,曾寄食于外祖母家。但极好学,十八岁婚于刘氏,岳父刘有棻,即以传统的程朱理学来教导他,让他读《呻吟语》、《五种遗规》,并同他讲道学源流,及立身安命之道。这是他接触程朱派理学的开始。

林纾二十三岁(1874)开始教蒙学,藉以谋生。三十一岁乡试中式,座师为当时以风流倜傥著称的宝廷。戊子(1888)读书龙潭精舍,同徐祖莆讲论程朱理学。以后曾屡次赴京应礼部试,均不第,因此到杭州任东城讲舍讲席。光绪二十五年,以偶然机会与友人合译《茶花女遗事》,出版后,风行海内,从此引起他翻译西洋文学的兴趣。光绪二十七年(1901)就征赴京,主讲金台书院,又受聘为五城学堂总教席。这年初识桐城派文士吴汝纶,颇受吴的赏识,称许他的文章是"遏抑掩蔽,能伏其光气者"(《赠马通伯先生序》)。从此,遂师事吴氏。光绪二十九年,任职于京师译书局,与曾宗巩、魏易二人合作,日译五六千言。光绪三十二年,任京师大学堂讲席,为预科及师范馆讲授"伦理学"。宣统元年,又受大学文科聘,讲授古文辞。未几出版其《畏庐文集》。

1911年辛亥革命爆发，清王朝复灭，林纾誓为清室遗老，每年于载湉死日，亲赴其陵晋谒，对逊帝溥仪，则执臣子礼甚恭。一九一三年辞大学堂职，专以卖画卖文自给，而与逊清遗老如陈宝琛、陈衍、梁鼎芬等，过从颇密。一九一七年，张勋复辟失败。林纾曾有"此军再挫清再亡，敢望中兴作杜甫"的诗句，足见其敌视民国、忠于清朝的反动政治倾向。

　　五四运动前夜，思想革命与文学革命爆发，当时以"反对旧道德，提倡新道德，反对旧文学，提倡新文学为文化革命的两大旗帜"（毛主席《新民主主义论》）。同时以维护旧道德与旧文学为职志的林纾，遂挺身而出，发表小说《妖梦》同《荆生》，漫骂恐吓当时的革命派，同时并致书北京大学校长蔡元培，攻击文学革命与思想革命，俨然以二十世纪的孟轲韩愈自居。可惜时代已不是战国同中唐，因而他的辱骂，适足以成为群众的笑柄，反映了封建势力不肯自动退出历史舞台，表现出最后的挣扎罢了。1924年死于北京，年七十三岁。遗著有《畏庐文集》、《续集》、《三集》，小说有《金陵秋》、《官场新现形记》、《京华碧血录》，传奇有《天妃庙传奇》、《合浦珠传奇》、《蜀鹃啼传奇》，诗有《闽中新乐府》、《畏庐诗存》等。翻译有《茶花女遗事》、《撒克逊劫后英雄略》、《拊掌录》等有五十余种（朱羲胄《林畏庐先生年谱》、《春觉斋著述记》）。

二

　　林纾生于鸦片战争后的第十二年，太平军起义的第三年，中日战争时他十三岁，以后又有戊戌变法、八国联军攻进北京，这一切现实中的重大政治事变，对他的思想来说，不能不发生巨大的影响。加上他是福建人，同乡同辈中不少是提倡变法维新的先进人物，最著名的为严复、林旭等。所以他早年是倾向于变法维新的。他在1904年译《美洲童子万里寻亲》的序中道："余老而弗慧，日益顽固，然每闻青年人论变法，未尝不低首称善。"（阿英《晚清文学丛钞·小说戏曲研究卷》)他所理想的政治,就是当时维新派所标榜的君主立宪。他说:"天下爱国之道,当争有心无心,不当争有位无位。有位之爱国,其速力较平民为迅,然此亦就专制政体而言。若立宪之政体,平民一有爱国之心,及能谋所以益国者,即可立达于议院。故郡县各举代表,入为议员,正以此耳。若吾国者,但恃条陈。条陈者,大府所见而头痛者也。平心而论,所谓条陈皆爱身图进之条陈,非爱国图强之条陈也。嗟夫,变法何年?立宪何年?上天果相吾华,河清尚有可待。"(《爱国二童子传达旨》,出处同上)

不过他虽是一个变法维新的拥护者,但他的主导思想,却与洋务派是一致的。实际上也可以用张之洞所提出的"中学为体,西学为用"二语概括之。他同维新派不同的,就中国哲学思想来说,他所推崇的是程、朱,而维新派则倾向陆、王。程(颐)朱(熹)派提出"天理"二字,把它说成是永恒的真理,封建的纲常伦纪,是万古常存的天理,是绝对不能变动的,是人们永远信奉的道德规范。在这种思想的支配下,对旧的一切,不敢存丝毫的怀疑之念,只有循规蹈矩,亦步亦趋,把人们搞得非常的拘泥和迂腐。至于陆(九渊)王(阳明)的哲学,是一种主观唯心论,提出"心即理"的主张,说什么"宇宙便是吾心,吾心即是宇宙"。无限夸大个人的作用,就其整个的思想体系而论,是非常反动的。但在一定的历史时期,就某些人来看,具有这种思想的,是敢于冲决罗网并勇于否定旧事物,接受新事物的。维新派的主要人物康(有为)、梁(启超)就都是陆、王的信徒。但他们也都是向西方寻求真理的先进人士。至于林纾崇奉的则是程、朱,所以前者革新,而后者保守。在思想倾向上,根本是不同的。其次再就从西方传来的新思潮来说,维新派的成员严复,翻译了赫胥黎的《天演论》,康、梁等人都接受了这种观点,但林纾对此并未受什么影响。所以严格说来,林纾表面上虽高呼"维新",而骨子里却更接近李鸿章和张之洞。

至林纾之倾向程朱,原因是幼年时就受他岳父的教导,后又与徐祖莆讲论。在文学上他又宗法桐城,而桐城派的祖师方苞,就曾标榜

"学行继程、朱之后,文章介韩、欧之间"(王兆符《望溪先生文集序》)所以到后来,他就成为一个不折不扣的卫道者。

在文学观上,由于林纾翻译外国小说,对小说的社会作用有着较深刻的认识,不同于一般的儒者。他说:"委巷子弟为腐窳学究所遏抑,恒颠顿终其身。而清俊者,转不得力于学究,而得力于小说。故西人小说,即奇恣荒渺,其中非寓以哲理,即参以阅历,无苟然之作。西小说之荒渺无稽,至噶利佛极矣,然其言小人国、大人国之风土,亦必兼言其政治之得失,用讽其祖国。此得谓之无关系之书乎?若《封神传》、《西游记》者,则真谓之无关系矣。"(《红礁画桨录》二题《译余剩语》,出处同上)

他很称赞清末文坛上出现的揭露现实黑暗的作品,如《孽海花》、《文明小史》、《官场现形记》等书。他说:"《孽海花》非小说也,鼓荡国民英气之书也。……《孽海花》之外,尤有《文明小史》、《官场现形记》二书,亦佳绝。天下至刻毒之笔,非至忠恳者不能出。忠恳者,综览事变,怆然于心,无拳无勇,不能制小人之死命,而行其彰瘅,乃曲绘物状,用作秦台之镜。观者嬉笑,不知作此者揾几许伤心之泪而成耳。吾请天下之爱其子弟者,必令读此二书,又当一一指示其受病之处,用自鉴戒,亦反观内鉴之一助也。"(同上)又说:"所恨无迭更司其人,如有能举社会中积弊,著为小说,用告当事,或庶几也。呜呼!李伯元已矣,今日健者,维孟朴及老残二君,果能出其余绪,效吴道子之写地狱变相,社会之受益宁有穷耶。谨拭目俟之,稽首祝之。"(1908年译《贼史序》,出处同上)

不过林纾并不能始终贯彻他这种主张,到了五四前夕,真正揭露社会黑暗的作品,和攻击形成此种黑暗的社会根源与思想根源的作品出现时,他反而视为"洪水猛兽"了。

林纾的思想是有矛盾的,同时随着时代的前进,也有着变化的。

先就矛盾来看,他在《闽中新乐府》里的"村先生"中,有"论月须辨无嫦娥,论鬼须辨无阎罗,勿令腐心入头脑,知识先开方有造"。这很有点破除迷信的进步思想。但是当他母亲病危的时候,他却"则起五更,爇香,稽颡于庭而出,沿道拜祷,至越王山天坛之上,请削其科名之籍,乞母终养"(《高氏妹哀辞》及《述险》)。这又是多么荒唐呢!

其次,他一向强调要爱国家,对于祖国的危亡不惜于每部译作序言中三致意焉,但对构成中国灭亡危机总根源的清政府,则竟誓忠不贰,迨革命胜利,民国建立,彼竟决心以遗老终。

第三,在文学观上一面提出文学有极大的教育作用,但另一面又说什么:"盖政教两事,与文章无属。政教既美,宜泽以文章。文章徒美,无益于政教。故西人惟政教是务,赡国利兵,外侮不乘,始以余闲用文章家娱悦其心目。虽哈氏、莎氏,思想之旧,神怪之托,而文明之士,坦然不以为病也。"(1904年《吟边燕语序》,出处同上)

这不完全是自相矛盾吗。所以林纾的思想并未构成完整的体系,往往凭个人一时的感怀,发而为文章,以致前后言论自相攻伐。

至于从发展上看,林纾思想从辛亥革命后日趋于顽固保守,辛亥革命前,因经常译西方文学作品,不免时时受其熏陶,所以爱国思想,以及男女平等,婚姻自由等思想,往往见于言辞。可是在辛亥革命后,由于他本来站在清王朝统治者的立场,一向敌视革命运动,这时由于清廷的复灭,于是他就决心以遗老自居。加以革命后,由于袁世凯的篡窃国柄,反动势力愈趋猖獗,社会日益黑暗,在林纾看来,这一切都是由于革命所造成的恶果,于是就越发敌视新思想、新学说,把过去自己的一些比较进步的观点,也都否定了。于是就成为一个彻头彻尾的顽固派代表人物。

至于他的顽固思想的表现,主要在于对桐城派古文与孔孟之道的维护。他处心积虑地向当时的革命派进行攻击。

林纾在文坛上,被他认为势不两立的敌人是五四时期的"文化革命派"。当时革命派打击的对象,一是传统的"孔孟之道",二是古文学,主要是"桐城派"与"选学派"。鲁迅在《狂人日记》中形象地指出礼教的吃人,钱玄同在《寄胡适之》信中,提出了"桐城谬种"同"选学妖孽",作为打击的目标。这就使一向服膺程、朱与宗法桐城的林纾,不能不破门而出,来卫护摇摇欲坠的礼教同古文了。他这时实际已成为封建遗老同封建官僚们的代言人。他反对这一革命运动,的确是煞费苦心,运用了可能运用的手段,企图来扑灭它。

首先他用小说作武器,写了《荆生》同《妖梦》两个短篇,向提倡革命者进行辱骂和恐吓。在前一篇中,用一些"嗥吠"、"禽兽"等字眼,但他不过是借以泄忿,他深知潮流所趋,因而也流露出失败者的无可奈何的可怜口吻,说什么:"如此混浊世界,亦但有田生狄生足以自豪耳,安有荆生!"至于后一篇,可以看出他对革命派的痛恨,简直达到了要"食肉寝皮"的地步。这种斗争手段,可以说极其下作而肮脏,但也充分说明了当反革命派的理屈词穷,不能从理论上来战胜对方时,于激忿之余,只得出此一着了。

林纾接着又给北大校长蔡元培去函,指斥革命派"提倡新道德反对旧道德",为"违忤五常,叛亲蔑伦,"认为"提倡新文学,反对旧文学,"为贬低了文学的价值,说什么"都下引车卖浆之徒所操之语,按之皆有文法……据此则凡京津之稗贩,均可用为教授矣"。由于蔡的父亲曾拉车卖豆浆,他竟用这话来讽刺蔡氏,并在最后向蔡氏提出"今全国父老以子弟托公,愿公留意以守常为是……为国民端其趋向"。这是要蔡采用行政的压力,来制止革命派的革命活动。

但是,林纾的信不但没有达到自己的目的,反而招来了蔡元培一顿词严义正的驳斥,这时他就更不甘心,进而利用安福系军阀徐树铮曾拜他为老师的关系,便伙同另一些反动文人,企图借徐的武力来镇压革命者,不过并未得逞。但从这一系列的事实,就全盘暴露了他的反动面目了。鲁迅在《辱骂和恐吓决不是战斗》中说:"中国历来的文坛上,常见的是诬陷、造谣、恐吓、辱骂,翻一翻大部的历史,就往往可以遇见这样的文章。"而林纾的文章,可以说是最典型了。他之所以这样,正由于他理屈词穷,不得不乞灵于诬陷、造谣、恐吓和辱骂。一切反动派的文人,没有不是如此的。但这种混淆是非,大闹一通之后,真正的胜利者,仍然是在拥有真理的一方。这种伎俩,只不过表现腐朽的东西的垂死挣扎而已。鲁迅在三十年代总结中国文坛上的思想斗争时,曾说:"无论中外古今,文坛上总归有些混乱,使文雅书生看得要悲观的。但也总归有许多所谓文人和文章也者一定灭亡，只有配存在者终于存在，以证明文坛也总归还是干净的处所。……我们试想一想，林琴南攻击文学革命的小说，为时并不久，现在那里去了？"(《中国文坛的悲观》)这说明反动派无论怎样费尽心机，想扭转历史的车轮，结果都总归是徒劳的。

三

章太炎为林纾年谱写的《题辞》中有"乌呼！畏庐今之蒲留仙也"的话，说明在章氏看来他的成就主要是在小说方面。但实际并不是这样，他平生一面致力于翻译，同时也从事于创作，而后者的成就却远远比不上前者。他的作品，小说有《金陵秋》、《官场新现形记》、《冤海灵光》、《劫外昙花》、《京花碧血录》、《畏庐漫录》等。现在就以《畏庐漫录》为代表，分析一下他的创作思想同创作方法。

《畏庐漫录》共四卷，一九二二年出版。但里边绝大部分是过去已经发表过的作品，初名《践卓翁短篇小说》，于一九一三年，一九一六，一九一七年次第出版一、二、三集，共约百余篇，至一九二二年才改为今名(朱羲胄《春觉斋著述记》)。

从它的思想内容看，多半是宣扬中国传统的封建思想——忠、孝、节、义的。作品中歌颂的人物不是孝子，就是贞女。至于所谓孝，又多半是当父母病重时，作子女的能刲臂入药，结果病得到痊愈。如《葛秋娥》、《吕子成》两篇中的主人公是这样，甚至《洪石英》写妻为其夫的病，也是用刀劙臂入药的办法治好了病。据说这不一定是人肉的作用，而是儿子的孝心感动了天地的缘故。至于小说中也写了不少男女恋爱的故事，如《翁桐》、《陆子鸿》、《谢兰言》等，其结局往往以团圆终，不脱才子佳人的俗套。同时男女即极倾慕，但都能以礼自持，不及于乱。即如《谢兰言》篇，写韩子羽乘船去欧洲留学，途中与一富商谢有光的女儿兰言相识。到英伦后，彼此往来极密，情爱弥笃。在英三年，归国时，船在途中遇礁，但幸免于难，至一小岛，两人同住在岛上某一人家。当天晚上,子羽向兰言提出婚姻问题,她的态度,小说是这样写的:"女结舌,久不能言,心颇笞其唐突。即曰:'礼防所在,吾不能外越而叛名教,唯出之以正者,容与老母图之。今同在患难之中,偶一不慎,即万死无可湔涤,弟其慎持此意。'语后,凛然若不可犯。"

作者也深知这样写有点不真实,所以在篇末这样说:"有光俗物,安有此超轶凡近,慎持礼教之女郎。余叙述至此,亦自疑所言之不实。"

林纾因译西方小说,对问题的看法,有时也受到西方的影响,即如对于妓女,他似乎还不是一味鄙视。他的小说《柳亭亭》,很显然是受《茶花女遗事》的影响,但在结局上则使之成为喜剧。篇中写一知州公子姜环,恋一秦淮名妓柳亭亭,亭亭欲嫁环,而环以父庭训极严,不敢允从。后女病几死,环亦日夕往视,后为其父所知,竟慨然答应了他们的婚姻。这样的结局,显然也是不符合当时中国的社会情况的。

至于鬼、狐、神、怪,集子中也多有描述。《鬼唱》,《梁氏女》、《薛五小姐》、《计东甫》等。作者对这些妖妄的东西,并不否定。他在《鬼唱》后写道:"论鬼何地无之,虽以西国哲学家,犹穷究神学。然人鬼厘然莫混。必夜深挟枪与鬼宣战,宁非多事?"在《梁氏女》的开端,他又说:"余生平不信神怪之事,顾三十以前往往遇之,辄不谓然,疑目光炫异,或脑病使然,故略而不道。唯有一事,存之于心,今五十五年矣,事为目睹,且身与其间至五十六日之久,无昼无夜,咸有怪征,斯亦奇矣。"后边就写他在亲戚家所目击的一些神怪故事。可知作者虽口头上说不信,实际他还是相信的。这从他母亲病危时,曾至越王山天坛上请削科名之籍乞母终养一事,就足以充分证明了。

林纾比蒲松龄晚生两百多年,两人都从事小说创作,林纾并且很受他的影响。章太炎虽把他与蒲松龄比。但从思想上看,两人相去很悬远。蒲虽然有其庸俗之处,但却有其进步的一面,即如同情被压迫人民,对统治者的残暴,进行淋漓尽致的揭露,对男女的婚姻问题,以及妇女问题都有着民主的倾向。此外还富于民族思想,对异族的统治,时时流露出不满情绪。可是林纾呢？在庸俗这一面,如对鬼狐神道的看法,很有点像蒲松龄。但蒲的民主思想,林却一点也没有。相反的,则大力宣扬封建礼教,对统治者的残暴,无丝毫的揭发。但对人民革命,则深恶痛绝。我们说,蒲松龄在清初,从思想上看,还应该列入进步者的行列。但林在辛亥革命以后,还写出像《畏庐漫录》中这样的作品,不能不说是顽固派,所以对他二人是不能相提并论的。

至于在写作技巧上,林纾虽也有其一定的成就,即篇中对人物故事的描述,有时也很能娓娓动听,但比诸《聊斋志异》就不免有着天渊之别了。原因是篇中的人物故事,大抵系作者主观臆造出来的,那些人物都是作者用以宣扬封建礼教同封建迷信的传声筒,而缺乏现实生活的基础,其结果不论是人物与故事情节都不免流于公式化与概念化,而这正是由于他的反现实主义的创作方法所造成的。

四

林纾生平对中国文学的贡献,不在他的诗、文、同小说,而在于他的翻译。在晚清介绍西方文学较早的是他,而介绍的最多的也是他。因此在当时一般爱好文学的人们,得以接触西方文学,并从而研究西方文学,多半都是受到他的影响。五四时代的作家们,多半在早年都有过一个耽读林译小说的时期,即以鲁迅来说,他在东京留学时,就曾是热爱林译作品的一人。据周启明讲:"鲁迅还在南京学堂的时候,林琴南已经用了冷红生的笔名,译出了小仲马的《茶花女遗事》,很是有名,鲁迅买了这书,同时,还得到两本有光纸印的书,一名《包探案》,是福尔摩斯故事,一名《长生术》,乃是神怪小说。……《茶花女》固然也译得不差,但是使得我们读了佩服的,其实还是那部司各得的《撒克逊劫后英雄略》。原本既是名著,译文相当用力,而且说撒克逊遗民和诺曼人对抗的情形。那时看了含有暗示的意味,所以特别的被看重了。……我们对于林译小说有那么的热心,只要他印出一部,来到东京,便一定跑到神田的中国书林去把它买来,看过之后,鲁迅还拿到订书店去,改装硬纸板书面,背脊用的是青灰洋布。但是这也只以早期的林译本为限。"(《鲁迅与清末文坛》)

其次是郭沫若,他在《我的童年》中说:"林琴南译的小说,在当时是很流行的,那也是我所嗜好的一种读物。我最初读的是 Haggard 的《迦茵小传》,那女主人公的迦茵,是怎样的引起了我深厚的同情,诱出了我大量的眼泪哟!……林译小说中对于我后来的文学倾向上有决定的影响的,是 Scott 的《gvanhoe》他译成《撒克逊劫后英雄略》。这书后来我读过英文,他的误译和省略处,虽很不少,但那种浪漫主义精神,他是具象地提示给我了。我受 Scott 影响很深,这差不多是我的一个秘密,我的朋友似乎还没有人注意到这一点。"(《沫若文集》卷六页113~114)

至于茅盾,在林纾死后,曾为其所译的《撒克逊劫后英雄略》作注,重新印行。(《万有文库》本)由此可见,林纾的翻译,在晚清民初对文艺界影响之大了。

林纾的翻译从数量上看是惊人的,据郑振铎的统计,成书的共有156 种(《林琴南先生》)。据林氏弟子朱羲胄编的《春觉斋著述记》,为159 种,大概就是这样一个数目。这一百多种作品中,最多的是英国,93 种;次为法,25 种;美,19 种;俄,6 种,此外希腊、挪威、比利时、瑞士、西班牙、日本等国,各一二种。就世界最著名的作家的作品来说,有莎士比亚的四种:《凯撒遗事》、《雷差得记》、《亨利第四记》、《亨利第六遗事》。司各德三种:《撒克逊劫后英雄略》、《十字军英雄记》、《剑底鸳鸯》。狄更司的五种:《块肉余生述》、《贼史》、《冰雪姻缘》、《滑稽外史》、《孝女耐儿传》。华盛顿欧文三种:《拊掌录》、《旅行述异》、《大食故宫余载》。大仲马二种:《玉楼花劫》、《蟹莲郡主传》。小仲马五种:《巴黎茶花女遗事》、《鹦鹉缘》、《香钩情眼》、《血华鸳鸯枕》、《伊罗埋心记》,和西万提斯的《魔侠传》等。以上这些译著,大家公认为译得比较好的是《巴黎茶花女遗事》、《撒克逊劫后英雄略》、《块肉余生述》、《孝女耐儿传》、《拊掌录》和《魔侠传》等。

　　林纾的翻译,最大的缺点,是他不懂外文,凭别人口述,因而对原作不够忠实。不仅在内容上删节了很多,同时在作品体裁上,也加以改变。像把剧本译成小说,这样同原作的出入就更大了。即如莎士比亚的几个剧本,以及易卜生的《群鬼》(译名《梅孽》),经他一译,简直变成另外一种书了,因而原书的风格几乎完全丧失了。其次是对作品不加选择,其中三分之二以上,都不是属于一流作品,这样付出的精力,几乎等于浪费。三、是用中国古文译西方的白话作品,正如茅盾所说的:"这种译法,是不免两重的歪曲的。口译者,把原文译成口语,光景不免有多少歪曲,再由林氏由将口语译为文言,即就是第二次歪曲了。"(《直译、顺译、歪译》,见《话匣子》)林纾自己也深知他的译作对原作来说不够信实,所以慨叹地说:"鄙人不审西文,但能笔述,即有讹错,均出不知。"(郑振铎《林琴南先生》)他竭力鼓励青年们去学习外文,他说:"惜余年已五十有四,不能抱书从学生之后,请业于西师之门,凡诸译著,均恃耳而屏目,则真吾生之大不幸矣。……嗟夫!青年学生安可不以余老悖为鉴哉。"(《撒克逊劫后英雄略序》)

　　尽管说林译的作品不够信实,不能通俗,但他的成就,无论如何是不应一笔抹杀的。他的译文在言情写景上,往往能委婉曲折,极尽其妙。即如《茶花女遗事》中写亚猛与茶花女效游的一段:

　　　　车行一点半始至,憩一村店,店据小岗,而门下临苍碧小畦,中间以秧花。左望,长桥横亘,直出林表;右望,则苍山如屏,葱翠欲滴。山下长河一道,直驶桥外,水平无波,莹洁作玉色。背望,则斜阳反迫,村舍红瓦鳞鳞咸闪异光。远望而巴黎城郭,在半云半雾中矣。配唐曰:"对此景象,令人欲饱。"余私计马克在巴黎,余几不能专享其美。今日屏迹郊坰,丽质相对,一生为不负矣。

　　这确实是人物景色,历历如画。又如《拊掌录》中《睡洞》篇,颇能将原作风趣充分表现出,即如写村中塾师依卡卜得克来恩,应他追求的对象凯脱里纳·樊塔尔家的邀请时,塾中的情况,与塾师的心情,描写的极其生动。

忽见有黑奴骑瘦马入门,以绳为是辔,言:"今日凯脱里纳姑娘家延先生作雅集。"既投语,即匆匆行。此讯一来,学生乃大声疾读,知且散学矣。即有讹字,先生亦不之较。黠者即错简章句,而先生仍弗问。而笨者读不上口,先生则以夏楚助之,使力跃字沟而过。然先生已不暇俄延,一声放学,人心大乱,书卷竟不庋原处,墨瓶遂翻,坐榻亦颠倒无次,一出大门,声如潮落,错综跳跃而去。先生遂以半句钟之久,整治其躬,出礼衣于布裹中,刷之令光洁,取破镜于墙隅,出照其理发。以先生将往见美人,不能不加洁治。乃向村人汉司借马骑之,状似古英雄之访美,匆匆上道。

正如茅盾所说的:"林译也有不但不很歪,而且很有风趣,甚至与原文风趣有几分近似的,例如《拊掌录》中间几篇,这一点我们既佩服,而又惊奇。"(《直译、顺译、歪译》)

林译之所以有的精采,有的平庸,这应该从三方面来说明:一、原作的水平,二、口述者对原作的理解程度,三、译者译时的态度。即如《茶花女遗事》、《拊掌录》、《撒克逊劫后英雄略》等所以成绩较好,即由于原作是名作,口述者对其理解较透,而且林纾在译时,又比较认真,所以比较成功。另外一些,不是原作的艺术水平较差,就是口述者任意省略删节,同时译者译时态度有点草率,所以就差了。

五

最后谈一下,林译对中国当时文坛的影响。概括起来有这几方面:(一)由于他较早地并且大量地介绍西方文学,这样就开拓了中国从事文学者的眼界,批判了洋务派所讲的西方只有物质文明的谬论。特别是纠正了几百年来封建文人轻视小说戏曲的正统文学观。(二)由于林纾的翻译,不仅引起人们直接阅读研究西方文学,并且逐渐产生了介绍西方文学的风气,稍后的苏曼殊、马君武、曾孟朴以及鲁迅,都在这方面作出了不少的贡献。(三)尽管林纾对西方文学的创作方法不甚了解,但是这些作品给当时读者以极大影响,即如郭沫若,就从他所译的《撒克逊劫后英雄略》而体会到浪漫主义的创作精神,因而影响到他以后的创作。(四)五四时代提倡文学革命的,特别是从事创作的,很少不受林译影响的。从这一点来说,林纾对五四文学革命,也曾间接地起过一点积极作用。

但是林纾在世界观上是极端腐朽顽固的,特别是宋儒程朱派思想,给他的束缚更大。纲常名教,在他看来是天经地义,不容有丝毫的怀疑与变动。尽管他译了不少西方文学作品,但丝毫没有改变他的世界观。在他自己的创作中,总是忘不掉大力宣传封建礼教。他的文学观,一方面是"文以载道";另一方面则是形式主义,忘不掉《史记》、"韩文"中的"义法"。他称赞西方作品,乃是因为"西人文体何乃甚类我《史迁》也"(斐洲烟水愁城录序)。"往往于伏线,接笋、变调,过脉处,大类吾古文家言"(《撒克逊劫后英雄略》)。这样就把西方文学的创作思想,创作方法,完全忽略了。另外在译完一部作品后,总要在序里向读者呼吁注意挽救国家的危亡。这种爱国热情,自是应该肯定的。但他对于如何挽救祖国危亡,所提出的方向道路却是非常荒谬的。他的主张,一方面要卫护中国封建的纲常伦纪;另一方面就是振兴实业(《爱国二童子传达旨》)。所以鲁迅在当时就曾对他的主张进行过深刻的批判(《文化偏至论》)。

林纾由于他的反动的封建阶级立场,决定他不可能理解这些道理,即中国的封建伦纪,已经为封建统治阶级卫护了几千年,但仍挡不住帝国主义打进中国来。同时在帝国主义封建主义的压迫与束缚下,想振兴实业,根本是一种幻想。所以挽救中国,只有走革命这条路。而林纾恰恰对于革命是深恶痛绝的。特别到辛亥革命后,他看到社会情况并不比满清统治时期好多少,他不了解这是由于革命不彻底的缘故,倒反以为他过去的主张是正确的,社会的糟,就糟到革命党手里,所以就越发趋向于保守。待到五四文化革命一开始,他就成为封建势力的代言人,破门而出,同革命派进行你死我活的殊死战了。

我国古代哲人曾说过:"大惑者终身不解。"在封建主义的世界观的束缚下,林纾是不可能认识到真理的。所以,他至死还认为他的道路是对的,说什么"吾辈已老,不能为正其是非,悠悠百年,自有能辨之者,请诸君拭目俟之"(《论古文白话之相消长》)。他还期待着将来总有一天会有人辨明他同革命派双方主张的谁是谁非的问题,这真是封建文人的一个最大的悲剧。

1978 年 3 月 16 日改定

王 国 维

一

　　王国维(1877~1927)字静安,号观堂,清光绪三年生于浙江海宁一个地主家庭里。家中有书五六箧,除《十三经注疏》为他儿时所不喜外,其余从塾归后,即恣情泛览。十六岁见友人读《汉书》,心中非常喜欢,于是把幼年所积钱,从杭州购到《前四史》,为平生致力于学问的开端(《自序》)。时方治举子业,尚未能专力于学术。甲午(1894)、丁酉(1897),一再应乡试不第。戊戌至上海,任维新派所办时务报馆的书记校雠工作,于业余之暇,入罗振玉私立东文学社肄业,曾以扇头诗"天下壮观君知否,黑海西头望大秦"句,受知于罗氏。戊戌变法失败后,时务报馆被封闭,乃任东文学社庶务,并从事学习。社中教师为日本文学士藤田丰八、田冈佐代治二人。二人均治哲学,因深受他们的影响,开始读西洋哲学书籍。辛丑(1901)至武昌,任农务学堂译授,办《农报》。秋,赴日,肄业物理学校。次年返国,任职上海南洋公学虹口分校,从此专力于哲学的研究。其《自序一》中说:"体素羸弱,性复忧郁,人生之问题日往复于吾前,自是始决从事于哲学。"当时指导者仍为藤田丰八,先后读巴尔善之《哲学概论》,文特尔彭之《哲学史》,汗德之《纯理批评》,叔本华之《意志及表象之世界》、《充足理由之原则论》、《自然中之意志论》及其文集等,而尤称赞叔本华之哲学,谓其"思精而笔锐"。癸卯(1903)任南通师范教习,次年即依叔本华哲学见解,作《红楼梦评论》,并著文评介叔本华与尼采两人哲学,(《叔本华与尼采》),治学兴趣逐渐倾向于文学与美术。本年秋,任苏州师范学校教习,并赞助罗振玉办《教育世界》杂志。

乙巳(1905),《静安文集》出版。这时在治学方向上,徘徊于哲学文学之间,心中深为苦闷。《自序二》中说:"余疲于哲学有日矣。哲学上之说大都可爱者不可信,可信者不可爱……此近二三年中最大之烦闷,而近日之嗜好,所以渐由哲学而移于文学,而欲于其中求直接之慰籍者也。要之,余之性质欲为哲学家,则感情苦多,而知力苦寡。欲为诗人,则又苦感情寡,而理性多。诗歌乎,哲学乎,他日以何者终吾身,所不敢知,抑在二者之间乎?"

丁未(1907),入京,任学部总务司行走。在京期间,专力于词曲的研究,己酉著《人间词话》、《戏曲考原》、《优语录》、《曲录》、《宋大曲考》等。辛亥武昌起义,清王朝覆灭,以曾任职学部故,冬随罗振玉去日本,因接受罗的意见,从此转变方向,专力于古文字学以及古史与蒙古史的研究。侨居日本三年,一九一五年返国,不久又去日本。一九一六年又返国,寓居上海,为英人哈同编《学术丛编》,并任上海仓圣明智大学教授。一九二二年,任北京大学研究所国学门通讯导师。

一九二三年入京,接受清废帝溥仪任命,为清宫南书房行走。是年出版《观堂集林》。一九二五年任清华研究院教授。一九二六年,革命军誓师北伐,势如破竹,十月克武汉。一九二七年五月三日,投颐和园昆明湖自杀。《遗嘱》有"五十之年,只欠一死,经此事变,义无再辱"的话,竟以遗老身份,为封建统治势力的崩溃灭亡而殉葬,死年五十一岁。溥仪赐予谥号为"忠悫",遗著有《海宁王静安先生遗书》,共四十三种,一百零四卷。

二

　　王国维所生的时代,正当晚清末年,阶级矛盾、民族矛盾非常尖锐的时代。一八九四年(甲午)中日战争的时候,他已二十岁。戊戌变法的时候他在上海任时务报馆校对工作。一九〇〇年八国联军进攻北京的时候,他在上海东文学社读书,他已二十四岁。当时中国社会上那样动荡,许多先进人士在奔走呼号,谋求救国之道,这一些情况,对王国维不能说没有丝毫影响,但他并没有参加当时任何政治活动,而是在埋头读书,这应该说是由于他的阶级出身,个人性格,接触的师友,同接受的学术思想影响等原因所决定的。

　　他出身于一个小地主家庭,"体素羸弱,性复忧郁",人生之问题日往复于他的目前,恰巧就在这时他接受了喜欢德国哲学的日人藤田,与政治上保守顽固的罗振玉的影响,于是从事叔本华、汗德哲学的钻研,而置身于一切政治运动之外。

　　叔本华是德国十九世纪极端反动的唯心主义哲学家,是代表贵族地主的思想家。他的主要著作是《世界是意志和表象》。王国维译为《意志及表象之世界》。他认为世界意志就是世界的本质。而人们的活动都在受着意志的支配。意志是心中惟一永久而不变的元素。由此可见,世界既为意志的世界,那么世界也就是痛苦的世界。因为意志的本身,就表示需要。它所要把捉的,总远于它所能达到的。有一个愿望满足,就有十个愿望不遂。欲望无限,供给有尽。其次,世界也必然是罪恶的世界,因为人生是罪恶,痛苦是它的根本,刺激和实在愉快,不过是痛苦消极的休止罢了。这样就形成了他的悲观主义的世界观。在生活中,要求解脱,而最根本最彻底地解脱,乃是智力的发展,将减杀或阻遏生殖意志,由此达到人类的寂灭。因此叔本华宣扬从佛教中剽窃来的神秘理想"涅盘",即扼杀生的意志的绝对宁静。

　　王国维早年发表的《红楼梦评论》,就是根据叔本华的意志论的观点来写的。从这篇文章里，已充分地可以看出叔本华的悲观主义思想，已成为他世界观中的主导因素。他认为人类的生活本质就是欲，而欲永远没有满足的时候，所以人生永远是痛苦的。他说："生活之本质何？欲而已矣。欲之为性无厌，而其原生于不足。不足之状态，苦痛是也。既偿一欲，则此欲以终，然欲之被偿者一，而不偿者什百。一欲既终，他欲随之，故究竟之慰籍，终不可得也……又此苦痛，与世界之文化俱增，而不由之而减。何则，文化愈进，其知识弥广，其所欲弥多，又其感苦痛亦弥甚故也。然则人生之所欲，既无以逾于生活，而生活之性质，又不外乎苦痛，故欲与生活、与苦痛，三者一而已矣。"

　　实际这里所说的欲，也就是叔本华所说的意志的本质。至于如何能脱此人生的痛苦，最根本的办法，就是拒绝一切生活之欲。他说："而解脱之道，存于出世，而不存于自杀。出世者，拒绝一切生活之欲者也。彼知生活之无所逃于苦痛，而求入于无生之域，当其终也，恒干虽存，固已形如槁木，而心如死灰矣。若生活之欲如故，但不满于现在之生活，而求主张之于异日，则死于此者，固不得不复生于彼，而苦海之流，又将与生活之欲而无穷。……故苟有生活之欲存乎，则虽出世，而无与于解脱。苟无此欲，则自杀亦未始非解脱之一者也。"下边又说："呜乎！宇宙一生活之欲而已，而此生活之欲之罪过，即以生活之苦痛罚之，此即宇宙之永远的正义也。"

　　在这样的观点上，他认为《红楼梦》的价值，即在于书中主人公宝玉，在经历了一番人生的痛苦之后，而毅然决然走上自我解脱——即出家的道路。至于宝玉的出家，从伦理的观点上看，是不是应加以非议呢？他认为，不但不应当加以非议，而且应加以赞扬。他说："然吾人从各方面观之，则世界人生之所以存在，实由吾人类之祖先一时之误谬。……夫人之有生，既为鼻祖之误谬矣，则夫吾人之同胞，凡为此鼻祖之子孙者，苟有一人焉未入解脱之域，则鼻祖之罪，终无时而赎。而一时之误谬，反复致数千万年而未有已也。则夫绝弃人伦如宝玉其人者，自普通之道德言之，固无所辞其不忠不孝之罪。若开天眼而观之,则彼固可谓干父之蛊者也。知祖父之误谬,而不忍反复之以重其罪,顾得谓之不孝哉。然则宝玉'一子出家,七祖升天'之说,诚有见乎所谓孝者在此不在彼,非徒自辩护而已。"

最后,他又对于古代的宗教,以及哲人柏拉图,特别是叔本华,进行了赞颂。他说:"夫然,故世界之大宗教如印度之婆罗门教,及佛教,希伯来之基督教,皆以解脱为唯一之宗旨。哲学家如古代希腊之柏拉图,近世德意志之叔本华,其最高之理想,亦存于解脱。殊如叔本华之说,由其邃深之《知识论》,伟大之《形而上学》出,一扫宗教之神话的面具,而易以名学之论法,其真挚之感情,与巧妙之文字,又足以济之,故其说精密确实,非如古代之宗教及哲学说,徒属想像而已。"

在这种认为人生即痛苦,主张出世、主张禁欲,以达到痛苦的解脱的观点下,对于民族的被侵略,群众的受压迫,认为只不过也是人生痛苦的一般现象。他们痛苦的根源,就因为他们生而为人的原因,并不是由于受了别人的压迫。他们要求解脱痛苦,只有走信仰宗教的道路。他在《去毒篇》中,主张宣传宗教,使劳动人民可以借以"偿现世之失望,以来世之希望。慰此岸之苦痛,以彼岸之快乐"。否则,"人苟无此希望,无此慰籍,则于劳苦之暇,厌倦之余,不归于鸦片而又奚归乎!?"(《静安文集续篇》)

列宁在《工人政党对宗教的态度》中讲:"宗教是麻痹人民的鸦片烟,——马克思的这一句名言,是马克思主义在宗教问题上的全部世界观的基石。马克思主义始终认为所有一切现代的宗教和教会,各式各样的宗教团体,都是资产阶级反动派,用来捍卫剥削制度,和麻痹工人阶级的机构。"所以,王国维的主张乃是用精神上的鸦片烟——宗教,代替物质上的鸦片烟。由于他这种反动的世界观,所以他的政治倾向,必然是保守的。他不仅反对革命,甚至也不同意改良,认为种种改新,都是多余的,不必要的。在这样世界观的指导下,他必然同清王朝忠顺的奴才们沆瀣一气,眼看清王朝已经要崩溃复灭了,在一九○七年他竟借罗振玉等的推荐,任学部总务司行走,作了清王朝的官。辛亥革命爆发,他遂仓皇逃往日本。

当时王国维对革命是非常痛恨的,他在《送日本狩野博士游欧洲》(《王国维遗书·观堂集林》卷第二十四)一诗中,是这样写辛亥革命的:"嬴蹶俄然似土崩,梁亡自古称鱼烂。干戈满眼西风凉,众雏得意稚且狂。人生兵死亦由命,可怜杜口心烦伤。四方蹙蹙终安骋,幡然鼓棹来扶桑。"他叹息清朝垮的太快了,他骂革命者,说他们是"众雏",说他们有点得意忘形。又说自己看到无路可走,最后才决定流亡到日本来。至他在政治思想上,更其反动的是在这篇作品中还说什么"谈深相与话兴衰,回首神州剧可哀。汉土由来贵忠节,至今文谢安在哉"?这简直希望能出现文天祥、谢翱羽这般人来勤王,来复辟了。

王国维的悲观主义的人生观,从早年形成,直到晚年还支配着他的行动。他的解脱论,出世观,自然不可能实现。中年在学术上曾徘徊于哲学与文学二者之间,后来接受罗振玉的建议,从事国学研究。他对学术的探讨,实际也是他排除精神痛苦,借以逃避现实的一种方法,当然由于他的天资超绝,用力勤劬,在古文字学与古史学方面,作出惊人的成绩。但这似乎并不是他用以立身安命的最后阵地。他在伦理道德上,虽然在早年曾称赞宝玉的出家,为干父之蛊的可贵行径,实际这不过是他对这一种解脱方法的一种辩护的说法。而他本人对此,并未能突破儒家传统的纲常伦纪的罗网。不仅如此,并且要做一个忠实的实践者,与维护者。所以当中国人民革命运动,在中国共产党的领导下,蓬勃发展起来的时候,中国旧的封建社会的基础行将彻底被摧毁,被扫除,至于封建经济基础的上层建筑,自然也都在被涤荡与批判之列,这对王国维来说,不能说不是一个极其严重的威胁与致命的打击。在他的悲观主义的思想指导下,为了解脱个人的痛苦,就毅然决然地走向自杀的道路,不惜以自己的生命来为行将彻底瓦解的封建社会殉葬。

三

　　王国维的文艺观,就其总的体系来说,是必须加以批判的。但若从局部观点看,也有应该肯定的。现在先谈第一部分,即一、超现实与超功利,二、唯美主义与形式主义,三、悲观主义。一言以蔽之,乃是没落的地主资产阶级文艺观的系统表现。

　　一、超现实与超功利。王国维由于在世界观上受着叔本华极深的影响,因而在文艺思想上,也继承了他的观点。他在《叔本华之哲学及教育学说》中,曾介绍叔本华的超现实、超功利的美学观。文中叙述人们在生活中无往而不受此意志的驱策,因而利害观念,也无时不萦绕于人们的心中。这样吾人在此桎梏的世界中,竟不能获得片刻的喘息吗?文中在提出问题后,接着答道:"曰:'有',唯美之为物,不与吾人之利害相关系,而吾人观美时,亦不知有一己之利害,何则?美之对象非特别之物,而此物之种类之形式,又观之之我,非特别之我,而纯粹无欲之我也。"(《王国维遗书·静安文集》)

　　后来他在《红楼梦评论》中,对叔氏理论又作了详细的阐发。他说:"由是观之,吾人之知识与实践之二方面,无往而不与生活之欲相关系,即与苦痛相关系。兹有一物焉,使吾人超然于利害之外,而忘物与我之关系。此时也,吾人之心无希望,无恐怖,非复欲之我,而但知之我也。此犹积阴弥月,而旭日杲杲也,犹覆舟大海之中,浮沉上下,而飘着于故乡之海岸也。……然物之能使吾人超然于利害之外者,必其物之与吾人无利害之关系而后可。……然则,非美术何足以当之乎?"这种超功利的文学观,必然导致文学走上超现实、超政治的道路上去。因为反映时代面貌的作品,就不可能纯然是超功利的。

　　王国维这种见解,也表现在他的《人间词话删稿》中。他说:"'君王枉把平陈业,换得雷塘数亩田',政治家之言也。'长陵亦是闲丘陇,异日谁知与仲多'?诗人之言也。政治家之眼,域于一人一事。诗人之眼,则通古今而观之。词人观物,须用诗人之眼,不可用政治家之眼。故感事、怀古等作,当与寿词同为词家所禁也。"

王国维反对用政治家的眼光来观察事物,反映事物,因为这样,就不可能超现实,超功利,是不符合于他的美的观点的。在这样的原则下,那么像杜甫的《三吏》、《三别》,以及《自京赴奉先县咏怀五百字》、《北征》等,以及白居易的《秦中吟》,《新乐府》之类,具有鲜明的政治倾向的现实主义作品,自然也不能算是什么好的作品了。这当然是有很大片面性的,也是不正确的。

其次,他认为文学中有两种境界,即"有我之境与无我之境"。他说:"有我之境,以我观物,故物皆着我之色采。无我之境,以物观物,故不知何者为我,何者为物。古人为词,写有我之境者为多,然亦未始不能写无我之境,此在豪杰之士能自树立耳。"(《人间词话》)

从这段话里,很清楚地可以看出,他是推许"无我之境"的作品的。为什么?就因为"有我之境",还不能纯然摆脱个人的得失之情。而"无我之境",乃彻底地消除了个人功利之念,纯粹客观的观察事物,所谓"以物观物",才能达到这种境界。因此,他认为这是最不易达到的一种境界,所以是最可贵的。很显然,这是一种虚拟的空想。从古以来,根本没有这种绝对客观地观察事物的作品。所谓"以物观物",一个人决非一般的物。至于诗人既然用他的笔来反映他所观察的事物,即令如何客观,也决不能达到"以物观物的地步"。"采菊东篱下,悠然见南山。""寒波淡淡起,白鸟悠悠下。"只不过写出诗人暂时的恬静闲适的心情而已。至王国维大力提倡这种作品只不过鼓励作者去逃避现实而已。很清楚,这是代表没落的地主资产阶级的观点。因为历史的进程同他所代表的阶级显然是不利的,在行将灭亡的命运面前,只有闭起眼睛,置身"象牙塔"中,用超功利、超政治来自欺并以欺人罢了。

二、唯美主义与形式主义。凡是具有超功利、超政治的文艺观的,就必然是唯美主义与形式主义者,因为既然认为艺术对现实生活无丝毫功利目的之可言,那么创作的目的是什么?其答案必然是"为艺术而艺术"。王国维继承了汗德的"游戏冲动说",在《文学小言》

(《静庵文集续编》)中,畅发其旨。认为文学乃游戏的事业。人之势力用于生存竞争而有余,于是发而为游戏,这样就成为他的文学超功利而唯有追求美的理论根据。至于王国维的唯美主义与形式主义的观点,具体表现于以下几个方面:

从理论上看,他在《古雅之在美学上之位置》(同上)中讲:"一切之美,皆形式之美也。就美之自身言之,则一切优美,皆存于形式之对称,变化及调和。至宏壮之对象,汗德虽谓之无形式,然以此种无形式之形式,能唤起宏壮之情,故谓之形式之一种,无不可也。"这里首先提出一切之美,皆形式之美,这样一个命题,后边他逐步证明:"一切优美,皆存于形式对称变化及调和。"至于"宏壮之美的对象",汗德说这是无形式,而王国维认为这种无形式的形式,能唤起宏壮之情,所以这也可以说是形式之一种。因此他把形式分作两种:一种是外部的形式,如建筑雕刻之类。在文学上即作品的体裁、结构、韵律等。另外还有一种内在的形式,即作品所写的题材,王国维称之为材质。他说:"就美术之种类言之,则建筑、雕刻、音乐之美之存于形式,固不俟论。即图画、诗歌之美之兼存于材质之意义者,亦以此等材质适于唤起美情故,故亦得视为一种之形式焉。"因此他认为材质之美,是第一形式。而此形式又必赖于用第二形式以表之,这样美者才能愈增其美。他说:"一切形式之美,又不可无他形式以表之,惟经过此第二之形式,斯美者愈增其美。"

由于这样,所以第一形式虽不含有什么优美或壮美的特点,但如果第二形式美的话,也可以供人欣赏爱玩。他说:"而吾人之所谓古雅,即此第二种之形式,即形式之无优美与宏壮之属性者,亦因此第二形式故,而得一种独立之价值,故古雅者,可谓之形式之美之形式之美也。"

在这样的理解下,他对内容与形式的关系的看法,同我们的看法恰是个反面。我们认为"内容决定形式"(形式自然也可以反作用于内容),但他则认为"形式决定内容"。首先他认为在同样的一种材质,也称为第一形式,在我们说是题材,也即是内容,由于第二形式的不同,因而表现出来给读者的感觉,就极不相同。他说:"诗歌亦然,'夜阑更秉烛,相对如梦寐'(杜甫《羌村》诗),之于'今宵剩把银釭照,犹恐相逢是梦中'(晏几道《鹧鸪天》词)。'愿言思伯,甘心首疾'(《诗·卫风·伯兮》),之于'依带渐宽终不悔,为伊消得人憔悴'(欧阳修《蝶恋花》),其第一形式同,而前者温厚,后者刻露者,第二形式异也。"

但我们的看法不是这样,因为杜甫的《羌村》,与晏几道的《鹧鸪天》,虽同写夫妇的久别重逢,《诗经·伯兮》与欧阳修的《蝶恋花》,虽同写男女之相思,但诗人当时的遭遇,与各人当时的情思毕竟不同。所以反映到作品中,也就不同。我们认为还是因为内容不同,因而表现出来后给读者的印象也不相同。

接着他又指出:"虽第一形式之本不美者,得由其第二形式之美(雅)而得一种独立之价值。"他举出"茅茨土阶",与夫自然中寻常琐屑之景物,"以吾人之肉眼观之,举无足与于优美若宏壮之数,然一经艺术家(绘画若诗歌)之手,而遂觉有不可言之趣味,此等趣味不自第一形式得之,而自第二形式得之无疑也。"

这个看法,也是值得商榷的。艺术家在表现自然景物时,这种景物在一般人看来非常平常,但由于艺术家个人的修养,从一般景物中寄托了个人的情感与理想,赋予景物以新的内容与意义,然后再加以表现,所以给读者以清新优美的感觉,当然形式的美,是一个不容轻忽的条件,但更重要的还在于它的内容的理想与感情。为什么普通的照相,不能与于艺术之列,就因为它缺乏作者的理想与感情的缘故。

最后,王国维既然肯定了艺术的美,基本上决定于形式之美,特别是第二形式之美,那么凡是古雅的东西,都能给人以美的感觉。他说:"凡以笔墨见赏于吾人者,实赏其第二形式也。此以低度之美术(如法书等)为尤甚。三代之钟鼎,秦汉之摹印,汉魏六朝唐宋之碑帖,宋元之书籍等,其美之大部实存于第二形式……文学亦然,古雅之价值大抵存于第二形式,西汉之匡、刘,东京之崔、蔡,其文之优美宏壮远在贾、马、班、张之下,而吾人之嗜之也,亦无逊于彼者,以雅故也。"

在这样的论证下,于是一些模拟的作品,尽管没什么可取的内容,但由于"古雅"的缘故,也就给以肯定。在绘画方面如清朝的王翚,在诗词方面如明代高启、李攀龙,清朝的王士禛,由于他们的作品具有古雅的性质,所以虽无创作的天才,按照王国维的观点,人们也可以把他们和第一流作家等类而观之。像这样唯美主义形式主义的观点,其结果必然导致作者惟知追求形式,从事模拟剽窃,造成许多没有生命的假古董、赝法帖而后已。

王国维这种唯美主义、形式主义的观点,表现在文学批评上,就是在词的方面非常推崇周美成。尽管他在《人间词话》中对周的作品也曾有微词,说什么"词之雅、郑,在神不在貌。永叔、少游,虽作艳语,终有品格,方之美成,便有淑女与倡妓之别"。但在《清真先生遗事》中,对美成则推崇备至。他说:"先生……平生著述自以乐府为第一,词人甲乙,宋人早有定论。惟张叔夏病其意趣不高远,然北宋人如欧、苏、秦、黄,高则高矣,至精工博大,殊不逮先生。故以宋词比唐诗,……南宋惟一稼轩可比昌黎,而词中老杜,则非先生不可。"又说:"故先生之词,文字之外,须兼味其音律。惟词中所注宫调,不出教坊十八调之外,则其音非大晟乐府之新声,而为隋唐以来之燕乐,固可知也。今其声虽亡,读其词者,犹觉拗怒之中自饶和婉,曼声促节,繁会相宣,清浊抑扬,轳轳交往,两宋之间,一人而已。"王国维把周美成抬得这么高,主要是从他的艺术成就上来立论的。

从王国维的创作来看,也充分表现出他的唯美主义与形式主义的文学观点。首先他从形式上,从写作方法上,说明诗歌方面各种体裁的发展变化的原因。他说:"四言敝而有《楚辞》、《楚辞》敝而有五言,五言敝而有七言,古诗敝而有律绝,律绝敝而有词。盖文体通行既久,染指遂多,自成习套。豪杰之士,亦难于其中自出新意,故遁而作他体,以自解脱。一切文体所以始盛终衰者,皆由于此。故为文学后不如前,余未敢信,但就一体论,则此说固无以易也。"(《人间词

话》）

又说:"诗至唐中叶以后,殆为羔雁之具矣。故五季、北宋之诗,无可观者,而词则独为其全盛时代……至南宋以后,词亦为羔雁之具,而词亦替矣。"(《文学小言》,《静安文集续编》)

这种文体升降的说法,晚明顾炎武(《日知录》),清代的焦循(《易余籥录》),都有类似的看法,而王国维的着眼点显然是在形式同写作技巧上。可是从这里也就出现了一个问题,即王国维既然认为南宋以后之词已为羔雁之具,知道文体通行既久,染指遂多,自成习套,豪杰之士亦难于其中自出新意的创作道理,那么为什么他自己还要从事词的创作,并且对自己的作品那样的自诩呢?

这从表面看来似乎是一个极大的矛盾。但要从他的形式主义、唯美主义艺术观看来,就丝毫也用不着惊讶了。因为他既然认为一切之美,皆形式之美也。那么各种文体之所以始盛终衰的原因,是由于"染指遂多,自成俗套"的缘故。但假如有一个天才的作者,能够"自出新意",在写作技巧上能够突破古人的樊篱有着新的创造,那么即令还是沿用的旧体裁,依然可以写出超迈古人的作品。王国维是有着这样的自信的,因此他对他的词作估价极高。他在《自序二》中讲:"余之于词,虽所作尚不及百阕,然自南宋以后,除一二人外,尚未有能及余者,则平日之所自信也。虽比之五代北宋之大词人,余愧有所不如,然此等词人,亦未始无不及余之处。"(《静安文集续编》)

另外他在托名山阴樊志厚(赵万里《王静安先生手谱》)给自己的《人间词甲乙稿》(又名《苕华词》)所写的序中,更是对自己的作品大加称赞。序中说:"及读君自所为词,则诚往复幽咽,动摇人心。快而沉,直而能曲,不屑屑于言词之末,而名句间出,殆往往度越前人。至其言近而指远,意决而辞婉,自永叔以后,殆未有工如君者也。君始为词时,亦不自意其至此,而卒至此者,天也,非人之所能为也。若夫观物之微,托兴之深,则又君诗词之特色,求之古代作者,罕有伦比。"

现在我们来读他的《人间词甲乙稿》,从技巧上看,是有着较深的造诣。从内容上看,也许像他自己所说的"观物微,托兴深",但是很难激动我们的心。因此尽管他自己认为超迈古人,永叔以后未有工如他的,可是一般人读他的词的,还远不如读他的论词的著作《人间词话》的多。而他自鸣得意的名篇,如《浣溪沙》、《蝶恋花》等,也并未见传诵于一般人的口中。究其原因,不外由于他的词所表现的是一种没落的封建阶级的思想情感,同广大读者的思想情感是不能相通的。这样的内容,无论在艺术技巧上达到如何高的水平,也必然是为群众所抛弃的。由此可见,在创作上走唯美主义与形式主义的道路,其结果没有不失败的。

三、悲观主义。他这种文艺观,纯然是他的世界观中悲观主义思想的体现。从他的文学评论中,表现的尤其突出。

首先是对《红楼梦》的评论,他不是从这部作品中反封建礼教、反封建家族制度的民主思想出发,而是大力赞扬书中主人公的出家,为求得了对人生痛苦解脱的道路。很显然这是对书中主题思想的歪曲。他这篇文章发表于一九〇四年,可是在这前一年,梁启超主编的《新小说》中,就发表过《小说丛话》,里边侠人论《红楼梦》的一段话,即已指出此书为揭露中国数千年家族制度与纲常伦纪的罪恶的杰作(阿英《晚清文学丛钞·小说戏曲研究卷》)。这种观点,同王国维的观点恰恰成为一个鲜明的对比。据王国维看来,《红楼梦》是教人出世解脱的小说。很清楚,正确的是侠人,而不是王国维。而这种观点,究竟哪个进步,哪个反动,不待辩就已明若观火了。

其次在《人间词话》中他所称赞的作家同作品,也都含有浓厚的悲观厌世的色采,也就是颓废感伤的作品,在他的思想情绪上有着共鸣。他一再赞扬李后主,而特别欣赏其"自是人生长恨水长东","流水落花春去也,天上人间"的词句。说什么"后主则俨有释迦、基督担荷人类罪恶之意"。此外,像欧阳修的"人间自是有情痴,此恨不关风与月"。"直须看尽洛城花,始与东风容易别"。以及古诗十九首中的"生年不满百,常怀千岁忧",都属于这类作品。

王国维在这种悲观主义思想的指导下,他的作品也充满着感伤悲凉的情调,即如他的词作《采桑子》:"人生只似风前絮,欢也零星,悲也零星,都作连江点点萍。"以及《浣溪沙》的"天末同云黯四垂,失行孤雁逆风飞,江湖寥落尔安归"?都反映出没落阶级在崩溃覆灭的前途面前,无可奈何的凄怆感伤的情绪。

根据以上所述,可知王国维的文艺观完全是没落的封建贵族地主文艺观的系统表现。

至于王国维的文艺观,从局部看来,是不是有其合理的部分呢?我们说是有的,这就是他的"境界"说,写实与理想的统一论,以及主张自然,反对矫揉造作,反对堆砌词采、博用典故的观点。

在《人间词话》中,他着重地标出"境界"二字,作为创作的极致,和批评作品的标准。他说:"词以境界为最上。有境界,则自成高格,自有名句。五代北宋之词所以独绝者在此。"这样就把文学的特征给揭示出来了。所谓"境界",也就是生活图画,也就是形象特征。至于"境界"决不是单指客观世界中的景物,并且包括有作者的感情在内:"境非独谓景物也。喜怒哀乐,亦人心中之一境界。故能写真景物,真感情者,谓之有境界。"这就说明作品必须能对现实生活作生动真实的表现,才算是有境界。因为只有达到这个地步,才能给读者以亲切的感受。

至于评论古人的作品,他也是以此作为主要的标准。他说:"大家之作,其言情也必沁人心脾,其写景也必豁人耳目,其辞脱口而出无矫揉妆束之态。以其所见者真,所知者深也。诗词皆然,持此以衡古今之作者,可无大误矣。"这里虽没有提到"境界"二字,但前边所提出的言情写景,以及遣辞,都是指构成"境界"的条件而言的。不过"境界"在我们看来,只能作为评价作品的标准之一,即艺术标准。王国维把它作为唯一的标准,这就是说明他是一个"为艺术而艺术"的艺术至上论者。

其次,王国维又从境界的观点出发,在创作方法上,又提出了理想与写实的统一论。他说:"有造境,有写境,此理想与写实二派之所由分。然二者颇难分别,因大诗人所造之境,必合乎自然,所写之境,亦必邻于理想故也。"对于这个看法,接着他又作了一个比较具体的说明,"自然中之物,互相关系,互相限制。然其写之于文学及美术中也,必遗其关系限制之处,故虽写实家亦理想家也。又虽如何虚构之境,其材料必求之于自然,而其构造亦必从自然之法则,故虽理想家,亦写实家也"。这就从创作与作者的理想和现实的关系上,说明了在创作方法上现实主义与浪漫主义,二者永远是互相渗透的。既不会有纯粹的现实主义,也不会有纯粹的浪漫主义,二者永远是有着不同程度的结合的。

不过王国维在文学论上,存在着显著的矛盾,这种矛盾首先表现在文学与现实的关系问题上。他在《人间词话》中,一再提出作者对现实生活应持的态度,即必须深入生活、观察生活。他说:"客观之诗人,不可不多阅世。阅世愈深,则材料愈丰富,愈变化,《水浒传》、《红楼梦》之作者是也。"又说:"诗人对宇宙人生须入乎其内,又须出乎其外。入乎其内,故能写之。出乎其外,故能观之。入乎其内,故有生气,出乎其外,故有高致。"这里所谓"不可不多阅世",所谓"对宇宙人生须入乎其内",都说明了创作与现实生活的密切关系。

同时他又说:"古诗云:谁能思不歌?谁能饥不食?诗词者,物之不得其平而鸣者也。故欢愉之辞难工,愁苦之言易巧。"(《人间词话删稿》)"物不得其平则鸣",是本于韩愈的《送孟东野序》,说明作品是作者发抒自己的忧愤,对现实不满的态度的表现。在这种情况下所产生的作品,往往是对现实黑暗进行揭露的现实主义的作品。而这种作品,就绝不可能是超功利的。同时这类作品对读者来说,往往发生激动人心的作用。扬子云读屈原作品,"悲其文未尝不流涕也"(《前汉书·杨雄传》)。可知文学凡能激动人心的作品,决不是超功利、超政治的,反之超功利、超政治的作品,也绝不能激动读者的心。所以王国维一面认为文学是作者的不平之鸣的产物,一面又主张文学为超功利超政治的东西,这不是一个极大的矛盾吗!

其次在写作方法上,他仍然从境界出发在《人间词话》和《宋元戏曲考》中,首先提出"自然"的标准。他说:"元曲之佳处何在?一言以蔽之,曰自然而已矣。古今之大文学,无不以自然胜,而莫著于元曲。"在这样的标准下,首先要语言的自然,他称赞元剧的文章:"为中国最自然之文学。……若其文字之自然,则又为其必然之结果。"在他举出马致远的《汉宫秋》,王实甫的《西厢记》中的例子之后,说:"由是观之,则元剧实于新文体中自由使用新言语,在我国文学中于《楚辞》、《内典》外,得此而三。"

同时在《人间词话》中,指出:"大家之作……其辞脱口而出,无矫揉妆束之态。"这都充分说明他是赞同用口语来从事创作的。

其次,为了达到使作品有"境界"的目的,他反对在词作中用代字,他说:"词忌用替代字,美成《解语花》之'桂华流瓦',境界极妙,惜以'桂华'二字代月耳。梦窗以下,则用代字更多。其所以然者,非意不足,则语不妙也。盖意足则不暇代,语妙则不必代。此少游之'小楼连苑','绣毂雕鞍'所以为东坡所讥也。"

另外他从"自然"论出发,对创作反对雕琢,反对用典。他说:"人能于诗词中……不使隶事之句,不用粉饰之字,则于此道已过半矣。"(《人间词话》)他在用典上,拿白居易同吴伟业作比较,说:"以《长恨歌》之壮采,而所隶之事,只'小玉'、'双成'四字,才有余也,梅村歌行,则非隶事不办。白、吴优劣,即于此见。"又说:"唐五代北宋之词,可谓真香真色,若云间诸公,则采花耳。"(《〈人间词话〉删稿》)

在《人间词话》中,王国维为了进一步阐明"境界"在创作中的意义,于是又提出"隔",把它作为"境界"的对立面,而加以比较。他说:"白石写景之作,如'二十四桥仍在,波心荡、冷月无声。''数峰清苦,商略黄昏雨。''高树晚蝉,说西风消息。'虽格韵高绝,然如雾里看花,终隔一层。梅溪、梦窗诸家写景之病,皆在一隔字。"

所谓"雾里看花,终隔一层",说明这些写景的句子,不能够"豁人耳目",不能立刻给读者一幅极其清晰而生动的生活图画。至于"隔"与"不隔"的区别,他又举出具体的诗人同作品,来加以说明。他说:"问'隔'与'不隔'之别,曰:陶、谢之诗不隔,延年则稍隔矣。东坡之诗不隔,山谷则稍隔矣。'池塘生春草','空梁落燕泥'等二句,妙处唯在不隔。词亦如是,即以一人一词论,如欧阳公《少年游》咏春草上半阕云:'阑干十二独凭春,晴碧远连云,千里万里,二月三月,行色苦愁人。'语语都在目前,便是不隔。至云'谢家池上,江淹浦畔',则隔矣。"这里所说的"语语都在目前",便是前边所说的"写景豁人耳目"的同义语。至于"谢家池上,江淹浦上",乃是用的典故,不是直接展现在读者眼前的景物描绘,所以就令人觉得索然寡味了。

王国维还曾从"境界"这个角度,说明词人的用字之妙,他说:"'红杏枝头春意闹',著一'闹'字,而境界全出。'云破月来花弄影',著一'弄'字,而境界全出矣。"这里边的'闹'同'弄'就好像古人说的"画龙点睛之笔",有了这两个字,那个景物就生动而真实地显现在读者眼前了,不只令人可见,而且令人可感了。

至于"境界"作为诗词的特征来说,它是最重要的条件之一,应该作为评价作品的标准之一,即毛主席所说的"艺术标准"的内容之一,此外还应该有"政治标准",而且这是更重要的标准。可是王国维把它作为评价作品的唯一标准,这就足证他是一个"为艺术而艺术"的"艺术至上论"者。

总之,王国维以"境界"作为他的创作论的中心,从这里提出如何认识生活与反映生活的一系列的主张,如创作方法问题与写作技巧问题,以及作品与作者的品格修养的关系问题等,而这些见解同他早年那种忽视内容,专重形式的看法,是截然不同了。由此可见,王国维的文学观之所以有其相互矛盾的原因,一是由于先后认识不同,显然后者是比较深刻,比较正确了;二是由于世界观上唯心主义与唯物主义的矛盾。可能正由于这种矛盾,才使他后来决计舍弃文学而从事古文字学与古史学研究的原因之一吧。

四

毛泽东同志在《新民主主义论》中说,在五四以前,中国文化战线上的斗争,是资产阶级的新文化和封建阶级的旧文化的斗争。这种文化上的斗争,具体到文艺思想上,也是非常尖锐的。就在戊戌变法的前后,维新派的康有为、梁启超等人,为了宣传他们的政治主张,曾经提出"诗界革命"与"小说革命"的口号。总的说来,梁启超认为文艺对社会群众有着不可思议的潜移默化之力,因而主张"今日欲改良群治,必自小说界革命始。欲新民,必自新小说始"。(《论小说与群治之关系》)这种看法,过分夸大了文艺对改造社会的作用,不免有点唯心主义的倾向。但主张文艺革命,和以具有新思想内容的新作品,代替腐朽的旧作品,从今天看来,还是有其一定的积极意义的。康有为也有同样的主张(具见于《闻菽园居士欲为政变说部,诗以速之》及梁启超《译印政治小说序》中引他的话),这里就不多谈了。

维新派如此,革命派如何呢?即以章炳麟而论,他写文喜欢用字的本义,因而一般人读起来,觉得有些艰深古奥。可是从对宣传革命的观点上立论时,就非常称赞邹容的《革命军》为通俗易懂,在群众中能收到感发兴起的巨大效果(《革命军序》)。此外他对宣传革命的小说,也非常赞赏。他给黄世仲的《洪秀全演义》作的序中,首先歌颂了洪秀全的革命功绩,接着对这部小说的作用也作了应有的评价与估计。从太炎的两篇序中,足见他是主张文艺应有裨于革命的。

至于这时的王国维,对这种主张,则大加诋訾,提出了为艺术而艺术的艺术至上论。他在《论近年之学术界》(见《静安文集》)中说:"庚(一九〇〇)辛(一九〇一)以还,各种杂志接踵而起,其执笔者非喜事之学生,则亡命之逋臣也。此等杂志本不知学问为何物,而但有政治上之目的。虽时有学术上之议论,不但剽窃灭裂而已。如《新民丛报》中之《汗德哲学》,其纰缪十且八九也。其稍有一顾之价值者,则《浙江潮》中某氏之《续无鬼论》。作者忘其科学家之本分,而闯入形而上学,以鼓吹其素朴浅薄之唯物论。其科学上之引证,亦甚疏略。然其唯有学术上之目的,则固有可褒者。又观近数年之文学,亦不重文学自己之价值,而唯视为政治教育之手段与哲学无异。如此者,其亵渎哲学与文学之神圣之罪,固不可逭。欲求其学说之有价值,安可得也。故欲学术之发达,必视学术为目的,而不视为手段而后可。……然则彼等言政治则言政治已耳,而必欲渎哲学文学之神圣,此则大不可解者也。"这就是用西方康德、叔本华等人的艺术至上论,来攻击维新派与革命派的艺术应为政治服务论,借此为当时清王朝的封建统治服务。他不用当时一般顽固派的非圣无法的罪名,而用亵渎哲学与文学的神圣的罪名,其结果比顽固派所起的反动作用就更大。因为在为艺术而艺术的烟幕下,好像他是一个超然者,他并不在维护封建统治,因而就更足以迷惑人心,欺骗世人。他同二十世纪三十年代的"自由人"和"第三种人"比起来,虽他们所维护的反动统治者有所不同,但其反动的本质,以及所采用的口号与方法,简直是前后如出一辙。

其次在文学评论上,王国维也同当时的维新派和革命派进行着针锋相对的斗争。在小说方面,对《红楼梦》的看法,双方理解的不同,已见前论。在诗词方面,维新派和革命派盛推陆游同辛弃疾,这是由于他们都具有高度的爱国思想与民族思想。但王国维则盛赞李后主同纳兰性德,把他们的颓废感伤作品,推崇备至。至于龚定庵,由于他是最早主张政治改革的,因而他的作品在晚清曾风靡一时。但王国维就其《己亥杂诗》中的"偶赋凌云偶倦飞"一篇,诋其为"凉薄无行",给以全盘否定。从这里,可以看出,他们是从不同的政治立场来评价作品,所得出的结论截然相反。

总之,我们对王国维的文艺思想,应当有分别地肯定其中合理的正确的部分,而对其反动的荒谬的部分,则应该予以彻底的批判。

1978 年 4 月 4 日改定

吴沃尧

一

吴沃尧(1866~1910)字小允,又字趼人,广东南海县人。因他家住佛山镇,所以笔名"我佛山人"。出身于官僚家庭,曾祖荣光曾任湖南巡抚,研精金石,嘉道间海内号为收藏家。祖莘畲,工部员外郎。父允吉,浙江候补巡检。趼人幼年即丧父,家道中落。十七八岁时去上海,最初佣书江南制造军械局,月薪仅八金。后来为上海各报写文,从光绪二十三年(1897)到二十七年(1901),五六年间,主编过多种小报,如《消闲报》(即《字林沪报》副刊)、《采风报》、《奇新报》、《寓言报》等。光绪二十八年(1902),曾应《汉口日报》之聘,为该报编辑,至次年春辞职返沪。

一九〇二年十月,梁启超在日本横滨刊行《新小说》杂志,趼人开始向该刊投稿,其长篇小说《二十年目睹之怪现状》、《痛史》、《电术奇谈》、《九命奇冤》等,都曾在该刊上发表过部分章节或全文,于是名声大噪。

光绪三十年冬(1904),曾去山东,仅三个月即又返沪。据说这次赴鲁是担任河工职务,因不习惯官场生活,所以离职。在这个时期,他还去过日本,旅日的目的和时间都待考。一九〇五年春,任美商英文《楚报》中文版编辑,因反美华工禁约运动在全国范围内热烈开展,趼人激于爱国义愤,毅然辞职回到上海。不久即主编《月月小说》,在上边发表了长篇小说《劫余灰》、《发财秘诀》、《上海游骖录》、《两晋演义》、《云南野乘》等。此时在沪广东同乡创办的广志小学,也请趼人主持该校校务。后又发表《近十年之怪现状》、《情变》等。一九一〇年九月十九日,因迁居劳累过度,喘疾突发,遂以不起,终年45岁。(李葭荣《我佛山人传》、魏绍昌《鲁迅之吴沃尧传略笺注》,均见《吴趼人研究资料》)

二

吴沃尧是一个受儒家思想束缚很深的人。他虽然生在晚清,但似乎对维新派几个思想家如康有为、梁启超、谭嗣同、严复等的著作和翻译,都未深入系统地研究过,更不要说以后革命派如孙中山、章太炎和邹容等人的著作了。所以说他的思想应该说是同洋务派曾国藩、李鸿章、张之洞等人是完全一致的。当然这一些人,都是清廷的军阀与官僚,是死心塌地地拥护清廷政权的,而趼人却是比较纯洁的文人和书生,尤其与他们不同的是具有一腔爱国的热忱。据胡寄尘《我佛山人遗事》载:

> (一九〇五年五月间),会华工禁约事起,东南人士奋起与争,君亦拂衣谢居停,去汉之沪,到岸迎者百余人。旋乃力谋抵制之策,登坛演说,庄谐并陈,闻者时而歌,时而泣,不自知其然也。(《黛痕剑影录》)

不过,吴沃尧虽有一腔爱国热忱,但不肯接受新思想,所以他的报国方案,就只有因袭中国儒者的老一套,即提倡旧道德。他不仅使这种思想见之于议论文字,并在所著小说中塑造出具有旧道德的典型人物。他在《上海游骖录》自跋中说:

> 以仆之眼,观于今日之社会,诚岌岌可危,固非急图恢复我固有之道德,不足以维持之,非徒言输入文明,即可以改良改革新者也。(《月月小说》第八号)

而在《恨海》中,他就塑造了一个节妇和孝女的张棣华的形象,和一个孝子并义夫的陈仲蔼的形象。所以鲁迅在《中国小说史略》中说:

> 至于本旨,则缘借笔墨为生,故如周桂笙(《新庵笔记》三)言,亦"因人,因地,因时,各有变态"。但其大要,则在'主张恢复旧道德'(见《新庵译屑》评语)云。(第二十八篇《清末之谴责小说》)

吴沃尧完全不了解他这种企图的后果,因为这和他的救国愿望恰恰是背道而驰的。他在自己的著作中把崇洋媚外的人,骂得狗血喷头,说他们:

> 样样都要说外国好,外国人放的屁都是香的,中国的孔圣人倒是迂腐。外国的狗都是好的,中国的英雄倒是鄙夫。(《情变·楔子》)

由于他为中国封建阶级思想所束缚,对西方的民主与科学思想,一概加以排斥,所以就产生了许多极其糊涂的观念。他痛恶当时中国官场的腐败与黑暗,但他不了解这正是清王朝的反动统治所造成的;他痛恶人们的崇洋媚外、唯利是图、道德堕落,但他不了解这正是清朝统治者在帝国主义的侵略下已成为洋人的奴仆所造成的。当然,他也不可能理解救亡图存的根本问题,在于推翻清王朝的统治,建立一个民主共和国。

由于这种思想的主使,所以吴沃尧认识不到革命党人的斗争精神,甚至歪曲、丑化和攻击反清志士。尤其是徐锡麟刺杀恩铭,被清政府剖心致祭一事,遭到当时舆论界的谴责,可是吴沃尧却是完全站在清廷一边,并为这种暴行辩护,真可谓反动透顶了!请看他是怎么说的:

> 这位恩中丞,被徐锡麟刺死了,恩中丞手下的人拿了已经抵罪的徐锡麟,来剖心致祭。但是社会上的人都说是野蛮,野蛮。依在下说起来,野蛮不野蛮,我是分辨他不出来。剖心致祭,虽然没有这条法律,然而反躬自问,譬如此刻出了一个大有造于中国的英雄,眼看着强国强种,文明进化,一切种种都是他提倡的,

他又能设法实行,一旦无端被刺客杀了,只怕社会诸公,也未尝不想拿这刺客剖心致祭呢!若是权力办得到,也未尝不想实行剖心致祭呢。(《剖心记》第一回)

这简直是颠倒黑白,思想野蛮狠毒至极。

从这里,我们可以看出,一个作家如果站在旧势力的立场上,任你有怎么美好的愿望,但由于世界观的反动,必然要发表出一些极其荒谬的言论,成为不光彩的拉历史倒退的角色。晚清的小说作家李伯元、刘铁云和吴沃尧,都是这类人物。他们的创作尽管揭露了现实中的一些黑暗面,但他们又都是仇视革命党的人,他们的立足点基本上还是封建阶级的立场。他们面对黑暗腐朽的现实,补天不成,看不到社会的前途,最后终于走上了消极颓唐、厌世主义的道路,这是完全合乎他们自身发展的逻辑的。

吴沃尧由于对西方文学抱着轻蔑的看法,所以他的文学观,还是脱离不了儒家传统的观点,轻视作家,轻视小说。尽管他本人是从事小说创作的。

首先他认为经邦济世,乃是知识分子应该致力的,而立言,乃是不足道的。他说:

吾人幼而读书,长而入世,而所读之书,终不能达于用,不得已,乃思立言以自表,抑亦大可哀已!(《最近社会龌龊史·自序》)

接着他认为立言应该有关于性命同经济之学,而从事小说写作,乃系雕虫小技,不足道的。他说:

况乎所谓言者,于理学则无关于性命,于实学则无补于经济,技仅雕虫,谈恣扣虱,俯仰人前,不自颜汗。呜呼,是岂吾读书识字之初心也哉!(《最近社会龌龊史·自序》)

他的这种看法,与梁启超的《论小说与群治之关系》中的论点,是大相径庭的。为什么会有如此之差距?原因就是他对西方的文学及文学观太隔膜的缘故。

吴沃尧是一个国粹派,对西方文明不了解,但却凭个人的主观,任意攻击,好像只要是向西方学习,没有不是错误的,没有不是崇拜外人的表现。

当然,那时确有一些买办、西崽是这样,但不能把所有主张向西方学习的知识分子的言论,都一概加以排斥。下边是他对中国文学中,采用西方标点符号的恶毒攻击。他说:

> 吾尝言吾国文字,实可以豪于五洲万国,以吾国之文字大备,为他国所不及也。彼外人文词中间用符号者,其文词不备之故也。如疑问之词,吾国有"欤"、"耶"、"哉"、"乎"等字,一施于词句之间,读者自瞭然于心目,文字之高深者,且可置之而勿用。今之士夫,为译本者,必舍我国本有之文词而不之用,故作为一"?"以代之;又如赞叹之词,须靡曼其声者,如"呜呼"、"噫"、"嘻"、"善夫"、"悲夫"之类,读者皆得一见而知之,即施之于一词句之间者,亦自有其神理之可见;而译者亦必舍而勿用,遂乃使"!"、"!!"、"!!!"等不可解之怪物,纵横满纸,甚至于非译本之中,亦假用之,以为不若是,不足以见其长也者。吾怒吾目视之,而眦为之裂,吾切吾齿恨之,而牙为之磨,吾抚吾剑而斫之,而不及其头颅,吾拔吾矢而射之,而不及其嗓咽,吾欲不视此辈,而吾目不肯盲,吾欲不听此辈,而吾耳不肯聋,吾欲不遇此辈,而吾之魂灵不肯死。吾奈之何!吾奈之何!(《中国侦探案·弁言》)

这种深恶痛绝的悻悻之色,溢于言表,以视五四时期反对白话的林琴南,恐怕是有过之而无不及的。这种谬种流传,直到三十年代的林公铎,在大学讲坛上,仍袭吴沃尧的衣钵,对标点符号还是那样喋喋不休地大张挞伐。

三

吴沃尧是晚清时期的一个多产作家,平生所写的完成和未完成的小说近十几部。至于其代表作,则为《二十年目睹之怪现状》、《痛史》和《恨海》,现略作论述于后。

一、《二十年目睹之怪现状》是吴沃尧的精心之作。据他自己讲:"部分百回,都凡五十万言,借一人为总机捩,写社会种种怪状,皆二十年前所亲见亲闻者,惨淡经营,历七年而犹未尽杀青,……"(《最近社会龌龊史·自序》)所谓一人为总机捩,就是书中的"我",又名"九死一生",写自己二十年中所看到与所听到的社会上的各种怪现状。第二回中又说明自己所以起名叫"九死一生"的原因道:

> 只因我出来应世的二十年中,回头想来,所遇见的只有三种东西,第一种是蛇、虫、鼠、蚁;第二种是豺、狼、虎、豹;第三种是魑、魅、魍、魉。二十年之久,在此中过来,未曾被第一种所蚀,未曾被第二种所啖,未曾被第三种所攫,居然被我都躲避了过去,还不算是九死一生么?

这三种东西,可以说几乎包罗了当时社会上的各色人等。第一种人乃是普通人中的坏人,这种人专搞损人利己的事,你碰上这种人,在金钱上总要受到一些剥削与损失,所以把这种人比作蛇、虫、鼠、蚁。作者用一个"蚀"字,说明他们的危害并不算是太厉害。至于第二种则是政治上的一些当权者,中国古代就有"苛政猛于虎"的比喻。中国晚清的当政者,上至老佛爷,下至地方官,没有不是仗着自己的权势,想尽办法,搜刮人民,以致使人民日不聊生的。他们喝人血,食人肉,不是豺、狼、虎、豹,又是什么呢!至于第三种,就是那些善于用阴险狡诈的手段,来陷害人的东西,使你受其害而还不知害你者是谁?这不正是那些魑、魅、魍、魉么!

在十九世纪末,中国已沦为半封建半殖民地,帝国主义的侵略已深入中国腹地,清王朝在屡次战败后,对列强已是唯唯诺诺、俯首听命,成为他们在中国的代理人。而中国人民已成为帝国主义的奴才的奴隶。政府是卖官鬻爵,贿赂公行,人们则尔诈我虞,互相吞噬。人与人的关系是金钱的关系,是利害的关系。正如九十九回中卜士仁给他侄孙卜通讲的"至于官,是拿钱捐来的,钱多官就大点,钱少官就小点。你要做大官小官,只要问你的钱有多少"。在这样情况下,没有官的要用钱来捐官,有了官的,要想升官,同时又怕丢掉了官。于是为达目的,不择手段,除用金钱贿买以外,还要用美人计。像让自己的妻子为制台按摩的候补道,把自己的寡媳送给制台作姨太太的苟观察,真可谓"行止龌龊,无耻之尤"。然而正是这样的人,能够官运亨通,扶摇直上。相反的像那廉洁自持,不肯随俗浮沉的蔡侣笙,虽有一定的才学,只有穷途潦倒,在城隍庙作拆字的生涯。后来由于"我"的推荐,成为制台的幕僚,接着又作过几任知县,但因替人民作好事,在严重灾荒,饿殍载道的情况下,开仓赈灾民,结果被参,不但丢了官,并且把所有家产赔上还不够还官债。所以作者借"我"来总结当时的官不能做的理由道:"我敢说一句话,这个官竟然不是人做的。头一件先要学会了卑污苟贱,才可以求得官差。又要把良心搁过一边,放出那杀人不见血的手段,才弄得着钱。"(第五十回)

吴沃尧这部作品受《儒林外史》的影响至深,最突出的如对科举制度的揭露,四十二回吴继之同"我"讲:科场中种种舞弊的伎俩,真是千奇百怪,层出不穷。有偷题目出去的,有传递文字进去,有换卷的。至于用钱向主考通关节,那更是经常的现象。如小说中所说的吴继之,作了阅卷官,他分到的考卷,可以让一个没有功名的朋友"我"帮他阅。这样马马虎虎、应付差事,那么所选拔出的人才究竟是什么样的人,就可想而知了。书中的"我"是鄙视科第的,他同自己的母亲为此事争辩,他认为为了图名而当好的官,并不怎么光荣。为了发财,还不如经商较为可靠。这反映出科举制度到了晚清,的确已到了末路,势非取消不可了。

其次是对上海的斗方名士的揭露。在三十三回中写一个洋行买办唐玉生为附庸风雅,于是起了个别号,叫"啸庐居士",画了一幅《啸庐吟诗图》,请许多所谓名士题诗!于是竟闻名一时。他毫不渐愧,并自鸣得意地说:"做大名家,也极容易。像我小弟,倘使不知自爱,不过是终身一个买办罢了。自从结交了几位名士,画了那《啸庐吟诗图》,请人题咏,那题咏的诗词,都送在报馆里登在报上。此刻那一个不知道区区的小名。从此出来交结个朋友,也便宜些。"说罢哈哈大笑。这位买办不过是有几个钱,他为了要出名,便结交那班自命为居士、诗人的一些人,让他们为自己捧场。而这班甘愿为他捧场的都是些什么名士,也就不问可知了。

第三是表扬义侠的作风,《儒林外史》中写凤四老爷之于万中书,马二先生之于蘧公孙,庄绍光之于卢信侯,都是能急人之急、脱人于厄的。《怪现状》中写"我"也多少具有这样的豪侠作风。即如他为了救黎景翼的弟媳于火坑,而不惜为她奔走。并在奔走的过程中,认识了蔡侣笙,晓得蔡是一个品德耿直廉介的书生,于是就设法托吴继之推荐给当时的制台作幕僚,而拔他于穷困之中。作者在三十三回的回目中称之为:"真义侠,拯人出火坑。"

由于《外史》是专写儒林的,而《怪现状》是写中国当时都市中现实生活的,所以涉及面比较广阔。同时又由于时代不同,社会现实有着巨大变化,作者的世界观与创作意图也大不相同,所以后者无论从思想、内容,以及艺术成就,比诸《外史》都不免大为逊色。

二、《痛史》是属于讲史一类的小说,最早发表在梁启超的《新小说》杂志中,共二十七回,未完。内容主要写宰相贾似道欺君误国,文天祥一班忠义之士的艰苦努力。其意图在写中华亡于异族的悲剧,用以借古讽今,揭露抨击晚清中国士大夫在几次与列强战争中,所表现的昏庸误国,与向敌人屈膝投降的可耻行为,借以唤起人们的爱国思想。

阿英非常赞赏他这部作品,说它:"是对鸦片战争到八国联军几十年事件愤慨的总发泄,总暴露。所以他又借谢枋得的口道:'你看元兵势力虽大,倘使我中国守土之臣,都有三分气节,大众竭力御敌,我看元兵未必便能到此。都是这一班忘廉丧耻,所以才肯卖国求荣,元兵乘势而来,才至如此。'这些所在,是没有一处不表示着弦外之音。所憾的是他的认识太笼统,没有把异族统治者与人民加以区别。"(《晚清小说史》第十二章)

但我觉得阿英要求吴沃尧把异族统治者与人民加以区别,这个要求未免有点过分,因为当时的知识分子,是不可能有这种认识的。

况且吴沃尧在当时是反对民主革命而提倡忠君爱国的。他曾抨击那时的人只知称赞华盛顿和拿破仑,而不知称道岳武穆与文天祥。其目的是要人们放弃民主革命,而效忠于满清王朝。但他忘记了在清王朝的统治下,汉民族早已成为奴隶(其中极少数成为奴才)。吴沃尧只看到当时有帝国主义的入侵,而不懂得国内也存在着尖锐的民族矛盾与阶级矛盾。清廷当时提出"宁赠友邦,不予家奴"口号。如果不进行革命,让清廷统治下去,那才非亡于帝国主义不可。所以说吴沃尧的爱国主义,乃是一种盲目的爱国主义,他反对排满,反对革命,使他终于陷入了反动的泥坑。

三、《恨海》这部小说发表于一九○五年,当时曾风靡一时,有人把它和李伯元的《文明小史》、曾孟朴的《孽海花》及刘鹗的《老残游记》称为中国近著小说的四大杰作(侗生《小说丛话》)。吴沃尧对他这部作品,也极自负,他说:

> 作小说令人喜易,令人悲难。令人笑易,令人哭难。吾前著《恨海》,仅十日而脱稿,未尝自审一过,即持以付广智书局。出版后,偶取阅之,至悲惨处,辄自堕泪,亦不解当时何以下笔也。能为其难,窃用自喜。(《月月小说》八期《杂说五》)

此书于一九三一年曾被改编拍成电影,一九四七年,柯灵还把它改编成剧本,足证其入人心之深,影响之大了。

书中写陈伯和和张棣华,陈仲蔼和王娟娟,在庚子事变中,两对未婚夫妻的悲剧。前一对,男的陈伯和,后来堕落为洋场的乞儿小偷,最后终于病死。其妻陈棣华,因而看破红尘,遁入空门。至于另一对,王娟娟因其父死后,家道中落,到上海沦为妓女,其未婚夫陈仲蔼,在乱离中曾随两宫到西安,议和后,到上海访问娟娟,杳无消息。后来不意在妓馆里遇到娟娟,娟娟一见到他,马上就跑掉了。仲蔼感到他父母在大乱中惨死,哥哥又病死在上海,未婚妻又沦为妓女,于是悲痛消极,披发入山,不知所终。作者在本书开卷第一回中说:

> 人之有情,系与生俱来,未解人事以前,便有了情。……那与生俱来的情,是说先天种在心里,将来长大,没有一处用不着

这个情字,但看他如何施展罢了。对于君国施展起来便是忠,对于父母施展起来便是孝,对于子女施展起来便是慈,对于朋友施展起来便是义。可见忠孝大节,无不是从情字生出来的。

作者把这部书叫做"写情小说",而作为他的理想人物,体现了他的情的标准的第一个人便是张棣华,第二人便是陈仲蔼。这两人一主一辅。

吴沃尧当时看到清政府的腐败,同人心的奸诈,特别是士大夫那种寡廉鲜耻,人格卑污的情况,他找不到振兴国家、拯救危亡的办法,只有从封建地主阶级的思想武库中去寻找药方,于是便找到了管子的话"礼义廉耻,国之四维。四维不张,国乃灭亡"。他便认为中国闹到这步田地,完全是由于道德沦丧的结果。他还在《上海游骖录》中借书里的人物李若愚的话说"我所说的改良社会,是要首先提倡道德。……要道德普及,是改良社会第一要义"。在这样的思想指导下,于是就塑造出了张棣华和陈仲蔼这两个典型人物,一个是孝女节妇的典型,一个是孝子义夫的典型。

从这里可以看出,吴沃尧并没有把当时黑暗的现实和中国有被列强瓜分危险的情况,看成是由于异族的统治、封建制度以及帝国主义的侵略所造成的,而认为是德育的不普及,封建道德沦亡的结果。这样当然也就谈不上排满、反帝了,所以也就更用不着进行革命了。

尤其需要指出的,吴沃尧对男女婚姻问题,完全是封建地主阶级的老观点。他通过张棣华、陈仲蔼这两个人对待婚姻的态度,说明他卫护的乃是"父母之命,媒妁之言"的陈规旧俗。他对当时的男女双方从恋爱到结婚的自由婚姻,是极端反对的。他通过书中陈仲蔼的话,来抨击反对包办婚姻的《红楼梦》说:

> 幸而世人不善学宝玉,不过用情不当,变了痴魔。若是善学宝玉,那非礼越分之事,便要充塞天地了。后人每每指称《红楼梦》是诲淫导淫之书,其实一个'淫'字,何足以尽《红楼梦》之罪?(第八回)

吴沃尧那种凛然岸然的卫道面孔,完全暴露出来了。倘若说十七八世纪出现了像蒲松龄、曹雪芹等人的婚姻观,提倡自由恋爱与婚姻的自主是进步的,那么到了二十世纪,还出现了吴沃尧(同时期的林纾在他的《畏庐漫录》中所表现的婚姻观点和吴完全是一致的)这种维护"父母之命,媒妁之言"的婚姻观,就不能不说是反动的了。

四

统观以上对吴沃尧三部代表作的分析,可知吴沃尧是一个有正义感,同侠义心肠的人。他对现实政治的黑暗、帝国主义的侵略,以及社会上人心的奸诈,世风的浇漓,是深恶而痛绝的。他有强烈的爱国主义思想,他要借他的笔来揭露并抨击现实中种种怪现状,从而希望对之加以改革。

但是值得惋惜的,是他虽然以改良主义自命,但他对维新派的一些思想家的论著和译著中所提倡的科学与民主并不真正理解,至于以后革命派的论著,他更是一概反对,因而他的世界观,是陈腐的,直至后来,发展到越来越反动的地步。由此可见,一个知识分子对改革不合理的现实,只抱有善良的动机,是远远不够的,必须要解放思想,研究代表时代潮流的先进理论,并以此来指导自己的行动,而决不是抱残守缺,故步自封。

李 伯 元

一

　　李伯元(1867~1906)名宝嘉,伯元是他的号,别署南亭亭长,江苏武进人。因累举不第,后去上海,从事新闻工作。初办《指南报》,又办《游戏报》,上海之有小报是从他开始的。以后小报纷纷出现,但很少能赶上他所办的。不久他又将《游戏报》出售,别创《繁华报》。继而接受商务印书馆的聘请,任《绣像小说》编辑。

　　光绪辛丑(1901),清廷开特科,征用一些有才能的人,想借此缓和一下国内的民族矛盾。湘乡曾慕涛曾推荐他,但他却谢绝了,说:"假使我要想做官,决不等到现在。"恰巧当时台谏中有不满于伯元的,竟把他的名字列入了弹章,他听到后,笑道:"这才是真正了解我的。"此后就专力于小说的创作。所著有《庚子国变弹词》、《海天鸿雪记》、《李莲英》、《繁华梦》、《活地狱》、《中国现在记》、《官场现形记》、《文明小史》等十余种,而最后两部为其代表作。他因患痨病,于光绪三十二年三月十四日卒,年仅四十岁(吴沃尧《李伯元传》)。

二

　　《官场现形记》是一部揭发晚清官场种种黑暗情况的作品,全书六十回。作者在书的末尾,借书中人物甄阁学的胞兄在病中讲述自己梦中所见的一派话,来说明自己写这部作品的目的:摹仿学堂里先生教学生的法子,编几部教科书,来教导那班官吏们,二十年之后天下还愁不太平吗!书的内容前半部是专门指摘那班作官人的坏处,好教他们知过必改。后半部是教导他们做官的法子。想不到由于起了大火,这部书后半部烧了,只剩得前半部。而前半部不像本教科书,倒像是《封神榜》、《西游记》,妖魔鬼怪一齐都有。它虽然不像本教科书,但对一班官吏来说仍然有着一定的作用,而"虽不能引之为善,却可以戒其为非"(六十回)。

首先书中揭发的是清政府从宫廷到督抚,凡是掌握大权的没有不干卖官鬻爵的勾当的。如宫中有黑大叔,朝中有华中堂。至于中层更是明目张胆地按缺的肥瘠,来规定价目。像这样用钱买的官同经商一样,不过是将本求利,因而一到任就拚命搜刮。

其次也揭露了当时官吏借剿匪之名对人民进行杀戮,奸淫和抢掠的罪行。人民向地方官控告,县官与上级狼狈为奸,不但压制了百姓的控诉,并且对主持剿匪的上官,颂扬了一番。于是这班大坏蛋不但向上级报销了上百万的消耗,并且请求对曾经参与其事的各级僚属全部加官晋级。

这件事后来由于台谏的弹劾,皇帝派钦差去查办,其结果又给钦差发笔大财的好机会。案子所牵连的人,从抚院到佐杂一共二百余人,罪状二十多款。最后经过双方的讨价还价,有钱的出钱,没钱的只好等着处分。于是钦差的属员们把那些拿不起贿赂的提了一部分审讯收监,遮掩一下耳目就收场了。至于那些真正残害百姓,罪恶滔天的主犯,由于他们有的是从老百姓那里刮来的赃钱,于是钦差大人根据他们孝敬数目的多寡,这样大事可以化小,小事可以化了。

至于当时官吏的寡廉鲜耻,书中也作了绘声绘色的刻画,这里不再赘述。

这部作品,对晚清官僚政治的腐朽黑暗,作了尽情的揭露,使读者认识到这种黑暗的政治,卑污的官吏,是构成国家危亡、人民痛苦的根源,必须推翻这样的政权,扫除这样的强盗,人民才有光明的前途,国家才有转弱为强的希望。这对当时的革命来说,是起了一定的促进作用的。

《文明小史》所反映的晚清社会状况,主要有以下几个方面:

一、鲜明地写出了晚清的阶级矛盾。即如第九回中所写的湖南永顺人民抗捐的群众运动,就是最好的例证。书中写永顺府新知府傅祝登到任后,受到湖南省厘局提调孙名高的怂恿,大搞关卡。一个城门捐一次,一道桥也要捐一次。一匹布要上捐,买了二斤肉也要上捐。不论买还是卖,都不例外,否则就要没收。其结果终于激起了群众的公愤,形成了一股反抗的洪流。最初是处处罢市,家家关门,接着是大队人马冲击知府衙门。直到由典史府吏找到几位大绅士从中调停,政府向群众让了步,宣布捐局暂时缓设,一场风波才告平息。从这件事的描写中,令人认识到当时统治者的贪婪无厌,群众在忍无可忍的时候,那种不顾一切的反抗精神。同时还说明了群众只要起来反抗斗争,最后就有可能取得胜利。

二、书中也反映了当时的民族矛盾,和人民的反帝思想。经过庚子之役以后,中国统治者普遍产生了惧外媚外的殖民地奴化思想。先是朝廷对帝国主义者的卑躬屈膝,唯命是听,于是下级对外国人更加恭顺,只怕得罪了外国人,会影响了自己的前程。小说第一回写永顺府的知府柳继贤为了应酬三个外国人,竟把正在对童生的考试也停止了,因此引起了应考生的不满。中间由于一位好事的黄举人从中鼓动,因而掀起了一个企图打死洋人,并反抗柳知府的群众运动。后来虽然被镇压下去了,但却反映出群众反帝国主义的侵略是愤怒的,对统治者惧外媚外的政策,是痛恨的。

三、写出了晚清中国新旧思想的矛盾与斗争。当时,西方资产阶级的平等自由的民主思想,像潮水一样冲击着中国封建的纲常名教的堤防。青年一代最容易接受新思潮,而老一辈的则大抵坚守封建的壁垒,于是就发生了激烈的"父与子"之间的矛盾和斗争,如书中第四十二回写 个曾到日本留学讨的青年刘齐礼认识到"如今要革命,应该先从家庭革起"的故事。第三十七回写聂慕政等对钦差反唇相讥,并请他辞官,结果钦差加他们以妨害治安罪,请日本政府派警察把他押送回国,回国后,聂慕政刺杀主张借外兵平内乱的大官,未遂而被捕的故事。

从以上书中所反映的阶级、民族,以及新旧思想这三种矛盾来看,清王朝的统治,的确已到了土崩瓦解的时候了。任何一种矛盾如果发展起来,都可能爆发成大规模的起义运动。"一叶落知天下秋",况且当时已经不是仅仅一叶之落,乃是到了"山雨欲来风满楼"的时候了。

三

根据李伯元一系列的作品,不妨探索一下他在晚清那种剧烈而又复杂的政治斗争中,究竟在政治倾向上,是属于那一派?关于这一点,过去是有不同的看法的。推崇他的,说他的小说"是反帝反封建最有力的作品"(文如山《李伯元作品思想倾向初探》)。反对他的,说他的作品"基本倾向是宣传改良主义和反革命"(章培恒《论李伯元作品思想倾向》)。我的看法,一个作家的政治倾向,主要看他对作品中的人物持什么态度,是歌颂,还是暴露,是肯定,还是否定。在晚清政治上,最主要的不外三派:一洋务派,二维新派,三革命派。就李伯元的作品分析起来,很清楚是属于洋务派。

我们知道在甲午战败之后,一时瓜分中国之说甚嚣尘上。洋务派的富国强兵的口号,已彻底破产。应运而生的是康梁师弟的维新变法运动。这时洋务派中的大官僚张之洞,为了抵制维新运动,反抗当时的新潮流,于一八九八年发表了《劝学篇》,其中心思想不外八个大字,即"中学为体,西学为用"。虽口称必须变法,但却极端反对民权。李伯元的小说正是这种思想的具体体现。

首先是对张之洞的歌颂。张之洞是个什么样人呢?他于一八八四年,由山西巡抚升两广总督,后调湖广总督。在庚子事变时,他曾参加东南互保,镇压过唐才常的自立军,和两湖发生的教案,是一个极端反动的汉奸刽子手。可是《文明小史》中对他却大加赞颂,在二十四回里,称他为"识时务的大员,实心为国的督抚"。这还不够,在十二、十三两回里,把他真是捧到天上啦,说什么"至于武昌地面,因这位总督大人,很讲求新法,颇思为民兴利。从他到任七八年,纺纱局也有了,枪炮厂也有了,讲洋务的讲洋务,讲农功的讲农功,文有文学堂,武有武学堂,水师有水师学堂,陆军有陆军学堂。……他老人家真是干得不少,少说他这人要有一百个心窍,方能当得此任。下余的人,就是天天拿人参汤来当茶喝,一天也难办得。但这位总督大人是极开通,而且又极喜欢办事,实心为国。……他自己做了几十年的官,仍然是两袖清风,一尘不染"。书中还举了两个实例,来颂扬这位制台大人廉洁奉公,遇事看得远,能够防患于未然。

作者对维新派的态度从书中对康(有为)梁(启超)的诋毁和丑化,可以看得很清楚。四十五回用安绍山影射康有为,说他组织维新会,是用欺骗的手法,把许多人的名字列进他的会员名单中。后来被人参劾为"结党营私,邪说惑世",于是上头批出革职拿问。他听到消息后,连夜出京,逃往日本。由于他当时还有点名声,于是借此招摇撞骗。四十六回中刻画劳航芥访问安绍山的情况,把安写成一个非常狂妄自负,而又会装腔作调的人。

书中对梁启超,更是诋毁备至。四十六回用颜轶回影射梁氏,说是安的高足,得到安的衣钵真传,其所作所为,和安不谋而合。两人不同之处,即安还有些迂拙,而颜手段活泼,心地玲珑,于弄钱一道,尤其得法。

庚子事变后,中国的革命知识分子,曾经过一次剧烈的分化,原来有些赞同改良主义的,这时看到清政府已成为帝国主义的代理人,于是相率走向革命的道路。一个作者,倘若在当时站在革命者的立场上,来诋訾维新派,应该说是进步的。即如章太炎,在一九〇三年发表《驳康有为论革命书》,在当时曾发生极大的影响。因为驳斥了维新派的立宪保皇,提倡的是民主革命。但李伯元并不如此,他是站在洋务派的立场,来反对立宪派的。他对立宪派尚且如此敌视,那么对革命派自然更加深恶而痛绝了。

书中第二十六回借方立夫同王济川的一段话说出了他对革命派的看法。方说:"总是中国不能自强,处处受外国人的压制。事到如今,连专制的本事都拿不出来,要想捉几个人,都被外人要去了。"(被捉的是主张革命的青年)王济川听到这里,大喜拍掌。立夫又说:"老同学,且慢高兴!你说官府捉不得人,是我们中国人的造化吗?他们那些演说的人,依赖了外国人,就敢那般举动,似此性质将来能不做外国人的奴隶吗,做中国人的奴隶固是可耻,做外国人的奴隶可耻更甚!不但可耻,要是大家如此,竟没得这个国度了,岂不可伤!"济川听了这番惊动的话,由不得泪下交颐。作者在这时加上评语道:"这是少年人天真未凿,所以还有良心。"写到这里,不由得让我想起了鲁迅的话:"用笔和舌,将沦为异族的奴隶之苦告诉大家,自然是不错的,但要十分小心,不可使大家得着这样的结论:'那么,到底还不如我们似的做自己人的奴隶好。'"(《半夏小集》,见《且介亭杂文末编》)

李伯元深恨当时一些革命党人,借租界进行革命活动,因而就说:"这些人依赖外国人,将来能不做外国人的奴隶。"于是就认为"做中国人的奴隶固是可耻,做外国人的奴隶可耻更甚。"所以最后的结论,是不要革命,安心做中国人的奴隶好了。殊不知当时的清王朝已成为外国人的奴才,中国人民实际已成为奴才的奴隶了。

吴沃尧的《李伯元传》中说他"怀匡救之才,而耻于趋俯",好像他异常清高孤傲。但我总疑心这是假的。他在《文明小史》中不惜那样地诋毁维新派,敌视革命派,而对清王朝则表现出忠诚不贰(《从《庚子国变弹词》中对载湉的歌颂,对李鸿章的赞扬,都足以说明);对满汉权贵如张之洞、端方等那样的颂扬,其目的为何?还不是企图得到他们的赏识,从而平步青云,飞黄腾达吗?!

综上所述,可知李伯元的政治倾向,在当时是反动的。既然如此,那么他的这两部代表作,为什么在内容上还有一定的积极意义呢？我们说,这是由于他的创作方法,还是现实主义的缘故。李伯元的世界观同创作方法,是存在着严重的矛盾的。这同法国的巴尔扎克颇有些相似的地方。李伯元在创作上,同巴尔扎克比较起来,不啻是小巫见大巫。但在世界观与创作方法的矛盾上确有近似之处。李伯元的立场,是站在行将灭亡的封建地主阶级一边的。但他的作品所反映的那种最腐朽的官僚政治,正是代表着他们所同情的封建地主阶级利益的政治。他所刻画的那些官僚,目的在于借此来对封建统治者进行讽谕,而善意的希望他们进行改革,把政治搞好,使封建阶级的统治权巩固下去。但这些作品的客观效果,却是越发引起了广大群众对当时封建统治阶级的无比憎恨,因而对革命运动,却产生了一定的推波助澜的作用。这一点确乎是李伯元所不及料的。

其次,在他小说中所刻画的一些革命青年,作者是拿他们作为反面教员,让其他青年,不要像他们那些幼稚、狂妄、愚蠢,以致于没有好下场。但这些人其中有的让读者看来,却是极可佩服的人物。而他们正是中华民族当时的新生力量。如聂慕政就是一例。

由此可见,李伯元当时尽管如此痛恨革命派、嘲讽维新派,颂扬那些满汉的权贵,但由于他的现实主义创作方法,终于从他的作品中,反映出晚清的时代面貌,与历史发展的动向,这就是清王朝的封建统治必然要崩溃,革命风暴终究要到来。他这种挽救行将覆灭的专制政体的企图,其结果是适得其反,最后竟成为给这种腐朽的政府所唱的一支挽歌。

四

李伯元的作品受《儒林外史》的影响较大,特别是《官场现形记》同《文明小史》,尤其显而易见。先就结构而论,一部作品不是用少数主人公的活动来贯穿全书,而是把许多有关的相类故事联系成一个长篇,讲完一个,又转而讲另外一个。故事与故事之间,并没有什么必然的联系,只不过就故事的性质上看,有点类似罢了,这就是《儒林外史》式的写法。从优点上看,反映生活面比较广,每个故事都可独立成一短篇。就缺点来说,是比较松散,不是首尾一贯,缺乏引人入胜的魔力。

在讽刺手法上,也可以看到李伯元模仿《儒林外史》的痕迹。吴敬梓善于用讽刺笔法,来揭露当时一些知识分子虚伪的面目。如《外史》第四回写范进在丁忧期间,去谒汤知县,酒席上因为他要守制,所以不用银镶的杯箸,换了象牙箸,他还是不用,最后换上了双白色竹子的才算用了。但是筵席上的腥荤,却并不忌,可知他不用银镶杯箸,全是在装模作样。《官场现形记》中也有近似这种写法的,第十九回写抚院一到任,就下令禁止送礼,凡是送礼的一概免收。但当他的姨太太同少爷来了后,一个捐班的候补道,马上送去一万两银子的银票,分作两张,一张五千,用红封套装着,一张签条写"陪敬",是送姨太太的。另一张签条上写"文仪"是送少爷的,结果居然赏收,马上传他。

另外,这位抚院又是口口声声讲理学的,说什么:"我们先君一生讲理学,讲的就是这'慎独'工夫,自从生了兄弟之后,顶到下世,一直吃的是'独睡丸'。一个人住在书房里,从不到上房一步。有时先母叫丫头送茶,送点心给先君吃,先君从不拿正眼看丫头一眼,怕的是因人欲之私,夺其天理之正,这才算得实做'慎独'二字。"(二十回)可是这位成天讲理学,讲"慎独"的抚院大人,想不到一天竟有妇人带着孩子来找他了,而且非亲见他不可。这个消息被他的姨太太听到后,放声大哭,骂道:"老不死的,面子上假正经,倒会在外头骗人家的女人,还养了杂种的儿子。你们带声信给那老不死的,他要去会那不要脸的婊子,叫他先拿绳子来勒死我,再去拿八抬轿抬那婊子进来。"(二十二回)像这类写法,《文明小史》中亦屡见不鲜,不过他这种讽刺往往太着痕迹,因而在风格上,远远比不上《外史》的含蓄、蕴籍而有力了。

在刻画人物上,《小史》比《现形记》要细腻得多。因为它产生稍晚,作者的技巧已渐趋成熟,所以里边有些人物是有着较为鲜明的个性的。如柳继贤、王济川、聂慕政。特别聂慕政,那种果敢奋厉的性格,使读者很难忘记。但《现形记》中的人物,几乎全是影子。其原因可能是由于这些人物,多半是作者根据社会上流传的官场话柄,而虚构出来的。即如像三荷包、冒得官之类的名字,一望而知是虚构的。这样写不过是借人物来传述故事,作者对这些人物的描写,全凭个人的臆想,当然不可能写得生动真实。《小史》中的人物有不少都有模特儿,而且通过比较细致的情节描述来刻画人物,所以人物就容易写得栩栩如生。这是《小史》在这方面,超过《现形记》的重要原因。

在行文上,两书都是六十回,但《现形记》比《小史》在字数上超过一倍还要多,因而后者比前者要简练。《现形记》在故事的描述上,由于缺乏剪裁,所以陷于冗长,让读者越读越感到乏味。这部书在问世后,最初虽轰动一时,但逐渐地被广大读者所淡忘了,原因即在于故事的千篇一律,文字枝蔓的缘故,至于《小史》似乎要稍胜一筹。

李伯元这两部代表作品虽然从内容到形式,都存在不少的缺点,特别是在思想上。有些是极其荒谬的,但它们都在一定程度上,反映出了晚清社会的面貌,所以对今天的读者来说,还是有着一定的认识意义的。

曾朴和他的《孽海花》

一

　　曾朴(1872~1935),初字太朴,后改孟朴,又字小木和籀斋,笔名东亚病夫,江苏常熟人。于清同治十一年(壬申)正月二十二日生于一个封建知识分子家庭里。幼年即喜好文学,背人窃读名家说部,及笔记杂集。十三四岁时,就和邑人张隐南(《续孽海花》的作者,笔名燕谷老人)胡君修等交游,因之文名早为乡里人所知。一八九一年(光绪十七年)乡试中试,明年进京应春闱试,下第返里,这年写成《补后汉书艺文志》一卷,《考证》十卷。一八九四年又入都,适逢中日之战爆发,于是请假南返。次年再入都,入总理衙门举办的同文馆特班,学习法文。他的目的原拟从此献身于外交界,后虽未能实现,却从这里打下了以后介绍法国文学名著的基础。

　　一八九七年,在上海拟寻机兴办实业,因得与维新派著名人士谭嗣同、林旭、唐才常等相往还,计议组织力量,从事变法计划。次年康梁等人在京运动,渐趋成熟,电约上海诸同志。谭、林等约孟朴同往,时孟朴因父丧未葬,未能北上。当时由林介绍,得识深通法国文学的陈季同君,在陈的帮助下,遂专精致志于法国文学的研究。

　　庚子事变前后,因病家居。一九〇四年赴沪,创办书店。专以发行小说为目的,因命名为"小说林",征集创作小说,及外国小说的译本。而个人所写的《孽海花》,亦于此时开始着笔。一年后,扩大经营,于一九〇七年正月,出版《小说林》月刊,《孽海花》亦于此时发行,据作者讲,当时风行海内,再版十五次,行销不下五万部。后书店因经营规模过大,资金周转不灵,遂停止。

由于清王朝政治日趋腐败,军事外交屡遭挫败,革命运动蓬勃发展,但彼未见及此,于一九〇九年入端方幕府。后端方调任,孟朴以候补知府分发浙江,被委为宁波绿营官地局会办。辛亥革命爆发,遂卸任赴沪。

光复后,参加了以张謇为首组织的共和党,作了江苏省议员,从事地方政治活动,曾任江苏官产处处长(1914),江苏省议会议长(1921),并在一九二七年北伐革命前,当齐燮元、孙传芳等军阀盘踞江苏时期,曾朴以地方绅士地位,曾先后担任过财政厅长、政务厅长等职,直至孙传芳垮台,他才去职。

一九二七年后,始结束其政治生涯,从事文学活动。在上海开设真善美书店,发行《真善美》杂志。其目的一方面想发表一些自己的作品;另一方面借此拉拢一些文艺界人士,朝夕盘桓,造成像法国沙龙那样的风气。后因经济拮据,一九三一年秋迁回常熟故里,渡其晚年退隐生活。一九三五年六月因病逝世。

孟朴平生著述,曾风行海内,为后人所传诵者,为《孽海花》(三十五回)。此外则有近于自传性的小说《鲁男子》(未竟稿)。诗集有《未理集》(庚寅以前),《羌兀集》(辛卯,壬辰),《响沫集》(癸巳至丙申),《毗辋集》(丁酉至庚子),《龙灰集》(三十以后诗集),《续未理集》(1927年转变后的诗作);戏曲有《云昙梦院本》;译著有莫里哀的《夫人学堂》,雨果的《吕尧兰斯鲍夏》,《项日乐》、《吕伯兰》、《钟楼怪人》等。(曾虚白《曾孟朴年谱》,曾朴手订《曾朴所叙书目》)

二

曾朴于一九〇七年在上海发行《小说林》月刊,同时开始发表他继金松岑而写的《孽海花》。到了一九二八年末,曾朴在上海又创办真善美书店时,对《孽海花》又进行了修改,并又续写五回,由三十回而增到三十五回。他曾在《修改后要说的几句话》中,谈他最初写这部书的动机道:

> 这书主干的意义,只为我看着这三十年,是我中国由旧到新的一个大转关,一方面文化的推移,一方面政治的变动,可惊可喜的现象,都在这一时期内飞也似的进行。我就想把这些现象,合拢了它的侧影,或远景,和相连系的一些细事,收摄到在我笔头的摄影机上,叫他自然地一幕一幕的展现。印象上不啻目击了大事的全景一般。例如:这书写政治,写到清室的亡,全注重在德宗和太后的失和,所以写皇家的婚姻史,写鱼阳伯、余敏的买官,东西宫争权的事,都是后来戊戌政变,庚子拳乱的根源。写雅叙园、含英社、谈瀛会、卧云园、强学会、苏报社,都是一时文化过程中的足印。(1928年真善美书店出版的《孽海花》修改本)

所以这部书内容上所反映的是当时政治文化上的大事件,和当时朝野士大夫的政治思想,以及生活趣味的情况,和李伯元的专门写官场黑暗的《官场现形记》以及吴沃尧写社会上各种人们的猥鄙琐事的《二十年目睹之怪现状》是大不相同的。

从作品中对当时的政治文化各种问题的态度上看,作者的政治思想,是和维新派基本上是一致的。作品中对朝中提倡公羊,倾向维新的,如龚和甫(翁同龢)、闻韵高(文廷式)、钱唐卿(汪鸣銮字柳门)等人,以及尚未获大用的提倡维新变法的重要人物,如唐猷辉常素(康有为长素)、戴胜佛(谭嗣同)等,都作为正面人物,在描述中都带有称许赞扬的意味。特别是康有为,试把《孽海花》中的三十五回,与李伯元《文明小史》中第四十六回加以对比,就可以看出他俩对维新派领导人物的态度是截然不同的。

曾朴既然是维新派,为什么《孽海花》中对革命派人物的活动,如孙文(中山)、陈千秋(清)、杨云衢(飞鸿)等的活动,在描述中也加以赞扬呢？这两派后来不是成了水火不相容之势吗？殊不知两派在戊戌前,彼此之间尚未产生矛盾。当时变法维新的浪潮乃是主流。两派的不同,只不过是一主急进,一主缓进罢了。两派的对立,直到一九〇五年前后,才激化起来。曾朴在政治上始终是一个改良主义者,到一九〇九年,由于当时两江总督端方,也是主张新政的,因而并不问其为满洲大员,竟被拉入他的幕府。直到辛亥革命后,他一再与军阀官僚合作,从他的政治倾向上看,是一点也不足怪的。有些人评论他,认为他早年进步,后来堕落,这未免有点太不了解他了。

作者生在19世纪末,乃是由地主向资产阶级转化的知识分子。他曾接受了一些资产阶级民主思想,但世界观中还残存着大量的封建思想,从他的作品中写当时士大夫嫖妓女、玩相公,认为是名士风流,以及作者本人,一生中也几次纳妾,这些都是极好的说明。

曾朴在当时,因深受维新派中主要人物的影响,所以他对当时帝国主义的侵略,以及对在朝的那些顽固派(从慈禧直到大臣李鸿章等)不同程度地都有所揭露。另外对那些醉心功名利禄,或者身负国家重任,但却阘茸无能,玩古董,搞考据,诗酒唱和,自命风雅的官吏也都不惜给以揭露。

至于本书的主人公同主题思想,作者不承认是傅彩云,以及她与金雯青两人的悲欢离合的关系。作者的意图,只不过是把她作为一条线索,来描述那三十年(1864～1894)的中国文化、政治,以及外交上出现的重大事件,这倒是对的。因而不能认定那几人是书中的主人公,或者那一件事是书中着重来写的。这部书从头到尾,都反映出了当时中国历史的现实,和它的发展动向。写了当国者的庸懦,政治上的腐败,朝野上下的泄沓,以及对外战争的失败。就在这种危机四伏的情况下,在知识分子中出现了一些企图救国救民的仁人志士,这就是打算改革政治的维新派,同决定推翻清王朝统治的革命派。并把这些人都写得光明俊伟,生气勃勃。从这一点来说,本书的思想水平已远远超过了李伯元的《官场现形记》同吴沃尧的《二十年目睹之怪现状》了。

不过作者把戊戌政变、庚子之乱,到最后清室的覆灭,认为是根源于德宗和太后的失和,以及东西宫的争权,这纯粹是唯心主义的历史观,是非常错误的。作者不了解清廷的顽固派,当时已逐渐成为帝国主义在中国的代理人,对国内革命力量进行残酷镇压,对外则一味献媚求和。维新派的改良主义道路是根本走不通的,是注定要失败的。

另外值得注意的,是小说中对马关条约订立后,台湾人民首先反对清廷对台湾的割让,接着即公推唐景崧、丘逢甲等,组织武装力量,对日本侵略者进行抵抗。虽然一则由于清廷不加援助,再则彼此力量悬殊,而终于失败了。但人民群众不甘作亡国奴的决心,和敌忾同仇,宁死不屈的精神,还是可歌可泣的。尤其是在篇中塑造了郑姑姑这样一个群众领袖的形象,她智勇兼备,经过策划,给来犯的敌人以歼灭性的打击。她虽然战死了,但她的精神却教育了许许多多不愿作日本人奴隶的爱国者。作者在论到这件事时,借书中人物赤云的嘴道:"龚璱人《尊隐》上说的话真不差,凡在朝的人恹恹无生气,在野反多任侠敢死之士。"对郑姑姑等群众领袖作了肯定和赞美。以上这些也都是《二十年目睹之怪现状》同《官场现形记》所远远不及的地方。

不过这部小说最大的缺点,是写金雯青与傅彩云两人的关系,羼入了因果报应的迷信观念,把傅彩云写成是金所恋的烟台妓女梁新燕转生的。由于金的负心,梁自杀了,转生为傅,后又嫁给金,终于金因傅而气死。

胡适在《再寄陈独秀答钱玄同》信中指摘这种写法,说:"皆属迷信无稽之谈,钱先生所谓'老新党头脑不甚清晰之见解'者是也。"钱这句话本来是为刘鹗《老残游记》中写黄龙子同玙姑一段对话中攻击北拳南革的话而发的(见《寄陈独秀》)。胡把这拿来批判《孽海花》的上述描写,也是正确的。但曾氏后来对胡的这样评语,很不满意,在二十年代发表的《修改后要说的几句话》中,进行了自我辩解。他引证希腊三部曲,以及浪漫派作家如梅黎曼的短篇,近代象征主义的短篇等为例,认为不能概斥这为迷信。这个理由是不充分的。因为迷信不迷信,从客观来说看这给读者印象如何,从主观来说则决定于作者的世界观。假若作者世界观中还残存着这种思想,那就必然会见之于作品。真正的具有唯物主义世界观的作家,决不会写出这种具有因果报应的作品。鲁迅的小说就是极好的说明。

三

《孽海花》从艺术上看,在晚清小说中有它自己的特点。首先就结构看来,它不同于《官场现形记》和《二十年目睹之怪现状》,把现实中流传于一般人嘴中的话柄,荟集而成书。而是用金雯青同傅彩云二人为线索,把清末三十年间许多历史故事贯穿了起来。由于金雯青曾出使外国,所以小说不只写了国内的社会生活,同时对海外的风土民情,也有所描绘。在结构上同当时其他小说比起来是较好的。但胡适对它评价甚低,在他《再寄陈独秀答钱玄同》信中说:

《孽海花》一书,适以为但可居第二流,不当与钱先生所举他五书同列。此书写近年史事,何尝不佳?然布局太牵强,材料太多,但适于札记之体(如近人《春冰室野乘》之类),而不得为佳小说也。

作者极不同意胡适的看法,他说:

他说(指胡适)我的结构和《儒林外史》等一样,这句话我却不敢承认。只为虽然同是联缀多数短篇成长篇的方式,然组织法彼此截然不同。譬如穿珠,《儒林外史》等是直穿的,拿着一根线,穿一颗算一颗,一直穿到底,是一根珠练。我是蟠曲回旋着穿的,时收时放,东西交错,不离中心,是一朵珠花。譬如植物学里说的花序,《儒林外史》等是上升花序,或下降花序,从头开去,谢了一朵,再开一朵,开到末一朵为止。我是伞形花序,从中心干部一层一层的推展出各种形象来,互相连结,开成一朵球一般的大花。《儒林外史》等是谈话式,谈乙事不管甲事,就渡到丙事,又把乙事丢了,可以随便进止。我是波澜有起伏,前后有照应,有擒纵,有顺逆。不过不是整个不可分的组织,却不能说它没有复杂的结构。(《修改后要说的几句话》)

这个在结构特点上的说明,是完全符合实际的。它不但有力地反驳了胡适的错误见解,同时对一般读者进一步了解这部作品,也是大有裨益的。

其次书中在对主要人物的刻画上,还是比较成功的。即如夏雅丽的聪敏机变、坚毅勇敢,虽然刺杀俄皇未能成功,但一个革命者的胆略,和舍己为群、通权达变、英勇无畏的精神在书中较好地体现出来了。至于傅彩云,既写出了她的媚丽,又写出了她的淫荡,她的机警和伶牙利嘴、擅长交际。余如金雯青、庄小燕、李纯客、戴胜佛等,也都有他们的性格特点,并非全是影子。原因是这些人物多半都是作者所熟悉的人。根据年谱,作者在二十岁时(光绪十七年间)去北京,与京中诸名士如李石农、文芸阁、江建霞、洪文卿等相周旋。这里边的江建霞即小说中的姜剑云,而洪文卿即小说中的金雯青,文廷式、芸阁即小说中的闻鼎儒、韵高,李石农即小说中的黎石农。余如谭嗣同、林旭等前边已讲过,他们都是旧交,而谭嗣同即为小说中的戴胜佛,林旭即为小说中之林勋。至小说中的李治民、纯客,实其师李慈铭、莼客(见曾之撰《越缦堂骈体文集序》)。而傅彩云据作者讲:"余初识赛于北京时,余任内阁中书,常出入洪宅,故常相见。"其次是他对当时朝野上下士大夫的生活习尚,以及政治倾向也比较熟悉。而对于市井娼寮亦知之极稔,因此写得较为逼真,时有传神之笔。

作品中刻画人物,有的地方很显然是受了《红楼梦》的影响。即如第十六回写虚无党夏雅丽同她表兄在一块饮酒时的姿态道:

> 此时夏姑娘几杯酒落肚,脸上红红儿的,更觉意兴飞扬起来,脱了外衣,着身穿件粉荷色的小衣,酥胸微露,雪腕全陈,臂上几个镯子丁丁当当的厮打。把加克骂一会,笑一会,任意戏弄。

这不同《红楼梦》第六十五回写尤三姐同贾珍贾琏两兄弟在一起饮酒时，她的服饰，同对贾家弟兄嬉笑怒骂放浪不羁的姿态非常相似吗？

又如第二十四回写金雯青病中神经错乱，忽然指着墙上挂的一幅德将毛奇的画像道："哪！哪！哪！你们看一个雄纠纠的外国人，头顶铜兜，身挂勋章，他多管是来抢我彩云的呀！"这同《红楼梦》第五十七回写宝玉在听了紫鹃说黛玉要回苏州的话，一时痰迷心窍，顿然神志错乱，看见墙上挂的一只西洋自行船，认为是要接黛玉走的情况，不也很相似吗？

至于书中第十一回，写姜剑云大谈其公羊学，三十四回连篇累牍地记下了唐常肃在万木草堂的讲学语录，除非是从事学术研究的人，一般人看起来就会感到莫明其妙，味同嚼蜡。这分明是受了《镜花缘》的影响。鲁迅称之为借小说以显示自己的才学，这对读者范围是会受到极大限制的。

在语言上，书中人物的对话，都能符合其身份个性，所以具有传神的作用。但在叙事同写景上，由于作者早年工于骈俪，所以喜欢堆砌词藻，并杂以俪词偶句。特别在写景上，远远不如《老残游记》中那种白描的写法，这不能不说是这部作品的一个缺点。

总之，就本书的思想性与艺术性来说，虽然远逊于《儒林外史》同《红楼梦》，但较之并世作者，如李伯元、吴沃尧等人的作品，似乎还是略胜一筹的。

刘鹗及其《老残游记》

一

刘鹗(1857～1909)原名孟鹏,字云抟,后更名鹗,字铁云,又字公约,祖籍江苏丹徒,后定居淮安。父成忠,以御史官河南,娶六合朱氏,生二子,长子孟熊,次子即鹗,于清咸丰七年丁巳,生于六合。

鹗幼而聪颖,四岁从其胞姐识字,不久即能诵《唐诗三百首》。五岁随父汝宁任所。十五随父至南汝光道任所。二十岁(1876)自河南回淮安。时鹗以风流旷达自命,在《忆丙子岁二十六韵》中曾自述其征歌选色的事,有"琵琶真荡魄,钗钏烂生光"之句。八月赴南京乡试,不第。适其父乞病解官,归寓淮安,遂在家侍养,并从事研治天算、乐律、治河、方技、及词章之学。

光绪六年(1880)从李光炘学。光炘为周星垣的弟子,系太谷教派。章士钊《孤桐杂记》中说:"近有人创救世新教会,以儒、释、道、耶、回五教合一为旨,募资刊报,颇涉张皇。……光绪年间有泰州人李晴峰,云是教主,年八十余,曾有人迎至京师说教。后李化去,传者黄姓,近亦死矣。而教仍有力江湖间,门户甚谨,非严介不得入。"晴峰即光炘,可知这是一种近于宗教的组织。鹗受此教影响甚深,《老残游记》中玙姑与黄龙子同申子平所讲的那一套,即是根据这教教义,对当时时事所发出的推断与议论。

光绪十四年(1888)赴河南投效河工,黄河决口不久,即合龙。河督吴大澂列案请奖,鹗推功于其兄孟熊。次年参与绘直鲁豫三省河图事,因而写成了《历代黄河变迁图考》十卷。光绪十七年,黄河水患移山东。时巡抚张曜任鹗为黄河下游提调。鹗因受张曜的赏识,故在《游记》中盛赞其清政。小说中的庄官保,实即当时的张宫保。

就在本年,与罗振玉订交。因罗当时寓淮安,曾著文驳贾让不与河争地说,其见与鹗不谋而合,因而互通函简,后两人交往甚密,罗并以其长女妻鹗四子大绅。鹗死后,罗为其写传,表彰其学问文章(《五十日梦痕录》《刘铁云传》)。

光绪十九年(1893),由山东巡抚福润推荐,送总理衙门考验,得以知府任用。光绪二十二年(1896)应两湖总督张之洞之召,对修筑芦汉路事有所咨询。为之洞左右盛宣怀所嫉忌,不得意而去。本年又曾上书直隶总督王文韶,请筑津镇铁路,因而受同乡京官的攻击,至除其乡籍,不承认其为丹徒人。鹗由于所志不获,因而消极颓唐,纵情于醇酒妇人,所以有"趁朱颜犹在,黄金未尽,风月陶情。长得红偎翠倚,身世听升沉"(《八声甘州》)之句。

光绪二十三年(1897)应外商聘,主办山西矿务,初与山西订晋丰公司约,继与河南订豫丰公司约,刘氏从中获利甚巨。年谱据汪穰卿遗纂,谓"汪书记刘事非一端,皆笔带嘲讽,或有私憾。然空隙始能来风,刘自有可议之处。性本轶荡,不矜细行,自任福公司经理以后,豪奢更甚于前。巨帑之来,不能使人无疑"。又引刘大杰《刘铁云轶事》云:"喜狎妓,一招十数",为妓凌云阁所颠倒,曾贻之书中有云:"客有慰我者,诮我曰:'公四十年间所见美人逾千数,从未闻缠绵若此,何今憔悴一至于此邪?'"其狂滥不检,竟如此,生活糜烂,势不能不影响于操守。罗振玉《刘铁云传》谓:晋矿开"而君汉奸之名大噪于世"。

光绪二十六年(1900)八国联军陷北京,鹗携资入京办赈。罗振玉《刘铁云传》:"联军入都城,两宫西幸,都人苦饥,道殣相望。君乃携资入都门,议赈恤,适太仓为俄军所据,欧人不食米,君请于俄军,以贱价尽得之,粜诸民,民赖以安。君平生之所惠于人,实在此事。而数年后,柄臣某,以私售仓粟罪君,致流新疆死矣。"对此事,从客观上,确是对当时饥民大有裨益。但可能刘氏借此,曾获大利,因为刘氏本系封建买办,素与外人往来。当时认为此事可以名利双收,故而冒险至京。如果刘氏此举纯粹为的利国福民,个人并未从中渔利,那么后来遭到参劾,决不会没人替他辩白的。此后几年,在京收购鼎彝,碑帖,字画,及善本书籍。年谱说他和罗振玉一样,"由嗜好古物,一变而为贩卖古物,只知获得高价,不惜珍品外流。……此种市侩习气,不惟刘、罗有,即素称洁身自好之王国维,亦未能免,倘所谓近墨者黑欤",这个批评是不过分的。不久又购得王氏龟契,后拓印成书为《铁云藏龟》。

光绪二十九年(1903)开始写小说《老残游记》。据说鹗所以写这部书,是有意借书的稿费,资助他的朋友连梦青的。初发表于商务印书馆发行的《绣像小说》,刊至十四章,即不复续。次年鹗赴天津,《日日新闻》主笔方若为该报向鹗征稿,于是续写至二十卷,即现在流行的《老残游记》二十卷本。

光绪三十二年(1906)春、秋两次赴日本游历,并纳一日女为妾。又二年,因庚子年买太仓粟事,被逮,未几流放新疆。宣统元年(1909)七月初因脑溢血卒于迪化,年五十三岁(罗振玉《刘铁云传》、蒋逸雪《刘铁云年谱》、刘大杰《刘铁云轶事》、魏绍昌《老残游记资料》)。

二

刘鹗在政治思想及倾向上,可以说是个典型的洋务派。首先从人事关系上,与晚清的洋务派及皇室权贵,都有瓜葛,据《年谱》,说他:"前依李鸿章,后依王文韶。李、王与鹗父皆有年谊,更夤缘攀附,与肃亲王善耆,庆亲王奕劻通庆吊。"此外洋务派的头子张之洞在两湖总督任内,曾为修筑芦汉路(即京汉路)事,特召他赴鄂有所咨询,当时他受宠若惊,大有依附之意。在《登黄鹤楼》中有句云"此去荆州应不远,倩谁借得一枝栖"。说明他以刘表比之洞,而以王粲自比。

洋务派张之洞在《劝学篇》中,提出"中学为体,西学为用"的口号,只主张请西人来中国筑路开矿,开办工厂,而反对民主民权之说。认为中国儒家的三纲五伦的封建道德,是万世不易之典则,丝毫也不应动摇的。刘鹗的观点,也正是如此。不过他之所谓中学,与曾(国藩)、李(鸿章)并不完全相同。曾、李是推崇程朱理学的,而刘鹗则信奉当时流行的所谓太谷教派,乃是能合儒释道三教于一炉的一种教派。我们从他的小说《老残游记》中玙姑、黄龙子与申子平讲论时事的内容,以及续编中泰山斗姥宫女道士逸云与德夫人自述其学道的经历,就可以晓得他所信奉的太谷教派思想的一斑了。

有人曾经认为刘鹗为维新派,这是错误的。维新派是反程朱的,但他们大部分是尊陆王的,即如康、梁、谭嗣同等人。更重要的是他们一面继承了晚明黄梨洲、王船山的民主民族思想,一面吸取了西方资产阶级的民主科学思想,这是维新派与洋务派根本不同之点。刘鹗反程朱,但不信奉陆王。他所信奉的,乃一种具有浓厚的神秘色彩的太谷教,不仅是反民主的,而且是反科学的。所以就他对当时的政治倾向来说,是落后而且是反动的。他不仅攻击革命派,同时也诋毁维新派。他于一九〇二年致他的同道黄葆年函中说:"民困则思乱,近者又有康梁之徒,出而鼓荡之,天下殆哉岌岌乎!"这就是一个有力的证明。

刘鹗的西学,也就是从事经营实业,招引帝国主义,来我国开矿筑路,从中得到回扣,借以大发横财。在表面上讲的是一套富国裕民的理论,实际上不过充当了买办的职分,达到个人牟利的目的。至于国家命运,民族前途,根本不在考虑之列。鲁迅在一九〇八年发表的《文化偏至论》中,曾抨击当时高喊实业救国的人道:

> 计其次者,乃复有制造商估,立宪国会之说。前二者素见重于中国青年间,纵不主张,治之者亦将不可缕数。盖国若一日存,固足以假力图富强之名,博志士之誉。即有不幸,宗社为墟,

而广有金资,大能温饱。

刘鹗正是这一类人,甚且过之。据年谱他曾经拉外商在山西成立晋丰公司,河南成立豫丰公司,汪穰卿遗纂《论借款之九五折》条中曾涉及到鹗,说"从前刘某在公司中咸谓其得数十万",此数目或不尽属实,但他从中大饱私囊,是肯定会有的。正由于他这种损公以肥私的表现,所以他的至友近亲罗振玉在给他写传时,也不好为他讳,说:晋矿开"而君汉奸之名大噪于世"。所以刘鹗的思想从其主流来看,是不足取的,是需要加以揭露和批判的。

三

刘鹗写《老残游记》,据年谱始于癸卯(1903)讫丁未(1907)。初编发表于《绣像小说》,出版后风行海内。二编仅六回,发表于三十年代,现流行之版本,已将它附于二十卷本之后。

刘鹗为什么写这部书?他在《自序》中认为中国过去的作家,从屈原直到曹雪芹,他们的著作都是他们的哭泣。接着又说:"吾人生今之时,有身世之感情,有家国之感情,有社会之感情,有种教之感情。其感情愈深者,其哭泣愈痛:此鸿都百练生所以有《老残游记》之作也。棋局已残,吾人将老,欲不哭泣也得乎?吾知海内千芳,人间万艳,必有与吾同哭同悲者焉!"

刘鹗写这部作品的时候,正是庚子之役以后,清王朝同列强订立了丧权辱国的辛丑条约之后,同时也正是革命浪潮汹涌澎湃的时候,眼看清王朝统治已经是摇摇欲坠了。当时思想顽固,始终站在反动统治阶级立场的刘鹗,既悲清朝的命运,已到了日薄西山的时候,同时自己也深感个人前途的渺茫,他之发出"棋局已残,吾人将老,欲不哭泣也得乎?"的悲叹,不是很自然的吗!

刘鹗思想的反动已如上述,那么他这种思想不可能不反映到他的作品《老残游记》中。最突出的是第一回,写主人公老残做的一个梦,梦中看到在大洋中有个轮船,在风浪里航行。船身有些地方已经残破,但船中人有船主,和他手下的转舵的,管帆的,还有许多名驾驶的。其次是管船的人,第三是演说的,最后是不计其数的男男女女的乘客。除船上以外,还有乘着小船去给大船上送罗盘的老残、文章伯、德慧生等三人。

读者读后很清楚地可以看出作者把船比作中国当时在列强凌逼、国将不国的危险情况下,就像一个残破的大船在风浪中行驶一样,危险万分。第一种人是清王朝的统治者,是作者所拥护的,说那八个管帆的,都是认真地在那里管,不过他们各自为政,不能够互相配合而已。第二种是水手,他们搜乘客们的干粮,剥乘客们的衣服,暗喻当时中下层的官吏,只知剥削人民。第三种人是演说的,主张打那掌舵的,这里指的是当时的革命派。第四种人指乘客,是指广大的人民。刘鹗对革命派最不满意,他借船中的老年晓事的话道:"诸位切不可乱动!倘若这样做去,胜负未分,船先覆了,万万没有这个办法。"作者接着写老残同他的两位朋友看到这种情况,相互议论了一番:

  慧生听得此语,向章伯道:"原来这里的英雄,只管自己敛钱,叫别人流血的。"老残道:"幸而尚有几个老成持重的人,不然,这船覆的更快了。"

这就充分说明了作者对当时国事的看法。他认为船之所以危险,是没有采用西法向盘同纪限仪的原因。所以书中老残一伙给船上送去了向盘同纪限仪。但想不到反遭到船上的群众和演说的英雄豪杰们的打击,说他们"是卖船的汉奸,快杀!快杀!"刘鹗把让外人来中国开矿筑路,认为是救国的唯一方略。由于他任福公司经理,被舆论指为汉奸,因此借小说以发抒他的积愤,不是昭然若揭了吗!

不过书中以后的内容,似乎与第一回的内容并没多大的联系。下边就完全写老残在山东游历的经过,其描写重点,不外(一)写曹州府长官玉贤的残暴。(二)写齐河县令刚弼的主观武断,刚愎自用,造成了魏家的冤案。(三)是批判抚台治河,采用错误的理论同方法,以至造成了广大沿河居民蒙受了黄水湮没的惨祸。

作者在这些描述中,反映出当时山东部分地区人民,在这样官吏的统治下,完全过的是暗无天日的生活,死亡枕藉,冤狱累累,在客观上让读者认识到专制政治对人民是如何的凶横残暴。这样腐朽的政治制度,必须推翻,而代之以民主政治。

但是刘鹗的理解不是这样,只单纯认为这不过是官吏的问题。即如齐河县魏家冤狱,责任完全在主官刚弼,所以经老残一封信,抚台调来了白太尊,于是冤狱马上得到了昭雪。但他没有想到,曹州府由玉贤造成的那么多冤狱,为什么不能够昭雪呢?同时贪赃枉法,或者刚愎自用,昏聩糊涂的县令,不是滔滔者天下皆是吗?而像书中的白太尊,能有几个呢?

特别是刘鹗对刚弼的蛮悍,自认为是廉洁无私,所以无所顾忌,因而造成冤狱,于是得出结论,"赃官可恨,清官更可恨。"这种看法尤其错误!实际书中所写的玉贤也好,刚弼也好,他们都是酷吏。刚弼哪能说他是清官。刘鹗对清官一辞的理解,非常的片面。历史上所谓清官,起码包含两种人物:一是刚正不阿,不畏强权,像传说中宋代的包拯。二是精明干练,洞察幽隐,像传说中明代的况钟。但不论是包拯也好,况钟也好,只有他们替人民昭雪了冤狱,所以群众才奉他们以"清官"的称号。并没有把不贪赃,却枉法如刚弼一类的官吏,给了清官的称号的。刘鹗把刚弼一流人与过去的万民称颂的清官混同起来,还说什么"清官更可恨",是非常荒谬的。

至于书中写山东黄河下游的水患,由于治河的官僚,采用了错误的方法,以致造成两岸人民的惨痛的灾难,其目的是批判从汉以来接受贾让的"不与河争地"的理论是荒谬的,而证明他自己那一套治河的方法是正确的。至于当时无视千百万人民的性命财产,而轻率从事的抚台,反而放过了对他的责难,这都说明作者的立场并非人民的立场。尽管在揭露上也可能令读者触目惊心,但对于造成这种灾难的根本原因,作者往往给以错误的解答,其所以这样,完全是他的反动政治立场所造成的。

《老残游记》这部小说虽然表现了作者一些错误的甚至是反动的

思想,但我们并不同意有些同志对它加以全盘否定的看法。我认为对青年来说,还是有一读的价值的。除了这对当时酷吏的揭露,还有一定的认识意义外;至于在艺术上,也有其独到的特点。首先是他对景物的描写,在这方面远非李伯元、曾孟朴所能及。即如他写大明湖:

> 到了铁公祠前,朝南一望,只见对面千佛山上梵宇僧楼,与那苍松翠柏高下相间,红的火红,白的雪白,青的靛青,绿的碧绿。更有那一株半株的丹枫夹在里面,仿佛宋人赵千里的一幅大画,做了一架数十里长的屏风。正在叹赏不绝,忽听一声渔唱,低头看去,谁知那明湖业已澄净得同镜子一般,那千佛山的倒影映在湖里,显得明明白白。那楼台树木,格外光彩,觉得比上头的一个千佛山还要好看,还要清楚。这湖的南岸,上去便是街市,却有一层芦苇,密密遮住。现在正是着花的时候,一片白花,映着带水气的斜阳,好似一条粉红绒毯,做了上下两个山的垫子,实在奇绝。(第二回)

又如第十二回,写老残到黄河沿上看船上人打冰时所见到的,空中的云,和远处的山,在月光下,彼此映照的景色道:

> 抬起头来看那南面的山,一条雪白映着月光,分外好看。一层一层的山岭,却不大分辨得出。又有几片的白云夹在里面,所以看不出是云是山。及至定神看去,方才看出那是云,那是山来。虽然云也是白的,山也是白的,云也有亮光,山也有亮光,只因为月在云上,云在月下,所以云的亮光是从背面透过来的。
>
> 那山却不然。山上的亮光是由月光照到山上,被那山上的雪反射过来,所以光是两样子的。然只就稍近的地方如此,那山往东去越望越远,渐渐的天也是白的,山也是白的,云也是白的,就分辨不出什么来了。

这就是白描的写法。作者对原物作了仔细的观察与分析,然后用自己的语言加以形象的刻画,所以让读者看后有着亲临其境的感觉。这种描写,比用一些陈词滥调来写,困难得多了。

其次是写白妞说书,作者在没写白妞出场之前,全用烘托的方法来说明白妞唱腔高妙。如写老残在济南大街上看到说书的招贴之后,接着听到路人的谈论,几乎街谈巷议没有不是说这件事的,因而引起他的注意,想着白妞是何许人,为什么一纸招贴,举城若狂。待到他回到店里,听到茶房对白妞唱腔的渊源,及她独特的创造详细介绍,最后结论是"创出这个调儿,竟至无论南北高下的人,听了她唱书,无不神魂颠倒"。老残这时还不太相信,但已决定第二天要去听一听了。

到了次日,老残十点左右就去到明湖居,作者仍用烘托的写法,先是写场中很早已坐满了人,直到十二点钟才来一个说书的姑娘,老残听她唱后,已觉是"观止矣!"想不到邻座的人说这是黑妞,比白妞不知差多远了。这样层层烘托,让读者感到白妞的唱腔一定非凡。下边写白妞出来后,作者从场内的情景、声调的高低变化,以及听者老残的个人感受,来形容描绘她的唱腔,达到生动形象,而又十分感人的境地。即如写白妞出场后,向台下一盼的情景道:

那双眼睛如秋水,如寒星,如宝珠,如白水银里头养着两丸黑水银,左右一顾一看,连那坐在远远墙角子里的人,都觉得王小玉看见我了。那坐得近的更不必说。就这一眼,满园子里便鸦雀无声,比皇帝出来还要静悄得多呢,连一根针掉在地下都听得见响。

写白妞的腔调,由低而高,又由高转低时,完全用比拟的方法,说她:

唱了十数句之后,渐渐的越唱越高,忽然拔了一个尖儿,像一线钢丝,抛入天际,不禁暗暗叫绝。那知他于那极高的地方,尚能回环转折,几啭之后,又高一层,接连有三四叠,节节高起,恍如由傲来峰西面攀登泰山的景象:初看傲来峰削壁千仞,以为上与天通。及至翻到傲来峰顶,才见扇子崖,更在傲来峰上;及至翻到扇子崖,又见南天门,更在扇子崖上,愈翻愈险,愈险愈奇。

这也是用白描的写法,比拟恰切,给读者以形象的理解。再次是写听

者的感受,在初听时候说:

> 王小玉便启朱唇,发皓齿,唱了几句书儿,声音初不甚大,只觉入耳,有说不出的妙境,五脏六腑里像熨斗熨过,无一处不伏贴,三万六千个毛孔,像吃了人参果,无一个毛孔不畅快。

下边用听众的批评,写听后的感受道:

> 有一个少年人,不到三十岁光景,是湖南口音,说道:"当年读书,见古人形容歌声的好处,有那'余音绕梁,三日不绝'的话,我总不懂,空中设想,余音怎样会得绕梁呢?又怎会三日不绝呢?及至听了小玉先生说书,才知古人措辞之妙。每次听他说书之后,总有好几天耳朵里无非都是他的书,无论做什么事,总不入神,反觉的'三日不绝',这'三日'二字,下得太少,还是孔子'三月不知肉味','三月'二字形容得透彻些。"

刘鹗在这一回里,的确是很费一番匠心,所以写得特别出色,因而也最为后人所传诵。

另外这部书在语言上,也是比较成功的。不仅流利畅达,而且也生动形象,特别是对群众语言,也比较熟悉,运用都能符合各个人物的身份同性格特点。

《老残游记》最大的缺点,是它对人物刻画的失败,其中如玉贤、刚弼,都是些影子,而玙姑、黄龙子更是近于虚构。小说中写玙姑与申子平对话时,谈到"理"、"欲"二字时,写玙姑"嫣然一笑,秋波流媚,向子平睇了一眼。子平觉得翠眉含娇,丹唇启秀,又似有一阵幽香,沁入肌骨,不禁神魂飘荡。那女子伸出一只白如玉、软如棉的手来,隔着炕桌子,握着子平的手。握住了之后,说道:'请问先生,这个时候,比你少年在书房里,贵业师握住你的手,扑作教刑的时候,何如?……圣人说的所谓:诚其意者,毋自欺也,如恶恶臭,如好好色。孔子说:好德如好色,孟子说:食色性也。子夏说:贤贤易色。这好色乃人之本性,宋儒要说好德不好色,非自欺而何?自欺欺人,不诚极矣。'"(第九回)

这一段话,全是胡扯,在当时决不可能有这样的女性,除非她是一个不正派的女子。同时作者这段攻击程朱派理学的话,从道理上说,是很正确的,但了解作者一生嫖妓纳妾的放浪生活,总感到这段话是作者借此在为自己行为辩护的话。

至于书中的主人公老残,胡适说这是作者自我写照,但这人是一个非常虚伪的人,作者把他写成一个敝屣荣利,浮云富贵的高人雅士,实际是一个真正利欲熏心的伪君子。尤其是把给妓女翠环脱籍,纳为姬妾,说成是拔她于苦海的仁者的用心,这真是对读者一个极大的欺骗。刘鹗一生中娶了不少姨太太,后来去日本游历又娶个日本姨太太,难道这都是仁人之行吗!我们说作品中的正面人物,必然是作者思想品质的反映。倘若作者思想肮脏,要想塑造出纯洁高尚的先进人物,是绝不可能的。毛泽东同志说:"有些政治上根本反动的东西,也可能有某种艺术性。内容愈反动的作品,而又愈带艺术性,就愈能毒害人民,就愈应该排斥。"(《在延安文艺座谈会上的讲话》)《老残游记》的作者虽是立场反动,思想荒谬,但这部书还不属于"愈应该排斥"的作品。现在我们批判其立场同思想后,在艺术上还是大有可以借鉴之处的。

1981 年元月 24 日晨

附　录

胡　适

一

　　胡适(1891~1962),原名洪骍,后因读严复译的赫胥黎《天演论》中,有"物竞天择,适者生存"的话,因改名适,字适之。安徽绩溪人,出身于封建官僚地主家庭。父传,于一八八一年为吴大澂幕僚,后官至台湾台东直隶州知州。胡适于清光绪十七年生于上海,后随父至台湾任所。甲午战争之次年,随母返家乡绩溪,不久其父即死于厦门。胡适母亲名冯顺娣。因受丈夫的影响,所以非常注意对儿子的教育。

　　胡适十四岁(1904)到上海,初入梅溪学堂,一年后又转入澄衷学堂,开始阅读严复所译《天演论》、《群己权界》等书。当时梁启超在东京创办的《新民丛报》,给他的影响也很大。一九〇六年九月,入上海中国公学。一九〇八年即为该校分校低年级英文教师。一九一〇年赴美留学,入康奈尔大学农科,后转入文科,毕业后又留校,研究哲学。

　　一九一五年九月入哥伦比亚大学,从杜威研治哲学,从此成为杜威实验主义哲学的信徒。一九一七年一月,在国内刊物《新青年》上发表了《文学改良刍议》,接着陈独秀发表了《文学革命论》,此后又得到钱玄同、刘半农等人纷纷响应,于是逐渐发展而形成了文学革命运动。就在本年毕业,七月返国,被聘为北京大学哲学系教授。

一九一八年,又发表《建设的文学革命论》,提出建设"国语的文学"与"文学的国语"的方向与主张,并加入《新青年》编辑部,而成为五四文化革命统一战线中的成员。他不只在文学理论和各种文体的写作指导方面,发表了一系列的文章,如《什么是文学》、《易卜生主义》、《论短篇小说》、《谈新诗》等,并且在创作上出版了白话诗集《尝试集》,同独幕剧《终身大事》,成为当时文坛上影响较大的作者。

一九一九年的五四运动,正如毛泽东同志所说的,是在当时世界革命号召之下,是在俄国革命号召之下,是在列宁号召之下发生的(《新民主主义论》)。《新青年》曾对马克思列宁主义进行过较为详细的系统的介绍。马列主义在五四运动中更得到广泛的传播。于是共产主义小组,在国内各大城市纷纷建立。正如毛泽东同志说的五四运动是在思想上和干部上准备了一九二一年中国共产党的成立,又准备了五卅运动和北伐战争。(同上)

胡适在文化革命统一战线中,代表了资产阶级知识分子,加上他又是反动的资产阶级哲学流派实验主义的信徒,因而他对当时已经得到广泛传播的马克思列宁主义,深恶痛绝。所以在这年6月,发表了《多研究些问题,少谈些主义》一文,攻击马列主义,贩卖他的"一点一滴的进化"的改良主义。(《介绍我自己的思想》)他的谬论立即遭到李大钊同志的驳斥。

一九二〇年,胡适已成为社会上显赫的学者。这时他制订了远大的计划,在《新思潮的意义》一文中,提出"研究问题,输入学理,整理国故,再造文明"。从这四句话中,可以看出,他主张运用西方资产阶级的立场、观点、方法,对中国封建文化进行批判继承,从而在中国建立起一套资产阶级的文化体系。以后他在这方面确实作了极大的努力,因而对中国学术界产生了巨大的影响。

胡适在先秦诸子中,大力地批判老庄的哲学,他称庄子的思想为"懒人的哲学",老子的为"守雌的哲学",惟独对孔子,则给予肯定与赞扬,称他"是一个勤勤恳恳终身不倦的志士"。

一九二二年，胡适在他新办的《努力周报》上，发表了由他写的并有当时文化教育界的名流共十六人署名的《我们的政治主张》一文，提出要建立一个所谓"好人政府"。当时曾经在舆论界引起了一阵热烈的讨论，最后还是以不了了之而结束。

一九二五年，段祺瑞召集"善后会议"。这个会议的目的很显然是为了替段氏制造舆论以欺骗社会，妄图巩固其统治地位。会议当时就遭到共产党与国民党的反对和抵制。但胡适竟以学者身份，参加了这个会议，因而受到清议的非难。

同年，北京教育界发生了女师大学生驱逐校长杨荫榆的学潮。《现代评论》派的陈西滢站在统治者的立场上，攻击支持学潮的鲁迅等人，诬蔑这次学潮是某校某系的人挑拨起来的。鲁迅、周作人等当即予以反击。在论战中，正当陈西滢等人十分狼狈的时候，胡适突然以第三者身份，致书鲁迅、周作人、陈源，劝他们"捐弃猜疑，停止论争"。文中说他"不愿意追溯这战争的原因与历史，更不愿评论此事的是非曲直"。他惋惜的是"当日各本良心的争论之中，不免都夹杂着一点对于对方动机上的猜疑，由这一点动机上的猜疑，发生了不少笔锋上的情感。由这笔锋上的情感，更引起了层层猜疑，层层误解。猜疑愈深，误解更甚，结果便是友谊上的破裂，而当日各平良心之主张，就渐渐变成了对骂的笔战"。（《胡适来往书信选》上册）实际这次斗争，决不是什么相互"猜疑"，乃是阶级斗争在文化战线中的反映。鲁迅由于陈西滢在文章中的揭发与告密，最后竟被北洋军阀政府列入准备逮捕的黑名单中，因而不得不离开北京，奔赴厦门。

一九二六年胡适赴英，参加中英庚款顾问委员会全体会议。一九二七年赴美，不久即回国。当时蒋介石已叛变革命，大杀共产党人和革命人民。胡适路过日本时，了解到国内政治形势的巨大变化，对蒋介石的反革命的暴行表示了赞同和支持的态度。

同年冬，任国民党政府大学院大学委员会委员，不久又任上海中国公学校长。

一九二八年与梁实秋等创办《新月》杂志，这是一个综合性的刊物，发表文学创作、文学史、文艺论及政治等方面的论文，宣扬欧美资产阶级民主政治与资产阶级文艺论。到了三十年代，以梁实秋为这派的代表，与左联，主要是与鲁迅进行了文艺阶级性问题的论战。

胡适与其同伙，因醉心于资产阶级民主政治，所以在《新月》上发表了一系列提倡民主政治的论文，后辑为《人权论集》。此举引起蒋介石的不满，受到国民党教育部的警告和禁止出版的处分。

一九三〇年胡适辞去中国公学校长，重返北京大学，初任教授，后担任文学院院长。

"九·一八"后，抗日浪潮风起云涌，尤其是青年，一再发动了请愿与游行示威运动。但胡适则力持反对的态度，他在《赠与今年的大学毕业生》中要他们学法国的科学家巴斯德，在国家蒙受奇耻大辱的时候，终不肯抛弃他的显微镜和实验室，因为他的研究成果所得到的代价，完全可以抵偿法国给德国五十万万法郎的赔款。而对国民党的对日妥协投降，对人民革命进行"围剿"镇压的罪恶行径，倒是非常赞同。当一九三六年西安事变爆发后，胡适发表了《张学良的叛国》一文，攻击张（学良）杨（虎城）同共产党，而认为南京的讨伐令是正当的。

西安事变和平解决后，胡适从此深受蒋介石的重视，"七·七"事变后，被任命为国防参议会议员，不久即派赴美国请求援助。一九三八年就任驻美大使，一九四二年去职，留美从事讲学和著作。一九四五年日本投降后，被任为北京大学校长。

一九四七年，当蒋介石发动的反革命内战爆发后，胡适始终站在反动政府的立场上，曾走出北大到全国各地演说，诬蔑共产党，为国民党反动派撑腰打气。一九四八年辽沈战役后，北平已成孤城，胡适乘飞机飞往南京，不久即又赴美，为蒋帮乞求美援。后来长期留居美国，直到一九五八年才回台湾，任国民党中央研究院院长。一九六二年二月二十四日病死于台北，年七十一岁。

生平著作《胡适文存》（一、二、三集）、《胡适论学近著》、《中国哲学大纲》上卷、《国语文学史》、《白话文学史》、《词选》、《淮南王书》

等。

二

　　胡适的思想,受中国传统的儒家思想,及西方资产阶级哲学"实验主义"(亦称实用主义)的影响最深。在历史观上,则又深受庸俗进化论的影响。

　　胡适既出身于官僚地主家庭,早年又饱受封建教育,因此在五四前夕,陈独秀、吴虞对孔孟之道的抨击,对他的影响似乎不大。尽管他曾经给《吴虞文录》作序,并称吴虞为"只手打倒孔家店的老英雄",但他给北京大学哲学系所编的《中国哲学史大纲》中,对孔子反盛加称道,说"孔子所处的时代是一个邪说横行,处士横议,天下无道的时代",正因为这样,孔子妄想把无道变成有道,所以才栖栖皇皇地到处奔走,因而他称孔子为"有志于政治改良的实行的政治家"。

　　晚清思想界最早批孔的,首推章太炎。他认为"儒家之病,在以富贵利禄为心……其教弟子也惟欲成为吏材,可使从政,而世卿既难猝去,故但欲假借事权,便其行事。故终身志望,不敢妄希帝王,惟以王佐自拟"。(《诸子学略说》)

　　"但欲假借事权,便其行事",从晚清以来改良主义者(实际都是孔子的信徒)如康梁师弟,以及严复、胡适等,他们在政治上的表现真是先后如出一辙。

　　一九三六年,胡适给周作人信中说:

　　　　生平自称为"多神信徒",我的神龛里有三位大神:一位是孔仲尼,取其"知其不可而为之",一位是王介甫,取其"但能一切舍,管取佛欢喜",一位是张江陵,取其"愿以其身为蓐荐,使人寝处其上,溲溺垢秽之,吾无间焉。有欲割取我身鼻者,吾亦欢喜施与"。嗜好已深,明知老庄之旨,亦自有道理,终不愿以彼易此。(《胡适来往书信选》297页)

胡适既为孔、王、张的信徒,因而热心于政治,要从事改良运动。既要进行政治上的改良,自然就不得不依附于当时政治上的当权者,也就不能不同当时军阀官僚们合作,而反对在野的革命派。胡适在二十年代曾参加段祺瑞的善后会议,三十年代到四十年代参加蒋介石政府,而其思想根源就是孔子及其后学的政治上的改良主义。

至于实验主义,则是舶来品。胡适在美留学时,曾从这派在美的大师杜威受业。一九一九年三月,胡适与蔡元培、陶行知等商量,用北京大学、江苏教育会等五个文教团体的名义,邀请正在日本游历的杜威来中国讲学。同时胡适追随其师,大作实验主义哲学的宣传。

胡适在他所写的《实验主义》(《胡适文存》卷二)一文中,除了阐明它的意义以外,就是介绍它的创始者皮耳士,倡导者詹姆斯和他的业师杜威。这派哲学思想认为真理是人造的,因为它们大有用处,所以才给它以真理的美名。同时真理是随时随地可以变的。当它有用处的时候,便称之为真理,一旦情况变了,从前的观念不适用了,它就不是真理了。

列宁对实验主义曾进行过批判,说:"把真理看做认识的工具,这就是在实际上已经转到不可知论方面,也就是离开唯物主义。在这一点上,以及在一切根本点上,实用主义者、马赫主义者、经验一元论者,都是一丘之貉。"(《列宁全集》第34卷第431页)(苏)罗森塔尔·尤金编的《简明哲学辞典》批判实用主义说:"它否认真理是客观现实在意识中的反映,这一概念,把真理跟美国投机商人所理解的效用和利益混为一谈,它就成了迎合反动思想和反动政治,而恣意妄为和任意推行捏造的工具。"(651页)

胡适正是站在资产阶级立场上,奉实验主义为真理,而反对马克思主义的。他在肯定反动政府统治的前提下,提倡一点一滴的改良,而反对共产党所领导的彻底推翻反动政权的人民革命运动。

此外胡适还笃信庸俗的进化论,主张渐变,反对突变,主张改良,反对革命。他在《介绍我自己的思想》中说:

> 达尔文的生物演化学说,给了我们一个大教训;就是教我们明了生物进化,无论是自然的演变,或是人为的选择,都由于一

点一滴的变异,所以是一种很复杂的现象,决没有一个简单的目
　　的地可以一步跳到,更不会有一步跳到之后,可以一成不变。
他根据这样观点,攻击马克思主义所主张的阶级斗争和无产阶级专
政学说,是"化复杂为简单,这样的根本否定演变的继续,便是十足的
达尔文以前的武断思想,比那顽固的黑格尔,更顽固了"。所以胡适
将中国传统的儒家思想,与西方的实验主义,庸俗进化论融合起来,
而成为他的世界观。他把人民革命看作"大火",为挽救摇摇欲坠的
蒋介石政权而"鞠躬尽瘁,死而后已"。

　　胡适之忠于蒋介石,不是偶然的。从主观来说,他原是企图在政
治上有所表现的学者,二十年代既能参与段祺瑞执政时的"善后会
议",那么后来受到蒋介石的推重,自不能不受宠若惊了。当蒋介石
派陈光甫赴美谈判借款时,他曾在赠陈的小照上题诗道:
　　　　偶有几茎白发,心情微近中年。做了过河卒子,只能拚命向
　　前!
充分说明了他对蒋介石政权的忠诚效命的决心。

　　另外在客观上,由于他多年从事文化教育工作,并且在主张文学
革命以及整理国故上,确实写出了一些有个人见解的著作,因而在资
产阶级文人中享有崇高的声誉,一时曾把他作为他们的领袖看待。
那么蒋介石要利用他,也是"势所必至,理有固然"的。这样由于主客
观的统一,就使他踏进蒋政权的集团,而甘心为其效命,以至于死了。

三

　　胡适在中国文化史上,值得注意的有两件事:一、参加新文化运
动;二、提倡整理国故运动。这二者既有联系,又有区别。兹先论其
前者:

　　胡适在美留学时,就有改革中国文学,用白话文代替文言的主
张。他曾同他的朋友们就这个问题进行过讨论。到一九一七年,他
就在《新青年》第二卷第五期上,发表了《文学改良刍议》。这篇文章

态度非常的温和,对文学的革新要求并不高,从历史的发展来看,不过是继晚清梁启超与刘师培的余绪,向前略有发展罢了。但这却引起了陈独秀的注意,接着陈就在该刊第六期上,发表了《文学革命论》,不久又有钱玄同、刘半农等人的响应,以后逐渐发展而形成了一个波澜壮阔的文学革命运动。

胡适除发难外,以后又连续发表了《历史的文学观念论》、《建设的文学革命论》和《易卜生主义》等。第一篇的主要内容,是说明历史不断的发展,文学也不断的发展,因而各时代都有各个时代的文学,彼此间虽有承前启后的关系,但决不容抄袭。其抄袭者,决不成为真文学。这种见解,并非胡适的创见,因为晚明的袁中郎早已有这样的看法。他说:"文之不能不古而今也,时使之也。……夫古有古之时,今有今之时,袭古人语言之迹,而冒以为古,是处严冬而袭夏之葛者也。"(《雪涛阁集序》)胡适的观点与此见解基本相同。

其次,胡适在文中,申述他之所以攻击古文家的原因,是由于他们不明白文学的趋势,而强作一千年以上、二千年以上之文,此说不破,则白话之文学,无有列为文学正宗之一日。他认为文学革命,实是推翻古文学的"正宗地位",而用白话取而代之。

其第二篇中心意思,是要建立"国语的文学"从而达到"文学的国语的目的"。他引证了意大利文豪但丁和英国文豪乔叟的例子。他们运用了本国某一地区的语言,经过加工提炼,创造出辉煌的作品,因而他们也就建立起了意大利同英国流行的标准国语。所以我国作者,也应同他们一样,用白话从事文学创作,这样久而久之,就会形成我国的标准国语。

第三篇文章,是对易卜生代表作品内容的介绍。他赞颂易卜生是一个写实主义作家,他引易卜生的话,"我做书的目的,要使读者人人心中,都觉得他所读的全是实事"(尺牍第159页)。胡适认为:"人生的大病根,在于不肯睁开眼睛,来看世间的真实现状,明明是男盗女娼的社会,我们偏说是圣贤礼义之邦,明明是赃官污吏的政治,我们偏要歌功颂德。……易卜生的长处,只在他肯说老实话,只在他能把社会种种腐败龌龊的实在情形写出来,叫大家仔细看。他并不是爱说社会的坏处,他只是不得不说。"胡适推崇易卜生在《玩偶之家》中,塑造的典型人物娜拉,和《国民公敌》中的斯锋曼医生。他说:"易卜生要想社会上生出无数永不知足,永不满意,敢说老实话,攻击社会腐败情欲的国民公敌。"

胡适在写这篇文章时,还有一点革命的精神,但他到了二十年代、三十年代,就已经不敢正视现实了,相反,他千方百计为那摇摇欲坠的蒋家王朝乞求苟延残喘的药方,而对真正具有斯锋曼医生精神的作家,则视为异类。

胡适在五四时期提倡文学革命也同梁启超在晚清时期提倡文学改良一样,除了在理论上进行宣传外,同时也进行创作。他较早的从事新诗的创作,他的诗集《尝试集》,尽管有许多篇,还不脱旧诗词的窠臼,他曾把它们比作解放了的小脚,但其对新诗的提倡,用心是良苦的。另外在话剧方面,他也写了《终身大事》,这是属于话剧的首创之作。尽管内容不够深刻,但反映当时青年男女追求自由结婚,以及反抗封建势力的精神,还是有一定进步意义的。

不过在当时文化革命的统一战线中,胡适的确是属于右翼。最突出一件事即刘半农与钱玄同所搞的那两篇双簧信,在战略与战术上都对革命运动起了极大的推动作用。但胡适公然反对,并想独揽《新青年》的编辑大权。由于鲁迅的坚决抵制,他的预谋未能实现。这就充分说明了胡适的士大夫阶级的立场是多么坚定了。他不是力谋推动运动向前进,而是要扭转运动的方向朝右转。

四

对五四新文化运动,胡适是有他的看法的,他在《新思潮的意义》中,用四句话来给以总结,即"研究问题,输入学理,整理国故,再造文明"。这四者是密切相关的,实际就是介绍西方的新思想,新观点与新方法,来对中国固有的文化进行重新评价,也就是来一个批判继承,然后创造中国的新文明。

胡适确认德国尼采的话为真理。尼采说:"现今时代是一个重新估定一切价值的时代。"胡适解释:"重新估定一切价值。八个字,便是评判的态度的最好解释。……孔教的讨论,只是要重新估定孔教的价值,文学的评论,只是要重新估定旧文学的价值",至于学理的输入,乃主要要靠许多外来的学理做参考比较的材料,这样就"可以帮助问题的研究。"(《胡适文集》第2卷,北京大学出版社1998年版,第554页)

在这样的前提下,胡适就提出了"整理国故"问题。他说:"整理,就是从乱七八糟里面,寻出一个条理脉络来,从无头无脑里面寻出一个前因后果来,从胡说谬解里,寻出一个真意义来,从武断迷信里,寻出一个真价值来。"他批判当时的顽固派,口口声声要保存国粹,实际这些人根本不懂什么是国粹,如何配谈国粹。"若要知道什么是国粹,什么是国渣,先须要用评判的态度科学的精神,去做一番整理国故的功夫。"

胡适在提倡"整理国故"运动时,对用什么方法去整理和怎样去整理,以及读些什么,发表了一系列的文章。在方法上他在《清代学者的治学方法》一文中,介绍了清代朴学大师们研治国学的方法,他认为从宋代的程朱,到明代的王阳明,再到清代的汉学家,在方法上发生了两次巨大的变化。他说:

> 程朱的归纳手续,经过陆王一派的解放,是中国学术史的一大转机。解放后的思想,重新又采取程朱的归纳精神,重新经过一番朴学的训练,于是有清代学者的科学方法出现,这又是中国学术史的一大转机。

他之所以把清代学者治学的方法,称之为"科学的方法",原因是他们在研治文字学,校勘学,考订学时,用的都是符合西方逻辑学中的归纳法与演绎法的。在音韵上,他举钱大昕发明现读舌上音的字,古音都读舌头音,并罗列十五个证据,来加以证明。在训诂学上,他举王念孙、引之父子《经传释词》中对于虚字"焉"字在句中的含义(一句的中间或一句的句首），列举了二十七个例子，证明它的功用，等于"于是"、"乃"、"则"一类的状词。他说：这种方法先搜集许多同类的例，比较参看，寻出一个大通则来，完全是归纳的方法。根据他的经验，归纳同演绎二者是交替为用，同时还须有个人的假设。他说：

> 当我们寻得几条少数同类的例时，我们心里已起了一种假设的通则。有了这个假设的通则，若再遇着同类的例，便把已有假设去解释他们，看它能否把所有同类的例，都解释的满意，这就是演绎的方法了。演绎的结果，若能充分满意，那个假设的通则，便成了一条已证实的定理。

因此，他说："汉学家的长处，就在他们有假设通则的能力。因为有假设的能力，又能处处求证据来证实假设的是非，所以汉学家的训诂学有科学的价值。"最后他总括他们所用的方法有两点：一、大胆的假设，二、小心的求证。假设不大胆，不能有新发明。证据不充足，不能使人信仰。胡适所以要介绍清儒的治学方法，其目的正是要当时从事治国学的，都来运用这种方法。

胡适这篇文章完成于1921年，到了1923年，又发表了《国学季刊发刊宣言》。这篇文章一方面肯定了清代学者有治国学的巨大成绩，但也指出了它的缺点与偏向：（一）研究的范围太狭窄了，（二）太重功力，而忽略了理解，（三）缺乏参考比较的材料。从而针对清人之失，提出今后须要注意的：（一）扩大研究的范围，（二）注意系统的整理，（三）博采参考比较的资料。

在第一项内，他提出要扩充国学的领域，包括上下三四千年的过去文化，打破一切的门户成见，拿历史的眼光，来整统一切。认清了"国故学"的使命，是整理中国一切文化历史，便可以把一切门户之见都扫空了。至其最终目的，乃在以汉还汉，以魏晋还魏晋，……以程朱还程朱，以陆王还陆王，各还他一个本来面目，然后评判各代各家各人的义理的是非。不还他们本来面目，则多诬古人。不评判他们是非，则多诬今人。

在第二项内，他总结了中外过去学者的经验，把系统的整理分为三种:(甲)索引式的整理,(乙)结帐式的整理,(丙)专史式的整理。

最后他提出治国学必须要打破闭关孤立的态度,要存比较研究的虚心。首先在方法上,应该虚心采用他们的科学的方法,补救我们没有条理系统的习惯。其次在材料上,欧美日本学术界,有无数成绩,可供我们参考比较,给我们添无数新法门,给我们添无数借鉴的镜子。因此他对国学研究的前途,不但不抱悲观,并且还抱无穷的乐观。

胡适在发表了这篇文章之后,不久他又应清华同学之请,在《努力周报》上发表了《一个最低限度的国学书目》。他说:"这虽是一个书目,却也是一个法门。这个法门,可以叫做'历史的国学研究法'。"这个方法,就体现在他这个目录之内,即"用历史的线索,做我们的天然系统。用这个天然继续演进的顺序,做我们治国学的历程。这个书目,便是依着这个观念做的"。

胡适大力提倡"整理国故"运动,在当时曾引起学术界的争论。鲁迅对《京报副刊》关于青年必读书的答案,就是有意对胡适的劝青年们踱进研究室而发的。

当时郑振铎是赞成整理国故的,理由有两点:一是通过整理国故,把顽固派反对白话文的中心论点,进行深入批判,这样他们的旧观念,自然会冰消瓦解。二是通过整理,重新估定发现中国文学的价值,把金石从瓦砾堆中搜找出来,把传统的灰尘,从光润的镜子上拂拭下去。所以他是基本上同意这一工作的。

当时反对的有李茂生,他的文章是针对胡适梁启超等而发的。他认为国故大家们自己喜欢这一套,尽可以自己闭门研究,但决不应号召青年都来走这条路。他说:

> 我尤其痛心的,就是你们侵占了教育上的权力,你们于中学的课程中,涂上的国故的色彩。对于学生们演讲,开书目,又复"笔锋常带情感",是不是个个学生都要走上你们的路,才算得平平常常,正正当当的人。这问题且不要论他,只问你们自己以为金针度人,到底能够承受你们的金针的有几?(《国故大家应负

的责任》)

同时胡适的朋友陈西滢也不同意搞什么整理国故运动,一则这是当前的不急之务;二则现在的国故学者十九还不配去整理国故。

胡适后来在大家对这一问题进行了一个时期讨论之后,也提出了青年们不要再走这条道路的劝告。他说:

> 现在一班少年人跟着我们向故纸堆去乱钻,这是最可悲叹的现状。我们希望他们及早回头,多学一点自然科学的知识与技术,那条路是活路,这条故纸的路是死路。三百年的第一流的聪明才智,销磨在故纸堆里,还没有什么好成绩,我们应该换条路了走走。等你们在科学试验室里有了好成绩,然后拿出你们的余力,回来整理我们的国故,那时候一拳打倒顾亭林,两脚踢翻钱竹汀,有何难哉?(《治学的方法与材料》)

这就看出他后来看到引导青年们都走上整理国故的道路,是完全错误的了。

至于胡适本人,倒是在这方面是全力以赴的。他平生除了一部分精力从事政治活动外,其大部分精力都用到对国学的整理方面了。这方面的成绩主要是哲学史,同文学史。前者如《中国哲学史大纲》(上卷)、《说儒》、《淮南王书》、《戴东原的哲学》等。后者如《白话文学史》、《国语文学史》、《五十年来中国之文学》,和十多篇宋元以来章回小说的考证。而这些论著,正是他一向倡导的治学观点和方法的实践。

从观点上看,他确实一扫过去封建时代受儒家正统思想束缚的史学家们,常有的那种门户之见同宗派之见。即以哲学史中对先秦诸子的评论,可以说能继晚清章太炎把各家都作为先秦的哲学流派,而一视同仁,予以分析评价。

其次用西方学者治学方法来编写中国的哲学史同文学史。在哲学史中对于时代思潮,以及各家哲人的宇宙论与世界观,在进行分析中,试图阐明其特点,以及社会环境给予它们的影响。尤其重视中西哲学的比较研究。即如用达尔文的进化论,来说明庄子哲学中也有谈生物进化的地方,用西方的名学,来阐明墨子、公孙龙以及荀子等人哲学中涉及到名学的问题。通过比较,而说明前人所没说明的问题。

在中国文学的研究上,胡适所致力的主要有两方面:一、是关于文学史的著作,有《国语文学史》、《白话文学史》、《五十年来之中国文学》。二、是对中国元明以来章回小说的考证。

《国语文学史》写的较早,后来他感到很不满意,认为材料不够完备,见解不够成熟。到了一九二八年,又写成了《白话文学史》(上卷)。从当时来说,这是比较有独到见解的著作。他在这部书的引子中,说明他写这部书的目的有二:一、说明国语文学是中国一千几百年来历史进化的产儿,如果不是这样,五四文学革命运动决不可能短时期变成全国的运动,从而驳斥某些人认为这次运动是这几年某人某人提倡的功效的错误看法。二、说明白话文学史,就是中国文学史的中心部分。中国文学史若去掉了白话文学的进化史,就不成中国文学史了,只可叫做"古文传统史"。

就中值得重视的,是他从中国文学史的发展中总结出这样一个规律,即:

> 一切新文学的来源,都在民间。民间的小儿女,村夫农妇,痴男怨女,歌童舞妓,弹唱的,说书的,都是文学上的新形式与新风格的创造者。这是文学史的通例,古今中外都逃不出这条通例。(《第三章汉朝的民歌》)

至于小说的考证上,《红楼梦考证》可以作为他的代表作。在这篇文章中,他批判了晚清治红学的索隐派,认为他们的文章都是主观揣测和牵强附会,而他则从这部书的作者出发,进行对他的家世的考证。最后得出:

> 《红楼梦》只是老老实实的描写这一个坐吃山空,树倒猢狲散的自然趋势。因为如此,所以《红楼梦》是一部自然主义的杰作。那班猜谜的红学大家,不晓得《红楼梦》的真价值,正在这平淡无奇的自然主义的上面。所以他们偏要绞尽心血,去猜想那

想入非非的笨谜,所以他们偏要用尽心思去替《红楼梦》加上一层极不自然的解释。

这种把作品当作作者自叙传的看法,影响了许多读者。这种观点比着索隐派,大大向前跨进了一步。鲁迅在《中国小说史略》中,也曾肯定此说,谓"迨胡适作考证,乃较然彰明,知曹雪芹实生于荣华,终于苓落,半生经历,绝似'石头',著书西郊,未就而没;晚出全书,乃高鹗续成之者矣"(第二十四篇清之人情小说)。由于胡适把《红楼梦》的现实主义创作方法,理解为自然主义,这样就大大贬低了该书的社会意义,同它对后来的深远影响。而这正是胡适资产阶级文艺观的具体体现。

至于《五十年来中国之文学》一文,由于讲的是近现代文学(1872~1922),所以充分暴露了胡适的反动立场和资产阶级文艺观。

先就立场来看,胡适极其反动地把太平军看作流寇,他说:"太平天国之乱,是明末流寇之乱以后的一个最惨的大劫。"对曾国藩则给以肯定与赞许,他说:"曾国藩是桐城派古文的中兴第一大将……清朝的命运到了太平天国之乱,一切病状,一切弱点,都现出来了。曾国藩一班人,居然能打败太平天国,平定各处匪乱,做到了他们的中兴事业。"因此,对于帮助曾国藩镇压起义军的英帝国主义,也加以称道,说什么:"中兴的战争,又很得了西洋人的帮助,中国明白事理的人,渐渐承认西洋各国的重要。"这种看法,不仅同晚清革命派不能相比,就连维新派也远远不如。

其次在文学观上,形式主义非常严重。在对作家与作品的评论上他所重视的首先是作品的语言,其次是布局结构,三是写作技术。我们知道,所谓语言、结构、描写技术,都是为作品的内容服务的。离开了内容,那么形式再好,也都没有什么意义了。但胡适正是不问作品的思想性如何,只要形式可取,即予以全面肯定,这不正是形式主义的观点吗。

至于胡适的自然主义文学观点,表现在他从不对书中的典型人物进行具体分析,更谈不到论述典型人物的社会意义了。例如《红楼梦》，胡适只把它单纯地看作曹雪芹的自叙传，写他家的由盛而衰，最后落得个树倒猢狲散的悲凉的下场。用自然主义的观点来看社会，就只能看见社会上一个个纷纭错综的表面现象，而决看不出社会内部的种种矛盾，以及它的发展规律。用这种观点来评论作品，往往抹煞了它的政治倾向性与现实意义，而得出错误的估价。

五

根据以上的论述，我们在胡适逝世已经二十年的今天，有必要用历史唯物主义的观点来对他进行一次全面的评价。我们对他在政治上的表现以及学术上的成绩，不能熟视无睹，也不能一笔抹煞。我们必须实事求是地就以上各方面，还他一个本来面目，从而一分为二地对他进行评价。

首先在政治上，他的立场从二十年代起就已站在人民的对立面了。到了三十年代，四十年代，始终与蒋介石王朝沆瀣一气，为巩固延续它的政权而效力。这种反动的政治面目，是尽人皆知的，因而后来遭到革命者的不齿与青年们的唾弃，是罪有应得的。

其次，在文学革命运动上，他的功绩是不应一笔抹煞的。他提倡新文学，反对旧文学，提倡新道德，反对旧道德，同当时《新青年》杂志社中其他革命者并肩战斗，给中国文学史开辟了一个新的历史时代。不论其当时如何右倾，但总是有他的一份功劳的。特别是后来写的《白话文学史》，其目的在证明国语文学为二千年来中国文学史发展中主要部分，借以批判一般顽固派的错误观点，教育广大的青年一代，从而巩固文学革命的成果，这也是值得肯定的。

第三，是他提倡的"整理国故"运动。对这一运动也需要一分为二的来看待。胡适提出整理国故这个口号，其目的是在中国文化上，开创一个资产阶级文化的新时代。他宣传与介绍西方资产阶级的哲学观点，与治学方法，并在哲学史与文学史的研究方面，作出了一些成绩。这些在当时，影响是巨大的。当然这种研究观点和方法对历史仅仅能说明其然,而未能说明其所以然。但在资料的搜辑,与史事的考订,以及系统的编次等方面,成绩还是卓著的。所以这对进一步探索历史的发展规律,还是具有较大的参考价值的。

开国以后,毛泽东同志高瞻远瞩,为了巩固无产阶级经济基础,创造无产阶级自己的文化,组织了对资产阶级旧文化的批判运动。而资产阶级学术界的代表人物,就是胡适,"擒贼先擒王",这就是在五十年代中叶,在全国范围内开展批判胡适运动的主要原因。通过这一运动,学术界面目为之一新。从今天看来,这个运动对中国文化的发展来说是有其深刻的现实意义的。

不过当时批判胡适的政治形势,同今天大不相同了。由于当时的尖锐的斗争形势,而胡适本人健在,为了破除他对一般资产阶级知识分子的影响,就必须对他狠打猛批,因此基本上倾向于全盘否定。今天的政治形势和过去大不相同了,而胡适也早已成为历史人物,所以对他就需要用历史唯物主义的观点,重新进行评价,在中国文学史与学术史上,给他以应有的地位。本文匆匆写就,错误之处在所难免,希望海内同道,予以指正。

钱 玄 同

一

钱玄同(1887~1939)原名夏,原籍浙江吴兴。

五岁从塾师读书,直至十五岁完全是一个被关在书房里读经书,学八股,准备考秀才的书生。因此满脑子皇帝圣明,德泽广被的尊清思想。十七岁时他开始读到邹容的《革命军》,同章太炎的《驳康有为论革命书》,于是思想才为之一变,剪掉了辫子,表示自己反满的决心。以后又继续阅读到革命派排满的论著和刊物,从而更坚定了革命的信念。

一九○六年九月赴日本留学,入早稻田大学习师范。一九○八年,从章太炎问学。在这期间,得识鲁迅、周作人、许寿裳等。在章氏的影响下,参加了革命组织同盟会,但辛亥革命后并未参加国民党。

钱氏自述他年八岁时即识《说文》部首,庚子(1900)读段茂堂、王菉友、严铁桥诸先生言《说文》之书,粗谙六书大意,及篆隶变迁。及请业章门,于是遂确立了从事小学及经学的治学方向。

一九一○年四月,回国后曾任浙江嘉兴、海宁等中学国文教员。辛亥革命后,任杭州教育专署科员。钱玄同在辛亥革命前,因受《国粹学报》影响,主张光复以后应该复古,所以就在一九一一年十二月,参考《礼记》、《书仪》、《家礼》和前人关于考证《深衣》之说,做了部

《深衣冠服说》。同时,又做了一身这样的礼服,于一九一二年三月,他曾经戴上玄冠,穿上深衣,系(音纪)上大带,上办公所去,赢得大家大笑一场,朋友中从此传为笑柄。这说明他当时思想中的复古倾向,竟由意识而变为实际的行动了,但由于别人的讥笑,对他来说无异是一次尖锐的批评,这对他后来在"五四"前夕成为一名文学革命与思想革命的闯将,不能说不是一个有力的促进。

"五四"前夕他已到北京,任教高师同北大,投稿《新青年》,响应胡适、陈独秀等人所提倡的思想革命与文学革命,并参加国语研究会为会员。一九一八年为《新青年》编辑委员。这一时期,是他在思想上最解放时期。大胆地抨击孔教同古文学,并曾主张废除汉字,发表了不少的书信及论文,一时名噪海内。复古派以林纾为首,把他与陈、胡并列,写小说《荆生》用"金心异"来影射他,进行口诛笔伐。从而在青年心目中树立了崇高的威望。

"五四"高潮过后,《新青年》团体散掉了,正如鲁迅所说的:"有的高升,有的退隐,有的前进。"(《自选集自序》)钱玄同正是属于第二种人,于是退回书斋,专力于学术的研讨。一九二七年任师大国文系主任,并与国语研究会诸人,致力于国语运动。一九二四年《语丝》发刊,他也是该刊长期撰稿人之一,但发表文章不多。这时他的精力全部投入到教学与学术研究中去了。自从一九二一年后,他已经从思想革命战线上,退了下来,逐渐成为一个关起门研究学术的宁静的学者了。不过在一九二五年女师大事件发生后,他同鲁迅等人还是站在一起,发表了同情学生、反对女师大校长杨荫榆的宣言。只是他的政治思想始终没有越过旧民主主义革命的局限。所以到了一九二一年后,他和鲁迅已经分道扬镳。到了一九二七年"四·一二"反革命政变后,特别鲁迅到了上海后,旗帜鲜明地站在中国共产党一边,对国民党反动派以及依附于它的御用文人们进行了不妥协的斗争。这时他们之间的矛盾逐渐趋向表面化,所以在一九二九年鲁迅回北京省亲时,钱玄同在孔德学校同他相遇,两人这时已经无话可说了。

一九二九年以后,他患高血压症,血管硬化,神经衰弱。一九三五年,病益加剧。七七事变后,北平环境极为恶劣,精神上受的刺激更大了。当时师大与平大均迁陕西城固,成立西北联大。他因病未能前往,后来曾向该校秘书汪如川说:"请转告诸友放心,钱某决不作汉奸。"一九三八年北京沦陷,恢复原名夏,字逸谷,一署逸叟。一九三九年一月十七日病殁于医院,年五十二岁。著有《文字学音篇》、《音韵学》及《国音沿革讲义》并论文杂说函牍若干篇,行于世。(见钱玄同《三十年来我对满清态度的变迁》、钱秉雄、钱三强等《回忆我们的父亲——钱玄同》见《新文学史料》第三册、黎劭西《钱玄同先生传》)

二

钱玄同平生治学的方向,是小学同经书,但总起来应该说都是史学。因为他是从史的发展角度来研究它们的。但他也应该在中国现代文学史上占一席之地。因为在"五四"文学革命运动中,他曾经对旧思想旧文学进行过勇猛冲杀,不愧为当时一名闯将。现在回顾起来,起码有下列几件事是值得一述的。

首先是在一九一七年,胡适、陈独秀提出文学革命的口号后,最早响应的就是钱玄同,同时他提出了非常切合实际的打击敌人的战斗口号,这就是"桐城谬种",同"选学妖孽"。这个口号最初见于他给胡适的信,后来在《尝试集序》中,曾进行阐述道:

> 六朝的骈文满纸堆垛词藻,毫无真实的情感,甚至用了典故来代实事。删割他人名号,去就他的文章对偶。打开《文选》看,这种拙劣恶滥的文章,触目皆是。直至现在,还有一种妄人说,文章应该照这样做,《文选》文章为千古文章之正宗。这是第一种弄坏白话文的文妖。……明清以来,归有光、方苞、姚鼐、曾国藩这些人拚命做韩、柳、欧、苏那些人的死奴隶,立了什么桐城派的名目,还有什么"义法"的话,搅得昏天黑地。……这两种文妖,是最反对那老实的白话文章的,因为做了白话文章,则第一

种文妖便不能搬运他那些垃圾的典故,肉麻的词藻;第二种文妖便不能卖弄他那些可笑的"义法",无谓的格律。并且若用白话做文章,那么会做文章的必定渐多,这些文妖就失去了他那会做文章的名贵身份,这是他们最不愿意的。

当时中国文坛上最有势力的文派,就是"桐城派"同"选派"。而这个话,的确打中了他们的要害。至当时反对文学革命的《国故》派,都是选派作家,用《荆生》小说来攻击胡、陈同钱玄同的林纾,乃是桐城派的代表。从这里可以看出这个口号战斗作用之大了。一直到了三十年代,鲁迅对这个口号还是非常赞许的,他在论到攻击对方要给以名号问题时,还曾提到它,说:

"五四"时代的所谓"桐城谬种"和"选学妖孽"是指做"载飞载鸣"的文章和抱住《文选》寻字汇的人们的,而某一种人确也是这一流,形容惬当,所以这名目的流传也较为永久。除此之外;恐怕也没有什么还留在大家的记忆里了。(《且介亭杂文二集·五论文人相轻——明术》)

其次,是他竭力拉周氏兄弟为《新青年》撰稿,他在《我对于周豫才君之追忆与略评》中,有所叙述,他说:

六年(一九一七)蔡子民(元培)先生任北京大学校长,大事革新,聘陈仲甫(独秀)为文科学长,胡适之(适)、刘半农(复)为教授。陈、胡、刘诸君正努力于新文化运动,主张文学革命,启明亦同时被聘为北大教授。我因为我的理智告诉我,旧文化之不合理者应该打倒,文章应该用白话做,所以我是十分赞同仲甫所办的《新青年》杂志,愿意给他当一名摇旗呐喊的小卒。我认为周氏兄弟的思想是国内数一数二的,所以竭力怂恿他们给《新青年》写文章。七年一月起,就有启明的文章……但豫才尚未有文章送来。我常常到绍兴会馆去催促,于是他的《狂人日记》小说居然做成,而登在四卷第五期里了。自此以后,豫才便常有文章送来,有论文、随感录、诗、译稿等。

关于这种情况,鲁迅在《呐喊·自序》中也曾有所叙述,可以说是我国现代文学史上值得称述的一段佳话。

其三,他同刘半农两人在《新青年》上所发表的双簧信。他们为什么要这样作,正如鲁迅说的:"他们正办《新青年》,然而那时仿佛不特没人来赞同,并且也还没有人来反对,我想,他们许是感到寂寞了。"(《呐喊·自序》)于是由钱玄同化名王敬轩给《新青年》去信,概括了当时一些封建顽固派对《新青年》主张"打倒孔家店"和提出"桐城谬种"与"选学妖孽"的口号表示恨之入骨,并且据理驳斥。无奈所用的武器,乃是封建时代早已生锈了的青龙偃月刀,只要多少有一点新思想的,一看就觉得非常的好笑。刘复的复信,用当时的理论武器逐条予以驳斥;真可以说语语打中要害,所以这两文发表以后,马上引起了真的敌人的反扑。作为封建顽固派代表的林纾就发表了《与蔡鹤卿太史书》、《论古文白话之相消长》和他的杀气腾腾的小说《荆生》。此外两派旗帜鲜明,互相交锋。由于新思潮已如洪涛巨浪,那种一切腐朽的意识形态的堤坝,最后终于像摧枯拉朽一样,彻底地被冲垮了。到了三十年代,鲁迅在《忆刘半农》一文中还称道刘复答王敬轩君的双簧信,是一次大仗。

其四,是在文学革命初期,他还曾提出废除汉字,改用拼音文字的主张。他在一九一八年给陈独秀的信中说:

> 先生前此著论,力主推翻孔学,改革伦理,以为倘不从伦理问题根本上解决,那就这块招牌一定挂不长久。(约述尊著大意恕不列举原文)玄同对于先生这个主张,认为是救现在中国的唯一办法。然因此又想到一事,则欲废孔学,不得不先废汉文;欲驱除一般人之幼稚的野蛮的顽固的思想,尤不可不先废汉文。

> 中国文字衍形不衍声,以致辨认书写极不容易,音读极难正确,这一层近二十年来,很有人觉悟,所以创造新字,用罗马字拼音等主张,层出不穷。……除了那"选学妖孽"、"桐城谬种"要利用此等文字,显其能做骈文、古文之大本领外,殆无不感现行汉字之拙劣。欲图改革,以期便用。(《中国今后之文字问题致陈独秀》)

钱的这个主张发表后,虽然受到许多顽固派的激烈反对与攻击,但对白话文学的发展却起了意外的推动作用。鲁迅后来在讲到"五四"文学革命时说:

> 但是,在中国,刚刚提起文学革新,就有反动了。不过白话文却渐渐风行起来,不大受阻碍。这是怎么一回事呢?就因为当时又有钱玄同先生提倡废止汉字,用罗马字母来替代。这本也不过是一种文字革新,很平常的,但被不喜欢改革的中国人听见,就大不得了了,于是便放过了比较的平和的文学革命,而竭力来骂钱玄同。白话乘了这一个机会,居然减去了许多敌人,反而没有阻碍,能够流行了。(《无声的中国》,《三闲集》)

以上各点,都是钱玄同对文学革命运动方面的贡献,是值得我们大书特书的。

在写作上,钱玄同不是从事文学创作的,他只是一个文学革命的赞助者和呐喊者。不过他的散文,则是有他的独特风格的。他在《新青年》里发表的书信同论文,最初还是文言,后来在三卷六期发表的《与陈独秀先生书》就竭力主张《新青年》杂志以后的文章,全改为白话。后来他自己果然就这样做了。

他的散文,据黎劭西先生给他写的传中说:"他自己讲,早年写作文言文,完全得力于梁任公。"这大概是正确的。甚至在"五四"时期,他的文言散文,还留有学习梁任公文章句调的痕迹。不过在当时,他对梁任公已感到不满,他说:

> 梁任公的文章,颇为一般笃旧者所不喜,据我看来,任公文章不好的地方,正在旧气未尽涤除,八股调太多,理想欠清晰耳。至于用新名词,则毫无不合。(《新文学与今韵问题》)

但他对梁任公在晚清提倡文学革新,则是非常赞许的,他说:

> 梁任公,实为创造新文学之一人。虽其政论诸作,因时变迁,不能得国人全体之赞同,即其文章,亦未能尽脱帖括蹊径,然输入日本之新体文学,以新名词及俗语入文,视戏曲、小说与论记之文平等。(梁先生之作《新民说》《新罗马传奇》《新中国未

来论》皆用全力为之,未尝分轻重于其间也。)此皆其识力过人处。鄙意论现代文学之革新,必数及梁君。(《寄陈独秀》)

这个看法,是非常正确的。梁任公实为晚清文学改良运动的倡导者,所不足的,是他的革新还不彻底,只能说是改良。钱玄同说"论现代文学之革新,必数及梁先生"。这正是历史发展的观点,是非常正确的。至于在散文的写作上,由于他平生对古人诗文,最喜淋漓痛快、明白晓畅之作,所以他的散文集,劲西先生说他:"其文言似梁任公的笔锋常带情感,发挥尽致,吐泻无余,而无一句含糊语。"(《钱玄同先生传》)同时,鲁迅也说:"十分话只须说到八分,而玄同则必说到十二分。"又说:"其实畅达也自有畅达的好处,正不必故意减缩。(但繁冗则自应删削)例如玄同之文,即颇汪洋,而少含蓄,使读者览之了然,无所疑惑,故于表白意见,反为相宜,效力亦复很大。"(《两地书》一二页)

这都说明了钱的散文的特点。

三

"五四"文化革命运动中,马克思列宁主义虽已传播到中国,并且已得到早期共产主义知识分子的大力宣扬,但是能运用辩证唯物主义和历史唯物主义的立场、观点同方法,来从事中国学术研究的,还不多见。而当时认为比较进步的观点,首先是历史的进化论。认为一切事物,无一不在时时变化中,一时代一时代的文化,一时期一时期的学术,既不应用古人的标准来衡量现在,更不应盲目来否定现在的一切,而从事复古。原因是人类在进化,历史在前进,因而决不应开倒车。钱当时曾发挥了这种看法,他说:

> 玄同自丙辰春夏以来,目睹洪宪皇帝之反古复始,倒行逆施,卒致败亡也,于是大受刺激,得到一种极明确的教训,知道凡事总是前进,决无倒退之理……研究一九一六年以前的历史、道德、政治、文章,皆所谓"鉴既往以察来兹",凡以明人群之进化而

已。故治古学,实治社会学也。(《论应用文之亟宜改良》)

这段话中所说的"研究一九一六年以前的历史、道德、政治、文章,皆所谓'鉴既往以察来兹',凡以明人群之进化而已,故治古学,实治社会学也"。这最足以说明他治古学的目的、态度与方法。

钱氏最早本来也是治经学的,经学本来不过是我国古代的一些历史资料,但后来被孔子的后学把它们搞得神乎其神,认作是"修、齐、治、平"的理论根源。加上在秦代,由于始皇的焚书,于是到了汉代就出现了今文和古文两派的论争。直到晚清仍然相互攻讦不已。钱玄同的第一个老师章太炎,是尊尚古文经的,他推许刘歆,曾刻一图章,文为"刘歆私淑弟子"。同时力诋董仲舒,谥之为"博士、神人、大巫"。可是钱氏后来于一九一一年二月请业于崔适(觯甫)之门,崔氏为一今文家,钱氏从他那里借读到康有为的《新学伪经考》,从此笃信古文经为刘歆所伪造之说。章、康两人对经学的见解,可以说恰恰处于极端对立的两面,但钱氏也正因为这样,才能够洞悉两派的是非,而摆脱了几千年来的门户之习,而产生出个人超今古的比较客观的见解。他曾自述其对今古两派态度转变的过程道:

> 我对于经,从一九〇九至一九一七,颇宗今文家言,我专宗今文是从看了《新学伪经考》和《史记探源》而起。这两部书,我都是在一九一一才看到的。一九〇九细绎刘申受、与龚定庵二人之书,始背师(章太炎师专宗古文,痛诋今文),而宗今文家言。但那时惟对于《春秋》一经排斥左氏而已,此外如《书》之马,《诗》之毛,虽皆古文不在排斥之列。而鲁恭王得壁经一事,并不疑为"子虚""乌有",故那时虽宗今文,尚未绝对排斥古文。自一九一一读了康、崔二氏之书,乃始专宗今文。……我前几年对于今文家言,是笃信的,自从一九一七以来,思想改变,打破家法观念,觉得今文家言什九都不足信,但古文之为刘歆伪作,则至今仍依康、崔之说。我总觉得他们关于这一点的考证,是极精当的。我现在以为古文是假造的,(《左传》所记事实,自然不是刘歆造的。它的本身,是一部与《春秋》毫无关系的历史)今文是

口说流行,失其真相的,两者都难凭信。(《论今古文经学及辨伪丛书》,《古史辨》第一册)

至于今古两派主张之所以不同,和他个人对这两派所取的态度,也曾详细的讲过,他说:

> 过去学者凡研究经学的,最大的缺点就是所谓家法师说。犯此病的,尤以汉人为甚。汉以后学者比较好一点,但依然不免会有这种意味,虽以清儒之"实事求是",亦有所不免。在清末有两位学者,可以说集中国两千年来经学派别之大成,一是康有为,一是章太炎。他们两位都是经学大师,但他们的见解是极端相反的。康偏于微言大义,而太炎先生则特别偏重于训诂名物……

> 我曾经说过,刘逢禄、龚定庵是新今文学派。其实他们不过是康有为的先驱,而真正足以称为新经学派的,则唯康有为一人而已。他第一步不过阐明了经学的微言大义,但在第二步他借着微言大义,以发挥自己的理想。至于太炎先生,他恰与康相反,他特别尊信古文,在过去学者,只不过偏于古文,或偏于今文,决没有如康有为之专信今文,而认古文为全非。同时也决没有如太炎先生之专信古文,而认今文为全非者。所以他们两个可以说是两个极端。太炎先生是极端推许刘歆的,竟至刻一图章为"刘歆私淑弟子",他之所以如此,也因为他的立场与康氏不同,康氏是想借微言大义,以发抒他自己的政见。至于太炎先生是排满的,所以特别看重自己的历史。同时呢,刘歆是历史的保存者,所以他就极端的佩服刘歆。关于章、康两人对于经学的态度,我们可以由他们的两句话中看出来,康氏在他的《孔子改制考》中有句话,即"六经皆孔子改制所作考",这差不多是康氏的口号。至于太炎先生,在他的《原经》中有句话,即"六经皆史"这也就是章先生的口号。章先生最看重历史,他认为印度之所以亡,就因为他们太不看重历史了。中国有三千年的历史,假如历史不亡,则中国还有复兴之望。(笔者所记先生的《经学史讲

演稿》）

以上所讲都是很精辟的见解。正因为他能从历史的角度来看待章、康两人的政治同学术思想的歧异，所以才有着这样比较客观的实事求是的看法。他在讲授中最后又说："说到我个人对于经学的态度，我想大家从我近来的讲话中，总可以了解一点，我只不过是站在历史的立场上，来研究经的本来面目罢了。"（同上）所以他尽管同意康有为对于古文经怀疑的见解，但他对《六经》仍是持的章太炎所说的"六经皆史"的观点。

其次在史学方面，钱氏曾提出"考古务求其真"的主张。很显然，他从康有为对古文经的怀疑，从而进一步地对中国传说中的古史以及先秦的某些古籍，都抱怀疑的态度。当时抱有这种态度的有胡适同顾颉刚。钱在这方面和他们的倾向基本是一致的。他曾经对当时从事国学研究者提出三项注意的事：一、要注意前人辨伪的成绩。二、要敢于疑古。三、治古史不存"考信于六艺"之见。他曾论一般人疑古的不彻底道：

我们研究的时候，应该常持怀疑的态度才是……我们要是发现了一部书的可疑之点，便不该再去轻信它，尤其不应该替它设法弥缝。……弥缝的缘故，便是不敢疑古，他们总觉得较后的书可以疑，而较古的书不可疑；短书小记可疑，而高文典册（尤其是经）不可疑。殊不知学术之有进步，全由于学者的善疑，而赝鼎最多的国学界，尤非用极炽热的怀疑精神打扫一番不可。（《研究国学应该先知道的事》，选自《古史辨》第一册）……

但以前的学者，无论如何大胆的疑古，总不免被成见所囿，先生说崔述著书的目的是要替古圣人，揭出他们的圣道王功，辨伪只是手段，真是一针见血之论。姚、康诸人也是这样，所以他们总要留下一团最厚最黑的云雾，不肯使青天全见的。我们现在应该更进一步，将这团最厚最黑的云雾尽力拔除。（《答顾颉刚先生书》《古史辨》第一册）

这里谈过去学者疑古的不彻底，其原因是这些人脑子里的封建思想,还没有得到排除,这样必然会留下一团最厚最黑的云雾。按钱氏提出的"考古务求其真",这样"真"就不可能实现。

不过疑古乃研究历史的第一步,因为治史必须根据最可信的资料,这样得出的结论,才可能是正确的。如果根据虚妄的资料来写历史,那这种历史就是说谎,就是骗人,而作者也就是历史的罪人。至于伪书如果能彻底辨明,知道它产生的时代,那么在研究上,还是有它一定的价值的。钱氏说:

> 若讲伪书的价值,正未可一概而论。乱抄乱说的固然不少,至如《易》之象、彖、系辞传,如《小戴礼记》中之《礼运》、《中庸》、《大学》诸篇,如《春秋》之《公羊传》与《繁露》,如《周礼》,这都是极有价值的托古著作。但不能因其有价值,便说是姬旦、孔丘所作。也不能因其非姬旦、孔丘所作,便说是无价值。我很佩服姚际恒、崔述、康有为那样疑古的求真态度,很不佩服他们那样一味痛骂伪书的卫道态度。(同上)

> 辨古书的真伪,是一件事,审史料的虚实,又是一件事。譬如《周礼》、《列子》,虽然都是假书,但是《周礼》中也许埋藏着一部分周代的真制度,《列子》中也许埋藏着一部分周汉间道家的思想,(这只是泛说,非指《杨朱篇》而言,我绝不相信《杨朱篇》思想是杨朱的思想,可以拿他来作杨朱学说的史料,我对于《杨朱篇》的思想,与蔡子民先生所见全同,认为是"清谈家之人生观",虽然我不同意蔡先生说周朝那个真的杨朱就是庄周。)……反过来说,一切真书,尽管是某人作的,但作者之中有的是迷于荒渺难稽的传说,有的是成心假造,如所谓"托古改制",有的是为了古籍无证,凭臆推测。咱们并不能因其为真书,就来一味的相信它,这是咱们跟姚际恒、崔述、康有为及吾师崔觯甫、章太炎两先生诸人不同的地方。(《论〈说文〉及壁中古文经书》)

所以,钱氏对治史学,一方面主张辨真伪,一面又主张审虚实。但归根结蒂一句话,求真与信而已。为了真与信,而对古代传说中的历史以及古代流传的一些古籍,不问其为经、为史,而一一持怀疑的态度,给以考证研究,在当时学术界形成为"疑古"的风气,这对当时学术界的影响,的确是巨大的。就中国史学的研究的发展来说,这种态度与精神,是正确的。尽管比着马克思主义的立场、观点与方法,还存在着极大的局限,但从当时的情况来说,是未可全盘否定的。

四

钱氏一生精力,大部分从事文字学的研究,在近代可以说是一位有数的专家。但他的态度同见解,和他的老师章太炎却有着极大的不同。其所以不同之处,有以下几点:

一、历史的观念。清代学者,治学多有好古、信古、崇古的毛病。就韵书来说,《广韵》是现存韵书中最早的,于是治古韵的以它为阶梯,治今韵的又以它为准绳,因而好古的学者,奉之为金科玉律,而摒弃以后的许多韵书。但钱氏深以为不然,他认为《广韵》固应重视,即后于《广韵》的《中原音韵》同《洪武正韵》在音韵史上,也都有它们的价值。所以要想了解三千年来中国音韵的沿革,实不应有要轩轾于其间。他说:

> 清代学者,自然有他们的优点,不过也有缺点,就是因为他们没有历史观念。古今中外的音韵,只能有异同,不能说有好坏。至章太炎、黄季刚两先生确认为元明以前的都好,唯有到了元明就糟了。所以自清代以来,上而至于顾炎武、戴东原,以迄段玉裁、孔广森,下而至于王念孙、章太炎,以迄黄季刚,都是专讲元以前的音韵,至于元明则绝口不道。他们这种观念,可以说是很谬误的。

他论周德清的《中原音韵》道:

> 周德清这个人……是很可佩服的,并不是我们故意来翻前人的案,我们拿历史眼光去看,周德清确实是大胆,他能不管《切韵》、《广韵》而毅然从当时北平音而作了这部《中原音韵》。

又说:

至于学者则更排斥它了,不提则已,一提就大骂一顿。我们从这儿,就可以晓得清代的人,对于《中原音韵》的态度了。

他论《洪武正韵》道:

清代学者因为好古的原因,所以总是排斥《洪武正韵》的。而其实清人所以排斥《洪武正韵》的地方,正是我们所以称赞《洪武正韵》的地方。

又说:

清代学者的研究学问,可以说是科学的,而明代学者研究学问,则为文学的。清代学者因为好古的原因,所以不能不受传统观念的束缚。而明人正因不能作考证的工作,所以能以不受过去传统的影响,能以自辟蹊径。即如《洪武正韵》就是一例。(以上均为笔者所记钱氏"音韵沿革"讲稿)

这都是说明钱氏治学能摆脱封建传统的谬见,而采取的客观的平允的态度。

对于韵书的看法是这样,对文字的形体也有他的独到之处。即如《说文》,清代学者把它奉为不刊之典,专家如吴大澂,就想废楷而用篆。钱氏认为这是非常荒谬的。他的看法,中国文字以甲骨为最古,自是之后变而为钟鼎、为篆、为隶、为楷书、为破体小写,乃系自然的趋势。文字之起源,"六书"并不足以尽之。而破体小写(按即现在所用的简体字)更不应鄙弃。他对中国字形的发展,有段极精辟的论述。他说:

盖讲字形,则甲骨文(商)、金文(商周)极其重要。段氏(玉裁)对于金文无研究,王氏(筠)对此造诣亦浅。二氏生时极早,未见后来发现之甲骨文,当然亦一缺点。金文,于许慎著《说文》时,仅发现一二,不足言云。宋二次发现大批钟鼎,前后不下千余。段氏曾见之,然存而不论。王氏认为钟鼎应加研究,然所得甚浅,王氏对于字形之研究,非得助于金文,乃能体贴物情,从《说文》本身研究者也。

对于破体小写,钱氏说:

> 破体小写的起源,乃在唐以后,宋元之时。可以说是把楷书又简单化了。如"双"字,"对"字,"刘"字。这种变迁,也同小篆变为隶书,隶书变为楷书一样,我们看宋、元人的刻板书,把"齊"字写成"齐"字,是很平常的,至于戏曲小说,更不用说了。如《京本通俗小说》及《元曲三十种》里边的破体小写更是不胜枚举。
>
> 到了清代,科举对于写字固然很严格,但有许多文字学家,也写破体小写的。如江永在他稿本中"聲"字,每写为"声",孔广森与王念孙写信"雙"声,写为"双"声。段玉裁给家人写信,"竊"字写为"窃"字。可知文字由复杂而渐趋于简单的心情,是不可讳言的。所以讲文字学,而不讲破体小写,是抹煞事实,是不对的,这种趋势据我看,是方兴未艾的。中国文字要在没有变成拼音以前,是非全趋于不美而易于写的破体小写不可。(以上均录自笔者所记钱氏的《说文研究》笔记)

这种从历史的演变上来说明中国字形发展的必然趋势,的确是很有见地的。到现在简体代替繁体,不正是遵循他的看法来作的吗?

二、考古务求其真,钱氏于讲音韵沿革时,如对《击壤》、《卿云》、《元首》、《五子之歌》、《商颂》之辨伪,《诗经》时代之断定,《老子》、《易传》诸书之考证。于讲《说文》时,则引甲骨、钟鼎以相参证,除说明其在形义上的演变外,并时时指出小篆的误谬,从这里就足以充分说明钱氏在治学上求真的态度,疑古不过是一方面而已。

三、致用务求其适,钱氏致力于文字学的研究,决非如当时一般的学者纯粹是为学术而学术,而是非常注意于致用的。他平时深感中国文字太难学了,因而大大影响了教育的普及和民族文化的发展。这一点他同鲁迅先生的看法完全是一致的。所以从一九二七年以后,和黎劭西先生共同致力于国语统一,与汉字改革的工作。在这两方面的确作出了巨大的成绩。这种把自己研究的所得与主张,而见诸实践,对中国文化的发展产生了一定的影响,这决非一般笃古守旧的学者所能望其项背的。钱氏在这方面的贡献,他的好友黎劭西先

生评论的最中肯,今录之于后:

> 钱先生一方面在研究上精益求精,一方面总求适用于教育,不遗弃普及工作,一方面嘉惠士林,一方面唤起民众,普及和不普及的矛盾,钱先生可算真能统一了。(《钱玄同先生传》)

钱的一生,是从事文化教育的一生,在"五四"时期并曾以一个战士的姿态出现于文坛。尽管后来思想有点停滞,行动倾向于保守。但在北京沦陷后,洁身自好,保持了民族气节,这就是很难得的。我觉得评论古人,不应过于求全责备,鲁迅评章太炎同刘半农,毛泽东同志评孙中山,都给我们树立了榜样,我们应该像毛泽东同志《纪念孙中山先生》一文中最后所说的:"孙先生也有他的缺点方面,这是要从历史条件加以说明,使人理解,不可以苛求于前人的。"对钱晚年在政治倾向上的表现,也应该持这样的看法。

1980年6月25日

晚清文学思潮的流派及其论争

一

从一八九四年(甲午)中国对日作战失败后,直到一九一一年武昌起义,清廷垮台,这十几年间中国文坛上出现了一个前所未有的"百家争鸣"的奇观。这种新风气之所以能够形成,分析起来,主要有以下几种原因:

(一)政治形势的巨大变化。由于甲午战败,招致了台湾的割让与大量的赔款,这不仅给中国人民造成了空前沉重的灾难,更重要的是豆剖瓜分,亡国灭种之祸随之而迫临眉睫。事实证明洋务派一向高唱的"富国强兵","中体西用"论的彻底破产。随着清廷的威信也一落千丈。于是,过去在言论上对人民的钳制压迫,不得不有所放松。

(二)"救亡图存"成为当时先进的中国人士异口同声提出的最响亮而能深中人心的口号。如何"救亡"?怎样"图存"?势不能再抱残守缺,而必须进一步地向西方学习。康、梁所倡导的维新变法运动,遂乘势而起,应运而生。他们之中如严复、梁启超等,都直接或间接地大量并系统地介绍了西方学者关于哲学、政治、经济学以及自然科学方面的论著。同时并进一步用西方的新观点与新方法,把西方的新思想与中国的传统思想进行分析比较,阐明其优胜劣败之理,于是得出了西方之所以强,由于民主与科学,而中国之所以弱,则由于政治上的专制,思想上纲伦的束缚与人民群众的愚昧无知之所致。如果打算"救亡图存",就必须大力提倡科学与民主。而对于禁锢思想扼杀民主的儒家思想,特别是宋、元以来为专制帝王所推崇尊奉的程朱派理学,必须进行彻底批判。

当时对儒家思想进行抨击,最早发难的是严复。他在甲午之后一年(1895)发表了震动一世视听的论文《辟韩》,这是对三纲之说中君臣一纲的抨击,驳斥韩愈尊君抑民的谬见,远师中国老庄思想,近法西方民治主义,沉痛地大胆地指出:

> 秦以来之为君,正所谓大盗窃国者耳!国谁窃?转相窃之于民而已。……斯民也,固斯天下之真主也,必弱而愚之,使其常不觉,常不足以有为,而后吾可以长保所窃而永世。嗟乎!夫谁知患常出于所虑之外也哉?此庄周所以有"胠箧"之说也。

这种石破天惊的言论,倘若早一百年,作者就会遭到杀头灭族的大祸。但在当时,清廷实已顾不过来对之进行镇压。不过,也触怒了汉族大官僚张之洞,命令他的部下屠仁守来著文加以驳斥,而严复也几乎被逮。

与严复同时的维新派巨子谭嗣同,在他的杰作《仁学》中,提出了"冲决网罗"之说。不仅要冲决君主之网罗,同时对儒家所提倡的名教,也大加抨击,并引用朝鲜人的话来抨击宋儒道:"地球上不论何国,但读宋明腐儒之书,而自命为礼义之邦者,即是人间地狱。"

不过严、谭二人虽对儒家思想,特别是程朱派理学有所抨击,但还没触及到孔子。到了一八九八年戊戌变法被清廷顽固派镇压之后,接着又来了八国联军的入侵,和继马关条约后进一步丧权辱国的辛丑条约的订立,清政府的对内镇压,对外投降的极端反动面目越发暴露无遗。这样改良主义的幻想,在一部分先进人士中破灭了。于是为了救亡图存,非彻底推翻清王朝不可的革命浪潮遂因而汹涌澎湃地发展起来。反映到哲学思想上,即对一向为巩固封建统治服务的儒家思想,作了进一步地批判与抨击。

章太炎的《驳康有为论革命书》、《东京留学生欢迎会演说辞》中,对孔学已经有所批判,但最彻底的乃是他后来发表的《诸子学略说》。他根据庄、墨两家的著述,对孔丘进行了深刻的揭露,现出孔丘本来面目,破除了后来的专制帝王以及专门取媚封建统治者的贱儒们,在孔丘头顶所罩上的神圣光圈。

　　与章太炎同时并曾深受其影响的刘师培,同样也有批判孔学的论著。他在《攘书》的《罪纲篇》中,指出:"三纲之说,本于纬书,附会支离,莫可究诘。故秦汉以前未闻此语。……三代以降,舍理论势,以势为理。舍是非而论顺逆,致名分之说深中人心。强弱相凌,日以空理相诘责,枷锢民心,束缚才智,宋儒之失,岂可宥乎?"

　　其次,在《孔学真论》中,从西方学术的发展来对照中国学术的落后,究其根源,乃在孔学之失。他从历史发展的观点,用中西对比的方法,对孔学的批判是非常具有说服力的。

　　以上都说明了,由于帝国主义的入侵,中国政治经济之日趋崩溃,亡国灭种之祸的迫在眉睫,于是西方的科学民主思想的输入,导致了对中国传统的儒家思想的批判,因而在思想上出现了一个大解放的时代。由于思想上的解放,文学观点上同样也出现了一个大解放,文坛上遂呈现出一个百家争鸣、百花齐放的新局面。

二

　　在晚清最早提倡文学革新的是梁启超。他是维新派的卓越宣传家,他深切了解文学对影响社会人心与转移社会风气的巨大作用。由于他受到西方达尔文"进化论"、卢梭的"民约论"以及西方资产阶级文艺观的影响,在文艺思想的解放上,成为当时的先驱。

　　梁启超在当时文艺思想上的贡献,主要有以下几点:

　　(一)文学的进化观。他根据中外文学之发展,得出这样一个规律,即古语之文学必将变成俗语之文学。根据这种看法,他对中国一班文人的积习进行了抨击。他说:"中国结习,薄今爱古,无论学问,文章、事业,皆以古人为不可几及,余生平最恶闻此言。窃谓自今以往,其进步之远轶前代,固不待蓍龟,即并世人物,亦何遽让于古所云哉。"(《饮冰室诗话》八)

因此,他主张文章要通俗化,与言文合一。他在《小说丛话》中认为,不仅小说要运用俗语文体,凡百文章莫不为然。

(二)强调小说(包括戏曲)的教育作用,与转移风气的巨大效能,因而推尊小说"为文学之最上乘"。他不只连续发表宣传小说作用的文章,如《译印政治小说序》、《论小说与群治之关系》,并且创办《新小说》杂志,自己进行创作。

(三)提出"诗界革命"与散文解放的主张。他嘲笑当时那班拟古摹古的词章家为"鹦鹉名士",谓:"今日不作诗则已,若作诗,必为诗界之哥伦布、玛赛郎。"至于"诗界革命"的要求,即要有"新意境"与"新语句"(《汗漫录》)。在他的朋友中,他盛推黄遵宪。黄遵宪在诗歌的革新上,见解同梁氏基本是一致的,他抨击那些好古之辈,说他们:"俗儒好尊古,日日故纸研。《六经》字所无,不敢入诗篇。古人弃糟粕,见之口流涎。沿习甘剽盗,妄造丛罪愆。"(《杂感》)并提出个人创作上"我手写我口,古岂能拘牵"的主张。

梁启超在散文方面,反对桐城派所提倡的"义法"。特别桐城派的末流,从分析韩柳文中所提出的一套写作方法,更是给予抨击和嘲讽。他的文章,可说是晚清解放了的散文的典范。他曾评论自己的文章道:"启超夙不喜桐城派古文,幼年为文,学晚汉魏晋,颇尚矜练。至是自解放,务为平易畅达,时杂以俚语韵语,及外国语法。纵笔所至不捡束,学者竞效之,号为新文体。"(《清代学术概论》二十五)所以在晚清文坛上,梁启超实为当时文学革新运动的一个倡导者,同时,也可称为五四文学革命运动的先驱。

在维新派中,严复的文艺观与梁启超恰恰相反。梁启超要用文学来推动他的维新变法的政治运动,因而主张作品要通俗化,要走向言文一致的道路。但严复则不然,即如对于诗歌,他认为"诗之失,常诬而愚"(《诗庐说》),把它列入美术的范畴,有点近于唯美主义。这种见解在同时代中,同王国维多少有些接近。所不同的是王国维是从积极上看待文学,而他则倾向于消极。

在散文方面,严复在《天演论》的《译例言》中,引用孔丘的话,即"修辞立诚","辞达而已","言之无文,行之不远"等。认为"三者乃文章正轨,亦即为译事楷模。故信、达而外,求其尔雅"。在这样的标准下,他认为用汉以前的字法句法作到"达"比较易,用近世通俗的文字作到"达"反而较难。所以他之用文言来译,并非有意钓奇,实出于不得已。

特别在古文与白话二者功能的比较上,他认为中国古文学词汇丰富,表现方法比较完备,白话是不能与之相比的。在一九〇二年,他译的《原富》问世后,梁启超曾在《新民丛报》上加以推荐,称许他于西学、中学皆为我国第一流人物,但同时指出他这部译著"文笔太务渊雅……一翻殆难索解"。下边提出:"文界之宜革命久矣,况此等学理邃赜之书,非以流畅锐达之笔行之,安能使学僮受其益乎?"

梁启超这种正确的见解,倒反而为严复所驳斥,他认为梁启超的说法"徒为近俗之辞,以取便市井乡僻之不学,此于文界乃所谓陵迟,非革命也"。(《与梁任公论所译〈原富〉书》)可知他们二人之观点是多么的悬殊了。总之,严复所以反对文章通俗的原因,一、受桐城派的影响,二、儒家正统的文学观的影响,即孔子所说的"言之无文,行之不远"。三、受西方唯美派文学观的影响。一直到五四时期,他对文学革命还深表反对(见《与熊纯如书》),说明这种影响对他是怎样根深蒂固了。

三

晚清革命派的作者,首推章太炎。他在《文学论略》中,曾给文学下过定义,而这个定义乃是从文字学以及中国文体演变的角度出发的,因而他既不同意韩柳以来,古文家竞为散体,美其名曰"古文辞",而排斥骈俪诸家,不欲登之文苑,同时更驳斥选派文人,如阮元辈,强调"文笔"之分,认为文必须以骈俪为主的荒谬说法。所以他提出研究文学,当以文字为主,不当以彣彰为主。他的定义是"以有文字著于竹帛,故称谓之文。论其法式,谓之文学"。他的弟子鲁迅就不同意他的看法。(见许寿裳《亡友鲁迅印象记》)

他在散文方面提出了"修辞立诚"的标准(《与人论文书》),根据这种标准,他评历代的作者推许魏晋名理之文,认为"其守己有度,伐人有序,和理在中,孚尹旁达,可以为百世师矣"。(《国故论衡·论式》)所以有人认为他"褒大先梁,而捐置徐庾以下,对唐代称许韩、吕、刘、柳,宋代则只及宋祁,司马光,而不及吴蜀六士"。其所以如此,据他讲,完全是根据他们作品的内容同形式,看是否达到了"修辞立诚"的准则而言的。他既反对内容的浮夸,同时也反对文词的淫丽。

对并世作者,他最诋訾的乃是严复同林纾。认为严复的文章"犹未离帖括申夭之态"。"盖俯仰于桐城之道左,而未趋其庭庑者也"。(《社会通诠商兑》见《别录》)

对于林纾,说他的文章"辞无涓选,精采杂污,而更浸润唐人小说之风。……自以为妍,而只益其丑也"。(《与人论文书》见《文录》)

太炎对梁启超的散文尤其不满,他虽没有直接对他进行批评,但在他论龚自珍的文章时,附带地抨击了他。《说林》下论自珍文章道:"若其文辞侧媚,自以为取法晚周诸子,然佻达无骨体,视晚唐皮、陆且弗逮,以校近世,犹不如唐甄《潜书》近实。后生信其诳耀,以为巨子,诚以舒纵易效,又多淫丽之辞,中其所嗜,故少年靡然向风。自自珍之文贵,则文学涂地垂尽。将汉种灭亡之妖邪!孔子云:'觚不觚,觚哉!觚哉!'"任公早年文章即深受龚氏影响,所谓"舒纵易效",的确是这样。但梁氏正是运用这种笔锋常带感情,而又能纵横驰骋,从而介绍西方的新思想,批判传统的旧思想,所以才能影响一世的读者,而成为"新思想界之陈涉"。(《清代学术概论》)太炎对严、梁作品之所以竭力抨击,除文学观的分歧外,还杂有政见上对立的缘故!

在诗歌方面,他提出了"颂善丑之德,泄哀乐之情"的看法。

(《辨诗》见《国故论衡》)他认为诗歌创作本乎性情,非关学问。他列举古代作者作品的优劣,而得出"情性之用长,而学问之助薄"的结论(同上)。在对作家的评论上,抨击晚清宗法江西诗派的作者。他说:"及曾国藩自以为功,诵法江西诸家,矜其奇诡,天下骛逐,古诗多诘诎不可诵,近体乃与杯珓谶辞相等。江湖之士,艳而称之,以为至美",认为"自商颂以来,歌诗失纪,未有如今日者也!"(同上)最后,他对诗歌的发展,得出了这样一个规律,即:"要之,本情性,限辞语,则诗盛。远情性,熹杂书,则诗衰。"

总之,太炎对文学的看法,首先把作品内容放在第一位,于散文主张"修辞立其诚"与"必先预之以学",于诗歌主张"颂善丑之德,泄哀乐之情",这些见解都是正确的。

其次,对于形式,他提出文章要遵循一定的规矩。倘若有人敢于加以冲破,他往往给以痛诋。即如他对于龚自珍、梁启超散文的痛诋,就可以充分说明了。对于诗歌,他反对江西诗派以及晚清那些宗法此派的作者,应该说是正确的。但是对于唐代白居易给予"鄙倍"的评语,就说明他完全沿袭了前人的谬见。所以太炎在文学观点上,是倾向于保守的,因而常常不免站在革新者的对立面。

最后值得注意的,是当他从革命的角度来看文学时,他又深感自己的文章是不能适应新形势的需要的。他在《革命军》序中,深慨于洪秀全的失败,不完全由于计划失所,缺乏理论上的宣传,也是个重要原因。而在现实中,具有逐满决心,也还是少数人。这些人的文章又往往"务为蕴藉,不欲以跳踉搏跃言之"。至他本人,也不免如此。接着他称赞邹容的书,"壹以叫咷恣言,发其惭恚"。让湘军中罗、彭这些头头们读起来,也当流汗祇悔。以这为义师的先声,将会产生极大的影响。最后他说:"藉非不文,何以致是也。"从这说明,章氏在这时已深深认识到,革命必须先之以理论上的宣传,而宣传,必须运用通俗易懂的文章,才能为功。那种艰深古奥的文章是不可能对广大群众产生发聋振聩的作用的。

革命派中另一个值得注意的作者为未变节前的刘师培。他的论文著作较为弘富,其中最重要的有《文说》、《文章源始》、《论文杂记》等。以上论著大部分是谈中国文学的渊源流变的,其中也涉及到文体论,作家论,以及创作方法与写作技巧等。他的文学观主要有以下几点:

(一)历史的发展观。在《论文杂记》中,他根据中国文学的发展并参照西方文学理论家的见解,总结出这样几项规律:一、文学在发展中,是由深趋浅,由简趋繁。二、俗语入文,小说体兴,语言文字渐趋合一,为今后发展的必然趋势。不言而喻,有朝一日白话一定会代替文言。三、对陋儒的错误见解进行批判。这种看法是符合历史发展实际的,也是比较正确的。当然,这种看法源于梁启超,刘氏不过进一步给以论证,但在当时,还是难能可贵的。

(二)对历代作家作品进行思想分析。汉以后的并指出其所受先秦诸子的影响。这种重视作品的思想内容,而不单纯从形式上去分类,见解是精辟的。

刘氏对中国的学术思想和文学的渊源流变确能观其会通,因此对历代各体文学的作者的作品,根据其内容思想,把他们都纳入于先秦的九流十家中,一般是比较准确的,但也有失之于牵强附会的地方。

(三)继阮元的《文言说》的理论,宗法齐、梁文人的"文""笔"之别,推崇清代的骈俪作家,对桐城派则痛加诋訾。刘氏在《文章源始》中,引征刘勰《文心》中的话,"无韵者笔也,有韵者文也"。文笔区分,昭然不爽矣!又引昭明《文选序》的话,以"沉思翰藻"者为文。因而得出,"律以沉思翰藻之说,则骈文一体,实为文体之正宗"。这就说明刘氏实为晚清选派作者的代表。由于他以骈俪为文章正宗,因而对清代骈俪作者盛加称扬,认为凌次仲以后洪亮吉、汪中以来的骈俪作者,"上者步武六朝,下者亦希踪四杰,文章正轨,赖此仅存"。但对于桐城则不免给以非议,说他们"以经为文,以子史为文……而文章之真源失矣"。

另外,他在《论文杂记》中还指出,韩欧之文之所以到后来被列为文章正宗,有三种原因:一、矫六朝文章之弊,二、提倡文以载道,三、学者习于空疏,枵腹之徒以韩欧之文便于蹈虚,遂群相效法。最后他说:"世有正名之圣人,知言之君子,其惟易古文之名为杂著乎!"可知晚清选派与桐城派彼此争所谓"文章正宗"之名,于是互相诋訾,从刘氏这些话中可以得到充分的说明。

(四)在运用字词上主张复古的错误观点。刘氏承认事物是发展变化的,尤其语言文字上应尊重群众的习惯,古人所谓"约定俗成"就是这个意思。但他有时却背离此义,即如对作者关于词的运用,就不免以古律今,认为有些用法是背离古义,主张应以《尔雅》、《说文》为准,这样就走上复古的道路。可知刘氏在文学见解上,有其进步的一面,也有其保守的一面。但到了后期(政治上变节之后)否定了他早期的进步观点,而发展了他的保守观点,因而到五四文学革命时期,就成为革命的对象了。

革命派中的诗人柳亚子,在文艺思想上是倾向于把文学作为工具,用以宣传革命,推动革命发展的。即如戏剧,他认为对社会思想的影响是极大的,他说:"春秋报赛,演剧媚神,此本不可为善良之风俗,然而父老杂坐,乡里剧谈,某也贤,某也不肖,一一如数家珍;秋风五丈,悲蜀相之陨星,十二金牌,痛岳王之流血。其感化何一不受之优伶社会哉。"(《二十世纪大舞台发刊词》)因此,他认为"世有持运动社会、鼓吹风潮之大方针者乎,盍一留意于是"。

同时亚子认为一般群众思想是落后的,往往泥于现在,不知有未来,抑并不知有过去。他谈到当时一般人对清廷的看法,"忘上国之衣冠,而奉豚尾为国粹。建州遗孽,本炎黄世胄之公仇,反崇高以为共主。以如此之知识,而强聒不舍以'驱除'、'光复'之名词,宜其河汉也"。所以他主张要改良戏剧,不仅要演明末清初的民族斗争史,而且还要把西方提倡民主革命的思想家与革命家的形象搬到舞台上来教育广大群众,这样就必然会收到感发兴起之效。

至于在诗歌方面,亚子又是晚清革命文学团体"南社"的发起人。他于一九〇九年和陈去病,高天梅等成立了这个诗社,所以命名为

"南社"，是取"操南音不忘其旧"的意思。其目的即在鼓吹革命，推翻清王朝。

亚子对清代的诗坛，他最推崇龚定庵，他把《夏内史集》、《亭林遗诗》和《定庵破戒草》作为他的"三别好诗"，而推定庵为"三百年来第一流"。(《定庵有三别好诗，余仿其意，作论诗三截句》(《磨剑室诗初集》卷六)对道、咸以来作者，抨击王闿运的作品为"古色斑斓真意少，吾先无取是王翁"。对郑孝胥，陈三立评之为"郑陈枯寂无生趣"，对樊增祥，易顺鼎，说他们是"樊易淫哇乱正声"，并用阮籍的"世无英雄，遂使竖子成名"的话道："一笑嗣宗广武语，而今竖子尽成名。"(《论诗六绝句》，见《磨剑室诗二集》卷二)可见他对并世作者少所许可。至其原因，就因为这些作者在思想上不是脱离现实，超然物外，就是陈腐淫滥，近于香奁，都无补于世道人心与民族的艰危。从这里就说明他的文艺观的倾向了。

鲁迅在晚清是为了救亡图存才舍去医学而从事文学的。所以，他对文学的看法：

(一)文学具有改变人们精神的作用。他在《呐喊》自序中曾叙述他在仙台学医时，在课堂上看到日军枪杀为俄军作侦探的中国人的影片，因而"觉得医学并非一件紧要事……第一要著，是在改变他们的精神。而善于改变精神的是，我那时以为当然要推文艺，于是想提倡文艺运动了"。

(二)从改变国民精神的目的出发，于是表现为以下几方面的主张：

一、指出文学的兴废盛衰，关乎国家的存亡。他列举十九世纪德国败于法国拿破仑后，有作家爱伦德及台陀开纳，以高度的爱国热忱，发为刚健的雄声，令读者展卷方诵，血脉已张，因而最后得出"败拿破仑者，不为国家，不为皇帝，不为兵刃，国民而已。国民皆诗，亦皆诗人之具，而德卒以不亡"。鲁迅写到这里，立刻联系到国内那班认为救国只有走振兴武事的道路的洋务派道："此岂笃守功利，摈斥诗歌，或抱异域之朽兵败甲，冀自卫其衣食室家者，意料之所能至

哉?"(《摩罗诗力说》)

二、介绍西方摩罗派的诗人如拜仑,修黎等,阐发了他们勇猛果敢,反抗压制,对旧传统旧习俗敢于破坏的大无畏的革命精神,称他们为"精神界的战士",而期望中国也能出现这样的战士。

三、深刻揭露了儒家思想对中国文学作家思想的束缚。他在《摩罗诗力说》中对孔丘的"思无邪"之说以及汉儒把"诗言志"改为"持人性情"等谬论均加以驳斥。由于儒家思想对中国文人思想的束缚,所以在中国文学史上敢于向黑暗现实进行挑战的作品,是很少见的。即如屈原,鲁迅认为他在他的作品中虽"放言无惮,为前人所不敢言",但是"反抗挑战,则终其篇未能见,感动后世,为力非强"。至于屈原而外,那就越发是碌碌不足数了。这就说明鲁迅当时为了拯救祖国的危亡,认为须要具有反抗精神与战斗精神的文学,如摩罗派诗人的作品,来启迪国人,唤醒国人,从而改变国民的精神。只有这样,国家前途才有希望。

周作人是当时参加鲁迅准备提倡的文学运动的一个成员。他的文艺观同鲁迅基本上是一致的。他在《文章之意义及其使命因及中国近时论文之失》一文中,对孔丘的删诗,和以"思无邪"论诗的观点,进行了批判。文中特别对当时文坛上以儒家文艺观来评论中国文学的论著,如《中国文学概观》、《文学之美术观》、《中国文学史》等进行了批判。所以,周作人这篇文章与鲁迅的《文化偏至论》、《摩罗诗力说》可以说是桴鼓相应。

鲁迅和周作人在晚清企图提倡的文学改革运动,虽因种种原因没有能够成为波澜壮阔的运动,但他们的确是在梁启超提倡的文学改良运动与五四文学革命运动之间起到了一个承先启后的巨大作用。

四

晚清作为桐城文派代表的是林纾。他在当时与严复齐名。严复用古文译西方资产阶级的政治、经济、哲学的理论著作,而林纾则用古文介绍西方的文学作品,因而一时号为"严林"。

但他二人的思想与文学观显然有着极大的不同。严在当时是提倡民主与科学的,在中国思想界乃是属于"先进人士"的行列。而林纾则是深受传统思想中程朱派理学影响极深的,他的政治倾向,最接近洋务派张之洞的"中体西用论",所以他始终是卫护爱新觉罗氏政权的。

林纾论文与历来古文家的观点大致是一致的。韩、柳都曾提出"明理"(《送陈彤序》)和"明道"(《答韦中立论师道书》)的看法。林纾认为:"古文惟其理之获,与道无悖者,则味之弥臻于无穷。"(《国朝文序》)在这篇文中,涉及写作的几个方面:一、为文目的,在于明道。他批评经生之文与史家之文,认为二者均不足以明道。二、为古文应有的修养,不仅要多读书,广阅历,尤当深究乎古人心身性命之学。只有这样,言之始衷于理,且与道合。同时又提出要积理养气。三、在命笔时,采取非常审慎的态度,先考虑这篇文章写出后能否名世,然后再下笔,写成后经过一个时候再看看,一面要削繁而归于简,一面要去其庸而衷之正。

由于林氏为文是上承韩欧,而近法方姚,所以对晚清反对桐城的作者深加诋訾,他说:"欧风既东渐,然尚不为吾文之累,敝在俗士以古文为朽败,后生争袭其说,遂轻蔑左、马、韩、欧之作,谓之陈秽,文始辗转日趣于敝,遂使中华数千年文字光气一旦黯然而潜,斯则事之至可悲痛者也!"(《送文科毕业诸学士序》)很显然,这段话是针对维新派梁启超所倡导的解放后的那类散文而说的。林氏在写作上,由于当时曾经名噪一时,特别他的古文译作曾经风行海内,所以他是非常自负的。他在《冷红生传》中自称其所译《巴黎茶花女遗事》为尤凄婉有情致,尝自读而笑曰:"吾能状物态至此,宁谓木强之人。"他对章太炎对他的诋訾尤其非常愤恨,但由于太炎的威望声名,他不敢直斥其名,而袭明人归有光对王世贞的抨击,称之为"庸妄巨子"来加以反击。林纾对于批评自己的人往往施之以谩骂,乃其文章一病。乃至五四时期,他用《荆生》,《妖梦》一类污秽的小说对陈、胡、钱等进行攻击。

王国维在晚清文艺思想上是有其独到的见解的。他的关于文艺论的著作有《红楼梦评论》、《文学小言》、《人间词话》和《宋元戏曲史》中的《元剧之文章》等。

王氏对中国文学有较深的造诣,同时又研治西方哲人叔本华与康德的哲学,受到他们文艺观的影响,因而和他并世的保守派文人比较起来,在对文学的认识上,要深刻全面得多了。但由于他的阶级立场和世界观的局限,因而在认识上有不少值得批判的地方。

首先是他接受了西方资产阶级的文学源于游戏说的理论,因而产生了他的超功利的文艺观。此外,他又受到叔本华意志论的影响,他在《叔本华之哲学及教育学说》中,曾介绍叔本华的超现实超功利的美学观。文中叙述人们在生活中无往而不受此意志的鞭策,因而利害观念也无时不萦绕于人们心中。这样,吾人在此桎梏的世界中,竟不能获得片刻的喘息吗?作者在提出问题后,答案是有。这就是"只唯美之为物,不与吾人之利害相关系,而吾人观美时,亦不知有一己之利害"。何则?文中说"美之对象非特别之物,而此物之种类之形式,又观之之我,非特别之我,而纯粹无欲之我也"。

这种超功利的文学观,必然导致文学走向超现实超政治的道路上去。因为反映时代面貌的作品,就不可能是纯然超功利的,但王国维根据他这种见解,所以反对文艺涉及政治,他在《人间词话》中认为:"词人观物,须用诗人之眼,不可用政治家之眼。故感事怀古等作,当与寿词同为词家所禁也。"(《人间词话删稿》三七)他在《论近年之学术界》中曾对梁启超主张用文学来为其变法维新服务深致非议,他说:"又观近数年之文学,亦不重文学自己之价值,而惟视为政治教育之手段,与哲学无异。如此者,其亵渎哲学与文学之神圣之罪,固不可逭。欲求其学说之有价值,安可得也!"(《静安文集》)实际这种超现实超功利的文学观,正是为当时行将崩溃的清王朝服务的。让人们都闭着眼睛不看现实。作为时代精神表现者的作家,能做得到吗？同时王国维在《人间词话》中也曾说过："客观之诗人，不可不多阅世。阅世愈深，则材料愈丰富，愈变化，《水浒传》、《红楼梦》之作者是也。"又说："诗人对于宇宙人生，须入乎其内，又须出乎其外。入乎其内，故能写之。出乎其外，故能观之。入乎其内，故有生气。出乎其外，故有高致。"这些看法都是正确的。但如何看待宇宙人生，每个作家都不能脱离他的阶级和时代。同时也必然抱有一定的政治倾向，对客观事物赞成或是反对，都不可能是超功利的。施耐庵、曹雪芹如果像王国维那样是超现实超功利的，也就写不出《水浒》同《红楼梦》了。就王国维自己的创作来看，他在辛亥革命后，逃亡日本时所写的《送日本狩野博士游欧洲》一诗中，痛骂革命党人，写自己在无可奈何的情况下才逃亡到日本。最后对中国前途，希望有文天祥、谢翱羽之流来勤王，来恢复清廷的统治："谈深相与话兴衰，回首神州剧可哀。汉土由来贵忠节，至今文谢安在哉？"难道说这是诗人之言，而非政治家之言吗？所以他的超功利的美术观，是根本站不住脚的。

但《人间词话》中也有不少精辟的见解，这些见解的确道出了文艺的规律，这就是"境界说"与"真实论"。所谓境界也就是生活图画，也就是形象特征。至于境界决不是单指的是客观世界的景物，并包有作家的感情在内。他说："境非独谓景物也。喜怒哀乐，亦人心中之一境界。故能写真景物真感情者，谓之有境界。"这就说明必须作者对现实生活的真切感受能给以生动如实的表现，才算是有境界。

至于真实论，也可以说抓着了文学的精髓。他论道："大家之作，其言情也必沁人心脾，其写景也必豁人耳目。其辞脱口而出，无矫揉妆束之态。"为什么能达到这种境地？原因是"以其所见者真，所知者深也"。

接着他又用真作标准，来衡量古代的作家同作品，他推崇唐末五代北宋词的作者，因为他们的作品有境界，能写出真感情真景物。但对北宋作者贺方回，认为他的词如历下新城之诗，非不华赡，惜少真味。由此更进而对文体之升降，也从真与不真上来说明。他说："诗至唐中叶以后,殆为羔雁之具矣。故五代北宋之诗佳者绝少,而词则为其极盛时代。即诗词兼擅如永叔、少游者,词胜于诗远甚。以其写之于诗者,不若写之于词者之真也。"(《人间词话删稿》)这的确是抓着了文学的本质,并且是评价作品优劣的最重要的标准。

总之,王国维由于其代表了当时行将崩溃没落的封建阶级,因而在政治倾向上是反动的。而在文艺观上,早期倾向于形式主义与唯美主义,而后期则倾向于悲观主义,因而对亡国之君李后主的作品备加称赏,而对《红楼梦》中写宝玉出家,也认为是解脱人生痛苦的最好道路。这些思想认识,都是应该批判的。

五

综上所述,晚清十几年中,由于中国在政治、经济以及外交上的急剧的发展变化,反映到文学思潮上所形成的流派和论争,从中可以得到如下几点启发:

一、一个国家文化的发展(文学自然包括在内)必须接受外来文化,进行参照比较,舍短取长,然后才能出现新的局面。从历史上看,我国中世纪如果没有印度文化的输入,魏晋以后对佛典以及与佛教有关的文学艺术的大量介绍与学习,就不能产生唐以后在哲学文学上的新时代。鲁迅早就看到这一点,他在《文化偏至论》中论到晚清一般人的思想状况道:

> 故迄于海禁既开,暂人踵至之顷,中国之在天下,见夫四夷之则效上国,革面来宾者有之;或野心怒发,狡焉思逞者有之;若其文化昭明,诚足以相上下者,盖未之有也。屹然出中央而无校雠,则其益自尊大,宝自有而傲睨万物,固人情所宜然,亦非甚背于理极者矣。虽然,惟无校雠故,则宴安日久,苓落以胎,迫拶不来,上征亦辍,使人荼,使人屯,其极为见善而不思式。有新国林起于西,以其殊异之方术来向,一施吹拂,块然踣僵,人心始自危。

在这样的情况下,比较有远见的人,才开始对西方资本主义的文化加以介绍。即以文学而论,当时维新派同革命派的作者,他们都在不同程度上接受了西方文学思想的影响,于是用新的观点来批判中国古文学,而企图对之进行革改,以适应新时代新形势的要求。维新派的梁启超、黄遵宪,革命派的柳亚子、鲁迅,他们倡导文学的革新,其目的都在运用文学来启迪国人,改变国民的精神,从而使改造中国的事业得以迅速的发展。至于他们这种企图,并没有落空。没有晚清的文学革新运动,就不可能有五四的文学革命运动。更进一步,中国无产阶级文学的萌芽与发展,又何尝不是由于在二十年代末对苏联文学进行大力的介绍的结果。由此可知,闭关自守,不与外人往来的锁国主义完全是错误的。

二、没有思想上的解放,就不可能出现文学上的新时代。晚清对西方科学民主思想的输入,对中国几千年来封建专制主义与封建迷信是一个极大的冲击。对人民思想来说,是一个极大的解放。严复、梁启超、谭嗣同等人,为了变法维新,介绍了西方民主与科学的新思想,如卢梭的"民约论",达尔文的"进化论"都给人们思想上开辟了一个新的境界。当时除了一部分极端的顽固保守派外,很少不受其影响。到了后来,革命派中的章太炎对孔教也进行了批判,把几千年来统治者所提倡,广大人民所尊奉的至圣先师孔丘的本来面目加以揭露,剥去了后人给他加上的神圣光圈。这一冲击,是对封建文化的最有力的一个冲击。由此进一步发展,才出现了五四的"打倒孔家店运动"。但这种发展乃是历史辩证法的必然,是完全符合事物的发展规律的。而晚清文学思潮其主流之所以迥然异于过去的原因,即在以这种"科学"与"民主"思想为基础的缘故。

三、从晚清各派文学思潮来看,在政治上要求革新的,往往在文学上也要求革新,就中最突出的是梁启超,他明确地提出"今日欲改良群治,必自小说界革命始;欲新民,必自新小说始"。(《论小说与群治之关系》)这不是很清楚地要用文学来为实现自己的政治理想服务吗?鲁迅当时也认为,振兴中国须要有精神界的战士,他说:"旧染既深,辄以习惯之目光观察一切,凡所然否,谬解为多,此所为呼维新既二十年,而新声迄不起于中国也。夫如是,则精神界之战士贵矣!"(《摩罗诗力说》)

至于在政治上倾向保守的,在文学上也常常反对革新。他们力主因袭前人的规矩准绳,即如当时桐城派的代表人物林纾,就是一个最突出的例子。

四、从晚清各派文学思潮来看,其代表新的倾向的,有以下几派:

1. 批判儒家思想,揭露孔丘的本来面目的,则为章太炎与刘师培。他们是革命派,他们反对维新派挂着孔子的招牌,来搞保皇,同时也反对清王朝借尊孔读经来巩固他们摇摇欲坠的专制政权。为彻底把人们的思想从传统的儒家思想的束缚中解放出来,所以就必须对孔丘给以揭露与批判,明确地指出清王朝之所以推尊孔子不过是"便其南面之术愚民之计"。

到了鲁迅,周作人,进一步指出儒家思想和孔丘的文学观点对汉以后文学所起的束缚作用,致令中国文学与西方相较,黯然失色。当时在思想界虽还没有形成一个波澜壮阔的反孔运动,但已开了五四前夕"打倒孔家店"运动的先声!

2. 根据中国文学的发展,指出中国文学将来必然走上言文合一的道路,最早的如梁启超,稍后的刘师培,他们都有较详细的论述。可惜他们还缺乏革命的勇气,还不敢用白话来代替文言。尤其是刘师培,表现了资产阶级轻视群众的旧观点,他主张用文言以保存国粹,用白话以启钥齐民,这种思想到后来逐渐发展到坚持用文言而反对用白话代替文言的反动道路。

3. 小说戏曲地位的提高,由于维新派的夏曾佑与梁启超等阐发了小说戏曲对人民教育所产生的巨大作用。特别梁氏,不仅在理论上进行宣传,而且创办《新小说杂志》,自己还从事创作,于是影响及于全国。因而在文坛上出现了一个小说戏曲空前繁荣的新局面。尤其在当时对西方文学的介绍,也给中国爱好文学者打开了眼界。同时,在文学批评上,这时已有不少用新观点对中国宋、元、明、清以来的戏曲同小说给以新的估价。如梁启超、柳亚子、王国维等。

4. 从晚清各派文学思潮的论争来看,有属于旧的流派门户之争的,如桐城派与选派,林纾与刘师培,可谓这两派的代表。有属于政治主张不同,在抨击对方时往往涉及到文学方面,如章太炎之抨击龚自珍的散文,实际是在抨击受龚影响最大的梁启超的文章。对严又陵文章的诋訾,实际也为打击他所传播的反动政治理论(《社会通诠商兑》)。还有属于对文学作用看法的不同而论争的。于是出现了"为人生而艺术"与"为艺术而艺术"的两派。前者代表了企图对政治进行改革者的观点,而后者则为维护现政权者的观点。代表前者的如梁启超、柳亚子等,后者则为林纾同王国维。所以晚清从时间上说虽然甚为短暂,但由于思想上的解放,因而展现出了一幅"百家争鸣"的新图景。

总之,在晚清由于列强对中国侵略的日益加剧,国内政治经济的剧烈变化,伴随着西方新思潮的输入,因而在阶级关系上,出现了新的分化与组合。于是反映到文学思潮上,也出现了纷纭复杂的新局面。但历史的发展总是由渐而骤,当时新旧两派的论争并未形成强大的对立阵营。直到五四前夕,由于中国的政治经济以及阶级关系在第一次世界大战中有着进一步地发展变化,于是思想革命与文学革命在《新青年》杂志上一旦提出,马上得到了响应,终于形成了洪涛巨浪,彻底摧垮了几千年来封建的旧道德与旧文学的旧堤防,给中国历史(包括文学史)揭开了新的篇章!

后　　记

　　我开始注意近代文学,是远在四十年代在嵩县潭头河大教书的时候。由于系里要我给同学们开现代文学课,我在讲授"五四"文学革命运动产生的渊源时,因而读了一些晚清学者和作家们的著作。后来我把晚清这一段作为我所写的《中国现代文学史》的第一编,即《文学革命运动的前夜》,下边又分三章,即清末民初的政治、思想同文学。

　　这部文学史,于一九四四年在南阳前锋报社印出了上卷。当时正在抗日战争后期,印刷条件非常困难,能够印出,就已经是很不错了。至于发行,只限于南阳一隅,印数为两千册,有一部分可能就没有售出,随着日寇在一九四五年向豫西南的进攻,而被毁灭掉了。

　　解放后,系里领导又让我教这个课,当时国内学者所写的中国现代文学史以及李何林、王瑶等同志合写的《中国现代文学史大纲》(发表于《新中华》)都是从"五四"文学革命运动开始,很少追溯到晚清的。其所以如此,就因为"五四"运动前,中国革命是属于旧民主主义范畴。至于新民主主义革命,则是开始于"五四",所以在一九五六年印出的我所写的《中国现代文学史讲稿》,同样也是这样写的。从现在看来,这是不够恰当的。

　　至于我又重新搞晚清文学,乃是在五十年代中叶,由于国内学术界响应毛泽东同志的号召,开展对胡适学术思想进行全面批判的时候,我当时选了批判胡适《五十年来之中国文学》这个题目。在胡适所论述的五十年中,除了最后的几年,即从一九一九年到一九二一年是属于"五四"同"五四"后文学的,其余的则全属于近代。

既然要批判胡适的论点,就不能不把他所涉及的这个时期的作家作品,加以研读,试图用马克思主义、毛泽东思想的立场观点方法,对胡适所论述过的那些作家作品,以及文学运动,给以重新分析、认识、同估价,从而对胡适的资产阶级的文学观(最突出的是形式主义与自然主义),和统治阶级的立场,给以揭露同批判。

基于这样的情况,所以到了六十年代初,系里一位领导同志同我谈起,近代文学课还没人开,希望我准备一下,将来把它开起来。当时我并未加以可否,但却引起了我对这一段文学研究的考虑。这一段旧民主主义革命时期的文学,从国内来说,研治的人还不多,搞古代文学的,往往截止到鸦片战争,而搞现代文学的,大抵开始于"五四"文学革命运动。过去虽然有几部关于这方面的著作,但都还是用旧的观点写出的。因此对它还是应该认真地搞一搞的。

一九五八年毛泽东同志发表的《介绍一个合作社》一文中,引用了龚自珍《己亥杂诗》中的"九州生气恃风雷"的那首诗。当时有不少人,不知龚自珍为何许人也。我想搞近代文学,应该先从他开始。因为不论从学术思想,以及文艺观同诗文创作,都应该推他为近代文学的开山。于是在一九六二年暑假中,研读定庵的诗文,及关于他的有关资料,写成了《龚定庵文学论略》,一九六三年发表于《开封师院学报》。

中国近代史,是中国在帝国主义侵略下,中国封建统治阶级屈服于列强的压力,并与之勾结,镇压中国人民的反抗,而使中国逐步沦为半封建半殖民地的历史。同时也是中国人民,反抗封建统治与帝国主义的侵略,而企图争得民族的独立与解放,建立富强的新中国的革命斗争史。

"文艺是国民精神所发的火光,同时也是引导国民精神的前途的灯火"。(鲁迅《论睁了眼看》)在这一段历史前进的洪流中,凡是站在人民的和民族的立场,企图使祖国富强,抵御外来的侵略,或者赞同人民革命,企图使广大人民在封建的帝国主义的压迫下解放出来的作家与作品,都是顺应时代潮流、推动中国历史前进的、杰出的作家与作品。他们写出了广大人民的心声,代表了人民的愿望,是我们应该给以重视并表彰的。

相反的,站在民族同人民的对立面,反对人民的反帝反封的斗争,和民族独立自由的愿望,而维护封建主义与帝国主义利益,企图把人民永远踏在脚下,供他们的奴役的作家与作品,无疑都是反历史潮流的,是反动的,是需要给以批判的。

根据这样的看法,在这一历史时期的作家,在嘉道时期除龚自珍外,又选了魏源。在同光时期,于维新派则选了康有为、梁启超、谭嗣同、严复、黄遵宪;于革命派则选了章太炎、苏曼殊、刘师培;至于在政治上比较保守,而在文学观上有其正确的一面的如王国维;在对西方文学进行大力绍介,于当时文坛产生了一定积极作用的如林纾,也作为论述的对象。而于晚清的小说家,将其中影响较大的选了曾朴、李伯元、吴沃尧、刘鹗等四人。

历史的发展是曲折的,同时作家的生活环境,同思想变化,也是极其微妙而又复杂的。即如维新派那些作家,除谭嗣同曾为其政治理想而牺牲外,其余的在历史发展中,由于他们坚持了个人旧有维新变法的政治立场同主张,而成为革命的敌人。但我们对他们在文学上曾经产生过积极作用的理论同作品,应该加以肯定。即如革命派的刘师培,后来变节投降,成为革命罪人,我们也应肯定其曾有过的进步、批判其后来的反动的态度和行为。列宁曾说过:"马克思主义的最本质的东西,马克思主义活的灵魂,就在于具体地分析具体的情况。"(《列宁全集》第二十五卷《共产主义》)因此对上边所举的作家,都是用这个态度来论述的。

另外,在这一段文学史上,值得论述的革命作家,如秋瑾、柳亚子等尚付阙如。只有俟诸异日。至于政治倾向比较反动,但在创作艺术上有着一定的成就的也须进行研究,只有这样,才能看到文学史发展的全貌。即如诗歌方面的同光体，散文方面的桐城派同选派，这些不同流派的作品都曾经风行一时，从文学发展的趋向来看，虽然，这是一股逆流，当时的进步的革命作家的理论同作品正是同他们在斗争中而发展起来的。作为文学史的研究，当然不能只述正面，而置反面于不顾。就像论述太平天国的革命，不能不论述镇压他们的湘军同淮军的大头头如曾国藩、李鸿章那样。因此，对于晚清文坛这些流派，也必须给以足够的重视，而加以认真研究，给以正确的历史评价。

　　党的三中全会以来，我们批判了过去在学术领域里的极左路线，坚持了双百方针，因此在文化界，很快地出现了百花齐放、百家争鸣的繁荣景象。各种学术刊物如雨后春笋。在这样科学的春天已经到来的时候，国内学人无不精神振奋，意气风发地从事个人专业方面的钻研。特别是一些老同志，觉得岁不我与，时不我待，为了挽回已丢掉的时间，更是特别勤奋，夜以继日地在工作。我也是年逾古稀之人了，虽然精力已大不如前，但仍然在力所能及的情况下，来致力于自己的专业。这本粗疏的小册子，就是在这样的心情下赶出来的。

　　由于自己精力的衰疲，学殖的荒落，在观点以及对资料的考订和论证上，疏陋谬误之处，是在所难免的，因此希望海内同道，不吝指正。

任访秋
1982年6月7日于河南师大

怪談袋

编委会

主 任 关爱和　刘增杰

委 员（以姓氏笔画为序）

马小泉　白春超
关爱和　任　光
刘增杰　刘进才
刘　涛　刘小敏
朱秀梅　张云鹏
张先飞　李国平
李　敏　沈红芳
杨萌芽　杨站军
孟庆澍　侯运华
胡全章　郝魁峰
高恒文　袁喜生
解志熙　靳宇峰

总校阅 任　光

任访秋文集 ⑤

近代文学研究 下

河南大学出版社
·郑州·

中国新文学渊源

内 容 提 要

　　"五四"时期的新文学,在思想和文学观点上与中国传统的先进思想、文学观点,以及西方输入的先进思想、文学观点有着直接的联系。一方面是对晚明以李贽为代表的"左派王学"具有反封建意义的进步思想、公安派之袁中郎所倡导的晚明文学革新运动、清代朴学家的反理学思想、晚清的排荀批孔运动,及文学革新运动,在思想传统上有所继承;另一方面,由于西方先进的哲学、政治以及文学革新观点传入中国,给思想界带来很大的震动,使一部分具有进步思想的中国知识分子从中汲取了有益的营养。本书运用历史唯物主义的观点,对这些方面的问题进行了系统的研究,并具体阐述了从晚明到"五四"近三百年来中国进步文学思潮的发展路径。

自　　序

　　30年代,我在大学读书的时候,由于受到周作人散文中一些论公安派文学的文章的影响,而热心于阅读三袁的著作。接着又从事对三袁中主要的作家袁宏道(中郎)的研究。我曾仿冯沅君在《语丝》上发表的《玉田朋辈考》,而写出《中郎师友考》(发表于《师大国学丛刊》一卷二期)。后又连续在该刊三期上发表了《袁中郎评传》,里边包括三篇文章:一、《公安派的文学主张》;二、《中郎的小品文》;三、《公安派与英国十八世纪浪漫派之比较观》。这是1932年的事。到了第二年,我又在《师大月刊》第二期上继续在《袁中郎评传》的总题目下,发表了三篇:一、《袁中郎传》;二、《中郎的思想》;三、《中郎的诗》。加上上述的四篇一共七篇。

　　以上这些文章,虽然都发表了,但并没有把它们辑起来出版。1935年,我去北京,一次在东安市场的旧书摊上,看到一本《袁中郎》,我翻开一看,是上海一家不知名的书店,把我过去发表过的有关袁中郎的文章,辑印成册。我当即把它买下,后来在抗日战争中丢掉了。但我从未对盗印我的文章的书店,进行查究。

　　1935年,我到北大研究院读书,定的论文题目为《袁中郎研究》,而内容为:一、年谱;二、文学。在文学方面,除对其诗歌、散文进一步评述外,主要是从明代早期以何李为首的"前七子"提倡复古运动开始,就文学思想的角度,探讨在中国文学的发展中,中郎和他的同道们所发生的作用与影响。1936年夏,我的论文通过审阅与答辩,获得了通过。后来我对它又进行了多次的修改和补充。时隔40多年,直到去年春天,才在上海古籍出版。

我对公安派的理解,是随着我的生活阅历和对学术的钻研,而逐步加深的。在30年代,由于探索中郎的思想渊源,曾对他所推尊的李贽思想以及他如何受李贽思想影响的具体表现,进行了分析比较的研究。但当时对李贽思想在晚明思想界的地位以及在当时文坛上他的文艺思想的影响,还认识不足,估价不足。后来读到当时专力于中国学术思想史的学者嵇文甫先生的力作《左派王学》,进一步理解到李贽在"左派王学"中的地位。同时更认识到,李贽与其他左派王学的思想家们,在反程朱理学的过程中进一步对孔子的是非观也提出了疑义与批评,从晚明思想界来说,这实在是一场革命运动,因而引起当时正统派儒者之徒们的震惊,并对之大张挞伐。

思想的解放,实为文学革新的先导。以袁中郎为首的公安派反前后七子的复古主义,其思想实来源于当时的"左派王学",特别是李贽所提倡的思想革命。当时思想革命与文学革命汇成一支文化革命的洪流,有力地冲击了封建思想与封建复古主义的文学。其流风历清初,直到乾隆中叶而未沫。由于封建统治者推行的一整套封建专制主义的文化政策,用种种惨酷手段,对之进行禁锢与扼杀,而使其暂时趋于衰微。

以上的看法,在20世纪30年代我所写的关于中郎的论文中,虽略具端倪,但不够明确和具体。解放后新河大建立,我和李嘉言、张长弓两同志合作,讲授中国文学史,并分头写出较为详细的讲授提纲。我分的是宋、元、明、清部分,讲授的内容主要是戏曲、小说同民间文学。在论述本期的戏曲、小说的发展时,从创作思想与艺术特点上,理解到从元杂剧、南戏、明代传奇,以及宋以来的平话小说与章回小说中,几乎所有受到广大读者赞赏的杰出作品,无不代表了当时市民阶级的思想,因而这类作品和作者,也无不受到当时正统派文人的诋訾与抨击。在50年代,我所写的《〈聊斋志异〉的思想和艺术》、

《从〈红楼梦〉中的叛逆思想谈到李贽的叛逆思想》以及《吴敬梓与〈儒林外史〉》等论文,无不贯穿着这样的思想观点。到了60年代,我写了《袁中郎及其所倡导的文学革新运动》一文,曾较为系统地畅发此旨。

至于晚明公安派文学与"五四"新文学的关系,当时我从思想上,还没有把它们沟通起来。后来看到周作人的《中国新文学的源流》一书,论述了二者的继承关系。不过他只勾画出一个比较简单的轮廓,从中国文学发展的线索上,他提出几千年来的中国文学,乃是在"言志"与"载道"两派互相消长的看法。对此,我认为是值得商榷的。

前些年,我有一个想法,即写一部中国十七、十八世纪的文学史,从晚明写到清代乾隆中叶,借以说明这个阶段反映市民思想的市民文学的发展。但由于各方面的原因,而未能实现。

1982年,系里让我给近现代文学研究生开一门专业课。这个任务,促使我下了决心,把晚明文化革新运动与五四文化革命运动,这300年间的中国学术思想与中国文学的发展,联系起来进行考察。于是我决定给同学们开了《中国新文学渊源》这门课。总的来说,是受到周作人的一些启发,但我对问题的论述,比他讲的要详细,要具体。他对这段思想解放与文学革新以及二者相互间的关系,在论述中很少涉及。尤其是用马克思主义的历史唯物主义观点,对这段文学进行分析与说明,在他的书中,更是绝对没有的。

周作人虽然指出,"五四"前夕胡适提出的文学改革的主张与晚明公安派的文学主张极其相近,但为什么会如此相近,他不可能正确地说明其中的原因。实际上,前者是代表当时市民阶级的文学观,而后者乃是代表资产阶级的文学观。市民阶级为资产阶级的前身,在文学观上相近,不是很自然的道理吗?

晚明李贽所代表的"左派王学",因反儒家的正统思想,所以遭到明末清初的几位大师,如顾炎武、王船山等人的排击,直到晚清才受到部分革命派学者的重视,而重新提起了他,如1905到1908年间出版的《国粹学报》第十一期、第三十三期、第三十八期等,不断地刊行李贽的著述,1907年的《天义报》第一卷,也刊载了不公仇的《李卓吾先生的学说》一文。到了"五四"前夕,吴虞对李贽的思想又进一步地进行了全面的阐发并且大加礼赞(《李卓吾别传》,见《吴虞文录》)。从明末清初一部分儒学大师对李贽的抨击,到"五四"前夜又有部分革命派学者对他的礼赞,这两种极端对立的观点,如果不从阶级关系上来分析,是不可能正确地说明其所以然的。

晚明产生的具有反封建意义的进步思想,由于符合广大人民群众的利益,所以能得到许多人的附和,从而形成一股时代思潮,不断地冲击着封建阶级意识形态的提防。尽管封建统治阶级竭力地来加高并巩固这种提防,企图压制打击这种新思潮,但收效只能是短暂的。清代的封建统治者,确实曾用杀戮和禁锢以扼杀这种市民阶级的思想意识,在嘉道时期也似乎收到了一定的效果,但到了西学东渐,欧风美雨与中国固有的市民阶级的革命思想相会合时,于是就形成一股势不可挡的洪涛巨浪。中国的一些具有进步思想的知识分子用西方资产阶级的哲学、政治以及文学革新观点作为尺度,来重新估定中国近300年来比较先进的思想的价值,从而更加大张旗鼓地来批判几千年来传统的儒家思想,面对一向视为神圣不可侵犯的"三纲"之说,遂一举而否定之。同时对从来受到打击、压抑的代表市民阶级的革命思想给以崇高评价。

在西方的新思潮与中国固有的革命思潮的结合下,在苏联十月革命胜利,马列主义传入中国的影响下,在欧战时期,中国民族工业得到发展,资产阶级、工人阶级队伍不断壮大,新的阶级力量参加下,中国爆发了思想革命与文学革命。不久又由于山东问题,爆发了五四运动,进一步地推动、扩大了文化革命运动的深入与发展,为中国历史从旧民主主义革命到新民主主义革命,开辟了一个新纪元。

至于本书的目的,即在于论述阐明从晚明到"五四"近300年来中国进步的文学思潮发展的路径。由于个人水平的局限,难免不无误谬之处,深望海内同道其是正之!

1985年元旦

一、李贽与晚明思想解放及文学革新运动

明代中叶,在哲学上出现了同程朱理学相对立的王阳明学派。前者为客观的唯心论,而后者为主观的唯心论,都是为封建统治阶级服务的思想流派。不过王学主张尊重个人,重视个人独立思考,比诸程朱派理学主张纯然恪尊古圣贤的道德规范来说,具有一定的解放精神。王阳明曾经说过这样的话:

> 夫学贵得之心,求之于心而非也,虽其言之出于孔子,不敢以为是也。

这同韩愈所说的"一经圣人手,议论安敢道",就大相径庭了。所以到了后来的王学左派,对程朱派的道学,敢于横加诋娸,而其中的李贽,除抨击道学外,对孔子的是非,也进一步提出了异议。由于李贽敢于冲破孔孟思想的网罗,因而他的论著受到当时广大读者的欢迎,逐渐在思想界形成了一个不可遏止的革新运动。

在李贽的影响下,当时文坛上也出现了以公安袁宏道为首的反王李的复古主义的革新运动。这两个运动,我们可以称之为晚明的文化革新运动,对后来文学发展的影响是非常深远的。

（一）

李贽,号卓吾,泉州晋江人。生于明嘉靖六年(1527年),卒于神宗万历三十年(1602年)。卓吾出身于商人家庭,他的二世祖李驽为泉州的巨商,贸易于吴越之间。明初洪武年间,"奉命发舶西洋,娶色目人,遂习其俗"。四世祖慕惠谙译语,荐为通事官,引日本诸国入贡京城。其后世袭先代官职,代代相承。李贽父祖均信仰伊斯兰教,从他临终遗言看,对于葬式,似乎也是遵循回教的礼俗。这就说明他家世代都是回教的信徒。

嘉靖三十一年(1552年)李贽中福建乡试举人,因困乏不再进京会试(《林李宗谱·卓吾公传》)。三十岁任河南共城(辉县)教谕,从此日遨游百泉之上。

嘉靖三十九年(1560年)李贽三十四岁,任南京国子监博士,到官数月丁父忧,回家守制。服阕后,又入京任北京国子监博士,但同当时的祭酒司业等人格格不入。不久祖父病殁,李贽遂把他的家小安置在共城,只身返里,料理丧事。

嘉靖四十五年(1566年)李贽四十岁,由泉州回共城,又携眷入京,补礼部司务。这年他接触到王学,于是遂宗信之。他在《阳明先生年谱后语》中说:

> 余自幼倔强难化,不信道,不信仙,故见道人则恶,见僧则恶,见道学先生尤恶。……不幸年逾四十,为友人李逢阳徐用检所诱,告我龙溪先生语,示我阳明先生书,乃知得道真人不死,实与真佛真仙同。虽倔强,不得不信之矣。

隆庆四年(1570年)李贽调任南京刑部员外郎,任职七年。在这时期,他结交了耿定向、耿定理兄弟,还有焦竑(字弱侯)。后来他同代表当时假道学的耿定向在理论上往复辩难,反映了当时思想界的反封建礼教思想与封建礼教的卫道者之间的斗争。

另外李贽还见过王守仁的弟子王畿和泰州学派的罗汝芳,他对二人非常崇敬。另外更值得注意的,是在这一时期他师事泰州学派的学者王襞。

万历五年(1577年)任姚安知府。他作官是一切从简易、任自然、务德化,作到了政简刑清。袁中道说他:"政令清简,不言而治。"(《李温陵外纪》)

在任三年,他厌恶簿书生活,"遂入鸡足山,阅龙藏不出。御史刘维奇其节,疏令致仕以归"(《李温陵传》)。

李贽解官后,携妻女去黄安,依其挚友耿定理。他在黄安,共住了三年。万历十二年,耿定理去世,他遂由黄安去麻城。万历十三年三月,才定居于麻城龙潭湖上芝佛院,与一二相知者讲学。

这时他对卫护封建主义的假道学,进行了尖锐的揭露与批判,写了《童心说》、《答耿中丞》、《又与焦弱侯》、《别刘肖川书》、《何心隐论》等文,直指当时耿定向。于是耿定向在惭愤之余,就嗾使他的学生蔡毅中,著《焚书辨》,进行反击,并进一步唆使地方人,诬蔑李贽为"左道惑众,坏法乱治",加以恫吓,并驱逐李贽,不让他在龙湖安居。

这年公安袁宏道到麻城访李贽,两人论学极相契合,他赠中郎诗云:

诵君《金屑》句,执鞭亦欣慕,
早得从君言,不当有老苦。

留住二月后,卓吾与中郎同至武昌,才别去(《公安县志·袁宏道传》)。

万历二十一年(1593年)李贽六十七岁,这年袁宏道偕其兄宗道、弟中道,又到麻城龙谭访李贽。他对他们兄弟的评价是:"伯也(宗道)稳实,仲也(宏道)英特,皆天下名士也。"(《公安县志·袁中郎传》)

万历二十四年(1596年)李贽七十岁,这年耿定向死,刘东星约李贽到山西沁水。刘东星后来在《明灯道古录》中,曾追忆他与李贽交往的经过:最初耳闻卓吾之名,总想同他见面,而没有机会。后来恰巧李贽与袁中郎去武昌,栖托于二十里外之洪山寺,于是刘东星前往晋见,然后晓得李贽果是一位有道者。不久,刘东星回山西后,即命他的儿子相,到龙湖问业。于是卓吾就同刘相一起到了山西沁水。不久,李贽又应梅国桢之约,到大同。九月从大同到北京,住西山极乐寺。

万历二十六年(1598年)李贽与焦竑去南京。次年他的《藏书》六十八卷刻成于南京。这是李贽摆脱前人思想束缚,敢于用自己的观点来评论中国历史人物的一部杰作,他后来遭到世人的攻击,主要也是由于这部书。

此后李贽又曾应刘东星之约去山东济宁(时刘任河漕总督)。不久,又回麻城,再次受到封建势力的迫害,这时马经纶从北通州来接他,同入黄蘖山(河南商城县),共同读《易》。

万历二十九年,李贽与马经纶同往北通州,这时反动统治阶级对他仍不放松,极尽其造谣诬陷之能事。到了次年(1602年)春二月,统治阶级逮捕了李贽,下镇抚司狱。三月十五日,他于狱中取剃刀自刭,次日死,年七十六岁。

他的著述数目极多,而最重要的是《焚书》、《续焚书》、《藏书》、《续藏书》、《初潭集》、《易因》、《四书评》、《李氏文录》、《李氏丛书》等。

李贽的著作两次被焚,第一次在神宗万历三十年(1602年),第二次在熹宗天启五年(1625年)。到了清代,他的书均被列为禁书。但是尽管焚,尽管禁,其书仍然流行于世,因为真理是扼杀不了的。正如顾炎武《日知录》中所说的:"然虽奉旨严,而其书行于人间自若也。"又说:"而士大夫多喜其书,往往收藏,至今未灭。"(《日知录》卷十八《艺文》)

(二)

李贽是晚明一位杰出的进步思想家,他的思想渊源,根据前边所引,早年真是一空依傍、特立独行之士,什么教派都不信。直到他四十岁到京师任职,接受朋友的劝诱,才看到阳明及其弟子龙溪等人的书,于是乃大叹服。据他自己讲:"乃知得道真人不死,实与真佛真仙同,虽倔强,不得不信之矣。"可知李贽到中年以后,才成为王学的信徒。

阳明弟子继阳明之学,其趋向并不一致,因而分出了不少派别,其中泰州一派,思想尤其解放。这派创始人为王艮(1483—1540),泰州人。他本来是一个盐丁,后折节向学,闻阳明之学,遂拜之为师。他的次子王襞,字宗顺,号东崖,继承其学,传授生徒。李贽即曾从他问学。这派后学有颜山农、罗汝芳、何心稳等。他们思想都极解放,敢于独抒己见,批评前人,不屑于循行数墨,规行矩步。嵇文甫先生称这派学术为"王学左派",曾写了《左派王学》一书,来阐发评述这派的学术思想。

李贽在这派中,尤其左。所以黄梨洲写《明儒学案》,竟把他从王学学派中排斥了出去。这说明前边那些学者还应列入儒家之林,而李贽思想则已越出儒家思想范围之外了。

李贽思想的特点,有以下几个方面。

首先,他要求自由与解放,不愿受社会上种种约束。他在《感慨平生》中说:

> 缘我平生不爱属人管。夫人生出世,此身便属人管了。幼时不必言;从蒙训师时又不必言;既长而入学,即属师父与提学宗师管矣;入官即为官管矣;弃官归家,即属本府本县公祖父母管矣。来而迎,去而送,出分金,摆酒席,出轴金,贺寿旦,一毫不谨,失其欢心,则祸患立至,其为管束至入木埋下土未已也,管束得更苦矣。我是以宁飘流四外,不归家也。(《焚书》卷四《豫约》)

正因为他生来不愿受人管,所以,当他入仕以后,处处与上级发生龃龉,产生矛盾。他说:

> 予唯以不受管束之故,受尽磨难,一生坎坷,将大地为墨,难尽写也。为县博士,即与县令、提学触;为大学博士,即与祭酒、

司业触。如秦,如陈,如潘,如吕,不一而足矣。……此余平生之大略也……贪禄而不能忍诟,其得免于虎口,亦天之幸耳!(同上)

这是他之所以辞官而寄身禅院,去过寻朋访友、讲道论学生活的原因。以他这样的性格,去看那些终日打拱作揖的假道学,当然要产生极端憎恶的情绪。

其次,李贽在伦理范围内,充满了平等的观点。由于尊重每个人的个性,因而认为人类是天然平等的。人的个性各个不同,人人都有个人的欲望,趋利、避害是任何人都不能例外的。认为,吃饭穿衣就是人伦物理,应该承认每个人都谋求自己的利益是合理的。在《焚书·答以女人学道为见短书》、《焚书·答周西岩》中,他说天下无一人不生知,说明人人生知,人人是佛,人即佛,佛即人,从道德上看天下人都是平等的。李贽思想中这些基本观点,在当时来说,具有反对封建等级与反对封建特权的战斗意义(《中国思想通史》第四卷第二十四章《李贽战斗的性格及其革命性的思想》第三节)。

《李氏文录》卷一《明灯道古录》卷上说:

> 故圣人之意若曰,尔勿以尊德性之人为异人也,彼其所为,亦不过众人之所能为而已。人但率性而为,勿以过高视圣人之所为可也。尧舜与途人一,圣人与凡人一。

又说:

> 世人但知百姓与夫妇之不肖不能,而岂知圣人之亦不能也哉。……自我言之,圣人之所能者,夫妇不肖可以与能,勿下视世间之夫妇为也。……若说夫妇所不能者,则虽圣人亦必不能,勿高视一切圣人为也。(同上卷下)

这说明智、愚、贤、不肖,从其本性来说,愚夫愚妇同圣人没有什么差别。所不同者,在于学养有差别,所以不要过高看圣人而过低看群众,这就是对人们的平等观。

李贽在反封建正统思想上,敢于冲破儒家一尊的网罗,而提出不能"咸以孔子之是非为是非"而衡量一切,个人有权提出自己对事物的理解同看法。他在《焚书·答耿中丞》中道：

> 夫天生一人,自有一人之用,不待取给于孔子而后足也。若必待取足于孔子,则千古以前无孔子,终不得为人乎？故为愿学孔子之说者,乃孟子之所以止于孟子。仆方痛憾其非夫,而公谓我愿之欤？

其次是他对《六经》的批评,认为不能"作为万世之至论"。他说：

> 夫《六经》、《语》、《孟》,非其史官过为褒崇之词,则其臣子极为赞美之语。又不然,则其迂阔门徒,懵懂弟子,记忆师说,有头无尾,得后遗前,随其所见,笔之于书。后学不察,便谓出自圣人之口也,决定目之为经矣。孰知其大半非圣人之言乎？纵出自圣人,要亦有为而发,不过因病发药,随时处方,以救此一等懵懂弟子,迂阔门徒云耳。药医假病,方难定执。是岂可遽以为万世之至论乎？然则《六经》、《语》、《孟》乃道学之口实,假人之渊薮也,断断乎其不可以语于童心之言明矣。（《焚书·童心说》）

特别对于历史人物的评价,他不满于过去儒家的观点,而大胆地提出自己新的看法。他在《藏书·世纪列传总目前论》中说：

> 前三代,吾无论矣,后三代汉唐宋是也,中间千百余年,而独无是非者,岂其人无是非哉,咸以孔子之是非为是非,故未尝有是非耳。然则予之是非人也,又安能已。夫是非之争也,如岁时然,昼夜更迭,不相一也,昨日是而今日非矣,今日非而后日又是矣。虽使孔子复生于今,又不知作如何非是也,而可遽以定本行赏罚哉！

这的确是大胆的言论。就因为他所写的《藏书》有自己个人独特的见解,而不依孔子之定本行赏罚,所以遭到儒者之徒们的猛烈的抨击。

正由于以上的原因,所以当李贽到通州后,礼科给事中张问达,即疏劾他说：

> 李贽壮岁为官,晚年削发,近又刻《藏书》、《焚书》、《卓吾大

德》等书,流行海内,惑乱人心。以吕不韦、李园为智谋,以李斯为才力,以冯道为吏隐,以卓文君为善择佳偶,以秦始皇为千古一帝,以孔子之是非为不足据,狂诞悖戾,不可不毁。

下边就对李贽进行造谣诬陷,说他讲学时"一境如狂,后生小子,喜其猖狂放肆,相率煽惑,至于明劫人财,强搂人妇,同于禽兽而不恤"。于是要求"敕礼部檄行通州地方官,将李贽解发原籍,治罪",并将其著述无论已刊未刊的尽行烧毁。其结果是李贽被逮捕,最终被迫害自杀而死。

从历史上看,凡是提倡进步思想的思想家,没有不受到封建统治阶级的顽固派打击迫害的。李贽由于代表了当时市民阶级进步的思想倾向,所以受到代表封建地主阶级利益的道学家的打击陷害,也是势所必至,理有固然的。

至于李贽的文学见解,同他的学术思想,基本上是一致的。他主张文学应是作者"童心"的流露。他在《童心说》中道:

> 夫童心者,真心也。若以童心为不可,是以真心为不可也。夫童心者,绝假纯真,最初一念之本心也。若失却童心,便失却真心。失却真心,便失却真人。人而非真,全不复有初矣。

因此他反对死读古人之书,以致障蔽其"童心",因一味因袭古人,发而为言语政事,以及文辞,都是虚伪的产物,是不可能有什么价值的。他说:

> 古之圣人,曷尝不读书哉!然纵不读书,童心固自在也。纵多读书,亦以护此童心而使之勿失焉耳,非若学者反以多读书识义理而反障之也。……童心既障,于是发而为言语,则言语不由衷;见而为政事,则政事无根抵;著而为文辞,则文辞不能达。非内含以章美也,非笃实生辉光也,欲求一句有德之言,卒不可得。所以者何?以童心既障,而以从外入者闻见道理为之心也。

他认为天下之至文,皆出自童心。他说:

> 天下之至文,未有不出于童心焉者也。苟童心常存,则道理不行,闻见不立,无时不文,无人不文,无一样创制体格文字而非

文者。

他论到中国文学的发展,并批判了七子的复古主义:

> 诗何必古选?文何必先秦?降而为六朝,变而为近体;又变而为传奇,变而为院本,为杂剧,为《西厢曲》,为《水浒传》,为今之举子业,大贤言圣人之道,皆古今至文,不可得而时势先后论也。故吾因是而有感于童心者之自文也。更说甚么《六经》,更说什么《语》、《孟》乎?

就上边的一些言论,有以下几点值得注意的,即:(1)文章必须出自童心,也就是真心,才能成为最好的文章。(2)所谓童心,既不曾受到所读圣人的书的障蔽,但一般人往往为圣人成见所囿,而解脱不出,因而失去童心。所以他说"夫既以闻见道理为心矣,则所言者皆闻见道理之言,非童心自出之言也。言虽工,与我何与,岂非人假人,言假言,而事假事,文假文乎?"所以这种文假文的文章,决不可能成为人间之至文。(3)认为历代创制体格的文字,往往成为天下之至文,批判了复古派的"文必秦汉,诗必盛唐"的复古主义,提出了"诗何必古选?文何必先秦?"认为六朝以后的各种体裁的文学作品,如传奇、小说、杂剧、院本,以及《西厢记》、《水浒传》,"皆古今至文,不可得而时势先后论也"。(4)他对《六经》、《论语》、《孟子》加以贬抑。在文章的最后一段,认为这些为人们称为经典之作"乃道学之口实,假人之渊薮,断断乎不可语以童心之言明矣"。

卓吾这种观点,当时就影响了公安派袁氏兄弟。中郎所倡导的反复古主义的文学上的革新运动,其理论核心,实源于卓吾。直到后来如清代的龚自珍、焦循,他们在文学观上,贵独创,贬因袭,尚真切,诋虚伪,特别焦循的"文学一代有一代之胜"的看法,实皆由卓吾启之。

卓吾这种文学观,根于其哲学思想。而其哲学思想实上承孟子,而又渊源于陆王。孟子讲:"大人者不失其赤子之心者也。"所谓"童心"与"赤子之心",有什么不同?由于《孟子》亦为程朱理学家的口实,所以他也把它与《六经》、《论语》一概给以否定。至于陆象山谓

"尧舜曾读何书来?"而卓吾则谓"纵不读书,童心固自在也"。王阳明就孟子的"良知"之说,提出了"致良知"之说。卓吾认为圣人读书,乃护此童心而勿失,决不像一般学者所谓多读书,识义理,实际上反而受其障蔽。卓吾为阳明后学,则他根据阳明之学,而发展为对文学的认识与主张,也是很自然的。

卓吾以他的评论作品的标准,来衡量中国从先秦以来的作家,大概由于他在思想上倾向于道家,所以衡量作品也从"真"的观点出发。他所推许的作者,于先秦则为屈原,于汉则为贾谊、司马迁,于魏晋则为嵇康,于唐则为李白,于宋则为苏轼,而尤其对司马迁、苏轼,更是赞扬备至。

关于对司马迁的评价,班固曾在《汉书·司马迁传》中批评司马迁,说他所作《史记》,"是非皆谬于圣人",并说其身陷刑戮,为不能"明哲保身"。卓吾对此大加驳斥。他在《藏书》卷四十迁传的后边写道:

> 李生曰:此班氏父子讥司马迁之言也。班氏以此为真足以讥迁也。当也。不知适足以彰迁之不朽而已。使迁而不残陋,不踈略,不轻信,不是非谬于圣人,何足以为迁乎?则兹史固不得作也。迁固之悬绝,正在于此。

卓吾就司马迁写作《史记》的原因,进行说明道:

> 夫所谓作者,谓其兴于感,而志不容已,或情所激,而词不可缓之谓也。皆必其是非尽合于圣人,则圣人既已有是非矣,尚何待于吾也。夫按圣人以为是非,则其所言者,乃圣人之言也,非吾心之言也。言不出于吾心,词非由于不可遏,则无味矣。有言者不必有德,又何贵于言也。此迁之史,所以继麟经而作,后有作者终不可追也已。

下边他总论《史记》,并反讥班固死于窦固之狱道:

> 《史记》者,迁发愤之所为作也。其不为后世是非而作也明矣。其为一人之独见也,信非班氏之所能窥也欤!若责以"明哲保身",则死于窦固之狱,又谁为之?其视犯颜敢诤者,又孰谓不

明哲与？

卓吾接着又在他写的班氏父子传的结尾说道：

> 彪固讥迁以为是非皆谬于圣人，然其论议，常排死节，否正直，而不叙杀身成仁之为美，则轻仁义，贱守节，愈矣。固伤迁博物洽闻，而不能以智免极刑，然亦身陷大戮，"智及之，而仁不能守之"，呜呼！古人所以致论于目睫也。（《藏书》卷四十）

不唯如此，卓吾在《焚书》卷五《伯夷传》中对宋儒真西山与朱子批判史迁这篇文章，也引了杨慎的话和自己的看法，对他们进行了驳斥。对真西山，文中说：

> 真西山云："此传姑以文取。"杨升庵曰："此言甚谬。若道理有庋，即不成文，文与道岂二事乎？益见其不知文也。本朝又有补订伯夷传者，异哉！"又曰："朱晦庵谓孔子言伯夷'求仁得仁，又何怨'，今太史公作《伯夷传》，满腹是怨，此言殊不公也。"

他评论说：

> 卓吾子曰："何怨"，是夫子说。"是怨"是司马子长说。翻不怨以为怨，文为至精至妙也。何以怨？怨"以暴之易暴"，怨虞、夏之不作怨适归之无从，怨周土之薇之不可食，遂含怨而饿死，此怨曷可少也？今学者唯不敢怨，故不成事。

这种认为《史记·伯夷传》中"翻不怨以为怨"为文章"至精至妙"处，以及"今学者唯不敢怨，故不成事"的见解，都是极精辟的。

其次，对于苏轼的评价。卓吾在《藏书》卷三十八《苏轼传》后边评道：

> 李生曰："子瞻自谓嘻、笑、怒、骂皆可书而诵，信然否？夫嘻、笑、怒、骂既是文章，则风流戏谑，总成佳话矣。然则吹篪舞剑，皆我画筌，雀噪蛙鸣，全部鼓吹。坡公得之，是以大妙。奇正相生，如环无端，颠倒豪杰，莫知端倪，不亦宜欤！然无坡公之心，而效其颦，无坡公之人，而效其步，而自谓曰我能嘻笑怒骂也，我能风流戏谑也，又奚可？古今风流，宋有子瞻，唐有太白，晋有东山，本无几也。必如三子，始可称人龙，始可称国士，始可

称万夫之雄。用之则为虎,措国家于磐石。不用则为祥麟,为威凤,天下后世但有悲伤感叹悔不与之同时者耳,孰为风流容易邪?"

卓吾还在《焚书》卷五中,批判朱熹诋訾子瞻之荒谬,他说:

> 朱文公谈道著书,百世宗之。然观其评论古今人品,诚有违公是而远人情者:王安石引用奸邪,倾覆宗社也,乃列之名臣录,而称其道德文章;苏文忠道德文章,古今所共仰也,乃力诋之,谓"得行其志,其祸又甚于安石"。夫以安石之奸,则未减其已著之罪。以苏子之贤,乃巧索其未形之短,此何心哉?

接着卓吾还指出了朱熹之所以有此评论的原因:

> 文公非不知坡公也,坡公好笑道学,文公恨之,直欲为洛党出气耳,岂其真无人心哉!

下边又指出朱子评论古人,往往吹毛求疵,说:"盖自周孔而下,无一人得免者。忆文公注毁誉章云'圣人善善速,而恶恶则已缓矣'。又曰'但有先褒之善,而无预诋之恶'。信斯言也,文公于此恶得为缓乎?无乃自蹈于预诋人之恶也。"

在卓吾的影响下,公安袁氏兄弟都非常推尊东坡。袁伯修曾以"白苏"名斋,白为乐天,苏即东坡。而袁中郎对东坡之诗,尤其赞扬备至。他在《与梅客生书》中说:

> 苏公诗无一字不佳者。青莲能虚,工部能实,青莲惟一于虚,故目前每有遗景,工部唯一于实,故其诗能人而不能天,能大能化而不能神。苏公之诗,出世入世,粗言细语,总归玄奥,恍惚变怪,无非情实。盖其才力既高,而学问识见,又迥出二公之上,故宜卓绝千古。至其道不如杜,逸不如李,此自气运使然,非才之过也!

中郎的挚友陶石篑与中郎书云:

> 弟初读苏诗,以为少陵之后一人而已。再读,更谓过之。初言之,亦觉骇人,及见子由已先有此论,兄言又暗合。(《歇庵集》二卷)

在明代中叶以后,由于王学的盛行,于是反程朱之风盛极一时。而程颐与苏东坡,在元祐时有洛、蜀两党之争。抑程,自不能不扬苏。所以当时苏的诗文之所以受到推崇,其根本原因,还由于在思想上与当时王学左派有其一致之处的缘故。与中郎同时的沈德符,在《万历野获编》中《紫柏评晦庵》说道:

> 董思白太史尝云:"程苏之学角立于元祐,而苏不能胜。至我明姚江出,以'良知'之说振动宇内,士人靡然从之,其说非出于苏,而血脉则苏也。程朱之学几于不振。紫柏老人尝言:'晦翁精神,止可五百年。'真知言哉!"

这段话中说,姚江"良知"之说振动宇内,"其说非出于苏,而血脉则苏也"。都是极其精辟的见解。因为北宋程(洛)、苏(蜀)在政治上的分歧,其根源在于学术思想上的分歧,而后来陆王与程朱的分歧,其为学术思想的分歧,更是显而易见的。至其分歧之所在,不外以下几点。

1.陆王尊重自我,富于自信,是自律的。而程朱则笃信周孔,言行一以圣人为标准,是他律的。陆王因重自我、贵自信,遇事必须经过个人的思考、判断,而决不轻信他人,更反对人云亦云,随人脚跟转,所以最富于解放精神。程朱因尊信圣贤的遗训,因而不免对孔孟旧教条恪遵而不敢违反,于是往往循规蹈矩,不敢少有踰越,其末流往往流于谨小慎微,因循守旧,所以对事往往倾向保守。

2.陆王在学术上,不讳言老佛,其高明者往往能吸取老佛二家合理的思想因素,即如朴素的辩证观点,认为事物无时不在变化中。其次是人人平等的观点。但程朱讳言老佛,并在文字语言中抨击老佛,实际他们则吸取了老佛的消极的荒谬的理论。即如"存天理,去人欲"之说,其来源根于老佛。这一点后来戴东原批判程朱,即畅发此旨。由于"存天理,去人欲",而把儒家的三纲五常,一概目之为天理,是永远不能改变的。而人们生活中合理的要求,即如男女的性生活,则目之为人欲。"三纲"纯粹为卫护封建统治阶级利益的道德教条,是强者强加给弱者的用以压迫弱者的枷锁,因而造成人与人之间的不平等的关系，将社会上种种野蛮的残酷的人压迫人的现象，视为理所当然，这都是程朱一派理学所造成的。清儒戴震(《孟子字义疏证》)以及后来的刘师培(《攘书·罪纲篇》)都曾对程朱进行过深刻的批判。

基于以上的学术思想，反映到文学观上，凡受陆王派思想影响的，在创作上就主张"真"，即要把自己真实的思想、情感，用文字充分地表现出来。李卓吾就是这种看法。其次，在形式上贵独创，而反对模拟因袭。其三，认为文学是随时代的发展变化而发展变化的，因而对宋元以来流行于社会的戏曲、小说，尽管代表统治阶级的正统派文人认为诲淫诲盗，必欲焚之禁之而后快，但他们却对之非常重视，并且予以表扬。

从以上各点来看，前者是代表统治阶级的利益的，而后者则是代表人民群众利益的。李卓吾为什么受到当时以耿定向为首的程朱派理学家的诋毁、攻击与迫害，也正由于他敢于说出自己的真话，敢于批判道学家的荒谬理论，并揭露了他们虚伪的假面具。虽然李卓吾被迫害致死，他的著作也曾被封建统治者严令焚毁、禁止，但是真理是扼杀不了的。封建统治者尽管禁毁，但其书仍流行自若，这是反动的统治者无可奈何的。

文学的革新，源于思想的解放。晚明以袁宏道为首的公安派所提倡的反王李复古主义的文学革新运动，正是在李贽的思想与文学观的影响下而发动起来的。

二、十七世纪初中国文学革新运动的倡导者——袁中郎

(一) 生 平

袁宏道,字中郎,号石公,又号六休,湖北公安人。生于明隆庆二年戊辰(1568年),卒于万历三十八年庚戌(1610年),年四十三岁。

中郎长兄宗道,字伯修,三弟中道,字小修,三人都以诗文名于时,因而有"公安三袁"之称。三人中以中郎成就为最大,所以声望也最高。

中郎幼年即聪敏异常,八岁丧母,不数哭,一哭即恸绝,因而人称其有隐慧。年十六(1583年)即结社城南,自为社长,为诗歌古文辞,已有声里中。

万历十六年戊子(1588年),乡试中试,明年入京会试,下第归,与大哥伯修,开始研究性命之学。其刻苦至于废食忘寝,如醉如痴,后以所悟质之伯修,伯修深加赞叹道:"弟见出盖缠,非吾所及也。"因就个人所见,著《金屑篇》。

万历十九年辛卯(1591年),闻龙湖李贽冥会教外之旨,于是去西陵晋谒。会晤以后,深相契合。卓吾赠以诗云:

诵君《金屑》句,执鞭亦忻慕。

早得从君言,不当有老苦。

卓吾因老年没有知己朋友,因而自称为"老苦"。

这次中郎向卓吾问学,两人思想气味相投,所以相聚三月有余,还有点依依不舍。后来卓吾一直送他到武昌,才分别(袁中道《中郎先生行状》)。

小修论中郎自从见了卓吾之后,其思解突飞猛进,与已往大不相同,他说:

> 先生既见龙湖,始知一向掇拾陈言,株守俗见,死于古人语下,一段精光不得①披露。

这是说他过去受到前人思想的束缚,所谓"掇拾陈言,株守俗见"的情况。可是后来呢?文中又说:

> 至是浩浩焉②如鸿毛之遇顺风,巨鱼之纵大壑,能为心师,不师于心。能转古人,不为古转。发为语言,一一从胸襟流出,盖天,盖地,如象③截急流,雷开蛰户,浸浸乎其未有涯也。

这说明他的思想,得到了彻底的解放。其言论无往而不是从自己胸襟流出,所谓"能转古人,不为古转"、"象截急流,雷开蛰户",这在中郎思想的发展来说,的确达到了一个新的境界。

万历二十年壬辰(1592年)举进士,不仕,与伯修同回故里,相与讨论学问。兄弟二人对应世态度,伯修主张要敛其锋锷,与世抑扬,像万石君那样,谨厚周慎,明哲保身。可是中郎则高自标置,认为凤凰不与凡鸟共巢,麒麟不同凡马共枥,大丈夫当独往独来,自舒其逸,岂可逐世啼笑,听人穿鼻络首。从这里可看出,他具有个人抱负,而自命非凡。

不久,他们弟兄三人一起又去龙湖,访问李卓吾。当时中道年纪尚轻,卓吾对伯仲两人的评价是"伯也稳实,仲也英特,皆天下名士也"。至于入微一途,则谆谆望之中郎。认为不论识力、胆力,皆迥绝于世,真英灵男子,可以担荷此一事耳。

---

①②③:据《袁宏道集笺校》,上海古籍出版社,2008年,第1650页。

中郎这次同他家的老大、老三再次访卓吾,写了不少诗。从诗中可以看到他对卓吾的钦佩与仰慕之情。他把卓吾比作当时的"老子",试看下边的诗句:

老子本将龙作性,楚人元以凤为歌。

《怀龙湖》

天下文章怜尔志,潇湘风雨动人愁。
……
敢向乾坤寻胜览,只因李耳在西周。

《阻雨》

同时中郎在《别龙湖师》组诗中,又写出他的依依不舍之情。即如以下几首:

十日轻为别,重来未有期。出门余泪眼,终不是男儿。

(其一)

惜别在今朝,车马去遥遥。一行一回首,彳亍过板桥。

(其二)

浪迹滞黄州,壮心成白首,君逢袁孝尼,肯语《广陵》否?

(其四)

兄弟为知己,同胞若比邻,出门去亦易,只愁君一身。

(其六)

其真挚的语言,完全出自肺腑。而卓吾的答诗亦感情真挚,寓意深刻,其针对中郎之诗作答复的,有《龙湖答诗》:

无会不成别,若来还有期,我有解脱法,洒泪读君诗。

(其二)

赤壁赋苏公,龙湖吟白首,君是袁伏袁,附君成四友。

(其三)

江陵至亭州,一千三百许。尚有《广陵散》,未及共君语。

(其四)

别不说今朝,去不说遥遥,路逢进履者,定知过圯桥。

(其五)

中郎与卓吾真是千载一遇的知己。中郎推许卓吾为李耳,而卓吾把中郎比之袁宏。并以东坡、袁宏,加上他与中郎,成为四友。另外他对中郎诗中"君逢袁孝尼,肯语《广陵》否"的答复,是"尚有《广陵散》,未及共君语"。说明他还有许多理论上独得之秘,还没有来得及完全告诉给中郎。"无会不成别,若来还有期",这是希望他们将来还有把晤的机会。殊不知这次的分袂,竟成为永诀了!

万历二十二年甲午(1594年),中郎与小修、伯修同赴京。十二月谒选,授吴县令,开始了仕途生活(见《去吴七牍》)。吴县是一个大县,赋税甲天下,所以一向号称繁剧之地,是很不容易搞好的。但中郎以明敏的洞察力,对于惯于营私舞弊的奸滑胥吏所搞的鬼蜮伎俩,一望而知。经过审讯,无不绳之以法,于是把过去对老百姓额外征收的数以万计的巨款均给以豁免,于是人民无不称颂感戴,不一年而一县大治。宰相申时行深加赞叹说:"二百年来无此令矣。"

中郎令吴一年后,吴中发生天池山的讼事,他的意见与当路不合,因而郁郁不乐。接着又得疟疾,于是坚决请求去职,凡七上书才得到允可。去职后,即与至交陶石篑游览吴越佳山水,赋诗写文,以记自己的游踪。

万历二十六年戊戌(1598年)入都,选授顺天府教授。时伯修、小修俱在京,复相聚论学,结社城西,名曰"蒲桃社"。学问较往日又有所变化。认为卓吾之学,尚欠稳实,遗弃伦物,倘背绳墨,纵放习气,亦是膏肓之病(见《行状》)。可知他对卓吾某些作风,认为大有问题,而他乃一矫卓吾的纵放习气,而自律甚严,自检甚密,以淡守之,以静凝之。

万历二十八年庚子(1600年)升授礼部仪制清吏司主司。由于当时仕路艰险,遂有退志。他在《答黄元净祠部书》中说:

> 弟往在邸,尝语伯修曰:"今时作官,遭横口横事者甚多,安知独不到我等也?今日吊同乡,明日吊同年,又明日吊某大老,鬼多于人,哭倍于贺,又安知不到我等也?以是无会不极口劝伯修归,及警策身心事。"

所以他于这年请告归。不久伯修下世,于是大有绝意仕宦之意。在家乡城南购置沼泽地三百亩,种柳万株,号曰"柳浪"。潜心道妙,并时时游览远近名胜,如匡庐、太和、桃花源,发而为诗文,烟岚溢毫楮间。而诗格又有进一步的发展。

万历三十四年丙午(1606年)中郎山居,转眼已六年。由于他的老父的督促,遂于这年入都,补仪曹主事,为铨选事,对舞弊奸吏予以严惩,并立年终考察书吏之法,后深为孙丕扬太宰所器重。

万历三十七年己酉(1609年)被命为陕西主考,全场考卷,都亲自审阅,所取士大半得之落卷中,及发榜,得中者多名士。其录为天下第一。试毕,中郎在返京途中,游览了华、嵩两名山,并著有《华嵩游草》。回京后,因考功事毕,遂给假南归,抵里后遂定居江陵沙市。

万历三十八年庚戌(1610年)中郎宦途渐冷,筑楼名曰"砚北"。于楼之前又作一小楼,可以望江,名曰"卷雪",为终老之计。这年八月因得肾炎,便血不止,终于不起,年仅四十三岁。论者说他"识如王文成(阳明),胆如张江陵(居正),天假之年,天下事,终将赖之。可是不逮下寿,即去世,天下惜之"(《行状》)。

中郎平生著述很多,有《敝箧》、《锦帆》、《解脱》、《广陵》、《瓶花斋》、《潇碧堂》、《破砚斋》等集,另外还有诗文集《华嵩游草》;关于佛学方面的论著有《宗镜摄录》、《西方合论》、《坛经删》、《德山暑谭》,《瓶史》、《觞政》近于寄兴之作。

后人把中郎以上的著述汇刊为《袁中郎全集》。

(二)中郎与李贽

关于中郎与卓吾的交谊及互相批评的情况,在上边已有所论述,这里无须多谈。现在要论述的即中郎文中有许多见解,渊源于卓吾,甚至有些字句都是从卓吾文中来的。下边试将两人文章作一比较。

1. 论人情必有所寄。卓吾《答周友山书》中云:

所谕岂不是,第各人各自有过活物件,以酒为乐者,以酒为生,如某是也。以色为乐者,以色为命,如某是也。至如种种,或以博弈,或以妻子,或以功业,或以文章,或以富贵,随其一件,皆可度日。

中郎《答李子髯书》意思与此极相类。

> 髯公近日作诗否? 若不作诗,何以过活这寂寞日子也? 人情必有所寄,然后能乐。故有以弈为寄,有以色为寄,有以技为寄,不肯浮泛,虚度光景。每见无寄之人,终日忙忙,如有所失,无事而忧,对景不乐,即自家也不知是何缘故,这便是一座活地狱,更说什么铁床铜柱,刀山剑树也,可怜,可怜!

2. 论苦乐相因。卓吾道:

> 人知病之苦,不知乐之苦。乐者苦之因,乐极则苦生矣。人知病之苦,不知病之乐。苦者乐之因,苦极则乐至矣。苦乐相乘,是轮回种,因苦得乐,是因缘法。(《焚书·复丘若泰》)

中郎云:

> 有官之乐,即有官之苦。有病之苦,即有病之乐。以官得病,此官苦也。以病得归,此病乐也。官病相随是消息理,苦乐相生,是轮回种。(《王孟晋》)

这就是辩证法中所说的事物总是要向它对立面转化的道理。

3. 论学道,与世事无碍。卓吾《答周西岩书》中说:

> 若必待仕宦婚嫁事毕,然后学佛,则是成佛必待无事,是事有碍于佛也。有事未得作佛,是佛无益于事也。佛无益于事,成佛何为乎? 事有碍于佛,佛亦不中用矣,岂不深可笑哉! 才等待,便千万亿劫,可畏也!

中郎《答陶周望书》中也说:

> 游山若碍道,则吃饭着衣亦碍道矣。如此则无真如。陈同甫所云:"虽咳嗽亦不可者,道实碍人之物,人亦何用求道耶?"

4. 论学道,须善疑。卓吾《答澹然师》云:

> 闻师又得了道,道岂时时可得耶? 然真正学者亦自然如此。杨慈湖先生谓大悟一十遍,小悟不记其数。故慈湖于宋儒中,独

为第一。了手好汉以屡疑而屡悟也。学人不疑,是谓大病。唯其疑而屡破,故破疑即是悟。自信菩萨于此事信得及否?

中郎在《与陈正甫书》中也说:

> 学道人得一疑情,如得一珍宝,何也?未有疑而不破,破而不悟者。但恐疑情轻微,拈起便有,不拈便无。今日见些子道理,明日又见些子道理,则转疑转不悟耳。

5. 论圣人经典,并非万事不易之理。卓吾云:

> 夫《六经》、《语》、《孟》……纵出自圣人,要亦有为而发;不过因病发药,随时处方,以救此一等懵懂弟子,迂阔门徒云耳。药医假病,方难定执,是岂可遽以为万世之至论乎?(《童心说》)

中郎对卓吾看法进一步更加以引申,认为佛门经典同儒家经典一样不应过于执着。他说:

> 孔孟教人亦依人所常行,略加节文,便叫做理。若时移俗异,节文亦当不同。如今吴、蜀、楚、闽各以其所习办理,使易地而行,则相笑矣。诸经佛典乃应病施药,无病不药。三乘不过药语,那有定理!故我所谓无理,谓无一定之理容你思议者,人惟执着道理,东也有碍,西也有碍,便不能出脱矣。(《德山暑谭》)

6. 中郎之称道苏轼,其端也源于卓吾。卓吾在《复焦弱侯》书中说:

> 苏长公何如人?故其文章自然惊天动地。世人不知,只以文章称之,不知文章直彼余事耳。世未有其人不能卓立而能文章垂不朽者。弟于全刻抄出作四册,俱世所未取。世人所取者,世人所知耳,亦长公俯就世人而作也。至其真洪钟大吕,大扣大鸣,小扣小应,俱系精神髓骨所在。弟今尽数录出,时一披阅,心事宛然,如对长公披襟而语,憾不得再写一部。呈去请教尔。

至中郎论东坡的话,当详述于后边论中郎文学观中,这里不再引。

7. 在文章语句上中郎与卓吾相同的,有下边一例。卓吾道:

> 彼此俱老矣,县中一月间报赴阎王之召者遂至四五人。年皆未满五十,令我惊忧,又不免重为楚侗老子忧也。(《答周友山》)

中郎《与朱司理》书云:

> 走病实不堪劳,劳则发动,性命敢作儿戏乎?数日内闻赴阎王之召者数人,王子声死、李丹阳亦死矣,病吏那得不求去也。

以上不过就他二人在对问题的认识上,彼此先后若合符节的地方。至于更其重要的是中郎在从事性命之学的探讨上,主张要有自我,要走自己路,这种独往独来、独立不倚的精神与卓吾极其相似。卓吾在《答耿中丞书》云:

> 夫天生一人,自有一人之用,不待取给于孔子而后足也。若必待取给于孔子,则千古以前无孔子,终不得为人乎?故为愿学孔子之说者,乃孟子之所以止于孟子,仆方痛憾其非夫,而公谓我愿之乎!

因此他痛诋那些不敢有自己独立的见解,而专以依附他人,借求庇护之辈。他在《别刘肖川书》中说:

> 大人者,庇人者也。小人者,庇于人者也。凡大人见识力量与众不同者,皆从庇人而生,日充日长,日长日昌。若徒荫于人,则终其身无有见识力量之日矣。今之人皆受庇于人者也,初不知有庇人事也。居家,则庇荫于父母;居官,则庇荫于官长;立朝,则求庇荫于宰臣;为边帅,则求庇荫于中官;为圣贤,则求庇荫于孔、孟;为文章,则求庇荫于班、马。种种自视,莫不皆自以为男儿,而其实则皆孩子而不知也。豪杰凡民之分,只从庇人与庇于人处识取。

这种要有自我,要能独立不倚,而反对庇荫于人的精神,给中郎影响最大。中郎在《与潘去华书》中说:

> 今明明一尊大佛,不自招认而必欲借庇荫于他人。丈或别有授记耶?……桃源盛事,不肖深信之。然不肖终要自己寻一出路,或仙,或佛,决不敢从他人问路。

又说：

> 昔老子欲死圣人，庄生讥毁孔子，然至今其书不废。荀卿言"性恶"，亦得与孟子同传。何者？见从己出，不曾依傍半个古人，所以他顶天立地。今人虽讥讪得，却是废他不得。(《与张幼于》)

由于在性命之学上，要自寻出路，所以他鄙薄那班道学家，抨击他们是"依凭古人之式样，取润圣贤之余沫……乃孔门之优孟，衣冠之盗贼"(《徐汉明》)。在文学上，要"见从己出，不依傍古人"，所以才反对那班求庇于班马的王李复古主义者，提倡文学革新，转移当时模古拟古腐朽的风气。

中郎从卓吾学术中学到的是这种独立不倚，敢于独创，敢于革新的精神，却并不亦步亦趋地模仿卓吾为人。特别在万历二十六年戊戌，中郎在京师与几位同道结"蒲桃社"，研究性命之学，这时他的思想已有进一步的发展。小修在《行状》中说："先生之学，复稍稍变，觉龙湖等所见，尚欠稳实，以为悟修犹两毂也，向者所见，偏重悟理，而尽废修持，遗弃伦物，偭背绳墨，纵放习气，亦是膏肓之病。"于是，"遂一矫而主修，自律甚严，自律甚密，以淡守之，以静凝之"。可知这时他对卓吾有些行径，已不大满意，认为卓吾的"遗弃伦物，偭背绳墨"的纵放作风，也是一种不易治的毛病，因而他乃力矫此病。他与卓吾之不同，正如正始时期嗣宗与叔夜的不同一样。卓吾平生盛赞叔夜(《焚书》卷五、《绝交书》、《养生论》、《思旧赋》)，说他"人品之高，文辞之妙，则岂七贤所可及哉"。又说："夫康之才之技，亦今古所有，但其人品气骨，则古今所希。"而中郎亦曾以叔夜比卓吾，即如《别龙湖师》就有"君逢袁孝尼，肯语《广陵》否"之句。

至于中郎对正始诸贤，所心仪的，乃是嗣宗。他在《广庄·养生主》里，讲到圣人之修养，主要在达到无我的境界，才能出世，亦能住世。"尧无我，故能因四岳。禹无我，故能因江河。至于伍胥乘潮，灵均自沉，由于事君之我未尽；羑里被囚，居东见疑，由于居圣之我未尽。三代而下，亦有一二至人与龙德相近者，汉之子房、东方朔、黄叔度,晋之阮嗣宗,唐之狄人杰是也。"他评嗣宗是"纵酒污朝,口无臧否"。中郎几次出仕,又几次归隐,与卓吾两人出处与结局是大不相同的,而其原因,即在中郎的思想虽与卓吾有相同之处,但亦有其相异之处,而这正是中郎之所以为中郎的地方。

(三)中郎的文学观和他发动的文学革新运动

明代文学,万历以前在诗文方面,曾经有过两次复古运动:一是弘(治)正(德)间,以李(梦阳)何(景明)为首的前七子所倡导的。二是嘉(靖)隆(庆)间以王(世贞)李(攀龙)为首的后七子所倡导的。前者的复古是为了纠正雍容婵媛的台阁体,虽然有其一定的积极意义,但已经走上了形式主义的道路,被人认为有互相剽窃的弊病(茅坤《八大家文钞总序》),至于后七子的复古,那就越发变本加厉地走上拟古模古的形式主义道路上去了。他们提出"文必秦汉,诗必盛唐"的创作标准。李攀龙劝人"勿读唐以后书",而在写作方法上,又提出"拟议以成其变化"的主张(《乐府自序》)。其结果,产生的作品,只能得古人的形似,而并不能变化,因而在文坛上出现了许多假古董赝法帖,所谓"黄茅白苇,弥望皆是"。因之就在复古派中也出现了不满的议论。王世贞的弟弟王世懋,在《艺圃撷余》中就说:

> 李于鳞七律,俊杰响亮,余兄极推毂之。海内为诗者,争相剽窃,纷纷刻鹜,愈使人厌。

屠龙在《文论》中也说:

> 学左者,得其高峻,而遗其和平。法史汉者,得其豪宕,而遗其详博。模辞遗法,拘而不化,独观其一,则古色苍然,总而读之,则千篇一律也。

这种模拟形似,千篇一律,是走形式主义道路的必然结果。

在中郎以前,针对王李的复古运动,而进行非难和抨击的,有归有光、李卓吾、汤显祖诸人。归有光在《项思尧文集序》中说:

> 盖今之所谓文者难言矣。未始为古人之学,而苟得一二妄庸人为之巨子,争附和之以抵排前人。韩文公云:"李杜文章在,光焰万丈长。不知群儿愚,那用故谤伤。蚍蜉撼大树,可笑不自量。"文章至于宋元诸名家,其力足以追数千载之上而与之颉颃,而世直以蚍蜉撼之,可悲也!无乃一二妄庸人为之巨子以倡道之欤?

钱谦益《列朝诗集·丁集十二》中说:

> 弇州闻之曰:"妄诚有之,庸则未敢闻命。"熙甫曰:"唯妄故庸,未有妄而不庸者也。"

但到了元美的晚年,文艺观点有了变化,对早年见解有所矫正,《列朝诗集》中说他"论文则极推宋金华,而赞归太仆之画像,且曰:'余岂异趣,久而自伤矣!'"(《丁集王尚书世贞》)这就证明王李的复古的道路,是经不起时间考验的了。

其次是李卓吾,他的文学观点,已详见本书第一章的论述,这里就不再赘述。

汤显祖是晚明杰出的戏曲家,他的《牡丹亭》在当时就已风行海内,脍炙人口,特别受到青年妇女们的爱好。他是泰州学派罗汝芳的弟子,所以他的文学思想,也是比较解放的。他对复古派也是深加排诋的。他在《陆君启孝廉山阴》一诗中云:

文学虽小技,目今谁大手?

何李色枯薄,余子定安有?

何李既遭到他的菲薄,王李自然更不在话下了。《列朝诗集》曾论述当时他反复古派的言论道:

> 尝谓"我朝文字,以宋学士为宗,李梦阳至琅玡,气力强弱,巨细不同,等赝文耳,万历间,琅玡二美,同仕南都,为敬美太常官属。敬美唱为公宴诗,不应。又简括献吉于鳞元美文赋,标其中用事出处,及增减汉史唐诗字面,流传白下,使元美知之。元美曰:'汤生标涂吾文,异时亦当有标涂汤生者!'"

可知他早年即对王李进行抨击了。钱谦益谓:

> 义仍当雾雰充塞之时,穿穴其间,力为解驳,归太仆之后,一人而已。

并非虚誉。

此外中郎的大哥袁伯修,也著文批判王李,从时间上看,似乎也较中郎之排王李为早,不过他只是开其端,至竟其绪的,则为中郎。

伯修在他的两篇《论文》中,首先揭露讽刺了当时那班不学之辈,妄想以诗文不朽,而步趋复古派的丑态,道:

> 今之文士,浮浮泛泛,原不曾的然做一项学问,叩其胸中,亦茫然不曾具一丝意见。徒见古人有立言不朽之说,又见前辈有能诗能文之名,亦欲搦管伸纸,入此行市,连篇累牍图人称扬。夫以茫昧之胸,而妄意鸿巨之裁。自非行乞左马之侧,慕缘残溺,盗窃遗失,安能写满卷帙乎?试将诸公一编,抹去古语陈句,几不免于曳白矣。其可愧如此,而又号于人曰,引古词,传今事,谓之属文。然二典三谟非天下之至文乎?而其所引,果何代之词乎?

下边又直接攻击李于鳞同王世贞道:

> 余少时喜读沧溟凤洲二先生集,二集佳处固不可掩,其持论大谬,迷误后学,有不可不辨者。沧溟赠王序谓:"视古修辞,宁失诸理。"夫孔子所云"辞达"者,正达此理耳。无理,则所达为何物乎?无论《典》、《谟》、《语》、《孟》,即诸子百氏,谁非谈理者?……彼何所见,乃强赖古人失理耶?凤洲《艺苑卮言》不可具驳,其赠李序曰:"六经固理薮已尽,不复措语矣。"沧溟强赖古人无理,而凤洲则不许今人有理,何说乎?此一时遁辞,聊以解一二识者之潮,而不知其流毒后学,使人狂醉至于今,不可解喻也。(《白苏斋集·论文》下)

同时伯修又由于主张作文应用当时的语言,认为古人文章,在今天看来,所以感到奇奥,正是由于语言随着时代的发展而有所变化的缘故。他举出《史记·五帝本纪》中改古语从今语为例,从而指出:"左氏去古未远,然传中字句,未尝肖《书》也。司马去古亦未远,然

《史记》中字句,亦未尝肖《左》也。"这的确是很高明的见解。

清人朱彝尊《静志居诗话》中论晚明反复古主义的历史发展道:

> 嘉靖七子之派,徐文长欲以李长吉体变之,不能也;汤义仍欲以尤萧范陆体变之,亦不能也。王百毂、王承父、屠长卿虽迭有违言,然寡不敌众,自袁伯修出,服习香山、眉山之结撰,首以"白苏"名斋,既导其源,中郎小修继之,益扬其波,由是公安流派盛行。

由此可知,袁伯修实为公安派的创始者。

从归有光、汤显祖直到袁伯修,他们虽不满于王李的复古派,而进行了抵制与抨击,但未能转移当时文坛的风气,其原因主要由于主客观的条件不成熟的缘故。从主观上看:(1)他们没有打倒复古派的决心;(2)他们没有形成一整套改革的理论;(3)他们在文章中对复古派偶尔一击,没有进行持续的战斗,所以力量不够强大。从客观上看:王世贞还健在,文坛上仍有不少盲目信奉他的人,因此虽有一二人的诋訾,是不足以动摇他的威信的。待到袁中郎抨击王李的论文一出现,于是局势为之一变,原因即在:(1)旗帜鲜明;(2)理论系统,而具有强烈的战斗性与说服力;(3)态度坚决而彻底。因而,一时文坛上有不少的附和者与追随者。加上王世贞已去世,那班盲目走复古道路者,是不堪一击的。更其重要的,是当时社会经济中资本主义已经开始萌芽,到这时有了进一步的发展。中郎主张乃是代表了当时新兴市民阶级的要求,所以他的理论一出,使王李复古派的云雾为之一扫。

中郎对文学的革新理论,乃是继李卓吾、袁伯修等人的论点,而又有进一步的发展。总起来看,不外以下几点:

1. 文学是反映时代生活的,时代变了,文学也就不能不跟着变。他说:

> 文之不能不古而今也,时使之也。……夫古有古之时,今有今之时,袭古人语言之迹,而冒以为古,是处严冬而袭夏之葛也。骚之不袭雅也,雅之体穷于怨,不骚不足以寄也。后之人有拟而

为之者,终不肖也,何也?彼直求骚于骚之中也。(《雪涛阁集序》)

根据这个看法,他认为处在今天的时代,就应该写出今天的文章,而不应去模拟古人。他说:

> 世道既变,文亦因之。今之不必摹古者也,亦势也。……何也?人事物态有时而更,乡语方言有时而易,事今日之事,则亦文今日之文而已矣。(《与江进之》)

2. 评价文学成就的高低,应从其能否反映时代的脉搏上来衡量,能反映时代生活的,才是真正的文学。他说:

> 唐自有诗也,不必选体也。初、盛、中、晚,自有诗也,不必初盛也。……今之君子,乃欲概天下而唐之,又且以不唐病宋,夫既以不唐病宋矣,何不以不选病唐?(《与丘长孺》)

这是从时代发展上驳斥复古派不知时代变化而文章亦应随之而变的道理的荒谬见解。

3. 批判复古派的格调说,认为这是束缚作者思路,扼杀作者性灵的枷锁。他说:

> 诗道之秽,未有如今日者。其高者为格套所缚,如杀翮之鸟,欲飞不得。而其卑者,剽窃影响,若老妪之傅粉,其能独抒己见,信心而言,寄口于腕者,余所见盖无几也。(《叙梅子马王程稿》)

又说:

> 弃目前之景,撼腐滥之辞,有才者诎于法,而不敢自伸其才,拾一二浮泛之语,帮凑成诗。智者牵于习,而愚者乐其易。一唱亿和,优人驺子,皆谈雅道,吁!诗至此,亦可羞哉!(《雪涛阁诗集序》)

同时对剽窃模拟之作,也痛加排诋,他说:

> 且所谓古文者,至今日而敝极矣。何也?优于汉谓之文,不文矣。奴于唐谓之诗,不诗矣。取宋元诸公之余沫而润色之,谓之词曲诸家,不词曲诸家矣。大约愈古愈近,愈似愈赝,天地间

真文渐灭殆尽……今之所谓可传者，大抵皆假古董赝法帖类也。(《诸大家时文序》)

以上是属于破的方面，即在文坛上须要摧陷廓清的恶风。至于创作究竟应该走什么样的道路，他认为：

1. 抒写性灵。中郎在《叙小修诗集》中说：

  泛舟西陵，走马塞上，穷览燕、赵、齐、鲁、吴、越之地，足迹所至，几半天下，而诗文亦因之以日进。大都独抒性灵，不拘格套，非从自己胸臆流出，不肯下笔。有时情与境会，顷刻千言，如水东注，令人夺魄，其间有佳处，亦有疵处。佳处自不必言，即疵处亦多本色独造语。然予则极喜其疵处，而所谓佳者，尚不能不以粉饰蹈袭为恨，以为未能尽脱近代文人气习故也。

可见他主张要力洗近代文人的习气，才能达到戛戛独造的至境。

他又在《叙曾太史集》中，借用他两人作品的比较，以畅发其对写作的主张。他说：

  余文信腕直寄而已。以余诗文视退如，百未当一，而退如过引，若以为同调者，此其气味必有合也。昔人谓茶与墨有三反，而德实同，余与退如所同者真而已。其为诗异甘苦，其直写性情则一，其为文异雅朴，其不为浮词滥语则一。此余与退如之气类也。

所谓"真"，所谓"直写性情"、"不为浮词滥语"，这就是中郎自述其个人文章的特色。我们再看中郎的朋友对中郎诗文的评论。江进之《解脱集序》云：

  中郎所叙佳山水，并其喜怒动静之性，无不描画如生。譬之写照，他人貌皮肤，君貌神情。若夫尺牍，一言一字，皆以所欲言信笔直尽，种种入妙。余观亭陵《答苏武》一书，悲愤激烈，千载而下读之当为扼腕。嵇中散《绝交书》，写成懒慢箕倨之态，至今如亲见其人。盖其情真而境实，揭肺肝示人，人之见之无不感动。中郎诸牍，多者数百言，少者数十言，总之自真情实境流出。

这里说他写景文，能貌神情，而尺牍无不自真情实景流出，这同他自己主张,可以说是一致的。也就是他的创作,确能实践他的理论,并且取得了成功。

2. 以大自然为师。中郎在《竹林集序》中说:

往与伯修过董玄宰,伯修曰:"近代画苑诸名家,如文徵仲、唐伯虎、沈石田辈,颇有古人笔意不?"玄宰曰:"近代高手,无一笔不肖古人者,夫无不肖,即无肖也,谓之无画可也。"余惕然曰:"是见道语也。"故善画者师物不师人,善学者师心不师道,善为诗者,师森罗万象,不师先辈。

各种艺术,在创作理论上都有其一致之处。中郎通过董玄宰论画,而提出诗歌的创作原则,也同绘事一样,应该是以大自然为师而不应步趋古人。只有这样,才能独创,才能有自己独特的面目,才能够达到创作的至境。

3. 重视民间文学。中郎《叙小修诗》中说:

故吾谓今之诗文,不传矣,其万一传者,或今闾阎妇人孺子所唱《劈破玉》、《打草竿》之类,犹是无闻无识,真人所作,故多真声。不效颦于汉魏,不学步于盛唐,任性而发,尚能通于人之喜怒哀乐、嗜好情欲,是可喜也。

用抒写性灵的标准,来衡量当时的诗歌,当然宁赞扬民间流行的小曲,也决不取模古拟古的复古派的作品。

4. 推许戏曲小说。在这方面中郎显然是受到李卓吾的影响。卓吾赞《西厢》同《拜月》,并且评点《水浒传》。中郎对宋元以来流行的戏曲小说,也非常的称赏。他在《觞政》里写道:

诗集则柳舍人、辛稼轩,乐府则董解元、王实甫、马东篱、高则诚,传奇则《水浒传》、《金瓶梅》,为逸典。

把这些不为人看重的小说戏曲,与《六经》之为内典,《史》、《汉》之为外典相配,可以看到他的识解与一般的腐儒大不相同了,另外他还在与龚惟长书中说他的志趣:

箧中藏万卷书,书皆珍异。宅畔置一馆,馆中约真正同心友十余人,人中立一识见极高,如司马迁、罗贯中、关汉卿者为主,分曹部署,各成一书,远文唐宋酸儒之陋,近完一代未竟之篇,三快活也。

这把子长与关、罗并列,也决非复古派所敢为的。

从中郎以上的观点来看,分明代表了当时进步的文学倾向,也可说适应当时的时代潮流。从他大胆地反对复古主义与形式主义,提出表现自我,以无法为法来说,其有点近于西方积极的浪漫主义。其次在创作方法上,他主张"师森罗万象,不师先辈",而在《叙小修诗》中所谓的"足迹所至,几半天下",又可看出他认为创作要具有丰富的现实生活,作家要善于向现实生活学习,这又有点近于现实主义。本来这二者往往是可以互相渗透的。

中郎这种文艺思想,远则受着白居易、苏轼的影响,近而又受到"左派王学"的破除迷信、解放个性的哲学理论的启发,又适值复古主义、形式主义统治文坛的时候,所以他的文章一出现,即博得了当时文坛上有识之士普遍的赞同与响应,于是文坛风气为之一变,在中国近古文学史上开辟了一个新的时代。

(四)中郎的诗文

前边概述了中郎在文坛上的革新主张所产生的转移风气的巨大影响,下边再看一下他在诗文创作上具体成就如何。

先谈中郎的诗,他的作品从发展上看,可以分作三个时期。早期他也是从汉魏乐府及唐代律绝入手的,由于他的天姿卓绝,所以学古而不落窠臼。他的《敝箧集》收入的,大抵系早年作品。从风格上,有的富丽高华,即如《古荆篇》,用楚国的盛衰兴亡,写出当时贵族豪门由豪华侈靡到冷落萧条的变化:

  东城丝管接西城,相府豪华压朱邸。侠客飞鹰在道傍,佳人卖笑垂杨里。垂杨二月隐朱楼,家家宴喜楼上头。萃鸟喧阗朝送酒,管弦嘈杂夜藏钩。

真是一派豪华侈丽的气象。但是盛极必衰,到后来:

> 花开花落迥生愁,郿树鄠云几度秋。
> 霍氏功名成梦寐,梁王台馆空山丘。
> 荣枯翻复竟何言,昨宵弱水今昆仑。
> 无人更哭西州路,有雀还登翟氏门。
> 汉恩何浅天何薄,百年冠带坐萧索。
> 昔时嘘气成烟云,今朝失势委泥砾。
> 青娥皓齿嫁何人,金床玉几为谁作。

中郎友人江进之的《敝箧集序》中说"君卯角时,已能诗,下笔数百言,无不肖唐",就是指这类作品说的。但中郎早年雄姿英发,在乐府诗中也有其寄兴深远、言有尽而意无穷的作品,即如《紫骝马》:

> 紫骝马,行且嘶,愿为分背交颈之逸足,不愿为追风绝景之霜蹄。霜蹄灭没边城道,朔风一夜霜花老,纵使踏破天山云,谁似华阴一寸草。紫骝马,听我歌,壮心耗不尽,奈尔四蹄何?

晚明王船山在他的《明诗评选》中选了这篇,并评道:

> 一意不乱,亦不穷尽,东坡、放翁库中,无此宝刀。

真可谓称许备至。

中郎中期的作品,就有了发展变化。这时他已揭出反复古运动的旗帜,抨击追步王李的那种陈腐污秽的文风,而在个人创作上,则矫以平易通俗,甚至有时杂以戏语。小修曾论他这一时期的作品的特点道:

> 先生诗文如《锦帆》、《解脱》,意在破人之执缚,故时有游戏语,亦其才高胆大,无心于世之毁誉,聊以抒其意所欲言耳。……然先生立言,虽不逐世之颦笑,而逸趣仙才,自非世匠所及。(《袁中郎先生全集序》)

中郎为了矫正当时诗坛上的颓风,所以他的诗力求通俗易懂,所谓"弟以《打枣杆》为诗",也就是在自己写作上采用了民间流行的小曲的体裁。即如他的《戏题黄道元瓶花斋》:

> 朝看一瓶花,暮看一瓶花,花枝虽浅淡,幸可托贫家,一枝二枝正,三枝四枝斜,宜直不宜曲,斗清不斗奢。傍佛杨枝水,入碗

酪奴茶。以此颜君斋,一倍添妍华。(《锦帆集》之一诗)

此外还有悲歌慷慨,愤世嫉俗之作。如《哭临漳令王子声》二首,其二中论历来高才绝世者,多坎坷潦倒,未到中寿而夭折,大有子长《伯夷列传》中,对"天道"提出怀疑质问之意:

  三哭眼酸泪枯欲流不得流,焚香告天愿天为我开咽喉。颜渊鲁高士,胡为三十二而死休?灵均楚直臣,云何枯槁江潭望君门而媒謇修?云何为而投阁?贺何为而赋楼?渴何为而病马?癫何为而疾牛?龙何愚而触网?鳖何细而随钩?山何卑而成水?海何升而为丘?圣者不能言,愚者不能忧,释迦与老子,眯矇双白头。

接着为死者王子声的遭遇而鸣不平道:

  即如王子声,高第十二秋,穷年只淹蹇,低眉拜督邮。谗言复间之,刺心如戈矛。缠棺布三尺,瘗身土一抔。嗟乎子声!汝生不能一日牙牌青绶拱手长安道,又不能拂衣故园补缀先人草。万里迢遥魄伴魂,一具瘦骨官送老。福君何其薄?夺君何其早?和氏空有泣,楚国无以宝。天不平!地不平!吁嗟乎王子声!

当时中郎在吴县作县令,其遭遇正像王子声那样。王子声之死,中郎深切地悲悼。这篇诗正是借哭王子声,而抒发自己胸中的悲愤不平之气,所以不久他就借病告归。由此可知当时仕途的艰险不平的情况了。

从以上的诗,可知中郎这一时期的作品,的确是"信腕直寄",而畅发个人胸中之所欲言。也可以说毫无矫饰,而直抒性灵。但到后期中郎诗风又有所变化,由清新俊逸而转向沉郁苍劲。正如小修论他后期的作品道:

  况学以年变,年随岁老,故自《破砚》以后,无一字无来历,无一字不生动,无一篇不警策。健若没石之羽,秀若出水之花,其中有摩诘,有杜陵,有昌黎,有长吉,有元白,而又自有中郎。意有所喜,笔与之会,合众乐以成元音,控八河而无异味,真天授,非人力也。(《全集序》)

说明中郎后期作品,逐渐臻于成熟,所谓融会唐宋各大家之长,而形成个人独特的风格。下边试举这一时期的一二代表作,以见一斑。

过藕花庄

深院竹编墙,丛梢若个长。入门溪雨溅,满路麦风香。好梦因凉得,闲愁到水忘。因循二十载,未到藕花庄。

登晴川阁望武昌

霜崖突出薜纹斑,铁笛临风去不还。百里帆樯千里水,一层城郭几层山。遥知郁郁葱葱地,只在熙熙攘攘间。沙鸟窥鱼鸥觅渚,试看何物是清闲。

江上见数渔舟为公卒所窘

钓竿拂晓霜,衣薄芦花絮。一亩不籍官,也被官差去。

其 二

浪道渔家乐,供输亦亦闲。君欲长安稳,隐于徒隶间。

宫 簟

并刀剪出淞水纹,黄琉璃滑净无尘。
华清日高海棠睡,一片温玉沉秋云。
花房昼脱守宫的,珊瑚反挂潇湘裙。
掖庭展转出坊肆,余脂犹在香氤氲。
腐儒白首青蒲荐,十度摩挲眼惊见。
寒色平铺四丈余,虚堂尽欹白纨扇。
骨冷魂清抱雪眠,梦回每出松风院。
少陵广厦千万楹,白家大被盖遍洛阳城。
安得此席如此被,眠尽西华道上尘土热中人。

>　　肺腑如冰舌不鸣,三空九陌殷雷声。

　　以上略述中郎诗歌随着年龄修养,在艺术风格上的发展变化。下边再看看他对现实的态度,和诗歌的创作方法。

　　三十年代林语堂等人把中郎看作一个逃避现实的隐者,用以作为他们超现实超政治的口实。实际上是误解了中郎,诬蔑了中郎。中郎可以说始终是关心国家大事与民生疾苦的。因此他的作品有许多是反映黑暗现实的现实主义的作品。

　　中郎生在明王朝统治阶级趋于崩溃的万历时代,当时由于政府几次用兵,弄得国库空虚,于是就派一群虎狼般的中官,到各地大肆搜刮,以致搞得闾阎骚扰,民不聊生。中郎目击此种现实,不能自已的要借诗歌来抒发个人的愤激之情。

　　首先是矿税问题,当时朝廷派一些大宦官借开矿为名,到各地进行搜刮,而以陈增、高淮、陈奉等尤为凶残。最后终于激起了人民的反抗,当时一般工商业者及农民,都濒临破产的境地。中郎对此写了《猛虎行》,揭露当时矿使的横暴与人民所遭受的痛苦:

>　　甲虫蠹太平,搜刮及丘空。板卒附中官,钻簇如蜂踊。抚按不敢问,州县被呵斥。槌掠及平人,千里旱沙赤。兵卫与邮传,供亿不知几。即使沙沙金,官支已倍蓰。矿徒多剧盗,嗜利深无底。一不酬所欲,忿决如狼豕。三河及两浙,在在竭膏髓。焉知疥癣疾,不延为疮痍。(《瓶花斋集》卷一)

　　在《逋赋谣》中,写当时朝廷财政枯竭,向地方搜刮而使民穷财尽,无论官府如何催征,也无济于事。

>　　索逋赋,逋赋索不得,不是县家苦催征,朝廷新例除本色。东封西款边功多,江淮陆地生洪波。内库马价支垂尽,民固无力官奈何?苏州旧通七十万,漕折金花居其半。安得普天尽雨金,上为明君舒宵旰。嗟乎! 民日难,官日苦,竹开花,矿生土。(《解脱集》)

　　另外中郎在诗歌中,还鲜明地反映了在矿税前后湖北社会经济情况的剧烈变化,在《午日沙市观竞渡感赋》中写道:

> 渚宫自昔称繁盛,二十一万肩相磨。西茵中珰横几载,男不西戍女废梭。琵琶卖去了官税,健儿半负播州戈。

在《竹枝词》中揭露矿使给人民造成的灾祸,更是淋漓尽致,中有"自从貔虎横行后,十室金钱九室空"、"青天处处横珰虎,鸳女陪男偿税钱"等句。

广大人民在封建统治阶级的残酷剥削下,已经是日不聊生,一遇灾荒,即不免流离失所,四方逃难。中郎在《丽阳驿题壁》一诗中,沉痛地道出了灾民走投无路的苦况:

> 洼田无寸收,高乡有虫耗。部符搜宿逋,县家敢迟骛。鬻田田不售,儿女输官钞。壮者思逃移,沟壑生难料。

人民在被官吏逼得走投无路的情况下,只得铤而走险。中郎的《巷门歌》,一面揭露了当时人民被逼群起而为盗的情况,一面讽刺当政者强迫穷苦的老百姓为富豪看守门户的情况:

> 毛竹为墙杉作城,白日赤丸盗公行。
> 官军防御无计策,逐户排门呼土兵。
> 卫尉呵持急如虎,老弱十家充一伍。
> 本是市上佣工儿。身无尺籍在官府。
> 东家黄金高于天,食指盈千皆少年。
> 朝朝门前科子母,何曾饶得半文钱。
> 富儿积财贫儿守,父老吞声叹未有。

此外如《酒正喧肖君席上作》,讽刺了当时军纪的败坏,官兵不敢打仗,却勇于镇压老百姓。《宫簟》将宫廷贵人与老百姓所铺的席子作比,真是天地悬隔。《白铜儿》揭露了政府卖官鬻爵的情况。富儿用金钱买得高官,回来夸耀乡里,不仅广置姜媵,还想长生不死,招引了许多道士,大做法事。"击大法锣鸣大鼓,百余道士挥白麈,门外幡幢引雷公,江上芙蓉灯竞吐。"诗人愤慨地指出这些富豪们一边向穷人逼债,一边还要为自己积福,假仁假义进行施舍,这就是"后门逼债前门舍,乞儿歌郎趋满野"。诗人最后深叹穷书生尽管满腹书史,但却终生潦倒。"儒生读书书总多,白发无官可奈何?生乏白金献天子,死无黄纸赂阎罗。"

三十年代林语堂等把中郎看作逃避现实、啸遨林泉的隐者,这完全是皮相之见,不但不解中郎,而且污蔑了中郎。读上边的诗,可知他是如何地关心现实社会,关心人民疾苦,对腐朽的政治又如何给以淋漓尽致的揭发。他的立场是靠近人民群众的。

晚明万历年间,皇帝朱翊钧异常昏庸。宰相沈一贯之流,仰承中官,刚愎自用,比较正派的士大夫往往遭到横祸。在这样的黑暗现实中,中郎不得不萌退志。实际上他的内心非常矛盾,也是异常痛苦的。"言既无庸默不可,阮家那得不沉醉?眼底浓浓一杯春,恸于洛阳年少泪。"(《显灵宫集诸公以城市山林为韵》)可是当他辞官回到故里以后,虽处江湖,而并未忘怀政治,他在《与黄平倩》中说:

但每日一见邸报,必令人愤发裂眦。时事如此,将何底止?……然世有陶唐,方有巢许。万一世界扰扰,山中人岂得高枕?

并且批评他的好友陶石篑借学道来表示超政治、超现实的思想错误:

苏玉局、白香山非彼法中人乎?今读二公集,其一副忧世心肠,何等紧切!以冷为学,非所闻也。(《与刘云峤祭酒》)

关于这一点,鲁迅先生对中郎评论非常精辟。他批判当时借中郎为幌子,来引导青年们走脱离现实道路的人们的阴谋,根据历史事实,证明中郎是一个"关心世道,佩服方巾气人物的人。赞《金瓶梅》,作小品文,并不是他的全部"。并且又特别指出:

中郎之不能被骂倒,正如他之不能被画歪。但因此也就不能作他的蛆虫们的永久的巢穴了。(《招贴即扯》,见《且介亭杂文二集》)

至于中郎诗歌的渊源,就前代作家来说,最明显的是受白居易、苏轼二人的影响。伯修曾以"白苏"名斋,中郎也盛推白苏。他的乐府诗,正是继承了新乐府的"合为事而作"、"合为时而著"的现实主义创作精神,因而能够反映出时代的真实面貌。

苏东坡在明中叶后,深受王学左派的推许,尤其是李卓吾,对东坡真是赞扬备至(已见前章)。沈德符说:"姚江出以良知之说,其说非出于苏,而血脉则苏也。"(《万历野获编》卷27)中郎在文学观上,主张"抒写性灵"、"信腕直寄",这与东坡所说的:

> 大约如行云流水,初无定质,但常行于所当行,而止于不可不止。文理自然,姿态横生。(《答谢民师书》)

这种创作观点,完全是一致的。所以中郎评论苏诗说:"于物无所不收,于法无所不有,于情无所不畅,于境无所不取。"(《雪涛阁集序》)中郎有许多诗篇如《丽阳驿题壁》、《途中怀大兄》等,都受有苏诗的影响。

另外,他也深受民间文学的影响。他在创作上主张"宁今、宁俗",决不因袭模拟古人,自称他是"以《打枣杆》、《劈破玉》为诗"。所以,作品如《别石篑》即含有极浓厚的民歌味道;而《述内》一诗,读起来又不禁令人联想起《红楼梦》中《好了歌》。正因为这样,他的诗具有一种清新俊逸的风格,一扫复古派的腐朽之气。

在散文方面,中郎所擅长的是游记与尺牍。中郎热爱大自然的风光,曾游览过许多名山胜水,因而产生了许多刻画祖国河山的作品。在创作方法上,继承了郦道元和柳宗元的现实主义原则,如实的刻画自然的精神面貌。他常用拟人的写法,对自然倾注自己的眷爱之情。如《初至西湖记》中前边的一段:

> 从武林门而西,望保俶塔,突兀层崖中,则已心飞湖上也。午刻入昭庆,茶毕,即棹小舟入湖。山色如娥,花光如颊,温风如酒,波纹如绫,才一举头,已不觉目酣神醉,此时欲下一语,描写不得。大约如东阿王梦中初遇洛神时也。

此外在《禹穴》一文中用宋画与元画来比拟西湖与山阴两地山水,刻画亦极隽妙:

> 禹穴,一顽山耳,禹庙亦荒凉,不知当时有何奇,而龙门生欲探之。然会稽诸山,远望实佳,尖秀淡冶亦自可人。昔王子猷语人,但云"山阴道上","道上"二字,可谓传神。余尝评西湖如宋人画,山阴山水如元人画。花鸟人物,细入毫发,浓淡远近,色色

臻妙,此西湖之山水也。人或无目,树或无枝,山或无毛,水或无波,隐隐约约,远意若生,此山阴之山水也。二者孰为优劣,具眼者当自辨之。夫山阴显于六朝,至唐以后渐减,西湖显于唐,至近代益盛,然则山水亦有命运耶?

在游记中,有时还寄托个人对历史人物的评价,而带有讽喻的色彩。即如《游骊山记》,从内容而论,简直有点像东坡的《赤壁赋》。根据史实,从周幽王历秦始皇到唐玄宗,均有遗迹留传下来,回溯历史,诗人深有感触,发出了"吁嗟乎!兹山崇三世兮"的感慨。后来当稍倦,假寐僧榻的时候,又梦见与山灵对话,并与之驳辩,醒后,始悔自己言语的错误。文章结构与《赤壁赋》极相似。在思想上不只斥责了独夫民贼周幽、秦皇等的罪恶,而且了悟到虽天子之贵,不能与匹夫争荣,而词人墨客的文字,有时无异为山川之九锡。

在描写上,他不用奇词僻字,完全用白描来状山水的神态,所以明末张岱以"灵动俊快"四字评中郎的游记(《寓山注》)。这确能道出中郎游记风格的特点。

中郎尺牍,继承了东坡、山谷等人的特点,用简练短小的篇幅,倾吐出个人的衷情。兹举二篇以见一斑:

王 伯 穀

衙斋荒寂如野寺,幸二老成不弃,时复见枉。奇谈逸语,驱却两年尘土肠胃。但恐机缘渐熟,别肠益苦,奈何?小集四册致上,拙语数首录呈,请教。

钱 象 先

扇头诸绝,鲜妍如花,澹冶如秋,葱翠如山之色,明媚若水之光,林和靖、陈无已不足道也。鄙薄不能属和,奈何?吴越佳山水登览略尽,诗文已又成帙,恨不令钱郎读之,拟即往栖霞度夏,有兴能棹一舟相访乎?

(五)晚明以卓吾、中郎为首的思想与文学革新运动对后世的影响

晚明在意识形态领域里的思想、文学的革新运动,其所以产生,前边已有所论及,原因主要是当时中国的社会经济有所发展,资本主义已经萌芽。思想上的革新,正是代表了市民阶级的愿望与要求,从代表封建统治阶级利益的程朱派思想束缚中解放出来,而倾向于尊重自我,追求自由。在文学上一方面打倒为封建统治阶级服务的复古派的文学,一方面大力提高戏曲小说在文坛上的地位,另外主张要创作出真实的自然的反映现实生活的作品。这种倾向,总的说来,在当时是进步的,革新的,是为当时正在发展的市民阶级利益服务的。自此以后,不但在中国思想界开辟了一个新局面,而且在文学发展史上,也揭开了新的一页。

这一运动,涉及面广,而对后来的文坛也产生深远的影响。对此有较早的认识的,为晚明的钱谦益。他在《列朝诗集》中郎的小传里说:

> 万历中年,王李之学盛行,黄茅白苇,弥望皆是,文长义仍,崭然有异,沉痼滋蔓,未克芟薙。中郎以通明之资,学禅于李龙湖,读书,论诗,横说竖说,心眼明而胆力放,于是乃昌言击排,大放厥辞。……中郎之论出,王李之云雾一扫。天下之文人才士,始知疏瀹心灵,搜剔慧性,以荡涤摹拟涂泽之病,其功伟矣!

这只是就诗文上来评述其影响,没有提到其他方面。实际诗文而外,还有戏曲、小说、民间小曲以及文学评论等。时间上从十六世纪末到十七世纪初,参加这一运动的除李卓吾、中郎兄弟和他们的追随者如江进之、雷何思等外,像戏曲作家汤显祖,戏曲评论家沈德符,小说作家、整辑者冯梦龙、凌蒙初等,都可以列进去。直到清初的刘继庄、金圣叹,还是承其余波。

关于汤显祖之反王李,在前边已有所论列,值得注意的是他也是

崇奉左派王学的。他早年曾受业于罗近溪之门，平生卑视权贵，不屑攀附，以致终生潦倒。中年居乡以后，即倾全力于戏曲创作，以抒其胸中磊落不平之气，平生杰作《牡丹亭》塑造了一个为情而死又为情而生的杜丽娘的形象，表现了他的反封建礼教的叛逆思想。正由于它反映了当时的中国资本主义萌芽期觉醒了的青年女子追求自由幸福的叛逆精神，因而就感动了当时广大的妇女读者，杜丽娘的形象，发展成为《雷峰塔》中的白娘子，直到清代《聊斋志异》中的连城、范十一娘，都是封建礼教的叛逆者，都是用浪漫主义的手法塑造出来的人物。到了《红楼梦》，又出现了林黛玉、晴雯、司棋、尤三姐这些妇女形象。她们的结局，都是悲剧性的，但她们之为追求幸福，不惜为情而死，则与前面所述的那些形象，完全是一致的。所以我们必须把从杜丽娘到林黛玉，联系起来，加以考察，才能理解十七、十八两世纪的小说戏曲方面某些具有进步倾向的作品的创作精神与十六世纪末袁中郎所倡导的文学革新运动的渊源关系。

至这次文学革新运动对后来的影响，郁达夫在《重印袁中郎全集序》中有一段话，讲得很有道理。他说：

> 由来诗文到了末路，每次革命的人，总以抒发性灵，归返自然为标语。唐之李、杜、元、白，宋之欧、苏、黄、陆，明之公安、竟陵两派，清之袁、蒋、赵、龚，各人都系沿这一派下来的。世风尽可以改易，好尚也可以移变，然而人的性灵，却始终是不能泯灭的。袁中郎的诗文，虽在现代还有翻印的价值者，理由就在这里。

郁达夫认为文学的发展始终是遵着穷则变，变则通，通而又穷，自然不妨再变这个规律下来的。这个看法，是颇值得我们参考的。他文中虽没提到五四文学革命，但很显然它也是逃不出这个规律的。

至于周作人，在他的《中国新文学的源流》中即明确地拿晚明的这次运动与五四相比。他说：

> 明末的文学，是现在这次文学运动的来源，而清朝的文学，则是这次文学运动的原因。

又说：

> 这时候蔡子民作了北大校长，他请陈独秀作了文科学长，但《新青年》杂志仍由他编辑，这是民国六年的事。其时胡适之尚在美国，他由美国向《新青年》投稿，便提出了文学革命的意见。但那时的意见还很简单，只是想将文体改变一下，不用文言而用白话，别的再没有高深的道理。……其后钱玄同、刘半农参加进去，文学运动、白话文学等等旗帜口号，才明显地提了出来。接着又有了胡适之的八不主义，也即是复活了明末公安派的"独抒性灵"、"不拘格套"和"信腕信口皆成律度"的主张，只不过又加多了西洋的科学哲学各方面的思想，遂使两次运动多少有些不同了。而在根本方向上，则仍无多大差异处。——这是我们已经屡次讲到的了。

周作人这个看法，是对的。但他提出的中国文学史上一向是"言志"与"载道"两派互为消长的看法，我是不赞同的。我认为，"志"并不能排除"道"，即如《论语》中记录子路、冉有、公晳华侍坐，孔子让他们"盍各言尔志"。而这个志，就含有道。因此这个分法是不能成立的。所以与其说"载道"与"言志"两派互为消长，无宁说是形式主义与反形式主义两派的互为消长，还比较合理点。袁中郎提倡的文学运动，与五四文学革命，所以有其共通之处，还在于前者代表市民阶级的利益，后者代表资产阶级的利益。而资产阶级正是由市民阶级发展而来，在反封建文学，提倡自由平等等思想倾向上是一致的。所以在文学形式上都主张打破旧的形式的拘束，而要求充分的解放。由于思想内容的解放，于是才要求形式上的解放，这一点二者都是一致的。

根据以上理由，所以说五四文学革命的渊源，追溯起来，应该是始于明末这次文学革新运动。

三、晚明的文化革新运动与中国十七、十八世纪的文学

　　根据前边所述"李贽与晚明思想解放及文学革命运动"的内容，可以看出以李贽为代表的"左派王学"在晚明思想界实已掀起了一个反程朱、评孔孟、推翻正统思想的革命运动；而"十七世纪初中国文学新运动的倡导者——袁中郎"的内容则为以袁宏道为代表的公安派，反对复古主义与形式主义，提出"抒写性灵"、"信腕直寄"、"以无法为法"，推翻以王（世贞）李（攀龙）为首的后七子的文学革新运动。总起来看，当时实已汇成了一个文化革命的洪流，对于僵化的陈腐的顽固的封建传统的旧文化，给以有力的冲击。但由于当时中国资本主义还处于萌芽状态，市民阶级的力量还不够强大，而封建地主阶级的势力还处于统治地位，所以这一运动在明末清初遭到正统派的思想家、作家们的围攻与政府的打击摧残，书籍遭到焚毁、禁止，未能取得文化上君临一切的地位而宣告失败。

　　但是这种潮流是先进的，革命的，是符合当时广大被奴役、被压迫者的愿望和利益的，因而尽管遭到反动势力的摧抑，但并不能被斩尽杀绝。这种思潮仍然在继续发展，特别是在文学上，属于市民文学的样式的戏曲小说、民间歌曲更加繁荣与昌盛。十七、十八世纪在中国文坛上出现的杰出的戏曲小说作家几无不饱受这一文化革命的洗礼，他们用这种革命的新观点、新立场来观察现实，分析现实，运用积

极浪漫主义或现实主义的创作方法，写出了光彩夺目的作品，反映了时代的精神面貌并寄托了个人的理想。下边拟就这一阶段文学上具有卓越成就的作品，在思想内容以及创作方法、艺术成就上所受晚明文化革命影响的情况，加以分析阐明。

这一阶段文学思潮，反映到创作内容上，最突出的特点，有以下几个方面：

（一）主情主义

作为这方面的代表人物，首先是汤显祖。他是隆庆、万历间最杰出的戏曲家，他因平生刚正不阿、不屑攀附权贵，后来居官又敢于正言直谏，以致宦途潦倒，终于退居田园，专门从事戏曲创作。

他是"左派王学"中大师罗汝芳近溪的弟子，同时对李贽也是异常敬佩的。在文学上，与公安派的伯修、中郎，均有交往。所以他在晚明文化革命中，思想体系与文学观点和王学左派、公安派有着极密切的关系。在思想上即如他答王学左派中大师管东溟信中所说：

> 不佞非有夙慧，然能读门下应制之文，觉有殊诣，非时人色泽而已。后知门下摄心三一，而不佞亦且从明德先生（罗汝芳）游，后稍流浪，戏逐诗赋歌舞，游侠如沈君典辈，相与傲睨优伊。成进士，观政长安，见时俗所号贤人长者，其屈伸进退大略可知。而默数以前交游俊趣之士，亦复游衍判涣，无有根柢，不如掩门自贞，得奉陵祠，多暇豫，如明德先生者，时在吾心眼中矣。见以可上人（指释达观）之雄，听以李百泉（李卓吾）之杰，寻其吐属，如获美剑，方将借彼永割攀缘，而竟以根随，生兹口业，不思谭局之易，而题鼎位之痴，不谅挥金之难，而怪琐郎之墨。修愿辨惑，先师之戒虚矣。（《汤显祖集》卷四十四《玉茗堂尺牍》之一）

说明他早年曾从罗近溪学道，后来又颇受达观、卓吾等人的影响，"如获美剑，方将借彼永割攀缘"，但因个人本性，终于走上了文学创作的道路，所谓"竟以根随，生兹口业"。但这些作品竟得到管东溟的赏识,是他所不及料的。

汤显祖还在寄董思白(其昌)信中对公安派中有些作者的去世表示感伤。他说:

> 卓(卓吾)、达(达观)二老,乃至难中解去。开之,长卿(屠隆)、石浦(袁宗道)、子声(王以鸣),转眼而尽,董先生阅此,能不伤心?(《玉茗堂尺牍》之四)

集中对中郎与卓吾的关系,在他的《读〈锦帆集〉怀卓老》一诗中作了论述:

> 世事玲珑说不周,慧心人远碧湘流。都将舌上青莲子,摘与公安袁六休。

"慧心人远"指卓吾,而《锦帆集》为袁中郎的诗文集,袁六休为中郎的号,由这篇可以看到他同李贽和袁宏道的关系。

汤显祖是晚明戏曲方面杰出的作家,他的《牡丹亭》传奇,在当时已斐声海内,尤其博得不知多少年青妇女读者的同情与赞赏。这部剧本,写一个深闺少女,在塾师的教导下,读了《诗·关雎》而引起怀春之情,又因游园而兴伤春之感,睹春色之烂漫,叹韶华之易逝,因而有"吾年已二八,未逢折桂之夫,忽慕春情,思得蟾宫之客"的慨叹。于是因思生感,由感成梦,在梦中与一少年相遇,互相倾慕,成其好事。及至醒来,竟是一梦,由此成病,由病而死。后来岭南柳梦梅赴京应试,旅途中因病寄居萧寺,恰巧这里正是杜丽娘埋葬之地。柳梦梅从寺中偶然拾到丽娘生前的自画像,于是挂到寓中,日夜呼唤,丽娘之魂偶然过此,因而与柳梦梅又在梦中相会,重叙旧欢。最后柳生掘墓,丽娘还魂,复活,终成夫妇。

汤显祖在这部剧的《作者题词》中说:

> 天下女子有情宁有如杜丽娘者乎?梦其人即病,病而弥连,至手画形容传于世,而后死,死三年矣,复能冥漠中求得其所梦者而生。如丽娘者,乃可谓之有情人耳!情不知所起,一往而深。生者可以死,死可以生。生而不可与死,死而不可复生者皆非情之至也。

这段话充分阐明了真挚情感的无穷作用,以至于生者可以死,而死者可以复生。所以这部剧作发表后,引起了许多青年妇女读者的共鸣。据朱彝尊《静志居诗话》:

> 当日娄江女子俞二娘,酷嗜其词(《牡丹亭》曲),断肠而死。故义仍作诗哀之云"画烛摇金阁,真珠泣绣窗。如何伤此曲,偏只在娄江"。

焦循《剧说》中引张某《俞娘传》云:

> 娄江俞娘,丽人也,行二,幼婉慧,体弱,常不胜衣。迎风辄顿。十三疟苦左胁弥连数月,小差而神愈不支,媚婉之容,不可逼视,年十七夭。当俞娘在床褥也,好观文史,父怜而授,且读且疏,多父所未解。一日授《还魂记》,凝睇良久,神色黯然曰:"书以达意,古来作者多不尽意而出,如生不可死,死不可生,皆非情之至,斯真达意之作矣。"饱研丹砂,密圈旁注,往往自写所见,出人意表。如《感梦》一出注曰:"吾每喜睡,睡必有梦,梦则耳目未经涉者,皆能及之。杜女或先我著鞭耳!"(卷二)

此外晚明还有关于冯小青故事的传说。《闻见戹言》谓:"冯千秋浙中名士……因无子买妾维扬小青,后以妻妒,置之别室。……不意小青才隽而早夭。"当时以小青故事为传奇者有《疗妒羹》、《风流院》两种,当以徐野君《春波影》为最(《剧说》卷三)。

当时流传的小青诗作中,也有涉及《牡丹亭》的一首,即:

> 冷雨幽窗不可听,挑灯闲读《牡丹亭》。人间亦有痴于我,岂独伤心是小青!

《牡丹亭》不只在当时青年妇女中曾产生巨大的反响,甚至到了百余年后,清朝中叶吴县的吴山,他的三位夫人,其第一位陈氏将婚而殁,死后有枕函一册,为《牡丹亭》上卷,密行细字,涂改略多,纸光冏冏,若有泪迹。吴山续娶谈氏女,见陈所评,爱玩不能释手,于是仿其意,补评下卷。后谈氏殁,又继娶钱氏,亦深喜陈、谈两妇评点,因卖金钏为刻板印行,世人遂名之为《吴吴山三妇合评牡丹亭还魂记》(余藏有此书,系同治庚午重刊,清芬阁藏版)。

为什么《牡丹亭》从问世直到百余年后,一直为青年妇女所喜爱?探索其原因,实由于中国妇女在几千年封建礼教的禁锢压迫下,爱情始终是被压抑着。在年轻时,幽居深闺,而在成年后,所适又多半不能称心如意。而《牡丹亭》一剧,则将幽居深闺的少女的怀春之情,借剧中主人公杜丽娘之口,像火山的岩浆,冲出了地壳一般爆发倾泄了出来,她代表了千万千万青年妇女们的呼声。杜丽娘为爱情而死,这是现实中经常发生的事情,这正是封建的婚姻制度与封建的礼教压迫下必然的结果。而杜丽娘为与爱人团聚,竟又还魂复生,则又代表了千百万妇女们的热切希望。所以这部剧,从其写作方法上,是浪漫主义的。但就其代表妇女们的思想感情同愿望来说,又是现实主义的。汤显祖正是为千千万万被压迫的妇女倾吐了她们欲吐而不敢吐与不能吐之情,所以在《牡丹亭》问世后,博得了广大青年妇女读者的欣赏赞叹。冯小青的"人间亦有痴于我,岂独伤心是小青"一诗,也正是代表了当时婚姻不如意的青年妇女在读了《还魂记》后所迸发出的共同感慨,所以能传诵一时。

李卓吾在《藏书》中论《史记·伯夷列传》时驳斥孔子说伯夷"何怨"之说,而赞同司马迁"是怨"之说。"何以怨?怨以暴之易暴,怨虞夏之不作,怨适归之无从,怨周土之薇之不可食,遂含怨而饿死。此怨何可少也!今学者唯不敢怨,故不成事"。《牡丹亭》实汤显祖代妇女吐怨之作,所以夐绝千古!

继《牡丹亭》这种主情主义创作思想的,在小说中首先是晚明冯梦龙所整辑的《三言》。如《醒世姻缘》中的《卖油郎独占花魁》,写一个卖油郎秦重因见到妓女花魁娘子,于是睡思梦想,由于他的痴情,竟深深地打动了花魁娘子的心,后来终于嫁给了他。另外如《王娇鸾百年长恨》、《杜十娘怒沉百宝箱》等,痴心女子遇到薄情男子,而女的竟不惜以死来殉自己的爱情。另外值得我们特别注意的,是晚明流传于民间的白蛇与许仙的故事。从《西湖三塔记》、《白娘子永镇雷峰塔》,到后来的《义妖传》,故事中主人公白素贞,在故事的发展中,逐渐由妖精而人情化,最后竟成为一个温柔美丽而又异常忠实于自己爱情,不惜为情而拼死冒险并与破坏自己爱情的敌人法海和尚进行殊死搏斗的妇人。虽然最后终于失败而被镇压在雷峰塔下,但却赢得了不知多少人为之洒一掬同情之泪。从这个故事中,反映出广大人民群众对白蛇、许仙的自由结合的婚姻和白蛇对爱情生死不渝的斗争精神是歌颂的,而对于干涉破坏甚至膺惩他们的反动封建统治势力,则是无比痛恨的!从这个爱情故事总的精神来说,与《牡丹亭》所表现的主情主义的创作思想是完全一致的。

清代初叶《聊斋志异》的作者蒲松龄,也深受晚明这种主情主义创作思想的影响。在《聊斋》中,如《连城》、《阿宝》、《王桂庵》等,都深受《牡丹亭》的影响。

《连城》写乔生慕连城之才色,曾写诗对连城加以赞扬,而连城亦感乔生之深情,赠金以助灯火。但连城当时业已字人,后因病瘵势将不起,一胡僧自谓能治疗,但须男子膺肉一钱,捣合药屑。连城之父史某使人告其未婚夫王某,王笑而拒之。其父怒,言于人曰:"有能割肉者妻之。"于是乔生闻而往,自出白刃,刲膺授僧。连城服药,病得痊可。但此时史又背盟。后连城闻婚姻不谐,病又复发而死。乔生闻之,往临吊唁,一恸而绝。史将其尸送回其家。乔生的魂遂亦入冥,至一廨署,得遇其故友顾生,在阴司典牍,借顾生关照,得遇连城,并得还魂,中间又几经波折,终于得偿宿愿。

这篇作品一则受《牡丹亭》的影响,写乔生与连城为了爱情,生者可以死,而死后又可以复生。其次也受到《西厢记》影响,连城之父在连城病势危殆之际,公开许下愿割肉者以连城妻之的诺言,但结果又背信弃义,这与崔夫人公开许下有能退孙飞虎围困者,愿以莺莺妻之的诺言相似。但以上两个剧本与这篇小说,就其创作思想而论,可以说基本是一致的。

其次是《阿宝》,写一个痴于情的孙子楚,为追求其所倾慕的女子阿宝,竟至离魂到女家。后被家人到女家招魂,得以复苏。继而魂附到死了的鹦鹉身上,飞到了阿宝家,与阿宝盟誓,并口衔女履以去,最后得以成婚。这种浪漫主义的手法,实际上是承元人郑德辉剧中的

《倩女离魂记》与汤显祖的《牡丹亭》的创作方法而写出的。

还有《王桂庵》，写主人公在旅途中遇到一位美丽的女子，返里后，为思念其所倾慕的女子，竟在梦中到了女家。后来有机会到南方，一次出游，看到现实中所历与梦中完全相同，于是顺路往访，终于见到自己所渴慕的对象。后让媒人撮合，得以成亲。

蒲松龄系清初作者，其思想也深受晚明文化革命运动的熏陶，所以其创作思想实完全与当时革命的潮流一致。他虽然用唐宋人的传奇体来写小说，但在思想上，与宋元以来平话小说及元人杂剧、明代传奇这种市民文学是一脉相承的。在主情主义上，只不过是一个方面而已。

最后是曹雪芹的《红楼梦》，这部书于写情上，在中国小说中，真可谓千古绝唱，其中主人公贾宝玉与林黛玉两人的爱恋，终因受封建势力的压迫与阻挠，黛玉殉情而死，宝玉也最后出家。全书宗旨在前几回，讲得非常清楚，其开卷第一回即评论此书道：

  因见上面大旨不过谈情，亦只实录其事，并无伤时淫秽之病。方从头至尾，抄写回来，问世传奇，从此空空道人由空见色，由色生情，传情入色，自色悟空，遂易名为情僧，改《石头记》为《情僧录》。东鲁孔梅溪则题曰《风月宝鉴》。后因曹雪芹于悼红轩中披阅十载，增删五次，纂成目录，分出章回，又题曰《金陵十二钗》，并题一绝，即此便是《石头记》的缘起。诗云：

  满纸荒唐言，一把辛酸泪。

  都云作者痴，谁解其中味？

从这段中说明《红楼梦》乃言情之作，又名为《情僧录》。在第五回中贾宝玉梦游太虚幻境时，听到关于《红楼梦》十二支曲，其开始为《红楼梦引子》，中道：

  开辟鸿濛，谁为情种？都只为风月情浓，趁着这奈何天、伤怀日、寂寥时，试遣愚衷，因此上，演出这悲金悼玉的《红楼梦》。

十二回中警幻仙姑又说："宝玉！如尔则天分中生成一段痴情，吾辈推之为'意淫'。"这都说明主人公宝玉是"情种"，是"天生的一段痴情"。同时宝玉因与黛玉的爱情不能实现,故愤而出家,所以本书又名曰《情僧录》。

至于这部作品在思想上与艺术上之继承了《西厢记》与《还魂记》的传统,更是显而易见的。书中第二十三回,其回目即为"《西厢记》妙词通戏语,《牡丹亭》艳曲警芳心"。关于《西厢记》,作者借宝玉、黛玉读后的评语,表示作者对它的赞赏:

> 宝玉道:"妹妹!若论你,我是不怕的,你看了好歹别告诉别人,真真这是好文章,你若看了,连饭也不想吃呢。"一面说,一面递了过去。黛玉把花具且都放下,接书来瞧。从头看去,越看越爱,不到一顿饭功夫,将十六出俱已看完,自觉词句警人,余香满口,虽看完书,却只管出神,心内还默默记诵。

下边写宝玉问黛玉:"妹妹,你说好不好?"黛玉笑道:"果然有趣。"接着宝玉就引里边的曲词来戏黛玉道:"我就是个多愁多病的身,你就是那倾国倾城的貌。"于是惹恼了黛玉,声言要告诉舅舅、舅母去。这就把宝玉唬坏了,于是马上向黛玉辩解,陪不是,并说:"原是我说错了,若有心欺负你,明儿我掉在池子里,叫个癞头鼋吞了去,变个大忘八。等你明儿做了一品夫人,病老归西的时候,我往你坟上,替你驮一辈子碑去。"竟把黛玉逗笑了。于是也用《西厢》中的词语嘲笑宝玉道:"呸!原来是个银样蜡枪头。"宝玉听了笑道:"你这个呢?我也告诉去。"黛玉道:"你说你会过目成诵,难道我就不能一目十行么?"这就证明《西厢记》对青年男女在思想上的影响。

同一回的后边,写黛玉在回房的路上,听到梨香院里演唱戏文的唱词,正是《牡丹亭》中《游园》一出中的戏词,书中写道:

> 只是林黛玉素习不大喜欢戏文,便不留心,只管往前走。偶然两句吹到耳内,明明白白,一字不落。唱道是:"原来是姹紫嫣红开遍,似这般都付与断井颓垣。"林黛玉听了,倒也十分感慨缠绵,便止住步,侧耳细听。又唱道是:"良辰美景奈何天,赏心乐事谁家院?"听了这两句,不觉点头自叹,心下自思道:"原来戏上也有好文章,可惜世人只知看戏,未必能领略其中的趣味。"想

毕,又后悔不该胡想,耽误了听曲子。再听时,恰唱道:"只为你如花美眷,似水流年。"黛玉听了这两句,不觉心动神摇。又听道"你在幽闺自怜"等句,越发如醉如痴,站立不住,便一蹲身,坐在一块山子石上,细嚼"如花美眷,似水流年"八个字的滋味。忽又想起前日见古人诗中有"水流花谢两无情"之句,再词中又有"流水落花春去也,天上人间"之句,又兼方才所见《西厢记》中"花落水流红,闲愁万种"之句,都一时想起来,凑聚在一处,仔细忖度,不觉心痛神驰,眼中落泪!

这一段描述林黛玉在听到伶人演唱《牡丹亭·游园》一出的曲词时心情的种种变化,初则仅认为戏中也有好文章,接着联系到自己,不觉心动神摇,再进一步听到"你在幽闺自怜",竟是深中自己的心事,"亦发如醉如痴,站立不住",竟至坐在一块山石上。在仔细咀嚼"如花美眷似水流年"八个字时,不觉又联想到唐人崔涂的诗、五代李煜的词和元人《西厢记》中的曲词,都不外叹岁月之易逝与芳年之不永,因而感伤之情达到了高潮,不觉心痛神痴,眼中落泪。

这是一段绝妙的对《牡丹亭》的评论文章,作者通过林黛玉在听到《牡丹亭》中曲词时的感受,以及引起个人思想情绪上的发展变化,形象地说明了,《牡丹亭》的《游园》一出写出了闺中少女睹物兴感,从而深叹"如花美眷似水流年"和在封建礼教的禁锢下,只有在"幽闺自怜"的真实情况。林黛玉在接触到《牡丹亭》曲词时的感受,实代表了千千万万深闺中的少女以及遇人不淑的少妇们的感伤情绪。过去的俞二娘、冯小青,在读了《牡丹亭》后的感受,当与林黛玉有其一致之处!所以在主情主义上,《红楼梦》的创作思想实承《牡丹亭》与《聊斋志异》,而又有着进一步的发展。

(二)提倡婚姻自由,反对封建礼教

李贽在《藏书》卷三十七《司马相如传》后,论相如与卓文君的结合道:

> 虽然，又有奇者，方相如之客临邛也，临邛富人如程郑卓王孙等，皆财倾东南之产，而目不识一丁。令虽奏琴，空自鼓也，谁知琴心？其陪列宾席者，衣冠济楚，亦何伟也，空自见金，而不见人，但见相如之贫，不见相如之富也。不有卓氏，谁能听之？然则相如，卓氏之梁鸿也。使当其时卓氏如孟光，必请于王孙，吾知王孙必不听也。嗟夫！斗筲小人，何足计事，徒失佳偶，空负良缘，不如早自抉择，忍小耻而就大计。《易》不云乎"同声相应，同气相求，同明相照，同类相招"，"云从龙，风从虎"，归凤求凰，安可诬也！

这真是先进的见解、大胆的评论，而这竟成了后来卫道派攻击卓吾的罪状。但是三百年后，郭沫若写了《三个叛逆的女性》，其中之一就是卓文君。三百年前与三百年后的见解竟然若合符节，则卓吾之卓识，岂一般道学家们所能理解哉！

至于《牡丹亭》中的主人公杜丽娘与柳梦梅，在梦中一见钟情，因而相爱，之死靡他，最后竟还魂结合。若士与卓吾对此问题，可以说是全然同调。

至冯梦龙《三言》中凡关于男女婚姻问题的篇子，作者无不主张应由男女双方自己作主，而反对封建礼教所规定的"父母之命，媒妁之言"的那一套。即如《苏小妹三难新郎》，写苏老泉对女儿小妹的婚姻，凡是求婚的，都教呈上文字，把与女儿自阅，最后小妹与秦观结合，就是她自己选定的。又如《女秀才移花接木》写闻蜚娥女扮男装，与男子一起读书，结交了两个男朋友，一个叫杜子中，一个叫魏撰之，她认为这两人都很好，但其更喜欢杜子中，于二人中究竟挑选哪个，于是她用箭来预卜她将来的婚事，最后终于实现了自己的愿望，与她所最爱的同学杜子中结了婚。篇中作者用评论闻、杜两人婚姻的诗篇，来说明自己对婚姻的主张道：

> 从来女子守闺房，几见裙钗入学堂。
> 　文武习成男子业，婚姻也只自商量！

《聊斋志异》中，像这种主张男女自由恋爱的篇子，也很不少。对这一问题,蒲松龄确实继承了宋元以来市民文学的优良传统。关于婚姻自主问题,在上举《连城》中表现得极为突出。篇中有这一段,写乔生与连城两人的魂回到乔生家中,将要还阳的时候,刻画连城的思想情况与二人的眷爱之情道:

> 途中,连城行寒缓,里余辄一息,凡十余息始见里门。连城曰:"重生后,惧有反复,请索妾骸骨来,妾以君家生,当无悔也。"生然之,偕归生家。女惕惕若不能步。生伫待之,女曰:"妾至此,四肢摇摇,似无所主,志恐不遂,尚宜审谋。不然,生后何能自由。"相将入侧厢中,默定少时。连城笑曰:"君憎妾耶?"生惊问其故。赧然曰:"恐事不谐,重负君矣!请先以鬼报也。"生喜极,尽情欢恋。因徘徊不敢遽出,寄厢中者三日。

从这段描写中,作者揭露了社会上封建势力的强大,而男女双方,即令相爱,但结合是如何的困难。"恐不遂,尚宜审谋,不然,生后何能自由。"连城这个话,深刻地倾诉出青年女子对所恋而志不得遂的悲哀与痛苦。这对婚姻自由的企求,正是千万青年女子们的呼声!

《红楼梦》中,作者深恨封建的婚姻制度给青年们所造成的不能弥补的创痛。不论是公子小姐,或是小厮丫头,他(她)们都在追求能与自己的所爱结合。然而封建社会的种种限制与阻力,使他(她)们赍恨而死。书中所谓"千红一窟(哭),万艳同杯(悲)",其所哭与所悲者,正为此耳。

(三)反对封建等级制

晚明"左派王学"中的思想家,比着程朱派道学家,在对待一般下层社会来说,态度是极不相同的。一是严格分别等级,不能逾越;一是消除这种等级的差别。这就是"左派王学"思想家们的平等思想。李卓吾称赞罗汝芳讲学时和他接触的各类身份不同的人们道:

> 至若牧童樵竖,钓老渔翁,市井少年,公门将健,行商坐贾,织妇耕夫,窃屦名儒,衣冠大盗,此但心至则受,不问所由也。况

>夫布衣韦带,水宿岩栖,白面书生,青衿子弟,黄冠白羽,缁衣大士,缙绅先生,象笏朱履者哉!

所以李卓吾评论他:

>有柳士师之宽和,而不见其不恭。有大雄氏之慈悲,而不闻其无当。同流合污,狂简斐然,良贾深藏,难识易见,居柔处下,非乡愿也。泛爱容众,真平等也。(《焚书·罗近溪先生告文》)

"泛爱容众,真平等也",后来受"左派王学"影响的作家,可以说没有不是这样的。即如《儒林外史》的作者吴敬梓,是出身于全椒的世家望族,所谓"一门三鼎甲,四代六尚书"。但到他本人,由于豪侠好施,急人之急,把家产都荡尽了。后来客居秦淮,过着有一顿没一顿的穷困日子。他平时所接触的人,身份非常杂。正如《儒林外史》三十四回中借高老先生评杜少卿的话道(杜少卿实为作者本人写照):

>他这儿子,就更胡说,混穿混吃,和尚道士、工匠、花子,都拉着相与,却不肯相与一个正经人。

吴敬梓正因为接近了社会的底层,因而使他深深地理解到劳动人民的品质的高尚。相反,那班达官贵人和一些一心追求功名利禄的知识分子的行为,有不少是可耻可鄙的。所以在《儒林外史》中对他们就进行了无情的鞭挞与讽刺。而他所歌颂所肯定的人物,都是下层社会中自食其力的劳动者,这就是像王冕、卜老、鲍文卿以及添四客中的盖宽、荆元等人。所以吴敬梓在他写《儒林外史》时,的确已摆脱了封建地主阶级的偏见,而能比较正确地来分析、评价、刻画社会上各类人物了。正因为此,他这部著作才具有高度的现实主义的创作精神。

《红楼梦》的作者曹雪芹的世界观也深深地受到晚明的文化革命的影响,他主张人人平等。在反对封建等级制上,与晚明"左派王学"中的思想家以及清初作者吴敬梓等一样,给人异世同符之感。他在《红楼梦》中塑造的具有强烈的反封建思想的典型人物贾宝玉,也有点像《儒林外史》中的主人公杜少卿,是最瞧不起那班以八股应举而取得功名的达官贵人,直称他们为"禄蠹"。湘云曾劝他:"如今大了,你就不愿读书去考举人进士,也该常会会这些为官作宰的,谈谈讲讲那些仕途经济的学问,也好将来应酬事务。"他的答复,则是对她一顿抢白与讽刺:"姑娘请别的姐妹屋里坐坐,我这里仔细腌臜了你知经济学问的人。"(三十二回)

另外,第七回写宝玉初次与家境贫寒的秦钟见面时,自思道:

> 天下竟有这等的人物,如今看了,我竟成了泥猪癞狗了。可恨我为什么生在这侯门公府之家?若也生在寒儒薄宦之家,早得与他交接,也不枉生了一世。……富贵二字,不料遭我荼毒了。

还有他在与妙玉谈话中,曾有"常言世法平等"的话(第四十一回),所以对于一般下人从不摆主人的架子,正如贾琏的小厮兴儿,对尤三姐评论他的话:

> 也没个刚气儿,有一遭见了我们,喜欢时没上没下,大家乱顽一阵,不喜欢,各自走了。他也不理人,我们坐着,卧着,见了他,也不理他,他也不责备。因此没人怕他,只管随便,都过得去。(六十六回)

这就说明在他思想中对下层社会一视同仁的平等观念。

至于在婚姻问题上,反对等级观念,最突出的是《三言》中的《杜十娘怒沉百宝箱》与《金玉奴棒打薄情郎》两篇。前者写男主人公李甲,因系封建官僚家庭出身,抱着浓厚的封建等级意识,认为杜十娘是个妓女,是烟花贱质,不配作他的正室,于是才上了孙富的当,断送了自己的幸福生活。他与《卖油郎独占花魁》中的秦重相比就相去很远了。但也正由于两人出身阶级的不同,所以对妓女的看法也大相悬殊。同时,从小说中的写法来看,正说明了作者是反对那种腐朽的封建等级观念的。至于《金玉奴棒打薄情郎》中的莫稽之所以忘恩负义,正因为他后来有了地位,于是就生出嫌弃原来曾经成就了自己的妻子。他认为"早知有今日富贵,怕没王侯贵戚招赘为婿?却拜了个团头做岳丈,可不是终身之玷"。正由于这种等级观念作祟,于是他就下了狠毒之心,在上任的途中,把他的妻子玉奴推到江中。后来幸而为淮西转运使许德厚所救,认为义女,最后以许女的名义,又与莫稽成婚。婚后,莫稽的新岳丈挖苦他道:"贤婿常恨令岳翁卑贱,以致夫妇失爱,几乎不终。今下官备员转运,只怕爵位不高,尚未满贤婿之意。"这是多么尖刻的讽刺。但是直到社会主义社会的今天,在婚姻问题上,有些人的脑筋还停留在中世纪的门第观念,读读这些小说,应该有所反省吧!

(四) 提倡豪侠作风

嵇文甫先生论"左派王学"道:

> 章太炎称王阳明长处,在内断疑悔,外绝牵制。这种精神,左派诸人最能发挥出来。试看自龙溪心斋以至山农心隐,近溪卓吾等,那个不是直往直来,毫无挂碍?他们都不屑做个洁身自好的儒生,而只是要做个舍身救世的英雄好汉。然而因此也就不免触世纲招物议,为主持名教大儒们所排诋了。……罗近溪为帮助一夫人救其丈夫而不惜行贿。康德涵失身刘瑾之门以救知己而李卓吾称之。他们只知发挥其一体不容己之情,什么世俗的礼义节行,都在所不顾了。(《左派王学·左派王学的历史评价》)

这种提倡豪侠,在文学创作上最突出的是吴敬梓的《儒林外史》,里边塑造了凤四老爷这个人物。他的行径,正是罗近溪、康德涵那种从井救人的作风。他不止脱万中书于厄,而且做了几件大快人心的事,这里无须多谈了。除凤四老爷以外,其余凡能急人之困,脱人于厄的,如马二先生之于蘧公孙、鲍文卿之于向知县、庄绍光之于卢信侯、杜少卿之于王知县,作者无不加以肯定与表扬。

其次是蒲松龄,他在《聊斋志异》中,也曾歌颂过侠客。在《田七郎》中,写田七郎不惜以死为他的知己武承休报仇雪恨的事。而《侠女》则是写一青年女子,隐姓埋名,为养母复仇,不惜与一青年不婚而为其生子以延其嗣续的事。像这样无视社会的封建礼教而采取权变的措施,作者如不受"王学左派"的影响,是决不会塑造出这样的人物的。

在晚清排满的运动中,革命派对清政府的要员,往往采取暗杀的恐怖手段,从而促进武装起义的爆发,如吴樾之刺五大臣、徐锡麟之刺杀恩铭,这对当时清政府的震动极大,所以当时革命派的思想家对历史上的侠客,常常持肯定态度。即如章太炎在《訄书》(后经修订,易名《检论》)《儒侠》中有这样的话:

> 大侠不世出,而击刺之萌兴。虽然,古之学者读书击剑,业成而武节立,是以司马相如能论荆轲。天下乱也,义士则狙击人主,其它借交报仇,为国民发愤,有为鸱枭于百姓者,则利剑刺之,可以得志。当世之平,刺客则可绝乎!①

侠客的行径,只能是暂时地泄一泄人民群众的不平之气,对当时不合理的封建统治制度,是起不了什么决定性的作用的。所以鲁迅在三十年代用马思克主义的观点来评论侠士道:

> 司马迁说:"儒以文乱法,而侠以武犯禁。"乱之和犯,决不是叛。不过闹点小乱子而已。(《流氓的变迁》,见《三闲集》)②

一向为人们所推重的《水浒》里边所写的梁山泊上的好汉,鲁迅认为他们"也是侠之流,他们的旗帜是'替天行道',他们所反对的不是天子,而是奸臣。他们打劫的是平民,不是将相,一部《水浒》,说得很分明,因为不反对天子,所以大军一到,便受招安,替国家打别的强盗——不替天行道的强盗去了,终于是奴才"。这从侠客其最初行径目标以及末了的结局,给以评价,是多么深刻入微。从这里,可以看出"左派王学"的思想家们提倡的尚义任侠以及受他们影响的作家们在作品中所塑造出的这类义侠人物,对人民来说,只能快意于一时,

---

① 《訄书详注》,上海古籍出版社,2000 年,第 76 页。
② 《三闲集》,鲁迅著,人民文学出版社,1959 年,第 121 页。

对整个黑暗的政治,是起不了决定性的作用的。

至于清代的侠义小说如《施公案》、《彭公案》以及《七侠五义》之类,里边所写的主人公,正如鲁迅所写的:

> 满洲入关,中国渐被压服了,连有侠气的人也不敢再起盗心,不敢指斥奸臣,不敢直接为天子效力,于是跟一个好官员或钦差大臣,给他保镖,替他捕盗。……他们出身清白,连先前也并无坏处,虽在钦差之下,究居平民之上。对一方面固然必须听命,对别方面还是大可逞雄,安全之度增多了,奴性也跟着加足。(《流氓的变迁》)

所以,从人民立场来看,这类作品中所歌颂的人物,实在是毫不足取的。

(五)对妇女贞操问题的看法

自从宋儒程伊川有"饿死事小,失节事大"的主张,于是妇女婚后,不论是丧夫或被遗弃,倘若再嫁,即为失节之妇,从而为社会所不齿。后来发展到女子一字人,虽未结婚,倘其夫死,有的殉节,有的守节,再不嫁人。宋以后封建统治者,为守节的妇女建立旌表的制度,对不守节的妇女就更加轻蔑和鄙视。于是不幸的妇女死于封建礼教的,不知有多少。五四前夕鲁迅发表的《狂人日记》,篇中写狂人翻阅中国的历史说:

> 这历史没有年代,歪歪斜斜的每叶上都写着"仁义道德"几个字。我横竖睡不着,仔细看了半夜,才从字缝里看出字来,满本都写着两个字是"吃人"!

这被吃的自然指的被压迫的劳动人民,不单指的是妇女,但妇女被礼教吃掉,为数就更没法估计。后来鲁迅又发表了小说《祝福》,更形象地控诉、揭露封建礼教扼杀吞噬善良的劳动妇女的详细过程。在道学先生所卫护的封建礼教的淫威下,首先赞扬寡妇可以再嫁的是李卓吾。他对新寡的卓文君之奔相如,认为是"云从龙,风从虎,同明相照,同气相求,归凤求凰,焉可诬也"。这在当时真可说是大逆不道。他之被迫害而死的原因,即种于此。

在卓吾思想的影响下,晚明的冯梦龙在他的《三言》中即无视这种女子从一而终的封建道德教条。如《陈御史巧勘金钗钿》,主人公鲁学曾,幼年与顾签事的女儿阿秀订婚,由于鲁家家贫无力举行婚礼,于是顾签事的夫人背着丈夫约鲁,夜晚到顾家馈赠金银首饰。不料鲁为向其表兄梁尚宾借衣服,事为梁所知。梁用计骗鲁说到次日方能借给他,于是他假冒鲁到顾家,不仅接受了馈赠,而且骗奸了顾小姐。到了第三天,真公子去到顾家,这时顾小姐才知受了别人的骗,于是上吊自杀。鲁学曾被逮,令其抵命,后经陈御史勘问,才发现了罪犯为梁尚宾,后来梁正法后,其妻竟与鲁学曾结了婚。

又如《蒋兴哥重会珍珠衫》,写蒋兴哥之妻三巧儿,在蒋出外经商的时候,与一陈商发生关系。后来蒋回来后,了解了情况,与之离异。后陈商病死,其妻探视其夫之病,流落外乡,经媒说合,蒋兴哥与陈商之妻结婚。从这里可以看到,男子不论是否已经结婚,但与再嫁的女子结合,并不认为是不光彩的事。

至于夫死,妻子殉节的事,吴敬梓在《儒林外史》四十八回,写王玉辉的三女儿殉夫的事。吴敬梓以写实的笔墨,反映出礼教吃人的惨剧。王玉辉的女儿向他父亲提出要以死殉夫的想法,王玉辉竟不劝阻,他向他亲家道:"亲家,我仔细想来,我这个小女要殉节的真切,倒也由着他行罢。自古心去意难留。"因向女儿道"我儿你既如此,这是青史上留名的事,我难道还拦阻你。你竟是这样做罢。我今日就回家去,叫你母亲和你作别"。及至他的三女儿死后,他亲家去向他报信的时候,书中写道:

> 又过了三日,二更天气,几把火把几个人来打门,报道:"三姑娘饿了八天,在今日午时去世了。"老妇人听见,哭死了过去,灌醒回来,大哭不止。王玉辉走到床前说道:"你这老人家,真正是个呆子。三女儿他而今已是成了仙了,你哭他怎的?他这死的好,只怕我将来,不能像他这一个好题目死哩。"因仰天大笑

道:"死的好！死的好！"大笑着走出房门去了。

这段刻画,令我们今天读来,还不免为之怵目惊心！吴敬梓虽没有明白对这种殉节进行批判,但这个写法,就是最有力的批判！王玉辉在封建道德教条的毒害下,竟对自己女儿的死亡,不但不心痛,反而仰天大笑道:"死的好！死的好！"这哪是一个正常的人,简直是在程朱理学思想毒害下的一个丧失了人性的精神病患者！

以上对妇女贞操问题的观点,到乾隆时期,一方面戴震从哲学理论上对程朱理学进行了批判,所谓"酷吏以法杀人,后儒以'理'杀人,浸浸然舍法而论理,死矣！更无可救矣！"(《与某书》)真是对程朱理学极其沉痛而又深刻的控诉！一时朴学家,如汪中和稍后的俞正燮,都对妇女守节问题从古礼上对程朱理学有所批评与纠正,这当在后边评述。

(六)对封建官吏以及地方豪绅残酷压迫剥削人民的揭露

前边论到袁中郎,他在创作思想与创作方法上曾深受白苏的影响,而尤其继承了乐天的"文章合为时而著"与"歌诗合为事而作"的现实主义精神。他在诗歌中对当时政府对人民的诛求剥削、地方社会秩序的骚乱以及在灾荒中人民的颠沛流离都进行了描写。

在小说方面,从《三言》、《二拍》到清初的《儒林外史》、《聊斋志异》,直到乾隆时期的《红楼梦》,它们的作者都是站在被压迫、被剥削的广大人民的立场上,对腐败的政治、黑暗的现实进行揭露。即如《二拍》中的《逞多财白丁横带》,写当时朝廷卖官鬻爵的事实。篇中用闲汉包大和郭七郎、张多保三人的对话,来揭发当时的政治黑暗的情况。多保道:

> 而今的官有好些难做的,他们做得兴头,多是有根基,有脚力,亲戚满朝,党羽四布,方能够根深蒂固,有得钱赚,越做越高,随你去剥削小民,贪污无耻,只要有使用,有人情,便是万年无事

的。

而酷吏最毒辣、最残酷的莫过于屠杀难民,割掉首级,充作鞑虏,向朝廷请功。《沈小霞相会出师表》中,边将杨顺就是这样做的。当时被贬的朝臣沈炼,了解了这种情况,就写信给杨顺,对他的凶暴加以抨击。杨顺于是与宰相严嵩合谋,诬陷沈炼,说他通敌,将其下狱而死。

此外,《三言》中的《灌园叟晚逢仙女》,也写了地方上的恶霸,要霸占一家劳动人民的果园,竟然串通地方官来陷害园子的主人。篇中主人公秋先被迫害的遭遇,在封建社会中,可以说比比皆是。

清初的蒲松龄,在他的《聊斋志异》中,对当时政治的黑暗、人民所受的压迫揭露得更加淋漓尽致。在《成仙篇》里,从成生与周生的对话中,说明他对当时政治的看法。所谓"强梁世界,原无皂白。况今日官宰半强寇,有不操矛弧者耶"。

在《席方平》中,痛斥当时衙门中的官吏道:

乃上下其鹰鸷之手,既罔念夫民贫。且飞扬其狙狯之奸,更不嫌乎鬼瘦。惟受赃而枉法,真人面而兽心。

在《梦狼》中,形象地指出"官即是虎,吏就是狼",而人民在他们的残暴吞噬下,剩下的就是堆积如山的白骨。至于地方上的豪绅恶霸,《聊斋志异》揭露他们对小民的凶残横暴,更是淋漓尽致。《崔猛》写一个豪绅王监生称霸一乡的情况道:

有王监生者,家豪富,四方无赖不仁之辈,出入其门。邑中殷实者,多被劫掠。或忤之,辄盗杀诸途,子亦淫暴。王有寡姊,父子俱烝之。妻仇氏,屡诅王,王缢之,仇兄弟质诸官,王赇嘱以告者坐诬。

《石清虚》写势豪可以任意抢去别人的贵重的东西,据为己有;《辛十四娘》写势宦公子,由于别人讽刺了自己以贿取中的丑事而设计置人于死地。《聊斋》使我们可以清楚地看到封建社会中的阶级关系,下至地主、豪绅、官吏、县令,上至督抚、皇帝,形成了系统的统治势力,像泰山一样压在人民的头上。

吴敬梓在《儒林外史》中对封建的官僚、吏胥以及乡绅,也有揭露。即如王观察(惠)当上知府时,一脑子的"三年清知府、十万雪花银"的想法。他在表现上,似乎是对朝廷办事认真,实际上他借此来捞一把,所以他一上任,就满衙的戥子声、算盘声、板子声。

至于吏胥,如潘自业,他很坦率,毫不掩饰地告匡超人说:"要做些有想头的事。"所以他的门庭若市,不是这个访,就是那个找。不外都是些狐群狗党,在一起营私舞弊,来残害人民群众。

至于乡绅,如严贡生,借自己的地位,更是用恐吓狡诈的手段来进行剥削敲诈。吴敬梓不像蒲松龄那样,满腔愤慨,来痛斥怒骂那些残害人民的蠹贼,而是冷静地观察,客观地描述,用讽刺的笔墨,反映出当时社会的不合理的现实,而给读者以深刻的印象。

至于曹雪芹的《红楼梦》,其主题思想,虽然是写封建社会不可避免地要走上崩溃的必然趋势,其中对当时封建政治的黑暗,也有深刻的揭露。即如第四回中一个衙门的门子因薛蟠为争夺一个丫头,打死人命一案,告诉新官贾雨村的一段话:

> 如今凡作地方官者,皆有一个私单,上面写的是本省最有权势,极富贵的大乡绅名姓,各省皆然。倘若不知,一时触犯了这样的人家,不但官爵,只怕连性命也难保呢!所以叫做护官符。

贾雨村本来还想惩办一下打死人的凶犯,后来听门子讲,凶犯薛蟠有钱有势,而且正是贾雨村所赖以迁任这个官职的贾府、王府的至亲,于是就听从门子的话,糊里糊涂,了了这桩官司,并禀报贾府,借以送个人情。

第十五回写凤姐叫铁槛寺的老尼求她说情,从而受三千两的贿赂,拆散了人家原来的婚姻,最后竟至闹出了人命。

总之,从晚明的《三言》、《二拍》到清中叶的《红楼梦》,由于作者反映了市民阶级的愿望与理想,站在被压迫者的一边,因而对黑暗的现实作了不同程度的刻画与揭露,所以具有极浓厚的反封建的色彩。从晚明到清中叶,在小说上这种现实主义的创作精神,实为我国古典文学的主流。特别在传奇、平话及章回等体裁中,能真实地反映广大人民群众的反剥削、反压迫、追求自由、追求个性解放的斗争,这些方面,实给五四时期新文学以极深的影响。在五四文学革命运动之中,陈独秀、胡适、钱玄同等人对中国古典小说特别是宋元以来代表市民阶级思想的小说作品的评论,以及稍后对这些比较为人民群众所爱读的如《水浒传》、《三国演义》、《西游记》、《儒林外史》以及《红楼梦》等作品,一面标点印行,一面进行考证、分析与评价,都说明五四新文学在小说创作上,一方面自然吸取了西方文学的进步思想与新的样式,但在创作方法及写作技巧上,还是与中国古典小说,有着传统的血缘关系的。

关于戏曲,前面已经谈到汤临川的《牡丹亭》,在作品的主题思想以及主人公形象的塑造上,给予十七、十八世纪中国小说的显著影响。至于戏曲,当然更不会例外。在清代受晚明这种新的思潮影响的作品,足以作为代表的,为《长生殿》同《桃花扇》。

洪升(或作昇)(1645—1704)字昉思,号稗畦,钱塘人,做了二十几年的国子监生。他根据白居易的《长恨歌》、陈鸿的《长恨歌传》和白仁甫的《唐明皇秋夜梧桐雨》杂剧,又加以增益扩大,而写成《长生殿》。

李隆基宠幸杨贵妃,不理朝政,委权于佞臣,逐渐酿成安史之乱的大祸,最后幸蜀,到马嵬坡,六军不发,李隆基不得已而缢死了杨贵妃。据陈寅恪的考证,关于李杨故事的发展,"在白歌陈传之前,故事大抵尚局限于人世,而不及于冥界,其畅述人天生死形魄离合之关系,似以《长恨歌》及传为创始。此故事既不限于现实之人世,遂更延长而优美。然则增加太真死后天上一段故事之作者,即是白陈诸人,洵为富于天才之文士矣"(《元白诗笺证稿》第一章《长恨歌》)。

我认为白歌陈传,增加了人间天上一段,所以能够使故事更加优美。其原因即在于增加了李杨爱情的深度与浓度。没有天上这一段描述与刻画,就显示不出太真对李隆基的忠贞不贰、至死靡它的情操,因而诗的结尾"天长地久有时尽,此恨绵绵无绝期"的悲剧色彩,才有了事实的根据。

洪升的《长生殿》，在内容思想上，与白歌基本是一致的，对李隆基在生活上的荒淫无耻，政治上的昏聩糊涂，置人民疾苦于不顾，终至于酿成大祸，进行了揭露与谴责。但其中心仍在写李杨爱情，这一点也本于白歌而并无不同，并且作了进一步地刻画与发展。从这一点说，《牡丹亭》写一般青年男女的爱情，而《长生殿》则是写帝王与妃子的爱情，虽其身份有所不同，但从主情主义这一点来说，是有其一致之处的。

不过《长生殿》不及《长恨歌》的，是白歌以悲剧结尾，而洪剧则以《重圆》告终，未免坠入大团圆的俗套。就这一点说，洪在文艺观上，比着白乐天，未免有倒退之嫌。

此剧除写李杨爱情外，中间叙述安禄山之乱，在《骂贼》、《弹词》两出中，寄托了个人的民族、家国之感，亦对投降清朝的满朝文武加以抨击与讽刺，至在写荒凉的宫殿曾经沾染腥膻的词句，显然表示出对异族统治的非毁。洪升后来一直潦倒落魄与这也不无关系。

与洪升同时齐名的有孔尚任，当时戏剧界有南洪北孔之称。

孔尚任（1648—1718），一字聘之，又字季重，号东塘，自号云亭山人，山东曲阜人。早年深受贾凫西《木皮散人鼓词》的影响，对南明史事深有所感。以后到京师作官，即与明末遗民如冒辟疆、邓孝威、僧石涛等人相结识，后又到扬州梅花岭拜史可法衣冠塚，于是就产生了用戏剧体裁，传写南明亡国故事的计划。他经过对史料的搜罗与遗闻轶事的探索，最后以侯方域、李香君两人的悲欢离合为线索，用形象的笔墨，刻画出明朝最后亡国的惨剧，把一代的忠良、权奸以及复社、几社那班文人才士，下至歌妓、优伶，无不就他们言行，写得栩栩如生。作者从对人物传神的刻画中，对忠奸善恶作了深刻的褒扬与贬斥，用以寄托他的民族主义、爱国主义的思想感情。

作者在剧中，特别塑造了李香君对权奸藐视、对侯方域忠贞不贰的节慨，简直超过了那班醉心利禄甘于同恶势力同流合污的士大夫。另外还对当时具有爱国思想的艺人柳敬亭、苏崑生，也都进行了褒扬。这种对历史人物实事求是的态度，自然是在晚明当时进步的思想潮流影响下才产生的。

据说《桃花扇》表扬了史可法、左良玉、黄得功等忠于明朝的人物,讽刺了刘良佐、刘泽清、田雄等降清的叛将,流露了明末遗民的感慨与哀思。在《余韵》一出里甚至以"开国元勋留狗尾,换朝元老缩龟头"讽刺改换发型服装的降臣徐青君,这样就引起了清朝统治者的不满,终于借一件疑案罢了孔尚任的官。他离京还里,留别王士禛的诗中有:

挥泪酬知己,歌骚问上天。

真嫌芳草秽,未信美人妍。

抒发了他当时对世事的不满情绪。

公安派反对复古主义,抬高民间文学的价值,并且在创作上吸取了民间歌曲的刚健、清新、明快、通俗等等特点。于是稍后的作者如冯梦龙,不仅从事平话小说的整理同创作,而且附带地搜辑整理民间流行的歌曲,如《山歌》同《黄山谜》;此外还有王廷绍的《霓裳续谱》、华广生的《白雪遗音》,以上都属于民间流行的歌谣同小曲。特别是六十年代初新发现的《挂枝儿》,据考证,也是冯梦龙整辑的,是他的《童痴一弄》。这些作品绝大部分是流行于民间的男女恋爱的情歌,但也有不少是反映市民阶级的生活和思想意识的。正如冯梦龙在《童痴二弄山歌·叙山歌》中说的:

且今虽季世,而但有假诗文,无假山歌。则以山歌不与诗文争名,故不屑假。而吾借以存真,不亦可乎……若夫借男女之真情,发名教之伪药,其功与《挂枝儿》等,故录《挂枝词》,而次及《山歌》。

顾颉刚在他校点的《山歌》序中,引里边的一首山歌《偷》评论道:

如此热情,如此刚勇,真使人觉得这一字一句里都蕴藏着热的血泪。我们读后会以为她卑鄙淫荡么?不!我们只应佩服这位礼教叛徒的坚强的人格,而对她的处境的恶劣表示极深的同情。

这种评价，确是极有道理的。如果没有晚明公安派新的文学运动以及"左派王学"的思想革命，则这些民间歌曲即令在民间盛行，也决不会有人给以收集、整理、刊印、发行。因为搞这个工作，首先在思想上须有打破旧礼教的思想同勇气才行。首先得有反封建礼教的勇气，其次得有反庙堂文学与复古派文人的勇气。而冯梦龙在这一点上，正是一个比较有胆识的人。后来的王绍庭、华广生都是冯梦龙的继起者。

就这些歌曲集所收录的作品的时间来看，明中叶以前的（仅限于南方），可以冯辑作代表；1795年以前的，王辑可为代表；1804年以前的，华辑可为代表。这几种集子，里边有歌谣，有小曲，就作者来说，一小部分为文人的拟作，绝大部分为人民的创作，其中或有经整辑者加工过的。就内容反映的情调来看，十之八九都是属于市民。就内容而论，妇女的地位，市民阶级中的妇女比着农村中的似乎已获得了部分的解放，首先封建道德对她们的束缚不像过去那样严了。有些妇女在性爱上就比较自由一点，因此也大胆一点，如《多兄弟》。反之，另一部分妇女，却因为商业资本发达，农村破产，沦为娼妓，受到残酷地压迫，过着非人的生活，如《妓女悲伤》（见《白雪遗音选》卷之三）。

另外，又因为城市市民阶级妇女生活享受的提高，因之影响到一部分接近城市的农村妇女，她们不愿再作劳动人民的妻子，为了提高生活享受而打算改嫁。如《也傍桑阴》、《相伴着黄荆篮》都说明了由于社会经济基础的变化，而影响到社会上意识形态的变化。

同时市民阶级与农民阶级由于经济生活的不同，因而反映到意识形态上，就不可避免地存在着一些矛盾。市民阶级不了解农民阶级的痛苦，他们爱干净，爱漂亮，又爱享受，瞧不起农民的肮脏、拙笨。农村妇女嫁到城市，最为婆婆所不喜。这种矛盾，从《乡里亲家我瞧瞧亲家》中表现得非常的突出而逼真。

至于民间歌曲的艺术特点，概括起来：1.有的篇子完全同戏曲的宾白一样，如《又是想来》、《人儿、人儿》；2.特别富于韵律美，如《艳阳天》、《减芳春》;3.委婉尽情,如《写封书儿》、《写情书》;4.有着加工的修辞美,如《三更月照好梦儿》。

  这种民间歌曲,不仅对当时的作者产生着影响,同时稍后的作者也受到它们的影响。最突出的如归庄的《万古愁曲》、贾凫西的《木皮散人鼓词》,它们都是长篇大作。在明亡之后,他们胸中有无限亡国之痛与个人愤懑不平之气。于是借历史上的人物故事,给以嘲弄讽刺,借以抒发倾泄。像这种借用民间形式的新体裁从事创作的,到了清代继起者也颇不乏人,如蒲松龄曾写了不少的俗曲如《学究自嘲》、《东郭外传》,徐大椿有《时文叹》,招子庸有《想前因》以及后来的郑板桥还有《道情》之作。以上这些都反映了社会上的阶级矛盾以及下层知识分子与劳动人民的不平和痛苦,表现了这些作者同情劳动人民的现实主义创作精神。

  综上所述,中国十七、十八世纪的文学,在晚明思想解放与文学革新运动的影响下,在小说戏曲以及民间文学等方面,确实开创了一个新局面。特别在小说方面,出现了一个高潮,并涌现出创作上的高峰。如果这种新的进步的潮流,在清代康、雍、乾三朝不受反动的文化统治政策的打击与扼杀,那么文坛情况、创作成就,决不止此。这是我们探讨中国文学发展规律时所不能不扼腕叹息的。

四、清代朴学家的反理学思想与先进的文学观

清代朴学的开山为顾炎武,他根本不承认理学之能独立,他曾说:

> 古今安得别有所谓理学者,经学即理学也。自有舍经学以言理学者,而邪说以起。(全祖望《亭林先生神道表》引)

梁启超非常重视他这个话,说:

> "经学即理学"一语,则炎武所创学派之新旗帜也。(《清代学术概论》)

接着梁启超指出:"此语两病:其一、以经学代理学,是推翻一偶像,而别供一偶像。其二、理学即哲学,实应离经学,而为一独立学科。"但他又指出,在当时亭林这个话"实具有深刻的现实意义,有清一代学术,确在此旗帜之下,而获一新生命"。同时从宋元以来理学家,不论程朱或陆王,已成为理学家们的偶像,有议之者,几如在专制君主治下犯大不敬律。"自炎武此说出,而此学阀之神圣,忽为革命军所粉碎,此实四五百年来思想界之一大解放也"(同上)。

不过炎武对理学中程朱、陆王两派,是比较尊重程朱,而竭力排击王学的。他曾说:

> 以一人而易天下,其流风至于百有余年之久者,古有之矣,王夷甫之清谈,王介甫之新说,其在于,今则王伯安之良知是也。

《孟子》曰:"天下之生久矣,一治一乱,拨乱世反之正,岂不在于后贤乎?"(《日知录》卷十八)

但炎武之学术观点,确为清代学术开创了一代新风,特别在治学态度及方法上,给后人树立了光辉的典范。梁启超《清代学术概论》中曾归结为三点:

1. 贵创,一反明人因袭剽窃之恶习。他曾论著书之难道:"其必古人之所未及就,后世之所不可无,而后为之。"(《日知录》卷十九)

2. 博证,论一事必举证,尤不可以孤证自足,必取之甚博,证备,然后自表其所信。其自述治音韵之学曰:"列本证旁证两条。本证者,诗自相证也,旁证者,采之他书也。二者俱无,则宛转以审其音,参伍以谐其韵。……"(《音论》)梁启超说:

> 此所用者,皆近世科学的研究法。乾嘉以还学者,固所共习,在当时则固炎武所自创也。

3. 致用。炎武《与人书三》中说:

> 孔子删述六经,即伊尹太公救民水火之心,故曰载诸空言,不如见诸行事。……愚不揣有见于此,凡文之不关于六经之指,当世之务者,一切不为。

以上三点,给后来朴学家们的影响极大。但到康、雍、乾三朝,士大夫在残酷的文字狱的打击下,大多数专力于经学,继承了炎武治学的贵创、博引之风,不免倾向于"为学术而学术",致用之风熄矣。

清代乾嘉时的朴学,有吴、皖两派。最先不满宋儒解经的为吴派惠氏之学。其学以崇古训、尊师传、守家法为宗旨。故对宋儒之解经,诋为不尊故训,多逞臆说。惠定宇评《毛诗注疏》谓:"栋则以为宋儒之祸,甚于秦灰。"(见李集《敬堂鹤征录》)其诋宋儒可谓至矣。至戴震之排程朱,当系受惠氏之影响。不过所不同的,惠氏专从解经上着眼,而戴氏则从哲理上予以驳斥。戴学特点,即在治经从古文字学入手,为了解经,并旁推而至于音韵、训诂、天文、地理等。他在《与是仲明论学书》(《文集》卷九)中讲的很清楚,他说:

> 寻思之久,计于心曰:经之至者道也,所以明道者其词也,所

以成词者字也。由字以通其词,由词以通其道,必有渐。

下边又谈到治经之难,必须有多方面的学问,才能够搞清楚。他说:

> 至若经之难明,尚有若干事。诵《尧典》数行,至"乃命羲和",不知恒星七政所以运行,则掩卷不能卒业。诵《周南》、《召南》,自《关雎》而往,不知古音,徒强以协韵,则龃龉失读。(同上)

从东原这封信中,就可以了解到朴学到后来的发展,方面非常广博的原因了。所以清代学者最初从治经开端,后来涉及的专业范围,非常的广泛。后人承其余绪,进行深入的探讨,而成为各个方面系统的专业,所谓"六艺附庸,蔚为大国",不只古文字学是如此,天文、历算、历史、地理,又何尝不是如此。

清代吴派学者之反程朱,不过攻击其解经之误谬,到戴东原的《原善》、《孟子字义疏证》,则从哲学理论上抨击程朱理学之荒谬。他在文集卷九《与某书》中说:

> 宋以来儒者,以己之见硬坐为古圣贤立言之意,而语言文字,实未之知。其于天下之事也,以己所谓理,强断行之,而事情原委隐曲,实未能得,是以大道失,而行事乖。……呜呼!今之人其亦弗思矣!圣人之道,使天下无不达之情,求遂其欲,而天下治。后儒不知情之至于纤微无憾是谓理,而其所谓理者,同于酷吏之所谓法。酷吏以法杀人,后儒以理杀人,浸浸乎,舍法而论理,死矣更无可救矣。

东原之批程朱,比晚明李贽之抨击道学,更深刻,更有力。在东原反理学的思想影响下,一时思想界获得了极大的解放。最显著的是对宋以来在理学的束缚、压迫下痛苦而无告的妇女,为她们仗义执言。

中国从汉以来有所谓"三纲"之说,实际这是强者对弱者的压迫,后来称之为三条绳索,君臣、父子、夫妇之间,毫无平等之可言。正如戴东原所说:

理欲之分，人人能言之，故今之治人者，视古圣贤体民之情，遂民之欲，多出于鄙细隐曲，不措诸意，不足为怪。而及其责以理也，不难举旷世之高节，著于义，而罪之。尊者以理责卑，长者以理责幼，贵者以理责贱，虽失，谓之顺。卑者、幼者、贱者，以理争之，虽得，谓之逆。于是下之人，不能以天下之同情，天下所同欲，达之于上。上以理责其下，而在下之罪，人人不胜指数。人死于法，犹有怜之者，死于理，其谁怜之！(《孟子字义疏证》)

"三纲"之中，妻子受丈夫的压迫尤其突出。从宋以来，对妇女提倡所谓贞节，鼓励妇女守节，大建所谓贞节牌坊，并在地方志中设立所谓烈女传。到后来发展到不仅结过婚的女子，丈夫死了得守节，殉节。甚至仅仅订过婚，并未出嫁，其未婚夫死了，也得守节，甚至殉节。关于妇女殉节的事，《儒林外史》第四十八回写王玉辉女儿殉夫的故事，就是很好的说明。

清代朴学家中，反对宋儒用礼教教条对妇女进行压迫的有汪中。他在《女子许嫁而婿死从死及守志议》中，根据《礼记》中所记载的古礼，来驳斥宋以来儒者认为女子许嫁而婿死应该从死或守志的荒谬主张。他引《礼记》中《曾子问》篇的话，指出"纳采、问名、纳吉、纳徵、请期，是礼之所由行也，非礼之所由成也。故女子许嫁而婿死，从而死之，与适婿之家，事其父母为之立后而不嫁者，非礼也"。文章后边他引与他同时期的学者刘台拱的话道：

归太仆曰："女子未有以身许人之道也，女未嫁而为其夫死，且不改适，是六礼不备。婿不亲迎，比之于奔，其言婉而笃矣。"

接着汪中评论道：

中以为未尽也。事苟非礼，虽有父母之命，夫家之礼，犹不得谨也。是故女子欲之，父母若婿之父母，得而止之。父母若婿之父母欲之，邦之有司，乡之士君子得而止之。周公监于二代，而制为是礼。孔子述之，意周公孔子不可非乎，则其礼不可过也，故曰过犹不及(《述学》内篇一)。

周公制礼，对男女之间的关系，已经够不平等了，但到后来的贱儒,越发变本加厉。女子未嫁而其夫死,竟至从死,或到夫家守寡,认为都是合理,这样不知害死了多少无辜的妇女。汪中这篇文章,从当时来说,可谓石破天惊,替被压迫的妇女主持了正义。

稍后的俞正燮,也是一个考据学者,他著有《癸巳类稿》及《癸巳存稿》。他更是大声疾呼,来替被压迫的妇女们鸣冤。根据古代礼制与史实,写了许多文章,对男女不平等的旧礼制,提出异议与驳斥,如《类稿》卷十三《节妇说》、《妒非女子恶德论》,《存稿》卷四中《女》、《妻》、《女人称为贵重》,等等,这种提倡男女平等的进步思想,当时就曾受到李慈铭的攻击,说什么"语语偏谲,似谢夫人所谓生于周姥者"(《越缦堂日记》咸丰六月二十日)。这就反映出李慈铭所代表的是封建顽固派。

晚清的民主革命家蔡元培,早年即深受俞正燮这种思想的影响。他说:"余自十岁,得俞先生之《癸巳类稿》及《存稿》而深好之,历五十年而好之如故。"(《俞理初先生年谱跋》),同时在这篇跋中,称道俞氏一认识人权,二认识时代。另外蔡氏在1910年出版的《中国伦理学史》宋明理学时代中,对俞氏大加赞扬。他论到中国过去的封建伦理道德时说:

> 我国夫妇之伦,本已脱掠卖时代,而近于一夫一妇之制,惟尚有妾媵之设。而所谓贞操焉者,乃专为妇女之义务,而无与于男子。至所谓妇女之道德,卑顺也,不妒忌也,无一非消极者。自宋以后,凡事舍情而言理,如伊川者,且目寡妇之再醮为失节,而谓"饿死事小,失节事大",于是妇女益陷于穷而无告之地位矣。

蔡氏在批判宋儒之后,即指出俞正燮如何注意于这一问题。首先,他反对妇女裹足之陋习,写有《书〈旧唐书·舆服志〉后》,历考古昔妇人为履之式及裹足之风之所由来,而断之曰"古有丁男丁女,裹足则失丁女,阴弱则两仪不定"。又出古舞屣贱服,女贱则男贱。其次,对妇女守节问题,他首先认为古时男女平等,说:"古礼夫妇合体,同尊卑,乃或卑其妻,古言终身不改,身,则男女同也。七事出妻,乃

七改矣。七改再娶乃八改矣。男子理义无涯涘，而深文以罔妇人，是无耻之论也。"(《节妇说》)

对妇女夫死再嫁问题，他认为："再嫁者，不当非之。不再嫁敬礼之，斯已矣。"他在《贞女说》中抨击世俗迫女守贞之非道：

呜呼！男儿以忠义自责，则可耳。妇女贞烈，岂是男子荣耀也！

同时他非常同情沦为娼妓的妇女，曾历考娼妓的历史，认为他们都是无告之民。凡苛待她们的，都谓之"虐无告"(《中国伦理学史》附录《俞理初学说》)。

蔡氏生平致力于妇女解放运动即深受俞正燮的影响。二十世纪初，他在上海创办爱国学社，同时又创爱国女校。当他长北大时，男子的大学招取女生是他首先从北大开始的。特别当他原配夫人去世后，他的续娶条件，于不缠足、有文化之外，并说明男女双方有一方去世，另一方可以再结婚。当时惊为奇谈怪论。

据以上所述，说明俞正燮深受戴东原以及汪中等反理学思想的影响，蔡元培继之，又进一步予以发展，从而对晚清以来妇女解放运动产生了巨大的影响。

清代朴学家于反理学的同时，对先秦其他各家在中国学术思想史上的地位予以提高，并与儒家等量齐观。其原因在于他们由经学而涉及到对先秦诸子的研究。他们的态度既比较客观，而方法又比较科学，所以能不为宋儒的"道统"观念所囿，能比较正确地给先秦诸子以评价，而给他们以应有的学术思想史上的地位。即如对于墨子，孔子有"攻乎异端，斯害也矣"的话，孟子攻击他同杨朱是"无父无君"，甚至骂他们为"禽兽"。杨墨既视为异端，所以汉以后学者，就不再有人去理睬他们，到清代的朴学家们，才注意到墨子。

其中最早的当推汪中，他对墨子书进行整理，对墨子身世进行考订，他深以孟子诋訾墨子为非，他说：

彼且以兼爱教天下之为人子者，使以孝其亲，而谓之"无父"，斯已过矣。后之君子，日习孟子之说，而未睹墨子之本书，众口交攻,抑又甚焉。

其次,他对"后之儒者,以其诬孔子为墨子罪也"进行了驳辩,他说:

虽然,自儒者言之,孔子之尊,固生民以来所未有矣。自墨者言之,则孔子鲁之大夫也,而墨子宋之大夫也,其位相埒,其年又相近,其操术不同,而立言务以求胜,此在诸子百家莫不如是,是故墨子之诬孔子,犹老子之绌儒学也,归于不相为谋而已矣。

最后他深为墨子之学之不能为后之从政者所用而鸣不平道:

惜夫!以彼勤生薄死,而务急国家之事,后之从政者,固宜假正议以恶之哉!(以上均见《墨子序》)

继汪中之后,晚清对墨子作更深入的研究并进行整理校订与注释的,则为孙诒让。孙氏也是一位成就卓越的朴学家,生平治《周礼》,并以其余力治墨子,而写成了有功于墨学的《墨子闲诂》。

仲容继汪容甫之后,对墨子也作了极其公允的评价,说"其用心笃厚,勇于振世救敝,殆非韩吕诸子之伦比也"。并认为《庄子·天下篇》中称墨子为"才士也夫"是持平之论(《墨子闲诂》序)。俞樾在为孙氏这部书写的序里称:

墨子则达于天人之理,熟于事物之情,又深察春秋战国百余年间时势之变,欲补弊扶偏,以复之于古,郑重其意,反复其言,以冀世主之一听,虽若有稍诡于正者,而实千古之有心人也。

在篇末并指出有人认为西方的科学,系渊源于墨子,他说:

近世西学中光学、重学,或言皆出于墨子,然则其备梯、备突、备穴诸法,或即泰西机器之权舆乎?

这纯系附会之言,但晚清确有一些人这样讲。俞樾还说:

嗟乎!今天下一大战国也。以孟子反本一言为主,而以墨子之书辅之,傥足以安内攘外乎!

晚清学者曾经一度形成墨子研究的热潮,与当时形势要求,不能说是无关系的。

在这样对先秦诸子进行重新估价的风气下,章太炎在《訄书》

(后改名《检论》)中对老、庄、荀、韩都有新的评价。他受到俞樾、孙诒让的影响,在1906年发表的《诸子学略说》中,对先秦各家都有评述,就中对孔子及儒家抨击尤烈。太炎所利用的历史资料,有的即本于《墨子》及《庄子》书。由于太炎之批判儒家,遂开五四反孔运动之先河。

在文学观上,朴学家中有的受到晚明文学思想的影响,对戏曲、小说深为重视,并进行研究。即如焦循,为戴震后学,在反理学方面,同戴震观点极其相同。在文学上,他对元杂剧及明传奇深感兴趣。他曾汇集关于这方面的许多史料,参考书达百六十余种,而加以编纂,成《剧说》一书。书的开端道:

> 乾隆壬子(1792)冬月,于书肆破书中,得一帙,杂录前人论曲论剧之语,引辑详博,而无次序。嘉庆乙丑(1805)养病家居,经史苦不能读,因取前帙,参以旧闻,凡论宫调音律者不录,名之以《剧说》云。谷雨日记。

这部书,曾给后来王国维以极大启发。王国维之写《宋元戏剧史》,即根据前人史料而进行比较研究,系统地论述了中国戏剧的萌芽、诞生与发展。

焦氏于《剧说》外,并有论文著作《易余吁录》。他在论到中国文学的变迁时,曾得出这样的结论,说:

> 夫一代有一代之所胜,舍其所胜,以就其所不胜,皆寄人篱下者耳。余尝欲自楚骚以下至明八股,撰为一集。汉则专取其赋,魏晋六朝至隋,则专取其五言诗。唐则专录其律诗,宋专录其词,元专录其曲,明专录其八股。一代还其一代之所胜,然而未暇也。(卷十五)

后来王国维即深受此影响,并且在理论上进一步加以阐发,他在《人间词话》中说:

> 四言敝而有《楚辞》,《楚辞》敝而有五言,五言敝而有七言。古诗敝而有律绝,律绝敝而有词。盖文体通行既久,染指遂多,自成习套,豪杰之士亦难于其中自出新意,故遁而作他体以自解

脱。一切文体所以始盛终衰者,皆由于此。故谓文学后不如前,余未敢信。但就一体论,则此说固无以易也。

这是从写作方法上着眼的,后边又从作品内容上来说明其原因道:

诗至唐中叶以后,殆为羔雁之具矣,故五代北宋之诗(除一二大家外),无可观看,而词则独为其全盛时代。其诗词兼擅如永叔、少游者,皆诗不如词远甚。以其写之于诗者,不若写之于词者之真也。至南宋以后词,亦为羔雁之具,而词亦替矣(除稼轩一人外)。观此足以知文学盛衰之故矣。(《文学小言》十三)

王国维在清末,一面继承了前人的见解,同时还受到西方美学观与文学观的影响,所以他对元杂剧评价很高,继焦循之后,对中国戏曲作了系统的探索与研究,最后写出了《宋元戏曲史》,其中论元剧之文章时,曾这样说:

元杂剧之为一代之绝作,元人未之知也。明之文人始激赏之,至有以关汉卿比司马子长者(韩文靖邦奇)。三百年来,学者文人,大抵屏元剧不观。其见元剧者,无不加以倾倒。如焦理堂《易余籥录》之说,可谓具眼矣。……余谓律诗与词,固莫盛于唐宋,然此二者果为二代文学中最佳之作否? 尚属疑问。若元之文学,则固未有尚于其曲者也。

这在现在可以说已成定论。

除此之外,就是小说,在乾嘉时期朴学家中从事小说创作,并借小说来鼓吹男女平权的为《镜花缘》的作者李汝珍。

李汝珍(约1763—1830)字松石,直隶大兴人,少而颖异,不乐为时文。乾隆四十七年,随其兄之海州任,因师事凌廷堪,论文之暇,兼及音韵。后他又接触不少从事音韵的学者,曾著有《音鉴》一书,主实用,重今音,而敢于变古。盖惟精声韵之学,而敢于变古,乃能居学者之列。鲁迅说他"博识多通,而仍敢于为小说也。惟于小说又复论学、说艺、数典谈经,连篇累牍,而不能自已。则博识多通又害之"(《中国小说史略》第二十五篇《清之以小说见才学者》)。

据此,则李汝珍在当时,实亦可列入朴学家之林。鲁迅在《史略》中论及乾嘉学风时说:

> 雍乾以来,江南人士惕于文字之祸,因避史事不道,折而考证经子,以至小学,若艺术之微,亦所不废。惟语必征实,忌为空谈,博识之风于是亦盛。逮风气既成,则学者之面目亦自具。小说乃"道听途说者之所造",史以为"无可观",故亦不屑道也。然尚有一李汝珍之作《镜花缘》。

由此可见,当时一般朴学家是瞧不起小说的,可是李汝珍竟敢于从事小说的创作,这是他为当时其他朴学家们所不及处。

尤其值得注意的,是他对妇女问题的注意,对几千年被压迫妇女寄以无限同情,在这一点上,他同汪中、俞正燮等,在反对程朱理学及中国传统儒家思想对妇女的禁锢与压迫上,实有其一致之处。而这种思想的根源,实皆渊源于戴东原的反程朱理学的思想。

汪中、俞正燮都是从恢复古礼并从对史实的考证上,来驳斥后来儒者对妇女贞操问题的主张,而企图予以改革。李汝珍则用浪漫主义的手法,通过对海外一些国家的风俗礼制与中国的作对比,而寄托个人对妇女问题的理想。胡适在《〈镜花缘〉的引论》四中,引了《镜花缘》第四十九回中泣红亭的碑记之后,有泣江亭主人的总论一段(略),胡适说:"这是著者著书的宗旨。我们要问,著者自言'穷探野史,尝有所见',究竟他所见的是什么?"下边他说:

> 我的答案是,李汝珍所见的是几千年来忽略了的妇女问题。他是中国最早提出这个妇女问题的人。他的《镜花缘》是一部讨论妇女问题的小说。他对于这个问题的答案是男女应该受平等的待遇、平等的教育、平等的选举制度。

胡适在这篇文章结尾时又说:

> 三千年的历史上,没有一个人曾大胆的提出来妇女问题的各个方面来作公平的讨论。直到十九世纪的初年,才出了这个多才多艺的李汝珍,费了十几年的精力,来提出这个重大的问题。他把这个问题的各方面,都大胆的提出,虚心的讨论,审慎

的建议。他的女儿国一大段,将来一定要成为世界女权史上的一篇永久不朽的大文。他对于女子贞操、女子教育、女子选举等等问题的见解,将来一定要在中国女权史上占一个很光荣的位置,这是我对于《镜花缘》的预言,也许我和今日的读者还可以看见这一日的实现。

胡适这个看法,在当时来说,还是比较正确的。

我们从中国文学创作上看,过去的《西厢记》也好,《牡丹亭》也好,以及后来的《聊斋志异》、《红楼梦》,对妇女只提出婚姻自由问题,至于大胆地反对妇女缠足,提出妇女贞操、妇女教育、妇女参政等问题,应该说是发端于李汝珍。胡适说他应该在中国女权史上占一个光荣的地位,是完全应该的。

在李汝珍之后,喜欢小说,不但对小说进行探索,而且还亲自动手来改编小说的,是俞樾。

俞樾(1821—1907)浙江德清人,字荫甫,号曲园,道光进士,曾任翰林院编修,河南学政,晚年讲学杭州诂经精舍。俞樾是晚清皖派的朴学大师,上承戴、段、二王之学,著有《群经评议》与《诸子评议》等,为章炳麟的业师。他是经学大师,但对小说却极感兴趣,对中国流传的古典小说的渊源,曾进行考订、说明,在他的《春在堂随笔》中有《小浮梅闲话》,全是谈小说的。在开卷中说:

> 余曲园之中,有曲池焉,曲池之中有小浮梅槛,仅容二人促膝。夏日余与内子坐其中,因录其间话,稍有依据者,为一编云。

可知书中所讲的关于小说的谈话,都是他同他夫人讲的。书中用对话体对问题进行解答。书中涉及的章回小说,有《封神传》、《三国演义》、《西游记》、《隋唐演义》、《红楼梦》,平话小说,如《今古奇观》中有些篇子,对故事的来源,也有所说明,但大体都带考证的性质。

其次是俞樾根据石玉昆的《三侠五义》而改写为《七侠五义》。鲁迅《中国小说史略》中说:

> 当俞樾寓吴下时,潘祖荫归自北京,出示此本。初以为寻常

俗书耳,及阅毕,乃叹其事迹新奇,笔意酣恣,插写既细入毫芒,点染又曲中筋节。正如柳麻子说"武松打店",初到店内无人,蓦地一吼,店中空缸空甏,皆瓮瓮有声:"闲中着色,精神百倍"(俞序语)。而颇病开篇"狸猫换太子"之不经,乃别撰第一回,"援据史传,订正俗说",又以书中南侠、北侠、双侠,其数已四,非三能包,加小侠艾虎,则又成五,"而黑妖狐智化者,小侠之师也,小诸葛沈仲元者,第一百回中盛称其从游戏中生出侠义来,然则此两人非侠而何?"因复改名《七侠五义》,于光绪己丑(1889年)序而传之,乃与初本并行,在浙江特盛。(第二十七篇《清之侠义小说及公案》)

1925年,上海亚东书局要重印《三侠五义》,并请俞平伯标点,胡适在这部书的序中说:

《三侠五义》成书在1871年以前,至1879年始出版。十年后(1889)俞曲园先生(樾)重行改订一次,把第一回改撰过,改颜查散为颜眘敏,改书名《三侠五义》为《七侠五义》。……其实《三侠五义》原本确有胜过曲园先生改本之处。就是曲园先生最不满意的第一回,也远胜于改本。……这回亚东图书馆请俞平伯先生标点此书,全用《三侠五义》作底本。将来定可以使这个本子重新流行于国中,使许多读者知道这部小说的原本是个什么样子。平伯是曲园先生的曾孙,《三侠五义》因曲园先生的表彰,而盛行于南方。现在《三侠五义》的原本,又要靠平伯的标点,而保存流传,这不但是俞家的佳话,也可说是文学史上的一段佳话了。

周作人在他的《中国新文学的源流》中认为:"乾隆时期汉学家章实斋在《妇学篇》中大骂袁枚,到这时,公安、竟陵两派的文学,便告了结束。然而最奇怪的事情,是他们在汉学家的手里死去,后来却又在汉学家手里复活了起来。"于是他就提出了俞樾,说:"他的态度和清初的李笠翁、金圣叹差不多,也是将小说当作文学看。"下边他指出俞樾改写《三侠五义》为《七侠五义》的事。末了说:"所以他是一个汉学家,而走的公安派、竟陵派的路子的。"(以上见第四讲《死去的公安派的苏醒》)周作人说章实斋是汉学家,又说由于他大骂袁枚,"到这时,公安、竟陵两派的文学,便告了结束",最后又说:"最奇怪的事情,是他们在汉学家的手里死去,后来却又在汉学家手里复活了起来。"这些话是值得商榷的。

周作人没有从学术思想上来对汉学家进行分析。实际清代的汉学家,特别是皖派学者,从戴震起,是反对程朱理学的。因此在学术思想上,同晚明的李贽与公安派在反对程朱理学上是有其一致之处的。至于章实斋是不反程朱的,他是主张调和朱陆的。他对戴震也进行抨击,特别他攻击袁枚,卫道士的面目表现得十足。所以他在学术上属于浙东学派,于吴皖两派的考据之学,均有所非议。因此不能说他是"汉学家"。至于公安、竟陵的结束是否由于章实斋之反对袁枚,以及公安、竟陵的复苏是否由于俞樾的赞成小说为文学,这都是值得考虑的问题,因为一种流派的结束与复苏,由其整个时代的政治经济形势以及学术思潮等原因所决定,而绝不决定于某一个杰出人物。这个道理是非常清楚的。

朴学家在晚清还有刘师培,他在早年所作《论文杂记》中认为词曲小说的兴起是中国文学发展中必然的结果,他说:

> 英儒斯宾塞尔有言:"世界愈进化,则文学愈退化。"夫所谓退者,乃由文趋质,由深趋浅耳。及观之中国文学,则上古之书,印刷未明,竹帛繁重,故力求简质,崇用文言。降及东周,文字渐繁。至于六朝,文与笔分。宋代以下,文词益浅,而儒家语录以兴。元代以来,复盛兴词曲。此皆语言文字合一之渐也。故小说之体,即由是而兴。而《水浒传》、《三国演义》诸书,已开俗语入文之渐。陋儒不察,以此为文学之日下也。然天演之例,莫不由简趋繁,何独于文学而不然!

这是从中国文学的发展,用历史进化的观点,而得出这样符合实际的看法。下边他又从普及文化的角度,指出文言合一的必要性与迫切性。他说:

故世之讨论古今文字者，以为有浅深文质之殊，岂知此正进化之公例哉。故就文字之进化之公理言之，则中国自古代以来，必经俗语入文之一级。昔欧洲十六世纪教育家达泰氏，以本国语言用于文学，而国民教育以兴。盖文言合一，则识字者日益多。以通俗之文推行书报，凡世之稍识字者，皆可家置一编，以助觉民之用，此诚近今中国之急务也。然古代文词岂宜骤废？故近日文词宜区二派：一修俗语以启瀹齐民，一用古文以保存国学。

　　很显然，刘师培在文学观上，受到西方文学发展的影响，从而对中国文学作了较为切合实际的分析与论断。不过，他不像王国维曾一度接受西方哲学家的美学思想而又专门研究中国词曲者有年，所以对问题的看法，也不免流于一般化。但他预示中国文学将来定有言文合一的一天，这个预见到后来却是完全实现了。可惜他后来由于政治上的反动，影响到他的文学思想，走向复古主义，到"五四"时期，竟成为文学革命的反对派。

　　上边曾提到，周作人认为公安、竟陵的文学在汉学家章实斋攻击袁枚时结束，后来又在汉学家俞樾提倡小说的情况下复苏，我不同意这个看法。我认为要从思想的本质上看，晚明的文化革命运动，在乾嘉时期的朴学家中，还有着极大的影响。即如戴震提出圣人"体民之情，随民之欲"的主张，反对程朱的"存天理，去人欲"的谬见，这不是同晚明李贽的"穿衣吃饭即是人伦物理，除却穿衣吃饭无伦物矣"（《焚书》卷一《答邓石阳书》）的理论极其相似吗？此外，在文学上曹雪芹的《红楼梦》其思想也完全是晚明以来的新思想。

　　嘉道时的龚自珍是戴东原的大弟子段玉裁的外孙，其受东原思想的影响，自不待言。他为了纠正当时朴学家的脱离现实、脱离政治的"为学术而学术"的偏向，而又从刘申受受公羊学。他的世界观同文学观，与晚明的文化革命的潮流，基本上是一致的。在龚自珍的影响下，晚清文学以维新派的梁启超、黄遵宪为首，提出"诗界革命"、小说界革命以及散文解放，而重新掀起了一个文学革新运动，开后来五四文学革命运动的先河。所以如果说公安、竟陵文学的复苏在汉学家手中，那么应当是龚自珍，自然也不排斥俞曲园。在三十年代重印《袁中郎全集》时，郁达夫有篇序，里边有段话说得很好，我非常同意，今摘录于下，作为本章的结束。

  由来诗文到了末路，每次革命的人总以抒发性灵、归返自然为标语。唐之李、杜、元、白，宋之欧、苏、黄、陆，明之公安、竟陵两派，清之袁、蒋、赵、龚各人，都系沿这一派下来的。世风尽可以改易，好尚也可以移变，然而人的性灵，却始终是不能泯灭的。

五、清代桐城派的兴起、发展与衰竭

（一）

桐城派是清代乾隆以来，在中国文坛上出现的一个散文流派。它的形成，曾国藩在《欧阳生文集序》中，曾有所论述。文中说：

> 乾隆之末，桐城姚姬传先生鼐，善为古文辞，慕效其乡先辈方望溪侍郎之所为，而受法于刘君大櫆，及其世父编修君范。三子既通儒硕望，姚先生治其术益精，历城周永年书昌为之语曰："天下之文章，其在桐城乎？"由是，学者多归响桐城，号桐城派，犹前世所称江西诗派者也。

以桐城派，就其发展来说，是创始于方苞，形成于姚鼐，而大盛于曾国藩，直到清廷颠覆，"五四"文学革命兴起后而衰。桐城派的散文，实际是继承韩欧以来所谓唐宋八大家的古文。其间稍有不同的，是韩欧在创作思想上，标举孔孟，特别是韩愈，在《原道》中提出道统之说，而俨然以继承文、周、孔、孟以来的道统自任。

清代桐城派的创始人方苞，则提出了应通过宋代理学家程朱，而上承孔孟。方苞曾以"学行继程朱之后，文章在韩欧之间"作为他的致力方向。这样就把韩欧文章与程朱理学密切地结合了起来。所以从方苞历姚鼐以及稍后的曾国藩，直到"五四"时期的林纾，他们统统都是拥护程朱的卫道派。所谓桐城文派，不只在散文上，他们痛诋不循八大家道路的一切文派，并且在思想上，对凡是反程朱理学的其他各派思想，无不目之为异端，而大张挞伐！在政治上，对主张维新以及革命的则视若洪水猛兽，恨不得"食其肉而寝其皮"。所以清中叶以后桐城派的各种表现，实反映了百年来文学思想与学术思想以及政治领域里的斗争，而归根结底则反映了这一伟大变革历史时期的阶级斗争。本文拟就以上几个方面来进行分析与论述。

（二）

韩欧是桐城派最推崇的作家，尤其是韩愈，宋代的苏轼已把他抬得非常高，称他是"文起八代之衰，而道济天下之溺"（《潮州韩文公庙碑》）。这种称许，并非毫无根据，所谓"文起八代之衰"是指他在唐中叶所提倡的古文运动而言。韩愈在散文上以先秦的经典和庄骚以及汉代的史迁和扬马为法，形成有他自己独特风格的散文，而反对东汉以来所风行的排偶骈俪之文。他自称对于文章是：

> 沉浸酡郁，含英咀华，作为文章，其书满家。上规姚姒，浑浑无涯，周诰殷盘，佶屈聱牙；《春秋》谨严，《左氏》浮夸；《易》奇而法，《诗》正而葩；下逮《庄》、《骚》，太史所录；子云、相如，同工异曲；先生之于文，可谓闳其中而肆其外矣。（《进学解》）

在《答李翊书》中，自述其写作经验中间经过几个阶段，最后才达到较高的境界。他总结的体会，则是学习与修养，所谓"行之乎仁义之途，游之乎《诗》、《书》之源，无迷其途，无绝其源，终吾身而已矣"。由于他长期致力于古文的写作，终于使他的散文，在艺术上达到了超迈时人的地步，而受到后人的称许。

至于"道济天下之溺"，乃是指韩愈排佛老说的。他在《进学解》中自称：

> 觝排异端，攘斥佛老，补苴罅漏，张皇幽眇，寻坠绪之茫茫，独旁搜而远绍，障百川而东之，回狂澜于既倒。

他在这方面的具体表现,一是发表论文《原道》,从理论上阐明儒家之道是修、齐、治、平的正道,而佛老两家之道乃是歪门邪道,二是给当时皇帝上《谏迎佛骨表》反对迎接佛骨。由于这篇上书,触怒了崇奉佛教的宪宗,几乎遭到杀身之祸,后来被贬到边疆潮州。

韩愈平生所作的两件大事:即在散文上提倡复古运动,纠正当时骈俪华而不实的浮靡文风和在思想上排击佛老,推尊儒术。从当时的现实来说,是顺应历史潮流的发展。从社会经济来说,对当时生产的发展,也是有利的,因而有一定的积极意义。但韩愈的立场,是地主阶级统治者的立场,而他的思想,又继承了汉以来儒家神学的天命论和唯心主义观点。他的《原道》实际是在鼓吹封建的专制主义。特别是他为了与佛教的祖统相对抗,又提出了儒家思想从尧舜以来一系列的世代相传的道统说,并在儒家经典中抬出《大学》,以"正心、诚意"作为"修、齐、治、平"的根本,所以后来的学者说他以儒教来代替佛教、道教的理论工作,虽然揭示了释道并不是理想的统治工具,但崇儒的理论却并没有达到成熟的地步。不过,他的"道济天下之溺"的尝试,却为后来的道学开启了先河(侯外庐等《中国思想通史》第四卷(上)第330页)。

继韩愈之后的古文作家,宋代有欧、曾、王、三苏,但为桐城派所推重的,则为欧阳修。原因是他的思想体系同韩愈是一致的。在唐代中叶,韩柳虽提倡过散文方面的复古运动,但到唐末五代,盛行一时的还是骈体。到了宋代又重新提倡古文,标榜韩文的,则为尹洙、穆修同欧阳修等。由于欧的声望地位,于是古文才又大行。这种发展情况,欧阳修有较为详细的叙述,他说:

> 予少家汉东……得唐《昌黎先生文集》六卷,脱落颠倒无次序,因乞李氏以归。读之,觉其言深厚而雄博。然予犹少,未能悉究其义,徒见其浩然无涯,若可爱。是时天下学者杨(亿)刘(筠)之作(按他们的诗歌当时号为西昆体)号为时文,能者取科第,擅名声,以夸荣当世,未尝有道韩文者,予亦方举进士,以礼部诗赋为事,年十有七试于州,为有司所黜,因取所藏韩氏之文

复阅之，则喟然叹曰："学者当至于是而止尔！"因怪时人之不道，而顾己亦未暇学，徒时时独念余心。……后七年举进士及第，官于洛阳，而尹师鲁之徒皆在，遂相与作为古文。……其后天下学者，亦渐趋于古，而韩文遂行于世。至于今盖三十余年矣，学者非韩不学也，可谓盛矣。(《记旧本韩文后》)

欧阳修之所以推尊韩文，提倡韩文，即在于韩愈以文章阐明孔孟的儒家之道，他二人的思想体系基本上是一致的。韩愈排佛老，作《原道》，而欧阳修则仿《原道》作《本论》，提出对于佛应采取"修其本以胜之"的方法。所谓"本"，即孔孟之道。因此他认为要把文章写好，必须首先明道。他说：

昔孔子老而归鲁，六经之作数年之顷尔。……何其用功少而至于此也，圣人之文虽不可及，然大抵道胜者，文不难而自至也。故孟子皇皇，不暇著书。荀卿盖亦晚而有作。若子云仲淹方勉焉以模言语，此道未足而强言者也。后之惑者，徒见前世之文传，以为学者文而已，故愈力愈勤，而愈不至。(《答吴充秀才书》)

这说明"道"是根本，"道胜而文不难至"。

其次，他认为韩柳两人，道则不同，其区别犹夷夏也。他在《唐柳宗元般舟和尚碑》中云：

子厚与退之皆以文章知名一时，而后世称为韩柳者，盖流俗之相传也。其为道不同，犹夷夏也。然退之之文章每极称子厚者，岂以名并显于世，不欲有所贬毁，以避争名之嫌，而其为道不同，虽不言，顾后当自知欤？不然，退之以力排释老为己任，于子厚不得无言也。

韩愈是排佛老的，但柳宗元则不然，他主张对佛老不妨取其所长，而弃其所短。对于佛，他说：

儒者韩退之与余善，尝病余嗜浮图言，訾余与浮图游。近陇西李生础，自东都来，退之又寓书罪余，且曰："见《送元生序》，不斥浮图。"浮图诚有不可斥者，往往与《易》、《论语》合，诚乐之,其于性情奭然,不与孔子异道。退之好儒未能过扬子,扬子之书,于庄、墨、申、韩皆有取焉。浮图者,反不及庄、墨、申、韩之怪僻险贼耶?曰:"以其夷也。"果不信道,而斥焉以夷,则将友恶来盗跖,而贱季札由余乎?非所谓去名求实者矣。(《送僧浩初序》)

这是对韩愈对他非难的驳斥。至对于老子,他在《送元十八山人南游序》中说:

> 太史公尝言:"世之学孔氏者则黜老子,学老子者则黜孔氏,道不同不相为谋。"余观老子,亦孔氏之异流也,不得以相抗。又况扬、墨、申、商、刑名、纵横之说,其迭相訾毁抵牾,而不合者可胜言邪?然皆有以佐世。

由此可见,柳宗元对历史上流传下来的各派思想,不赞同像汉董仲舒那样的主张,"罢黜百家"而定儒家为一尊,而是主张以儒家思想为主,并能吸取各家之长,去其所短,以适于用。因此韩柳在思想见解上,的确是极不相同的。欧阳修是以继承韩愈自命的,所以他深以韩愈不为文来贬抑柳宗元,反而极称其文章以为怪。所以后来的桐城派,标榜"韩欧",而不及柳,因为柳的思想不纯的缘故。

宋代的理学家,后人所称的五子,从周敦颐开始,中经二程和张载,到南宋朱熹,而集其大成。朱熹综合吸收了从先秦以来的各种唯心主义哲学的主要论点,包括道教、佛教的唯心主义在内,建立了一个庞大的唯心主义哲学体系。对这一体系,应看作是中国封建统治者统治思想的理论总结。它对加强和巩固官僚地主阶级的统治,起了积极作用(任继愈《中国哲学史简编》第六章第四节)。

朱熹对唐宋的作家,比较起来,是推许韩欧的。尽管对于韩愈在思想见解上,还有不太满意之处。由于他是理学家,所以他总是先从文章所代表的思想上来考虑。他说:

> 韩退之、欧阳永叔所谓扶持正学,不杂释老者也。然到得紧要处,便处置不行,更说不去。便说得来也拙,不分晓。缘他不曾去穷理,只是学作文,所以如此。(《朱子语类》卷第一百三十

七《战国汉唐诸君子》)

又说:

  韩文高,欧阳文可学,曾文一字挨一字谨严,然太迫。(《朱子语类》卷第一百三十九《论文上》)

朱熹对韩欧二人,特别称扬欧的话最多,即如:

  欧公文字锋利,文字好,议论也好。尝有诗云:"玉颜自古为身累,肉食何人为国谋。"以诗言之,是第一等好诗,以议论言之,是第一等议论。(同上)

  道夫因言欧阳公文平淡,曰虽平淡,其中却自美丽,有好处,有不可及处,却不是塌茸无意思。(同上)

  作文字须是靠实,说得有条理乃好,不可架空细巧。大率要七分实,只二三分文。如欧阳公文字好者,只是靠实而有条理。(同上)

由于朱熹的推尊韩欧,所以清代方苞提出"文章韩欧"的口号。

朱熹在写文上,不同意李汉的韩文序中所说的"文者,贯道之器"的看法。他说:"文皆是从道中流出,岂有文反能贯道之理。若以文贯道,却是把本为末,以末为本,可乎?"(《语类》卷八)同时也不赞同苏轼的"文与道俱"的说法,他说:

  东坡之言曰:"吾所为文,必与道俱。"则是文自文而道自道,待作文时,旋去讨个道来入放里面,此是它大病处。(同上)

朱熹认为为文明道是根本,如能根本乎道,则发之于文,皆道也。他说:

  道者,文之根本,文者,道之枝叶,惟其根本乎道,所以发之于文皆道也,三代圣贤文章,皆从此心写出,文便是道。(同上)

又说:

  贯穿百氏及经史,乃所以辨验是非,明此义理,岂特欲使文词不陋而已。义理既明,又能力行不倦,则其存诸中者,必也光明四达,何施不可。发而为言,以宣其心志,当自发越不凡,可爱可传矣。今执笔以习研钻华采之文,务悦人者,外而已,可耻也夫！

朱熹主张贯穿百氏及经史，辨验是非，明此义理，继之以力行不倦，这样发而为文，自然可以写出可爱可传的文章。他反对有意的去为文，他对韩愈的不满即在其有意的去为文。清代的桐城派，虽然都是以程朱的信徒相标榜，但他们所走的道路，仍是韩愈的老路，并非以道为主，乃是为写文而学道。

清代桐城派的作家无虑数十，但根据晚清对这派作者的评价，堪称大家的，也不过数人。姚鼐编选《古文辞类纂》，作为他传授古文的范本，上溯先秦，下迄清初，选到方苞、刘大櫆为止。到光绪时，王先谦编选《续古文辞类纂》，他在这书的序中论述桐城派的创始与发展道：

> 自桐城方望溪氏以古文专家之学，主张后进，海峰承之，遗风遂衍。姚惜抱禀其师传，覃心冥迫，益以所自得，推究阃奥，开设户牖，天下翕然号为正宗。承学之士如蓬从风，如川赴壑，寻声企景，项领相望。百余年来，转相传述，遍于东南。由其道而名文苑者以数十计。呜呼，何其盛也！（《续古文辞类纂序》）

下边叙述到汉学兴起后，桐城派文章受到鄙薄，但由于梅伯言与曾国藩的提倡，而遗绪赖以不坠：

> 道光末造，士多高语周、秦、汉、魏，薄清淡简朴之文为不足焉。梅郎中、曾文正之伦相与修道立教，惜抱遗绪，赖以不坠。

后边他又特别对姚、梅、曾加以赞扬说：

> 惜抱振兴绝学，海内靡然从风。……梅氏浸淫于古，所造独为深远。……曾文正以雄直之气，宏通之识发为文章，冠绝今古，其于惜抱遗书，笃好深思，虽謦欬不亲，而途迹并合，学者将欲杜歧趋，遵正轨，姚氏而外，取法梅曾足矣。

但比王书晚出七年的黎庶昌编的《续古文辞类纂》，论及桐城派大师，则只推方、姚、曾，而不及梅伯言。他说：

> 桐城宗派之说，流俗相沿，已逾百岁。其敝至于浅弱不振，为有识者所讥。读曾文正公暨吴南屏二家之书，断断之辩，自可

以止。然公输虽巧,不用规矩准绳,又可乎哉?本朝文章,其体实正自望溪方氏,至姚先生面辞始雅洁,至曾文正公始变化以臻于大。桐城之言,乃天下之至言也。(《自序》)

黎氏看法与王氏所以略有不同,大概由于黎氏出于曾氏之门,认为梅氏非曾氏之侪的缘故。

下边拟就方、姚、曾三家论文特点,评述于下:

方苞被后人目为桐城派的创始人,除了他标榜"学行程朱","文章韩欧",作为平生从事文章修养的鹄的,从而成为后来桐城派所共同遵循的方向道路外,最重要的是他把从事古文写作的方法与要点,传授给后学。

1. 他认为古文是艺术,但写作上却比诗赋还难,想写好古文,必须从学行上下功夫。

仆闻诸父兄,艺术莫难于古文,自周以来各自名家者,仅十数人,则其艰可知矣。苟无其材,虽务学不可强而能也。苟无其学,虽有材不能骤而达也。有其材,有其学,而非其人,犹不能以有立焉。

下边他拿古文与诗赋相比,认为诗赋写好比古文要容易,他说:

盖古文之传,与诗赋异道,魏晋以后,奸佥污邪之人,而诗赋为众所称者有矣,以彼瞑瞒于声色之中,而曲得其情状,亦所谓诚而形者也。故言之工,而为流俗所不弃。若古文,则本经术,而依于事物之理,非中有所得,不可以为伪。故自刘歆承父之学议礼稽经而外,未闻奸佥污邪之人,而古文为世所传述者。(《答申谦居书》)

根据这样的看法,所以他非常称赞韩愈,说:

韩子有言,行之乎仁义之途,游之乎诗书之源,兹乃所以能约《六经》之旨以成文,而非前后文士所可比并也。(同上)

他认为柳、欧、曾、王以及苏氏父子在学行上都有不够的地方,所以他们的文章浅深、广狭、醇驳,等差各异。他提出:

苟志乎古文,必先定其祈向,然后所学有以为基。匪是,则勤而无所。若夫《左》、《史》以来相承之"义法",各出之径涂,则期月之间,可讲而明也。

充分说明方氏认为学行是根本,至于"义法"也就是写作的规律与方法,还是容易搞清楚的。

2."义法"、"古文义法"的提出,最早始于方氏。他说:

《春秋》之制义法,自太史公发之,而后之深于文者亦具焉。义,即《易》之所谓"言有物"也,法,即《易》之所谓"言有序"也。义以为经,而法纬之,然后为成体之文。(《又书货殖传后》)

由此可知,"义",为文章的内容,所谓"言有物"。而"法"则为文章的写作方法。但就方氏来说,他谈文章内容,远不如他谈方法的多。而所谓方法,实际也包含文章的形式与风格。下边试看他的论述。方氏在《书韩退之平淮西碑后》中云:

碑记墓志之有铭,犹史有赞论,义法创自太史公。其指意辞事必取之本文之外。班史以下,有括终始事迹以为赞论者,则于本文为复矣。此意惟韩子识之,故其铭辞未有义具于碑志者。或体制所宜,事有覆举,则必以补本文之间缺,如此篇兵谋战功详于序,而既平后情事则以铭出之,其大指然也。……欧阳公号为入韩子之奥窔,而以此类裁之,颇有不尽合者。介甫近之矣,而气象则过隘。夫秦周以前,学者未尝言文,而文之义法无一不备焉。唐宋以后,步趋绳尺,犹不能无过差,东乡艾氏乃谓文之法至宋而始备,所谓"强不知以为知"者耶?

这篇主要谈碑志体例同于传记,序同本文以及后边的铭赞,可以互相补充,而不应重复。实际这种道理,只要长于文的都了解。至于班固以后的史书作者,对所传述的人物,文末概括前边所述的终始事迹,以为赞论,乃史家对所述人物的总的批评,怎么能说重复呢?方氏头脑中先有一个史公文章的框框,拿这个框框来套后人的文章,如果不合,就认为不懂义法,这种批评,显然是不正确的。

此外方氏又论述写传记,对所述人物的生平事迹,应因其人物地位与事业表现的不同,在取材上,应有虚、实、详、略的差别,他又举史公文为例道：

> 古之晰于文律者，所载之事，必与其人之规模相称。太史公传陆贾，其分奴婢装资，琐琐者皆载焉。若《萧曹世家》而条举其治绩，则文字虽增十倍，不可得而备矣，故尝见义于《留侯世家》曰："留侯所从容与上言天下事甚众，非天下所以存亡，故不著。"此明示后世缀文之士，以虚实详略之权度也。宋元诸史若市肆簿籍，使览者不能终篇，坐此义不讲耳。（《与孙以宁书》）

宋元诸史之所以不及《史记》，固由于这些史书的作者在文学才能上远逊于史迁，但还有另外的原因，即《史记》出于史迁一人之手，所以可以作到此详彼略，互为补充，彼此照应，简明扼要，不蔓不枝。宋元以来史书，多出于众人之手，在材料的取舍上，很难作到虚、实、详、略恰到好处。在这些地方，是不能完全归咎于这些作者的。

方氏对文章风格还提出"雅洁"二字，他说：

> 南宋元明以来，古文义法不讲久矣。吴越间遗老尤放恣，或杂小说，或沿翰林旧体，无一雅洁者。（《评沈椒园文后》）

如何达到"雅洁"？方氏认为语汇不能无选择地任意乱用，他说：

> 凡为学佛者传记，用佛氏语则不雅，子厚、子瞻皆以兹自瑕。至明钱谦益，则如涕唾令人觳矣，岂惟佛说，即宋五子讲学口语，亦不宜入散体文。司马氏所谓言不雅驯也。（《答程夔州书》）

又说：

> 古文中不可入语录中语，魏晋六朝人藻丽俳语，《汉书》中板重字法，诗歌中隽语，南北史佻巧语。（《评沈椒园文后》）

可知方氏如何注意于文章的采用词汇了。

方苞认为文章应删繁趋简，尽量地删去芜杂多余的东西，这就包括了内容与词句。他说：

> 来示欲于志有所增，此未达于文之义法也。夫文未有繁而能工者，如煎金锡，粗矿去，然后黑浊之气竭而光润生。《史记》、《汉书》长篇，乃事之体本大，非按节而分寸之不遗也。（《与程若韩书》）

又说:

> 古文气体,所贵清澄无滓。澄清之极,自然而发其光精,则《左传》、《史记》之瑰丽浓郁是也。(《古文约选序》)

这里所谓"清澄无滓"实际是"雅洁"的具体说明。怎样达到清澄无滓,那就要删繁去汰,特别还要在词汇上严加选择。望溪提出古文风格的标准,给后来的作者影响极大。姚鼐在这方面曾进一步地有所阐发。

方氏在古文的发展上,是一个"今不如昔"的复古主义者。有时把古代理想化到令人可惊的地步。对文章,也同样是这样的看法,他说:

> 文章之传,代降而卑。以为古之必不可复者,惑也,百物技巧至后世而益精,竭心焉以求其善耳。然则道德文术之所以衰者,其故可知矣。周时人无不达于文见于传者,隶卒厮舆亦能雍容辞令。苏秦既遂,代历始脱市籍,驰说诸侯,而文辞之雄,后世之宿学不能逮也。盖三代盛时,无人而不知学,虽农、工、商、贾其少也,固尝与塾师里门之教矣。至秀民之能为士者,则聚之庠序学校,授以诗书六艺使究切于三才万物之理,而渐摩于师友者,常数十年。故深者能自得其性命,而飚流余焰之发于文辞者,以充实光辉,而非后世所能及也。(《赠谆安方文车舟序》)

这一段话,可以说方氏完全上了古人的当。首先,他说见于传者,"隶卒厮舆亦能雍容辞令",这表现在《左传》、《国语》以及《国策》之中。殊不知这些书里边所载的隶卒厮舆一般所谓"下等"人的话,都是经过写史的人加工润色的结果。难道他们当时的语言,真像那些史书所写的那样吗?如果这样来理解,那么《史记》、《汉书》中所载的隶卒厮舆的话,又何尝不是应对如流,雍容辞令呢?其次,又说什么当时"虽农、工、商、贾其少"、"固尝与于塾师里门之教矣。至秀民之能为士者,则聚之庠序学校授以诗书六艺"等等。试问春秋时孔子以及战国时的诸子,哪一个是从庠序学校出身的?孟子的话,不过说明他个人的政教理想,正如康有为所说,乃是"托古改制"。而方氏竟信以为真,真可谓痴人前说不得梦!

方氏还认为,自周之衰以至于唐,学芜而道塞近千岁矣,在这近千年当中,所有文章都不足取,只有昌黎韩子出,遂掩迹秦汉,而继武于周人。这样说来,韩愈文竟超过了司马迁,可他本人一向所推尊的古文义法,认为始于《春秋》,自太史公发之,又说退之、永叔、介甫,俱以志铭擅长,但叙事之文,义法备于《左传》、《史记》,退之变《左传》、《史记》之格调而阴用其义法(《古文约选序》),这样韩愈既超过了史公,而又阴用其义法,这在理论上,都不免有点自相矛盾。

不过方氏平生对于古文,确实用力甚勤,对周秦以来直到唐宋八大家在文章写作方法上曾经进行过深入的分析比较,从而搞出一套写作的原则。同时他自己也能在写作上对自己的理论给以实践,所以能写出独具风格的文章。方氏的文章风格,的确是非常简洁,而写情状物,有时也确能达到情景逼真、栩栩如生的地步。如《左忠毅公遗事》、《狱中杂记》等,读后给人以深刻的印象,久久不能忘怀。后来桐城派的文人,把他作为这派的开山,决不是偶然的。

姚鼐在古文的写作上,上承方苞,而受业于同郡的刘大櫆和他的世父姚范。在创作和理论上,比方、刘,有所继承与发展。特别是他以创作古文的方法传授生徒,因而桐城派之名,为海内所称道。所以姚鼐可以说是桐城派的发扬光大者,没有他的致力,桐城派是不可能建立起来的。

姚鼐在古文写作上的理论,基本上继承了方氏的见解,但确也有创见,有发展,而非纯然因袭。在继承方面,方苞对文章的内容、写作方法以及风格,谈的很多,除以穷经明理、躬行实践作为写古文的基本功外,对于古人的文章义法,不惮其烦地提及,并举《史记》等文章作为例证,加以阐明。但姚鼐在《复鲁洁非书》中,仅仅用几句话就概括了方氏所提出的这许多问题。他说:

> 抑人之学文,其功力所能至者,陈理义必明当,布置取舍,繁简廉肉,不失法,吐辞雅驯不芜而已。

第一句内容,第二句义法,第三句风格。但他认为仅仅能作到这个地步,还说不到臻于极境。他又提出"文之至者通乎神明,人力所不及施也"。

至于具体论到写作时应注意的地方,他和方氏意见基本一致。首先,认为删繁去汰,文章才能达到精美的地步。他说:

(来文)但加芟削,然似意足而味长矣。……花木之英杂于芜草秽叶中,则其光不耀,夫文亦犹是耳。(《与陈硕士》)

这同望溪所说的"文未有繁而能工者,如煎金锡,粗矿去,然后黑浊之气竭而光润生"的看法,是完全一致的。

其次是风格,姚鼐所喜欢的文风,近于望溪。望溪提出"雅洁",而姚鼐则提出"雅正"。他在与石甫侄孙信中论及作诗:

先取一家诗熟读精思,必有所见,然后又及一家,知其所以异,又知其所以同,同者必归于雅正,不着纤毫俗气。

而在文章上,姚鼐则提出"平淡"与"疏淡",认为是风格的极致。他同方氏稍有不同。方氏认为:"震川之文,于所谓有序者,盖庶几矣。而有物者,则寡焉。"(《书震川文集后》)而姚鼐却盛赞震川文章的风格,他说:

故文章之境,莫佳于平淡,措语遣意,有若自然生成者,此熙甫所以为文家之正传也。(《复吴仲伦书》)

又说:

归震川能于不要紧之题,说不要紧之语,却自风韵疏淡,此乃是于太史公深有会处,此文境又非硕士所易到耳。(《与陈硕士》)

所谓"平淡"同"疏淡",姚氏文章风格确近于此,可知他对震川文用力至深而又喜其风格,而竭力追步他的原因。

姚氏在对古文的创作与评论的见解上为方氏所不曾论及的,有以下几个方面:

关于阴阳刚柔之说,姚氏把宋儒在哲学上所讲的阴阳二气的说法,运用到文章的风格上。他认为历代的文章都是自然界阴阳刚柔的体现,只有圣人之言,能够统二气而弗偏。诸子以后的文章,非偏于阳刚,即偏于阴柔。他用形象的笔墨,来形容两种文章风格的巨大差别。由于作家的秉性不同,因而表现到文章的风格也有所不同。可是真正大作家的文章,让人们一接触,所谓"观其文,讽其音,则为文者之性情形状,举以殊焉"。这种论点,后为曾国藩所称述,并且由两仪(阴阳),发展为四象(太阳、少阳、太阴、少阴),并且选出了一部《古文四象》来。真是把文学批评搞到神秘化的方向去了。

另外,关于文气的问题,初创于曹丕的《典论·论文》,唐代的韩愈,在《答李翊书》中讲到:

> 气,水而;言,浮物也。水大而物之浮者大小毕浮。气与言犹是也。气盛,则言之短长与声之高下者皆宜。

宋代的苏辙在论到孟子同司马迁时说:

> 文者,气之所形。然文不可以学而能,气可以养而致。孟子曰,我善养吾浩然之气。今观其文章,宽厚宏博,充乎天地之间,称其气之小大,太史公行天下,周览四海名山大川,与燕赵间豪俊交游,故其文疏荡,颇有奇气。(《上枢密韩太尉书》)

方望溪论文中没有谈到这个问题,到姚鼐就非常注意这一问题,他实上承韩愈,主张涵养。他说:

> 文字者,犹人之言语也,有气以充之,则观其文也,虽百世而后如立其人,而与言于此。无气,则积字焉而已。意与气相御而为辞,然后有声音、节奏、高下、抗坠之度,反复进退之态,采色之华。故声色之美,因乎意与气而时变者也,是安得有定法哉!(《答翁学士书》)

但怎样才能达到上边所讲"意与气相御而为辞"的境地,姚氏主张向古人学习。他不讳言模仿,认为初学作文,必须模仿。只有从模仿入手,最后才能达到蜕变,而形成自己的独特面貌。他说:"文不经模仿,亦安能脱化!"(《与管异之书》)至于文章中如何行气,他认为必须很好地熟读古人的作品,他说:

> 学文之法无他,多读多为,以待其一日之成就。(《与陈硕士》)

又说：

> 大抵学古文者必要放声疾读，又缓读之，久之自悟，若但能默看，即终身作外行也。

除此之外，他还提出涵养的问题，他说：

> 作文欲笔势痛快，一在力学古人，一在涵养胸趣，夫心静，则气自生矣。（同上）

关于文气，苏辙认为要如孟子之养气与司马迁的游览名山大川、结交豪杰。前者有点抽象，而后者也不易做到。至姚氏则降低到熟读古人的名作，要求在朗读上分出放声疾读与缓读，这样就可以理解古人文章的特点。疾读以求其体势，缓读以求其神味，这样久了，自然在写作上，就会提高。这种方法是姚氏个人向古人学习的亲身体会，用此作为传授从事古文的诀窍，是比较切实可行的。所以后来桐城派之所以昌盛，与姚氏之传授为文之法，是有着密切关系的。

古文写作之所以从姚氏而形成一时散文的主流，另外的一个原因，是姚氏编选了一部《古文辞类纂》，把它作为写作古文的范本。同时在这部选本的序中，提出了古文写作应注意的四点，即神理，气味，格律，声色。他说：

> 神理气味者，文之精也；格律声色者，文之粗也。然苟舍其粗，则精者胡以寓焉？学者之于古人，必始遇其粗，中而遇其精，终则御其精者而遗其粗者。

到后来以捍卫方姚自命的林纾，在他的《春觉斋论文》一书中，曾对之有详细的阐发。由此可见，古文到方姚，特别注意写作的技巧，使一般的应用文章艺术化，成为具有高度的艺术性的文章，所以才形成一个势力强大的文学流派，而笼罩文坛达百年之久。

曾国藩在晚清，是使桐城派衰而复振的一位古文作家。他是镇压太平天国的大刽子手，借用帝国主义的军事力量，在反革命战争中取得了胜利，被清王朝誉之为中兴名臣，但却给中国人民造成了无穷的祸害，所以在中国近代史上，是一个被革命人民唾骂的反面人物。

曾国藩不是一般的军事将领，在学术上也有一定的影响。他可以说是集中国历史上封建统治阶级统治人民、镇压人民的思想学术之大成,特别是程朱派理学,是他所最崇信的。他又决不是一般的书呆子,而是挂儒家的招牌,继承了法家的权术与残刻,从而对人民进行残酷的屠戮。当时他被人民称之为"曾剃头",三十年代蒋介石王朝在对革命人民"围剿"的时候,曾国藩曾一度被奉为楷模,同时还被当时的御用学者所称颂。

曾国藩在古文的写作与提倡上,在晚清文坛的确产生了巨大作用。他门下不少的幕僚,从他学习古文义法,而在写作上有所成就,如吴汝纶、张裕钊、黎庶昌、薛福成等,一时竟有"湘乡派"之目。不过从古文的发展来说,还应该说是属于桐城派。原因在于:

首先,曾国藩在治古文上是非常服膺姚氏的。他在《圣哲画像记》中,把姚氏列为他所最景仰的三十二人之一,他说:

> 国朝先正遗像,首顾先生,次秦文恭公……桐城姚鼐姬传,高邮王念孙怀祖,其学皆不纯于礼,然姚先生持论闳通,国藩之粗解文学,由姚先生启之也。

吴敏树在《与筱岑论文派书》中曾诋訾姚氏,把他比作宋代江西诗派中的吕居仁,说:

> 今之所称桐城文派者,始自乾隆间姚郎中姬传,称私淑于其乡先辈望溪方先生之门人刘海峰,又以望溪接续明人归震川,而为《古文辞类纂》一书,直以归方续八家,刘氏嗣之,其意盖以古今文章之传,系之己也。如老弟所见,乃大不然。姚氏特吕居仁之比尔,刘氏更无所置之,其文之深浅美恶,人自知之,不可以口舌争也。

曾国藩对此论,深不以为然。他在《复吴南屏书》中说:

> 与欧阳筱岑书中,论及桐城文派,不右刘姚,至比姚氏于吕居仁,讥评得无少过?刘氏诚非有过绝辈流之诣,姚氏则深造自得,词旨渊雅,其文为世所称诵者,如《庄子章义序》、《礼笺序》等篇,皆义精词俊,夐绝尘表。……要之方氏以后,惜抱固当为百年正宗,未可与海峰同类而并薄之也。

可知曾氏是以继承姚氏之传自命的。

其次,在对古文写作方法以及文章风格的看法上,都继承了姚氏之论,而又加以阐发,其比较重要的:

1. 他继承了姚氏对中国学术的三分法,即义理、辞章与考据。姚氏曾自命为能融合三者而一之的文士。他对有人称许其叙事之文而不喜其考证之作,甚不以为然。他说:"以考证助文之境,正有佳处。"(《与陈硕士》)最初姚氏是很景慕戴震的,曾致书戴氏,愿为其弟子,但被戴震婉言谢绝,这是后来桐城派文士攻击汉学的原因之一。曾国藩在《圣哲画像记》中,举三十二人,其中在学术上就有这三方面的人物,他说:

> 姚先生言,学问之道有三,曰义理,曰词章,曰考据,戴东原氏亦以为言。……周、程、张、朱,在圣门则德行之科也,皆义理也。韩、柳、欧、曾、李、杜、苏、黄,在圣门则言语之科也,所谓词章者也。许、郑、杜、马、顾、秦、姚、王,在圣门则文学之科也……皆考据也。

曾国藩推崇程朱之义理、韩柳之文章,对诋訾宋学的汉学家,也深表不满,但对王念孙父子,由于其集小学训诂之大成,所以也将王氏列入三十二人之数。

2. 曾氏评论文章,采用了姚氏阴阳刚柔的理论原则。《与张廉卿书》中说:

> 昔姚惜抱论古文之途,有得于阳与刚之美者,有得于阴与柔之美者,二端判分,划然不谋。余尝数阳刚者约得四家,曰庄子,曰扬雄,曰韩愈,曰柳宗元,阴柔者约得四家,曰司马迁,曰刘向,曰欧阳修,曰曾巩。……足下气体近柔,望熟读扬韩各文,而参以两汉古赋,以救其短,何如?

运用阳刚阴柔的观点,具体指出张文的缺点与何以提高的措施。

3. 曾氏还依据姚氏八字标准,评吴子序文道:

> 姬传先生亦以格律、声色与神理、气味四者并称,阁下之文有骨无肉,宜于声色二字稍加讲求。(《复吴子序书》)

以上均可看出曾氏以姚氏的理论作为评论文章和作者的标准。另外，在写作上他赞同初步须对古人作品进行朗读，即姚氏所谓"从声音证入"，如《复邓寅阶书》中说：

  弟尝劝人读《汉书》、《文选》，以日渐于腴润。姚惜抱论诗文，每尝称"从声音证入，"尊兄或可以此二义参证得失。

还有关于摹仿，他在《家训》中道：

  作文宜摹仿古人间架……扬子云为汉代文宗，而其《太玄》摹《易》，《法言》摹《论语》……《长杨赋》摹《难蜀父老》，《解嘲》摹《客难》。……几于无篇不摹。即韩、欧、曾、苏诸巨公之文，亦皆有所摹拟，以成体段。作文作诗，均宜心有摹仿，而后间架可立，其收效较速，其取径较便。

这些见解应该说都源于姚氏。

曾氏在文学观上，比较突出的是他重视写作艺术，而极反对程朱的崇理轻文的观点。宋代理学家，从周敦颐开始，即目文辞为技艺，抱有重道轻文的倾向。周敦颐在《通书》中说：

  文，所以载道也。轮辕饰而弗庸，徒饰也，况虚车乎？

又说：

  不知务道德，而第以文辞为能者，艺焉而已。

二程进一步认为从事于文，即有害于学。明道说：

  子弟凡百玩好皆夺志，学者先学文，鲜有能至道。至如博观泛滥，亦自有害。

伊川：

  问："作文害道否？"曰："害也。"凡为文，不专意则不工。若专意，则志局于此，又安能与天地同其大也。书曰"玩物丧志"，为文亦玩物也。（以上见《河南程氏遗书》第十八《伊川先生语》四）

朱熹，虽不像二程之绝对，但仍反对着力于文，《语类》中载：

  一日说作文，曰：不必着意学如此文章，但须明理。理精后，文字自典实。伊川晚年文字，如《易传》直是盛得水住。苏子瞻虽气豪,善作文,终不免有疏漏处。

曾氏虽在思想上是崇尚程朱理学的,但对他们的重义理而轻词章的见解,是反对的。他在《与刘孟容书》中说:

> 能深且博,而属文复不失古圣之谊者,孟氏而下惟周子之《通书》,张子之《正蒙》,醇厚正大迢焉寡俦。许郑亦能深博,而训诂之文或失则碎。程朱亦且深博,而指示之语,或失则隘。

> 周濂溪氏,称"文以载道",而以虚车讥俗儒。夫虚车诚不可,无车又可以行远乎?孔孟没,而道至今存者,赖有此行远之车也。吾辈今日苟有所见,而欲为行远之计,又可不早具坚车哉?

又说:

> 于汉宋二家构讼之端,皆不能左袒以附一哄。于诸儒崇道贬文之说,尤不敢雷同而苟随。

曾国藩之所以能成为桐城派的后劲,使桐城古文又延续了近半个世纪,与他在古文上的成就和提倡,是有一定的关系的。

根据上述,可知桐城派古文在写作上从方苞、姚鼐直到曾国藩,在见解上他们既有创新,也有继承同发展。其主要观点:

1. 在思想内容上,以文、周、孔、孟、周、程、张、朱的儒家正统派思想作为对宇宙万物以及历史发展与社会现实各种问题在观察分析说明时的根据与标准。

2. 把现实生活中应用文体,在技巧上达到高度的艺术水平,俾能达到为人乐于传诵的境地。所谓"美则爱,爱则传焉"。

3. 在写作上,根据先秦汉唐以来的名作,特别是《史记》、韩文,从这些著作中总结出写作方法的规律,作为学者写作时必须遵循的准绳。

4. 方苞用"义法"一词,概括了古文写作的准则,至姚鼐并具体定为四项标准,即神理,气味,格律,声色,到曾国藩就拿它作为批评文章的准绳。

5. 姚鼐为了传授古文的写作方法,并选出古今名作,编为《古文辞类纂》,其后学王先谦同黎庶昌,都又继姚氏之后,各编出续编,用以作为从事古文学者学习的典范。

6.古文之所以一度称霸文坛,风行海内,一方面固由于桐城派文人的大力宣传与统治者的大力扶持(如曾国藩即当时政治上当权的人物),但也有其本身的优点,即散文的艺术化与应用文的艺术化、文章风格清澄淡远,词采纯净幽美,并时或间以声调之铿锵与气势之雄伟磅礴,所以易为人们所接受。骈体文虽也是艺术性较强的美文,但极容易流于粉饰雕琢与堆砌典事,令读者不易理解,所以晚清的选派文章对社会的影响,就远逊于桐城了。

(三)

清朝开国以后,统治者为了巩固他们的统治权,十分注意加强思想统治。而宋代程朱理学,恰好是最得力的思想工具,于是就大力加以提倡。除沿袭明代的八股取士、把朱熹对经学的注释作为取士标准外,并以程颐、朱熹配祀孔庙,用程朱派所宣扬的一套极端封建专制主义,给人们的思想套上枷锁而严密地加以禁锢。

但此时思想界实际上还是比较活跃的。明中叶王阳明所提倡的心学出现以后,尽管王是以主观唯心论反对客观唯心论,但对当时思想界程朱理学的统治局面,还是产生了一定的解放作用。到了晚明,"左派王学"出现,在一定程度上,代表了当时市民阶级思想,因而形成了一个思想解放的新时代。虽然这种思想由于不利于封建统治阶级,遭到了正统派儒家思想的排击。但程朱派思想的顽固保守与虚伪腐朽,已早为敢于独立思考的思想家们所唾弃。

到了清初,除官方大力提倡外,一些沿袭程朱理学的学者,也受到了政府的尊宠,而成为御用的学者。但当时具有民族思想而且敢于探讨真理、坚持真理的思想家,则仍然对之大张挞伐。即如黄宗羲,他是王派后学,他的《明夷待访录》所表现的基本思想可以说明他是具有一定民主思想的思想家,他对程朱理学持抵排的态度。他在

《弁玉吴君墓志铭》中说他们"乃以语录为究竟,仅附答问一二条于伊洛门下,便厕儒者之列。假其名以欺世"(《南雷文定后集卷三》)。

另外,崛起于北方的思想家颜元,更是从哲学理论上,来排击程朱,批判他们的义理之性与气质之性以及"存天理,灭人欲"的荒谬论点。他大声疾呼:"程朱之道不熄,孔子之道不著。"(《习斋记余·未坠集序》)他的弟子李塨祖述其说,进行阐发,一时被称为颜李学派。

这种反程朱的思想,在当时就遭到桐城派的创始人方苞的攻击。方苞只不过是一个文士,并不是什么理学家,但由于尊奉程朱理学,标出"学行程朱,文章韩欧"的口号,所以他俨然以程朱派的卫道者自居。他在《再与刘拙修书》中,把宋代理学诸子奉为神明,说什么:

> 二十年来,于先儒解经之书,自元以前所见者十七八,然后知生乎五子前者,其穷理之学未有如五子者也,生乎五子之后者,推其绪而广之,乃稍有得焉。其背而驰者,皆妄凿墙垣而殖蓬蒿,乃学之蠹也。

他抨击黄梨洲同颜习斋道:

> 夫学之废久矣,而自明之衰,则尤甚焉。某不足言也,浙以东则黄君梨洲坏之,燕越间则颜君习斋坏之。盖缘治俗学者,懵然不见古人之樊,稍能诵经书,承学治古文,则皆有翘然自喜之心。而二君以高名耆旧,为之倡,立程朱为鹄的,同心于破之,浮夸之士,皆醉心焉。……如二君者,幸而其身枯槁以死,使其学果用,则为害于斯世斯民,岂浅小哉。(《望溪先生文集卷六》)

清以来的程朱派理学家,不仅借封建统治势力作为他们的护符,并且利用神道,来对人们进行恫吓,其居心异常残刻而狠毒。即如方苞,对李塨的老年丧子,竟诬其为非毁程朱的恶报,并以毛西河、颜习斋之乏嗣,也认为是由于他们訾议程朱的阴谴。他在《与李刚主书》中说:

> 仆平生所遭骨肉闵凶,殆人理所无,悲忧危戚中,每自念性资迫隘,语言轻肆,与不祥之气,实有相感召之理。以吾兄之德行醇懿,而章萃罹此。语天地之道,有不当然者。窃疑吾兄承习

斋颜氏之学，著书多訾謷朱子。……记曰：人者，天地之心，孔孟以后，心与天地相似，而足称所言者，舍程朱而谁与？若毁其道，是谓戕天地之心，其为天之所不佑决矣。故自阳明以来，凡极诋朱子者，多绝世不祀。仆所见闻具可指数。若习斋、西河又兄所目击也。（《望溪文集卷六》）

像这种荒谬思想，同他提倡的古文义法一样，真是谬种流传，绵绵不绝。直到"五四"文学革命时，林纾为卫护孔孟之道与桐城古文，还对陈（独秀）、胡（适）、钱（玄同）用影射小说《荆生》来进行辱骂和恐吓，说什么"留尔以俟鬼诛"。但时代不同了，桐城派不能不随着他所服务的封建官僚地主阶级的崩溃，而走向衰亡的道路。

清代汉学，从顾炎武开其端，至乾隆时惠栋、戴震，蔚然成为风气。这派学者诋宋儒"解经，废训诂而谈名理，目记诵为俗生，诃多闻为丧志，持论甚高，实便于束书不观，游谈无根"。又谓，"义疏诸书，束置高阁，视如糟粕，弃等弁髦，率履则有余，考镜则不足……经术一坏于东西晋之清淡，再坏于南北宋之道学"（江藩《汉学师承记卷一》），这不过是批判宋儒的治学态度同方法上的错误。而就中对程朱理学之病，真能击中要害，并揭露其对人民的危害的是戴震。

戴震是清乾嘉时期的朴学大师，他写有《原善》、《孟子字义疏证》等论著，从理论上指出程朱所提出的"存天理，灭人欲"的荒谬论点与孔孟思想丝毫无相同之处，只不过借佛老之旨，而改头换面，挂上孔孟的招牌罢了。他说：

> 圣人之道，使天下无不达，而其所谓理之情，求遂其欲，而天下治。后儒不知情之至于纤微无憾是谓理者，同于酷吏之所谓法。酷吏以法杀之，后儒以理杀人，浸浸乎，舍法而论理，死矣更无可救矣。（《戴东原集》卷九与某书）

在戴震的理论影响下，一时在思想界形成了一个反程朱理学的运动。

桐城派的作家姚鼐，在京都时曾写信给戴震，欲附门墙，列为弟子，遭到戴震的婉言谢绝（《与姚孝廉姬传书》），加上桐城派从方苞开始即以卫护程朱理学的责任自命,所以姚鼐此时对反程朱的一班朴学家,自不能默尔而息。他首先对汉学提出批判,他的高第弟子方植之,就写成专书对汉学进行全面的抨击。

姚鼐在《复蒋松如书》中说:

> 自秦汉以来,诸儒说经者多矣,其合与离,固非一途。逮宋程朱出,实于古人精深之旨,所得为多。而其审求文辞,往复之情,亦更为曲当。非如古儒者之拙滞而不协于情也。而其生平修己立德,又实足以践行其所言,而为后世之所响慕。

这是对程朱的推崇。下边针对汉学家抨击程朱又进行了驳斥。他说:

> 然今世学者,乃思一切矫之,以专宗汉学为至,以攻驳程朱为能,倡于一二专己好名之人,而相率而效者,固大为学术之害。

就在这时,汉学家不仅对桐城派所尊奉之程朱理学进行抨击,即对他们所提倡的古文,也大加訾议。戴震在《与方希原书》中道:

> 得郑君手札,言足下大肆力古文之学。仆尝自以为此事,在今日绝少能者。且其途易歧,一入歧途,渐去古人远矣。古今学问之途,其大致有三,或事于理义,或事于制数,或事于文章。事于文章者,等而末者也。然自子长、孟坚、退之、子厚诸君子之为之,曰:"是道也,非艺也。"以云道,道固有存焉者矣。如诸君子之文,亦恶睹其非艺欤?(《戴东原文集》卷九)

至于钱大昕,对方苞更是非常的鄙薄,他说:

> 方氏所谓古文义法者,特世俗选本之古文。……法且不知,义更何有。……若方氏,乃真不读书之甚者。……(《与友人书》,见《潜研堂集》三十三)

这就无怪乎桐城派文士,对汉学进行反击了。其中最突出的是方植之。他写了部《汉学商兑》,抨击汉学批评宋儒之解经多不明故训及对程朱理学的攻击。他说:

> 但顾、黄诸君,虽崇尚实学,尚未专标汉帜。专标汉帜,则自惠氏始。惠氏虽标汉帜,尚未厉禁言理。厉禁言理,则自戴氏

始。自是宗旨祖述，邪波大肆，遂举唐宋诸儒诸已定不易之案，至精不易之论，必欲一一尽翻之，以张其门户。(卷上)

方氏在批判汉学的破碎方面，时或深中汉学之弊，但在哲学理论上，驳斥戴震抨击程朱天理人欲之说，极其肤浅，只不过从统治者的立场，阐述了程朱之论利于对人民的统治，如依戴氏之说，就会造成天下大乱。他说：

> 顾民之为道也，生欲既遂，邪欲又生，苟不为之品节政刑，以义理教之，则私妄炽，而骄奢淫佚犯上作乱争夺之祸起焉。……故曰惟天生民，有欲无主乃乱。……今谓不当以义理为教，而第惟民之欲是从，是率天下而乱也。

这正如梁启超《清代学术概论》中所说："的确没有搔着痒处。"这些站在统治阶级立场的卫道派，最拿手的就是一面对对方进行辱骂，另一方面就是抬出帝王的谕旨，来对对方进行恫吓。方东树也深明此术，他首先把汉学家比作美貌而无行的荡妇，以其色来诱惑世人。他说：

> 考汉学诸人，于天文、算术、训诂、小学、考证、舆地、名物、制度，诚有足补前贤，裨后学者。但坐不能逊志，又无识，不知有本，欲以扫灭义理。放言横论，惑世诬民，诚非细故。譬如有嬿施之淑姿，又被服都丽，而恣行凶德，飘忽背尊章，弃丈夫，引群不逞少年，放荡邪淫，则是岂可惜其色，俾任其伤风败俗以乱大化也哉。(《汉学商兑》卷下)

接着他抬出了乾隆初，谢济世奏请废《朱子章句》，而用其自注《大学》《中庸》，颁行天下，结果遭到乾隆皇帝上谕驳斥，并令湖广总督孙嘉淦对谢注中与程朱牴牾或标榜他人之书的地方，查明具奏，令行销毁的事例。方氏道："煌煌圣训，诚天下学者当服膺恭绎，罔敢违失者也。"(同上书)

很显然，从汉宋之争上看，汉学家特别是戴震的批判程朱，在理论上是正确的，是符合当时人民的要求的。相反的，桐城派文人卫护程朱那一套，是卫护封建统治者的利益的，真理不在他们这一边，因此在理论上不能取胜,只有用辱骂与恐吓来进行战斗。

这一套鬼蜮伎俩,直到"五四"时代,林纾对革命派还是遵照他的前人的老谱。试一读他所写的小说《荆生》同《妖梦》,就很清楚了。

曾国藩和方姚一样,是程朱理学的卫护者。当于道光末在京都作侍郎时,他即从满人倭仁、湖南人唐鉴,讲习程朱道学。后来又被满清奸相、推崇程朱的穆彰阿认为门生私党,因而在政治上扶摇直上。当太平军起义的时候,他在湖南办团练,受到清廷重用,终于借帝国主义的兵力,镇压了这次人民革命运动。

太平军因受到西方基督教的影响,创立了上帝教,不但打倒程朱,而且还推翻孔孟,这样曾国藩就借此大做文章。他在《讨粤匪檄》中说道:"士不能诵孔子之经,而别有所谓耶稣之说,《新约》之书。"同时还控诉其毁坏文庙与武庙的行为:

> 粤匪焚郴州之学宫,毁宣圣之木主,十哲两庑狼籍满地,嗣是所过郡县,先毁庙宇,即忠臣义士如关帝岳王之凛凛,亦皆污其宫室,残其身首。

这样曾国藩就借卫道的名义,取得了封建地主阶级知识分子的拥护。

范文澜在《汉奸刽子手曾国藩的一生》中指出"他得道学的虚伪,却不曾受束缚于道学的迂腐",并说:

> 曾国藩说:"我生平以诚自信,专标一个诚字来用人、办事。"左宗棠与他因派别冲突,结成深仇,就专标一个"伪"字来揭穿他。事实上,虚伪和残忍是结合在一起的,虚伪仍是残忍的一方面。这两方面正是曾国藩这个反动派代表者的特点。没有虚伪,就不能表现他反对革命的真诚。

在刘汉学与宋学两派的论争上,曾国藩自称他"于汉宋二家构讼之端,皆不能左袒,以附一哄"。似乎他的态度非常平允,实际上,他在许多篇文章中,都有攻击汉学的言论,如《重刻茗柯文编序》、《朱慎甫遗书序》等,不一而足。

戴东原称:"酷吏以法杀人,后儒以理杀人,浸浸乎,舍法而论理,死矣,更无可救矣。"曾国藩用程朱理学来卫护清王朝的黑暗统治,不惜屠戮汉人两千余万,程朱理学之祸之烈,到此真可谓达到极点了。

作为桐城派殿军的,应当数到林纾了。他在思想上是程朱理学的拥护者,原因是在十八岁结婚后,就接受了他的岳父刘有棻关于程朱理学的教导,诵读《呻吟语》与《五种遗规》等。另外,刘有棻还同他讲道学源流和士人的立身安命之道。当他三十六岁时(1888)读书于龙潭精舍,同徐祖甫又讲论程朱理学。这样就形成了他以程朱理学为指导的世界观。

在文学上,他曾向桐城派知名作家吴汝纶问学。林纾既有程朱的思想基础,那么在古文上宗法桐城,当然是水到渠成。

林纾在晚清文坛曾经名噪一时,与严复有严林之称。其所以如此,乃由于严复用古文来翻译西方几部学术上的名著,而林纾则用古文翻译了西方大量的文学作品。但两人政治思想,却极不同。严在晚清为介绍西方民主与科学的第一人,为维新派的思想家;而林纾,在政治上则接近洋务派的"中体西用"论,辛亥革命后,即以逊清遗老自居,对1917年张勋复辟的失败,感到非常痛惜,有"此军再挫清再亡,敢望中兴作杜甫"的诗句。

思想上的程朱,文学上的桐城,都是卫护封建统治阶级的利益的。在他们看来,纲常名教是天不变道亦不变的天理,什么民主、什么平等,都是异端邪说,大逆不道。所以在"五四"的前夜,《新青年》杂志社提倡打倒孔家店和文学革命,提出"桐城谬种"作为革命对象的时候,林纾即以卫道者自居,挺身而出,发表了《与蔡鹤卿书》,公开在报纸上披露,后来受到蔡元培的驳斥。

另外,林纾在无可奈何的情况下,在《新申报》上写了几篇小说,即《妖梦》同《荆生》,用影射的方法,来攻击当时提倡文化革命如陈独秀、胡适、钱玄同,还有蔡元培等人。他完全继承了方植之在《汉学商兑》中攻击汉学家的那种造谣诬陷、辱骂和恫吓的伎俩,真可谓螳臂挡车。历史的洪流,是挡不住的,只不过成为历史上的笑柄而已。

通过"五四"文化革命,孔孟之道、程朱理学以及桐城古文,它们的威信同统治地位都扫地以尽。它们随着封建统治势力的瓦解,也走上没落的道路。

(四)

就前面所论述的桐城派的文论和程朱理学的关系,可以得出以下几点启发:

1. 在世界观上,方姚到曾国藩,直至林纾,都是程朱派理学的卫道士。他们以纲常名教为万世不易之道,因而绝对拥护封建的专制主义和封建等级制,对西方的新思想,视之如洪水猛兽,对于政治上新的改革,则加以痛诋,必欲扑灭之而后快。另外,他们的思想中,还杂以封建迷信,对反程朱思想家加以诅咒,认为不有阳祸,必遭阴谴。方望溪给李塨信中说凡是攻击程朱的,都得到绝嗣的报应。而林纾对于胡、陈、钱,在小说中说什么"留尔以俟鬼诛"。假若真有像他们所谓阴司的话,那么死于程朱理学的软刀子的被压迫者,不知有多少,而死于信奉程朱的当权者的屠刀下的,又不知有多少,那他们虽打入十八层地狱亦不能尽其罪!

2. 从文学观上,桐城派曾标榜"文以载道"之说,但他们的文章主要追求的是司马迁、韩愈的写作方法。他们自己也曾把古文作为艺术,认为是不容易臻于至境的。但他们总是以"明道"、"载道"相标榜。因此戴东原驳斥他们说"如诸君子之文,亦恶睹其非艺欤?"戴东原是重道轻文的,这种看法还不免于儒者之见,但对桐城派要借圣道以取重当时的用心加以揭露还是很有意义的。

桐城派打着程朱的招牌,以取媚当道,并哗众取宠,其实在文学观上与程朱的看法是背道而驰的。程朱是重道轻文的,认为着意文,也属于玩物丧志的范畴。桐城派早期还标榜文与道并重,但到曾国藩,就驳斥程朱的重道轻文之说,认为系一偏之见了。

3. 程朱派的道学,虽大谈修、齐、治、平,但以之施于政事,多拘泥迂腐,庸懦无能,误人家国。对此,李卓吾、颜习斋均有所揭露与批判。至桐城派巨子曾国藩，虽挂程朱的招牌，实际是杂以申韩，奸险诡诈，残刻凶暴，实大大背于儒者的中庸之道。

4.桐城派的后劲严复同林纾，他们的文章之所以曾一度风行海内，主要是用他们翻译的著作。严复早期的政治论文，也曾风靡一时，其原因主要根于其新的内容，即西方的舶来品，其中有资产阶级的民主与科学思想，也有反映西方社会生活的文学创作。特别是严复早期政论文如《论世变之亟》、《原强》、《辟韩》等，对中国旧的封建政治、经济及文化，都有所批判，这和孔孟程朱之道，恰巧是针锋相对的。所以古文作为一种文章写法，用它来表达先进思想与健康的情感，如果表达得好，自然也不失为好文章。但像一般桐城派的作者，标榜程朱之道以捍卫儒家的纲常名教为职志的作品，随着时代的发展，必然遭到后人的唾弃。

总之，桐城派是卫护封建阶级利益，为封建阶级服务的文学流派。在写作的方法与艺术技巧上，虽不无可以借鉴之处，但在思想上多半是反人民的。桐城派的作者大抵昧于历史发展的规律，他们的所为多半是逆历史潮流而动，所以经不起新时代革命洪流的冲击，终于崩溃坍塌，成为历史的陈迹了。

六、晚清西学输入与中国近代文学的发展

鸦片战争后,帝国主义者开始以武力优势,打进中国的大门。这时,一向以文明上国自居的中国人,才感到自己与西人比较,存在着一些弱点。于是有识之士,就提出了向西方学习的主张。魏源的"师夷之长技以制夷"(《海国图志序》)的论点,可说是最早的一个。在清廷镇压太平天国的过程中,反动统治阶级借用了外国的武力以及新式的枪炮,取得了胜利。于是以曾(国藩)李(鸿章)为首的镇压人民革命的刽子手们,也认识到西方的强大,在通洋务的容闳的建议下,派出了一批向西方学习的留学生。

派遣留学生的风气一开,由国家派遣与私人自费到国外留学的学生逐渐多了起来。加上北京、上海等地同文馆的设立,一时学习外文、翻译外籍的人,也逐渐多起来。不过当时出国留学的,多半是从事军事或工商,认为这是救国的最佳途径,而实际这些人,大抵挂着救国的招牌,其目的则不外是个人的功名利禄。正如鲁迅在《文化偏至论》中所批判的那样,他们所见到的西方之强大,实际都是皮毛,并不理解其所以强大的根本原因。

至于对西方列强之所以强,能够从根本上探讨其原因并且对西方学术名著作系统介绍的人,当首推严复。其次,间接从日文论著中介绍西方学术的,则为梁启超。

严复是1877年被政府派往英国伦敦学习海军的留学生。在英国学习期间,接触到西方的社会科学及自然科学。回国后,先后在船政学堂及北洋水师学堂任教习和总办。1894年中日战争,中国失败,严复目睹国势的艰危,于是在天津《直报》上发表了一系列具有强烈的爱国激情的发聋振聩的论文。就中以《论世变之亟》、《原强》及《辟韩》等最为世人所推重,因而声名大噪。

1897年他又与王修植、夏曾佑、杭辛斋等在天津创办《国闻报》,刊登了他所译的英人赫胥黎的《天演论》同英人斯宾塞的《群学肄言》二书的部分章节。这两部书的译文后来都陆续出版。继《天演论》之后,他又陆续翻译的英人亚当斯密的《原富》、穆勒约翰的《群已权界》、耶芳斯的《名学浅谈》、甄克斯的《社会通诠》、法人孟德斯鸠的《法意》,等等,后来被人称之为"严译八大名著"。

严复在晚清可以说是一位宣传资产阶级学术思想的启蒙运动的重要人物。先于他的思想家如魏源以及后来的冯桂芬、郑观应等,都主张引进西学,向西方学习。但他们所谓西学,不过是自然科学同应用科学方面的东西。冯桂芬的《采西学议》中说:

> 如以中国之纲常名教为原本,辅以诸国富强之术,不更善之善者哉!(《校邠庐抗议下卷》)

郑观应在《西学》篇中说:

> 故善学者必先明本末,更明所谓大本末,而后可言西学。分而言之,如格致、制造等学其本也,语言文字,其末也。合而言之,则中学其本也,西学其末也。主以中学,辅以西学,知其缓急,审其变通,操纵刚柔,洞达政体,教学之效,其在兹乎!(《盛世危言》增订新编卷一)

实际这都是后来张之洞在《劝学篇》中所提出的"中学为体,西学为用"论之所本。不过在维新派没有提出维新变法之前,这些见解都还是进步的。当时一般顽固派,对于讲西学的都视为异端邪说,那么提倡西学的就不能不提出以"中学为主"的主张,而堵反对者之口。但到了甲午之后,维新变法已成为当时时代进步的主流,这时,再提出"中学为体,西学为用"论以反对当时进步潮流,就成为反动的了。

至于上边所引冯桂芬与郑观应的,直到张之洞之所谓"西学",乃是自然科学同应用科学,即所谓算学、重学、电学、化学、光学、天学、地学等等(见梁启超1896年所编《西学书目表序例》)。至于西方的社会科学如哲学、名学、政治、经济以及法学等,真正从事研究者则极少。而严复所译诸书,正是这方面的重要论著。

严复同洋务派对西学的理解以及对西学与中学的态度,是根本不同的。首先,他到当时资本主义最发达的国家——英国,亲眼看到该国的政治、经济先进的情形以及社会状况、朝野上下人们的精神面貌,这同洋务派耳食者流,是大不相同的。其次,他深通西文,对资本主义的社会科学以及自然科学,均有所理解,并不仅仅从皮毛上看到西方的强大,而是从学术同政治制度上探讨其所以强大的根本原因。他认为其所以强大的原因是提倡"科学"与"民主"。此外,严复不仅熟悉西方,同时对中学也有较系统的了解,这样就使他能够从中学与西学的比较上,指出西人之所以强与中国之所以弱的根本原因,从而大力提倡西学,赞扬西学,批判中学,摒弃中学,而对洋务派的"中体西用论"予以驳斥。(参见《严几道文钞》卷四《与外交报主人论教育书》)。

严复从救亡图存出发,大力主张政治上的改革,而改革的中心问题,即提倡科学与民主。为了提倡科学(当时所谓西学),就不能不对中学进行批判。而在批判中学之先,不能不对二者进行比较,他说。

> 中国最重三纲,而西人首明平等。中国亲亲,而西人尚贤。中国以孝治天下,而西人以公治天下。中国尊主,而西人隆民……其于为学也,中国夸多识,而西人尊新知。其于祸灾也,中国委天数,而西人恃人力。(《论世变之亟》)

最后他说:

> 若斯之伦,举有与中国之理相抗,以并存于两间,而吾实未敢遽分其优绌也。(同上书)

实际二者的优绌很清楚,作者在下边针对当时与郭嵩焘所谓"天

地气机一发不可复遏。士大夫自怗其私,抑遏天地已发之机,未有能胜者也"的话,提出他的看法道:

> 自蒙观之,夫岂独不能胜之而已,盖未有不反其祸者也。惟其遏之愈深,故其祸之发也愈烈。……三十年来,祸患频仍,何莫非此欲遏其机者阶之厉乎!且其祸不止此。究吾党之所为,盖不至于灭四千年之文物,而驯致于瓦解土崩,一涣而不可复收不止也。此真泯泯者智虑所万不及知,而闻斯之言,未未有不指为奸人之言,助夷狄恫喝而扇其焰者也。(同上书)

严复对中学进行批判,提倡"民主"同"科学"的救亡图存之道,他在时论中不惜再三阐明西方各国之所以强,纯粹由于人人都能得到自由平等的待遇。他说:

> 夫自由一言,真中国历古圣贤之所深畏,而从未尝立以为教者也。彼西人之言曰:惟天生民,各具赋畀,得自由者,乃为全受。故人人各得自由,国国各得自由,第务令毋相侵损而已。……故侵人自由,虽国君不能,而其刑禁章条,要皆为此设耳。(同上书)

后来在《原强》中又申明此意道:

> 彼西洋者,无法与有法并用,而皆有以胜我者也。自其自由平等以观之,则其捐忌讳,去烦苛,决壅蔽,人人得以行其意,申其言,上下之势不相悬隔,君不甚尊、民不甚贱,而联若一体者,是无法之胜也。其为事也,又一一皆本诸学术,其为学术也。一一皆本于即物实测,层累阶级,以造于至精至大之域。盖寡一事焉,可坐论而不可起行者也。苟求其故,则彼以自由为体、以民主为用,一洲之民,散为七八,争驰并进,以相磨砻,始于相忌,终于相成,各殚知虑,此既日异,彼亦月新。故若用法而不至受法之弊,此其所以为可畏也。

这说明,西方"以自由为体、以民主为用",在政治经济文化各方面收到了很好的效果,在相互比较竞争中,终于收到相忌相成,以致"此既日异,彼亦月新,故若用法而不至受法之弊"。

其次是科学,严复在《救亡决论》中指出:

> 盖欲救中国之亡,则虽尧舜周孔生今,舍班孟坚所谓通知外国事者,其道莫由。而欲通知外国事,则舍西学洋文不可,舍格致亦不可。盖非学洋文,则无以为耳目。而舍格致之事,将仅得其皮毛,瞽井瞽人,其无救于亡也审矣。

所谓"格致"是晚清对科学一词的译名,源于《大学》中"格物致知"的话。严复当时所以竭力提倡科学,是因为科学不仅能救中国人盲昧无知之病,科学精神还可以矫正中国学者虚骄浮夸之习。他说:

> 中土不幸,其学最尚词章,致学者习与性成,日增慆慢。又况以利禄声华为准的,苟务悦人,何须理实。于是慆慢之余,又加以险躁。……仆前谓科举败坏人才,此又其一者矣。然而西学格致则其与是适相反,一理之明,一法之立,必验之物物事事而皆然,而后定之为不易。其所验也贵多,故博大;其收效也必恒,故悠久;其究极也必道通为一,左右逢源,故高明。方其治之也,成见必不可居,饰词必不可用,不敢丝毫主张,不得稍行武断,必勤、必耐、必公、必虚,而后有以造其至精之域,践其至实之途。迨夫施之民生日用之间,则据理行术,操必然之券,责未然之效,先天不违,如土委地而已矣……其绝大妙用,在于有以炼智虑而操心思,使习于沈者不至为浮,习于诚者不能为妄,是故一理来前。当机立剖,昭昭白黑,莫使听荧,凡夫恫疑、虚愒、荒渺、浮夸,举无所施其伎焉者。

这充分说明,科学本身不仅能正确地解决现实中各个方面的问题,而从事科学研究,对人们思想的锻炼以及品质的修养,都具有不可估量的巨大作用。严复这种见解,虽不一定是当时救亡图存的最根本的办法,但对当时因袭守旧的顽固派,不能不产生一定的振聋发聩的作用。同时,对整个的思想界,也产生比较深刻的启蒙与教育的影响。

至于严复对西方学术论著的介绍方面,其影响最大的,是对英国生物学家达尔文物种起源学说的宣传与对阐发达尔文主义的赫胥黎的《天演论》的翻译。

严复最初介绍达尔文的学说是他在甲午战后发表的论文《原强》。文中说：

> 今之扼腕奋眒，讲西学谈洋务者，亦知近五十年来，西人所孜孜勤求，近之可以保身治生，远之可以经世利民之一大事乎！达尔文者，英之讲动植学者也……少之时，周历寰瀛，凡殊品诡质之草木禽鱼，裒集甚富，穷精眇虑，垂数十年，而著一书，曰《物种探原》。自其书出，欧美二洲几于家有其书，而泰西之学术政教，一时斐变。

严氏接着论到达氏这部书对时代的影响与英国物理学家奈端的学说相比，说：

> 论者谓达氏之学，其一新耳目，更革心思，甚于奈端氏之格致天算，殆非虚言。

下边对该书内容作了简要的介绍，而更其注意于其中的"物竞"与"天择"二篇。他说：

> 其书之二篇为尤著，西洋缀闻之士，皆能言之。谈理之家，摭为口实。其一篇曰物竞，又其一曰天择，物竞者，物争自存也；天择者，存其宜种也。……其始也，种与种争，群与群争，弱者常为强肉，愚者常为智役。及其有以自存而遗种也，则必强忍魁桀、骄捷、巧慧而与其一时之天时、地利、人事最其相宜也。此其为争也，不必爪牙用而杀伐行也。习于安者，使之为劳，狃于山者使之居泽，以是以与其习于劳、狃于泽者争，将不数传，而其种尽矣。物竞之事如是而已。

最后从动物植物的生存竞争而联系到人类，他说：

> 动植如此，民人亦然。民人者，固动物之类也。达氏总有生之物，标其宗旨，论其大凡如此。至其证阐明确犁然有当于人心，则非亲见其书者莫能信也。此所谓以天演之学言生物之道者也。

1896年，严复翻译了英人赫胥黎的《天演论》，他在《自序》中论到他译这部书的目的道：

> 风气渐通，士知弇陋为耻。西学之事，问涂日多。然亦有一二巨子，诡然谓彼之所精，不外象数形下之末，彼之所务，不越功利之间。逞臆为谈，不咨其实，讨论国闻，审敌自镜之道，又断断乎不如是也。

这批判了当时某些当权者对西学的荒谬看法。下边论到这部书：

> 赫胥黎氏此书之指，本以救斯宾塞任天为治之末流，其中所论，与吾古人有甚合者，且于自强保种之事，反复三致意焉。

这就说明他译此书之主要目的，即在于当时先进知识界所一致关心的救亡图存的大问题。严复在译这部书时，每一篇目的后边，都附以自己的按语，经常用书中理论，结合当时中国的实际，来启发国人。其感情之恳挚与言辞之剀切，给读者以无限激励与教育作用。即如他在《导言》的按语中论述进化论学说发展过程道：

> 复案：物竞、天择二义，发于英人达尔文。达著《物种由来》一书，以考论世间动植物类所以繁殊之故。先是言生理者，皆主异物分途之说。近今百年，格物诸家，稍疑古说之不可通。……目治手营，穷探审论，知有生之物，始于同，终于异。造物立其一本，以大力运之，而万类之所以底于如是者，咸其自已而已，无所谓创造者也。然其说未大行也。至咸丰九年达氏书出，众论翕然。自兹厥后，欧美二洲治生学者，大抵宗达氏。……故赫胥黎谓古者以大地为静居天中，而日月星辰，拱绕周流，以地为主。自哥白尼出，乃知地本行星，系日而运。古者以人类为首出庶物，肖天而生，与万物绝异。自达尔文出，知人为天演中一境，且演且进，来者方将，而教宗抟土之说，必不可信。盖自有哥白尼而后天学明，亦自有达尔文而后生理确也。

严复在《导言三·趋异》中，从达尔文证明生物的"物竞天择"的理论，联系到人类，他说：

> 嗟夫！物类之生乳者至多，存者至寡，存亡之间，间不容发。

· 475 ·

其种愈下,其存弥难,此不仅物然而已。墨澳二洲,其中土人日益萧瑟,此岂必虔刘胺削之而后然哉!资生之物所加多者有限,有术者既多取之而丰,无具者自少取焉而啬。丰者近昌,啬者邻灭,此洞识知微之士,所为惊心动魄于保群进化之图,而知徒高睨大谈于夷夏轩轾之间者,为深无益于事实也。

这真是慨乎其言之。

自严复对达尔文进化论之说,在时论中作了大力的宣传,并且译了达尔文学说的信奉者赫胥黎的《天演论》后,在晚清学术界产生了深远的影响。

首先,《天演论》出版后,从当时给青年们的影响看,可以想到它对社会知识界所发生的作用。据鲁迅的回忆,当1901年他在南京矿路学堂念书时,由于换了一个新党俞明震作校长,提倡看新书,他便买到严译的《天演论》,他说:

> 翻开一看,是写得很好的字,开首便道……哦!原来世界上竟还有一个赫胥黎坐在书房里那么想,而且想得那样新鲜。一口气读下去,"物竞"、"天择"也出来了,苏格拉第、柏拉图也出来了,斯多葛也出来了。

从此鲁迅即熟读《天演论》。据许寿裳回忆,他们在东京留学时:

> 有一天,我们谈到《天演论》,鲁迅有好几篇能够背诵,我呢,老实说,也有几篇能背的。于是二人忽然把第一篇《察变》背诵起来了。(《亡友鲁迅印象记·杂谈名人》)

鲁迅、许寿裳是这样,至于胡适,他在《中国中古思想史的讲演稿》中曾说:

> 当我在中国公学读书时,因为严幼陵先生翻译了一部《天演论》,于是"物竞天择"的话,就成了当时很时髦的学说。而最代表当时思想的,是我的表兄姓孙,而改名叫"竞存",又有一位表弟改名叫"天择",而我呢,改名叫"适",即:"物竞天择,适者生存"的意思。

梁启超于1902年流亡东京时,曾著文,题为《天演学初祖达尔文

之学说及其略》,一开始即论达氏《物种原始》一书出版后,对世界各国所发生的巨大影响道:

> 近四十年来,无论政治界、学术界、宗教界、思想界、人事界,皆生一绝大之变迁,视前此数千年,若别有天地者然。竞争也,进化也,务为优强,勿为劣弱也。凡此诸论,下自小学校之生徒,上至各国之政治家,莫不口习而心营之,其影响所及于国与国之关系,而帝国政策出。于学与学之关系,而综合哲学出焉。他日二十世纪之世界,将为此政策此哲学所磅礴充塞,而人类之进步将不可思议。此之风潮,此之消息,何自起耶?曰起于一千八百五十九年(咸丰九年)。何以故?以达尔文"种源论"(orlgin of Species)出版于是年故。(《新民丛报》第三号)

这是讲进化论学说出现后,对世界学术界的影响。同时,这种理论当介绍到中国后,对中国社会也曾激起极大的反响。王国维在《论近年之学术界》中说:

> 元时罗马教皇以希腊以来所谓七术(文法、修辞、名学、音乐、算术、几何学、天文学)遗世祖,然其书不传。至明末,而数学与历学,与基督教俱入中国,遂为国家所采用。然此等学术,皆形下之学,与我国思想上无丝毫之关系也。咸同以来,上海天津所译书,大率此类。唯近七八年前,侯官严氏复所译赫胥黎之天演论(赫氏原书名《进化论与伦理学》,译义不全)出,一新世人耳目。比之佛典,其殆摄摩腾之四十二章乎。嗣是以后,达尔文、斯宾塞之名,腾于众人之口,物竞天择之语,见于通俗之文。(《静庵文集》见《王国维遗书》第五册)

至于对中国学术其产生的显著影响,有以下几个方面:

1. 树立了发展的历史观,批判了中国先秦道儒两家今不如昔的复古论。鲁迅在《摩罗诗力说》中,批判中国先秦哲人向往原始社会的复古思想道:

> 吾中国爱智之士,独不与西方同,心神所注,辽远在于唐虞,或径入古初,游于人兽杂居之世。谓其时万祸不作,人安其天,

不如斯世之恶浊贴危,无以生活。其说照之人类进化史实,事正背驰。

鲁迅根据进化论的理论,推断当时中国哲人所以生出这种思想的原因道:

盖古民曼衍播迁,其为争抗劬劳,纵不厉于今,而视今必无所减;特历时既永,史乘无存,汗迹血腥,泯灭都尽,则追而思之,似其时为至足乐耳,傥使置身当时,与古民同其忧患,则颓唐侘傺,复远念盘古未生,斧凿未经之世,又事之所必有者已。

于是他痛斥这种观念的错误道:

故作此念者,为无希望,为无上征,为无努力,较以西方思理,犹水火然;非自杀以从古人,将终其身更无可希冀经营,致人我于所仪之主的,束手浩叹,神质同骤焉而已。

下边明确地揭出以老子为首的道家的返朴复古思想,而加以抨击道:

老子之辈,盖其枭雄。老子书五千语,要在不撄人心;以不撄人心故,则必先自致槁木之心,立无为之治;以无为之为化社会,而世即于太平。其术善也,然奈何星气既凝,人类既出而后,无时无物,不禀杀机,进化或可停,而生物不能返本,使拂逆其前征,势即入于苓落。世界之内,实例至多,一览古国,悉其信证。

下边更用进化论之理,来阐明人世之发展道:

而不幸进化如飞矢,非堕落不止,非着物不止,祈逆飞而归弦,为理势所无有。此人世所以可悲,而摩罗宗之为至伟也。

这是用西方作家中主张抗争、主张前进的"摩罗派"诗家来批判中国文学受儒道影响的作家们那种消极颓废、隐居遁世的错误倾向。

由反对复古主义,进一步也反对厚古薄今的观点。梁启超《饮冰室诗话》中讲:

中国结习,薄今爱古,无论学问、文章、事业,皆以古人为不可几及。余生平最恶闻此言。窃谓自今以往,其进步之远轶前代,固不待著龟。即并世人物,亦何遽让于古所云哉?生平论诗,最倾倒黄公度,恨未能写其全集。顷闻南洋某报录其旧作一章,乃煌煌二千余言(按指《锡兰岛卧佛》),真可谓空前之奇构矣。荷、莎、弥、田诸家之作,余未能读,不敢妄下比骘。若在震旦,吾敢谓有诗以来所未有也。……有诗如此,中国文学界足以豪矣。

2.用进化论的观点,分析论述中国文学的发展,肯定宋元以来白话文学的兴盛为历史发展的必然结果,并预言今后必有语文合一的一天。梁启超在《小说丛话》中讲:

> 文学之进化,有一大关键,即由古语文学变为俗语文学也。各国文学史之开展,靡不循此轨道。中国先秦之文,殆皆用俗语,观《公羊传》、《楚辞》、《墨子》、《庄子》,其间各国方言错出者不少,可谓左证。故先秦文界之光明,数千年称最焉。寻常论者,多谓宋元以降,为中国文化退化时代,余曰不然。夫六朝之文,靡靡不足道矣,即如唐代韩柳诸贤,自谓起八代之衰,要其文能在文学史上有价值者几何?昌黎谓"非三代两汉之书敢观"。余以为此即其受病之源也。自宋以后,实为祖国文学之大进化,何以故?俗语文学大发达故。宋以后俗语文学有两大派,其一则儒家禅宗之语录,其二则小说也。小说者,决非以古语之文体而能工者也,本朝以来,考据学盛,俗语文体生一顿挫。第一派又中绝矣。苟欲思想之普及,则此体非徒小说家当采用而已,凡百文章,莫不有然。(阿英《晚清文学丛钞·小说戏曲研究卷》第三〇八页)

后来刘师培在《论文杂记》中对这一问题也有所论述。他说:

> 英儒斯宾塞耳有言:"世界愈进化,则文字愈退化。"夫所谓退化者,乃由文趋质,由深趋浅耳。及观之中国文学,则上古之书,印刷未明,竹帛繁重,故力求简质,崇用文言。降及东周,文字渐繁;至于六朝,文与笔分。宋代以下,文词益浅,而儒家语录以兴。元代以来复盛行词曲;皆此语言文字合一之渐也。故小说之休,即由是而兴。而《水浒传》、《三国演义》诸书,已开俗语

入文之渐。陋儒不察,以此为文学之日下也。然天演之例,莫不由简趋繁,何独于文学而不然?故世之讨论古今文字者,以为有浅深文质之殊,岂知此正进化之公理哉!故就文字之进化之公理言之,则中国自近代以来必经俗语入文之一级。

刘师培当时是一个民主革命派的学者,所以还有着比较进步的观点。但到后来政治上堕落成投降派,于是在文学观上走上复古的道路,到了五四时代,竟成为文学革命的反动派。

3. 在二十世纪初,由于进化论介绍到中国,于是信奉它的颇不乏人。至于在世界观方面,以进化论作为主导思想的,最突出的就是鲁迅,其他还有严复、胡适等。鲁迅自己曾说过:

> 我一向是相信进化论的,总以为将来必胜于过去,青年必胜于老年。(《三闲集序言》)

直到1927年,鲁迅在广州经历了"四一五"反革命政变后,才批判进化论的偏颇,而接受了马克思主义的阶级论。他说:

> 对于青年,我敬重之不暇,往往给我十刀,我只还他一箭。然而后来明白我倒是错了。这并非唯物史观的理论,或革命文艺的作品蛊惑我的,我在广东,就目睹了同是青年,而分成两大阵营,或则投书告密,或则助官捕人的事实!我的思路因此轰毁,后来便时常用怀疑的眼光去看青年,不再无条件的敬畏了。(同上)

至他接受马克思主义的阶级论,在同一篇文章里他这样说:

> 我有一件事要感谢创造社的,是他们"挤"我看了几种科学的文艺论(按:即马克思主义的文艺论),明白了先前文学史家们说了一大堆,还是纠缠不清的疑问。并且译了一本蒲力汗诺夫的《艺术论》,以救正我——还因我而及于别人——的只信进化论的偏颇。(同上)

进化论的本身存在着这种缺点,只相信渐变而不承认突变,在政治上即主张改良而反对革命。严复同胡适都是坚信进化论的,他们都是改良主义者。鲁迅世界观中的进化论,也曾影响到他对于马克思主义的接受。他对十月革命后的苏联,最初由于帝国主义者的反宣传,曾一度持怀疑态度(《答国际文学社问》),但由于他亲身经历了极其残酷的阶级斗争的教训,即"同是青年,而分成两大阵营",于是才批判了过去只信进化论的偏颇,而接受马克思主义。所以后来瞿秋白分析总结了鲁迅的思想发展过程时,说他是"由进化论到阶级论,由绅士阶级的逆子贰臣,到无产阶级的朋友以至于战士"(《鲁迅杂感选集序言》),这是完全符合实际的。

至于严复,也是进化论的信奉者。他一向是主张改良,反对革命的,五四时期的文学革命,他虽不像林纾破门而出,写文攻击,但他思想上是反对的,他给他弟子熊纯如书中说:

  须知此事,全属天演,革命时代,学说万千,然而施之人间,优者自存,劣者自败,虽千陈独秀,万胡适、钱玄同,岂能劫持其柄,则亦如春鸟秋虫,听其自鸣自止可耳,林琴南辈与之较论,亦可笑也。

欧战爆发后,严复一面看到中国革命后政局的动荡,社会秩序的紊乱,同时又看到西方资本主义各国战争的惨剧,因而越发看不到人类光明的前景。他不了解战争是帝国主义之间争夺殖民地的必然结果,更不了解工人阶级是改造人类社会最伟大的力量,于是就走上了复古主义,他给熊纯如书中说:

  不佞垂老,亲见支那七年之民国与欧罗巴亘古未有之血战,觉彼族三百年之进化,只做到利己杀人,寡廉鲜耻八个字。回观孔孟之道,真量同天地,泽被寰区。

向西方学习的幻梦破灭了,于是转回来歌颂中国的古圣先贤,这时他早年坚信的进化论观点也随着自己对世界前途的悲观而抛弃了。

至于胡适,也是进化的信奉者,他根据进化论的理论来大倡其一点一滴的改良主义,并且反对马克思主义的辩证唯物论。他在思想方法上大力宣传杜威的实证主义。他认为辩证法源于黑格尔,同实证主义二者是根本不同的,因为它们中间隔了一层达尔文主义。他说:

达尔文的生物演化学说给我们一个大教训,就是教我们明了生物进化,无论是自然的演变,或是人为的选择,都由于一点一滴的变异。所以是一种很复杂的现象,决没有一个简单目的可以一步跳到,更不会有一步跳到之后可以一成不变。辩证法的哲学本来也是生物发达以前的一种进化理论,依他本身的理论,这个一正一反相毁相成的阶段应该永远不断的呈现。但狭义的共产主义者,似乎忘了这个原则,所以武断的虚悬一个共产主义的理想境界,却以为可以用阶级斗争的方法一蹴即到,既到之后又可以用一阶级专政的方法把持不变。这样的化复杂为简单,这样的根本否定演变的继续,便是十足的达尔文以前的武断思想,比那顽固的黑格尔更顽固了。(《胡适论学近著》卷五《介绍我自己的思想》)

胡适是一个庸俗的进化论者,所以这种理论,足以促使他成为后来反对马克思主义的资产阶级的顽固派。

在晚清思想界,影响之大,比着达尔文进化论有过之而无不及的是法国卢梭的《民约论》。1901 年(光绪三十七年)梁启超在《清议报》第九八、九九两期中,发表了《卢梭学案》,对卢梭生平及政治学说,特别是对于欧洲思想界影响最大的《民约论》的主旨,作了较为详细的阐述。同时,杨廷栋还根据日译本把这部书转译到中国,因而它的影响就更大了。到了 1902 年,刘师培曾根据《民约论》的理论精神,把中国先秦以来历代思想家们的言论,就其内容与《民约论》相合的,辑录而成为《中国民约精义》一书。书中对先哲的言论,以卢梭《民约论》中的精神,加以衡量,予以评述,借以宣传民主革命思想。

卢梭的《民约论》,其中心内容为"天赋人权":人们生下来即有平等自由之权,而此等权利,即父亲对儿子亦无权予以剥夺。梁氏文中说:

> 彼儿子亦人也,生而有自由权,而此权,当躬自左右之,非为人父者所能强夺也……盖以民约之为物,非以剥削各人之自由权为目的,实以增长竖立各人之自由权为目的者也。民约之为

物,不独有益于人人自由权而已,且为平等主义之根本也。(《卢梭学案》)

按这种精神,严复在甲午后的时论文章《论世变之亟》中已提到。"惟天生民,各具赋畀,得自由者,乃为全受",实即卢梭《民约论》中"天赋人权"之义。不过在梁文发表以及卢梭原著翻译到中国之后,其影响于思想界者更大,而其最突出的就是对儒家"三纲"之说的批判。

说到"三纲",在戊戌前谭嗣同《仁学》中已有"冲决网罗"的主张。他在论"名教"时说:

> 以名为教,则其教已为实之宾,而决非实也。又况名者,由人制造,上以制其下,而不能不奉之。则数千年三纲五常之惨祸烈毒,由此酷焉矣。

梁启超评论谭嗣同时说:

> 《仁学》下篇,多政治谈,其篇首论国家起原及民治主义,实当时谭梁一派之根本信条。以殉教的精神力图传播者也。由今观之,其论亦至平庸,至疏阔,然彼辈当时并卢骚《民约论》之名亦未梦见,而理想多与暗合,盖非思想解放之效不及此。(《清代学术概论》二七)

这说明中外思想家,如果是立场一致,在政治思想上往往会有暗合之处,这是情理中所有之事,不足为怪。

至受卢梭《民约论》影响,而见之著述的,则有刘师培《攘书》中的《罪纲篇》,指出"三纲"之说,源于纬书,非古圣人之意。文中并引前代哲人的理论,以说明"三纲"的荒谬。他说:

> 故观于黄氏《待访录》,则"君为臣纲"之说破矣,观于班氏《白虎通》则父为子纲之说破矣,观于唐子《潜书》则夫为妻纲之说破矣。无如三代以降,舍理论势,以势为理,舍是非而论顺逆,致名分之说,深中民心,强弱相凌,日以空理相诘责。钳锢民心,束缚才智,宋儒之失,岂可宥乎?

后来在巴黎出版的《新世纪》第十一期,发表了署名"真"的《三纲革命》的论文，里边论到父为子纲时说：

  总之为子者，自幼及长，不能脱于迷信及强权之范围。己方未了，又以教人，世世相传以阻人道之进化，败坏人类之幸福，其过何在？在人愚。乘其愚而长其过者，纲常伦纪也。作纲常伦纪者，圣贤也，故助人道之进化，求人类之幸福。必破纲常伦纪之说，此亦即圣贤革命，家庭革命。（《辛亥革命前时论选集》第二卷下册）

破除"三纲"，正是要解放人们的思想，为政治革命与家庭革命扫清思想上的阻力。1903年邹容所写的《革命军》，可以说是当时革命派进行旧民主革命的最通俗的宣传品，在这部小册子中，即盛赞卢梭与法美革命家拿破仑、华盛顿。他在这部书一开端就说：

  其有责我为大逆不道者，其有信我为光明正大者，吾不计。吾但信卢梭、华盛顿、威曼诸大哲于地下有灵必哂曰："孺子有知，吾道其东。"

又在第一章绪论中说：

  吾幸夫吾同胞之得与今世界列强遇也，吾幸夫吾同胞之得闻文明之政体、文明之革命也，吾幸夫吾同胞之得卢梭《民约论》、孟德斯鸠《万法精理》、弥勒约翰《自由之理》、《法国革命史》，美国《独立檄文》等书译而读之也，是非吾同胞之大幸也夫！

接着又阐明这种论著都是治疗中国沉疴的良药道：

  夫卢梭诸大哲之微言大义，为起死回生之灵药，返魄还魂之宝方，金丹换骨，刀圭奏效，法美文明之胚胎皆基于是。我祖国今日病矣！死矣！岂不欲食灵药投宝方而生乎？苟其欲之，则吾请执卢梭诸大哲之宝旛，以招展于我神州上空。不宁惟是，而况又有大儿华盛顿于前，小儿拿破仑于后，为吾同胞革命独立之表木。嗟乎！嗟乎！革命！革命！得之则生，不得则死。毋退步，毋中止，毋徘徊，此其时也！此其时也！

甲午之后，严复在他的时论中提到西方列强之所以强，根本原因是由于民主与科学,迨到庚子之后,西方提倡民主的启蒙大师们的著作译到中国,特别是孙中山所倡导的革命运动有这样的理论的启发与鼓动,于是革命浪潮蓬勃兴起。当时维新由于戊戌政变以及庚子的自立军起义均被镇压而失败,所以这时如梁启超等人,在言论上一时颇为激烈。他主编的《清议报》,大倡其破坏与暗杀之说。这时梁的论调与当时革命派在精神上实有一致之处。所以在宣扬卢梭学说,主张民主革命,两派实毫无不同。梁启超当时曾发表《破坏主义》,主张"快刀斩乱麻,一拳碎黄鹤",他认为欧洲近世医国之国手不下数十家,其方最近于今日中国者,惟卢梭之《民约论》。他说:"当前世纪及今世纪上半,施之欧洲全洲而效,当明治六年至于五六年之间,施之于日本而效。今先生于欧洲与日本现已成功而身退矣,精灵未沫,吾道其东!"

梁启超还在当时写的剧本《新罗马传奇》里塑造了意大利三杰的形象,并借当时奥地利反动头子梅特涅攻击卢梭的语言,从反面歌颂卢梭。此外,维新派如蒋智由,在《新民丛报》第三号,以卢梭为题,加以赞颂,说:"世人皆欲杀,法国一卢梭。《民约》倡新义,君威扫旧骄。力填平等路,血灌自由苗。文章收功日,全球革命潮。"

在革命派方面,如刘师培、邹容,在论著中对卢梭的赞扬已如上述,其余如章炳麟,在1901年《清议报》第九十九册中以"希卢"之名发表讽刺梁鼎芬的旧诗作《梁园客》。而南社诗人柳亚子,在1903年写的诗歌中,对卢梭也倍加赞扬,诗中说:

我思欧人种,贤哲用斗量。私心窃景仰,二圣难颉顽。卢梭第一人,铜像巍天阊。《民约》创鸿著,大义君民昌。胚胎革命军,一扫稗与糠。百年来欧陆,幸福日恢张。

可知从卢梭的《民约论》介绍到中国之后,得到当时革命人士的信仰同宣传,并从事于革命的实践活动,一时间《民约论》所阐发的革命理论,响彻云霄。没有革命理论,就不能有革命行动。有了《民约论》,有了由此理论而产生的邹容的《革命军》、陈天华的《猛回头》以及其他革命者当时所发表的革命论著,于是中国民主革命如燎原大火,熊熊地燃烧起来了。

在卢梭的《民约论》的影响下,彻底否定了纲常名教之论。此实为中国思想界空前一大解放,因而在对历史人物评价的标准上,也发生了巨变。即如对于曾左诸人,最初维新派还认为他们是中兴名臣,但革命派视之为满洲人忠顺奴隶之代表(邹容《革命军》),而过去视为万恶滔天的叛逆领袖洪秀全,这时被视为中国革命人民的代表,而且把排满的革命运动,看作是太平军革命的继续(章太炎《洪秀全演义序》)。同时,刘师培在《攘书》中,还写了《帝洪篇》,以歌颂洪秀全,抨击曾左之流。这样,晚清社会出现了政治革命,因而也必然出现反映这一巨变的社会文学。当时凡有作品,莫不就作者对现实巨变的态度,而作为其政治上分野的标志。革命、不革命与反革命,都可以从作者作品中对当时社会剧变所采取的态度上得出判断。当时的诗人如秋瑾、章太炎、未变节前的刘师培以及苏曼殊等,小说作家如陈天华、黄小配等,均为革命的作家,相反,如郑孝胥、易顺鼎以及陈衍一流诗人,桐城派曾国藩以及追随他的后学如王先谦、林纾等,小说作者刘鹗、吴沃尧等,则为反革命作家。如果不从民主、民族立场出发,就很难对上列作者做出评判。

除科学上的进化论与政治思想上的《民约论》给当时中国社会及文学以划时代的影响外,直接影响中国文学的,就是对西方文学的介绍,这又可以分为理论与创作两部分。

首先谈理论。晚清维新派、革命派以及守旧派都重视小说的作用,这一点确实是受到西方文学观的影响,但在理论上对西方学者的论著作系统介绍者绝少。大抵援引西方社会对小说的重视,并结合清初金圣叹对小说评论的看法,对中国古典小说进行重新评价;或者从进化观点与民主观点,论述中国文学的发展,认为小说戏曲的昌盛,乃中国文学进化的结果,从而抬高了小说戏曲的地位。如上边所引梁任公在《小说丛话》以及刘师培《论文杂记》中的论点可为例证。

其次,从民主的观点出发,对往日目为海盗之作的《水浒传》,认为系写"官逼民反",而给以较高的评价。如《小说丛话》中论《水浒

传》及《红楼梦》道:

或问于余曰:有说部书名《水浒》者,人以为崔符笤小传奇之作,吾以为此即独立自强而倡民主民权之萌芽也。何以言之?其书中云旗上书"替天行道",又书于其堂曰"忠义堂",以是言之耳。虽然,欲倡民主,何以不言"替民行道"也?不知民,天之子也。故《书》曰,"天听自我民听,天视自我民视"。《水浒》诸豪,其亦知此理乎!

或又曰,"替天行道"则吾既得闻命矣,叛宋而自立,岂得谓之忠乎?岂得谓之义乎?虽然,只知其一,不知其二,有忠君者,有忠民者。忠君者,据乱之时代也,忠民者,大同之时代也。忠其君而不忠其民,又岂得谓之忠乎?吾观《水浒》诸豪,尚不拘于世俗,而独倡民主民权之萌芽,使后世倡其说者,可援《水浒》以为正,岂不谓智乎?吾特悲世之不明斯义,污为大逆不道,噫!诚草泽之不若也。(阿英编《晚清文学丛钞·小说戏曲研究卷》,页三四二)

这完全从民主民权的角度,来评论《水浒传》。至于《红楼梦》,则从反封建道德上来给以评价:

吾国之小说,莫奇于《红楼梦》,可谓之政治小说,可谓之伦理小说,可谓之社会小说。……中国数千年来,家族之制与宗教密切相附。而一种不完全之伦理,乃为鬼为蜮于青天白日之间,日受其酷毒而莫敢道。凡此所陈,皆吾士大夫所日受其神秘的刺冲,虽终身引而置之他一社会之中,远离吾国社会种种名誉生命之禁网,而万万不敢道,且万万无此思想者也。而著者独毅然而道之,此其关于伦理学上者也。(同上书页三二四)

又总评《水浒传》与《红楼梦》道:

故有暴君酷吏之专制,而《水浒》现焉,有男女婚姻之不自由,而《红楼梦》出焉。(同上书)

这就从反封建专制、反封建家族制度与婚姻制度上来评价这两部杰出的作品。

此外,即用西方资产阶级人性论,来理解并评价中国古典作品。严复、夏曾佑两人写的《国闻报附印说部缘起》论到各民族的政教文物之产生都源于人类的"公性情",文中说:

> 凡为人类……求其本原之地,莫不有一公性情焉。此公性情者,原出于天,流为种智,儒、墨、佛、耶、回之教,凭此而出兴,君主、民主、君民共主之政,由此而建立。故政与教者,并公性情之所生,而非能生夫公性情也。何为公性情?一曰"英雄",一曰"男女"。

文中接着引证了中外史实,以证明各个民族无不崇拜英雄、系情男女。其所以如此,文中说:"论其必然之势,则可以二言断之曰:非有英雄之性,不能争存;非有男女之性,不能传种也。"这样就说明这种公性情,实又根于人类要求"生存与传种"的本能。

文中接着论述到小说之为人们所喜爱,远远超过圣经贤传及一般史书的原因,从而说明《三国演义》、《水浒传》、《长生殿》、《西厢记》以及临川四梦等作品,所以能广泛流传,正是符合人们共同要求的缘故。

具体到对作品的评论,在《小说丛话》中对《红楼梦》的分析评论,也是从人性论出发。

文中说:

> 今观《红楼梦》开宗明义第一折曲,曰"开辟鸿濛,谁为情种?都只为风月情浓"。其后又曰:"擅风情,秉月貌,便是败家的根本。"曰"情种",曰"败家的根本",凡道德学一切所禁事之代表也。曰"风月情浓",曰"擅风情,秉月貌",人性之代表也。"谁为情种",只以风月情浓故。败家根本,只以擅风情,秉月貌故。然则谁为败道德之事?曰人性故。欲除情种,除非去风月之浓情而后可,欲毋败家,除非去风情月貌而后可。然则欲毋败道德,亦除非去人性而后可。夫无人性,复何道德之与有?且道德者,所以利民也。今乃至戕贼人性以为之,为是乎,为非乎,不待辨而明矣。此等精锐严格之论理,实举道德学最后之奥援,最

坚之壁垒，一拳挝碎之，一脚踢翻之，使上穷碧落下黄泉，而更无余地以自处也。

这是根据《红楼梦》揭示人性与旧道德学中出现的尖锐矛盾。但是这种矛盾，作者认为：

奈何中国两千年，竟无一人焉倡言修改之哉！而曹雪芹独毅然言之而不疑，此真使我五体投地，更无言思拟议之可云者也。

这种从人性论与旧道德的矛盾上阐明曹雪芹敢于提出这个问题而要求粉碎旧道德学的看法，在当时说来，还是比较新颖的。在资产阶级上升时期，用人性论作武器来批判背叛人性的旧的封建道德观点，是有其积极作用的，但到无产阶级提出阶级论后，资产阶级再拿这种武器来反对阶级论，无疑是反动的。中国三十年代鲁迅与梁实秋的论争就说明了这个问题。斯大林讲："一切以时间、地点、条件为转移。"（《联共布党史》）对人性论也应从时间条件上来说明其进步性与反动性。至于该文说"二千年来竟无一人焉倡言修改之者"，这个话是不符合历史事实的。宋元以来戏曲、小说如《西厢记》、《牡丹亭》等作品，作者何尝没有对旧道德提出异议？而晚明的李贽对道学家进行揭露，主张不以孔子是非为是非，对卓文君之奔相如，称之为"善择佳偶"，这不是对旧道学的公开挑战吗？曹雪芹的思想绝非毫无渊源，而是继承了宋元以来反封建道德的进步思想潮流，而更有所发展罢了。

对西方文学，通过对流派与作家的介绍评论，并提出个人的主张与希望的，则为鲁迅。他于1907年写了篇长文《摩罗诗力说》，这是中国近代介绍欧洲进步文学思想的第一篇杰出的论文。他写这篇论文，与当时的革命形势，介绍赞助希腊独立，提倡反抗压迫的英国诗人拜伦有着一定关系。据鲁迅讲：

有人说Byron的诗多为青年所爱读，我觉得这话很有几分真。就自己而论，也还记得怎样读了他的诗而心神俱旺；尤其是看见他那花布裹头，去助希腊独立时候的肖像。

又说：

> 其实，那时 Byron 之所以比较的为中国人所知，还有别一原因，就是他的助希腊独立。时当清的末年，在一部分中国青年的心中，革命思潮正盛，凡有叫喊复仇和反抗的，便容易惹起感应。那时我所记得的人，还有波兰的复仇诗人 Adamwiekie-Wicz；匈亚利的爱国诗人 Petofi Sándor 飞猎宾的文人而为西班牙政府所杀的厘沙路。（以上均见《坟·杂忆》）

三十年代鲁迅在《题未定草》（三）中，还提到对西方这些作家进行介绍的动机道："那时满清宰华，汉民受制，中国境遇，颇类波兰，读其诗歌，即易于心心相印。"（《且介亭杂文二集》）这是指波兰密茨凯维支说的，由此可知，鲁迅写这篇论文，是有着高度爱国主义精神和浓厚的时代色彩的。了解了这个背景，对该文的内容就比较易于理解了。

1. 强调了文学复兴民族，战胜敌人的伟大作用。鲁迅举出欧洲十九世纪初，拿破仑战胜了普鲁士，于是普鲁士沦为法之附庸。后来国中出了两位爱国诗人，最初为爱伦德，以壮丽伟大之笔，宣独立自由之音，国人得之，敌忾之心大炽，后被搜捕，逃往瑞士。继而普鲁士皇帝威廉二世召集民军，宣布为祖国而战，这时诗人开纳投笔从戎，宣言不惜牺牲一切，为祖国战死，并发为诗歌。鲁迅谓：

> 展卷方诵，血脉已张。然时之怀热诚灵悟如斯状者，盖非止开纳一人也，举德国青年，无不如是。开纳之声，即全德人之声，开纳之血，亦即全德人之血耳！故推而论之，败拿坡仑者，不为国家，不为皇帝，不为兵刃，国民而已。国民皆诗，亦皆诗人之具，而德卒以不亡。

鲁迅根据这样的史实，批判当时洋务派的向西方谋求坚船利炮，以巩固旧的政权的荒谬主张道：

> 此岂笃守功利，摈斥诗歌，或抱异域之朽兵败甲，冀自卫其衣食室家者，意料之所能至哉？然此亦仅譬诗力于米盐，聊以震崇实之士，使知黄金黑铁，断不足以兴国家。德法二国之外形，

亦非吾邦所可活剥；示其内质，冀略有所悟解而已。

2. 批判中国传统的儒家文学观，认为两汉以后中国文学之所以缺乏具有直抒胸臆，对黑暗现实敢于进行批判的作品，即因受儒家文学观束缚的缘故。文中说：

  如中国之诗，舜云言志；而后贤立说，乃云持人性情，三百之旨，无邪所蔽。夫既言志矣，何持之云？强以无邪，即非人志。许自繇于鞭策羁縻之下，殆此事乎？然厥后文章，乃果辗转不逾此界。其颂祝主人，悦媚豪右之作，可无俟言。即或心应虫鸟，情感林泉，发为韵语，亦多拘于无形之囹圄，不能舒两间之真美；否则悲慨世事，感怀前贤，可有可无之作，聊行于世。倘其嗫嚅之中，偶涉眷爱，而儒服之士，即交口非之。况言之至反常俗者乎？（同上）

这是鲁迅在接触到西方文学，特别是摩罗派诗人的作品之后，反观中国的诗歌，两相比较，而提出对中国诗歌的评论，的确是非常精辟的。下边他论到大诗人屈原的作品道：

  惟灵均将逝，脑海波起，通于汨罗，返顾高丘，哀其无女，则抽写哀怨，郁为奇文。茫洋在前，顾忌皆去，怼世俗之浑浊，颂己身之修能，怀疑自遂古之初，直至百物之琐末，放言无惮，为前人所不敢言。然中亦多芳菲凄恻之音，而反抗挑战，则终其篇未能见，感动后世，为力非强。

鲁迅接着对中国文学从古至今，企图找到像西方摩罗派诗人拜伦那样的作品，感到非常失望，他说：

  试稽自有文字以至今日，凡诗宗词客，能宣彼妙音，传其灵觉，以美善吾人之性情，崇大吾人之思理者，果几何人？上下求索，几无有矣。（同上）

3. 引西人理论，阐明文学对读者所产生的影响。

  英人道覃（E. Dowden）有言曰，美术文章之桀出于世者，观诵而后，似无裨于人间者，往往有之。然吾人乐于观诵，如游巨浸，前临渺茫，浮游波际，游泳既已，神质悉移。而彼之大海，实仅波起涛飞,绝无情愫,未始以一教训一格言相授,顾游者之元气体力,则为之陡增也。

又引英人约翰·穆黎的话道:

> 近世文明,无不以科学为术,合理为神,功利为鹄。大势如是,而文章之用益神。所以者何?以能涵养吾人之神思耳。涵养人之神思,即文章之职与用也。

鲁迅在介绍西人对文学作用的理论后,提出个人看法道:

> 此他丽于文章能事者,犹有特殊之用一。盖世界大文,无不能启人生之闷机,而直语其事实法则,为科学所不能言者。所谓闷机,即人生之诚理是已。

下边他举例加以说明道:

> 故人若读鄂谟(Homeros)以降大文,则不徒近诗,且自与人生会,历历见其优胜缺陷之所存,更力自就于圆满。此其效力,有教示意;既为教示,斯益人生;而其教复非常教,自觉勇猛发扬精进,彼实示之。凡苓落颓唐之邦,无不以不耳此教示始。(同上)

这是鲁迅当时对文学作用的看法,是积极的,而非消极的;是前进的,而非退缩的;是战斗的,而非畏葸的。正因为他对文学有这样的理解,所以他非常赞赏欧洲以拜伦为首的摩罗派诗人。他评拜伦道:

> 吾今为案其为作思惟,索诗人一生之内阀,则所遇常抗,所向必动,贵力而尚强,尊己而好战。其战复不如野兽,为独立自由人道也,此已略言之前分矣。故其平生,如狂涛如厉风,举一切伪饰陋习,悉与荡涤,瞻顾前后,素所不知;精神郁勃,莫可制抑,力战而毙,亦必自救其精神;不克厥敌,战则不止。而复率真行诚,无所讳掩,谓世之毁誉褒贬是非善恶,皆缘习俗而非诚,因悉措而不理也。

拜伦为当时欧洲摩罗诗派的代表人物,故鲁迅对他作品的内容与艺术进行了全面的分析与阐发。其生平作品之精神,既如上述,其

作品的艺术与对欧洲诗坛的影响,文中道:

> 裴伦平时,其制诗极诚,尝曰,英人评骘,不介我心。若以我诗为愉快,任之而已。吾何能阿其所好为?吾之握管,不为妇孺庸俗,乃以吾全心全情感全意志,与多量之精神而成诗,非欲聆彼辈柔声而作者也。夫如是,故凡一字一辞,无不即其人呼吸精神之形现,中于人心,神弦立应,其力之曼衍于欧土,例不能别求之英诗人中;仅司各德所为说部,若是与相伦比而已。若问其力奈何?则意太利、希腊二国,已如上述,可毋赘言。此他西班牙、德意志诸邦,亦悉蒙其影响。次复入斯拉夫族而新其精神,流泽之长,莫可阐述。(同上)

由此可见,鲁迅当时对拜伦可谓赞扬备至。故鲁迅平生世界观,受其影响亦至深。如其称拜伦对希腊人民为"哀其不幸,怒其不争",其创作《阿Q正传》,亦具有这种精神。此外,如称拜伦"不克厥敌,战则不止",鲁迅平生亦复如此。鲁迅称摩罗派诗人为"精神界之战士",而鲁迅一生制行,正可为中华民族反抗压迫与黑暗的伟大的精神界之战士。

拜伦而外,鲁迅所倾服者,为与拜伦同时、两人有至深的交谊的雪莱。他用各种优美的辞语,来评价雪莱。文中说:

> 况修黎者,神思之人,求索而无止期,猛进而不退转,浅人之所观察,殊莫可得其渊深。若能真识其人,将见品性之卓,出于云间,热诚勃然,无可沮遏,自趁其神思而奔神思之乡;此其为乡,则爱有美之本体。奥古斯丁曰,吾未有爱而吾欲爱,因抱希冀以求足爱者也。惟修黎亦然,故终出人间而神行,冀自达其所崇信之境;复以妙音,喻一切未觉,使知人类曼衍之大故,暨人生价值之所存,扬同情之精神,而张其上征渴仰之思想,使怀大希以奋进,与时劫同其无穷。(同上)

而鲁迅生平,正如他所评雪莱的"求索而无止期,猛进而不退转"。这种精神,从他散文诗《过客》中,表现得异常充分。至于此外文中所介绍的诗人,如俄国的普希金、莱蒙托夫,波兰的密茨凯维支,匈牙利的裴多斐,均承拜伦之精神,而表现各有其特点。鲁迅对他们的评价,就不一一列举了。

鲁迅在文章之末尾,称摩罗派诗人为"精神界之战士",而在最后发出无限感慨之声,提出问题道:

> 今索诸中国,为精神界之战士者安在?有作至诚之声,致吾人于善美刚健者乎?有作温煦之声,援吾人出于荒寒者乎?家国荒矣,而赋最末哀歌,以诉天下贻后人之耶利米,且未之有也。

下边又批判那些到外国留学的,回国以后,给国人带来的"舍治饼饵守囹圄之术而外,无他有也"。于是他断言:

> 则中国尔后且永续其萧条,而第二维新之声,亦将再举,盖可准前事而无疑者矣。

现在总观鲁迅这篇论文,除针对中国革命的现实,介绍西方具有反抗、战斗精神的摩罗诗人,以启发、教育国人向他们学习外,并对中西文学作了对比,批判了中国退撄与复古的儒道二家思想以及束缚作者思想的儒家的文学观,企图用西方的新思想,冲破中国的思想的网罗。特别于文学对人生、对社会所产生的巨大作用进行了阐发,并批判了当时人只知向往于黄金黑铁,而忽略文学的错误。就与晚清一般介绍西方文学的文章比较来看,这篇论文是非常卓越的,很少有能与之相比拟的。

当时周作人在《河南》上,也发表了论文《论文章之意义暨其使命因及中国近时论文之失》。他对文学的看法,同鲁迅基本上相同。他也用西方文学的理论与作品来同中国的相比较,因而深有慨于中国文学之所以不振,其主要原因是由于传统的儒家思想对作者的束缚,再加上历代专制帝王压制的结果。他说:

> 中国之思想,类皆拘囚蜷屈,莫得自展,而文运所至,又多以风会为转移,其能自作时世者,殆鲜见也。此其象为大否。拘挛臣伏,垂数千载。牛山萌蘖,既摧折于古之小儒,根叶所遗,暴君又重而践踏之。嗟夫!丰林之木将坐此以终奸欤?未可知也。

下边即对孔丘的文学观对于后世产生的恶劣影响,作了批判。

试观上古文章,首出厥惟《风》诗。原数三千余篇中,十三国美感至情,曲折深微,皆于是乎在,本无愧于天地至文,乃至删《诗》之时,而运遂厄。孔子以儒教之宗,承帝王教法,割取而制定之,曰:《诗》三百,一言以蔽之,曰"思无邪"。夫邪正之谓,本亦何常?此所谓正,特准一人为言,正厉王雄主之所喜,而下民之所呻楚者耳!……删《诗》定礼,天阏国民思想之春华,阴以为帝王之佑助。推其后祸,犹秦火也。夫孔子为中国文章之匠宗,而束缚人心,至于如此,则后之苓落又何待夫言说欤!

另外,他在批判中国提倡维新者实利主义的观点说:"实利之祸吾中国,既千百年矣,巨浸稽天,民胡所宅?"因此他提出:"为今之计,窃欲以虚灵之物为上古之方舟焉。"

周作人在介绍了西方学者对文学的看法后,并提出自己对文学的认识,最后以自己所持之标准,针对当时出现于中国文坛的评论文学的专著,如《中国文学概观》、《文学之美术观》与《中国文学史》等,就其荒谬的论点,进行批判,而重点在最后一书。持之有故,言之成理,对当时封建文人的糊涂观念与荒谬看法,起到一定的摧陷廓清之功。文章最后总结数端:

1. 文章作用。指出文章为国民精神之所寄,精神而盛,文章因即以发皇。精神而衰,文章亦足以补救。文章虽非实用,而却有远功。

2. 中国文学,因受儒家思想的束缚,并用以为服务帝王之工具,因而临于衰亡。时至今日,虽有新流继起,而因宿障牵连,终归恶化。

3. 批判当时维新派一般提倡改革者只重视工商而忽视文学的肤浅之见。

4. 提出文学改革,实为当务之急。至改革的目的,即在从一人手中夺来,公诸万姓。

所以周作人这篇文章与鲁迅的《摩罗诗力说》实为当时解放思想,提倡文学改革的宣言书。

晚清在文学论上受西方哲学与文学影响的,还有王国维。他早年曾研治德国哲学,对康德、叔本华与尼采,用力极勤,因而深受他们

的影响。特别是叔本华,尤为他所倾服。现就他的论著,可以看到:

1.悲观主义的人生观。王国维在人生观上受叔本华唯意志论的影响甚深。叔本华认为自然界只是现象,意志才是宇宙的本质。人是宇宙的一部分,因此人的本质也就是意志。王国维基于这样的理论,所以他在《〈红楼梦〉评论》中说:

> 呜呼,宇宙一生活之欲而已!而此生活之欲之罪过,即以生活之苦痛罚之:此即宇宙之永远的正义也。

这里所说之"欲",也就是叔本华所说的"意志"的本质。至于如何能摆脱此人生之痛苦,最根本的办法即拒绝一切生活之欲,"而解脱之道,在于出世,而不在于自杀。……故苟有生活之欲存乎,则虽出世,而无与于解脱。苟无此欲,则自杀亦未始非解脱之一者也"。

由于他这种悲观主义的人生观,所以对《红楼梦》中写宝玉的最后出家,非常赞赏,他在评论中说:

> 则夫绝弃人伦如宝玉其人者,自普通之道德言之,固无所辞其不忠不孝之罪;若开天眼而观之,则彼固可谓干父之蛊者也。知祖父之误谬,而不忍反覆之以重其罪,顾得谓之不孝哉?(《〈红楼梦〉评论》)

此外即对南唐李后主被虏后的词作,评价极高。他在《人间词话》中说:

> 词至李后主而眼界始大,感慨遂深,遂变伶工之词,而为士大夫之词。周介存置诸温、韦之下,可谓颠倒黑白矣。"自是人生长恨水长东","流水落花春去也,天上人间"。《金荃》、《浣花》能有此气象耶!

"自是人生长恨水长东",在思想上完全与王国维悲观主义的人生观相合,真可谓道出其腹中之所欲言,所以他赞不绝口。而这种悲观主义人生观,实为他后来走向自杀之路的重要因素。

2.超功利的文学观。首先,王国维继承了汗德的"游戏冲动"说,认为"文学者游戏之事业也。人之努力用于生存竞争而有余,于是发而为游戏"(《文学小言》)。从这个观点出发,就必然产生"为艺术而艺术"的超功利的看法。

其次,他又根据叔本华的唯意志论的哲学,认为:"吾人之知识与实践之二方面,无往而不与生活之欲相关系,即与苦痛相关系。兹有一物焉,使吾人超然于利害之外,而忘物与我之关系……然物之能使吾人超然于利害之外者,必其物之于吾人无利害之关系而后可。易言以明之,必其物非实物而后可,然则非美术何足以当之乎?"(《〈红楼梦〉评论》)

在这种超功利的文学观的指导下,他反对用政治家的眼光来写诗。他在《人间词话》中讲:

"君王枉把平陈业,换得雷塘数亩田。"政治家之言也。"长陵亦是闲丘垄,异日谁知与仲多?"诗人之言也。政治家之眼域于一人一事,诗人之眼,则通古今而观之。词人观物,须用诗人之眼,不可用政治家之眼。

这种看法也是值得商榷的,如果都抛开具体的人和事,那么文学如何还能真切地反映现实?古今中外的诗人的作品,不都是由个别显示一般,由局部而代表整体吗?

此外,他极力反对当时如梁启超等以文学为改革社会的工具。他在《论近年之学术界》中说,观近数年之文学,亦不重文学自己之价值,而唯视为政治教育之手段与哲学无异,所以他断言:

如此者,其亵渎哲学与文学之神圣之罪,固不可逭。欲求其学说之有价值,安可得也!(见《静安文录》)

这种超功利、超现实的观点,似乎是非常超脱的,实际分析起来,还不免是为当时行将灭亡的腐朽的统治阶级服务的理论。在阶级社会里,凡属于意识形态领域中的各种学科,无不具有阶级色彩,所谓超功利,实即超阶级,是决不可能有的。

3. 对中国文学与西方文学进行比较,并用西方文学理论来评论中国古文学。他在《宋元戏曲史》十二《元剧之文章》中,称赞元剧道:

元杂剧之为一代之绝作,元人未之知也。明之文人始激赏之,至有以关汉卿比司马子长者(韩文靖邦奇),三百年来,学者文人,大抵屏元剧不观。其见元剧者,无不加以倾倒,如焦理堂《易余籥录》之说,可谓具眼矣。

又用西方戏剧中悲剧的理论,评价元人的作品道:

> 明以后,传奇无非喜剧。而元则有悲剧在其中,就其存者言之,如《汉宫秋》、《梧桐雨》、《西蜀梦》……初无所谓先离后合,始困终亨之事也。其最有悲剧之性质者,则如关汉卿之《窦娥冤》、纪君祥之《赵氏孤儿》,虽有恶人交构其间,而其蹈汤赴火者,仍出于其主人翁之意志,即列之于世界大悲剧中,亦无愧色也。

这是把中西文学进行比较后,而得出的看法。

至于他以叔本华的唯意志论哲学观点来分析评价《红楼梦》已如上述。而其中论及贾宝玉的形象时,也有一段精辟的看法,他说:

> 评《红楼梦》者,纷然索此书之主人公之为谁。此又甚不可解者也。夫美术之所写者,非个人之性质,而人类全体之性质也。惟美术之特质,贵具体而不贵抽象,于是举人类全体之性质,置诸个人之名字之下,譬诸副墨之子,洛诵之孙,亦随吾人之所好名之而已。善于观物者,能就个人之事实,而发见人类全体之性质。今对人类之全体,而必规规焉求个人以实之,人之知力相越,岂不远哉?故《红楼梦》之主人公谓之贾宝玉可,谓之子虚乌有先生可,即谓之纳兰容若,谓之曹雪芹亦无不可也。

这不完全是对作品中典型人物的最好解释么!他批判了晚清研究《红楼梦》的索引派学者,但到"五四"后胡适在对《红楼梦》进行考证时,硬要把这部小说看成是作者曹雪芹的自叙传。可见在典型问题上,胡适还不如王国维了解之深了。

至于在《人间词话》中讲到的造境与写境为理想与写实二派之所由分。这种看法受西方浪漫主义与写实主义创作方法理论的影响是很清楚的,至于其他有些文学见解如境界与写真实等,一面继承了中国古典文论的传统,同时也吸取了西方文艺理论的精神,而形成个人的见解,这里就不一一评论了。

以上主要是谈了西方文学的介绍及其对中国文学影响的表现。

下面谈谈对西方文学作品的翻译介绍。晚清对西方文学作品在翻译上,时间较早,而数量又多,影响最大的是林纾。据他的弟子朱羲胄的《春觉斋著述记》,林纾的译著共有一百五十七种。由于他不懂西文,是与别人合作翻译的,未能对作品的质量进行选择,因此数量虽多,惜三分之二以上,都非第一流的作品,同时对原作也不够忠实,改译误译的地方也很多。但尽管如此,林译在晚清可以说影响了一代的爱好文学的青年。"五四"时代涌现于中国文坛的大作家如鲁迅、周作人、郭沫若、茅盾以及冰心女士等,都曾经历过一个耽读林译小说时期(见周作人《鲁迅与清末文坛》、郭沫若《我的童年》、茅盾《撒克逊劫后英雄略》注、冰心女士《全集自序》)。现在综述其对中国文坛的影响,有以下几点:

1. 由于林纾对于西方文学的大量介绍,于是大大地开阔了中国从事文学者的眼界,批判了洋务派所讲的西方只长于物质文明的谬论。特别是纠正了中国封建文人轻视小说戏曲的正统观点。

2. 林译不但引起人们直接阅读研究西方文学,并且逐步产生了介绍西方文学的风气,稍后的苏曼殊、马君武、曾孟朴以及鲁迅、周作人等都在这方面作出了不少的贡献。

3. 林译中的杰出作品,在创作方法上,给中国作家以一定的积极影响,如司各德的《撒克逊劫后英雄略》,就曾以其浪漫主义的创作精神,给当时青年读者郭沫若以极大的启发,影响了他后来的创作道路。

4. 林译影响了一代的爱好文学的青年,特别是"五四"时期的著名作家,所以也可以说林译对"五四"新文学的发生发展也曾间接产生过一些积极作用。

林纾而外,马君武、苏曼殊介绍了西方浪漫派如拜伦、雪莱的诗,苏曼殊还与陈独秀译了嚣俄(雨果)名作《悲惨世界》。这对促进当时革命的发展,起了一定的作用。而鲁迅、周作人所译的《域外小说集》,在作品的选择及翻译的信实方面,就远非林译所可及,惜当时曲高和寡,无人给以宣扬,所以没有收到大的影响。但到"五四"以后又重新印行,对创作界却产生了示范的作用。

  综上所述可知,晚清西学输入的原因,是中国先进人士在国家民族危急的时候,为了救亡图存,而探索西人之所以强与中国之所以弱的根源,有意识地对中西学术进行比较。经过比较,其结论是我们的学术比人家落后,我们的政治制度也远逊于人家。于是就大声疾呼,一面对中学的弱点进行揭露批判,一面宣传向西方学习,特别是学术上的科学与政治上的民主。这样达尔文的"进化论"、卢梭的《民约论》,都介绍到中国来了。这种进化的观念,破除了对中国学术,特别是儒家传统的复古主义的迷信,从而正视现实,考虑如何在世界各民族竞争生存的时代使自己民族不致成为劣败者而终归淘汰。至于卢梭的《民约论》,使人们了解"天赋人权"、人人平等这一真理,于是对封建阶级所视为命根子的"三纲五常"的道德规范,一举而粉碎之,从这种精神枷锁中解放出来。于是政治革命、家庭革命以及妇女解放等,在过去一般人想都不敢想的问题,现在一一都见诸实践。从戊戌变法到辛亥革命,仅仅二十几年,终于推翻了统治中国二百余年的清王朝,革去了统治中国二千余年的封建专制制度。这种在九百六十万平方公里的中国大地上发生的翻天覆地的变化,绝不是偶然的。西方资本主义的侵入,打破了以往自给自足的封建经济,使中国沦为半封建半殖民地的社会。在这种情况下,中国民族资产阶级有了进一步发展,而当时一般先进人士,实际是代表了由地主阶级向资产阶级转化的知识分子,他们一方面期望国家的独立,一方面为了发展资本主义,对束缚这一发展的封建主义,不能不发动革命。这种革命,首先是思想革命,由思想革命,进而为政治革命,由政治革命,反转来又促进思想革命的深入发展。二者可以说是互相影响,又互相促进,使近代中国依着辩证的规律,在突飞猛进。

  晚清文学与晚清思想革命、政治革命,有着密不可分的相互关系。一方面它是思想革命传播的工具,同时又是革命风雷的呼唤者和描绘者。试读晚清维新派、革命派作家的散文、诗歌、小说、戏剧,从其中心思想来说，无不表现出人民要求自由、民主的愿望，并且从中还塑造出一些革命者的英雄形象。从甲午以后，在历史上每一震动中外的大事件，即如戊戌变法、庚子八国联军入侵、苏报案、秋瑾案，直到辛亥革命，在文学创作上无不有着相应的反映。

除西方的学术思想给中国社会以巨大的深远的影响，并由此而影响到中国文学外，西方文艺理论与文学作品的介绍，也促使中国文士对中西文学进行对比，从而认识到过去以有悠久文化而自我陶醉的观念是极端荒谬的，因而在理论与创作上都必须向西方学习，来改革中国旧文学，创造中国的新文学。鲁迅、周作人两人的论文充分说明了这一点。

思想革命与文学革新，在晚清已开其端，到"五四"前夕终于爆发了反对儒家旧道德的思想革命与反对封建古文学革命，从而形成了一场伟大的文化革命运动。特别是苏联十月革命的爆发与马克思列宁主义的传入中国，最后爆发了五四运动。从此，不仅为中国历史开辟了一个新的时代，同时也给中国文学揭开了新的篇章。古人有句话："其作始也细，其将毕也巨。"中国晚清的思想革命与政治革命，直到"五四"前夕的文化革命，追溯其根源，何莫非西学的输入，有以致之！此治近代文学者所不可不知也。

七、晚清的"排荀"、"批孔"与"五四"思想革命

"五四"时期的思想革命,并非突然发生,乃是渊源有自的。

我们要探索其渊源,首先要追溯到戊戌变法前的维新派的"排荀"运动,其次为庚子事变后革命派的"批孔"运动。今分述于后。

(一)维新派的排荀运动

梁启超在《清代学术概论》中说:

> 启超谓孔门之学,后衍为孟子、荀卿两派。荀传小康,孟传大同。汉代经师,不问为今文家、古文家,皆出荀卿(汪中说)。二千年间,宗派屡变,壹皆盘旋荀学肘下。孟学绝,而孔学亦衰。于是专以绌荀申孟为标帜。……启超屡游京师,渐交当时士大夫,而其讲学最契之友曰夏曾佑、谭嗣同。曾佑方治龚、刘今文学,每发一义,辄相视莫逆。其后启超亡命日本,曾佑赠以诗,中有句曰:……冥冥兰陵(荀卿)门,万鬼头如蚁。质多(魔鬼)举只手,阳乌为之死。袒裼往暴之,一击类执豕。酒酣掷杯起,跌宕笑相视。颇谓宇宙间,只此足欢喜。此可想见当时彼辈"排荀"运动,实有一种元气淋漓景象。(二十五)

当时为什么他们要掀起一个排荀运动?其排荀运动的中心思想

与理论为何？梁氏在《概论》中未能详述。我觉得用学术思想为政治倾向服务来看，这是很值得探讨的问题。下面拟就梁、谭、夏三人的交谊与论著有关这一问题的，略作评述。

按上边引文中有"启超屡游京师，渐交当时士大夫，而其讲学最契之友曰夏曾佑、谭嗣同"。可知他们三人确曾有一个时期，在一起共同商讨学术，这从夏氏诗中说的"酒酣掷笔起，跌宕笑相视"二句来看，也说明他们共同商讨时的兴高彩烈、意合情投的情况。

至于梁、谭、夏三人的交游，据杨复礼《梁任公先生年谱》，光绪二十年甲午(1894年)中载：

> 斯时旅京，日相过从者，有麦儒博、江孝通、谭复生、夏穗卿、曾重伯诸人。文酒之会不辍，更喜谈佛学。

> 与夏穗卿亦初交，而往来最多，研究学问，讨论问题，提倡新学，最有力焉。在京师，夏住贾家胡同，公住新会会馆，谭复生后亦加入，衡宇咫尺，几无日不见。公谓："见面就谈学问，常常对吵，每天总大吵一两场，但吵的结果，十次有九次我被穗卿所屈服，我们总归到意见一致。"

杨廷福《谭嗣同年谱》，光绪二十一年辛未(1895年)载："先生三十一岁，因梁启超的介绍，与夏曾佑订交(亦见梁启超《亡友夏穗卿先生》)。"

根据上边叙述，梁、谭、夏三人当时论学，见解极相契合，尽管不尽相同，但总的说来还是一致的。特别是对先秦儒家学派，孔子之后分为孟、荀两大派，由于他们三人都是推服刘逢禄治公羊学的，都喜言"三世"、"三统"之说，所以他们都认为孟学是传孔子的大同之说，而荀学则为小康。又由于当时受西方民主思想的影响，提倡"民权"，而《孟子》中讲"民贵君轻"以及"民贼"、"独夫"、"善战服上刑"，授田制产诸义，遂谓系大同精义所寄，而荀学再传而为李斯、韩非，遂形成秦皇的极端专制主义。因为反专制主义，不能不对荀学大加抨击。三人后来在个人著作中，对此论均有所阐发，而以夏氏《中国历史教科书》一书，抨击荀学几为不遗余力。

三人排击荀学,见之于著作者,最早为谭嗣同。据梁启超《谭嗣同传》:"以父命就官为候补知府,需次金陵者一年,闭户、养心、读书,冥探孔佛之精奥,会通群哲之心法,衍绎南海之宗旨,成《仁学》一书。"谭在南京从杨仁山学佛时,当在1896年。

《仁学》中以佛证孔,认为"三教不同,同于变,变不同,同于平等"。他认为孔子当"据乱之世",但其黜古学,改今制,托词寄义于升平、太平。但其学数传而绝,到后来就连极其粗浅的,也被荀学搀杂,而失其真。

书中认为孔子之后,其学衍为两大支,一为曾子传子思,而至孟子。孟故畅宣民主之理,以竟孔子之志。一由子夏传田子方,而至庄子,庄故痛诋君主,自尧舜以上,莫或免焉。不幸此两支,皆绝不传。荀乃乘间冒孔之名,以败孔之道。接着痛斥荀子的荒谬理论道:

曰"法后王,尊君统",以倾孔学也,曰"有治人无治法",阴防后人之变其法也。又喜言礼、乐、政、刑之属,惟恐钳制束缚之具之不繁也。一传而为李斯,而其为祸亦暴著于世矣。然而其学也,在下者术之,又疾随其苟富贵取容悦之心,公然为卑谄侧媚,奴颜婢膝,而无伤于臣节,反以其助纣为虐者,名之曰忠义。在上者术之,尤利取于尊君、卑臣、愚黔首,自放纵横暴,而涂锢天下之人心。(二十九)

下边他在学术的发展上,批判汉代刘歆、唐代韩愈,直至两宋的南北诸大儒,认为他们也未能脱此牢笼,且弥酷而加厉焉。于是沉痛地指出:"呜呼!自生民以来,迄宋而中国乃真亡矣。"最后他总结中国从秦以来的学术思想道:

故常以为二千年之政,秦政也,皆大盗也。二千年之学,荀学也,皆乡愿也。惟大盗利用乡愿,惟乡愿工媚大盗。二者交相资,而罔不托之于孔。彼托者之大盗乡愿,而责所托之孔,又乌能知孔哉!(二十九)

这的确是站在人民立场上,对二千年来封建统治者彻底揭露与讨伐的檄文。可惜他的"冲决网罗"的精神,还不够彻底,对孔子还采取卫护的态度,这仍然是时代与阶级对他的局限的结果。

戊戌政变后,梁启超逃亡日本。在日本办《清议报》,后又办《新民丛报》,继续宣传维新变法的理论。他在1899年发表的《论支那宗教改革》,对先秦儒家思想的发展,其见解与谭嗣同若合符节。他根据《荀子》一书,总结出他的学术体系共有四点,即:

1. 尊君权。其徒李斯传其宗旨,行之于秦,为定法制。自汉以后,君相因而损益之,二千年所行实秦制也,此为荀子政治之派。

2. 排异说。《荀子》有《非十二子篇》,专以攘斥异说为事,汉初传经之儒皆出荀子,故袭用其法,日以门户水火为事。

3. 谨礼仪。《荀子》不讲大义,而惟以礼仪为重,束身寡过,拘牵小节,自宋以后儒者皆蹈袭之。

4. 重考据。荀子之学,专以名物、制度、训诂为重,汉兴群经皆其所传,断断考据,成马融、郑康成一派,至本朝(清)而大受其毒。此三者为荀子学问之派。

因此得出如下的结论,即"二千年政治,既皆出于荀子矣,而所谓学术者,不外汉学、宋学两大派,而其实皆出于荀子"。然则两千年来只能为荀子世界,而不能谓之为孔学世界也。这和谭嗣同《仁学》中所说的"二千年之政,秦政也,皆大盗也,二千年之学,荀学也,皆乡愿也"的话,完全一致。不过远比不上谭的语言的尖锐,而字字打中要害。

梁氏到了1902年(壬寅)发行《新民丛报》,发表了《论中国学术思想变迁之大势》,其中对孔学以后儒家各派的见解,基本上同前文是一致的。

对荀学排斥最彻底的是夏曾佑。他于1906年写了部《中国历史教科书》。

夏氏是当时维新派中,比较有先进思想同卓越见解的学者。他在癸(1893)甲(1894)之际,康有为提倡公羊学,其弟子梁启超、麦孺博等,尝就夏氏言公羊,一时有拟夏氏为刘申受、龚自珍者。丙(1896)丁(1897)之际,居天津,与严复、干修植等交,并参加与他们所办的《国闻报》。因此得与闻西方的民主与科学等新学。所以他后来所写的《中国历史教科书》，在立场、观点上，能一洗封建儒者的陋见，从爱国主义出发，用进化论以及民主、科学的观点，来研究、分析、评论中国几千年历史的演变与发展，极多精辟之见，能发前人之所未发。

在这部书中，作者同谭、梁一样，也是抨击荀学最力的。他之抨击荀卿，不像谭、梁从学术发展源流上来着眼，而是根据历史实践以及对后来的影响来立论的。因而比着谭、梁更有说服力。

首先，夏氏认为秦统一后，一切政治文化上的措施，无不本之于荀子，他说：

> 今案秦政之尤大者，则在宗教。始皇之相为李斯，司马迁称"斯学帝王之术于荀子"，斯既知六艺之归，则斯之为儒家可知。……始皇既以儒者为相，则当有儒者之政，观其大一统，尊天子，抑臣下，制礼乐，齐律度……无不同于儒术。惟李斯之学出于荀子，始皇父子雅信韩非……韩非之学，亦出于荀子。……观荀子《非十二子篇》，子思、孟子、子夏、子游、子张，俱加丑诋，而己所独揭之宗旨，乃为性恶一端。夫性既恶矣，则君臣、父子、夫妇、兄弟、朋友之间，其天性本无所谓忠孝、慈爱者，而弑夺杀害，乃为情理之常，于此而欲保全秩序，舍威刑刲制未由矣。本孔子专制之法，行荀子性恶之旨，在上者以不肖待其下，无复顾惜。在下者，亦以不肖自待，而蒙蔽其上。自始皇以来，积二千余年，中国社会之情状犹一日也。社会若此，望其乂安，自不可得。（《中国古代史》第一篇第一章第六节）

下边接着论到秦用荀学，其结果之惨，道：

> 不惟此二千年间所受之祸不可胜数而已，即以秦有天下十五年间言之，其变亦惨矣。荆轲之剑、渐离之筑、博浪之椎，一也。身死未寒，宰相、宦官遂废遗诏，杀太子、立庶孽、诛重臣，乱臣贼子相顾而笑，不知置君父于何地，二也。公子十二人戮死咸阳市，十公主磔死于杜，仰天大呼，流涕拔剑，始皇之子尽矣，三

也。望夷宫中,求生为黔首而不可得,仅得以黔首礼,葬于杜南,此固秦之二世皇帝也,四也。项羽入咸阳,杀子婴及秦诸公子宗族,遂屠咸阳,烧其宫室,虏其子女,收其珍宝财货,诸侯共分之,五也。

作者对秦室结局之惨,作了总结之后,非常感慨地说:"夫专制者所以为富贵,而其极必并贫贱而不可得,嬴氏可为列朝皇室之鉴戒矣。"下边又论及李斯、赵高两人,道:

> 至李斯、赵高辈,皆助成始皇二世之政治者也,而李斯则具五刑,黄犬东门之哭,千古为之增悲。赵高亦夷三族,以徇咸阳,亦何益之有哉!?

而最后归结于"凡此者,不能不叹秦人择教之不善也"。

按:夏氏在批荀学上,其见解远远超出了谭、梁二人。首先,他批荀学,同时往往附带触及孔子,不像谭、梁认为荀子只传小康,而孟子所传为大同,因此只责荀子,而不及孔子。夏氏则不然,即如在二篇一章六节《秦与中国之关系下》中,论及荀子性恶论时,说:"本孔子专制之法,行荀子性恶之旨。"继而在二篇一章六十节《儒家与方士之糅合》中,又论及荀子时说:

> 荀子死于秦前幸耳,荀子而生秦皇汉武之世,有不为文成五利者乎?虽然,亦以孔子尊君重生之极致有以致之也,于汉儒何尤!于荀子何尤!

这就把荀学之为祸,究其思想渊源,不能不追溯到孔子,这就同谭、梁受康氏影响,大大不同了。

其次,夏氏与谭、梁在批荀学上,还有不同之点,即谭、梁只从学术师承的观点上着眼,而夏氏并从其君臣之间的道德观上来进行抨击,他在《论儒家与方士之糅合》一节中说:

> ……盖汉儒之与方士不可分矣,其所以然之故,因儒家尊君,君者,王者之所喜也。方士长生,生者,亦王者所喜也。二者既同为王者之所喜,则其势必相妒,于是各盗敌之长技以谋独擅,而二家之糅合成焉。然诸儒皆出荀子。……荀子法后王,拒五

行,而诸人法黄帝和方士,何相反若是?不知此非相反也,实承荀子之意者也。

下边夏氏引荀子书,加以说明道:

《荀子·仲尼篇》:"持宠固位,终身不厌之术,求善处大重,理任大事,擅宠于万乘国,必无后患之术,莫若好同之,援贤博施,除怨而无妨害人。耐任之,则慎行此道也。如不耐任,且恐失宠,则莫若早同之,推贤让能,而随其后。如是有宠则必荣,失宠则必无罪,是事君之宝,而必无后患之术也。"又《臣道篇》:"事暴乱君,有补削,无挢拂。迫胁于乱时,穷居于暴国,而无所避之,则崇其美,扬其善,违其恶,隐其败,言其所长,不言其所短。"

夏氏评道:

夫为经师者,以守死善道教后生,尚恐其不听矣,既以固宠无患,崇美讳败为六经之微旨,则流弊胡所不至?

这从道德教育的观点上,对荀学进行抨击,从而说明汉儒之所以与方士糅合的原因,可谓独具只眼矣。

还有,夏氏与谭、梁二人不同的,谭、梁均受康氏的今文学说的影响,因讲《公羊春秋》,即不免为汉儒的今文学家讳,夏氏当时亦为一讲公羊学者,他自己说:

自东汉至清初,皆用古文学,当时几无知今文为何物者。至嘉庆以后,乃稍稍有人分别今古文之所以然,而好学深思之士,大都皆信今文学,本编亦尊今文学者。(二篇一章六十二节)

但他马上声明道:"惟其命意与清朝诸经师稍异,凡经义之变迁,皆从历史因果之理解之,不专在讲经也。"(同上)由此可见,夏氏虽是尊信今文经的,但他是能用客观的态度与比较科学的方法去对待今古文经学,而不为过去经师那种家法师说、门户之见所束缚,因而能够发前人之所未发。正由于此,他从学术渊源流派上来看问题,敢于在抨击荀子时,并追溯到孔子的尊君专制的谬说。而论汉儒今文经学时,敢于指出他们与方士糅合的客观原因。而这一些,都不是谭、梁所能企及的。

根据上述,晚清维新派的排荀运动,的确是波澜壮阔,时间达十余年之久。从谭嗣同《仁学》,到夏曾佑的《中国历史教科书》,特别是后者,尤其深刻而精辟,在排荀运动上,也是有发展的。从其内容上看,不只是抨击荀学,而且把从秦以来二千年的中国学术,从汉人的今古文经学、宋明的理学,直到清代的考据学,无不加以抨击。这一点很像严复在《救亡决论》中对当时中国的所谓义理之学、考据之学与辞章之学无不加以否定一样,所不同的是,他们没有否定辞章之学。特别是夏曾佑,从排荀进而到批判孔子。由康、谭、梁的尊孔到夏氏的批孔,这是多么大的进步!盖夏氏早年曾交章太炎,对章氏早年批孔之论,当亦有所闻。在为全国中学所写的历史教科书中,夏氏敢于以科学态度,论述中国古代学术思想之发展,并借历史以抨击历代封建帝王的专制主义,并由此而抨击形成此种专制制度之思想根源——荀学与孔学。如果不具有大无畏的精神,是决不敢这样写的,但从而也可以看到当时思想界的解放已达到了何等的高度了。

(二)革命派的批孔运动

晚清以康有为为首的改良派是不可能批孔的,因为他们还要挂着孔子的招牌,把公羊家"三统"、"三世"等对《春秋》的说法作为他们维新变法的理论根据。特别到后来,康有为还提出"三保"之说,其中就有"保教"。所谓教者,孔子之教也。改良派把孔子抬得那么高,后来简直要把他作为教主来顶礼膜拜,那他们如何能批孔?

革命派则不然,他们要推翻清王朝专制统治,而孔孟之道,正是几千年来历代帝王所利用的最有效的统治工具,是用来麻痹人民、禁锢人民反抗的紧箍咒。到晚清,洋务派就是抱着"中学为体"之论死死不放的。维新派自然比洋务派进步多了,他们介绍了西方资产阶级民主主义,但他们也还要利用孔子来作为他们"托古改制"的招牌。革命派中一部分直接接受了西方的民主主义思想,像孙中山就是这派的代表;还有一部分人则是继承了中国从先秦以来学术思想中具有民主精华的部分,同时,对具有浓厚的封建糟粕部分给以批判。

首先是章太炎,他在经学上是一个宗法"古文"的代表。这种对孔子的看法从来不像今文派那样,把他神圣化、宗教化,给以"素王"的头衔,而只是把他作为在文化上能够承前启后,总结前代文化并加以传播的史学家与教育家。从章太炎的《诸子学略说》,就可以充分看出他早年对孔子与儒家的看法:1.把儒家与其他先秦学派根据刘歆《七略》,一概目之为九流。这就不像董仲舒那样主张"罢黜百家,独尊儒术"。2.根据《墨子》同《庄子》书中对孔子言行的记载,揭发了他的言行不一和一些丑行恶德。3.对后世尊奉孔子的儒者醉心功名利禄,而在政治上庸懦无能的表现,也进行了抨击。太炎称孔子为"国愿"说明孔子比他自己平日攻击的"乡愿"还要坏。至于孔子的后学,太炎说:"用儒家之道德,故坚苦卓厉者绝无,而冒没奔竞者皆是。……用儒家之理想,故宗旨多在可否之间,论议止于函胡之地。彼耶稣天方教崇奉一尊,其言在堵塞人之思想,而儒术之害,则在淆乱人之思想。故程朱陆王诸家,所以有权而无实也。"①

其次是刘师培,当他前朝还是革命者的时候,由于受到章太炎的影响,也曾写过一些批判孔子同孔子后学的文章,可以作为他的代表作品的,一为《攘书》中的《鬻道篇》,抨击后来儒者用孔孟之道,以文致房琯为圣贤,认为这些儒者,以数千年道学之传,视为缴利希荣之具,丧心病狂,罪不容于死矣。二为《罪纲篇》,批判了"三纲"之说,认为古代并无此说,乃后儒"舍理论势,以势为理,舍是非而论顺逆",于是产生了以强凌弱的以空理相诘责,拑锢民心,束缚才智的不合理现实。三是《孔学真论》,从学理以及学术的发展上,用中西对比的方法来批判孔学,认为孔学之失:1.信人事而并信天事。由于孔子创天

---

① 洪治纲:《章太炎经典文存·诸子学略说》,上海大学出版社,2003年,第94~95页。

变之说,于是到西汉则为变异学,东汉则有谶纬学,因而成为民智之一大阻。2.重文科而不重实科,他举西方学人从苏格拉底数传至亚里斯多德等,昌明物理之蕴。至我国孔门弟子,舍六艺儒术之外无一能言名、数、质、力者。直到晚清儒者,仍高谈心性之学,视科学为无足轻重。唯物派之学术于中国遂寂然无闻。3.有持论而无驳诘。师生之间没有相互辩难的风气。印度有因明学,欧洲有归纳演绎法,故持论圆满精微。孔子虽有正名之说,亦仅著空文,未能实求其用。故辩诘之法,杳然无闻。同时还由于孔门的专制,弟子问难为孔子所不乐闻,于是有听受而少问难,因而在教育上形成为专制之习。4.执己见而排异说。孔子为儒教排外之鼻祖,禁言论思想之自由,仍衍官学时之遗法,孔子之后,孟子斥杨墨,荀子非十二子。荀卿之学流为李斯之焚书,孟子之学流为宋儒道统之说,学术定于一尊,凡学术与孔孟异教,悉以非圣无法罪之。这些见解均极精辟,孔学一尊之说,至此扫地尽矣。

在章、刘等人的影响下,革命派的批孔思想,逐渐发展起来。在1907年,东京出版的《河南》杂志中,出现了不少这类的论文,其中最突出的为凡人的《无圣篇》。这篇文章,是有针对性的。作者对当时维新派的尊孔,是极端反对的。他说:

> 秦汉以降,历世相传,有不可思议之一物焉,曰"圣人"。其为怪也,富贵者淫之,威武者屈之,君主不可得而臣,而利用之以钳制其下,尚古者不可得而友,而利用之以慑服其徒。强权之患,由是始恣。

下边就揭出当时维新派如何沿袭过去,把孔子地位抬得越发高起来。他说:

> 沿至今日,斯风加长,视圣人之灵爽,照耀无穷,行将立亿万万年立宪君民师表之业。

接着又指出他们如何用西方的民主思想,来与孔子学说相比附,道:

> 是以腐儒俗士,不惮烦苦,引经征典,广为牵合。以仁民爱

物为无上平等,以诚意正心,为真正自由。小注:虽谭嗣同不以为耻,而作《仁学》,其他可知。

甚至以《周礼》制度,为适合宪章。格致为圣门科学,《论语》二十篇,足与泰西各家相比较,适成其为至圣。

作者深致慨叹道:

呜呼!是诚大古之大惑也。

下边接着从中国历史上社会的黑暗以及当前处境的艰困危殆上,证明中国从来没有过什么圣人。他说:

余尝纵议古今,横览东西,迨未见圣人产于人世间。向使灵秀之气,独钟我国,足以世食其赐,则我国之盛,我民之福,是当超轶乎各国之上,为世界上第一等国矣。奈之何征之往史,既如彼其黑暗,按之近世,且奄奄垂亡,不可终日。甘让第一等国之位次,而二而三,循将递降焉。而未识伊于胡底。探本而论,得非圣人为之厉阶欤!

作者在后边把矛头直指孔子,说他:

竟自以"天生德于予",以为天未丧斯文,是直自附于上天娇子之列。承天眷命,无敢彼何。其眩世盗世,有类世儒之所谓真人仙人者,宜乎世人惑之,竟相追逐,转相告从,以为进取名利,无上法门,祸水涓涓,久成江河,谁能挽其狂澜,破其妄执,以发一线光明邪?余心戚戚然,思救群生咸渡苦海,恢复其天然之智慧,感发其自由之精神,不至变为圣人傀儡,冀为前途开新纪元,敢倡言无讳,以明彼圣之技俩,用示我学界。

后边作者提出了他的无圣主义有三个理由:

1. 破专制之恶魔,必自无圣始。

2. 谋人类之独立,必自无圣始。

3. 立学界前途之大本,必自无圣始。

文中对这三点都有详细的阐发。作者又说这是他标出的三大主义,无可或少者。缺其一,则其国仅存;缺其二,则其国必亡。由此可见,作者批孔的态度,是多么的坚决。而其立论之明确与论证之充分,在当时批孔论著中实为不可多得之作。

与此同时,在文学观上批判孔子的,则有鲁迅与周作人。他们的文章,也都发表在《河南》杂志上。鲁迅的论文为《摩罗诗力说》,其内容主要是评介西方的摩罗派诗人,他们具有崇高的理想,而又不满于现实,敢于斗争,勇于反抗。鲁迅称他们为"精神界之战士"。在称颂他们的同时,拿中国古代文学的作者和作品与他们相比较,而深深感到黯然失色。其所以形成这种情况的原因,鲁迅认为纯系儒家谬论对作家思想束缚禁锢之所致。他说:

> 如中国之诗,舜云言志;而后贤立说,乃云持人性情,三百之旨,无邪所蔽。夫既言志矣,何持之云?强以无邪,即非人志。许自繇于鞭策羁縻之下,殆此事乎?然厥后文章,乃果辗转不逾此界。其颂祝主人,悦媚豪右之作,可无俟言。即或心应虫鸟,情感林泉,发为韵语,亦多拘于无形之囹圄,不能抒两间之真美。否则,悲慨世事,感怀前贤,可有可无之作,聊行于世。倘其嗫嚅之中,偶涉眷爱,而儒服之士,即交口非之,况言之至反常俗者乎!

这种评论,的确是前此所未有,从而说明如果不批孔批儒,解放思想,那中国文学就不可能出现异彩。

周作人的论文《论文章之意义暨其使命因及中国近时论文之失》直斥孔子,他说:

> 试观上古文章,首出厥惟《风》诗。原数三千余篇中,……本无愧于天地至文,乃至删《诗》之时,而运遂厄。孔子以儒教之宗,承帝王教法,割取而制定之,曰:《诗》三百,一言以蔽之,曰"思无邪"。夫邪正之谓,本亦何常?此所谓正,特准一人为言,正厉王雄主之所喜,而下民之所呻楚者耳!……删《诗》定礼,天阏国民思想之春华,阴以为帝王之右助,推其后祸,犹秦火也。夫孔子为中国文章之匠宗,而束缚人心,至于如此,则后之苓落又何待夫言说欤!

周作人在文中一面介绍西方学者的文学观点,并举西方名著,加以印证,同时批判中国文人因受儒家实用主义的影响,视文章为经世之业,上宗经典,用以弼教辅治的谬见。他指出刘勰的《文心雕龙》为中国论文之杰作,但仍未能摆脱儒教的束缚。因此,他慨叹道:"则虽彦和哲人,犹不免此,而下者何责焉?"由此可知,当时革命派在批孔方面,已经逐步深入,从政治、学术,直到文艺思想。这种浪潮的涌现,给当时思想界的影响,应该说是极其深远的。

在辛亥革命前夕,四川发行了《蜀报》这个刊物,里边批儒的有吴虞的《辨孟子辟杨墨之非》。文中一开始,即指出天下有二大患,一为君主之专制,二为教主之专制。其危害则为:

> 君主之专制,钤束人之言论;教主之专制,禁锢人之思想。君主之专制,极于秦始皇之焚书坑儒、汉武帝之罢黜百家。教主之专制,极于孔子之诛少正卯、孟子之拒杨墨。

作者在后边论到儒家思想之所以成为后世统治阶级的统治思想的原因道:

> 儒家则严等差、贵秩序,上天下泽之瞽说,扶阳抑阴之谬谈,束缚之,驰骤之,于霸者驭民之术最合,故霸者皆利用之,以宰制天下,愚弄黔首。始溺其儒冠,终享以太牢,而儒家因得独显。杨墨与诸子浸衰。此实君主专制之功,儒家希世之效。

另外,吴虞在1911年写的二十首《辛亥杂诗》中(见《甲寅七期》),颇有几篇批孔之作。如:

> 大儒治国自恢恢,坐见中原几劫灰。
> 始信《诗》、《书》能发冢,奸言多藉《六经》来。
>
> 不使民知剧可伤,恰如川路暗无光。
> 秦皇政策愚黔首,黔首愚时国亦亡。
>
> 平等尊卑教不齐,圣人岂限海东西!
> 若从世界论公理,未必耶苏逊仲尼。

相斫书成剧可惊,百家罢黜用儒生。

生民立命徒虚说,万世何曾见太平。

晚清革命派于批孔的同时,对儒家所制定的封建道德所谓"三纲"之说,也进行过挞伐。较早的当为《新世纪》中发表的署名"真"的《三纲革命》,认为:

所谓三纲出于狡者之创造,以伪道德之迷信,保君父之强权也。

文中提出,纲常伦纪世世相传,阻人道之进化,败坏人类之幸福。作纲常伦纪者,圣贤也。故助人道之进化,求人类之幸福,必破纲常伦纪之说,此亦即圣贤革命,家庭革命。

继此之后,关于批判封建道德的文章,接连不断,如四无的《无父、无君、无法、无天》(《新世纪》第五十二期)、陈以益的《男尊女卑与贤妻良母》(《女报》第二期),另外还有《女报》增刊《女论》中无署名的《论三从》,履夷的《结婚改良论》(《留日女学会杂志》第一期)、愤民的《论道德》(《克服学报》第二、三期)。以上论文,均对传统的封建礼教进行了揭露与抨击。可知,晚清的革命派为了推翻清王朝的封建专制政府,不能不批判作为封建专制主义理论基础的孔孟之道。同时,也必然伴随着对儒家所创制的"三纲"之说以及有关的礼教教条进行批判。正由于破除了旧的封建专制主义、封建道德教条,介绍了西方的民主主义以及自由平等的新思想,所以武昌起义,全国响应,终于推翻了统治中国二百多年的清王朝和为患于中国两千多年的专制政体。

(三)"五四"思想革命

辛亥革命以后,由于革命派实力的薄弱,因而国家政权终于被大军阀、大官僚、大野心家袁世凯篡夺了去。从此,中国就进入了北洋军阀统治时期。由于封建顽固势力的卷土重来,于是在思想界,复古之风甚嚣尘上。后来,袁氏要搞帝制,便又开始恢复了清朝统治时期的春秋大祭孔子的典礼。以康有为为首的清室遗老和封建军阀张勋又时刻阴谋复辟，于是，康有为便于1916年致书总统（黎元洪）、总理（段祺瑞），主张在宪法上明定孔教为国教，又致书教育总长范源廉，主张全国学校尊孔读经。另外，一些顽固的封建士大夫还组织孔教会、灵学会，提倡封建道德与封建迷信，整个社会被闹得乌烟瘴气。

看起来，辛亥革命在封建势力的反扑下夭折了，思想领域内出现了严重的反复，但这只不过是历史长河中暂时的一股漩涡和逆流。就在这漩流的深处，正孕育着思想革命的狂澜。袁氏称帝、张勋复辟，尊孔读经，在这种种丑剧的喧闹声中，陈独秀主编的《新青年》杂志肩负着庄严的使命，吹响了振聋发聩的革命号角，登上了历史舞台。《新青年》原名《青年杂志》，这一刊物的诞生，是沉沉阴霾之中射进的一道曙光，是腥臊朽腐的气氛中冲入的一股清新的朝气。

1916年冬，陈独秀在《新青年》二卷二期中，发表了《驳康有为致总统总理书》、《宪法与孔教》、《孔子之道与现代生活》等文。以后在1917、1918两年中，又连续发表了《再论孔教问题》、《旧思想与国体问题》、《复辟与尊孔》、《驳康有为共和评议》等，都是针对康有为主张以孔教为国教，并要求把它载入民国宪法的谬论而发的。其中心内容不外以下几点：

1. 在袁世凯复辟帝制失败之后，康氏竟对于别尊卑、重阶级、事天、尊君、为历代民贼所利用之孔教，锐意提倡，若惟恐中国人之"帝制根本思想"或至变弃了也者。其致书黎、段二公，强词夺理，率肤浅无常识，本无辩驳之价值。然由于国人脑筋不清，析理不明，极易受其蛊惑，故不能不加驳辩。

2. 指出孔教绝无宗教之实质与仪式，为教化之教，非宗教之教。另外，对其书中所提出的论点理由，种种不合历史实际与现实实际的，均一一举出实证，以驳斥之。特别揭出其书中自相矛盾之处甚多，如一面认为议院、国务院无擅议废拜废祀之权，一面又乞灵议院，以孔子为大教，编入宪法。陈氏问道："夫无权废之，何以有权兴之？"其同时指出康氏说赞成共和，又推尊孔教，并主张民国之祀孔，这无异专制国之礼华盛顿与卢梭,这又是多么大的矛盾!

3. 民国宪法与孔教所主张"三纲"之说,绝不相容,因此类"别尊卑,明贵贱"之阶级制度,乃封建宗法社会的产物。而今之宪法无非采用欧制,而欧洲法制之精神,无不以平等、人权为基础。民国宪法草案百余条,无不与孔子之道相抵触,其将以何并存?

4. 孔子所提倡的封建道德所垂示之礼教,其范围不越少数君主贵族之权利与名誉,与多数国民之幸福无与焉,此即"礼不下庶人,刑不上大夫"的真义。立国于今日民主、民权发扬之世界,而惟注意于少数贵族之举动,云为人伦日用,可乎不可?

最后,作者指出浅人认为当时风俗人心大坏,莫过于臣不忠、子不孝、男不尊经、女不守节。凡这一切谓之不尊孔则可,谓之风俗人心之大坏,则是异常荒谬的。因为他们不知道道德与真理殊,它是随着社会组织生活的变迁而变迁的,决不是万世不易的。

陈独秀这一时期的批孔文章,都是针对康有为提倡尊孔读经的种种荒谬反动的论点而发的。对当时烟雾弥漫的中国思想界,的确产生了荡涤廓清的作用。

与陈独秀同时、力排孔教的吴虞是一位反孔的老将。当《新青年》创刊后,他接连发表了一系列批孔论文,如《宗教制度为专制主义之根源论》、《读荀子书后》、《礼论》、《儒家主张阶级制度之害》等,都是从历史的发展以及前人所记孔子的言行上,来揭露孔子的本来面目,以打破世人把孔子看作神圣偶象的迷信。

其次,他还从先秦诸子的学说说明,孔子所主张的礼教早已遭到道家和法家的抨击,而现在还有死抱着孔教那一套不放的人,竭力阻遏新学说新道德的输入,完全不了解世界潮流,不了解国家现状已到了不得不变的情况。他以愤怒嘲讽的口吻斥责他们道:

  莫说孔孟的灵魂,在山东眼睁睁看着,日本占据他桑梓的地方,他的道德和《十三经》远远没用,止有忍气吞声。就是活起的孔教会、儒教会的人,又能把旧道德去抵抗日本吗?

吴虞对晚清以来排荀批孔运动的发展,是非常清楚的。他的排孔见解,可以说继承了严复、章太炎以及夏曾佑等人之论,而又有所发展。他在批荀的文章《读荀子书后》中指出,荀子《礼论》中"三本之说"即后来吾国"天地君亲师"五字牌之所由立。而君主现握政教之权,复兼家长之责,作之君,作之师,且作民父母,于是宗族制度与君主政体,逐相依附,而不可离。因此,他认为政治改革而儒教家族制度不改革,则尚余此二大部专制,安能得其共和也?吴虞的批孔,可以说与陈独秀桴鼓相应,真如一声霹雳,震撼了中国当时沉闷朽腐的思想界。

当吴虞用西方的民主主义观点抨击中国几千年来家族制度的弊害的时候,鲁迅发表了震动文坛的小说《狂人日记》。小说概括了几千年来中国儒者为巩固封建家族制度所制定的一整套道德教条,残害被压迫者的罪恶事实。而其中受害最深的是妇女和儿童。作者以他饱含着深广忧愤的笔触,塑造了敢于痛斥封建礼教的狂人形象,一针见血地揭示了几千年来封建道德的吃人本质。我国从晚清以来直到五四前夕,有哪一篇批孔文章能像《狂人日记》寓意之深刻、影响之深远呢?继《狂人日记》之后,吴虞发表了《吃人的礼教》。从此,孔学与礼教一时成为思想界的众矢之的。胡适发表了《贞操问题》,鲁迅发表了《我之节烈观》,这是抨击"三纲"中"夫为妻纲"以及由此而产生的压迫禁锢妇女的封建礼教的。吴虞发表了《说孝》,胡适发表了《我的儿子》,鲁迅发表了《我们现在怎样做父亲》,这是批判"三纲"中"父为子纲"以及封建家长制的荒谬观点的。批孔与反礼教运动促成了五四运动的爆发。而五四运动轰轰烈烈的发展,又推动了思想革命进一步地扩大与发展,终于给中国思想界开辟了一个崭新的历史时代。毛泽东同志说:"五四运动所进行的文化革命,则是彻底地反对封建文化的运动,自有中国历史以来,还没有过这样伟大而彻底的文化革命。当时以反对旧道德提倡新道德、反对旧文学提倡新文学,为文化革命的两大旗帜,立下了伟大的功劳。"(《新民主主义论》)这充分证明了思想革命与文学革命最后取得了伟大胜利,而死抱着封建主义不放的顽固派,终于以彻底失败,退出了历史舞台。

根据以上论述,我们可以得到以下几点启示:

1. 从十九世纪九十年代中期维新派的"排荀"、二十世纪初革命派的批孔,直到"五四"前夕的"打倒孔家店"形成了思想革命的高潮,这是由渐变到突变的历史辩证发展的必然规律。没有晚清的"排荀"、"批孔",就不可能出现五四的思想革命。如果不从思想革命的发展来看,认为五四时期的思想革命为突发事件或偶然现象,那就大错而特错了。

2. 在反对封建思想的过程中,最值得人们深思的,是戊戌前康有为的弟子梁启超与其晚辈谭嗣同均为"排荀"健将。康在当时也曾被目为"离经叛道的罪魁祸首"而遭到顽固派叶德辉、王先谦等人的猛烈攻击。叶、王等人的《翼教丛编》与张之洞的《劝学篇》,都是针对康、梁维新派而发的。但曾几何时,到了辛亥革命以后,康氏却一反既往,声嘶力竭地卫护孔教,并提出以孔教为国教,列入宪法之中,而成为全国进步人士攻击之的。陈独秀当时的批孔论文,均系为驳斥康氏谬论而发的。陈氏在文中谈到自己早年读到康氏师弟文章时,真是茅塞顿开,觉昨非而今是,并说:"吾辈今日得稍有世界知识,其源泉乃康、梁二先生之赐。不谓辛亥以还,且于国人流血而得之共和,痛加诅咒。天下之敬爱先生者,无不为先生惜之。"(《驳康有为致总理书》)这不能不说是一个悲剧。其原因即在时代已经发展前进,而康氏仍坚持其往日尊孔主张,逆时代潮流而动,终于成为历史的绊脚石,为天下所笑骂与唾弃。其他如严复、刘师培,都可以说是与康氏同一类型的人物。

3. "五四"前夕爆发的思想革命和由此而爆发的文学革命,二者虽性质不同,但其精神是一致的。当时的文学革命不只是反对封建文学的旧形式,而更重要的是反对封建文学的旧思想、旧内容。为了反对封建的传统思想(即封建礼教和封建迷信),也必须要求具有表现这种新思想的新形式,即通俗易懂的白话文。故当时提倡文学革命的,无不是反对孔教的,即如钱玄同、周作人、胡适等。而反孔教的,也必然主张文学革命,即如当时反孔最力的陈独秀,他首先树起了文学革命的大旗。

4."五四"前夕的思想革命与文学革命,就其主张来看,仍系用西方资产阶级的政治思想、伦理思想与文艺思想来批判中国传统的孔学、中国的伦理观与文艺观的,其性质仍属于旧民主主义的范畴。待到十月革命爆发,马克思主义传入中国,以及欧战结束后,由于山东问题而爆发了五四运动,于是马克思主义为当时中国先进人士所接受,并进行了广泛的传播,从而进一步推动了这一伟大运动的开展。从此揭开了中国历史的新篇章,开辟了中国历史的新纪元,即出现了一个无产阶级领导的新民主主义革命的新的历史时代。

八、晚清文学革新与"五四"文学革命

（一）

晚清文学的革新运动，从发展上看，曾经出现过两次：一次是为维新派所倡导的，一次是为革命派所倡导的。前者出现于戊戌变法的前后，而后者则在辛亥革命的前夕。

维新派所倡导的文学革新，其目的已如上述，革新的方面为：1.诗界革命，2.散文解放，3.小说、戏曲的改革与提倡。下边依次加以分述。

梁启超在《饮冰室诗话》中，在评论谭嗣同的诗作时，曾论及早期他们所提倡的诗界革命道：

> 盖当时所谓新诗者，颇喜挦扯新名词以自表异。丙申、丁酉间（1896—1897），吾党数子皆好作此体，提倡之者为夏穗卿，而复生亦綦嗜之。……其《金陵听说法》"纲伦惨以喀私德，法会胜于巴力门"。"喀私德"即 Caste 的译音，盖指印度分人为等级之制也。"巴力门"系 Parliament 之译音，英国议院之名也，又赠余诗四章中，有"三音不识乃鸡鸣，莫共龙蛙争寸土"等语。苟非当时从学者，断无从索解。盖所用乃《新约全书》中故事也。其时夏穗卿尤好为此。穗卿赠余诗云："滔滔孟夏逝如斯，壹壹文士监在兹。帝杀黑龙才士隐，书飞赤乌太平迟。"又云："有人雄

起琉璃海,兽魄蛙魂龙所徒。"此皆无从臆解之语。当时吾辈方沉醉于宗教,视教主非与吾辈同类者,崇拜迷信之极,乃至相约以作诗,非经典语不用。所谓经典者,指拂、孔、耶三教之经,故《新约》字面络绎笔端焉。

梁启超对这种倾向,后来也深不以为然,认为这不是一条正确的革命途径,他说:

> 过渡时代,必有革命。然革命者,当革其精神,非革其形式。吾党近好言"诗界革命",虽然,若以堆积满纸新名词为革命,是又满洲政府变法维新之类也。能以旧风格含新意境,斯可以举革命之实矣。(同上书)

当然这种满纸新名词,说不上什么革命,至所谓旧风格含新意境,同样也难称为革命。既言革命,应该是内容、形式都能脱去旧诗的窠臼,而创造出一种崭新的作品,如"五四"后的新诗,那才配称为革命。当时维新派由于在理论上认识得不彻底,所以在这方面,未能开辟出一条新的道路。

维新派中在诗歌的理论同创作上,取得了较大成就的是黄遵宪。在晚清诗坛上,有所谓"江西诗派"的,是宗法宋人黄山谷的,当时以陈三立为代表。有标榜魏晋六朝的,以王闿运为代表。这些作者不免于拟古或模古,未能摆脱前人的格套。至于黄遵宪,他是反对步趋古人的,他说:

> 俗儒好尊古,日日故纸研,六经字所无,不敢入诗篇。古人弃糟粕,见之口流涎。沿袭甘剽盗,妄造丛罪愆。黄土同抟人,今古何愚贤。即今忽已古,继自何代前。……我手写我口,古岂能拘牵。即今流俗语,我若登简编。五千年后人,惊为古烂斑。(《杂感》)

这是在诗歌形式上,主张"我手写我口,古岂能拘牵"。至于内容,他又说:"其述事也,举今日之官书、会典、方言、俗谚以及古人未有之物,未辟之境,皆笔而书之。"(《人境庐诗草自序》)这说明不论是语言还是内容,都要创新。黄遵宪的理论是这样,他的创作,也基本上实践了他的理论。

黄遵宪是晚清诗坛上的大家，平生写诗千余首。由于他多次出使日本同欧美各国，耳目所历，有许多异闻异事，因而他的诗歌内容多是"古人未有之物，未辟之境"。尤其是他是个具有高度爱国主义思想的诗人。在晚清，他亲历了帝国主义对中国的多次入侵，在中国屡次战败，割地赔款，人民涂炭，国将不国的情况下，他写出了许多满纸忧愤、反映现实的写实之作，即如《悲平壤》、《哀旅顺》、《哭威海》、《降将军歌》等，堪称为一代史诗。至于《今别离》、《樱花歌》、《锡兰岛卧佛》、《以莲菊桃杂供一瓶作歌》等，所写的尽是"古人未有之物，未辟之境"。而《都踊歌》、《山歌》，在运用方言俗谚上，已接近于"我手写我口"的地步。不过黄遵宪的诗作，一般还未能摆脱古体与近体，而所用语言，大半还是古人的语言，所以只能说是革新，还说不上是革命。

在散文方面，晚清时期的散文，几全为桐城派所笼罩。他们讲究所谓"义法"，并提出"神理、气味、格律、声色"，作为写作上探究的原则。不论内容与形式，无不设置了一些清规戒律，严复介绍西方的学术名著，林纾介绍西方的文学作品，都是运用古文体裁，一时号为严林。另外是骈俪的作者，如阮元提出齐梁时的文笔之分，后来刘师培阐发其说，以与桐城相对抗。当时首先不为这两派所囿，而能自出机杼的为梁启超。梁氏自称：

> 启超夙不喜桐城派古文，幼年为文，学晚汉魏晋，颇尚矜练。至是（指其办《时务报》时期）自解放，务为平易畅达，时杂以俚语韵语及外国语法，纵笔所至不检束，学者竞效之，号"新文体"。老辈则痛恨，诋为野狐。然其文条理明晰，笔锋常带情感，对于读者别有一种魔力焉。（《清代学术概论》二十五）

梁启超的散文，当时风靡海内，一时号为"新文体"，由于他的文章平易畅达，加以"笔锋常带情感"，内容又是极其新颖的变法思想，所以特别具有动人的力量。这种影响，直到辛亥革命后，严复《给熊纯如书》中还说："其笔端又有魔力，足以动人，士暗杀，则人因之而惆然暗杀。主破坏,则人又群然争为破坏矣。最为非常可喜之论,而不知其种祸无穷。"此即足以说明梁启超的散文,在当时影响之大了。

在小说戏曲方面,维新派梁启超、夏曾佑等人,由于受到外国文学思想的影响,对小说、戏曲有着超迈前人的正确认识。在晚清以前,一般士大夫都是称小说、戏曲为"小道"。宋元以来,平话小说以及杂剧、传奇的兴起,给社会以极其深远的影响,但是一般通儒大师,如顾炎武(著《日知录》、《世风》、《重厚》)、黄梨洲(著《明夷待访录》、《学校》)却把它看做是诲淫诲盗、贻患社会的东西,而当时政府也无不下令予以禁止。

由于小说、戏曲受卑视,于是有些作者不敢把自己的真实姓名刊印出来。但是到晚清,维新派为了宣传他们的变法维新的主张,要利用这种体裁作为工具,于是大力宣传小说、戏曲的社会效果。他们首先是从理论上给以阐发,如梁启超的《论小说与群治之关系》、《译印政治小说序》,严复、夏曾佑的《国闻报馆附印说部缘起》,他们把小说的作用,往往夸大到不恰当的地步。其次是自己带头创作,即如梁启超就发表了一些小说同戏曲,如《新中国未来记》、《新罗马传奇》、《劫灰梦传奇》等。同时他们还自己办刊物。梁启超1903年在东京发行了《新小说》杂志,不仅发表自己的作品,而且发表不少国内作者如吴沃尧等人的作品。

由于这种大力提倡,于是国内小说刊物纷纷出现,如《小说林》、《月月小说》等,而申报馆这时又印了许多旧小说,一时呈现出一个小说、戏曲的极其繁荣时期。就中比较知名的作家同作品,有李伯元的《官场现形记》、《文明小史》、《活地狱》,吴沃尧的《二十年目睹之怪现状》、《九命奇冤》,曾朴的《孽海花》,刘鹗的《老残游记》等。

以上这些作品,基本上反映了晚清的政治同社会的精神面貌。而对社会的影响,有其积极方面,也有其消极方面。就前者来说,它们暴露了面临崩溃的清王朝政治上的腐朽与黑暗,已达到了不可收拾的地步。同时对当时的民族矛盾、阶级矛盾的尖锐也有着不同程度的反映。对广大的读者,也产生了发聋振聩的作用。但就后者而论,这些作者的世界观,除曾朴外,都是比较落后的。曾朴的《孽海花》还歌颂了一些革命人物,暗示了中国未来的曙光。至于李、吴、刘三人,他们的作品都未能正确地反映出时代的新潮流,因而看不出中国的前途。而且所写的人物,往往是是非颠倒的,他们所歌颂的正是人们的仇敌,而他们所诋訾的,则恰恰是一些民族英雄。另外他们都深受中国传统的儒家思想以及迷信思想的影响,对当时一些思想家所大力提倡的民主与科学精神,他们不但不予以宣扬,而且往往持反对的态度。

在写作艺术上,这些作品比着清初蒲松龄、吴敬梓同曹雪芹的作品,简直有霄壤之别,人物是概念化的,更不要说典型了。故事情节的描述,比一般报章的新闻报道高明不了多少。所以不能给读者以亲临其境的感觉。当然也有个别作品,在某些情节的描述上,有着一定的艺术水平,如《老残游记》中某些章节。不过总的说来,同清初的那几部名著是远远不能比拟的。

综上所述,晚清维新派所倡导的文学革新运动,虽然在成就上并不怎样理想,但应该说还是卓有成效的。这就是在原有旧文学的基础上,进行了一定程度的革新。在他们的影响下,到辛亥革命前夕曾出现以鲁迅为首所提倡的未能成为运动的第二次文学革新运动。

(二)

1906年,鲁迅从仙台医专申请退学回到东京,准备从事文学运动,并拟出版刊物《新生》。后因资金问题,刊物流产了。详细经过,他在《呐喊自序》中讲得很清楚。《新生》虽未能出来,但到次年,他为刊物准备的论义,却在东京一个革命刊物《河南》上陆续发表了。同时,他和周作人译的东欧作家的小说,用自己筹措的资金,又连续出了两本。遗憾的是这些论文与译著,由于当时国内革命高潮的到来,革命党人正竭全力从事起义运动,同时当时中国文艺界认识水平的低下,故曲高和寡,未能引起足够的重视,因而我称这次运动为未能成为运动的运动。

现在我们细绎鲁迅同周作人当时在《河南》上发表的论文以及他们所译的小说,可以看出他们对这一运动所持的方向与道路、宣扬的个人信仰与主张以及所抨击的社会上的种种旧观念和风靡一时的所谓"新风尚"。概括起来有以下各点:

1. 进化论思想。鲁迅在《人之历史》中评述了进化论的发展史,其目的在于对社会上顽固派以及口头上讲进化而实际上对之茫无所知的赶时髦的人们进行一次启蒙教育。

2. 提倡科学。《科学史教篇》一文指出,欧人之所以强根本原因由于他们科学的发达,并总结出:

> 故科学者,神圣之光,照世界者也,可以遏末流而生感动。时泰,则为人性之光;时危,则由其灵感,生整理者如加尔诺,生强者强于拿坡仑之战将云。

这种对科学的推崇,可以说上承严又陵之论,而下开"五四"提倡的"赛因斯"之风。

3. "掊物质而张灵明,任个人而排众数"。所谓"物质",指的当时一般人所提倡的"兴业"与"振兵"。鲁迅认为这不过是欧洲文明的菢叶,而其根本不在此。至于"张灵明",实际是发展人们的个性。人们的个性发展了,才能建立起"人国"。他说:"是故将生存两间,角逐列国是务,其首在立人。人立,而后凡事举。若其道术,乃尊个性而张精神。"(《文化偏至论》)至于"任个人而排众数",所谓"众数",是指当时维新派所高唱的"立宪"、"国会"之说。鲁迅认为按照他们的说法,不过把"事权言议"交给那些奔走干进的政客,再不然是饶有资金的富人。这不过是把临民的独夫,换成千万无赖之尤,对人民国家究竟能产生什么好处呢?这是具有极其精辟的政治预见之言。

4. 阐明文学的巨大作用,并标举欧洲"摩罗派"诗人的抗争精神作为学习的典范。鲁迅在《摩罗诗力说》中,对文学作用曾有较详细的论述。由于他曾受梁启超的影响,因而对文学的效能,强调得或不免于过分,但对欧洲摩罗派诗人拜伦、雪莱等人的论述,在当时是能够发人深思的。鲁迅称这派作者为"精神界之战士",实际他们都是思想革命家同文学革命家。

5. 对中国文学的评价与对儒家文学思想的批判。鲁迅在介绍欧洲摩罗派诗人的崇高品质及其对旧社会、旧习惯敢于斗争的大无畏精神的同时,回顾了中国文学,相形之下,就觉得黯然失色。他非常感慨地说:

试稽自有文字以至今日,凡诗宗词客能宣彼妙音,传其灵觉,以美善吾人之性情,崇大吾人之思理者,果几何人?上下求索,几无有矣!

其所以如此,究其原因,乃由于儒家思想的束缚。他批判汉儒把"诗言志"解为"持人性情",并且指出孔子的"思无邪"给后人的限制更大,他说:"强以'无邪',即非人志。许自繇于鞭策羁縻之下,殆此事乎!"

至于周作人对"思无邪"之说,更是诋訾不遗余力。他说:

夫邪正之谓,本亦何常!此所谓正,特准一人为言,正厉王雄主之所喜,而下民之所呻楚者耳。删诗定礼,夭阏国民思想之春华,阴以为帝王佑助,推其后祸,犹秦火也。(《论文章之意义暨其使命因及中国近时论文之失》,见《时论选集》第三集)

除此之外,并对当时中国文坛论文学的专著,如《中国文学概观》、《中国文学史》等书用儒家的观点来评论文学的种种谬见,进行了驳斥。最后提出,文学的改革实为当务之急。而改革的最大目的,即在把文学从一人手中夺来,公诸百姓,也就是把为帝王服务的文学,改变为为人民服务的文学。

至他们所译的《域外小说集》,正是为纠正当时林译之失,而有选择地认真地介绍了东欧具有现实主义精神并对读者有着深刻教育意义的作品。

鲁迅、周作人准备发动的这次运动,从它的意义来说,对前者维新派所发起的文学革新运动和后者"五四"文学革命运动,实有着承先启后的作用。首先,他们都曾受到梁启超的文学观的影响,这一点周作人在回忆鲁迅的文章中,谈得很清楚。另外,也曾受到严、林译著的影响,不过"后来者居上"。鲁迅弟兄对文学的认识,比前于他们的这些作者,要深刻、全面得多了。他们把民族的兴亡与文学的盛衰密切地联系起来。他们希望中国能出现像"摩罗派"诗人那样"精神界的战士",同时他们认为中国过去的文学能毫无顾忌,发出真正的雄声的很少,主要原因则由于受儒家思想的束缚与专制帝王的压制。他们痛诋儒道两家思想的流毒,而尤其以儒家为最。这种观点实上承章太炎而下开"五四""打倒孔家店"的先河。

至于这次运动的缺点,是他们忽视了语言的改革,不论论文同译文,都有点艰深古奥,远不如梁启超的文章与林译著作的易懂,而这正是他们这次运动失败的一个重大原因。

(三)

"五四"前夕,中国文坛上出现的文学革命运动决非偶然。首先,由于1914年欧战的爆发,中国民族工业有了进一步发展。民族资产阶级、工人阶级同时登上了历史舞台,加上受到西方科学与民主思想影响较深的知识分子,这样就形成了一支比较过去强大的反封反帝的革命力量。其次,在思想上,由于封建势力篡夺了革命果实,复辟帝制成为当时反动派竭力实现的目标,于是伴随而来的是对孔教的推崇与宣传,借此为他们的阴谋作舆论准备。这样就引起了先进的知识分子同他们进行斗争。由陈独秀、吴虞等发动批孔运动,就是针对康有为、袁世凯的尊孔谬论而发的。继晚清的文学革新运动,随着思想上的革命运动,而发展为文学革命运动,这是必然的趋势。当时的桐城派同选派的作者,很少不是卫道派,革命派为表现反封反帝的新思想,不能不革除古文学的旧格套同旧语言,而代之以新形式同白话。

当时文学革命运动,由胡适的《文学改良刍议》开其端,接着陈独秀发表了震动一时的《文学革命论》。这篇文章给中国文学革命提出了一个系统的战斗纲领。文中指出了以下几个重要问题：

1. 伦理、道德、文学、艺术与政治的关系。他认为中国在政治上几次革命的失败，原因在于对旧的伦理道德、文学艺术，根本没有进行过革命。而当时对孔教的讨论，实际为对孔教的批判，也就是对旧的伦理道德革命的先声。文学上胡适的《文学改良刍议》，应该说是文学革命发难的义旗。

2. 标出文学革命的三大主义。首先，明确提出了要推翻的三种古文学和要建设的三种新文学。前者为贵族文学、古典文学、山林文学，后者为国民文学、写实文学、社会文学。这三种正反两面的文学，一是从文学的服务对象来说的：所谓贵族文学，其服务对象自然是封建贵族阶级，内容必然是阿谀逢迎的，而形式也必然是雕琢粉饰的。至于国民文学，其服务对象为广大的国民，内容自然是抒情的，而形式也是平易的。二是从创作方法上说的：古典文学由于缺乏进步的思想，所以在创作方法上，只能是堆砌一些陈词滥调，或者运用空泛的铺张扬厉的写法，所以没有什么价值。至新的文学，应用写实主义的创作方法，来表现作者对现实的认识和态度。由于这类作品表现了作者的真情实感，因而能成为新鲜可喜的作品。三是从作者对现实的态度而言的：山林文学是回避现实斗争的文学，是消极避世的文学，是应该批判的。而新文学则是应该关心民生疾苦，国家兴亡，对现实生活能够发现问题，提出问题，而给以正确反映的文学。这样既有破，又有立，不像胡适只主张在文学形式上进行改革，而是要求在文学内容上进行一次革命。

3. 对中国古代文学，有分析地给以肯定或否定。即如对《国风》、《楚辞》以及唐代的古文运动，是肯定的。对韩愈即作了一分为二的评价，认为他变八代之法，开宋元之先，自是豪杰之士，但他不能令人满意的，即文犹师古，并抱有"文以载道"的谬见。对元明以来戏曲家如马致远，小说家如施耐庵、曹雪芹，则称之为"盖世文豪"。他所坚决反对的则是明代的前后七子，因为他们是复古主义者，主张拟古模古,提出"文必秦汉,诗必盛唐"的荒谬口号。对当时桐城派所奉的祖师归(有光)、方(苞)、刘(大櫆)、姚(鼐)等,则称他们为"十八妖魔",作为当时革命的对象。

4.标举西欧的几位浪漫主义、现实主义与唯美主义的大作家,如法之雨果、左拉;德之歌德、赫卜特曼;英之狄更斯、王尔德等作为作家学习的典范。他希望中国文学界能有以上述作家自命的,来同中国的十八妖魔进行战斗,他愿拖四十二生的大炮,为这些革命者的前驱。

这篇文章是这次文学革命的宣言书,是向封建文学进军的号角,是明确的、系统的战斗纲领。以后参加这一运动的作者,如鲁迅、胡适、周作人、钱玄同、刘半农等,都曾发表过不少论文,对这一纲领进行补充与发展。

这次文学革命运动取得了伟大的胜利,给中国文学开辟了一个新的历史时代。"五四"后到现在六十多年间,中国文坛上涌现出了许多伟大的杰出的作家,特别是鲁迅,成为世界文坛上喧赫的巨人。

至这次文学革命之所以取得伟大的胜利,主要有以下原因:首先是鲁迅杰出的具有划时代意义的《狂人日记》的发表,像春雷一样,震动了当时中国的文坛。接着又发表的《孔乙己》、《药》等,给新文学树立了光辉的典范,开辟了一条崭新的创作道路。由于这些作品给中国文学开辟了新的历史时代,因而鲁迅被公认为是中国新文学的开山。

接着,十月革命一声炮响,给我们送来了马列主义。中国先进人士,用共产主义的宇宙观和社会革命论,来重新观察中国的命运,并指出了新的战斗方向与道路。李大钊对十月革命的欢呼与对马克思主义的介绍,为五四运动的爆发,作了思想准备。

由于五四运动的爆发,促使了文学革命运动进一步发展。"实践是检验真理的唯一标准",通过对这次运动的宣传工作,充分证明了白话文学是最锐利的武器,从而宣判了古文学的死刑。从此新文学取代了古文学的宝座,而为全国进步人士所公认。

（四）

从晚清的两次文学革新到"五四"的文学革命，其间发展的径路，给我们以如下的几点启示：

1.文学的发展，必然要受到经济与政治背景的制约。中国新兴的资产阶级，由于受到帝国主义的压迫与本国封建主义的束缚，具有一定的软弱性。加上西方资本主义文化已走向没落阶段，所以晚清中国由地主阶级转向资产阶级的代表人物，提出向西方学习的口号，对已沦为半封建半殖民地的中国，却不敢提出反帝口号，同时对几千年来巩固封建制度的孔孟之道，也不敢进行彻底地批判。维新派批程朱，批"三纲"，却不敢触及孔孟，并且还借孔子的旗号，来进行政治上的改良。革命派才对孔子进行了批判。因此维新派在文学上也只是限于改良，而未能作彻底的革命。

"五四"时期，由于国内形势与国际形势有了巨大的变化，特别是中国资本主义在欧战时期有了长足的发展，工人阶级登上了政治舞台，苏联十月革命的胜利，马列主义传播到了中国，思想革命——批孔运动有着进一步的发展，因而爆发了彻底的不妥协的反封反帝的文学革命运动，给中国文学开辟了一个新纪元。

2.历史是发展的，同时也是有其先后继承性的。就理论上看，晚清的维新派提出"诗界革命"，但黄遵宪的作品，也只能说是"革新"，说不上"革命"。至于对旧文学的批判，鲁迅同周作人的文章，都有所涉及，但是并未打出革命的旗帜，而且理论还不够系统。到了"五四"时期的陈独秀，他总结了过去的经验与教训，发表了《文学革命论》一文，这是具有强烈战斗性的纲领性的文章，因而影响特别地大。另外在思想革命上，一是反孔教，二是介绍民主与科学，这都是继承晚清的余绪而进一步有所发展，因此才形成了一个革命运动。所以从晚清到"五四"，从革新到革命，发展是完全符合历史辩证法的。即由渐变到突变，从量变到质变。"五四"时期有些反对文学革命的文人，如林纾、严复以及刘师培等,他们在晚清都曾为这一运动起过一定的推动作用,但由于他们思想的停滞,到最后竟成为新的运动的反对者,这是由于他们昧于历史发展动向的缘故!

3.在创作上,拿鲁迅的小说与晚清谴责小说相比较,再拿"五四"的白话诗与晚清的诗歌相比较,其相去简直不可以道里计。

总之,"五四"的文学革命运动,是晚清两次文学革新运动的继续和发展,完成了晚清文学革新运动的未竟之业。我们为了进一步了解"五四"文学革命运动的伟大意义,就必须对晚清文学进行探索,找出其来龙去脉,否则"五四"文学革命就成为无源之水,无本之木,成为一个突如其来、不可理解的历史事件了。

九、结束语

根据前边各章的论述,从历史发展的继承关系和外来文化输入的影响上看,那么"五四"文学革命与晚明文化革新之间的渊源流变以及前后的脉络,就非常清楚了。

先就学术思想来看。晚明"左派王学"的反程朱,特别是李贽提出孔子之是非为不足据,的确是石破天惊之论,对一向被孔学禁锢的社会思想,是一个极大的解放。清代朴学家们在反程朱理学方面与晚明李贽有其一致之处,但他们之反程朱,最初认为程朱派学者对经典的注释不够正确,远远不及汉儒;到了以后的戴东原,则从哲学理论上批判程朱理学主张"去人欲,存天理"之论,认为其祸于斯民甚于酷吏之所谓法,提出人死于法犹有怜之者,死于理其谁怜之。反程朱理学的思潮,直到晚清的维新派谭(嗣同)、梁(启超)等人,在排荀的运动中,把汉儒的经学直到宋代程朱的理学,都一概目之为荀学。所谓:"故常以为二千年之政,秦政也,皆大盗也。二千年之学,荀学也,皆乡愿也。惟大盗利用乡愿,惟乡愿工媚大盗。"(《仁学》)真是一针见血之论。维新派中谭、梁等人,虽攻击荀学,但还不敢触及孔子,至夏曾佑,已由荀学而上溯到孔学,认为荀学中许多流弊,其渊源,实由于孔子尊君重生之极致,有以致之,不能单单责怪汉儒同荀子。

到了革命派章太炎,就进一步对孔子及其后学进行了揭发与批判。这时革命派中的一部分人由于要反孔,自然要想到晚明的李贽,于是在他们办的《国粹学报》中对李贽的论著加以选载,并对其思想作了较为系统的评介。

到"五四"前夕,在"打倒孔家店"的高潮中,号称反孔老英雄的吴虞就对李贽思想大加赞扬,发表了《李卓吾别传》。

由此可见,晚明代表市民阶级的思想家李贽,反程朱理学,并批评孔子,尽管受到封建统治阶级的镇压以及封建儒者们的围攻,但进步的思潮总归是扼杀不了的。这股潮流,迂回曲折地发展,最后由于西方民主思想的输入,于是二者汇为滔天巨浪,终于冲垮了封建统治者几千年来修筑的坚固堤坝,从而在思想界出现了一个彻底的反孔教的革命运动。

其次,在中国妇女问题上,也不能不追溯到晚明的李贽。他首先以男女平等的眼光来看待妇女。他在《答以女人学道为见短书》中,驳斥了那些认为妇女之见不及男子的人们的荒谬说法。至于对妇女的婚姻问题,他于卓文君之奔司马相如给以热情的赞颂。这与理学家伊川先生主张"饿死事小,失节事大"的看法简直是针锋相对!到清代的朴学家,如汪中、俞正燮等,都曾在论著中针对妇女婚姻问题,特别是"守贞"之说,来为被压迫的妇女鸣不平。而李汝珍的《镜花缘》,则已用浪漫主义的创作方法,用虚构的笔墨,来寄托自己对妇女解放的理想。这种反封建礼教的精神,尤其值得后人称道!

到了"五四"前夕,鲁迅的《狂人日记》,借狂人之口,说出自己妹妹的死,可能自己也参与了对她的谋害,发出了"救救孩子"的呼声。在"五四"革命的高潮中,妇女解放问题成为当时思想界讨论的主要问题之一。鲁迅、周作人、胡适等,都曾发表过许多有关这方面的文章,尤其是鲁迅的小说《明天》、《伤逝》和《祝福》,都是对封建旧道德进行的严厉的谴责和控诉!所以"五四"在反对旧道德、提倡新道德方面,追溯渊源,实由晚明思想革新运动开其端,清代朴学家扬其波,而到"五四"形成洪涛巨浪,大有排山倒海、冲毁一切封建堤坝之势。

在文学上,"五四"文学革命与晚明文学革新也有一定的联系。

晚明的文学革新派,反对前后七子复古主义的运动,其对后来影响最大的,有以下三点:

一是"抒写性灵",主张作家要在自己作品中写出自己的真情实感来。这就是李贽所标出的"童心"以及袁中郎所说的"大抵物真则贵,真则我面不能同君面,而况古人之面貌乎!"(《与丘长孺书》)至于复古派作家们的作品,大抵千人一面,正如黄茅白苇,弥望皆是,欲求其异,毫不可得。

二是"信腕直寄",要打破一切清规戒律。也就是有什么话,说什么话,话该怎么说,就怎么说。正如苏轼自述其创作经验"大略如行云流水,初无定质,但常行于所当行,而止于不得不止"(《与谢民师书》)。这就是作家在创作方法上,要自出机杼,不要因袭模拟。袁中郎提出,"师森罗万象,不师先辈"、要"以无法法",也是要作家取法自然,善于创造。

三是对宋以来市民文学及民间文学,予以肯定,并给以高度评价。李贽、袁中郎都赞扬《水浒传》,李贽并对它进行评点,对《西厢记》也作了评点。此外如《西厢记》、《拜月亭》,他更是赞扬不止。所以在十七、十八世纪,中国小说、戏曲所以能出现一个黄金时代,不是没有原因的。

中国的市民文学,在清代中叶受到封建统治阶级及封建理学家们的打击,一度受到挫折,但朴学家如焦循、俞樾等,都给以肯定与提倡。到了晚清,西方文学思潮与创作得到大量的介绍。这时,中国文人用西方资产阶级的新观点,对宋元以来市民文学中杰出作品的思想同艺术给以全新估价,特别是有些评论家,用科学(《进化论》)与民主(《民约论》)的观点,来考察其中的代表作品,如《水浒传》、《红楼》等,给以前所未有的科学评价。

到了"五四",一些倡导文学革命的文章,如胡适的《文学改良刍议》所提出的"八不主义",从其精神实质上看,与公安派所提出的主张,实毫无二致。特别是作为文学革命纲领的陈独秀的《文学革命论》中所提出的对文学的见解与主张,可以充分看出,他们观点的来源有二:一为中国所固有的,即继承了晚明文化革新这一潮流;二为晚清从西方输入的科学与民主的资产阶级学术思想和新的文学论。二者汇合起来,而形成思想革命与文学革命的理论基础与指导思想。

即如胡适《文学改良刍议》中所提出的"八不主义"其三,"须讲求文法",显然是受西方文学的影响。至其余七项,与晚明公安派的见解,几无不相同。至如"不摹仿古人"这一项中,讲到中国文学的发展道路:

> 文学者,随时代而变者也。一时代有一时代之文学,周秦有周秦之文学,汉魏有汉魏之文学,唐宋元明有唐宋元明之文学,非吾一人之私言,乃文明进步之公理也。

试再看袁中郎的话:

> 文之不能不古而今也,时使之也。……唯识时之士,为能堤其隙而通其所必变。夫古有古之时,今有今之时,袭古人言语之迹,而冒以为古,是处严冬而袭夏之葛者也。《骚》之不袭《雅》也,《雅》之体穷于怨,不《骚》不足以寄也。后之人有拟而为之者,终不肖也。何也?彼直求《骚》于《骚》之中也。至苏李述别,及《十九首》等篇,《骚》之音节体致皆变矣,然不谓真骚不可也。(《雪涛阁诗集序》)

其见解之深刻,比之胡适所讲的,实有过之而无不及。

至于陈独秀的《文学革命论》比较系统地提出了文学革命的纲领,比诸胡适的"八不主义",其深广程度简直不可同日而语,所以能成为当时运动中纲领性的文章。里边最突出的是提出了"十八妖魔"作为打倒的对象,即明代的前后七子,加上清代桐城派所尊奉为祖师的归(有光)、方(苞)、刘(大櫆)、姚(鼐),而其中的前后七子,就是公安派所抨击的复古主义者。同时,对中国的古代文学,陈文中所肯定的《国风》、《楚辞》,以及宋元以来的戏曲小说即所谓市民文学,也是公安派所肯定的。当然,即如所提倡的社会文学和标举西方唯美主义、浪漫主义、现实主义等大作家作为今后中国作家学习的典范,这都是接受西方文学思潮的结果,是公安派所不可能提出的。

由此可见,"五四"的文学革命与思想革命,从反孔教到反复古主义文学,就中国固有的传统来说,实上承晚明的文化革新运动。随着中国历史的发展,作为市民阶级后身的资产阶级与伴随资产阶级而出现的工人阶级登上政治舞台。于是,在吸取西方的科学与民主思想和新的文学观,并上承中国市民阶级的反封建主义文学和反对为封建统治阶级服务的复古主义文学的进步传统的基础上,爆发了新的文化革命运动,终于为中国文学的发展开辟了一个光辉的历史新时代。

中国近现代文学研究论集

中国近代散文各种流派作家作品的不同风貌

一、关于"文选"和"文学作品选"的区别

"文选"和"文学作品选",在编选标准上,是有着广狭不同范围的区别的。

关于"文选"选本,从梁萧统的《文选》、宋姚铉的《唐文粹》、清姚鼐的《古文辞类纂》,直到现代郑振铎的《晚清文选》,其内容几无不包有文、史、哲三方面的文章。我们试一检查这几部书的目录,即可以得到充分证明。

至"文学作品选",乃是对文学各种体裁分类的专体选本,内容比较单一,从古典文学到现代文学,诗、词、曲以及小说都有各自的选本,这里勿庸举例。

至《大系·散文集》("大系"指《中国近代文学大系》),似应参照前人所选"文选"的体例,在编选范围上,也应较为广泛为宜。我认为应该包括下列二个方面:

(一)从文学角度上,对近代散文,选出在内容上能够表现各个时期不同的阶级与阶层的作家们的情绪心态的作品。在形式上,应注意诸如体裁、语言以及写作艺术上的发展变化。

(二)从历史的角度上,选出足以反映在历史的发展中,各个阶

段、各个阶级与阶层的人们的精神面貌的特点,从而显示出中华民族独有的特性来的作品。

(三)从学术思想的角度上,选出能反映近80年在中西文化接触后,通过撞击与融合、批判与继承而出现的新的学术思想的作品。这不仅对从事文学研究者,而且对史学和学术思想的研究者提供可资参考的重要资料。

二、关于中国近代文学的特色

从1840年到1919年这80年间的中国社会,是由封建地主阶级统治的封建社会逐渐向半封建半殖民地社会沉沦的过程。由于社会性质的变化,阶级关系也相应地有着极大的变化。

在清初的封建社会,主要的阶级力量是:1.地主阶级;2.农民阶级;3.市民阶级。这三者之间有矛盾有斗争,特别是地主与农民两个阶级之间的斗争尤其尖锐。但由于封建势力的强大,农民的反抗斗争经常被镇压并导致失败。如太平天国的起义运动,革命势力所向披靡,几乎推翻了清王朝,但由于战略上的失误和内部的权利之争,加上封建统治者与帝国主义的勾结镇压,终于以失败而告终。太平军虽然失败了,但清王朝的统治却因此而发生动摇。随着形势的发展与阶级关系的变化,此后就出现了:1.官僚地主阶级为了自救而发起的洋务运动;2.资产阶级改良主义的维新运动;3.资产阶级革命派的民族民主革命运动。

反映这一历史阶段社会生活的近代文学,具有以下几方面的特色:

(一)由于这一阶段的阶级和民族矛盾尖锐激化,一般比较敏感的文人,无不抱有忧国忧民之感。较有眼光的作家,无不从个人的升沉得失放眼于国家民族的盛衰兴亡。在作品的内容上,具有更为鲜明而深厚的时代感。

(二)在学术思想上,嘉道时期西汉的"公羊学"重新为部分学者所提倡,西汉今文经学家的通经致用、关心社会国家前途的政治倾向,成为时代的新思潮。早期的龚魏和稍后的康梁,都是这一时期的代表人物。他们的作品揭露封建制度的千疮百孔,并提出个人转移时代风气与改革政治制度的种种主张,因此这一时期的文学,不仅是现实主义的,同时还具有理想主义的色彩。

(三)清代末叶特别在甲午之后,西方的社会科学与自然科学的名著被介绍到中国来,因而科学与民主的思想,首先为先进的知识分子所接受并继而形成为运动。维新变法运动失败后,接踵而来的是民主革命运动。在思想文化领域统治中国几千年的儒家世界观与道德观,逐渐崩溃,因而影响到文学观念的深刻变化。这种巨变是过去所绝不曾有的。

(四)一部中国近代史,是中国广大人民反帝反封建的历史,进步的革命势力与反动的封建势力不知经过多少回合的交锋,直到最后,反动的封建势力被推翻。而近代文学也存在着正与反两方面的潮流,有主流也有逆流。在文学思想和文学创作上,也存在着二者的交锋与斗争,最后,代表人民的具有现实主义或积极浪漫主义的文学终于取得了胜利,而代表反动统治者的封建文学则趋于失败。像这样激烈的矛盾斗争,也是过去所不常见的。

(五)文学的形式从来都是为作品的内容服务的。内容决定形式,形式服务于内容。近代文学在文学样式、艺术技巧、语言运用等方面,无不随着时代的发展变化而发展变化。龚自珍的诗文以及以后梁启超所提出的诗界革命、散文解放和小说界革命之所以出现,无不是以上所说规律所决定的结果。

(六)中国近代文学在发展变化中,一面批判继承了中国古代文学固有的进步传统,同时也批判地吸取了西方文学的营养,在中西文学的汇合与交融下,形成了中国近代文学的独特风貌。

三、也应选入不含感情而明辨大是大非的作品

在《信息》(指负责编印《中国近代文学大系》的上海书店,为"大系"的编选所刊发的《信息》)第18号中,周振甫先生对散文选是否选入政论学术文问题,提出了个人的意见。对周先生的看法,我是非常赞同的。

五四后对散文的理解,从《中国新文学大系》第一个十年中两册散文选来看,其所收入的,全系编者周作人在《导言》中所说的"美文"。近代散文选,如果用此标准,那么可选的数量,就太有限了。

振甫先生从中国古代文论家对散文的看法着眼,认为凡是涉及一个时期人们所关心的重大问题,提出个人的真知灼见,并且在论述中含有作者感情的论文,如贾谊《过秦论》之类,都应视为文学作品。这当然是对的。但我认为,除此外,即令作品中不含有作者的感情,如梁任公早年关于时论方面的文章,如果是属于析理明晰,切中时弊,是明辨当时一般人公认的大是大非问题的作品,也应该选入。即如章太炎的《驳康有为论革命书》,以及《革命道德说》之类的文章。

另外,中国近代史在发展中的步子是非常迅速的,从鸦片战争后80年间,政治、经济以及社会上各个方面的变化,几乎相当于过去几百年的变化。由洋务运动,到维新运动,直到革命运动,都对当时时代提出了亟需解决的新的和重大的问题。同时,当时凡关心民族前途命运的仁人志士们,对时代所提到之问题,无不抒发了个人的理想与主张,并曾受到社会的重视。有的还曾经见诸实施,为中国近代史的发展,留下了辉煌的业绩。凡属这些仁人志士与先觉者的有关论文,似应该考虑选入。由此,不仅反映出中国近代散文发展的历程,同时还可以反映出中国文化演变的轨迹。对此,过去我曾写出过个人的意见,并见于过去所出的《信息》(编者按:参见上节)中,这里就不多谈了。

四、我从两点论出发选了曾国藩的散文

接读《信息》第29号,得悉陈则光先生谈到关于《散文集》选录曾国藩散文问题,涉及到我。

1986年在广州近代文学讨论会上,关于对曾国藩的评价问题,我在大会上曾发过言。主要内容是:我认为评价古人,一定要站在人民立场上;至于对他在文学上的成就,自应实事求是地给予公允的评价。

曾国藩镇压太平天国,解放后的近代史(如范文澜同志的史著),对他的镇压人民革命,成为近代史上的反面人物,可不必为他讳。至于他对桐城文派的发展,与方姚有同等重要的地位,是需要重视的。我在拙作《中国新文学渊源》一书的第五章论及桐城派时,曾把他与方姚三人,重点加以评述(编者按:该书于1986年9月由河南人民出版社出版)。

《大系·散文集》对曾国藩的散文共选了17篇之多。所以则光同志的疑虑,纯属对我在广州大会发言的误解。

五、中国近代散文各种流派作家作品的不同风貌

近代文学成为一门研究的专题,是六十年代以来的事。过去由于称五四文学革命后的新文学为"现代文学",并在大学中文系课程中开设这门课,于是把五四以前的中国文学统称为"古代文学"。但是中国的历史,自鸦片战争后,转入到一个新的历史时代,一些革命家和史学家,为区别于过去的历史时代,把这一段沦为半封建半殖民地的历史时期,称之为"近代史"。范文澜就曾专为这一段历史,写过一部《中国近代史》(虽然只有上部)。后来继续从事这段历史研究并写成新著的,颇不乏人。

毛泽东在《五四运动》、《新民主主义论》等论著中,对五四文化革命,进行了总结性的论述。他把从1840年到1919年这一段中国社会从封建经济沦为半封建半殖民地经济,并伴随着中国人民不断发动的反封建反帝革命运动的时期,称之为旧民主主义革命时期。而把五四以后,由于马克思列宁主义的传播,以及中国共产党的成立并领导中国人民继续进行反封建反帝的伟大斗争的时代,称之为新民主主义革命时期。一般史学研究者,则称五四后的这一段历史,为"现代史"。从此以后,史学界都不约而同地称从鸦片战争到五四运动这一时期为"中国近代史"。

　　中国文学史时期的划分,一向是以中国历史划分为依据的。中国近代文学,前后约80年之久,过去没有别立"近代文学"这个名称的时候,是作为中国古代文学的末期文学,而在授课时放到后边讲的。但大学课程讲现代文学的,都从五四文学革命开始;讲古代文学的,又因它是个尾巴,往往潦草从事,不作系统深入的研讨论述,至令此80年的中国文学,不为一般人所注意。因此近些年来,一些文学史研究者提出了"近代文学研究"这一课题,学术界也出现了一批有质量的论著。于是中国近代文学终为国内外学者所重视,而从事研究者也随之继起,因此近代文学的研究,已呈现出光辉灿烂的前景。

　　"近代文学",同"古代文学"与"现代文学"比较,无论从内容到形式,都有其独特的风貌。

　　首先,从经济形态上说。中国的封建经济,是一种自给自足的自然经济,但从鸦片战争以后,帝国主义者以其新式武装,闯开中国一向闭关锁国的大门,在不平等条约的签订下,帝国主义者以其各种新式的商品,向中国市场倾销,使中国城市与农村逐渐走向贫困与破产。再加上清政府的腐败,向人民进行敲骨吸髓的搜刮,广大人民渐趋于日不聊生的地步,于是揭竿而起,发动了起义运动。从太平天国、义和团的反帝斗争,直到晚清民主革命派所发动的历次起义运动,形成了中国广大人民不甘心于被奴役被宰割、起而要求解放的革命斗争史。所以中国的近代史,实是一部中国人民的解放斗争史。

而反映中国近代斗争史的近代文学,也可以说是一部解放斗争的文学。

其次,从贯穿这一历史时期的中国文学的中心思想看,其特点为反对中国传统的儒家思想,而其主流,则为民族主义与民主主义。前者为反对异族的侵略与压迫,而后者则为反对封建主义的剥削与压迫。在反民族压迫上,最初仅仅是针对外来的帝国主义列强,但到庚子事变之后,则进一步演变成对清王朝统治的反抗。孙中山的民族、民权主义,其矛头实系直指清廷,而最后终于推翻了清王朝,结束了中国几千年的君主专制政体。因此,从中国近代文学的主流看,它无不蕴蓄着民族民主两种最具斗争性的思想意识,所以它能深入人心,而富有号召力。

在近代文学的文学形式上,不论是诗歌或散文,其主流则为摒弃模古拟古的形式主义,而倾向于通俗易懂的实用主义。特别是到了晚清的维新派,他们为了宣传维新变法的政治理想而提出了"诗界革命"、"小说界革命"、散文解放。这就为五四的文学革命运动,先行开辟了道路。所以在文学形式上,为了让作品为时代的新思潮服务,其摒弃模古拟古,而走向改革与创新,逐渐倾向通俗化,自是必然的趋势。

所以近代文学不论其内容与形式,与古代文学都不同,有着明显的自身的特点。至于此一时期的模古拟古的流派,如散文方面的桐城派、诗歌方面的同光体,则非文学的主流,是自当别论的。

中国近代文学与时代的关系,表现得最为密切的,自然是散文。鸦片战争爆发的前夕,即已出现了作为预言家同时代号角的龚自珍和魏源。特别是龚氏,他用他的渊博的历史知识,与对朝章国政的熟稔,通过他敏锐的观察力,深刻地剖析了当时政治的腐败,对官吏的偷堕自私,置国家人民命运前途于不顾,大胆地用他的犀利的笔锋与含蓄的语言,予以淋漓尽致地揭发。对当时最高统治者,不惜一再发出棒喝,指出若不迅速改弦更张,就会有人起来代替你改革,并且预言:"视其世,乱亦竟不远矣!"龚氏的思想,是反传统的思想,他要求改革,要求创新,要求打破一切陈规陋矩,这代表了新时期广大先觉者的呼声,无愧是中国近代思想的启蒙大师。

魏源,是龚氏的挚友,在他的著作中,对当时的学术、政治、风俗、民情也都有所论述与批判。他看到西方列强的强大与中国的积弱,而主张向西方学习,提出"师夷之长技以制夷"的战略决策。

龚、魏二人,是我国近代最早的先进的有识之士。继他们之后,并受他们影响,出现了一批关心时政、关心生民疾苦而抒发个人宏伟抱负的经世致用派。这可以冯桂芬、王韬、陈炽、郑观应等为代表。这些人的主张,基本上还是限于向西方学习,而学习的对象,仍不外乎物质文明方面:科技、邮电、铁路、学校等。至于进一步提出政治体制上的变革的,则发端于这派的后期人物如薛福成、郑观应等。到了第三时期,康有为、梁启超师弟才大力宣扬民权,主张建立西方的君主立宪的改良主义民主政治。但就这温和的改良主义,还遭到当时清廷顽固派的反对与镇压。戊戌政变百日维新后,一批改良派有的被砍头,有的流亡海外。改良主义的失败,大大教育了当时的有识之士,使他们认识到,这种"宁赠友邦、不予家奴"的卖国政府是甘心作帝国主义的代理人的。他们为帝国主义的利益不惜镇压广大的爱国人民。果然,庚子事变完全证实了这一点。为反帝,不能不先反封建;想赶走帝国主义,就不能不先把为虎作伥的清政府推翻,然后才能实现。在这样的新的觉悟下,以孙中山为首的革命民主派所倡导的起义运动,就汹涌澎湃地发展了起来,而过去曾参加过维新运动的如章太炎之流,这时也转向民主革命派。不断地发动的武装起义,最后终于推翻了清王朝,而结束了两千余年的君主专制。

中国近代散文在与时代发展的关系上,远比以往古代散文为密切。从所反映的时代精神面貌看,它几乎可说是时代发展变化的晴雨表。我们以时代为依据,大致可以分之为4个时期,即鸦片战争时期、洋务运动时期、戊戌变法时期、辛亥革命时期,而各个时期散文的内容、形式与风格,则都有其各自的特色。今分述如下:

十九世纪四十年代前后。从林则徐、龚自珍、魏源等人的散文,可以看出中国封建社会末期的阶级矛盾,以及世界列强入侵后的民族矛盾的复杂性与尖锐性,及随时可以爆发人民群众的武装暴动,反抗内外的压迫者。其中尤其从龚自珍的作品中,可以看到他对社会现实的揭露与对未来形势发展的预测。到后来具体历史的发展,都证明了他的话是多么富有预见性。

至于林则徐和魏源,都是提倡面向世界、力倡师夷之长技以制夷的向西方学习的观点。一时形成了经世派的散文作家群,如冯桂芬、容闳、王韬等,这派作者,都富于民族意识与爱国主义思想。他们当时看到西方列强的强大与祖国的孱弱,感到前途的危殆,所以发为危言深论,向政府献计献策,企图得到当局的采纳而致国家于富强。他们的立场都是从国家民族的前途命运出发,同一般清廷的官僚为巩固封建专制主义政权而出谋献计者大不相同。

从这派散文的风格特点看,早期的代表作者如龚、魏,他们处在嘉道之际,一般士大夫对清初文字狱还有余悸,正如定庵诗中所说的"避席畏闻文字狱",而他们的作品,则恰恰相反,大抵属于对时政的揭发与批判。为了避免政府官僚的嫉忌,他们采取了隐晦与象征的写法,散文名篇《尊隐》就是一个极好的例证。

至于魏源的作品,大抵为希望政府能够发愤图强以及如何在政治、经济等方面进行改革,以抵御列强的侵略,而提出个人的方略。其中心思想以及文章的措词,无不表示个人对朝廷的忠悃之情,其用心可谓良苦矣。

继龚魏之后的经世派散文作家,如冯桂芬、容闳、王韬、郑观应等,其散文倾向,多本魏源。他们一方面继承了中国先秦的学术思想,如儒、道、名、法等,同时吸取了西学中科技方面的富强之术。他们散文的共同特点:(一)立足于补偏救弊与救亡图存的观点上,对政治经济以及文化教育等,提出了个人的看法与建议。(二)大抵能审时度势,尤其对西方列强之所以强与中国之所以弱的原因,都能探本溯源,条分缕析,进行比较论述,因而理明辞畅,不仅有缜密的逻辑性,并且富于强烈的说服力,似乎曾深受汉代贾(谊)、晁(错)与唐人陆贽的影响。

后来洋务派的散文作者,乃是以方(苞)、姚(鼐)为代表的桐城派古文为典范的作者。特别是这派的代表人物曾国藩,他对桐城古文是尊奉、提倡最力的。他自称:"国藩之粗解文字,自姚先生启之也。"(《圣哲画像记》)至于他们的主导思想,那是传统的儒家思想和程朱派的理学。所以他们的政治立场和主张,是卫护封建统治阶级的利益,并且是反人民的。在写作上,他们以韩(愈)、欧阳(修)所代表的唐宋八家为法,并上溯《六经》、《论语》、《孟子》以及《史记》、《汉书》,并提出"义法"之说。因此不论是抒情、叙事、论辩等各类体裁,在命意、布局以及词语的选择和运用上,都必须遵循前人制定的轨范,而不能有所逾越。

这一流派从方、刘(大櫆)开其端,至姚鼐而有进一步的发展,并总结出一套的写作原则,用以传授门徒,因而当时历城周书昌有"天下之文章,其在桐城乎"的说法。桐城文派创始于乾隆,而大成于嘉道,直至光宣而流风未沫,在中国近代80年间,影响文坛至深且广。究其原因,固由于当时封建统治阶级的提倡与卫护,而其本身在艺术上的成就,与这派杰出者在写作上经验的积累,从而形成一整套创作方法与原则,也是分不开的。但其末流陷于浅薄空疏,也是势所必至的。

甲午以后,康梁师弟的维新变法运动乃是适应时代的需要而产生的。他们上承龚魏的公羊学"通经致用"的精神,并以"三世"之说作为他们变法的理论根据,同时并接受了西方的民主主义,在政治思想上比洋务派进步多了。但正由于他们的主张有一定的进步性,所以才遭受到顽固的当权派的残酷镇压。

1898年维新变法运动失败后,梁启超逃亡日本,创办了《清议报》,接着又创办《新民丛报》及《新小说》杂志。一方面介绍西方的新的学术思想,同时并提倡"诗界革命"与"小说界革命",发动了一次文学革新运动,为其改革政治进行舆论上的宣传。

至梁启超的散文,可以说是对过去散文的一次大解放。他自称他的文章是"信笔所至不检束,时杂以俚语、韵语及外国语法"。而其最突出的特点,乃是"笔锋常带情感",所以特别具有感人的魅力(《清代学术概论·二五》)。梁启超的散文,实上承龚魏,而又有着进一步的发展,所以影响深远,当时有"新文体"之称。

至于近代散文的发展,随着时代前进的步伐,由模古而趋于师今,由因袭而趋于创新,这是一种必然的趋势。而梁启超的文学革新运动,应该说是顺应时代的潮流,所以他的文艺思想能够影响一代的青年。

晚清以孙中山、章太炎为代表的民主革命派,他们不满于康梁的改良主义,而以推翻清政府,建立民主、共和政体为职志。在思想上以章太炎为首,曾发动过一个批孔运动,为推翻清廷,在思想上扫清道路。

革命民主派的散文以章太炎最为知名,他不满于桐城同选派,而推服魏晋名理之文(《国故论衡》、《论式》)。同时,他又是小学专家,早年论著,喜用古字,所以他的早期著作《訄书》,青年时代的鲁迅也"读不断,看不懂"(《关于太炎先生二三事》,见《且介亭杂文末编》)。不过后来,在政治论文上,如他所写的《驳康有为论革命书》、《革命军序》等,都是理明辞达,明白晓畅,极易看懂。至于他在东京主编《民报》时所写的攻战文章,正如鲁迅所说,是"所向披靡,令人神旺"的。这充分说明,太炎的文学观,是随着革命的需要,而发展变化的。这种变化的原因,从他的《革命军序》一文中,可以看得很清楚。

鲁迅与周作人两兄弟,在东京留学期间,曾受业于章太炎之门,他们早期的散文,特别是鲁迅,受太炎影响最深。试一读《坟》中的《文化偏至论》、《摩罗诗力说》,就可以充分说明了。不过在文学观上,他们受东欧文学,尤其是俄罗斯文学的影响较深。

与他们兄弟同时向太炎问学的,还有钱玄同、许寿裳等。特别是钱玄同,他是五四文化革命的骁将。据他讲,他之所以主张废文言用白话,是受他的老师章太炎的一次讲话的启发。

对晚清的中国义学,在梁启超所倡导的文学改良运动的影响下,不少的青年作者，主张革新。到了五四前夕，由胡适提出的文学改良开其端，当时《新青年》主编陈独秀，进一步提出了"文学革命"的主张。接着钱玄同、刘半农、鲁迅、周作人起而响应，终于形成了一个波澜壮阔的文化革命运动。在散文上，钱玄同提出"桐城谬种"与"选学妖孽"的口号，有力地打击了已经濒临末路的古文学。到1919年五四运动的爆发，给新文学发展以有力的推动，终于白话代替了文言，新文学代替了古文学。在散文上，白话散文代替了桐城古文与选派的骈体，而为中国散文开辟了一个新的历史时代。

1988年9月16日

六、答周振甫先生

我在《大系·信息》31号上写了《中国近代散文各种流派作家作品的不同风貌》一文（编者按：即上节），因内容只是简单地概述了我对中国近代散文发展的粗浅看法，当然不免有些疏漏与不妥的地方，蒙周振甫先生看后，提出了不少补正的宝贵意见，我非常感谢！

周先生文中关于对桐城散文以及该派后起作家吴汝纶、林纾作品的看法，我基本赞同，但认为也还有值得商酌之处，在这里不拟多谈。现在与周先生商讨的，是拙作对中国近代散文在思想上的特点，认为是反对中国传统的儒家思想，周先生不同意这个看法，并且提出章太炎就连程朱也不反对的论据。我感到周先生对清代学术思想，特别章氏一生学术思想的发展变化，似未作系统地、全面地考察，因而作出这样的判断。至于我的想法，则完全是以历史事实为根据，绝非率而言之。下边谈谈我的依据与认识。

首先，我认为中国近代史是中国人民反封反帝的历史。为了实现这反封反帝的目的，首先必须在思想上求得解放。而中国传统的儒家思想，其本质是为中国封建统治阶级服务的。尤其是宋代程朱派的理学，正是套在人们思想上的枷锁。后来被称为"杀人不见血的软刀子"。如果广大人民不从传统的儒家思想中解放出来,那么不仅争取实现民主为不可能,争取民族解放也是不可能的。

在中国传统的儒家思想中,其禁锢人心最烈的为程朱派理学。所以在清代乾嘉时期,吴皖两派的学者,都曾经反程朱。吴派不过不同意程朱派学者的注经,而皖派大师戴震,则大力从哲学理论以及对社会所产生的巨大危害,进行了无情的揭发与抨击。他非常沉痛地讲:

酷吏以法杀人,后儒以理杀人,骎骎乎舍法而论理,死矣!更无可救矣!(《东原文集》卷九《与某书》)

又说:

人死于法,犹有怜之者。死于理,其谁怜之?(《孟子字义疏证》)

梁启超在《清代学术概论》中,论戴氏这种思想时说:

其哲学之立脚点,真可称二千年一大翻案。其论尊卑顺逆一段,实以平等精神,作伦理上一大革命。

这是对宋儒程朱派理学的批判。

到了咸同时期的维新派,以谭嗣同、夏曾佑、梁启超为代表,曾发动过一次排荀运动。梁氏在《清代学术概论》(二十五)中,论述颇详。他们之所以排荀,实为兼排汉儒与宋儒。其言论最激切的,莫如谭嗣同。他在《仁学》中讲:

故常以为二千年来之政,秦政也,皆大盗也。二千年来之学,荀学也,皆乡愿也。惟大盗利用乡愿,惟乡愿工媚大盗。(二十七)

在谭、梁、夏三人中,谭梁仅抨击荀学,而不敢触及孔子。夏氏在抨击荀学的同时,并上溯到孔子。他在所著《中国历史教科书》二篇一章六节《秦与中国之关系》里,论及荀子性恶时说:

本孔子专制之法,行荀子性恶之旨。

继而在二篇一章六十节《儒家与方士之糅合》中,又论及荀子道:

荀子死于秦前,幸耳!荀子而生秦皇、汉武之世,有不为文成王利者乎!虽然,由于孔子尊君重生之极致,有以致之也,于汉儒何尤!于荀子何尤!

所以维新派的排荀,实兼排汉儒与宋儒,而夏氏在排荀的同时,已进一步上溯到孔子之学了!

继维新派而起的革命民主派,却更进一步对儒学创始人——孔子,进行了批判。谈到这里,不能不令人诧异的是,周先生对太炎早年批孔之论,竟毫无所知。由于太炎后期思想渐趋保守,所以有肯定程朱之论,而周先生竟据以认为他不反儒。

太炎在1906年从上海出狱后,即到日本,在一次东京留学生欢迎会上的演说辞中就批评孔教说:

> 我们今日想要实行革命,提倡民权,若夹杂一点富贵利禄的心,就象微虫毒菌,可以残害全身,所以孔教是断不可用的。

此后不久他又在上海《国粹学报》上发表了《诸子学略说》,在这篇文章中,称孔子为"国愿",还远不如他所抨击的"乡愿"。并评论孔子后学道:

> 用儒家之道德,故艰苦卓厉者绝无,而冒没奔竞皆是。……用儒家之理想,故宗旨多在可否之间,论议止于函胡之地,彼耶苏天方教崇奉一尊,其言在堵塞人之思想。而儒术之害则在淆乱人之思想。故程朱陆王诸家所以有权而无实也。

在太炎批孔的影响下,一时如刘师培,在《攘书》的《罪纲篇》中痛斥儒家的"三纲"谬论"造成强柔相凌,日益窒理,钳锢民心,束缚才智"。此外,《孔学真论》用西方学术与孔学作比较,指出其种种缺点。继章刘之后,在《河南》杂志中,有凡人的《无圣篇》,该篇认为倘若有圣人,中国历史不会那样混乱,而中国现实,也不会那样濒临危亡之境。在文学观上批判孔子"思无邪"之说的,则有鲁迅的《摩罗诗力说》。他说:

> 然厥后文章,乃果辗转不逾此界。其颂祝主人,悦媚豪右之作,可无赘言。即或心应虫鸟,情感林泉,发为韵语,亦多拘无形之囹圄,不能舒两间之真美;否则悲慨世事,感怀前贤,可有可无

之作,聊行于世。倘其嗫嚅之中,偶涉眷爱,而儒服之士,即交口非之,况言之至反常俗者乎?

此外还有四川《蜀报》发表了吴虞的《辨孟子辟杨墨之非》,文章一开始,即拉出"天下有二大患,一为君主之专制,二为教主之专制"。而后者则举孔子诛少正卯为例。另外,在国外出版的《新世纪》中,也发表了批封建道德的文章,这里就不一一列举了。所以在辛亥革命前夕,一时曾出现过一个小型的批孔运动,这对推翻清王朝,在思想上扫清道路,是产生了不小的积极作用的。

总结前边所述,清乾嘉时期戴震的批程朱、咸同时期维新派的排荀,直到二十世纪初,革命民主派的批孔,如剥笋然,由外而内,由程朱、荀卿,而终于到孔子。这一反对传统的儒家思想一直贯穿了这一过渡时期。倘若说近代思想史上反传统的儒家思想是属于渐变的过程,那么五四的"打倒孔家店",可说是达到了质变。从此,为封建统治阶级服务的儒家思想遂一蹶而不能复振了。

由此可见,则我在文中提出的近代文学在思想上贯穿的是反传统的儒家思想,并非无稽之谈。不知周先生对此历史发展的事实,有何看法?仅以此质诸海内同道,并希指正。

关于近代文学史的断限与分期问题

近些年来,大抵把从清代末期鸦片战争(1840)到五四文学革命(1917)这一时期的文学,称为"近代文学"。而把五四后到开国时的第一届文代会这一时期的新文学,称为"现代文学"。前一时期为时约八十年,后一时期共三十年。历史总在发展,时光荏苒,建国不觉又已四十多年,那么这一时期的文学,与开国前的文学似应有所区别,于是称之为"当代文学"。

这样名目繁多,而且把现代与近代分开,从社会性质以及文学的发展来看,似乎有点不太妥当。因此,就有同志提出,不如把近、现代文学合起来,统称之为"近代文学",对这一建议,我是同意的,并且是非常拥护的。不过,我想谈一谈我所以赞同这个建议的理由,也许有些片面,如果有同志不同意,不妨大家讨论。

一、就社会性质而论,从 1840 年的鸦片战争,到 1949 年全国解放,这百余年的中国社会,都属于半封建半殖民的范畴。因此根据社会性质,应该把二者合在一起。

二、再就革命性质而论,不论是 1919 年五四以前,还是五四以后,在革命性质上,都属于资产阶级民主革命的性质,尽管五四前为旧民主主义,五四后为新民主主义,而其总的性质,不外乎是民主革命。

三、由于近百余年来中国社会的性质,决定了广大人民谋求解放。而其主要的革命对象和敌人,则是封建主义与帝国主义。所以鸦片战争中,人民的反帝;后来企图为推翻满清的洪杨起义,以及后来反帝的义和团,直到晚清的革命派,五四后中国共产党,可以说没有不是领导人民进行反封反帝的斗争的。直到1949年,全国解放才算彻底完成了中国民主革命的任务。所以应将过去分为两期的,现在把它们合为一期。

四、从思想的发展来看近百年来中国主要有两个流派。一是代表广大人民谋求解放的思想潮流,这是一支主流。二是为巩固封建统治阶级政权的思想流派,这是一股逆流。两者反映了压迫者与被压迫者,统治者与被统治者二者之间的尖锐阶级矛盾,但人民的力量是强大的,同时代表人民愿望、利益的思想,仍为时代的主流,其生命力也是强大的。尽管在历史的进程中,经过许多曲折,但终于取得了最后的胜利。

近百年来,中国思想的发展,随着时代的前进与阶级关系的变化,而反封反帝的思想也随之有所不同。

第一期为清代嘉(庆)道(光)年间,当时反封建主义的代表为龚(自珍)魏(源)等。他们在一定程度上,受到晚明"左派王学"的影响,当时他们所反对的,主要是程朱派的理学,龚自珍在评朱熹时说:

> 千古论晦庵者,应以陈同甫对孝宗之言为定评、定论,外不足较也。(《全集·语录》)

按陈亮《上孝宗皇帝一书》中,曾有这样评朱熹的话,即:

> 今之儒士,自以为得"正心"、"诚意"之学者,皆风痹不知痛痒之人也。举一世安于君父之仇。而方低头拱手,以谈性命,不知何者之"性命"乎?(《陈亮集》卷一)

所以龚自珍在"经世"思想上,深受陈亮的影响。因此他同魏源对当时封建官僚主义的种种弊政进行了大胆地揭发,而提出改革的主张。但他们的主张,在当时是不可能为统治者所采纳而得到实现的。

第二期为晚清的维新派维新时期,这派以康、梁为首,同时如严复、谭嗣同、夏曾佑等,都属于这一派,他们上承龚魏,同时并接受了西方的科学与民主的思想,一面宣传达尔文的"进化论"与卢梭的"民约论",同时对传统的儒家思想开展了"排荀"运动。他们认为,二千年来的汉学、宋明理学以及清代的考据学,无不渊源于荀卿。排荀也就是对它们这些学派的否定。谭嗣同曾一针见血地指出:

故常以为二千年来之政,秦政也,皆大盗也。二千年来之学,荀学也,皆乡愿也。惟大盗利用乡愿,惟乡愿工媚大盗。(《仁学》二十七)

维新派的变法运动,当时曾得到光绪的赞许,同时在社会上,也得到不少进步人士的响应。但当光绪下诏决定推行新政的时候,便遭到了那拉氏为首的顽固派的反对,并继之以残酷镇压。除了为首的康梁逃往国外外,其余为首的如谭嗣同等都遭到了杀身之祸。

变法失败了,革命派倡导的排满运动,遂蓬勃兴起。这派为了宣传民主思想,于是对传统的儒家思想和几千年来奉为至圣先师的孔丘进行了批判。章太炎在1906年发表的《诸子学略说》中,称孔子为"国愿",并指出其后学是"湛心利禄"之辈。在章氏的影响下,一时出现了批孔的热潮。从清代中叶的批程朱,继而为维新派的排荀,直到革命派的批孔,真可谓步步深入,大有长江大河,不达于海而不止之势,这样就为推翻清王朝,作了舆论准备。

到了1911年,武昌起义,全国响应,终于推翻了清王朝,结束了二千多年的封建专制政体。

但是不久封建余孽袁世凯篡夺了革命果实,封建势力又卷土重来。他们又玩"尊孔"、"读经"的老把戏,为他们企图"帝制"、"复辟"作舆论准备。后来他们果真这样作了,但这种反人民的政治丑剧,是不可能长久的,结果,很快的都以失败而告终。

1917年苏联十月革命胜利后,马克思列宁主义传到了中国。这时又一批先进人士,认识到打算取得民主革命的彻底胜利,必须进行一次思想革命。就在这时,陈独秀创办了《青年杂志》,后来又改名《新青年》,很快他们以这个刊物为阵地,掀起了一个"打倒孔家店"

的运动,接着胡适又发表了《文学改良刍议》,陈独秀继之而发表了《文学革命论》,由于北大部分教授的响应,于是又掀起了一个"文学革命运动"。在这两个运动的影响下,1919年为山东问题,又爆发了五四革命运动,就在这次运动中,马克思列宁主义,得到了广泛地传播。

1921年中国共产党成立,用马列主义的理论指导,领导了中国新民主主义革命,经过北伐革命,抗日战争,与解放战争,中间走了不少曲折的道路,最后终于推翻了蒋家王朝,建立了中华人民共和国。

从政治思想的发展来看,从龚魏的"经世"思想,到康梁的变法维新思想,孙黄的民主革命思想,直到中国共产党的新民主主义革命思想,这些思想推动历史步步前进,最后终于实现了国家民族与广大人民彻底解放的伟大胜利。

所以近百年来,中国先进人士在反封反帝、救亡图存上,随着时代的变化、阶级的转化以及革命理想的差异,所以在理论上也随着新的形势而有所发展,我们从最后的胜利来看,充分证明了历史的车轮总是在前进的。代表人民愿望与利益的先进人士大多数是不达到目的决不罢休的(自然也有退却、止步、甚至走向反动的)。

所以从百年来政治思想的发展来看,这一段历史,应该是上下衔接,前后呼应的。虽然后人对前人的失误,甚而至于反动,有批判,有纠正,有变革。但其中大多数人的目的,在求得中华民族的解放与国家的富强上总是一致的。从这一点来看,也应把近代两期合并在一起。

最后,从百年来中国文学的发展来看,近代文学与古代文学在发展上是有所不同的。近代文学与客观现实有着极密切地联系,特别到后来,联系越来越密切,其程度,简直可以说如影之与形。

就文学观与创作来看,作为近代文学的开创者龚自珍而论,他是最富于"创造"精神的,他最反对因袭与模拟。他在《文体箴》中说:

> 呜呼!予欲慕古人之能创兮,予命弗丁其时!予欲因今人之所因兮,予荍然而耻之。

接着又说：

> 虽天地之久定位，亦心审而后许其然。苟心察而弗许，我安能领彼久定之云？

这就充分说明他对前人决不肯"亦步亦趋"，"人云亦云"，这正是富于独创与开拓者精神的具体说明。所以他的诗歌与散文，决不苟循时尚，而是有他独自的创造。这种精神，正是近代文学的精髓。

到了甲午以后，维新派在为宣传他们变法维新思想的同时，也看到了文学的宣传作用，所以梁启超、夏曾佑、黄遵宪等人，就提出"诗界革命"、"小说界革命"的口号，并在散文上，继龚自珍之后，进一步有所解放，这就无形中对中国古文学进行了一次新的挑战，对当时文坛上的革新起一定的推动作用。即如当时梁启超的政论文，曾经风靡一时。对他这种解放了的散文，一时赞同者称之为"新文体"，相反的守旧派则诋之为"野狐"。

至于小说方面，由于梁氏的提倡（一边办刊物一边从事创作），一时小说界形成了一个极其繁荣的时期。

继维新派之后，革命派作家鲁迅、周作人、许寿裳等，也曾打算发动一个文学革新运动，虽然由于资金问题，刊物没有能够刊出。但他们准备的论文，后来却都得到了发表，并且出了两册对东欧小说的翻译，但由于当时客观形势还不成熟，所以这一时期的文学革新，只达到了"改良"的地步，因为不论是格式同语言，都还没有脱掉古文的窠白。

到了五四前夕的文学革命，这时由于客观形势同过去有了巨大的变化：在新文学的创作上，不仅思想内容，是彻底地反封反帝的，并且在形式上，对西方文学也有所采用（如小说、话剧等），而最主要的是用白话代替了文言，因而五四文学革命，才为中国文学开辟了一个新纪元。

而这种伟大成就，正同当时政治经济以及时代的新思潮是密不可分的，而这种文学上新纪元的出现，正是当时中国革命新纪元出现的一个反映。

五四后，中国民主革命的任务并未完成。封建主义、帝国主义仍然压在人民头上，广大人民仍然过着水深火热的生活。所以中国共产党在所领导的新民主主义革命过程中，在文学上，自然不能不随着客观形势发展的需要，而有所发展变化。这个变化，就是1928年"革命文学"口号的提出。

　　对这个口号，经过一段的论争，1930年在党的领导下建立的中国左翼作家联盟，领导了中国无产阶级文学的开展。

　　左联成立后，旗帜鲜明地同当时资产阶级文艺流派如"新月派"、"第三种人"以及宣扬法西斯的"民族主义文学"者，进行了战斗。当时，国民党反动派对革命人民进行两种"围剿"。一是对苏区的"军事围剿"，二是对左联进行"文化围剿"，而左联在党与鲁迅、瞿秋白等人的领导下，针锋相对的进行了"反围剿"的斗争，终于取得了巨大的胜利。

　　在反"围剿"的战斗中，不仅马克思主义的文学论得到了广泛的传播，而且左联作家，在创作上也取得了辉煌的成就。鲁迅、瞿秋白等人的杂文，茅盾、丁玲、叶紫等人的小说，蒋光赤、殷夫等人的诗歌，都可以说是不朽之作。

　　1942年，毛泽东同志总结了中外文学发展的规律，特别是五四后中国新文学的发展的经验与教训，发表了《在延安文艺座谈会上的讲话》，为中国无产阶级文学，制定了方向与道路。从而为中国无产阶级文学，开辟了一个新的历史时代。

　　1949年全国解放，在文艺上，党召开了第一次全国文代会，总结过去的文艺成绩以及创作上的经验与教训，成立了全国文联，肯定了毛泽东文艺思想为马列主义文艺论与中国"革命文学"具体实践相结合的产物，于是毛泽东文艺思想就成为开国后在文艺上的指导思想。

　　回顾近百年来中国近现代文学的发展，在文艺思想领域里，每前进一步，没有不是经过两派文艺思想一番斗争的结果。

　　鸦片战争爆发前，龚自珍的文学思想，即同当时卫护程朱理学的顽固派存在着极大的矛盾，龚主张解放，主张恢复自然之美，《病梅馆记》是龚的美学思想的具体表现,而反对桐城派所制定的散文格律,即所谓"义法"。

后来的维新派,他们提倡"诗界革命",也是对当时提倡宋诗、宗法宋诗派的同光体的作家而发的。到了五四,文学革命派与林纾、刘师培守旧复古派的斗争,更是旗帜鲜明的复古主义与反复古主义之间的斗争。

到了左联,当时的斗争,具体到文学作品上,也是对内容与形式不同的看法与主张的斗争。而这种斗争,也反映出两个阶级、两种方向道路的斗争。可知中国百年来,文学的发展总是与时代的发展以及政治形势、时代思潮的发展息息相关的。

根据上边对关系到分期问题的各种问题、情况的论述,从鸦片战争(1840)到新中国建立(1949)的百余年间,中国文学的发展,显然可以分作下列三个时期:

一、近代文学的发生期(1840至1894),约50年。

二、资产阶级文学改良运动期(1895至1917)。本期又可分为两个阶段。

(一)资产阶级改良派的文学改良运动(1895至1905)。

(二)资产阶级革命派的文学改良运动(1906至1917)。

三、文学革命运动与中国新文学的发展期(1917至1949)。本期又可分为两个阶段。

(一)五四文学革命运动与新文学的发展(1917至1927)。

(二)无产阶级"革命文学运动"与革命文学的发展(1928至1949)。

把近代文学分为三个大时期:

第一期为发生期。本期文学基本上还属于古文学,其间所不同于过去的,即在有少数作家,在思想上受有市民思想的影响,有一定的"民主"倾向,反对封建专制主义,反对作为封建专制主义的理论基础程朱派理学。在文学形式上,主张"创新",对旧形式有要求变革的倾向。

第二期，为文学改良运动期，也就是从古文学转向新文学的过渡期。

这期文学的特点：

在内容上，已表现出资产阶级"民主"与"科学"的新观点与新思想。

在形式上，一定程度地进行了对旧形式的"革新"与"解放"，但却不够彻底，因此尽管提出了"革命"的口号，但不论理论与实践，都还未能摆掉古文学的窠臼。

第三期，为"文学革命"的发难与最后获得胜利，从此开辟了中国新文学的新纪元。

从历史发展来看，是在原来改良的基础上，有着进一步地发展，而达到了质的变化。可以说彻底地完成了改良派所期望而未能做到的未竟之业。

本期文学的发展，又可分为两个阶段。

第一阶段，从1918到1927年，为中国新文学第一个十年。在理论与创作上，因对外国文学有所借鉴，受到一定的影响，于是在创作方法上，现实主义、浪漫主义、自然主义、唯美主义等都同时并现于中国文坛，同时，出现的划时代的杰作，即如鲁迅的《阿Q正传》已成为世界文学的名作。

第二阶段，从1928到1949年，无产阶级文学在文坛上取得了领导地位，无产阶级文学在创作上逐步趋于成熟与繁荣期。1930年左联的成立，标志着中国无产阶级文学取得了文坛上的领导地位。

三十年代左联反"文化围剿"的胜利，证明了无产阶级文艺论的强大的生命力与所向披靡的无比战斗力。

同时，这一时期无产阶级文学在创作上的伟大成就，给无产阶级文学的发展奠定了坚实的基础。

1942年，毛泽东同志发表的《在延安文艺座谈会上的讲话》，是马列主义文艺论与中国革命文学实践相结合的新成就，从此它指导了中国无产阶级文学向着更广阔、更深入的方向作着进一步地发展。

清代朴学家的反理学思想与进步的文学观[①]

清代朴学的开山为顾炎武,他根本不承认理学之能独立,他曾说:

> 古今安得别有所谓理学者?经学即理学也。自有舍经学以言理学者,而邪说以起。(全祖望《亭林先生神道表引》)

梁启超非常重视他这个话,说:

> "经学即理学"一语,则炎武所创学派之新旗帜也。(《清代学术概论》)

接着梁启超指出,这个话有两个毛病:一、以经学代理学,实推翻一偶像,而又供一偶像;二、理学即哲学,实应脱离经学,而另成为一学科。但他又指出,在当时亭林这个话实具有深刻的现实意义,"有清一代学术,确在此旗帜之下而获一新生命。"同时从宋元以来理学家,不论程朱或陆王,已成为理学家们的偶像,有议之者,几如在专制君主治

[①] 本篇与《清代桐城派的兴起、发展与衰歇》、《晚清西学输入与中国近代文学的发展》、《晚清的"排荀"、"批孔"与"五四"思想革命》、《晚清文学革新与"五四"文学革命》几篇应是从 1986 年河南人民出版社的专著《中国新文学渊源》有关章节摘出的,但因成书较晚,对个别引文及措词又进行了修改,为保存原书风格,此次整理暂不作存目处理。

下犯大不敬律。"自炎武此说出,而此学阀之神圣,忽为革命军所粉碎,此实四五百年来思想界之一大解放也。"(同上)

不过炎武对理学中程朱、陆王两派,是比较尊重程朱,而竭力排击王学的。他曾说:

> 以一人而易天下,其流风至于百有余年之久者,古有之矣,王夷甫之清谈,王介甫之新说;其在于今,则王伯安之良知是也。孟子曰:"天下之生久矣,一治一乱。"拨乱世反诸正,岂不在于后贤乎!(《日知录》卷十八)

但炎武之学术观点,确为清代学术开创了一代新风,特别在治学态度及方法上,给后人树立了光辉的典范。梁启超《清代学术概论》中曾归结为三点:

1. 贵创。一反明人因袭剽窃之恶习。他曾论著书之难道:"必古人所未及就,后世之所不可无,而后为之。"(《日知录》卷十九)

2. 博证。论一事必举证,尤不可以孤证自足,必取之甚博,证备,然后自表其所信。其自述治音韵之学曰:"列本证旁证两条。本证者,诗自相证也,旁证者,采之他书也。二者俱无,则宛转以审其音,参伍以谐其韵。"(《音论》)梁启超说:

> 此所用者,皆近世科学的研究法。乾嘉以还,学者固所共习,在当时则固炎武所自创也。

3. 致用。炎武《与人书三》中说:

> 孔子删述六经,即伊尹、太公救民水火之心,故曰:"载诸空言,不如见诸行事。"……愚不揣,有见于此,凡文之不关于六经之指、当世之务者,一切不为。

以上三点,给后来朴学家们的影响极大。但到康、雍、乾三朝,士大夫在残酷的文字狱的打击下,大多数专力于经学,继承了炎武治学的贵创、博引之风,不免倾向于"为学术而学术",致用之风熄矣。

清代乾嘉时的朴学,有吴、皖两派。最先不满宋儒解经的为吴派惠氏之学。其学以崇古训、尊师传、守家法为宗旨。故对宋儒之解经,诋为不尊故训,多逞臆说。惠定宇评《毛诗注疏》谓:"栋则以为宋儒之祸,甚于秦灰。"(见李集《敬堂鹤征录》)其诋宋儒可谓至矣。至戴震之排程朱,当系受惠氏之影响。不过所不同的,惠氏专从解经上着眼,而戴氏则从哲理上予以驳斥。戴学特点,即在治经从古文字学入手,为了解经,并旁推而至于音韵、训诂、天文、地理……等。他在《与是仲明论学书》(《文集》卷九)中讲的很清楚,他说:

> 寻思之,久计于心曰,经之至者道也,所以明道者其词也,所以成词者字也。由字以通其词,由词以通其道,必有渐。

下边又谈到治经之难,必须有多方面的学问,才能够搞清楚。他说:

> 至若经之难明,尚有若干事。诵《尧典》数行,至"乃命羲和",不知恒星七政所以运行,则掩卷不能卒业。诵《周南》《召南》,自《关雎》而往,不知古音,徒强以协韵,则龃龉失读。(同上)

从东原这封信中,就可以了解到朴学到后来的发展,方面非常广博的原因了。所以清代学者最初从治经开端,后来涉及的专业范围,非常的广泛。后人承其余绪,进行深入的探讨,而成为各个方面系统的专业,所谓"六艺附庸,蔚为大国",不只古文字学是如此,天文、历算、历史、地理,又何尝不是如此。

清代吴派学者之反程朱,不过攻击其解经之误谬,到戴东原的《原善》、《孟子字义疏证》,则从哲学理论上抨击程朱理学之荒谬。他在文集卷九《与某书》中说:

> 宋以来儒者,以己之见硬坐为古圣贤立言之意,而语言文字实未之知。其于天下之事也,以己所谓理强断行之,而事情原委隐曲实未能得,是以古道失而行事乖。……呜呼!今之人其亦弗思矣!圣人之道,使天下无不达之情,求遂其欲,而天下治。后儒不知情之至于纤微无憾是谓理,而其所谓理者,同于酷吏之所谓法。酷吏以法杀人,后儒以理杀人,浸浸乎舍法而论理,死矣,更无可救矣!

东原之批程朱,比晚明李贽之抨击道学,更深刻,更有力。在东原反理学的思想影响下,一时思想界获得了极大的解放。最显著的是对宋以来在理学的束缚、压迫下痛苦而无告的妇女,为她们仗义执言。

中国从汉以来有所谓"三纲"之说,实际这是强者对弱者的压迫,后来称之为三条绳索,君臣、父子、夫妇之间,毫无平等之可言。正如戴东原所说:

> 理欲之分,人人能言之。故今之治人者,视古圣贤体民之情,遂民之欲,多出于鄙细隐曲,不措之意,不足为怪。及其责以理也,不难举旷世之高节著于义而罪之。尊者以理责卑,长者以理责幼,贵者以理责贱,虽失谓之顺。卑者幼者贱者以理争之,虽得为之逆。于是下之人,不能以天下之同情,天下所同欲,达之于上。上以理责其下,而在下之罪,人人不胜指数。人死于法,犹有怜之者;死于礼,其谁怜之!(《孟子字义疏证》)

"三纲"之中,妻子受丈夫的压迫尤其突出。从宋以来,对妇女提倡所谓贞节,鼓励妇女守节,大建所谓贞节牌坊,并在地方志中设立所谓烈女传。到后来发展到不仅结过婚的女子,丈夫死了得守节,殉节。甚至仅仅订过婚,并未出嫁,其未婚夫死了,也得守节,甚至殉节。关于妇女殉节的事,《儒林外史》第四十八回写王玉辉女儿殉夫的故事,就是很好的说明。

清代朴学家中,反对宋儒用礼教教条对妇女进行压迫的有汪中。他在《女儿许嫁而婿死从死及守志议》中,根据《礼记》中所记载的古礼,来驳斥宋以来儒者认为女子许嫁而婿死应该从死或守志的荒谬主张。他引《礼记》中《曾子问》篇的话,指出"纳采、问名、纳吉、纳徵、请期,是礼之所由行也,非礼之所由成也。故女子许嫁而婿死,从而死之,与适婿之家,事其父母为之立后而不嫁者,非礼也。"文章后边他引与他同时期的学者刘台拱的话道:

> 归大仆曰:"女子未有以身许人之道也,女未嫁而为其夫死,且不改适,是六礼不备。婿不亲迎,比之于奔,其言婉而笃矣。"

接着汪中评论道:

中以为未尽也。事苟非礼,虽有父母之命,夫家之礼,犹不得遂也。是故女子欲之,父母若婿之父母,得而止之。父母若婿之之父母欲之,邦之有司,乡之士君子,得而止之。周公监于二代,而制为是礼。孔子述之,意周公孔子不可非乎,则其礼不可过也,故曰过犹不及(《述学》内篇一)。

周公制礼,对男女之间的关系,已经够不平等了,但到后来的贱儒,越发变本加厉。女子未嫁而其夫死,竟至从死,或到夫家守寡,认为都是合理,这样不知害死了多少无辜的妇女。汪中这篇文章,从当时来说,可谓石破天惊,替被压迫的妇女主持了正义。

稍后的俞正燮,也是一个考据学者,他著有《癸巳类稿》,及《癸巳存稿》。他更是大声疾呼,来替被压迫的妇女们鸣冤。根据古代礼制与史实,写了许多文章,对男女不平等的旧礼制,提出异议与驳斥,如《类稿》卷十三《节妇说》、《妒非女子恶德论》,《存稿》卷四中《女》、《妻》、《女人称为贵重》等,这种提倡男女平等的进步思想,当时就曾受到李慈铭的攻击,说什么"语语偏谲,似谢夫人所谓生于周姥者。"(《越缦堂日记》咸丰六月二十日)这就反映出李慈铭所代表的是封建顽固派。

晚清的民主革命家蔡元培,早年即深受俞正燮这种思想的影响。他说:"余自十余岁时,得俞先生之《癸巳类稿》及《存稿》而深好之,历五十年而好之如故"(《俞理初先生年谱跋》),同时在这篇跋中,称道俞氏一认识人权,二认识时代。另外蔡氏在1910年出版的《中国伦理学史》宋明理学时代中,对俞氏大加赞扬。他论到中国过去的封建伦理道德时说:

> 我国夫妇之伦,本已脱掠卖时代,而近于一夫一妇之制,惟尚有妾媵之设。而所谓贞操焉者,乃专为妇女之义务,而无与于男子。至所谓妇女之道德,卑顺也,不妒忌也,无一非消极者。自宋以后,凡事舍情而言理,如伊川者,且目寡妇之再醮为失节,而谓"饿死事小,失节事大",于是妇女益陷于穷而无告之地位矣。

蔡氏在批判宋儒之后,即指出俞正燮如何注意于这一问题。首先他反对妇女裹足之陋习,写有《书〈旧唐书·舆服志〉后》,历考古昔妇人为履之式,及裹足之风之所由来,而断之曰"古有丁男丁女,裹足则失丁女,阴弱则两仪不定。"又出古舞屣贱服,女贱则男贱。其次对妇女守节问题,他首先认为古时男女平等,说:"古礼夫妇合体,同尊卑,乃或卑其妻,古言终身不改,身,则男女同也。七事出妻,乃七改矣。七改再娶乃八改矣。男子理义无涯涘,而深文以罔妇人,是无耻之论也。"(《节妇说》)

对妇女夫死再嫁问题,他认为:"再嫁者,不当非之。不再嫁敬礼之,斯已矣。"他在《贞女说》中抨击世俗迫女守贞之非道:

呜呼!男儿以忠义自责,则可耳。妇女贞烈,岂是男子荣耀也!

同时他非常同情沦为娼妓的妇女,曾历考娼妓的历史,认为他们都是无告之民。凡苛待她们的,都谓之"虐无告"(《中国伦理学史》附录《俞理初学说》)。

蔡氏生平致力于妇女解放运动即深受俞正燮的影响。二十世纪初,他在上海创办爱国学社同时,又创爱国女校。当他长北大时,男子的大学招取女生,是他首先从北大开始的。特别当他原配夫人去世后,他的续娶条件,于不缠足、有文化之外,并说明男女双方有一方去世,另一方可以再结婚。当时惊为奇谈怪论。

据以上所述,说明俞正燮深受戴东原以及汪中等反理学思想的影响,蔡元培继之,又进一步予以发展,从而对晚清以来妇女解放运动产生了巨大的影响。

清代朴学家于反理学的同时,对先秦其他各家在中国学术思想史上的地位予以提高,并与儒家等量齐观。其原因在于他们由经学而涉及到对先秦诸子的研究。他们的态度既比较客观,而方法又比较科学,所以能不为宋儒的"道统"观念所囿,能比较正确地给先秦诸子以评价,而给他们以应有的学术思想史上的地位。即如对于墨子,孔子有"攻乎异端,斯害也矣"的话,孟子攻击他同杨朱是"无父无君",甚至骂他们为"禽兽"。杨墨既视为异端,所以汉以后学者,就不再有人去理睬他们,到清代的朴学家们,才注意到墨子。

其中最早的当推汪中,他对墨子书进行整理,对墨子身世进行考订,他深以孟子诋訾墨子为非,他说:

> 彼且以兼爱教天下之为人子者,使以孝其亲,而谓之"无父",斯已过矣。后之君子,日习孟子之说,而未睹墨子之本书,众口交攻,抑又甚焉。

其次他对"后之儒者,以其诬孔子为墨子罪也"进行了驳辩,他说:

> 虽然,自儒者言之,孔子之尊,固生民以来所未有矣。自墨者言之,则孔子鲁之大夫也,而墨子宋之大夫也,其位相垺,其年又相近,其操术不同,而立言务以求胜,此则诸子百家莫不如是,是则墨子之诬孔子,犹老子之绌儒学也,归于不相为谋而已矣。

最后他深为墨子之学之不能为后之从政者所用而鸣不平道:

> 惜夫以彼勤生薄死,而务急国家之事,后之从政者,固宜假正议以恶之哉!(以上均见《墨子序》)

继汪中之后,晚清对墨子作更深入的研究,并进行整理校订与注释,则为孙诒让。孙氏也是一位成就卓越的朴学家,生平治《周礼》,并以其余力治墨子,而写成了有功于墨学的《墨子间诂》。

仲容继汪容甫之后,对墨子也作了极其公允的评价,说"其用心笃厚,勇于振世救敝,殆非韩吕诸子之伦比也。"并认为《庄子·天下篇》中称墨子为"才士也夫"是持平之论(《墨子间诂》序)。俞樾在为孙氏这部书写的序里称:

> 墨子则达于天人之理,熟于事物之情,又深察春秋战国百余年间时事之变,始补弊扶偏,以复之于古,郑重其意,反复其言,以冀世主之一听,虽若有稍诡于正者,而实千古之有心人也。

在篇末并指出有人认为西方的科学,系渊源于墨子,他说:

> 近世西学中光学、重学,或言皆出于墨子,然则其备梯、备突、备穴诸法,或即泰西机器之权舆乎?

这纯系附会之言,但晚清确有一些人这样讲。俞樾还说:

> 嗟乎!今天下一大战国也,以孟子反本一言为主,而以墨子之书辅之,傥足以安内攘外乎!

晚清学者曾经一度形成墨子研究的热潮,与当时形势要求,不能说是无关系的。

在这样对先秦诸子进行重新估价的风气下,章太炎在《訄书》(后改名《检论》)中对老、庄、荀、韩,都有新的评价。他受到俞樾、孙诒让的影响,在1906年发表的《诸子学略说》中,对先秦各家都有评述,就中对孔子及儒家抨击尤烈。太炎所利用的历史资料,有的即本于《墨子》及《庄子》书。由于太炎之批判儒家,遂开五四反孔运动之先河。

在文学观上,朴学家中有的受到晚明文学思想的影响,对戏曲、小说,深为重视,并进行研究。即如焦循,为戴震后学,在反理学方面,同戴震观点极其相同。在文学上,他对元杂剧及明传奇,深感兴趣。他曾汇集关于这方面的许多史料,参考书达百六十余种,而加以编纂,成《剧说》一书。书的开端道:

> 乾隆壬子(1792)冬月,于书肆破书中,得一帙,杂录前人论曲论剧之语,引辑详博,而无次序。嘉庆乙丑(1805)养病家居,经史苦不能读,因取前帙,参以旧闻,凡论宫调音律者不录,名之以《剧说》云。谷雨日记。

这部书,曾给后来王国维以极大启发。王之写《宋元戏剧史》,即根据前人史料而进行比较研究,系统地论述了中国戏剧的萌芽、诞生与发展。

焦氏于《剧说》外,并有论文著作《易余吁录》。他在论到中国文学的变迁时,曾得出这样的结论说:

> 夫一代有一代之所胜,舍其所胜,以就其所不胜,皆寄人篱下者耳。余尝欲自楚骚以下,至明八股,撰为一集。汉则专取其赋,魏晋六朝至隋,则专取其五言诗。唐则专录其律诗,宋专录其词,元专录其曲,明专录其八股。一代还其一代之所胜,然而

未暇也。(卷十五)

后来王国维即深受此影响,并且在理论上进一步加以阐发,他在《人间词话》中说:

> 四言敝而有《楚辞》,《楚辞》敝而有五言,五言敝而有七言,古诗敝而有律绝,律绝敝而有词。盖文体通行既久,染指遂多,自成习套,豪杰之士亦难于其中自出新意,故遁而作他体以自解脱。一切文体所以始盛终衰者,皆由于此。故谓文学后不如前,余未敢信。但就一体论,则此说固无以易也。

这是从写作方法上着眼的,后边又从作品内容上来说明其原因道:

> 诗至唐中叶以后,殆为羔雁之具矣。故五代北宋之诗,佳者绝少,而词则为其极盛时代。即诗词兼擅如永叔、少游者,词胜于诗远甚。以其写之于诗者,不若写之于词之真也。至南宋以后,词亦为羔雁之具,而词亦替矣。此亦文学升降之一关键也。(《文学小言》十三)

王国维在清末,一面继承了前人的见解,同时还受到西方美学观与文学观的影响,所以他对元杂剧评价很高,继焦循之后,对中国戏曲作了系统的探索与研究,最后写出了《宋元戏曲史》,其中论元剧之文章时,曾这样说:

> 元杂剧之为一代之绝作,元人未之知也。明之文人始激赏之,至有以关汉卿比司马子长者(韩文靖邦奇)。三百年来,学者文人,大抵屏元剧不观。其见元剧者,无不加以倾倒。如焦理堂《易余吁录》之说,可谓具眼矣。……余谓律诗与词,固莫盛于唐宋,然此二者果为二代文学中最佳之作否,尚属疑问。若元之文学,则固未有尚于其曲者也。

这在现在可以说已成定论。

除此之外,就是小说,在乾嘉时期朴学家中从事小说创作,并借小说来鼓吹男女平权的为《镜花缘》的作者李汝珍。

李汝珍(约1763—1830)字松石,直隶大兴人,少而颖异,不乐为时文。乾隆四十七年,随其兄之海州任,因师事凌廷堪,论文之暇,兼及音韵。后他又接触不少从事音韵的学者,曾著有《音鉴》一书,主实用,重今音,而敢于变古。盖惟精声韵之学,而敢于变古,乃能居学者之列。鲁迅说他"博识多通,而仍敢于为小说也。惟于小说又复论学说艺,数典谈经,连篇累牍,而不能自已,则博识多通又害之。"(《中国小说史略》第二十五篇《清之以小说见才学者》)

据此,则李汝珍在当时,实亦可列入朴学家之林。鲁迅在《史略》中论及乾嘉学风时说:

> 雍乾以来,江南人士慑于文字之祸,因避史事不道,折而考证经子以至小学,若艺术之微,亦所不废。惟语必征实,忌为空谈,博识之风,于是亦盛。逮风气既成,则学者之面目亦自具,小说乃"道听途说者之所造",史以为"无可观",故亦不屑道也。然尚有一李汝珍之作《镜花缘》。

由此可见,当时一般朴学家是瞧不起小说的,可是李汝珍竟敢于从事小说的创作,这是他为当时其他朴学家们所不及处。

尤其值得注意的,是他对妇女问题的注意,对几千年被压迫妇女寄以无限同情,在这一点上,他同汪中、俞正燮等,在反对程朱理学及中国传统儒家思想对妇女的禁锢与压迫上,实有其一致之处。而这种思想的根源,实皆渊源于戴东原的反程朱理学的思想。

汪中、俞正燮都是从恢复古礼,并从对史实的考证上,来驳斥后来儒者对妇女贞操问题的主张,而企图予以改革。至李汝珍则用浪漫主义的手法,通过对海外一些国家的风俗礼制,与中国的作对比,而寄托个人对妇女问题的理想。胡适在《〈镜花缘〉的引论》四中,引了《镜花缘》第四十九回中泣红亭的碑记之后,有泣江亭主人的总论一段(略),胡适说:"这是著者著书的宗旨。我们要问,著者自言'穷探野史,尝有所见',究竟他所见的是什么?"下边他说:

> 我的答案是:李汝珍所见的,是几千年来忽略了的妇女问题。他是中国最早提出这个妇女问题的人。他的《镜花缘》是一部讨论妇女问题的小说。他对于这问题的答案是男女应该受平

等的待遇,平等的教育,平等的选举制度。

胡适在这篇文章结尾时又说:

> 三千年的历史上;没有一个人曾大胆的提出妇女问题的各个方面来作公平的讨论。直到十九世纪的初年,才出了这个多才多艺的李汝珍,费了十几年的精力来提出这个重大的问题。他把这个重大问题的各方面,都大胆的提出,虚心的讨论,审慎的建议。他的女儿国一大段,将来一定要成为世界女权史上的一篇永久不朽的大文;他对于女子贞操,女子教育,女子选举等等问题的见解,将来一定要在中国女权史上占一个很光荣的位置:这是我对《镜花缘》的预言。也许我和今日的读者还可以看见这一日的实现。

胡适这个看法,在当时来说,还是比较正确的。

我们从中国文学创作上看,过去的《西厢记》也好,《牡丹亭》也好,以及后来的《聊斋》、《红楼梦》,对妇女只提出婚姻自由问题,至于大胆地反对妇女缠足,提出妇女贞操、妇女教育、妇女参政等问题,应该说是发端于李汝珍。胡适说他应该在中国女权史上占一个光荣的地位,是完全应该的。

在李汝珍之后,喜欢小说,不但对小说进行探索,而且还亲自动手来改编小说的,是俞樾。

俞樾(1821—1907)浙江德清人,字荫甫,号曲园,道光进士,曾任翰林院编修,河南学政,晚年讲学杭州诂经精舍。俞樾是晚清皖派的朴学大师,上承戴、段、二王之学,著有《群经评议》与《诸子评议》等,为章炳麟的业师。他是经学大师,但对小说却极感兴趣,对中国流传的古典小说的渊源,曾进行考订、说明,在他的《春在堂随笔》中有《小浮梅闲话》,全是谈小说的。在开卷中说:

> 余曲园之中,有曲池焉,曲池之中有小浮梅槛,仅容二人促膝。夏日余与内子坐其中,因录其间话,稍有依据者,为一编云。

可知书中所讲的关于小说的谈话,都是他同他夫人讲的。书中用对话体,对问题进行解答。书中涉及的章回小说,有《封神传》、

《三国演义》、《西游记》、《隋唐演义》、《红楼梦》,平话小说,如《今古奇观》中有些篇子,对故事的来源,也有所说明,但大体都带考证的性质。

其次是俞樾根据石玉昆的《三侠五义》而改写为《七侠五义》。鲁迅《中国小说史略》中说:

> 当俞樾寓吴下时,潘祖荫归自北京,出示此本。初以为寻常俗书耳,及阅毕,乃叹其"事迹新奇,笔意酣恣,插写既细入毫芒,点染又曲中筋节,正如柳麻子说'武松打店',初到店内无人,蓦地一吼,店中空缸空甓,皆瓮瓮有声:闲中着色,精神百倍"(俞序语)。而颇病开篇"狸猫换太子"之不经,乃别撰第一回,'援据史传,订正俗说'。又以书中南侠、北侠、双侠,其数已四,非三能包,加小侠艾虎,则又成五,"而黑妖狐智化者,小侠之师也,小诸葛沈仲元者,第一百回中盛称其从游戏中生出侠义来,然则此两人非侠而何?"因复改名《七侠五义》,于光绪己丑(1889)序而传之,乃与初本并行,在江浙特盛。(第二十七篇《清之侠义小说及公案》)

1925年,上海亚东书局要重印《三侠五义》,并请俞平伯标点,胡适在这部书的序中说:

> 《三侠五义》成书在1871年以前,至1879年始出版。十年后(1889),俞曲园先生(樾)重行改订一次,把第一回改撰过,改颜查散为颜眘敏,改书名《三侠五义》为《七侠五义》。……其实《三侠五义》原本,确有胜过曲园先生改本之处。就是曲园先生最不满意的第一回,也远胜于改本。……这回亚东图书馆请俞平伯先生标点此书,全用《三侠五义》作底本。将来定可以这个本子重新行于国中,使许多读者知道这部小说的原木是个什么样子。平伯是曲园先生的曾孙,《三侠五义》因曲园先生的表章而盛行于南方,现在《三侠五义》的原本,又要靠平伯的标点而保存留传,这不但是俞家的佳话,也可说是文学史上的一段佳话了。

周作人在他的《中国新文学的源流》中认为:"乾隆时期汉学家章实斋在《妇学篇》中大骂袁枚,到这时,公安、竟陵两派的文学,便告了结束。然而最奇怪的事情,是他们在汉学家的手里死去,后来却又在汉学家手里复活了起来。"于是他就提出了俞樾,说"他的态度和清初的李笠翁、金圣叹差不多,也是将小说当作文学看。"下边他指出俞樾改写《三侠五义》为《七侠五义》的事。末了说:"所以他是一个汉学家,而走的公安派竟陵派的路子的。"(以上见第四讲《死去的公安派的苏醒》)周作人说章实斋是汉学家,又说由于他大骂袁枚,"到这时,公安、竟陵两派的文学,便告了结束",最后又说:"最奇怪的事情,是他们在汉学家的手里死去,后来却又在汉学家手里复活了起来。"这些话是值得商榷的。

周作人没有从学术思想上来对汉学家进行分析。实际清代的汉学家,特别是皖派学者,从戴震起,是反对程朱理学的。因此在学术思想上,同晚明的李贽与公安派在反对程朱理学上是有其一致之处的。至于章实斋是不反程朱的,他是主张调和朱陆。他对戴震也进行抨击,特别他攻击袁枚,卫道士的面目表现得十足。所以他在学术上属于浙东学派,于吴皖两派的考据之学,均有所非议。因此不能说他是"汉学家"。至于公安、竟陵的结束,是否由于章实斋之反对袁枚,以及公安、竟陵的复苏,是否由于俞樾的赞成小说为文学,这都是值得考虑的问题,因为一种流派的结束与复苏,由其整个时代的政治经济形势以及学术思潮等原因所决定,而绝不决定于某一个杰出人物。这个道理是非常清楚的。

朴学家中,在晚清还有刘师培,他在早年所作《论文杂记》中认为词曲小说的兴起是中国文学发展中必然的结果,他说:

> 英儒斯宾塞耳有言:"世界愈进化,则文学愈退化。"夫所谓退化者,乃由文趋质,由深趋浅耳。及观之中国文学,则上古之书,印刷未明,竹帛繁重,故力求简质,崇用文言。降及东周,文字渐繁。至于六朝,文与笔分。宋代以下,文词益浅,而儒家语录以兴。元代以来,复盛兴词曲。此皆语言文字合一之渐也。

故小说之体,即由是而兴。而《水浒》、《三国演义》诸书,已开俗语入文之渐。陋儒不察,以此为文字之日下也。然天演之例,莫不由简趋繁,何独于文学而不然?

这是从中国文学的发展,用历史进化的观点,而得出这样符合实际的看法。下边他又从普及文化的角度,指出文言合一的必要性与迫切性。他说:

故世之讨论古今文字者,以为有浅深文质之殊,岂知此正进化之公理哉?故就文字之进化公理言之,则中国自近代以来,必经俗语入文之一级。昔欧洲十六世纪教育家达泰氏,以本国语言用于文学,而国民教育以兴。盖文言合一,则识字者日益多。以通俗之文推行书报,凡世之稍识字者,皆可家置一编,以助觉民之用,此诚近今中国之急务也。然古代文词,岂宜骤废?故近日文词宜区二派:一修俗语以启渝齐民,一用古文以保存国学。

很显然,刘师培在文学观上,受到西方文学发展的影响,从而对中国文学作了较为切合实际的分析与论断。不过他不象王国维,曾一度接受西方哲学家的美学思想,而又专门研究中国词曲者有年,所以对问题的看法,也不免流于一般化。但他预示中国文学将来定有言文合一的一天,这个预见到后来却是完全实现了。可惜他后来由于政治上的反动,影响到他的文学思想,走向复古主义,到"五四"时期,竟成为文学革命的反对派。

上边曾提到周作人认为公安竟陵的文学,在汉学家章实斋攻击袁枚时结束,后来又在汉学家俞樾提倡小说的情况下复苏,我不同意这个看法。我认为要从思想的本质上看,晚明的文化革命运动,在乾嘉时期的朴学家中,还有着极大的影响。即如戴震提出圣人"体民之情,随民之欲"的主张,反对程朱的"存天理,去人欲"的谬见,这不是同晚明李贽的"穿衣吃饭即是人伦物理,除却穿衣吃饭无伦物矣"(《焚书》卷一《答邓石阳书》)的理论极其相似吗?此外,在文学上曹雪芹的《红楼梦》其思想也完全是晚明以来的新思想。

嘉道时的龚自珍是戴东原的入弟子段玉裁的外孙,其受东原思想的影响,自不待言。他为了纠正当时朴学家的脱离现实,脱离政治的"为学术而学术"的偏向,而又从刘申受受公羊学。他的世界观同文学观,与晚明的文化革命的潮流,基本上是一致的。在龚自珍的影响下,晚清文学,以维新派的梁启超、黄遵宪为首,提出"诗界革命"、小说界革命以及散文解放而重新掀起了一个文学革新运动,开后来五四文学革命运动的先河。所以如果说公安、竟陵文学的复苏在汉学家手中,那么应当是龚自珍,自然也不排斥俞曲园。在三十年代重印《袁中郎全集》时,郁达夫有篇序,里边有段话说得很好,我非常同意,今摘录于下,作为本章的结束。

  由来诗文,到了末路,每次革命的人都以抒发性灵,归返自然为标语。唐之李、杜、元、白,宋之欧、苏、黄、陆,明之公安、竟陵两派,清之袁、蒋、赵、龚各人,都系沿这一派下来的。世风尽可以改易,好尚也可以移变,然而人的性灵,却始终是不能泯灭的。

清代桐城派的兴起、发展与衰竭

（一）

桐城派是清代乾隆以来，在中国文坛上出现的一个散文流派。它的形成，曾国藩在《欧阳生文集序》中，曾有所论述。文中说：

> 乾隆之末，桐城姚姬传先生鼐，善为古文辞，慕效其乡先辈方望溪侍郎之所为，而受法于刘君大櫆，及其世父编修君范。三子既通儒硕望，姚先生治其术益精，历城周永年书昌为之语曰："天下之文章，其在桐城乎？"由是，学者多归响桐城，号桐城派，犹前世所称江西诗派者也。

以桐城派，就其发展来说，是创始于方苞，形成于姚鼐，而大盛于曾国藩，直到清廷颠覆，"五四"文学革命兴起后而衰。桐城派的散文，实际是继承韩欧以来所谓唐宋八大家的古文。其间稍有不同的，是韩欧在创作思想上，标举孔孟，特别是韩愈，在《原道》中提出道统之说，而俨然以继承文、周、孔、孟以来的道统自任。

清代桐城派的创始人方苞，则提出了应通过宋代理学家程朱，而上承孔孟。方苞曾以"学行继程朱之后，文章在韩欧之间"作为他的致力方向。这样就把韩欧文章与程朱理学密切地结合了起来。所以从方苞历姚鼐以及稍后的曾国藩，直到"五四"时期的林纾，他们统统都是拥护程朱的卫道派。所谓桐城文派，不只在散文上，他们痛诋不循八大家道路的一切文派，并且在思想上，对凡是反程朱理学的其他各派思想，无不目之为异端，而大张挞伐！在政治上，对主张维新以及革命的则视若洪水猛兽，恨不得"食其肉而寝其皮"。所以清中叶以后桐城派的各种表现，实反映了百年来文学思想与学术思想以及政治领域里的斗争，而归根结底则反映了这一伟大变革历史时期的阶级斗争。本文拟就以上几个方面来进行分析与论述。

（二）

韩欧是桐城派最推崇的作家，尤其是韩愈，宋代的苏轼已把他抬得非常高，称他是"文起八代之衰，而道济天下之溺"（《潮州韩文公庙碑》）。这种称许，并非毫无根据，所谓"文起八代之衰"是指他在唐中叶所提倡的古文运动而言。韩愈在散文上以先秦的经典和庄骚以及汉代的史迁和扬马为法，形成有他自己独特风格的散文，而反对东汉以来所风行的排偶骈俪之文。他自称对于文章是：

沉浸醲郁，含英咀华，作为文章，其书满家。上规姚姒，浑浑无涯，周诰殷盘，佶屈聱牙；《春秋》谨严，《左氏》浮夸；《易》奇而法，《诗》正而葩；下逮《庄》、《骚》，太史所录；子云、相如，同工异曲；先生之于文，可谓闳其中而肆其外矣。（《进学解》）

在《答李诩书》中，自述其写作经验中间经过几个阶段，最后才达到较高的境界。他总结的体会，则是学习与修养，所谓"行之乎仁义之途，游之乎《诗》、《书》之源，无迷其途，无绝其源，终吾身而已矣"。由于他长期致力于古文的写作，终于使他的散文，在艺术上达到了超迈时人的地步，而受到后人的称许。

至于"道济天下之溺"，乃是指韩愈排佛老说的。他在《进学解》中自称：

觝排异端，攘斥佛老，补苴罅漏，张皇幽眇，寻坠绪之茫茫，独旁搜而远绍，障百川而东之，回狂澜于既倒。

他在这方面的具体表现,一是发表论文《原道》,从理论上阐明儒家之道是修、齐、治、平的正道,而佛老两家之道乃是歪门邪道,二是给当时皇帝上《谏迎佛骨表》反对迎接佛骨。由于这篇上书,触怒了崇奉佛教的宪宗,几乎遭到杀身之祸,后来被贬到边疆潮州。

韩愈平生所作的两件大事:即在散文上提倡复古运动,纠正当时骈俪华而不实的浮靡文风和在思想上排击佛老,推尊儒术。从当时的现实来说,是顺应历史潮流的发展。从社会经济来说,对当时生产的发展,也是有利的,因而有一定的积极意义。但韩愈的立场,是地主阶级统治者的立场,而他的思想,又继承了汉以来儒家神学的天命论和唯心主义观点。他的《原道》实际是在鼓吹封建的专制主义。特别是他为了与佛教的祖统相对抗,又提出了儒家思想从尧舜以来一系列的世代相传的道统说,并在儒家经典中抬出《大学》,以"正心、诚意"作为"修、齐、治、平"的根本,所以后来的学者说他以儒教来代替佛教、道教的理论工作,虽然揭示了释道并不是理想的统治工具,但崇儒的理论却并没有达到成熟的地步。不过,他的"道济天下之溺"的尝试,却为后来的道学开启了先河(侯外庐等《中国思想通史》第四卷(上)第330页)。

继韩愈之后的古文作家,宋代有欧、曾、王、三苏,但为桐城派所推重的,则为欧阳修。原因是他的思想体系同韩愈是一致的。在唐代中叶,韩柳虽提倡过散文方面的复古运动,但到唐末五代,盛行一时的还是骈体。到了宋代又重新提倡古文,标榜韩文的,则为尹洙、穆修同欧阳修等。由于欧的声望地位,于是古文才又大行。这种发展情况,欧阳修有较为详细的叙述,他说:

> 予少家汉东……得唐《昌黎先生文集》六卷,脱落颠倒无次序,因乞李氏以归。读之,觉其言深厚而雄博。然予犹少,未能悉究其义,徒见其浩然无涯,若可爱。是时天下学者杨(亿)刘(筠)之作(按他们的诗歌当时号为西昆体)号为时文,能者取科第,擅名声,以夸荣当世,未尝有道韩文者,予亦方举进士,以礼部诗赋为事,年十有七试于州,为有司所黜,因取所藏韩氏之文

复阅之,则喟然叹曰:"学者当至于是而止尔!"因怪时人之不道,而顾己亦未暇学,徒时时独念余心。……后七年举进士及第,官于洛阳,而尹师鲁之徒皆在,遂相与作为古文。……其后天下学者,亦渐趋于古,而韩文遂行于世。至于今盖三十余年矣,学者非韩不学也,可谓盛矣。(《记旧本韩文后》)

欧阳修之所以推尊韩文,提倡韩文,即在于韩愈以文章阐明孔孟的儒家之道,他二人的思想体系基本上是一致的。韩愈排佛老,作《原道》,而欧阳修则仿《原道》作《本论》,提出对于佛应采取"修其本以胜之"的方法。所谓"本",即孔孟之道。因此他认为要把文章写好,必须首先明道。他说:

> 昔孔子老而归鲁,六经之作数年之顷尔。……何其用功少而至于此也,圣人之文虽不可及,然大抵道胜者,文不难而自至也。故孟子皇皇,不暇著书。荀卿盖亦晚而有作。若子云仲淹方勉焉以模言语,此道未足而强言者也。后之惑者,徒见前世之文传,以为学者文而已,故愈力愈勤,而愈不至。(《答吴充秀才书》)

这说明"道"是根本,"道胜而文不难至"。

其次,他认为韩柳两人,道则不同,其区别犹夷夏也。他在《唐柳宗元般舟和尚碑》中云:

> 子厚与退之皆以文章知名一时,而后世称为韩柳者,盖流俗之相传也。其为道不同,犹夷夏也。然退之于文章每极称子厚者,岂以名并显于世,不欲有所贬毁,以避争名之嫌,而其为道不同,虽不言,顾后当自知欤?不然,退之以力排释老为己任,于子厚不得无言也。

韩愈是排佛老的,但柳宗元则不然,他主张对佛老不妨取其所长,而弃其所短。对于佛,他说:

> 儒者韩退之与余善,尝病余嗜浮图言,訾余与浮图游。近陇西李生础,自东都来,退之又寓书罪余,且曰:"见《送元生序》,不斥浮图。"浮图诚有不可斥者,往往与《易》、《论语》合,诚乐

之,其于性情奭然,不与孔子异道。退之好儒未能过扬子,扬子之书,于庄、墨、申、韩皆有取焉。浮图者,反不及庄、墨、申、韩之怪僻险贼耶? 曰:"以其夷也。"果不信道,而斥焉以夷,则将友恶来盗跖,而贱季札由余乎? 非所谓去名求实者矣。(《送僧浩初序》)

这是对韩愈对他非难的驳斥。至对于老子,他在《送元十八山人南游序》中说:

太史公尝言:"世之学孔氏者则黜老子,学老子者则黜孔氏,道不同不相为谋。"余观老子,亦孔氏之异流也,不得以相抗。又况扬、墨、申、商、刑名、纵横之说,其迭相訾毁抵牾,而不合者可胜言邪? 然皆有以佐世。

由此可见,柳宗元对历史上流传下来的各派思想,不赞同像汉董仲舒那样的主张,"罢黜百家"而定儒家为一尊,而是主张以儒家思想为主,并能吸取各家之长,去其所短,以适于用。因此韩柳在思想见解上,的确是极不相同的。欧阳修是以继承韩愈自命的,所以他深以韩愈不为文来贬抑柳宗元,反而极称其文章以为怪。所以后来的桐城派,标榜"韩欧",而不及柳,因为柳的思想不纯的缘故。

宋代的理学家,后人所称的五子,从周敦颐开始,中经二程和张载,到南宋朱熹,而集其大成。朱熹综合吸收了从先秦以来的各种唯心主义哲学的主要论点,包括道教、佛教的唯心主义在内,建立了一个庞大的唯心主义哲学体系。对这一体系,应看作是中国封建统治者统治思想的理论总结。它对加强和巩固官僚地主阶级的统治,起了积极作用(任继愈《中国哲学史简编》第六章第四节)。

朱熹对唐宋的作家,比较起来,是推许韩欧的。尽管对于韩愈在思想见解上,还有不太满意之处。由于他是理学家,所以他总是先从文章所代表的思想上来考虑。他说:

韩退之、欧阳永叔所谓扶持正学,不杂释老者也。然到得紧要处,便处置不行,更说不去。便说得来也拙,不分晓。缘他不曾去穷理,只是学作文,所以如此。(《朱子语类》卷第一百三十

七《战国汉唐诸君子》)

又说：

> 韩文高,欧阳文可学,曾文一字挨一字谨严,然太迫。(《朱子语类》卷第一百三十九《论文上》)

朱熹对韩欧二人,特别称扬欧的话最多,即如：

> 欧公文字锋利,文字好,议论也好。尝有诗云:"玉颜自古为身累,肉食何人为国谋。"以诗言之,是第一等好诗,以议论言之,是第一等议论。(同上)

> 道夫因言欧阳公文平淡,曰虽平淡,其中却自美丽,有好处,有不可及处,却不是塌茸无意思。(同上)

> 作文字须是靠实,说得有条理乃好,不可架空细巧。大率要七分实,只二三分文。如欧阳公文字好者,只是靠实而有条理。(同上)

由于朱熹的推尊韩欧,所以清代方苞提出"文章韩欧"的口号。

朱熹在写文上,不同意李汉的韩文序中所说的"文者,贯道之器"的看法。他说:"文皆是从道中流出,岂有文反能贯道之理。若以文贯道,却是把本为末,以末为本,可乎?"(《语类》卷八)同时也不赞同苏轼的"文与道俱"的说法,他说：

> 东坡之言曰:"吾所为文,必与道俱。"则是文自文而道自道,待作文时,旋去讨个道来入放里面,此是它大病处。(同上)

朱熹认为为文明道是根本,如能根本乎道,则发之于文,皆道也。他说：

> 道者,文之根本,文者,道之枝叶,惟其根本乎道,所以发之于文皆道也,三代圣贤文章,皆从此心写出,文便是道。(同上)

又说：

> 贯穿百氏及经史,乃所以辨验是非,明此义理,岂特欲使文词不陋而已。义理既明,又能力行不倦,则其存诸中者,必也光明四达,何施不可。发而为言,以宣其心志,当自发越不凡,可爱可传矣。今执笔以习研钻华采之文,务悦人者,外而已,可耻也

夫!

朱熹主张贯穿百氏及经史,辨验是非,明此义理,继之以力行不倦,这样发而为文,自然可以写出可爱可传的文章。他反对有意的去为文,他对韩愈的不满即在其有意的去为文。清代的桐城派,虽然都是以程朱的信徒相标榜,但他们所走的道路,仍是韩愈的老路,并非以道为主,乃是为写文而学道。

清代桐城派的作家无虑数十,但根据晚清对这派作者的评价,堪称大家的,也不过数人。姚鼐编选《古文辞类纂》,作为他传授古文的范本,上溯先秦,下迄清初,选到方苞、刘大櫆为止。到光绪时,王先谦编选《续古文辞类纂》,他在这书的序中论述桐城派的创始与发展道:

> 自桐城方望溪氏以古文专家之学,主张后进,海峰承之,遗风遂衍。姚惜抱禀其师传,覃心冥迫,益以所自得,推究闾奥,开设户牖,天下翕然号为正宗。承学之士如蓬从风,如川赴壑,寻声企景,项领相望。百余年来,转相传述,遍于东南。由其道而名文苑者以数十计。呜呼,何其盛也!(《续古文辞类纂序》)

下边叙述到汉学兴起后,桐城派文章受到鄙薄,但由于梅伯言与曾国藩的提倡,而遗绪赖以不坠:

> 道光末造,士多高语周、秦、汉、魏,薄清淡简朴之文为不足焉。梅郎中、曾文正之伦相与修道立教,惜抱遗绪,赖以不坠。

后边他又特别对姚、梅、曾加以赞扬说:

> 惜抱振兴绝学,海内靡然从风。……梅氏浸淫于古,所造独为深远。……曾文正以雄直之气,宏通之识发为文章,冠绝今古,其于惜抱遗书,笃好深思,虽謦欬不亲,而途迹并合,学者将欲杜歧趋,遵正轨,姚氏而外,取法梅曾足矣。

但比王书晚出七年的黎庶昌编的《续古文辞类纂》,论及桐城派大师,则只推方、姚、曾,而不及梅伯言。他说:

> 桐城宗派之说,流俗相沿,已逾百岁。其敝至于浅弱不振,为有识者所讥。读曾文正公暨吴南屏二家之书,斩斩之辩,自可

以止。然公输虽巧,不用规矩准绳,又可乎哉?本朝文章,其体实正自望溪方氏,至姚先生面辞始雅洁,至曾文正公始变化以臻于大。桐城之言,乃天下之至言也。(《自序》)

黎氏看法与王氏所以略有不同,大概由于黎氏出于曾氏之门,认为梅氏非曾氏之俦的缘故。

下边拟就方、姚、曾三家论文特点,评述于下:

方苞被后人目为桐城派的创始人,除了他标榜"学行程朱","文章韩欧",作为平生从事文章修养的鹄的,从而成为后来桐城派所共同遵循的方向道路外,最重要的是他把从事古文写作的方法与要点,传授给后学。

1. 他认为古文是艺术,但写作上却比诗赋还难,想写好古文,必须从学行上下功夫。

　　仆闻诸父兄,艺术莫难于古文,自周以来各自名家者,仅十数人,则其艰可知矣。苟无其材,虽务学不可强而能也。苟无其学,虽有材不能骤而达也。有其材,有其学,而非其人,犹不能以有立焉。

下边他拿古文与诗赋相比,认为诗赋写好比古文要容易,他说:

　　盖古文之传,与诗赋异道,魏晋以后,奸宄污邪之人,而诗赋为众所称者有矣,以彼瞑瞒于声色之中,而曲得其情状,亦所谓诚而形者也。故言之工,而为流俗所不弃。若古文,则本经术,而依于事物之理,非中有所得,不可以为伪。故自刘歆承父之学议礼稽经而外,未闻奸宄污邪之人,而古文为世所传述者。(《答申谦居书》)

根据这样的看法,所以他非常称赞韩愈,说:

　　韩子有言,行之乎仁义之途,游之乎诗书之源,兹乃所以能约《六经》之旨以成文,而非前后文士所可比并也。(同上)

他认为柳、欧、曾、王以及苏氏父子在学行上都有不够的地方,所以他们的文章浅深、广狭、醇驳,等差各异。他提出:

　　苟志乎古文,必先定其祈向,然后所学有以为基。匪是,则勤而无所。若夫《左》、《史》以来相承之"义法",各出之径涂,则期月之间,可讲而明也。

充分说明方氏认为学行是根本,至于"义法"也就是写作的规律与方法,还是容易搞清楚的。

2. "义法"、"古文义法"的提出,最早始于方氏。他说:

> 《春秋》之制义法,自太史公发之,而后之深于文者亦具焉。义,即《易》之所谓"言有物"也,法,即《易》之所谓"言有序"也。义以为经,而法纬之,然后为成体之文。(《又书货殖传后》)

由此可知,"义",为文章的内容,所谓"言有物"。而"法"则为文章的写作方法。但就方氏来说,他谈文章内容,远不如他谈方法的多。而所谓方法,实际也包含文章的形式与风格。下边试看他的论述。方氏在《书韩退之平淮西碑后》中云:

> 碑记墓志之有铭,犹史有赞论,义法创自太史公。其指意辞事必取之本文之外。班史以下,有括终始事迹以为赞论者,则于本文为复矣。此意惟韩子识之,故其铭辞未有义具于碑志者。或体制所宜,事有覆举,则必以补本文之间缺,如此篇兵谋战功详于序,而既平后情事则以铭出之,其大指然也。……欧阳公号为入韩子之奥窔,而以此类裁之,颇有不尽合者。介甫近之矣,而气象则过隘。夫秦周以前,学者未尝言文,而文之义法无一不备焉。唐宋以后,步趋绳尺,犹不能无过差,东乡艾氏乃谓文之法至宋而始备,所谓"强不知以为知"者耶?

这篇主要谈碑志体例同于传记,序同本文以及后边的铭赞,可以互相补充,而不应重复。实际这种道理,只要长于文的都了解。至于班固以后的史书作者,对所传述的人物,文末概括前边所述的终始事迹,以为赞论,乃史家对所述人物的总的批评,怎么能说重复呢?方氏头脑中先有一个史公文章的框框,拿这个框框来套后人的文章,如果不合,就认为不懂义法,这种批评,显然是不正确的。

此外方氏又论述写传记,对所述人物的生平事迹,应因其人物地位与事业表现的不同,在取材上,应有虚、实、详、略的差别,他又举史公文为例道：

> 古之晰于文律者，所载之事，必与其人之规模相称。太史公传陆贾，其分奴婢装资，琐琐者皆载焉。若《萧曹世家》而条举其治绩，则文字虽增十倍，不可得而备矣，故尝见义于《留侯世家》曰："留侯所从容与上言天下事甚众，非天下所以存亡，故不著。"此明示后世缀文之士，以虚实详略之权度也。宋元诸史若市肆簿籍，使览者不能终篇，坐此义不讲耳。（《与孙以宁书》）

宋元诸史之所以不及《史记》，固由于这些史书的作者在文学才能上远逊于史迁，但还有另外的原因，即《史记》出于史迁一人之手，所以可以作到此详彼略，互为补充，彼此照应，简明扼要，不蔓不枝。宋元以来史书，多出于众人之手，在材料的取舍上，很难作到虚、实、详、略恰到好处。在这些地方，是不能完全归咎于这些作者的。

方氏对文章风格还提出"雅洁"二字，他说：

> 南宋元明以来，古文义法不讲久矣。吴越间遗老尤放恣，或杂小说，或沿翰林旧体，无一雅洁者。（《评沈椒园文后》）

如何达到"雅洁"？方氏认为语汇不能无选择地任意乱用，他说：

> 凡为学佛者传记，用佛氏语则不雅，子厚、子瞻皆以兹自瑕。至明钱谦益，则如涕唾令人哕矣，岂惟佛说，即宋五子讲学口语，亦不宜入散体文。司马氏所谓言不雅驯也。（《答程夔州书》）

又说：

> 古文中不可入语录中语，魏晋六朝人藻丽俳语，《汉书》中板重字法，诗歌中隽语，南北史佻巧语。（《评沈椒园文后》）

可知方氏如何注意于文章的采用词汇了。

方苞认为文章应删繁趋简，尽量地删去芜杂多余的东西，这就包括了内容与词句。他说：

> 来示欲于志有所增，此未达于文之义法也。夫文未有繁而能工者，如煎金锡，粗矿去，然后黑浊之气竭而光润生。《史记》、《汉书》长篇，乃事之体本大，非按节而分寸之不遗也。（《与程若韩书》）

又说:
> 古文气体,所贵清澄无滓。澄清之极,自然而发其光精,则《左传》、《史记》之瑰丽浓郁是也。(《古文约选序》)

这里所谓"清澄无滓"实际是"雅洁"的具体说明。怎样达到清澄无滓,那就要删繁去汰,特别还要在词汇上严加选择。望溪提出古文风格的标准,给后来的作者影响极大。姚鼐在这方面曾进一步地有所阐发。

方氏在古文的发展上,是一个"今不如昔"的复古主义者。有时把古代理想化到令人可惊的地步。对文章,也同样是这样的看法,他说:
> 文章之传,代降而卑。以为古之必不可复者,惑也,百物技巧至后世而益精,竭心焉以求其善耳。然则道德文术之所以衰者,其故可知矣。周时人无不达于文见于传者,隶卒厮舆亦能雍容辞令。苏秦既遂,代历始脱市籍,驰说诸侯,而文辞之雄,后世之宿学不能逮也。盖三代盛时,无人而不知学,虽农、工、商、贾其少也,固尝与塾师里门之教矣。至秀民之能为士者,则聚之庠序学校,授以诗书六艺使究切于三才万物之理,而渐摩于师友者,常数十年。故深者能自得其性命,而飚流余焰之发于文辞者,以充实光辉,而非后世所能及也。(《赠谆安方文车舟序》)

这一段话,可以说方氏完全上了古人的当。首先,他说见于传者,"隶卒厮舆亦能雍容辞令",这表现在《左传》、《国语》以及《国策》之中。殊不知这些书里边所载的隶卒厮舆一般所谓"下等"人的话,都是经过写史的人加工润色的结果。难道他们当时的语言,真像那些史书所写的那样吗?如果这样来理解,那么《史记》、《汉书》中所载的隶卒厮舆的话,又何尝不是应对如流,雍容辞令呢?其次,又说什么当时"虽农、工、商、贾其少"、"固尝与于塾师里门之教矣。至秀民之能为士者,则聚之庠序学校授以诗书六艺"等等。试问春秋时孔子以及战国时的诸子,哪一个是从庠序学校出身的?孟子的话,不过说明他个人的政教理想,正如康有为所说,乃是"托古改制"。而方氏竟信以为真,真可谓痴人前说不得梦!

方氏还认为,自周之衰以至于唐,学芜而道塞近千岁矣,在这近千年当中,所有文章都不足取,只有昌黎韩子出,遂掩迹秦汉,而继武于周人。这样说来,韩愈文竟超过了司马迁,可他本人一向所推尊的古文义法,认为始于《春秋》,自太史公发之,又说退之、永叔、介甫,俱以志铭擅长,但叙事之文,义法备于《左传》、《史记》,退之变《左传》、《史记》之格调而阴用其义法(《古文约选序》),这样韩愈既超过了史公,而又阴用其义法,这在理论上,都不免有点自相矛盾。

不过方氏平生对于古文,确实用力甚勤,对周秦以来直到唐宋八大家在文章写作方法上曾经进行过深入的分析比较,从而搞出一套写作的原则。同时他自己也能在写作上对自己的理论给以实践,所以能写出独具风格的文章。方氏的文章风格,的确是非常简洁,而写情状物,有时也确能达到情景逼真、栩栩如生的地步。如《左忠毅公遗事》、《狱中杂记》等,读后给人以深刻的印象,久久不能忘怀。后来桐城派的文人,把他作为这派的开山,决不是偶然的。

姚鼐在古文的写作上,上承方苞,而受业于同郡的刘大櫆和他的世父姚范。在创作和理论上,比着方、刘,有所继承与发展。特别是他以创作古文的方法传授生徒,因而桐城派之名,为海内所称道。所以姚鼐可以说是桐城派的发扬光大者,没有他的致力,桐城派是不可能建立起来的。

姚鼐在古文写作上的理论,基本上继承了方氏的见解,但确也有创见,有发展,而非纯然因袭。在继承方面,方苞对文章的内容、写作方法以及风格,谈的很多,除以穷经明理、躬行实践作为写古文的基本功外,对于古人的文章义法,不惮其烦地提及,并举《史记》等文章作为例证,加以阐明。但姚鼐在《复鲁洁非书》中,仅仅用几句话就概括了方氏所提出的这许多问题。他说:

> 抑人之学文,其功力所能至者,陈理义必明当,布置取舍,繁简廉肉,不失法,吐辞雅驯不芜而已。

第一句内容,第二句义法,第三句风格。但他认为仅仅能作到这个地步,还说不到臻于极境。他又提出"文之至者通乎神明,人力所不及施也"。

至于具体论到写作时应注意的地方,他和方氏意见基本一致。首先,认为删繁去汰,文章才能达到精美的地步。他说:

(来文)但加芟削,然似意足而味长矣。……花木之英杂于芜草秽叶中,则其光不耀,夫文亦犹是耳。(《与陈硕士》)

这同望溪所说的"文未有繁而能工者,如煎金锡,粗矿去,然后黑浊之气竭而光润生"的看法,是完全一致的。

其次是风格,姚鼐所喜欢的文风,近于望溪。望溪提出"雅洁",而姚鼐则提出"雅正"。他在与石甫侄孙信中论及作诗:

先取一家诗熟读精思,必有所见,然后又及一家,知其所以异,又知其所以同,同者必归于雅正,不着纤毫俗气。

而在文章上,姚鼐则提出"平淡"与"疏淡",认为是风格的极致。他同方氏稍有不同。方氏认为:"震川之文,于所谓有序者,盖庶几矣。而有物者,则寡焉。"(《书震川文集后》)而姚鼐却盛赞震川文章的风格,他说:

故文章之境,莫佳于平淡,措语遣意,有若自然生成者,此熙甫所以为文家之正传也。(《复吴仲伦书》)

又说:

归震川能于不要紧之题,说不要紧之语,却自风韵疏淡,此乃是于太史公深有会处,此文境又非硕士所易到耳。(《与陈硕士》)

所谓"平淡"同"疏淡",姚氏文章风格确近于此,可知他对震川文用力至深而又喜其风格,而竭力追步他的原因。

姚氏在对古文的创作与评论的见解上为方氏所不曾论及的,有以下几个方面:

关于阴阳刚柔之说,姚氏把宋儒在哲学上所讲的阴阳二气的说法,运用到文章的风格上。他认为历代的文章都是自然界阴阳刚柔的体现,只有圣人之言,能够统二气而弗偏。诸子以后的文章,非偏于阳刚,即偏于阴柔。他用形象的笔墨,来形容两种文章风格的巨大差别。由于作家的秉性不同,因而表现到文章的风格也有所不同。可是真正大作家的文章,让人们一接触,所谓"观其文,讽其音,则为文者之性情形状,举以殊焉"。这种论点,后为曾国藩所称述,并且由两仪(阴阳),发展为四象(太阳、少阳、太阴、少阴),并且选出了一部《古文四象》来。真是把文学批评搞到神秘化的方向去了。

另外,关于文气的问题,初创于曹丕的《典论·论文》,唐代的韩愈,在《答李翊书》中讲到:

> 气,水而;言,浮物也。水大而物之浮者大小毕浮。气与言犹是也。气盛,则言之短长与声之高下者皆宜。

宋代的苏辙在论到孟子同司马迁时说:

> 文者,气之所形。然文不可以学而能,气可以养而致。孟子曰,我善养吾浩然之气。今观其文章,宽厚宏博,充乎天地之间,称其气之小大,太史公行天下,周览四海名山大川,与燕赵间豪俊交游,故其文疏荡,颇有奇气。(《上枢密韩太尉书》)

方望溪论文中没有谈到这个问题,到姚鼐就非常注意这一问题,他实上承韩愈,主张涵养。他说:

> 文字者,犹人之言语也,有气以充之,则观其文也,虽百世而后如立其人,而与言于此。无气,则积字焉而已。意与气相御而为辞,然后有声音、节奏、高下,抗坠之度,反复进退之态,采色之华。故声色之美,因乎意与气而时变者也,是安得有定法哉!(《答翁学士书》)

但怎样才能达到上边所讲"意与气相御而为辞"的境地,姚氏主张向古人学习。他不讳言模仿,认为初学作文,必须模仿。只有从模仿入手,最后才能达到蜕变,而形成自己的独特面貌。他说:"文不经模仿,亦安能脱化!"(《与管异之书》)至于文章中如何行气,他认为必须很好地熟读古人的作品,他说:

> 学文之法无他,多读多为,以待其一日之成就。(《与陈硕士》)

又说：

> 大抵学古文者必要放声疾读，又缓读之，久之自悟，若但能默看，即终身作外行也。

除此之外，他还提出涵养的问题，他说：

> 作文欲笔势痛快，一在力学古人，一在涵养胸趣，夫心静，则气自生矣。（同上）

关于文气，苏辙认为要如孟子之养气与司马迁的游览名山大川、结交豪杰。前者有点抽象，而后者也不易做到。至姚氏则降低到熟读古人的名作，要求在朗读上分出放声疾读与缓读，这样就可以理解古人文章的特点。疾读以求其体势，缓读以求其神味，这样久了，自然在写作上，就会提高。这种方法是姚氏个人向古人学习的亲身体会，用此作为传授从事古文的诀窍，是比较切实可行的。所以后来桐城派之所以昌盛，与姚氏之传授为文之法，是有着密切关系的。

古文写作之所以从姚氏而形成一时散文的主流，另外的一个原因，是姚氏编选了一部《古文辞类纂》，把它作为写作古文的范本。同时在这部选本的序中，提出了古文写作应注意的四点，即神理，气味，格律，声色。他说：

> 神理气味者，文之精也；格律声色者，文之粗也。然苟舍其粗，则精者胡以寓焉？学者之于古人，必始遇其粗，中而遇其精，终则御其精者而遗其粗者。

到后来以捍卫方姚自命的林纾，在他的《春觉斋论文》一书中，曾对之有详细的阐发。由此可见，古文到方姚，特别注意写作的技巧，使一般的应用文章艺术化，成为具有高度的艺术性的文章，所以才形成一个势力强大的文学流派，而笼罩文坛达百年之久。

曾国藩在晚清，是使桐城派衰而复振的一位古文作家。他是镇压太平天国的大刽子手，借用帝国主义的军事力量，在反革命战争中取得了胜利，被清王朝誉之为中兴名臣，但却给中国人民造成了无穷的祸害，所以在中国近代史上，是一个被革命人民唾骂的反面人物。

曾国藩不是一般的军事将领，在学术上也有一定的影响。他可以说是集中国历史上封建统治阶级统治人民、镇压人民的思想学术之大成,特别是程朱派理学,是他所最崇信的。他又决不是一般的书呆子,而是挂儒家的招牌,继承了法家的权术与残刻,从而对人民进行残酷的屠戮。当时他被人民称之为"曾剃头",三十年代蒋介石王朝在对革命人民"围剿"的时候,曾国藩曾一度被奉为楷模,同时还被当时的御用学者所称颂。

曾国藩在古文的写作与提倡上,在晚清文坛的确产生了巨大作用。他门下不少的幕僚,从他学习古文义法,而在写作上有所成就,如吴汝纶、张裕钊、黎庶昌、薛福成等,一时竟有"湘乡派"之目。不过从古文的发展来说,还应该说是属于桐城派。原因在于:

首先,曾国藩在治古文上是非常服膺姚氏的。他在《圣哲画像记》中,把姚氏列为他所最景仰的三十二人之一,他说:

> 国朝先正遗像,首顾先生,次秦文恭公……桐城姚鼐姬传,高邮王念孙怀祖,其学皆不纯于礼,然姚先生持论闳通,国藩之粗解文学,由姚先生启之也。

吴敏树在《与筱岑论文派书》中曾诋訾姚氏,把他比作宋代江西诗派中的吕居仁,说:

> 今之所称桐城文派者,始自乾隆间姚郎中姬传,称私淑于其乡先辈望溪方先生之门人刘海峰,又以望溪接续明人归震川,而为《古文辞类纂》一书,直以归方续八家,刘氏嗣之,其意盖以古今文章之传,系之己也。如老弟所见,乃大不然。姚氏特吕居仁之比尔,刘氏更无所置之,其文之深浅美恶,人自知之,不可以口舌争也。

曾国藩对此论,深不以为然。他在《复吴南屏书》中说:

> 与欧阳筱岑书中,论及桐城文派,不右刘姚,至比姚氏于吕居仁,讥评得无少过?刘氏诚非有过绝辈流之诣,姚氏则深造自得,词旨渊雅,其文为世所称诵者,如《庄子章义序》、《礼笺序》等篇,皆义精词俊,夐绝尘表。……要之方氏以后,惜抱固当为百年正宗,未可与海峰同类而并薄之也。

可知曾氏是以继承姚氏之传自命的。

其次,在对古文写作方法以及文章风格的看法上,都继承了姚氏之论,而又加以阐发,其比较重要的:

1.他继承了姚氏对中国学术的三分法,即义理、辞章与考据。姚氏曾自命为能融合三者而一之的文士。他对有人称许其叙事之文而不喜其考证之作,甚不以为然。他说:"以考证助文之境,正有佳处。"(《与陈硕士》)最初姚氏是很景慕戴震的,曾致书戴氏,愿为其弟子,但被戴震婉言谢绝,这是后来桐城派文士攻击汉学的原因之一。曾国藩在《圣哲画像记》中,举三十二人,其中在学术上就有这三方面的人物,他说:

> 姚先生言,学问之道有三,曰义理,曰词章,曰考据,戴东原氏亦以为言。……周、程、张、朱,在圣门则德行之科也,皆义理也。韩、柳、欧、曾、李、杜、苏、黄,在圣门则言语之科也,所谓词章者也。许、郑、杜、马、顾、秦、姚、王,在圣门则文学之科也……皆考据也。

曾国藩推崇程朱之义理、韩柳之文章,对诋訾宋学的汉学家,也深表不满,但对王念孙父子,由于其集小学训诂之大成,所以也将王氏列入三十二人之数。

2.曾氏评论文章,采用了姚氏阴阳刚柔的理论原则。《与张廉卿书》中说:

> 昔姚惜抱论古文之途,有得于阳与刚之美者,有得于阴与柔之美者,二端判分,划然不谋。余尝数阳刚者约得四家,曰庄子,曰扬雄,曰韩愈,曰柳宗元,阴柔者约得四家,曰司马迁,曰刘向,曰欧阳修,曰曾巩。……足下气体近柔,望熟读扬韩各文,而参以两汉古赋,以救其短,何如?

运用阳刚阴柔的观点,具体指出张文的缺点与何以提高的措施。

3.曾氏还依据姚氏八字标准,评吴子序文道:

> 姬传先生亦以格律、声色与神理、气味四者并称,阁下之文有骨无肉,宜于声色二字稍加讲求。(《复吴子序书》)

以上均可看出曾氏以姚氏的理论作为评论文章和作者的标准。另外,在写作上他赞同初步须对古人作品进行朗读,即姚氏所谓"从声音证入",如《复邓寅阶书》中说:

> 弟尝劝人读《汉书》、《文选》,以日渐于脾润。姚惜抱论诗文,每尝称"从声音证入,"尊兄或可以此二义参证得失。

还有关于摹仿,他在《家训》中道:

> 作文宜摹仿古人间架……扬子云为汉代文宗,而其《太玄》摹《易》,《法言》摹《论语》……《长杨赋》摹《难蜀父老》,《解嘲》摹《客难》。……几于无篇不摹。即韩、欧、曾、苏诸巨公之文,亦皆有所摹拟,以成体段。作文作诗,均宜心有摹仿,而后间架可立,其收效较速,其取径较便。

这些见解应该说都源于姚氏。

曾氏在文学观上,比较突出的是他重视写作艺术,而极反对程朱的崇理轻文的观点。宋代理学家,从周敦颐开始,即目文辞为技艺,抱有重道轻文的倾向。周敦颐在《通书》中说:

> 文,所以载道也。轮辕饰而弗庸,徒饰也,况虚车乎?

又说:

> 不知务道德,而第以文辞为能者,艺焉而已。

二程进一步认为从事于文,即有害于学。明道说:

> 子弟凡百玩好皆夺志,学者先学文,鲜有能至道。至如博观泛滥,亦自有害。

伊川:

> 问:"作文害道否?"曰:"害也。"凡为文,不专意则不工。若专意,则志局于此,又安能与天地同其大也。书曰"玩物丧志",为文亦玩物也。(以上见《河南程氏遗书》第十八《伊川先生语》四)

朱熹,虽不像二程之绝对,但仍反对着力于文,《语类》中载:

> 一日说作文,曰:不必着意学如此文章,但须明理。理精后,文字自典实。伊川晚年文字,如《易传》直是盛得水住。苏子瞻

虽气豪,善作文,终不免有疏漏处。

曾氏虽在思想上是崇尚程朱理学的,但对他们的重义理而轻词章的见解,是反对的。他在《与刘孟容书》中说:

> 能深且博,而属文复不失古圣之谊者,孟氏而下惟周子之《通书》,张子之《正蒙》,醇厚正大邈焉寡俦。许郑亦能深博,而训诂之文或失则碎。程朱亦且深博,而指示之语,或失则陋。

> 周濂溪氏,称"文以载道",而以虚车讥俗儒。夫虚车诚不可,无车又可以行远乎?孔孟没,而道至今存者,赖有此行远之车也。吾辈今日苟有所见,而欲为行远之计,又可不早具坚车哉?

又说:

> 于汉宋二家构讼之端,皆不能左袒以附一哄。于诸儒崇道贬文之说,尤不敢雷同而苟随。

曾国藩之所以能成为桐城派的后劲,使桐城古文又延续了近半个世纪,与他在古文上的成就和提倡,是有一定的关系的。

根据上述,可知桐城派古文在写作上从方苞、姚鼐直到曾国藩,在见解上他们既有创新,也有继承同发展。其主要观点:

1. 在思想内容上,以文、周、孔、孟、周、程、张、朱的儒家正统派思想作为对宇宙万物以及历史发展与社会现实各种问题在观察分析说明时的根据与标准。

2. 把现实生活中应用文体,在技巧上达到高度的艺术水平,俾能达到为人乐于传诵的境地。所谓"美则爱,爱则传焉"。

3. 在写作上,根据先秦汉唐以来的名作,特别是《史记》、韩文,从这些著作中总结出写作方法的规律,作为学者写作时必须遵循的准绳。

4. 方苞用"义法"一词,概括了古文写作的准则,至姚鼐并具体定为四项标准,即神理,气味,格律,声色,到曾国藩就拿它作为批评文章的准绳。

5. 姚鼐为了传授古文的写作方法,并选出古今名作,编为《古文辞类纂》，其后学王先谦同黎庶昌，都又继姚氏之后，各编出续编，用以作为从事古文学者学习的典范。

6.古文之所以一度称霸文坛，风行海内，一方面固由于桐城派文人的大力宣传与统治者的大力扶持（如曾国藩即当时政治上当权的人物），但也有其本身的优点，即散文的艺术化与应用文的艺术化、文章风格清澄淡远，词采纯净幽美，并时或间以声调之铿锵与气势之雄伟磅礴，所以易为人们所接受。骈体文虽也是艺术性较强的美文，但极容易流于粉饰雕琢与堆砌典事，令读者不易理解，所以晚清的选派文章对社会的影响，就远逊于桐城了。

（三）

清朝开国以后，统治者为了巩固他们的统治权，十分注意加强思想统治。而宋代程朱理学，恰好是最得力的思想工具，于是就大力加以提倡。除沿袭明代的八股取士、把朱熹对经学的注释作为取士标准外，并以程颐、朱熹配祀孔庙，用程朱派所宣扬的一套极端封建专制主义，给人们的思想套上枷锁而严密地加以禁锢。

但此时思想界实际上还是比较活跃的。明中叶王阳明所提倡的心学出现以后，尽管王是以主观唯心论反对客观唯心论，但对当时思想界程朱理学的统治局面，还是产生了一定的解放作用。到了晚明，"左派王学"出现，在一定程度上，代表了当时市民阶级思想，因而形成了一个思想解放的新时代。虽然这种思想由于不利于封建统治阶级，遭到了正统派儒家思想的排击。但程朱派思想的顽固保守与虚伪腐朽，已早为敢于独立思考的思想家们所唾弃。

到了清初，除官方大力提倡外，一些沿袭程朱理学的学者，也受到了政府的尊宠，而成为御用的学者。但当时具有民族思想而且敢于探讨真理、坚持真理的思想家，则仍然对之大张挞伐。即如黄宗羲，他是王派后学，他的《明夷待访录》所表现的基本思想可以说明他是具有一定民主思想的思想家，他对程朱理学持抵排的态度。他在

《弁玉吴君墓志铭》中说他们"乃以语录为究竟,仅附答问一二条于伊洛门下,便厕儒者之列。假其名以欺世"(《南雷文定后集卷三》)。

另外,崛起于北方的思想家颜元,更是从哲学理论上,来排击程朱,批判他们的义理之性与气质之性以及"存天理,灭人欲"的荒谬论点。他大声疾呼:"程朱之道不熄,孔子之道不著。"(《习斋记余·未坠集序》)他的弟子李塨祖述其说,进行阐发,一时被称为颜李学派。

这种反程朱的思想,在当时就遭到桐城派的创始人方苞的攻击。方苞只不过是一个文士,并不是什么理学家,但由于尊奉程朱理学,标出"学行程朱,文章韩欧"的口号,所以他俨然以程朱派的卫道者自居。他在《再与刘拙修书》中,把宋代理学诸子奉为神明,说什么:

　　二十年来,于先儒解经之书,自元以前所见者十七八,然后知生乎五子前者,其穷理之学未有如五子者也,生乎五子之后者,推其绪而广之,乃稍有得焉。其背而驰者,皆妄凿墙垣而殖蓬蒿,乃学之蠹也。

他抨击黄梨洲同颜习斋道:

　　夫学之废久矣,而自明之衰,则尤甚焉。某不足言也,浙以东则黄君梨洲坏之,燕越间则颜君习斋坏之。盖缘治俗学者,憪然不见古人之樊,稍能诵经书,承学治古文,则皆有翘然自喜之心。而二君以高名著旧,为之倡,立程朱为鹄的,同心于破之,浮夸之士,皆醉心焉。……如二君者,幸而其身枯槁以死,使其学果用,则为害于斯世斯民,岂浅小哉。(《望溪先生文集卷六》)

清以来的程朱派理学家,不仅借封建统治势力作为他们的护符,并且利用神道,来对人们进行恫吓,其居心异常残刻而狠毒。即如方苞,对李塨的老年丧子,竟诬其为非毁程朱的恶报,并以毛西河、颜习斋之乏嗣,也认为是由于他们訾议程朱的阴谴。他在《与李刚主书》中说:

　　仆平生所遭骨肉闵凶,殆人理所无,悲忧危戚中,每自念性资迫隘,语言轻肆,与不祥之气,实有相感召之理。以吾兄之德行醇懿,而衰暮罹此。语天地之道,有不当然者。窃疑吾兄承习斋颜氏之学,著书多訾謷朱子。……记曰:人者,天地之心,孔孟以后,心与天地相似,而足称所言者,舍程朱而谁与?若毁其道,是谓戕天地之心,其为天之所不佑决矣。故自阳明以来,凡极诋朱子者,多绝世不祀。仆所见闻具可指数。若习斋、西河又兄所目击也。(《望溪文集卷六》)

像这种荒谬思想,同他提倡的古文义法一样,真是谬种流传,绵绵不绝。直到"五四"文学革命时,林纾为卫护孔孟之道与桐城古文,还对陈(独秀)、胡(适)、钱(玄同)用影射小说《荆生》来进行辱骂和恐吓,说什么"留尔以俟鬼诛"。但时代不同了,桐城派不能不随着他所服务的封建官僚地主阶级的崩溃,而走向衰亡的道路。

清代汉学,从顾炎武开其端,至乾隆时惠栋、戴震,蔚然成为风气。这派学者诋宋儒"解经,废训诂而谈名理,目记诵为俗生,诃多闻为丧志,持论甚高,实便于束书不观,游谈无根"。又谓,"义疏诸书,束置高阁,视如糟粕,弃等弁髦,率履则有余,考镜则不足……经术一坏于东西晋之清淡,再坏于南北宋之道学"(江藩《汉学师承记卷一》),这不过是批判宋儒的治学态度同方法上的错误。而就中对程朱理学之病,真能击中要害,并揭露其对人民的危害的是戴震。

戴震是清乾嘉时期的朴学大师,他写有《原善》、《孟子字义疏证》等论著,从理论上指出程朱所提出的"存天理,灭人欲"的荒谬论点与孔孟思想丝毫无相同之处,只不过借佛老之旨,而改头换面,挂上孔孟的招牌罢了。他说:

圣人之道,使天下无不达,而其所谓理之情,求遂其欲,而天下治。后儒不知情之至于纤微无憾是谓理者,同于酷吏之所谓法。酷吏以法杀之,后儒以理杀人,浸浸乎,舍法而论理,死矣更无可救矣。(《戴东原集》卷九与某书)

在戴震的理论影响下,一时在思想界形成了一个反程朱理学的运动。

桐城派的作家姚鼐,在京都时曾写信给戴震,欲附门墙,列为弟子,遭到戴震的婉言谢绝(《与姚孝廉姬传书》),加上桐城派从方苞开始即以卫护程朱理学的责任自命,所以姚鼐此时对反程朱的一班朴学家,自不能默尔而息。他首先对汉学提出批判,他的高第弟子方植之,就写成专书对汉学进行全面的抨击。

姚鼐在《复蒋松如书》中说:

自秦汉以来,诸儒说经者多矣,其合与离,固非一途。逮宋程朱出,实于古人精深之旨,所得为多。而其审求文辞,往复之情,亦更为曲当。非如古儒者之拙滞而不协于情也。而其生平修己立德,又实足以践行其所言,而为后世之所响慕。

这是对程朱的推崇。下边针对汉学家抨击程朱又进行了驳斥。他说:

然今世学者,乃思一切矫之,以专宗汉学为至,以攻驳程朱为能,倡于一二专己好名之人,而相率而效者,固大为学术之害。

就在这时,汉学家不仅对桐城派所尊奉之程朱理学进行抨击,即对他们所提倡的古文,也大加訾议。戴震在《与方希原书》中道:

得郑君手札,言足下大肆力古文之学。仆尝自以为此事,在今日绝少能者。且其途易歧,一入歧途,渐去古人远矣。古今学问之途,其大致有三,或事于理义,或事于制数,或事于文章。事于文章者,等而末者也。然自子长、孟坚、退之、子厚诸君子之为之,曰:"是道也,非艺也。"以云道,道固有存焉者矣。如诸君子之文,亦恶睹其非艺欤?(《戴东原文集》卷九)

至于钱大昕,对方苞更是非常的鄙薄,他说:

方氏所谓古文义法者,特世俗选本之古文。……法且不知,义更何有。……若方氏,乃真不读书之甚者。……(《与友人书》,见《潜研堂集》三十三)

这就无怪乎桐城派文士,对汉学进行反击了。其中最突出的是方植之。他写了部《汉学商兑》,抨击汉学批评宋儒之解经多不明故训及对程朱理学的攻击。他说:

但顾、黄诸君,虽崇尚实学,尚未专标汉帜。专标汉帜,则自惠氏始。惠氏虽标汉帜,尚未厉禁言理。厉禁言理,则自戴氏

始。自是宗旨祖述，邪波大肆，遂举唐宋诸儒诸已定不易之案，至精不易之论，必欲一一尽翻之，以张其门户。（卷上）

方氏在批判汉学的破碎方面，时或深中汉学之弊，但在哲学理论上，驳斥戴震抨击程朱天理人欲之说，极其肤浅，只不过从统治者的立场，阐述了程朱之论利于对人民的统治，如依戴氏之说，就会造成天下大乱。他说：

> 顾民之为道也，生欲既遂，邪欲又生，苟不为之品节政刑，以义理教之，则私妄炽，而骄奢淫佚犯上作乱争夺之祸起焉。……故曰惟天生民，有欲无主乃乱。……今谓不当以义理为教，而第惟民之欲是从，是率天下而乱也。

这正如梁启超《清代学术概论》中所说："的确没有搔着痒处。"这些站在统治阶级立场的卫道派，最拿手的就是一面对对方进行辱骂，另一方面就是抬出帝王的谕旨，来对对方进行恫吓。方东树也深明此术，他首先把汉学家比作美貌而无行的荡妇，以其色来诱惑世人。他说：

> 考汉学诸人，于天文、算术、训诂、小学、考证、舆地、名物、制度，诚有足补前贤，裨后学者。但坐不能逊志，又无识，不知有本，欲以扫灭义理。放言横论，惑世诬民，诚非细故。譬如有嫱施之淑姿，又被服都丽，而恣行凶德，飘忽背尊章，弃丈夫，引群不逞少年，放荡邪淫，则是岂可惜其色，俾任其伤风败俗以乱大化也哉。（《汉学商兑》卷下）

接着他抬出了乾隆初，谢济世奏请废《朱子章句》，而用其自注《大学》《中庸》，颁行天下，结果遭到乾隆皇帝上谕驳斥，并令湖广总督孙嘉淦对谢注中与程朱牴牾或标榜他人之书的地方，查明具奏，令行销毁的事例。方氏道："煌煌圣训，诚天下学者当服膺恭绎，罔敢违失者也。"（同上书）

很显然，从汉宋之争上看，汉学家特别是戴震的批判程朱，在理论上是正确的，是符合当时人民的要求的。相反的，桐城派文人卫护程朱那一套，是卫护封建统治者的利益的，真理不在他们这一边，因此在理论上不能取胜,只有用辱骂与恐吓来进行战斗。

这一套鬼蜮伎俩,直到"五四"时代,林纾对革命派还是遵照他的前人的老谱。试一读他所写的小说《荆生》同《妖梦》,就很清楚了。

曾国藩和方姚一样,是程朱理学的卫护者。当于道光末在京都作侍郎时,他即从满人倭仁、湖南人唐鉴,讲习程朱道学。后来又被满清奸相、推崇程朱的穆彰阿认为门生私党,因而在政治上扶摇直上。当太平军起义的时候,他在湖南办团练,受到清廷重用,终于借帝国主义的兵力,镇压了这次人民革命运动。

太平军因受到西方基督教的影响,创立了上帝教,不但打倒程朱,而且还推翻孔孟,这样曾国藩就借此大做文章。他在《讨粤匪檄》中说道:"士不能诵孔子之经,而别有所谓耶稣之说,《新约》之书。"同时还控诉其毁坏文庙与武庙的行为:

> 粤匪焚郴州之学宫,毁宣圣之木主,十哲两庑狼籍满地,嗣是所过郡县,先毁庙宇,即忠臣义士如关帝岳王之凛凛,亦皆污其宫室,残其身首。

这样曾国藩就借卫道的名义,取得了封建地主阶级知识分子的拥护。

范文澜在《汉奸刽子手曾国藩的一生》中指出"他得道学的虚伪,却不曾受束缚于道学的迂腐",并说:

> 曾国藩说:"我生平以诚自信,专标一个诚字来用人、办事。"左宗棠与他因派别冲突,结成深仇,就专标一个"伪"字来揭穿他。事实上,虚伪和残忍是结合在一起的,虚伪仍是残忍的一方面。这两方面正是曾国藩这个反动派代表者的特点。没有虚伪,就不能表现他反对革命的真诚。

在对汉学与宋学两派的论争上,曾国藩自称他"丁汉宋二家构讼之端,皆不能左袒,以附一哄"。似乎他的态度非常平允,实际上,他在许多篇文章中,都有攻击汉学的言论,如《重刻茗柯文编序》、《朱慎甫遗书序》等,不一而足。

戴东原称:"酷吏以法杀人,后儒以理杀人,浸浸乎,舍法而论理,死矣,更无可救矣。"曾国藩用程朱理学来卫护清王朝的黑暗统治,不惜屠戮汉人两千余万,程朱理学之祸之烈,到此真可谓达到极点了。

作为桐城派殿军的,应当数到林纾了。他在思想上是程朱理学的拥护者,原因是在十八岁结婚后,就接受了他的岳父刘有棻关于程朱理学的教导,诵读《呻吟语》与《五种遗规》等。另外,刘有棻还同他讲道学源流和士人的立身安命之道。当他三十六岁时(1888)读书于龙潭精舍,同徐祖甫又讲论程朱理学。这样就形成了他以程朱理学为指导的世界观。

在文学上,他曾向桐城派知名作家吴汝纶问学。林纾既有程朱的思想基础,那么在古文上宗法桐城,当然是水到渠成。

林纾在晚清文坛曾经名噪一时,与严复有严林之称。其所以如此,乃由于严复用古文来翻译西方几部学术上的名著,而林纾则用古文翻译了西方大量的文学作品。但两人政治思想,却极不同。严在晚清为介绍西方民主与科学的第一人,为维新派的思想家;而林纾,在政治上则接近洋务派的"中体西用"论,辛亥革命后,即以逊清遗老自居,对1917年张勋复辟的失败,感到非常痛惜,有"此军再挫清再亡,敢望中兴作杜甫"的诗句。

思想上的程朱,文学上的桐城,都是卫护封建统治阶级的利益的。在他们看来,纲常名教是天不变道亦不变的天理,什么民主、什么平等,都是异端邪说,大逆不道的。所以在"五四"的前夜,《新青年》杂志社提倡打倒孔家店和文学革命,提出"桐城谬种"作为革命对象的时候,林纾即以卫道者自居,挺身而出,发表了《与蔡鹤卿书》,公开在报纸上披露,后来受到蔡元培的驳斥。

另外,林纾在无可奈何的情况下,在《新申报》上写了几篇小说,即《妖梦》同《荆生》,用影射的方法,来攻击当时提倡文化革命如陈独秀、胡适、钱玄同,还有蔡元培等人。他完全继承了方植之在《汉学商兑》中攻击汉学家的那种造谣诬陷、辱骂和恫吓的伎俩,真可谓螳臂挡车。历史的洪流,是挡不住的,只不过成为历史上的笑柄而已。

通过"五四"文化革命,孔孟之道、程朱理学以及桐城古文,它们的威信同统治地位都扫地以尽。它们随着封建统治势力的瓦解,也走上没落的道路。

(四)

就前面所论述的桐城派的文论和程朱理学的关系,可以得出以下几点启发:

1. 在世界观上,方姚到曾国藩,直至林纾,都是程朱派理学的卫道士。他们以纲常名教为万世不易之道,因而绝对拥护封建的专制主义和封建等级制,对西方的新思想,视之如洪水猛兽,对于政治上新的改革,则加以痛诋,必欲扑灭之而后快。另外,他们的思想中,还杂以封建迷信,对反程朱思想家加以诅咒,认为不有阳祸,必遭阴谴。方望溪给李塨信中说凡是攻击程朱的,都得到绝嗣的报应。而林纾对于胡、陈、钱,在小说中说什么"留尔以俟鬼诛"。假若真有像他们所谓阴司的话,那么死于程朱理学的软刀子的被压迫者,不知有多少,而死于信奉程朱的当权者的屠刀下的,又不知有多少,那他们虽打入十八层地狱亦不能尽其罪!

2. 从文学观上,桐城派曾标榜"文以载道"之说,但他们的文章主要追求的是司马迁、韩愈的写作方法。他们自己也曾把古文作为艺术,认为是不容易臻于至境的。但他们总是以"明道"、"载道"相标榜。因此戴东原驳斥他们说"如诸君子之文,亦恶睹其非艺欤?"戴东原是重道轻文的,这种看法还不免于儒者之见,但对桐城派要借圣道以取重当时的用心加以揭露还是很有意义的。

桐城派打着程朱的招牌,以取媚当道,并哗众取宠,其实在文学观上与程朱的看法是背道而驰的。程朱是重道轻文的,认为着意文,也属于玩物丧志的范畴。桐城派早期还标榜文与道并重,但到曾国藩,就驳斥程朱的重道轻文之说,认为系一偏之见了。

3. 程朱派的道学,虽大谈修、齐、治、平,但以之施于政事,多拘泥迂腐,庸懦无能,误人家国。对此,李卓吾、颜习斋均有所揭露与批判。至桐城派巨子曾国藩，虽挂程朱的招牌，实际是杂以申韩，奸险诡诈，残刻凶暴，实大大背于儒者的中庸之道。

4. 桐城派的后劲严复同林纾，他们的文章之所以曾一度风行海内，主要是用他们翻译的著作。严复早期的政治论文，也曾风靡一时，其原因主要根于其新的内容，即西方的舶来品，其中有资产阶级的民主与科学思想，也有反映西方社会生活的文学创作。特别是严复早期政论文如《论世变之亟》、《原强》、《辟韩》等，对中国旧的封建政治、经济及文化，都有所批判，这和孔孟程朱之道，恰巧是针锋相对的。所以古文作为一种文章写法，用它来表达先进思想与健康的情感，如果表达得好，自然也不失为好文章。但像一般桐城派的作者，标榜程朱之道以捍卫儒家的纲常名教为职志的作品，随着时代的发展，必然遭到后人的唾弃。

总之，桐城派是卫护封建阶级利益，为封建阶级服务的文学流派。在写作的方法与艺术技巧上，虽不无可以借鉴之处，但在思想上多半是反人民的。桐城派的作者大抵昧于历史发展的规律，他们的所为多半是逆历史潮流而动，所以经不起新时代革命洪流的冲击，终于崩溃坍塌，成为历史的陈迹了。

晚清西学输入与中国近代文学的发展

鸦片战争后,帝国主义者开始以武力优势,打进中国的大门。这时,一向以文明上国自居的中国人,才感到自己与西人比较,存在着一些弱点。于是有识之士,就提出了向西方学习的主张。魏源的"师夷之长技以制夷"(《海国图志序》)的论点,可说是最早的一个。在清廷镇压太平天国的过程中,反动统治阶级借用了外国的武力以及新式的枪炮,取得了胜利。于是以曾(国藩)李(鸿章)为首的镇压人民革命的刽子手们,也认识到西方的强大,在通洋务的容闳的建议下,派出了一批向西方学习的留学生。

派遣留学生的风气一开,由国家派遣与私人自费到国外留学的学生逐渐多了起来。加上北京、上海等地同文馆的设立,一时学习外文、翻译外籍的人,也逐渐多起来。不过当时出国留学的,多半是从事军事或工商,认为这是救国的最佳途径,而实际这些人,大抵挂着救国的招牌,其目的则不外是个人的功名利禄。正如鲁迅在《文化偏至论》中所批判的那样,他们所见到的西方之强大,实际都是皮毛,并不理解其所以强大的根本原因。

至于对西方列强之所以强,能够从根本上探讨其原因并且对西方学术名著作系统介绍的人,当首推严复。其次,间接从日文论著中介绍西方学术的,则为梁启超。

严复是1877年被政府派往英国伦敦学习海军的留学生。在英国学习期间,接触到西方的社会科学及自然科学。回国后,先后在船政学堂及北洋水师学堂任教习和总办。1894年中日战争,中国失败,严复目睹国势的艰危,于是在天津《直报》上发表了一系列具有强烈的爱国激情的发聋振聩的论文。就中以《论世变之亟》、《原强》及《辟韩》等最为世人所推重,因而声名大噪。

1897年他又与王修植、夏曾佑、杭辛斋等在天津创办《国闻报》,刊登了他所译的英人赫胥黎的《天演论》同英人斯宾塞的《群学肄言》二书的部分章节。这两部书的译文后来都陆续出版。继《天演论》之后,他又陆续翻译的英人亚当斯密的《原富》、穆勒约翰的《群已权界》、耶芳斯的《名学浅谈》、甄克斯的《社会通诠》、法人孟德斯鸠的《法意》,等等,后来被人称之为"严译八大名著"。

严复在晚清可以说是一位宣传资产阶级学术思想的启蒙运动的重要人物。先于他的思想家如魏源以及后来的冯桂芬、郑观应等,都主张引进西学,向西方学习。但他们所谓西学,不过是自然科学同应用科学方面的东西。冯桂芬的《采西学议》中说:

> 如以中国之纲常名教为原本,辅以诸国富强之术,不更善之善者哉!(《校邠庐抗议下卷》)

郑观应在《西学》篇中说:

> 故善学者必先明本末,更明所谓大本末,而后可言西学。分而言之,如格致、制造等学其本也,语言文字,其末也。合而言之,则中学其本也,西学其末也。主以中学,辅以西学,知其缓急,审其变通,操纵刚柔,洞达政体,教学之效,其在兹乎!(《盛世危言》增订新编卷一)

实际这都是后来张之洞在《劝学篇》中所提出的"中学为体,西学为用"论之所本。不过在维新派没有提出维新变法之前,这些见解都还是进步的。当时一般顽固派,对于讲西学的都视为异端邪说,那么提倡西学的就不能不提出以"中学为主"的主张,而堵反对者之口。但到了甲午之后,维新变法已成为当时时代进步的主流,这时,再提出"中学为体,西学为用"论以反对当时进步潮流,就成为反动的了。

至于上边所引冯桂芬与郑观应的,直到张之洞之所谓"西学",乃是自然科学同应用科学,即所谓算学、重学、电学、化学、光学、天学、地学等等(见梁启超1896年所编《西学书目表序例》)。至于西方的社会科学如哲学、名学、政治、经济以及法学等,真正从事研究者则极少。而严复所译诸书,正是这方面的重要论著。

严复同洋务派对西学的理解以及对西学与中学的态度,是根本不同的。首先,他到当时资本主义最发达的国家——英国,亲眼看到该国的政治、经济先进的情形以及社会状况、朝野上下人们的精神面貌,这同洋务派耳食者流,是大不相同的。其次,他深通西文,对资本主义的社会科学以及自然科学,均有所理解,并不仅仅从皮毛上看到西方的强大,而是从学术同政治制度上探讨其所以强大的根本原因。他认为其所以强大的原因是提倡"科学"与"民主"。此外,严复不仅熟悉西方,同时对中学也有较系统的了解,这样就使他能够从中学与西学的比较上,指出西人之所以强与中国之所以弱的根本原因,从而大力提倡西学,赞扬西学,批判中学,摒弃中学,而对洋务派的"中体西用论"予以驳斥。(参见《严几道文钞》卷四《与外交报主人论教育书》)。

严复从救亡图存出发,大力主张政治上的改革,而改革的中心问题,即提倡科学与民主。为了提倡科学(当时所谓西学),就不能不对中学进行批判。而在批判中学之先,不能不对二者进行比较,他说。

> 中国最重三纲,而西人首明平等。中国亲亲,而西人尚贤。中国以孝治天下,而西人以公治天下。中国尊主,而西人隆民……其于为学也,中国夸多识,而西人尊新知。其于祸灾也,中国委天数,而西人恃人力。(《论世变之亟》)

最后他说:

> 若斯之伦,举有与中国之理相抗,以并存于两间,而吾实未敢遽分其优绌也。(同上书)

实际二者的优绌很清楚,作者在下边针对当时与郭嵩焘所谓"天

地气机一发不可复遏。士大夫自怙其私,抑遏天地已发之机,未有能胜者也"的话,提出他的看法道:

> 自蒙观之,夫岂独不能胜之而已,盖未有不反其祸者也。惟其遏之愈深,故其祸之发也愈烈。……三十年来,祸患频仍,何莫非此欲遏其机者阶之厉乎!且其祸不止此。究吾党之所为,盖不至于灭四千年之文物,而驯致于瓦解土崩,一涣而不可复收不止也。此真泯泯者智虑所万不及知,而闻斯之言,未未有不指为奸人之言,助夷狄恫喝而扇其焰者也。(同上书)

严复对中学进行批判,提倡"民主"同"科学"的救亡图存之道,他在时论中不惜再三阐明西方各国之所以强,纯粹由于人人都能得到自由平等的待遇。他说:

> 夫自由一言,真中国历古圣贤之所深畏,而从未尝立以为教者也。彼西人之言曰:惟天生民,各具赋畀,得自由者,乃为全受。故人人各得自由,国国各得自由,第务令毋相侵损而已。……故侵人自由,虽国君不能,而其刑禁章条,要皆为此设耳。(同上书)

后来在《原强》中又申明此意道:

> 彼西洋者,无法与有法并用,而皆有以胜我者也。自其自由平等以观之,则其捐忌讳,去烦苛,决壅蔽,人人得以行其意,申其言,上下之势不相悬隔,君不甚尊、民不甚贱,而联若一体者,是无法之胜也。其为事也,又一一皆本诸学术,其为学术也。一一皆本于即物实测,层累阶级,以造于至精至大之域。盖寡一事焉,可坐论而不可起行者也。苟求其故,则彼以自由为体、以民主为用,一洲之民,散为七八,争驰并进,以相磨砻,始于相忌,终于相成,各殚知虑,此既日异,彼亦月新。故若用法而不至受法之弊,此其所以为可畏也。

这说明,西方"以自由为体、以民主为用",在政治经济文化各方面收到了很好的效果,在相互比较竞争中,终于收到相忌相成,以致"此既日异,彼亦月新,故若用法而不至受法之弊"。

其次是科学,严复在《救亡决论》中指出:

> 盖欲救中国之亡,则虽尧舜周孔生今,舍班孟坚所谓通知外国事者,其道莫由。而欲通知外国事,则舍西学洋文不可,舍格致亦不可。盖非学洋文,则无以为耳目。而舍格致之事,将仅得其皮毛,眢井瞽人,其无救于亡也审矣。

所谓"格致"是晚清对科学一词的译名,源于《大学》中"格物致知"的话。严复当时所以竭力提倡科学,是因为科学不仅能救中国人盲昧无知之病,科学精神还可以矫正中国学者虚骄浮夸之习。他说:

> 中土不幸,其学最尚词章,致学者习与性成,日增慆慢。又况以利禄声华为准的,苟务悦人,何须理实。于是慆慢之余,又加以险躁。……仆前谓科举败坏人才,此又其一者矣。然而西学格致则其与是适相反,一理之明,一法之立,必验之物物事事而皆然,而后定之为不易。其所验也贵多,故博大;其收效也必恒,故悠久;其究极也必道通为一,左右逢源,故高明。方其治之也,成见必不可居,饰词必不可用,不敢丝毫主张,不得稍行武断,必勤、必耐、必公、必虚,而后有以造其至精之域,践其至实之途。迨夫施之民生日用之间,则据理行术,操必然之券,责未然之效,先天不违,如土委地而已矣……其绝大妙用,在于有以炼智虑而操心思,使习于沈者不至为浮,习于诚者不能为妄,是故一理来前。当机立剖,昭昭白黑,莫使听荧,凡夫恫疑、虚愒、荒渺、浮夸,举无所施其伎焉者。

这充分说明,科学本身不仅能正确地解决现实中各个方面的问题,而从事科学研究,对人们思想的锻炼以及品质的修养,都具有不可估量的巨大作用。严复这种见解,虽不一定是当时救亡图存的最根本的办法,但对当时因袭守旧的顽固派,不能不产生一定的振聋发聩的作用。同时,对整个的思想界,也产生比较深刻的启蒙与教育的影响。

至于严复对西方学术论著的介绍方面,其影响最大的,是对英国生物学家达尔文物种起源学说的宣传与对阐发达尔文主义的赫胥黎的《天演论》的翻译。

严复最初介绍达尔文的学说是他在甲午战后发表的论文《原强》。文中说：

> 今之扼腕奋肸，讲西学谈洋务者，亦知近五十年来，西人所孜孜勤求，近之可以保身治生，远之可以经世利民之一大事乎！达尔文者，英之讲动植学者也……少之时，周历寰瀛，凡殊品诡质之草木禽鱼，裒集甚富，穷精眇虑，垂数十年，而著一书，曰《物种探原》。自其书出，欧美二洲几于家有其书，而泰西之学术政教，一时斐变。

严氏接着论到达氏这部书对时代的影响与英国物理学家奈端的学说相比，说：

> 论者谓达氏之学，其一新耳目，更革心思，甚于奈端氏之格致天算，殆非虚言。

下边对该书内容作了简要的介绍，而更其注意于其中的"物竞"与"天择"二篇。他说：

> 其书之二篇为尤著，西洋缀闻之士，皆能言之。谈理之家，摭为口实。其一篇曰物竞，又其一曰天择，物竞者，物争自存也；天择者，存其宜种也。……其始也，种与种争，群与群争，弱者常为强肉，愚者常为智役。及其有以自存而遗种也，则必强忍魁桀、骄捷、巧慧而与其一时之天时、地利、人事最其相宜也。此其为争也，不必爪牙用而杀伐行也。习于安者，使之为劳，狃于山者使之居泽，以是以与其习于劳，狃于泽者争，将不数传，而其种尽矣。物竞之事如是而已。

最后从动物植物的生存竞争而联系到人类，他说：

> 动植如此，民人亦然。民人者，固动物之类也。达氏总有生之物，标其宗旨，论其大凡如此。至其证阐明确犁然有当于人心，则非亲见其书者莫能信也。此所谓以天演之学言生物之道者也。

1896年，严复翻译了英人赫胥黎的《天演论》，他在《自序》中论

到他译这部书的目的道:

> 风气渐通,士知弇陋为耻。西学之事,问涂日多。然亦有一二巨子,诡然谓彼之所精,不外象数形下之末,彼之所务,不越功利之间。逞臆为谈,不咨其实,讨论国闻,审敌自镜之道,又断断乎不如是也。

这批判了当时某些当权者对西学的荒谬看法。下边论到这部书:

> 赫胥黎氏此书之指,本以救斯宾塞任天为治之末流,其中所论,与吾古人有甚合者,且于自强保种之事,反复三致意焉。

这就说明他译此书之主要目的,即在于当时先进知识界所一致关心的救亡图存的大问题。严复在译这部书时,每一篇目的后边,都附以自己的按语,经常用书中理论,结合当时中国的实际,来启发国人。其感情之恳挚与言辞之剀切,给读者以无限激励与教育作用。即如他在《导言》的按语中论述进化论学说发展过程道:

> 复案:物竞、天择二义,发于英人达尔文。达著《物种由来》一书,以考论世间动植物类所以繁殊之故。先是言生理者,皆主异物分途之说。近今百年,格物诸家,稍疑古说之不可通。……目治手营,穷探审论,知有生之物,始于同,终于异。造物立其一本,以大力运之,而万类之所以底于如是者,咸其自己而已,无所谓创造者也。然其说未大行也。至咸丰九年达氏书出,众论翕然。自兹厥后,欧美二洲治生学者,大抵宗达氏。……故赫胥黎谓古者以大地为静居天中,而日月星辰,拱绕周流,以地为主。自哥白尼出,乃知地本行星,系日而运。古者以人类为首出庶物,肖天而生,与万物绝异。自达尔文出,知人为天演中一境,且演且进,来者方将,而教宗抟土之说,必不可信。盖自有哥白尼而后天学明,亦自有达尔文而后生理确也。

严复在《导言三·趋异》中,从达尔文证明生物的"物竞天择"的理论,联系到人类,他说:

> 嗟夫!物类之生乳者至多,存者至寡,存亡之间,间不容发。

其种愈下,其存弥难,此不仅物然而已。墨澳二洲,其中土人日益萧瑟,此岂必虔刘胺削之而后然哉!资生之物所加多者有限,有术者既多取之而丰,无具者自少取焉而啬。丰者近昌,啬者邻灭,此洞识知微之士,所为惊心动魄于保群进化之图,而知徒高睨大谈于夷夏轩轾之间者,为深无益于事实也。

这真是慨乎其言之。

自严复对达尔文进化论之说,在时论中作了大力的宣传,并且译了达尔文学说的信奉者赫胥黎的《天演论》后,在晚清学术界产生了深远的影响。

首先,《天演论》出版后,从当时给青年们的影响看,可以想到它对社会知识界所发生的作用。据鲁迅的回忆,当1901年他在南京矿路学堂念书时,由于换了一个新党俞明震作校长,提倡看新书,他便买到严译的《天演论》,他说:

> 翻开一看,是写得很好的字,开首便道……哦!原来世界上竟还有一个赫胥黎坐在书房里那么想,而且想得那样新鲜。一口气读下去,"物竞"、"天择"也出来了,苏格拉第、柏拉图也出来了,斯多葛也出来了。

从此鲁迅即熟读《天演论》。据许寿裳回忆,他们在东京留学时:

> 有一天,我们谈到《天演论》,鲁迅有好几篇能够背诵,我呢,老实说,也有几篇能背的。于是二人忽然把第一篇《察变》背诵起来了。(《亡友鲁迅印象记·杂谈名人》)

鲁迅、许寿裳是这样,至于胡适,他在《中国中古思想史的讲演稿》中曾说:

> 当我在中国公学读书时,因为严幼陵先生翻译了一部《天演论》,于是"物竞天择"的话,就成了当时很时髦的学说。而最代表当时思想的,是我的表兄姓孙,而改名叫"竞存",又有一位表弟改名叫"天择",而我呢,改名叫"适",即:"物竞天择,适者生存"的意思。

梁启超于1902年流亡东京时,曾著文,题为《天演学初祖达尔文

之学说及其略》,一开始即论达氏《物种原始》一书出版后,对世界各国所发生的巨大影响道:

> 近四十年来,无论政治界、学术界、宗教界、思想界、人事界,皆生一绝大之变迁,视前此数千年,若别有天地者然。竞争也,进化也,务为优强,勿为劣弱也。凡此诸论,下自小学校之生徒,上至各国之政治家,莫不口习而心营之,其影响所及于国与国之关系,而帝国政策出。于学与学之关系,而综合哲学出焉。他日二十世纪之世界,将为此政策此哲学所磅礴充塞,而人类之进步将不可思议。此之风潮,此之消息,何自起耶?曰起于一千八百五十九年(咸丰九年)。何以故?以达尔文"种源论"(orlgin of Species)出版于是年故。(《新民丛报》第三号)

这是讲进化论学说出现后,对世界学术界的影响。同时,这种理论当介绍到中国后,对中国社会也曾激起极大的反响。王国维在《论近年之学术界》中说:

> 元时罗马教皇以希腊以来所谓七术(文法、修辞、名学、音乐、算术、几何学、天文学)遗世祖,然其书不传。至明末,而数学与历学,与基督教俱入中国,遂为国家所采用。然此等学术,皆形下之学,与我国思想上无丝毫之关系也。咸同以来,上海天津所译书,大率此类。唯近七八年前,侯官严氏复所译赫骨黎之天演论(赫氏原书名《进化论与伦理学》,译义不全)出,一新世人耳目。比之佛典,其殆摄摩腾之四十二章乎。嗣是以后,达尔文、斯宾塞之名,腾于众人之口,物竞天择之语,见于通俗之文。(《静庵文集》见《王国维遗书》第五册)

至于对中国学术其产生的显著影响,有以下几个方面:

1. 树立了发展的历史观,批判了中国先秦道儒两家今不如昔的复古论。鲁迅在《摩罗诗力说》中,批判中国先秦哲人向往原始社会的复古思想道:

> 吾中国爱智之士,独不与西方同,心神所注,辽远在于唐虞,或径入古初,游于人兽杂居之世。谓其时万祸不作,人安其天,

不如斯世之恶浊阽危,无以生活。其说照之人类进化史实,事正背驰。

鲁迅根据进化论的理论,推断当时中国哲人所以生出这种思想的原因道:

盖古民曼衍播迁,其为争抗劬劳,纵不厉于今,而视今必无所减;特历时既永,史乘无存,汗迹血腥,泯灭都尽,则追而思之,似其时为至足乐耳,傥使置身当时,与古民同其忧患,则颓唐侘傺,复远念盘古未生,斧凿未经之世,又事之所必有者已。

于是他痛斥这种观念的错误道:

故作此念者,为无希望,为无上征,为无努力,较以西方思理,犹水火然;非自杀以从古人,将终其身更无可希冀经营,致人我于所仪之主的,束手浩叹,神质同臻焉而已。

下边明确地揭出以老子为首的道家的返朴复古思想,而加以抨击道:

老子之辈,盖其枭雄。老子书五千语,要在不撄人心;以不撄人心故,则必先自致槁木之心,立无为之治;以无为之为化社会,而世即于太平。其术善也,然奈何星气既凝,人类既出而后,无时无物,不禀杀机,进化或可停,而生物不能返本,使拂逆其前征,势即入于苓落。世界之内,实例至多,一览古国,悉其信证。

下边更用进化论之理,来阐明人世之发展道:

而不幸进化如飞矢,非堕落不止,非着物不止,祈逆飞而归弦,为理势所无有。此人世所以可悲,而摩罗宗之为至伟也。

这是用西方作家中主张抗争、主张前进的"摩罗派"诗家来批判中国文学受儒道影响的作家们那种消极颓废、隐居遁世的错误倾向。

由反对复古主义,进一步也反对厚古薄今的观点。梁启超《饮冰室诗话》中讲:

中国结习,薄今爱古,无论学问、文章、事业,皆以古人为不可几及。余生平最恶闻此言。窃谓自今以往,其进步之远轶前代,固不待蓍龟。即并世人物,亦何遽让于古所云哉?生平论诗,最倾倒黄公度,恨未能写其全集。顷闻南洋某报录其旧作一章,乃煌煌二千余言(按指《锡兰岛卧佛》),真可谓空前之奇构矣。荷、莎、弥、田诸家之作,余未能读,不敢妄下比鹭。若在震旦,吾敢谓有诗以来所未有也。……有诗如此,中国文学界足以豪矣。

2.用进化论的观点,分析论述中国文学的发展,肯定宋元以来白话文学的兴盛为历史发展的必然结果,并预言今后必有语文合一的一天。梁启超在《小说丛话》中讲:

> 文学之进化,有一大关键,即由古语文学变为俗语文学也。各国文学史之开展,靡不循此轨道。中国先秦之文,殆皆用俗语,观《公羊传》、《楚辞》、《墨子》、《庄子》,其间各国方言错出者不少,可谓左证。故先秦文界之光明,数千年称最焉。寻常论者,多谓宋元以降,为中国文化退化时代,余曰不然。夫六朝之文,靡靡不足道矣,即如唐代韩柳诸贤,自谓起八代之衰,要其文能在文学史上有价值者几何?昌黎谓"非三代两汉之书敢观"。余以为此即其受病之源也。自宋以后,实为祖国文学之大进化,何以故?俗语文学大发达故。宋以后俗语文学有两大派,其一则儒家禅宗之语录,其二则小说也。小说者,决非以古语之文体而能工者也,本朝以来,考据学盛,俗语文体生一顿挫。第一派又中绝矣。苟欲思想之普及,则此体非徒小说家当采用而已,凡百文章,莫不有然。(阿英《晚清文学丛钞·小说戏曲研究卷》第三〇八页)

后来刘师培在《论文杂记》中对这一问题也有所论述。他说:

> 英儒斯宾塞耳有言:"世界愈进化,则文字愈退化。"夫所谓退化者,乃由文趋质,由深趋浅耳。及观之中国文学,则上古之书,印刷未明,竹帛繁重,故力求简质,崇用文言。降及东周,文字渐繁;至于六朝,文与笔分。宋代以下,文词益浅,而儒家语录以兴。元代以来复盛行词曲:皆此语言文字合一之渐也。故小说之体,即由是而兴。而《水浒传》、《三国演义》诸书,已开俗语

入文之渐。陋儒不察,以此为文学之日下也。然天演之例,莫不由简趋繁,何独于文学而不然?故世之讨论古今文字者,以为有浅深文质之殊,岂知此正进化之公理哉!故就文字之进化之公理言之,则中国自近代以来必经俗语入文之一级。

刘师培当时是一个民主革命派的学者,所以还有着比较进步的观点。但到后来政治上堕落成投降派,于是在文学观上走上复古的道路,到了五四时代,竟成为文学革命的反动派。

3. 在二十世纪初,由于进化论介绍到中国,于是信奉它的颇不乏人。至于在世界观方面,以进化论作为主导思想的,最突出的就是鲁迅,其他还有严复、胡适等。鲁迅自己曾说过:

> 我一向是相信进化论的,总以为将来必胜于过去,青年必胜于老年。(《三闲集序言》)

直到1927年,鲁迅在广州经历了"四一五"反革命政变后,才批判进化论的偏颇,而接受了马克思主义的阶级论。他说:

> 对于青年,我敬重之不暇,往往给我十刀,我只还他一箭。然而后来明白我倒是错了。这并非唯物史观的理论,或革命文艺的作品蛊惑我的,我在广东,就目睹了同是青年,而分成两大阵营,或则投书告密,或则助官捕人的事实!我的思路因此轰毁,后来便时常用怀疑的眼光去看青年,不再无条件的敬畏了。(同上)

至他接受马克思主义的阶级论,在同一篇文章里他这样说:

> 我有一件事要感谢创造社的,是他们"挤"我看了几种科学的文艺论(按:即马克思主义的文艺论),明白了先前文学史家们说了一大堆,还是纠缠不清的疑问。并且译了一本蒲力汗诺夫的《艺术论》,以救正我——还因我而及于别人——的只信进化论的偏颇。(同上)

进化论的本身存在着这种缺点,只相信渐变而不承认突变,在政治上即主张改良而反对革命。严复同胡适都是坚信进化论的,他们都是改良主义者。鲁迅世界观中的进化论,也曾影响到他对于马克思主义的接受。他对十月革命后的苏联,最初由于帝国主义者的反宣传,曾一度持怀疑态度(《答国际文学社问》),但由于他亲身经历了极其残酷的阶级斗争的教训,即"同是青年,而分成两大阵营",于是才批判了过去只信进化论的偏颇,而接受马克思主义。所以后来瞿秋白分析总结了鲁迅的思想发展过程时,说他是"由进化论到阶级论,由绅士阶级的逆子贰臣,到无产阶级的朋友以至于战士"(《鲁迅杂感选集序言》),这是完全符合实际的。

至于严复,也是进化论的信奉者。他一向是主张改良,反对革命的,五四时期的文学革命,他虽不像林纾破门而出,写文攻击,但他思想上是反对的,他给他弟子熊纯如书中说:

须知此事,全属天演,革命时代,学说万千,然而施之人间,优者自存,劣者自败,虽千陈独秀,万胡适、钱玄同,岂能劫持其柄,则亦如春鸟秋虫,听其自鸣自止可耳,林琴南辈与之较论,亦可笑也。

欧战爆发后,严复一面看到中国革命后政局的动荡,社会秩序的紊乱,同时又看到西方资本主义各国战争的惨剧,因而越发看不到人类光明的前景。他不了解战争是帝国主义之间争夺殖民地的必然结果,更不了解工人阶级是改造人类社会最伟大的力量,于是就走上了复古主义,他给熊纯如书中说:

不佞垂老,亲见支那七年之民国与欧罗巴亘古未有之血战,觉彼族三百年之进化,只做到利己杀人,寡廉鲜耻八个字。回观孔孟之道,真量同天地,泽被寰区。

向西方学习的幻梦破灭了,于是转回来歌颂中国的古圣先贤,这时他早年坚信的进化论观点也随着自己对世界前途的悲观而抛弃了。

至于胡适,也是进化的信奉者,他根据进化论的理论来大倡其一点一滴的改良主义,并且反对马克思主义的辩证唯物论。他在思想方法上大力宣传杜威的实证主义。他认为辩证法源于黑格尔,同实证主义二者是根本不同的,因为它们中间隔了一层达尔文主义。他说:

达尔文的生物演化学说给我们一个大教训,就是教我们明了生物进化,无论是自然的演变,或是人为的选择,都由于一点一滴的变异。所以是一种很复杂的现象,决没有一个简单目的可以一步跳到,更不会有一步跳到之后可以一成不变。辩证法的哲学本来也是生物发达以前的一种进化理论,依他本身的理论,这个一正一反相毁相成的阶段应该永远不断的呈现。但狭义的共产主义者,似乎忘了这个原则,所以武断的虚悬一个共产主义的理想境界,却以为可以用阶级斗争的方法一蹴即到,既到之后又可以用一阶级专政的方法把持不变。这样的化复杂为简单,这样的根本否定演变的继续,便是十足的达尔文以前的武断思想,比那顽固的黑格尔更顽固了。(《胡适论学近著》卷五《介绍我自己的思想》)

胡适是一个庸俗的进化论者,所以这种理论,足以促使他成为后来反对马克思主义的资产阶级的顽固派。

在晚清思想界,影响之大,比着达尔文进化论有过之而无不及的是法国卢梭的《民约论》。1901年(光绪三十七年)梁启超在《清议报》第九八、九九两期中,发表了《卢梭学案》,对卢梭生平及政治学说,特别是对于欧洲思想界影响最大的《民约论》的主旨,作了较为详细的阐述。同时,杨廷栋还根据日译本把这部书转译到中国,因而它的影响就更大了。到了1902年,刘师培曾根据《民约论》的理论精神,把中国先秦以来历代思想家们的言论,就其内容与《民约论》相合的,辑录而成为《中国民约精义》一书。书中对先哲的言论,以卢梭《民约论》中的精神,加以衡量,予以评述,借以宣传民主革命思想。

卢梭的《民约论》,其中心内容为"天赋人权":人们生下来即有平等自由之权,而此等权利,即父亲对儿子亦无权予以剥夺。梁氏文中说:

彼儿子亦人也,生而有自由权,而此权,当躬自左右之,非为人父者所能强夺也……盖以民约之为物,非以剥削各人之自由权为目的,实以增长竖立各人之自由权为目的者也。民约之为

物,不独有益于人人自由权而已,且为平等主义之根本也。(《卢梭学案》)

按这种精神,严复在甲午后的时论文章《论世变之亟》中已提到。"惟天生民,各具赋畀,得自由者,乃为全受",实即卢梭《民约论》中"天赋人权"之义。不过在梁文发表以及卢梭原著翻译到中国之后,其影响于思想界者更大,而其最突出的就是对儒家"三纲"之说的批判。

说到"三纲",在戊戌前谭嗣同《仁学》中已有"冲决网罗"的主张。他在论"名教"时说:

> 以名为教,则其教已为实之宾,而决非实也。又况名者,由人制造,上以制其下,而不能不奉之。则数千年三纲五常之惨祸烈毒,由此酷焉矣。

梁启超评论谭嗣同时说:

> 《仁学》下篇,多政治谈,其篇首论国家起原及民治主义,实当时谭梁一派之根本信条。以殉教的精神力图传播者也。由今观之,其论亦至平庸,至疏阔,然彼辈当时于卢骚《民约论》之名亦未梦见,而理想多与暗合,盖非思想解放之效不及此。(《清代学术概论》二七)

这说明中外思想家,如果是立场一致,在政治思想上往往会有暗合之处,这是情理中所有之事,不足为怪。

至受卢梭《民约论》影响,而见之著述的,则有刘师培《攘书》中的《罪纲篇》,指出"三纲"之说,源于纬书,非古圣人之意。文中并引前代哲人的理论,以说明"三纲"的荒谬。他说:

> 故观于黄氏《待访录》,则"君为臣纲"之说破矣,观于班氏《白虎通》则父为子纲之说破矣,观于唐子《潜书》则夫为妻纲之说破矣。无如三代以降,舍理论势,以势为理,舍是非而论顺逆,致名分之说,深中民心,强弱相凌,日以空理相诘责。钳锢民心,束缚才智,宋儒之失,岂可宥乎?

后来在巴黎出版的《新世纪》第十一期,发表了署名"真"的《三纲革命》的论文，里边论到父为子纲时说：

> 总之为子者，自幼及长，不能脱于迷信及强权之范围。己方未了，又以教人，世世相传以阻人道之进化，败坏人类之幸福，其过何在？在人愚。乘其愚而长其过者，纲常伦纪也。作纲常伦纪者，圣贤也，故助人道之进化，求人类之幸福。必破纲常伦纪之说，此亦即圣贤革命，家庭革命。（《辛亥革命前时论选集》第二卷下册）

破除"三纲"，正是要解放人们的思想，为政治革命与家庭革命扫清思想上的阻力。1903年邹容所写的《革命军》，可以说是当时革命派进行旧民主革命的最通俗的宣传品，在这部小册子中，即盛赞卢梭与法美革命家拿破仑、华盛顿。他在这部书一开端就说：

> 其有责我为大逆不道者，其有信我为光明正大者，吾不计。吾但信卢梭、华盛顿、威曼诸大哲于地下有灵必哂曰："孺子有知，吾道其东。"

又在第一章绪论中说：

> 吾幸夫吾同胞之得与今世界列强遇也，吾幸夫吾同胞之得闻文明之政体、文明之革命也，吾幸夫吾同胞之得卢梭《民约论》、孟德斯鸠《万法精理》、弥勒约翰《自由之理》、《法国革命史》，美国《独立檄文》等书译而读之也，是非吾同胞之大幸也夫！

接着又阐明这种论著都是治疗中国沉疴的良药道：

> 夫卢梭诸大哲之微言大义，为起死回生之灵药，返魄还魂之宝方，金丹换骨，刀圭奏效，法美文明之胚胎皆基于是。我祖国今日病矣！死矣！岂不欲食灵药投宝方而生乎？苟其欲之，则吾请执卢梭诸大哲之宝幡，以招展于我神州上空。不宁惟是，而况又有大儿华盛顿于前，小儿拿破仑于后，为吾同胞革命独立之表木。嗟乎！嗟乎！革命！革命！得之则生，不得则死。毋退步，毋中止，毋徘徊，此其时也！此其时也！

甲午之后，严复在他的时论中提到西方列强之所以强，根本原因是由于民主与科学,迨到庚子之后,西方提倡民主的启蒙大师们的著作译到中国,特别是孙中山所倡导的革命运动有这样的理论的启发与鼓动,于是革命浪潮蓬勃兴起。当时维新由于戊戌政变以及庚子的自立军起义均被镇压而失败,所以这时如梁启超等人,在言论上一时颇为激烈。他主编的《清议报》,大倡其破坏与暗杀之说。这时梁的论调与当时革命派在精神上实有一致之处。所以在宣扬卢梭学说,主张民主革命,两派实毫无不同。梁启超当时曾发表《破坏主义》,主张"快刀斩乱麻,一拳碎黄鹤",他认为欧洲近世医国之国手不下数十家,其方最近于今日中国者,惟卢梭之《民约论》。他说:"当前世纪及今世上半,施之欧洲全洲而效,当明治六年至于五六年之间,施之于日本而效。今先生于欧洲与日本现已成功而身退矣,精灵未沫,吾道其东!"

梁启超还在当时写的剧本《新罗马传奇》里塑造了意大利三杰的形象,并借当时奥地利反动头子梅特涅攻击卢梭的语言,从反面歌颂卢梭。此外,维新派如蒋智由,在《新民丛报》第三号,以卢梭为题,加以赞颂,说:"世人皆欲杀,法国一卢梭。《民约》倡新义,君威扫旧骄。力填平等路,血灌自由苗。文章收功日,全球革命潮。"

在革命派方面,如刘师培、邹容,在论著中对卢梭的赞扬已如上述,其余如章炳麟,在1901年《清议报》第九十九册中以"希卢"之名发表讽刺梁鼎芬的旧诗作《梁园客》。而南社诗人柳亚子,在1903年写的诗歌中,对卢梭也倍加赞扬,诗中说:

> 我思欧人种,贤哲用斗量。私心窃景仰,二圣难颉顽。卢梭第一人,铜像巍天阊。《民约》创鸿著,大义君民昌。胚胎革命军,一扫稗与糠。百年来欧陆,幸福日恢张。

可知从卢梭的《民约论》介绍到中国之后,得到当时革命人士的信仰同宣传,并从事于革命的实践活动,一时间《民约论》所阐发的革命理论,响彻云霄。没有革命理论,就不能有革命行动。有了《民约论》,有了由此理论而产生的邹容的《革命军》、陈天华的《猛回头》以及其他革命者当时所发表的革命论著,于是中国民主革命如燎原大火,熊熊地燃烧起来了。

在卢梭的《民约论》的影响下,彻底否定了纲常名教之论。此实为中国思想界空前一大解放,因而在对历史人物评价的标准上,也发生了巨变。即如对于曾左诸人,最初维新派还认为他们是中兴名臣,但革命派视之为满洲人忠顺奴隶之代表(邹容《革命军》),而过去视为万恶滔天的叛逆领袖洪秀全,这时被视为中国革命人民的代表,而且把排满的革命运动,看作是太平军革命的继续(章太炎《洪秀全演义序》)。同时,刘师培在《攘书》中,还写了《帝洪篇》,以歌颂洪秀全,抨击曾左之流。这样,晚清社会出现了政治革命,因而也必然出现反映这一巨变的社会文学。当时凡有作品,莫不就作者对现实巨变的态度,而作为其政治上分野的标志。革命、不革命与反革命,都可以从作者作品中对当时社会剧变所采取的态度上得出判断。当时的诗人如秋瑾、章太炎、未变节前的刘师培以及苏曼殊等,小说作家如陈天华、黄小配等,均为革命的作家,相反,如郑孝胥、易顺鼎以及陈衍一流诗人,桐城派曾国藩以及追随他的后学如王先谦、林纾等,小说作者刘鹗、吴沃尧等,则为反革命作家。如果不从民主、民族立场出发,就很难对上列作者做出评判。

除科学上的进化论与政治思想上的《民约论》给当时中国社会及文学以划时代的影响外,直接影响中国文学的,就是对西方文学的介绍,这又可以分为理论与创作两部分。

首先谈理论。晚清维新派、革命派以及守旧派都重视小说的作用,这一点确实是受到西方文学观的影响,但在理论上对西方学者的论著作系统介绍者绝少。大抵援引西方社会对小说的重视,并结合清初金圣叹对小说评论的看法,对中国古典小说进行重新评价;或者从进化观点与民主观点,论述中国文学的发展,认为小说戏曲的昌盛,乃中国文学进化的结果,从而抬高了小说戏曲的地位。如上边所引梁任公在《小说丛话》以及刘师培《论文杂记》中的论点可为例证。

其次,从民主的观点出发,对往日目为诲盗之作的《水浒传》,认为系写"官逼民反",而给以较高的评价。如《小说丛话》中论《水浒

传》及《红楼梦》道:

或问于余曰:有说部书名《水浒》者,人以为萑苻筲小传奇之作,吾以为此即独立自强而倡民主民权之萌芽也。何以言之?其书中云旗上书"替天行道",又书于其堂曰"忠义堂",以是言之耳。虽然,欲倡民主,何以不言"替民行道"也?不知民,天之子也。故《书》曰,"天听自我民听,天视自我民视"。《水浒》诸豪,其亦知此理乎!

或又曰,"替天行道"则吾既得闻命矣,叛宋而自立,岂得谓之忠乎?岂得谓之义乎?虽然,只知其一,不知其二,有忠君者,有忠民者。忠君者,据乱之时代也,忠民者,大同之时代也。忠其君而不忠其民,又岂得谓之忠乎?吾观《水浒》诸豪,尚不拘于世俗,而独倡民主民权之萌芽,使后世倡其说者,可援《水浒》以为正,岂不谓智乎?吾特悲世之不明斯义,污为大逆不道,噫!诚草泽之不若也。(阿英编《晚清文学丛钞·小说戏曲研究卷》,页三四二)

这完全从民主民权的角度,来评论《水浒传》。至于《红楼梦》,则从反封建道德上来给以评价:

吾国之小说,莫奇于《红楼梦》,可谓之政治小说,可谓之伦理小说,可谓之社会小说。……中国数千年来,家族之制与宗教密切相附。而一种不完全之伦理,乃为鬼为蜮于青天白日之间,日受其酷毒而莫敢道。凡此所陈,皆吾士大夫所日受其神秘的刺冲,虽终身引而置之他一社会之中,远离吾国社会种种名誉生命之禁网,而万万不敢道,且万万无此思想者也。而著者独毅然而道之,此其关于伦理学上者也。(同上书页三二四)

又总评《水浒传》与《红楼梦》道:

故有暴君酷吏之专制,而《水浒》现焉,有男女婚姻之不自由,而《红楼梦》出焉。(同上书)

这就从反封建专制、反封建家族制度与婚姻制度上来评价这两部杰出的作品。

此外，即用西方资产阶级人性论，来理解并评价中国古典作品。严复、夏曾佑两人写的《国闻报附印说部缘起》论到各民族的政教文物之产生都源于人类的"公性情"，文中说：

> 凡为人类……求其本原之地，莫不有一公性情焉。此公性情者，原出于天，流为种智，儒、墨、佛、耶、回之教，凭此而出兴，君主、民主、君民共主之政，由此而建立。故政与教者，并公性情之所生，而非能生夫公性情也。何为公性情？一曰"英雄"，一曰"男女"。

文中接着引证了中外史实，以证明各个民族无不崇拜英雄、系情男女。其所以如此，文中说："论其必然之势，则可以二言断之曰：非有英雄之性，不能争存；非有男女之性，不能传种也。"这样就说明这种公性情，实又根于人类要求"生存与传种"的本能。

文中接着论述到小说之为人们所喜爱，远远超过圣经贤传及一般史书的原因，从而说明《三国演义》、《水浒传》、《长生殿》、《西厢记》以及临川四梦等作品，所以能广泛流传，正是符合人们共同要求的缘故。

具体到对作品的评论，在《小说丛话》中对《红楼梦》的分析评论，也是从人性论出发。

文中说：

> 今观《红楼梦》开宗明义第一折曲，曰"开辟鸿濛，谁为情种？都只为风月情浓"。其后又曰："擅风情，秉月貌，便是败家的根本。"曰"情种"，曰"败家的根本"，凡道德学一切所禁事之代表也。曰"风月情浓"，曰"擅风情，秉月貌"，人性之代表也。"谁为情种"，只以风月情浓故。败家根本，只以擅风情，秉月貌故。然则谁为败道德之事？曰人性故。欲除情种，除非去风月之浓情而后可，欲毋败家，除非去风情月貌而后可。然则欲毋败道德，亦除非去人性而后可。夫无人性，复何道德之与有？且道德者，所以利民也。今乃至戕贼人性以为之，为是乎，为非乎，不待辨而明矣。此等精锐严格之论理，实举道德学最后之奥援，最

坚之壁垒，一拳捣碎之，一脚踢翻之，使上穷碧落下黄泉，而更无余地以自处也。

这是根据《红楼梦》揭示人性与旧道德学中出现的尖锐矛盾。但是这种矛盾，作者认为：

奈何中国两千年，竟无一人焉倡言修改之哉！而曹雪芹独毅然言之而不疑，此真使我五体投地，更无言思拟议之可云者也。

这种从人性论与旧道德的矛盾上阐明曹雪芹敢于提出这个问题而要求粉碎旧道德学的看法，在当时说来，还是比较新颖的。在资产阶级上升时期，用人性论作武器来批判背叛人性的旧的封建道德观点，是有其积极作用的，但到无产阶级提出阶级论后，资产阶级再拿这种武器来反对阶级论，无疑是反动的。中国三十年代鲁迅与梁实秋的论争就说明了这个问题。斯大林讲："一切以时间、地点、条件为转移。"（《联共布党史》）对人性论也应从时间条件上来说明其进步性与反动性。至于该文说"二千年来竟无一人焉倡言修改之者"，这个话是不符合历史事实的。宋元以来戏曲、小说如《西厢记》、《牡丹亭》等作品，作者何尝没有对旧道德提出异议？而晚明的李贽对道学家进行揭露，主张不以孔子是非为是非，对卓文君之奔相如，称之为"善择佳偶"，这不是对旧道学的公开挑战吗？曹雪芹的思想绝非毫无渊源，而是继承了宋元以来反封建道德的进步思想潮流，而更有所发展罢了。

对西方文学，通过对流派与作家的介绍评论，并提出个人的主张与希望的，则为鲁迅。他于1907年写了篇长文《摩罗诗力说》，这是中国近代介绍欧洲进步文学思想的第一篇杰出的论文。他写这篇论文，与当时的革命形势，介绍赞助希腊独立，提倡反抗压迫的英国诗人拜伦有着一定关系。据鲁迅讲：

有人说Byron的诗多为青年所爱读，我觉得这话很有几分真。就自己而论，也还记得怎样读了他的诗而心神俱旺；尤其是看见他那花布裹头，去助希腊独立时候的肖像。

又说:

> 其实,那时 Byron 之所以比较的为中国人所知,还有别一原因,就是他的助希腊独立。时当清的末年,在一部分中国青年的心中,革命思潮正盛,凡有叫喊复仇和反抗的,便容易惹起感应。那时我所记得的人,还有波兰的复仇诗人 Adamwiekie-Wicz;匈亚利的爱国诗人 Petofi Sándor 飞猎宾的文人而为西班牙政府所杀的厘沙路。(以上均见《坟·杂忆》)

三十年代鲁迅在《题未定草》(三)中,还提到对西方这些作家进行介绍的动机道:"那时满清宰华,汉民受制,中国境遇,颇类波兰,读其诗歌,即易于心心相印。"(《且介亭杂文二集》)这是指波兰密茨凯维支说的,由此可知,鲁迅写这篇论文,是有着高度爱国主义精神和浓厚的时代色彩的。了解了这个背景,对该文的内容就比较易于理解了。

1. 强调了文学复兴民族,战胜敌人的伟大作用。鲁迅举出欧洲十九世纪初,拿破仑战胜了普鲁士,于是普鲁士沦为法之附庸。后来国中出了两位爱国诗人,最初为爱伦德,以壮丽伟大之笔,宣独立自由之音,国人得之,敌忾之心大炽,后被搜捕,逃往瑞士。继而普鲁士皇帝威廉二世召集民军,宣布为祖国而战,这时诗人开纳投笔从戎,宣言不惜牺牲一切,为祖国战死,并发为诗歌。鲁迅谓:

> 展卷方诵,血脉已张。然时之怀热诚灵悟如斯状者,盖非止开纳一人也,举德国青年,无不如是。开纳之声,即全德人之声,开纳之血,亦即全德人之血耳! 故推而论之,败拿坡仑者,不为国家,不为皇帝,不为兵刃,国民而已。国民皆诗,亦皆诗人之具,而德卒以不亡。

鲁迅根据这样的史实,批判当时洋务派的向西方谋求坚船利炮,以巩固旧的政权的荒谬主张道:

> 此岂笃守功利,摈斥诗歌,或抱异域之朽兵败甲,冀自卫其衣食室家者,意料之所能至哉? 然此亦仅譬诗力于米盐,聊以震崇实之士,使知黄金黑铁,断不足以兴国家。德法二国之外形,

亦非吾邦所可活剥;示其内质,冀略有所悟解而已。

2.批判中国传统的儒家文学观,认为两汉以后中国文学之所以缺乏具有直抒胸臆,对黑暗现实敢于进行批判的作品,即因受儒家文学观束缚的缘故。文中说:

> 如中国之诗,舜云言志;而后贤立说,乃云持人性情,三百之旨,无邪所蔽。夫既言志矣,何持之云? 强以无邪,即非人志。许自繇于鞭策羁縻之下,殆此事乎? 然厥后文章,乃果辗转不逾此界。其颂祝主人,悦媚豪右之作,可无俟言。即或心应虫鸟,情感林泉,发为韵语,亦多拘于无形之囹圄,不能舒两间之真美;否则悲慨世事,感怀前贤,可有可无之作,聊行于世。倘其嗫嚅之中,偶涉春爱,而儒服之士,即交口非之。况言之至反常俗者乎?(同上)

这是鲁迅在接触到西方文学,特别是摩罗派诗人的作品之后,反观中国的诗歌,两相比较,而提出对中国诗歌的评论,的确是非常精辟的。下边他论到大诗人屈原的作品道:

> 惟灵均将逝,脑海波起,通于汨罗,返顾高丘,哀其无女,则抽写哀怨,郁为奇文。茫洋在前,顾忌皆去,怼世俗之浑浊,颂己身之修能,怀疑自遂古之初,直至百物之琐末,放言无惮,为前人所不敢言。然中亦多芳菲凄恻之音,而反抗挑战,则终其篇未能见,感动后世,为力非强。

鲁迅接着对中国文学从古至今,企图找到像西方摩罗派诗人拜伦那样的作品,感到非常失望,他说:

> 试稽自有文字以至今日,凡诗宗词客,能宣彼妙音,传其灵觉,以美善吾人之性情,崇大吾人之思理者,果几何人? 上下求索,几无有矣。(同上)

3.引西人理论,阐明文学对读者所产生的影响。

> 英人道覃(E. Dowden)有言曰,美术文章之桀出于世者,观诵而后,似无裨于人间者,往往有之。然吾人乐于观诵,如游巨浸,前临渺茫,浮游波际,游泳既已,神质悉移。而彼之大海,实

仅波起涛飞,绝无情愫,未始以一教训一格言相授,顾游者之元气体力,则为之陡增也。

又引英人约翰·穆黎的话道:

> 近世文明,无不以科学为术,合理为神,功利为鹄。大势如是,而文章之用益神。所以者何?以能涵养吾人之神思耳。涵养人之神思,即文章之职与用也。

鲁迅在介绍西人对文学作用的理论后,提出个人看法道:

> 此他丽于文章能事者,犹有特殊之用一。盖世界大文,无不能启人生之闷机,而直语其事实法则,为科学所不能言者。所谓闷机,即人生之诚理是已。

下边他举例加以说明道:

> 故人若读鄂谟(Homeros)以降大文,则不徒近诗,且自与人生会,历历见其优胜缺陷之所存,更力自就于圆满。此其效力,有教示意;既为教示,斯益人生;而其教复非常教,自觉勇猛发扬精进,彼实示之。凡荟落颓唐之邦,无不以不耳此教示始。(同上)

这是鲁迅当时对文学作用的看法,是积极的,而非消极的;是前进的,而非退缩的;是战斗的,而非畏葸的。正因为他对文学有这样的理解,所以他非常赞赏欧洲以拜伦为首的摩罗派诗人。他评拜伦道:

> 吾今为案其为作思惟,索诗人一生之内阅,则所遇常抗,所向必动,贵力而尚强,尊己而好战。其战复不如野兽,为独立自由人道也,此已略言之前分矣。故其平生,如狂涛如厉风,举一切伪饰陋习,悉与荡涤,瞻顾前后,素所不知;精神郁勃,莫可制抑,力战而毙,亦必自救其精神;不克厥敌,战则不止。而复率真行诚,无所讳掩,谓世之毁誉褒贬是非善恶,皆缘习俗而非诚,因悉措而不理也。

拜伦为当时欧洲摩罗诗派的代表人物,故鲁迅对他作品的内容与艺术进行了全面的分析与阐发。其生平作品之精神,既如上述,其

作品的艺术与对欧洲诗坛的影响,文中道:

> 裴伦平时,其制诗极诚,尝曰,英人评骘,不介我心。若以我诗为愉快,任之而已。吾何能阿其所好为?吾之握管,不为妇孺庸俗,乃以吾全心全情感全意志,与多量之精神而成诗,非欲聆彼辈柔声而作者也。夫如是,故凡一字一辞,无不即其人呼吸精神之形现,中于人心,神弦立应,其力之曼衍于欧土,例不能别求之英诗人中;仅司各德所为说部,若是与相伦比而已。若问其力奈何?则意太利、希腊二国,已如上述,可毋赘言。此他西班牙、德意志诸邦,亦悉蒙其影响。次复入斯拉夫族而新其精神,流泽之长,莫可阐述。(同上)

由此可见,鲁迅当时对拜伦可谓赞扬备至。故鲁迅平生世界观,受其影响亦至深。如其称拜伦对希腊人民为"哀其不幸,怒其不争",其创作《阿Q正传》,亦具有这种精神。此外,如称拜伦"不克厥敌,战则不止",鲁迅平生亦复如此。鲁迅称摩罗派诗人为"精神界之战士",而鲁迅一生制行,正可为中华民族反抗压迫与黑暗的伟大的精神界之战士。

拜伦而外,鲁迅所倾服者,为与拜伦同时、两人有至深的交谊的雪莱。他用各种优美的辞语,来评价雪莱。文中说:

> 况修黎者,神思之人,求索而无止期,猛进而不退转,浅人之所观察,殊莫可得其渊深。若能真识其人,将见品性之卓,出于云间,热诚勃然,无可沮遏,自趁其神思而奔神思之乡;此其为乡,则爰有美之本体。奥古斯丁曰,吾未有爱而吾欲爱,因抱希冀以求足爱者也。惟修黎亦然,故终出人间而神行,冀自达其所崇信之境;复以妙音,喻一切未觉,使知人类曼衍之大故,暨人生价值之所存,扬同情之精神,而张其上征渴仰之思想,使怀大希以奋进,与时劫同其无穷。(同上)

而鲁迅生平,正如他所评雪莱的"求索而无止期,猛进而不退转"。这种精神,从他散文诗《过客》中,表现得异常充分。至于此外文中所介绍的诗人,如俄国的普希金、莱蒙托夫,波兰的密茨凯维支,匈牙利的裴多斐,均承拜伦之精神,而表现各有其特点。鲁迅对他们的评价,就不一一列举了。

鲁迅在文章之末尾,称摩罗派诗人为"精神界之战士",而在最后发出无限感慨之声,提出问题道:

> 今索诸中国,为精神界之战士者安在?有作至诚之声,致吾人于善美刚健者乎?有作温煦之声,援吾人出于荒寒者乎?家国荒矣,而赋最末哀歌,以诉天下贻后人之耶利米,且未之有也。

下边又批判那些到外国留学的,回国以后,给国人带来的"舍治饼饵守囹圄之术而外,无他有也"。于是他断言:

> 则中国尔后且永续其萧条,而第二维新之声,亦将再举,盖可准前事而无疑者矣。

现在总观鲁迅这篇论文,除针对中国革命的现实,介绍西方具有反抗、战斗精神的摩罗诗人,以启发、教育国人向他们学习外,并对中西文学作了对比,批判了中国退撄与复古的儒道二家思想以及束缚作者思想的儒家的文学观,企图用西方的新思想,冲破中国的思想的网罗。特别于文学对人生、对社会所产生的巨大作用进行了阐发,并批判了当时人只知向往于黄金黑铁,而忽略文学的错误。就与晚清一般介绍西方文学的文章比较来看,这篇论文是非常卓越的,很少有能与之相比拟的。

当时周作人在《河南》上,也发表了论文《论文章之意义暨其使命因及中国近时论文之失》。他对文学的看法,同鲁迅基本上相同。他也用西方文学的理论与作品来同中国的相比较,因而深有慨于中国文学之所以不振,其主要原因是由于传统的儒家思想对作者的束缚,再加上历代专制帝王压制的结果。他说:

> 中国之思想,类皆拘囚蜷屈,莫得自展,而文运所至,又多以风会为转移,其能自作时世者,殆鲜见也。此其象为大否。拘挛臣伏,垂数千载。牛山萌蘖,既摧折于古之小儒,根叶所遗,暴君又重而践踏之。嗟夫!丰林之木将坐此以终歼欤?未可知也。

下边即对孔丘的文学观对于后世产生的恶劣影响,作了批判。

试观上古文章，首出厥惟《风》诗。原数三千余篇中，十三国美感至情，曲折深微，皆于是乎在，本无愧于天地至文，乃至删《诗》之时，而运遂厄。孔子以儒教之宗，承帝王教法，割取而制定之，曰：《诗》三百，一言以蔽之，曰"思无邪"。夫邪正之谓，本亦何常？此所谓正，特准一人为言，正厉王雄主之所喜，而下民之所呻楚者耳！……删《诗》定礼，天阏国民思想之春华，阴以为帝王之佑助。推其后祸，犹秦火也。夫孔子为中国文章之匠宗，而束缚人心，至于如此，则后之苓落又何待夫言说欤！

另外，他在批判中国提倡维新者实利主义的观点说："实利之祸吾中国，既千百年矣，巨浸稽天，民胡所宅？"因此他提出："为今之计，窃欲以虚灵之物为上古之方舟焉。"

周作人在介绍了西方学者对文学的看法后，并提出自己对文学的认识，最后以自己所持之标准，针对当时出现于中国文坛的评论文学的专著，如《中国文学概观》、《文学之美术观》与《中国文学史》等，就其荒谬的论点，进行批判，而重点在最后一书。持之有故，言之成理，对当时封建文人的糊涂观念与荒谬看法，起到一定的摧陷廓清之功。文章最后总结数端：

1. 文章作用。指出文章为国民精神之所寄，精神而盛，文章因即以发皇。精神而衰，文章亦足以补救。文章虽非实用，而却有远功。

2. 中国文学，因受儒家思想的束缚，并用以为服务帝王之工具，因而临于衰亡。时至今日，虽有新流继起，而因宿障牵连，终归恶化。

3. 批判当时维新派一般提倡改革者只重视工商而忽视文学的肤浅之见。

4. 提出文学改革，实为当务之急。至改革的目的，即在从一人手中夺来，公诸万姓。

所以周作人这篇文章与鲁迅的《摩罗诗力说》实为当时解放思想，提倡文学改革的宣言书。

晚清在文学论上受西方哲学与文学影响的，还有王国维。他早年曾研治德国哲学，对康德、叔本华与尼采，用力极勤，因而深受他们

的影响。特别是叔本华,尤为他所倾服。现就他的论著,可以看到:

1. 悲观主义的人生观。王国维在人生观上受叔本华唯意志论的影响甚深。叔本华认为自然界只是现象,意志才是宇宙的本质。人是宇宙的一部分,因此人的本质也就是意志。王国维基于这样的理论,所以他在《〈红楼梦〉评论》中说:

> 呜呼,宇宙一生活之欲而已! 而此生活之欲之罪过,即以生活之苦痛罚之:此即宇宙之永远的正义也。

这里所说之"欲",也就是叔本华所说的"意志"的本质。至于如何能摆脱此人生之痛苦,最根本的办法即拒绝一切生活之欲,"而解脱之道,在于出世,而不在于自杀。……故苟有生活之欲存乎,则虽出世,而无与于解脱。苟无此欲,则自杀亦未始非解脱之一者也"。

由于他这种悲观主义的人生观,所以对《红楼梦》中写宝玉的最后出家,非常赞赏,他在评论中说:

> 则夫绝弃人伦如宝玉其人者,自普通之道德言之,固无所辞其不忠不孝之罪;若开天眼而观之,则彼固可谓干父之蛊者也。知祖父之误谬,而不忍反覆之以重其罪,顾得谓之不孝哉?(《〈红楼梦〉评论》)

此外即对南唐李后主被房后的词作,评价极高。他在《人间词话》中说:

> 词至李后主而眼界始大,感慨遂深,遂变伶工之词,而为士大夫之词。周介存置诸温、韦之下,可谓颠倒黑白矣。"自是人生长恨水长东","流水落花春去也,天上人间"。《金荃》、《浣花》能有此气象耶!

"自是人生长恨水长东",在思想上完全与王国维悲观主义的人生观相合,真可谓道出其腹中之所欲言,所以他赞不绝口。而这种悲观主义人生观,实为他后来走向自杀之路的重要因素。

2. 超功利的文学观。首先,王国维继承了汗德的"游戏冲动"说,认为"文学者游戏之事业也。人之努力用于生存竞争而有余,于是发而为游戏"(《文学小言》)。从这个观点出发,就必然产生"为艺术而艺术"的超功利的看法。

其次,他又根据叔本华的唯意志论的哲学,认为:"吾人之知识与实践之二方面,无往而不与生活之欲相关系,即与苦痛相关系。兹有一物焉,使吾人超然于利害之外,而忘物与我之关系……然物之能使吾人超然于利害之外者,必其物之于吾人无利害之关系而后可。易言以明之,必其物非实物而后可,然则非美术何足以当之乎?"(《〈红楼梦〉评论》)

在这种超功利的文学观的指导下,他反对用政治家的眼光来写诗。他在《人间词话》中讲:

> "君王枉把平陈业,换得雷塘数亩田。"政治家之言也。"长陵亦是闲丘垄,异日谁知与仲多?"诗人之言也。政治家之眼域于一人一事,诗人之眼,则通古今而观之。词人观物,须用诗人之眼,不可用政治家之眼。

这种看法也是值得商榷的,如果都抛开具体的人和事,那么文学如何还能真切地反映现实?古今中外的诗人的作品,不都是由个别显示一般,由局部而代表整体吗?

此外,他极力反对当时如梁启超等以文学为改革社会的工具。他在《论近年之学术界》中说,观近数年之文学,亦不重文学自己之价值,而唯视为政治教育之手段与哲学无异,所以他断言:

> 如此者,其亵渎哲学与文学之神圣之罪,固不可逭。欲求其学说之有价值,安可得也!(见《静安文录》)

这种超功利、超现实的观点,似乎是非常超脱的,实际分析起来,还不免是为当时行将灭亡的腐朽的统治阶级服务的理论。在阶级社会里,凡属于意识形态领域中的各种学科,无不具有阶级色彩,所谓超功利,实即超阶级,是决不可能有的。

3. 对中国文学与西方文学进行比较,并用西方文学理论来评论中国古文学。他在《宋元戏曲史》十二《元剧之文章》中,称赞元剧道:

> 元杂剧之为一代之绝作,元人未之知也。明之文人始激赏

之,至有以关汉卿比司马子长者(韩文靖邦奇),三百年来,学者文人,大抵屏元剧不观。其见元剧者,无不加以倾倒,如焦理堂《易余籥录》之说,可谓具眼矣。

又用西方戏剧中悲剧的理论,评价元人的作品道:

明以后,传奇无非喜剧。而元则有悲剧在其中,就其存者言之,如《汉宫秋》、《梧桐雨》、《西蜀梦》……初无所谓先离后合,始困终亨之事也。其最有悲剧之性质者,则如关汉卿之《窦娥冤》、纪君祥之《赵氏孤儿》,虽有恶人交构其间,而其蹈汤赴火者,仍出于其主人翁之意志,即列之于世界大悲剧中,亦无愧色也。

这是把中西文学进行比较后,而得出的看法。

至于他以叔本华的唯意志论哲学观点来分析评价《红楼梦》已如上述。而其中论及贾宝玉的形象时,也有一段精辟的看法,他说:

评《红楼梦》者,纷然索此书之主人公之为谁。此又甚不可解者也。夫美术之所写者,非个人之性质,而人类全体之性质也。惟美术之特质,贵具体而不贵抽象,于是举人类全体之性质,置诸个人之名字之下,譬诸副墨之子,洛诵之孙,亦随吾人之所好名之而已。善于观物者,能就个人之事实,而发见人类全体之性质。今对人类之全体,而必规规焉求个人以实之,人之知力相越,岂不远哉?故《红楼梦》之主人公谓之贾宝玉可,谓之子虚乌有先生可,即谓之纳兰容若,谓之曹雪芹亦无不可也。

这不完全是对作品中典型人物的最好解释么!他批判了晚清研究《红楼梦》的索引派学者,但到"五四"后胡适在对《红楼梦》进行考证时,硬要把这部小说看成是作者曹雪芹的自叙传。可见在典型问题上,胡适还不如王国维了解之深了。

至于在《人间词话》中讲到的造境与写境为理想与写实二派之所由分。这种看法受西方浪漫主义与写实主义创作方法理论的影响是很清楚的,至于其他有些文学见解如境界与写真实等,一面继承了中国古典文论的传统,同时也吸取了西方文艺理论的精神,而形成个人的见解,这里就不一一评论了。

以上主要是谈了西方文学的介绍及其对中国文学影响的表现。

下面谈谈对西方文学作品的翻译介绍。晚清对西方文学作品在翻译上,时间较早,而数量又多,影响最大的是林纾。据他的弟子朱羲胄的《春觉斋著述记》,林纾的译著共有一百五十七种。由于他不懂西文,是与别人合作翻译的,未能对作品的质量进行选择,因此数量虽多,惜三分之二以上,都非第一流的作品,同时对原作也不够忠实,改译误译的地方也很多。但尽管如此,林译在晚清可以说影响了一代的爱好文学的青年。"五四"时代涌现于中国文坛的大作家如鲁迅、周作人、郭沫若、茅盾以及冰心女士等,都曾经历过一个耽读林译小说时期(见周作人《鲁迅与清末文坛》、郭沫若《我的童年》、茅盾《撒克逊劫后英雄略》注、冰心女士《全集自序》)。现在综述其对中国文坛的影响,有以下几点:

1. 由于林纾对于西方文学的大量介绍,于是大大地开阔了中国从事文学者的眼界,批判了洋务派所讲的西方只长于物质文明的谬论。特别是纠正了中国封建文人轻视小说戏曲的正统观点。

2. 林译不但引起人们直接阅读研究西方文学,并且逐步产生了介绍西方文学的风气,稍后的苏曼殊、马君武、曾孟朴以及鲁迅、周作人等都在这方面作出了不少的贡献。

3. 林译中的杰出作品,在创作方法上,给中国作家以一定的积极影响,如司各德的《撒克逊劫后英雄略》,就曾以其浪漫主义的创作精神,给当时青年读者郭沫若以极大的启发,影响了他后来的创作道路。

4. 林译影响了一代的爱好文学的青年,特别是"五四"时期的著名作家,所以也可以说林译对"五四"新文学的发生发展也曾间接产生过一些积极作用。

林纾而外,马君武、苏曼殊介绍了西方浪漫派如拜伦、雪莱的诗,苏曼殊还与陈独秀译了嚣俄(雨果)名作《悲惨世界》。这对促进当时革命的发展,起了一定的作用。而鲁迅、周作人所译的《域外小说集》,在作品的选择及翻译的信实方面,就远非林译所可及,惜当时曲高和寡,无人给以宣扬,所以没有收到大的影响。但到"五四"以后又重新印行,对创作界却产生了示范的作用。

综上所述可知,晚清西学输入的原因,是中国先进人士在国家民族危急的时候,为了救亡图存,而探索西人之所以强与中国之所以弱的根源,有意识地对中西学术进行比较。经过比较,其结论是我们的学术比人家落后,我们的政治制度也远逊于人家。于是就大声疾呼,一面对中学的弱点进行揭露批判,一面宣传向西方学习,特别是学术上的科学与政治上的民主。这样达尔文的"进化论"、卢梭的《民约论》,都介绍到中国来了。这种进化的观念,破除了对中国学术,特别是儒家传统的复古主义的迷信,从而正视现实,考虑如何在世界各民族竞争生存的时代使自己民族不致成为劣败者而终归淘汰。至于卢梭的《民约论》,使人们了解"天赋人权"、人人平等这一真理,于是对封建阶级所视为命根子的"三纲五常"的道德规范,一举而粉碎之,从这种精神枷锁中解放出来。于是政治革命、家庭革命以及妇女解放等,在过去一般人想都不敢想的问题,现在一一都见诸实践。从戊戌变法到辛亥革命,仅仅二十九年,终于推翻了统治中国二百余年的清王朝,革去了统治中国二千余年的封建专制制度。这种在九百六十万平方公里的中国大地上发生的翻天覆地的变化,绝不是偶然的。西方资本主义的侵入,打破了以往自给自足的封建经济,使中国沦为半封建半殖民地的社会。在这种情况下,中国民族资产阶级有了进一步发展,而当时一般先进人士,实际是代表了由地主阶级向资产阶级转化的知识分子,他们一方面期望国家的独立,一方面为了发展资本主义,对束缚这一发展的封建主义,不能不发动革命。这种革命,首先是思想革命,由思想革命,进而为政治革命,由政治革命,反转来又促进思想革命的深入发展。二者可以说是互相影响,又互相促进,使近代中国依着辩证的规律,在突飞猛进。

晚清文学与晚清思想革命、政治革命,有着密不可分的相互关系。一方面它是思想革命传播的工具,同时又是革命风雷的呼唤者和描绘者。试读晚清维新派、革命派作家的散文、诗歌、小说、戏剧,从其中心思想来说,无不表现出人民要求自由、民主的愿望,并且从中还塑造出一些革命者的英雄形象。从甲午以后,在历史上每一震动中外的大事件,即如戊戌变法、庚子八国联军入侵、苏报案、秋瑾案,直到辛亥革命,在文学创作上无不有着相应的反映。

除西方的学术思想给中国社会以巨大的深远的影响,并由此而影响到中国文学外,西方文艺理论与文学作品的介绍,也促使中国文士对中西文学进行对比,从而认识到过去以有悠久文化而自我陶醉的观念是极端荒谬的,因而在理论与创作上都必须向西方学习,来改革中国旧文学,创造中国的新文学。鲁迅、周作人两人的论文充分说明了这一点。

思想革命与文学革新,在晚清已开其端,到"五四"前夕终于爆发了反对儒家旧道德的思想革命与反对封建古文学革命,从而形成了一场伟大的文化革命运动。特别是苏联十月革命的爆发与马克思列宁主义的传入中国,最后爆发了五四运动。从此,不仅为中国历史开辟了一个新的时代,同时也给中国文学揭开了新的篇章。古人有句话:"其作始也细,其将毕也巨。"中国晚清的思想革命与政治革命,直到"五四"前夕的文化革命,追溯其根源,何莫非西学的输入,有以致之!此治近代文学者所不可不知也。

晚清的"排荀"、"批孔"与"五四"思想革命

"五四"时期的思想革命,并非突然发生,乃是渊源有自的。

我们要探索其渊源,首先要追溯到戊戌变法前的维新派的"排荀"运动,其次为庚子事变后革命派的"批孔"运动。今分述于后。

(一)维新派的排荀运动

梁启超在《清代学术概论》中说:

> 启超谓孔门之学,后衍为孟子、荀卿两派。荀传小康,孟传大同。汉代经师,不问为今文家、古文家,皆出荀卿(汪中说)。二千年间,宗派屡变,壹皆盘旋荀学肘下。孟学绝,而孔学亦衰。于是专以绌荀申孟为标帜。……启超屡游京师,渐交当时士大夫,而其讲学最契之友曰夏曾佑、谭嗣同。曾佑方治龚、刘今文学,每发一义,辄相视莫逆。其后启超亡命日本,曾佑赠以诗,中有句曰:……冥冥兰陵(荀卿)门,万鬼头如蚁。质多(魔鬼)举只手,阳乌为之死。袒裼往暴之,一击类执豕。酒酣掷杯起,跌宕笑相视。颇谓宇宙间,只此足欢喜。此可想见当时彼辈"排荀"运动,实有一种元气淋漓景象。(二十五)

当时为什么他们要掀起一个排荀运动?其排荀运动的中心思想

与理论为何？梁氏在《概论》中未能详述。我觉得用学术思想为政治倾向服务来看，这是很值得探讨的问题。下面拟就梁、谭、夏三人的交谊与论著有关这一问题的，略作评述。

按上边引文中有"启超屡游京师，渐交当时士大夫，而其讲学最契之友曰夏曾佑、谭嗣同"。可知他们三人确曾有一个时期，在一起共同商讨学术，这从夏氏诗中说的"酒酣掷笔起，跌宕笑相视"二句来看，也说明他们共同商讨时的兴高彩烈、意合情投的情况。

至于梁、谭、夏三人的交游，据杨复礼《梁任公先生年谱》，光绪二十年甲午（1894年）中载：

> 斯时旅京，日相过从者，有麦儒博、江孝通、谭复生、夏穗卿、曾重伯诸人。文酒之会不辍，更喜谈佛学。

> 与夏穗卿亦初交，而往来最多，研究学问，讨论问题，提倡新学，最有力焉。在京师，夏住贾家胡同，公住新会会馆，谭复生后亦加入，衡宇咫尺，几无日不见。公谓："见面就谈学问，常常对吵，每天总大吵一两场，但吵的结果，十次有九次我被穗卿所屈服，我们总归到意见一致。"

杨廷福《谭嗣同年谱》，光绪二十一年辛未（1895年）载："先生三十一岁，因梁启超的介绍，与夏曾佑订交（亦见梁启超《亡友夏穗卿先生》）。"

根据上边叙述，梁、谭、夏三人当时论学，见解极相契合，尽管不尽相同，但总的说来还是一致的。特别是对先秦儒家学派，孔子之后分为孟、荀两大派，由于他们三人都是推服刘逢禄治公羊学的，都喜言"三世"、"三统"之说，所以他们都认为孟学是传孔子的大同之说，而荀学则为小康。又由于当时受西方民主思想的影响，提倡"民权"，而《孟子》中讲"民贵君轻"以及"民贼"、"独夫"、"善战服上刑"、授田制产诸义，遂谓系大同精义所寄，而荀学再传而为李斯、韩非，遂形成秦皇的极端专制主义。因为反专制主义，不能不对荀学大加抨击。三人后来在个人著作中，对此论均有所阐发，而以夏氏《中国历史教科书》一书，抨击荀学尤为不遗余力。

三人排击荀学,见之于著作者,最早为谭嗣同。据梁启超《谭嗣同传》:"以父命就官为候补知府,需次金陵者一年,闭户、养心、读书,冥探孔佛之精奥,会通群哲之心法,衍绎南海之宗旨,成《仁学》一书。"谭在南京从杨仁山学佛时,当在1896年。

《仁学》中以佛证孔,认为"三教不同,同于变,变不同,同于平等"。他认为孔子当"据乱之世",但其黜古学,改今制,托词寄义于升平、太平。但其学数传而绝,到后来就连极其粗浅的,也被荀学搀杂,而失其真。

书中认为孔子之后,其学衍为两大支,一为曾子传子思,而至孟子。孟故畅宣民主之理,以竟孔子之志。一由子夏传田子方,而至庄子,庄故痛诋君主,自尧舜以上,莫或免焉。不幸此两支,皆绝不传。荀乃乘间冒孔之名,以败孔之道。接着痛斥荀子的荒谬理论道:

> 曰"法后王,尊君统",以倾孔学也,曰"有治人无治法",阴防后人之变其法也。又喜言礼、乐、政、刑之属,惟恐钳制束缚之具之不繁也。一传而为李斯,而其为祸亦暴著于世矣。然而其学也,在下者术之,又疾随其苟富贵取容悦之心,公然为卑谄侧媚,奴颜婢膝,而无伤于臣节,反以其助纣为虐者,名之曰忠义。在上者术之,尤利取于尊君、卑臣、愚黔首,自放纵横暴,而涂锢天下之人心。(二十九)

下边他在学术的发展上,批判汉代刘歆、唐代韩愈,直至两宋的南北诸大儒,认为他们也未能脱此牢笼,且弥酷而加厉焉。于是沉痛地指出:"呜呼!自生民以来,迄宋而中国乃真亡矣。"最后他总结中国从秦以来的学术思想道:

> 故常以为二千年之政,秦政也,皆大盗也。二千年之学,荀学也,皆乡愿也。惟大盗利用乡愿,惟乡愿工媚大盗。二者交相资,而罔不托之于孔。彼托者之大盗乡愿,而责所托之孔,又乌能知孔哉!(二十九)

这的确是站在人民立场上,对二千年来封建统治者彻底揭露与讨伐的檄文。可惜他的"冲决网罗"的精神,还不够彻底,对孔子还采取卫护的态度,这仍然是时代与阶级对他的局限的结果。

戊戌政变后,梁启超逃亡日本。在日本办《清议报》,后又办《新民丛报》,继续宣传维新变法的理论。他在1899年发表的《论支那宗教改革》,对先秦儒家思想的发展,其见解与谭嗣同若合符节。他根据《荀子》一书,总结出他的学术体系共有四点,即:

1. 尊君权。其徒李斯传其宗旨,行之于秦,为定法制。自汉以后,君相因而损益之,二千年所行实秦制也,此为荀子政治之派。

2. 排异说。《荀子》有《非十二子篇》,专以攘斥异说为事,汉初传经之儒皆出荀子,故袭用其法,日以门户水火为事。

3. 谨礼仪。《荀子》不讲大义,而惟以礼仪为重,束身寡过,拘牵小节,自宋以后儒者皆蹈袭之。

4. 重考据。荀子之学,专以名物、制度、训诂为重,汉兴群经皆其所传,断断考据,成马融、郑康成一派,至本朝(清)而大受其毒。此三者为荀子学问之派。

因此得出如下的结论,即"二千年政治,既皆出于荀子矣,而所谓学术者,不外汉学、宋学两大派,而其实皆出于荀子"。然则两千年来只能为荀子世界,而不能谓之为孔学世界也。这和谭嗣同《仁学》中所说的"二千年之政,秦政也,皆大盗也,二千年之学,荀学也,皆乡愿也"的话,完全一致。不过远比不上谭的语言的尖锐,而字字打中要害。

梁氏到了1902年(壬寅)发行《新民丛报》,发表了《论中国学术思想变迁之大势》,其中对孔学以后儒家各派的见解,基本上同前文是一致的。

对荀学排斥最彻底的是夏曾佑。他于1906年写了部《中国历史教科书》。

夏氏是当时维新派中,比较有先进思想同卓越见解的学者。他在癸(1893)甲(1894)之际,康有为提倡公羊学,其弟子梁启超、麦孺博等,尝就夏氏言公羊,一时有拟夏氏为刘申受、龚自珍者。丙(1896)丁(1897)之际,居天津,与严复、王修植等交,并参加与他们所办的《国闻报》。因此得与闻西方的民主与科学等新学。所以他后来所写的《中国历史教科书》,在立场、观点上,能一洗封建儒者的陋见,从爱国主义出发,用进化论以及民主、科学的观点,来研究、分析、评论中国几千年历史的演变与发展,极多精辟之见,能发前人之所未发。

在这部书中,作者同谭、梁一样,也是抨击荀学最力的。他之抨击荀卿,不像谭、梁从学术发展源流上来着眼,而是根据历史实践以及对后来的影响来立论的。因而比着谭、梁更有说服力。

首先,夏氏认为秦统一后,一切政治文化上的措施,无不本之于荀子,他说:

> 今案秦政之尤大者,则在宗教。始皇之相为李斯,司马迁称"斯学帝王之术于荀子",斯既知六艺之归,则斯之为儒家可知。……始皇既以儒者为相,则当有儒者之政,观其大一统,尊天子,抑臣下,制礼乐,齐律度……无不同于儒术。惟李斯之学出于荀子,始皇父子雅信韩非……韩非之学,亦出于荀子。……观荀子《非十二子篇》,子思、孟子、子夏、子游、子张,俱加丑诋,而己所独揭之宗旨,乃为性恶一端。夫性既恶矣,则君臣、父子、夫妇、兄弟、朋友之间,其天性本无所谓忠孝、慈爱者,而弑夺杀害,乃为情理之常,于此而欲保全秩序,舍威刑刭制未由矣。本孔子专制之法,行荀子性恶之旨,在上者以不肖待其下,无复顾惜。在下者,亦以不肖自待,而蒙蔽其上。自始皇以来,积二千余年,中国社会之情状犹一日也。社会若此,望其乂安,自不可得。(《中国古代史》第一篇第一章第六节)

下边接着论到秦用荀学,其结果之惨,道:

> 不惟此二千年间所受之祸不可胜数而已,即以秦有天下十五年间言之,其变亦惨矣。荆轲之剑、渐离之筑、博浪之椎,一也。身死未寒,宰相、宦官遂废遗诏,杀太子、立庶孽、诛重臣,乱臣贼子相顾而笑,不知置君父于何地,二也。公子十二人戮死咸阳市,十公主磔死于杜,仰天大呼,流涕拔剑,始皇之子尽矣,三

也。望夷宫中,求生为黔首而不可得,仅得以黔首礼,葬于杜南,此固秦之二世皇帝也,四也。项羽入咸阳,杀子婴及秦诸公子宗族,遂屠咸阳,烧其宫室,虏其子女,收其珍宝财货,诸侯共分之,五也。

作者对秦室结局之惨,作了总结之后,非常感慨地说:"夫专制者所以为富贵,而其极必并贫贱而不可得,嬴氏可为列朝皇室之鉴戒矣。"下边又论及李斯、赵高两人,道:

> 至李斯、赵高辈,皆助成始皇二世之政治者也,而李斯则具五刑,黄犬东门之哭,千古为之增悲。赵高亦夷三族,以徇咸阳,亦何益之有哉!?

而最后归结于"凡此者,不能不叹秦人择教之不善也"。

按:夏氏在批荀学上,其见解远远超出了谭、梁二人。首先,他批荀学,同时往往附带触及孔子,不像谭、梁认为荀子只传小康,而孟子所传为大同,因此只责荀子,而不及孔子。夏氏则不然,即如在二篇一章六节《秦与中国之关系下》中,论及荀子性恶论时,说:"本孔子专制之法,行荀子性恶之旨。"继而在二篇一章六十节《儒家与方士之糅合》中,又论及荀子时说:

> 荀子死于秦前幸耳,荀子而生秦皇汉武之世,有不为文成五利者乎?虽然,亦以孔子尊君重生之极致有以致之也,于汉儒何尤!于荀子何尤!

这就把荀学之为祸,究其思想渊源,不能不追溯到孔子,这就同谭、梁受康氏影响,大大不同了。

其次,夏氏与谭、梁在批荀学上,还有不同之点,即谭、梁只从学术师承的观点上着眼,而夏氏并从其君臣之间的道德观上来进行抨击,他在《论儒家与方士之糅合》一节中说:

> ……盖汉儒之与方士不可分矣,其所以然之故,因儒家尊君,君者,王者之所喜也。方士长生,生者,亦王者所喜也。二者既同为王者之所喜,则其势必相妒,于是各盗敌之长技以谋独擅,而二家之糅合成焉。然诸儒皆出荀子。……荀子法后王,拒五

行,而诸人法黄帝和方士,何相反若是?不知此非相反也,实承荀子之意者也。

下边夏氏引荀子书,加以说明道:

《荀子·仲尼篇》:"持宠固位,终身不厌之术,求善处大重,理任大事,擅宠于万乘国,必无后患之术,莫若好同之,援贤博施,除怨而无妨害人。耐任之,则慎行此道也。如不耐任,且恐失宠,则莫若早同之,推贤让能,而随其后。如是有宠则必荣,失宠则必无罪,是事君之宝,而必无后患之术也。"又《臣道篇》:"事暴乱君,有补削,无挢拂。迫胁于乱时,穷居于暴国,而无所避之,则崇其美,扬其善,违其恶,隐其败,言其所长,不言其所短。"

夏氏评道:

夫为经师者,以守死善道教后生,尚恐其不听矣,既以固宠无患,崇美讳败为六经之微旨,则流弊胡所不至?

这从道德教育的观点上,对荀学进行抨击,从而说明汉儒之所以与方士糅合的原因,可谓独具只眼矣。

还有,夏氏与谭、梁二人不同的,谭、梁均受康氏的今文学说的影响,因讲《公羊春秋》,即不免为汉儒的今文学家讳,夏氏当时亦为一讲公羊学者,他自己说:

自东汉至清初,皆用古文学,当时几无知今文为何物者。至嘉庆以后,乃稍稍有人分别今古文之所以然,而好学深思之士,大都皆信今文学,本编亦尊今文学者。(二篇一章六十二节)

但他马上声明道:"惟其命意与清朝诸经师稍异,凡经义之变迁,皆从历史因果之理解之,不专在讲经也。"(同上)由此可见,夏氏虽是尊信今文经的,但他是能用客观的态度与比较科学的方法去对待今古文经学,而不为过去经师那种家法师说、门户之见所束缚,因而能够发前人之所未发。正由于此,他从学术渊源流派上来看问题,敢于在抨击荀子时,并追溯到孔子的尊君专制的谬说。而论汉儒今文经学时,敢于指出他们与方士糅合的客观原因。而这一些,都不是谭、梁所能企及的。

根据上述,晚清维新派的排荀运动,的确是波澜壮阔,时间达十余年之久。从谭嗣同《仁学》,到夏曾佑的《中国历史教科书》,特别是后者,尤其深刻而精辟,在排荀运动上,也是有发展的。从其内容上看,不只是抨击荀学,而且把从秦以来二千年的中国学术,从汉人的今古文经学、宋明的理学,直到清代的考据学,无不加以抨击。这一点很像严复在《救亡决论》中对当时中国的所谓义理之学、考据之学与辞章之学无不加以否定一样,所不同的是,他们没有否定辞章之学。特别是夏曾佑,从排荀进而到批判孔子。由康、谭、梁的尊孔到夏氏的批孔,这是多么大的进步!盖夏氏早年曾交章太炎,对章氏早年批孔之论,当亦有所闻。在为全国中学所写的历史教科书中,夏氏敢于以科学态度,论述中国古代学术思想之发展,并借历史以抨击历代封建帝王的专制主义,并由此而抨击形成此种专制制度之思想根源——荀学与孔学。如果不具有大无畏的精神,是决不敢这样写的,但从而也可以看到当时思想界的解放已达到了何等的高度了。

(二)革命派的批孔运动

晚清以康有为为首的改良派是不可能批孔的,因为他们还要挂着孔子的招牌,把公羊家"三统"、"三世"等对《春秋》的说法作为他们维新变法的理论根据。特别到后来,康有为还提出"三保"之说,其中就有"保教"。所谓教者,孔子之教也。改良派把孔子抬得那么高,后来简直要把他作为教主来顶礼膜拜,那他们如何能批孔?

革命派则不然,他们要推翻清王朝专制统治,而孔孟之道,正是几千年来历代帝王所利用的最有效的统治工具,是用来麻痹人民、禁锢人民反抗的紧箍咒。到晚清,洋务派就是抱着"中学为体"之论死死不放的。维新派自然比洋务派进步多了,他们介绍了西方资产阶级民主主义,但他们也还要利用孔子来作为他们"托古改制"的招牌。革命派中一部分直接接受了西方的民主主义思想,像孙中山就是这派的代表;还有一部分人则是继承了中国从先秦以来学术思想中具有民主精华的部分,同时,对具有浓厚的封建糟粕部分给以批判。

首先是章太炎,他在经学上是一个宗法"古文"的代表。这种对孔子的看法从来不像今文派那样,把他神圣化、宗教化,给以"素王"的头衔,而只是把他作为在文化上能够承前启后,总结前代文化并加以传播的史学家与教育家。从章太炎的《诸子学略说》,就可以充分看出他早年对孔子与儒家的看法:1.把儒家与其他先秦学派根据刘歆《七略》,一概目之为九流。这就不像董仲舒那样主张"罢黜百家,独尊儒术"。2.根据《墨子》同《庄子》书中对孔子言行的记载,揭发了他的言行不一和一些丑行恶德。3.对后世尊奉孔子的儒者醉心功名利禄,而在政治上庸懦无能的表现,也进行了抨击。太炎称孔子为"国愿"说明孔子比他自己平日攻击的"乡愿"还要坏。至于孔子的后学,太炎说:"用儒家之道德,故坚苦卓厉者绝无,而冒没奔竞者皆是。……用儒家之理想,故宗旨多在可否之间,论议止于函胡之地。彼耶苏天方教崇奉一尊,其言在堵塞人之思想,而儒术之害,则在淆乱人之思想。故程朱陆王诸家,所以有权而无实也。"①

其次是刘师培,当他前朝还是革命者的时候,由于受到章太炎的影响,也曾写过一些批判孔子同孔子后学的文章,可以作为他的代表作品的,一为《攘书》中的《鹭道篇》,抨击后来儒者用孔孟之道,以文致房酋为圣贤,认为这些儒者,以数千年道学之传,视为缴利希荣之具,丧心病狂,罪不容于死矣。二为《罪纲篇》,批判了"三纲"之说,认为古代并无此说,乃后儒"舍理论势,以势为理,舍是非而论顺逆",于是产生了以强凌弱的以空理相诘责,拑锢民心,束缚才智的不合理现实。三是《孔学真论》,从学理以及学术的发展上,用中西对比的方法来批判孔学,认为孔学之失:1.信人事而并信天事。由于孔子创天

---

① 洪治纲:《章太炎经典文存·诸子学略说》,上海大学出版社,2003年,第94~95页。

变之说,于是到西汉则为变异学,东汉则有谶纬学,因而成为民智之一大阻。2.重文科而不重实科,他举西方学人从苏格拉底数传至亚里斯多德等,昌明物理之蕴。至我国孔门弟子,舍六艺儒术之外无一能言名、数、质、力者。直到晚清儒者,仍高谈心性之学,视科学为无足轻重。唯物派之学术于中国遂寂然无闻。3.有持论而无驳诘。师生之间没有相互辩难的风气。印度有因明学,欧洲有归纳演绎法,故持论圆满精微。孔子虽有正名之说,亦仅著空文,未能实求其用。故辩诘之法,杳然无闻。同时还由于孔门的专制,弟子问难为孔子所不乐闻,于是有听受而少问难,因而在教育上形成为专制之习。4.执己见而排异说。孔子为儒教排外之鼻祖,禁言论思想之自由,仍衍官学时之遗法,孔子之后,孟子斥杨墨,荀子非十二子。荀卿之学流为李斯之焚书,孟子之学流为宋儒道统之说,学术定于一尊,凡学术与孔孟异教,悉以非圣无法罪之。这些见解均极精辟,孔学一尊之说,至此扫地尽矣。

在章、刘等人的影响下,革命派的批孔思想,逐渐发展起来。在1907年,东京出版的《河南》杂志中,出现了不少这类的论文,其中最突出的为凡人的《无圣篇》。这篇文章,是有针对性的。作者对当时维新派的尊孔,是极端反对的。他说:

> 秦汉以降,历世相传,有不可思议之一物焉,曰"圣人"。其为怪也,富贵者淫之,威武者屈之,君主不可得而臣,而利用之以钳制其下,尚古者不可得而友,而利用之以慑服其徒。强权之患,由是始恣。

下边就揭出当时维新派如何沿袭过去,把孔子地位抬得越发高起来。他说:

> 沿至今日,斯风加长,视圣人之灵爽,照耀无穷,行将立亿万万年立宪君民师表之业。

接着又指出他们如何用西方的民主思想,来与孔子学说相比附,道:

> 是以腐儒俗士,不惮烦苦,引经征典,广为牵合。以仁民爱

物为无上平等,以诚意正心,为真正自由。小注:虽谭嗣同不以为耻,而作《仁学》,其他可知。

甚至以《周礼》制度,为适合宪章。格致为圣门科学,《论语》二十篇,足与泰西各家相比较,适成其为至圣。

作者深致慨叹道:

呜呼! 是诚大古之大惑也。

下边接着从中国历史上社会的黑暗以及当前处境的艰困危殆上,证明中国从来没有过什么圣人。他说:

余尝纵议古今,横览东西,迨未见圣人产于人世间。向使灵秀之气,独钟我国,足以世食其赐,则我国之盛,我民之福,是当超轶乎各国之上,为世界上第一等国矣。奈之何征之往史,既如彼其黑暗,按之近世,且奄奄垂亡,不可终日。甘让第一等国之位次,而二而三,循将递降焉。而未识伊于胡底。探本而论,得非圣人为之厉阶欤!

作者在后边把矛头直指孔子,说他:

竟自以"天生德于予",以为天未丧斯文,是直自附于上天娇子之列。承天眷命,无敢彼何。其眩世盗世,有类世儒之所谓真人仙人者,宜乎世人惑之,竟相追逐,转相告从,以为进取名利,无上法门,祸水涓涓,久成江河,谁能挽其狂澜,破其妄执,以发一线光明邪? 余心戚戚然,思救群生咸渡苦海,恢复其天然之智慧,感发其自由之精神,不至变为圣人傀儡,冀为前途开新纪元,敢倡言无讳,以明彼圣之技俩,用示我学界。

后边作者提出了他的无圣主义有三个理由:

1. 破专制之恶魔,必自无圣始。

2. 谋人类之独立,必自无圣始。

3. 立学界前途之大本,必自无圣始。

文中对这三点都有详细的阐发。作者又说这是他标出的三大主义,无可或少者。缺其一,则其国仅存;缺其二,则其国必亡。由此可见,作者批孔的态度,是多么的坚决。而其立论之明确与论证之充分,在当时批孔论著中实为不可多得之作。

与此同时,在文学观上批判孔子的,则有鲁迅与周作人。他们的文章,也都发表在《河南》杂志上。鲁迅的论文为《摩罗诗力说》,其内容主要是评介西方的摩罗派诗人,他们具有崇高的理想,而又不满于现实,敢于斗争,勇于反抗。鲁迅称他们为"精神界之战士"。在称颂他们的同时,拿中国古代文学的作者和作品与他们相比较,而深深感到黯然失色。其所以形成这种情况的原因,鲁迅认为纯系儒家谬论对作家思想束缚禁锢之所致。他说:

> 如中国之诗,舜云言志;而后贤立说,乃云持人性情,三百之旨,无邪所蔽。夫既言志矣,何持之云?强以无邪,即非人志。许自繇于鞭策羁縻之下,殆此事乎?然厥后文章,乃果辗转不逾此界。其颂祝主人,悦媚豪右之作,可无俟言。即或心应虫鸟,情感林泉,发为韵语,亦多拘于无形之囹圄,不能抒两间之真美。否则,悲慨世事,感怀前贤,可有可无之作,聊行于世。倘其嗳嚅之中,偶涉眷爱,而儒服之士,即交口非之,况言之至反常俗者乎!

这种评论,的确是前此所未有,从而说明如果不批孔批儒,解放思想,那中国文学就不可能出现异彩。

周作人的论文《论文章之意义暨其使命因及中国近时论文之失》直斥孔子,他说:

> 试观上古文章,首出厥惟《风》诗。原数三千余篇中,……本无愧于天地至文,乃至删《诗》之时,而运遂厄。孔子以儒教之宗,承帝王教法,割取而制定之,曰:《诗》三百,一言以蔽之,曰"思无邪"。夫邪正之谓,本亦何常?此所谓正,特准一人为言,正厉王雄主之所喜,而下民之所呻楚者耳!……删《诗》定礼,天阏国民思想之春华,阴以为帝王之右助,推其后祸,犹秦火也。夫孔子为中国文章之匠宗,而束缚人心,至于如此,则后之苓落又何待夫言说欤!

周作人在文中一面介绍西方学者的文学观点,并举西方名著,加以印证,同时批判中国文人因受儒家实用主义的影响,视文章为经世之业,上宗经典,用以弼教辅治的谬见。他指出刘勰的《文心雕龙》为中国论文之杰作,但仍未能摆脱儒教的束缚。因此,他慨叹道:"则虽彦和哲人,犹不免此,而下者何责焉?"由此可知,当时革命派在批孔方面,已经逐步深入,从政治、学术,直到文艺思想。这种浪潮的涌现,给当时思想界的影响,应该说是极其深远的。

在辛亥革命前夕,四川发行了《蜀报》这个刊物,里边批儒的有吴虞的《辨孟子辟杨墨之非》。文中一开始,即指出天下有二大患,一为君主之专制,二为教主之专制。其危害则为:

> 君主之专制,钤束人之言论;教主之专制,禁锢人之思想。君主之专制,极于秦始皇之焚书坑儒、汉武帝之罢黜百家。教主之专制,极于孔子之诛少正卯、孟子之拒杨墨。

作者在后边论到儒家思想之所以成为后世统治阶级的统治思想的原因道:

> 儒家则严等差、贵秩序,上天下泽之瞽说,扶阳抑阴之谬谈,束缚之,驰骤之,于霸者驭民之术最合,故霸者皆利用之,以宰制天下,愚弄黔首。始溺其儒冠,终享以太牢,而儒家因得独显。杨墨与诸子浸衰。此实君主专制之功,儒家希世之效。

另外,吴虞在1911年写的二十首《辛亥杂诗》中(见《甲寅七期》),颇有几篇批孔之作。如:

> 大儒治国自恢恢,坐见中原几劫灰。
> 始信《诗》、《书》能发冢,奸言多藉《六经》来。
>
> 不使民知剧可伤,恰如川路暗无光。
> 秦皇政策愚黔首,黔首愚时国亦亡。
>
> 平等尊卑教不齐,圣人岂限海东西!
> 若从世界论公理,未必耶苏逊仲尼。

>相斫书成剧可惊,百家罢黜用儒生。
>
>生民立命徒虚说,万世何曾见太平。

晚清革命派于批孔的同时,对儒家所制定的封建道德所谓"三纲"之说,也进行过挞伐。较早的当为《新世纪》中发表的署名"真"的《三纲革命》,认为:

>所谓三纲出于狡者之创造,以伪道德之迷信,保君父之强权也。

文中提出,纲常伦纪世世相传,阻人道之进化,败坏人类之幸福。作纲常伦纪者,圣贤也。故助人道之进化,求人类之幸福,必破纲常伦纪之说,此亦即圣贤革命,家庭革命。

继此之后,关于批判封建道德的文章,接连不断,如四无的《无父、无君、无法、无天》(《新世纪》第五十二期)、陈以益的《男尊女卑与贤妻良母》(《女报》第二期),另外还有《女报》增刊《女论》中无署名的《论三从》,履夷的《结婚改良论》(《留日女学会杂志》第一期)、愤民的《论道德》(《克服学报》第二、三期)。以上论文,均对传统的封建礼教进行了揭露与抨击。可知,晚清的革命派为了推翻清王朝的封建专制政府,不能不批判作为封建专制主义理论基础的孔孟之道。同时,也必然伴随着对儒家所创制的"三纲"之说以及有关的礼教教条进行批判。正由于破除了旧的封建专制主义、封建道德教条,介绍了西方的民主主义以及自由平等的新思想,所以武昌起义,全国响应,终于推翻了统治中国二百多年的清王朝和为患于中国两千多年的专制政体。

(三)"五四"思想革命

辛亥革命以后,由于革命派实力的薄弱,因而国家政权终于被大军阀、大官僚、大野心家袁世凯篡夺了去。从此,中国就进入了北洋军阀统治时期。由于封建顽固势力的卷土重来,于是在思想界,复古之风甚嚣尘上。后来,袁氏要搞帝制,便又开始恢复了清朝统治时期的春秋大祭孔子的典礼。以康有为为首的清室遗老和封建军阀张勋又时刻阴谋复辟,于是,康有为便于1916年致书总统(黎元洪)、总理(段祺瑞),主张在宪法上明定孔教为国教,又致书教育总长范源廉,主张全国学校尊孔读经。另外,一些顽固的封建士大夫还组织孔教会、灵学会,提倡封建道德与封建迷信,整个社会被闹得乌烟瘴气。

看起来,辛亥革命在封建势力的反扑下夭折了,思想领域内出现了严重的反复,但这只不过是历史长河中暂时的一股漩涡和逆流。就在这漩流的深处,正孕育着思想革命的狂澜。袁氏称帝、张勋复辟,尊孔读经,在这种种丑剧的喧闹声中,陈独秀主编的《新青年》杂志肩负着庄严的使命,吹响了振聋发聩的革命号角,登上了历史舞台。《新青年》原名《青年杂志》,这一刊物的诞生,是沉沉阴霾之中射进的一道曙光,是腥臊朽腐的气氛中冲入的一股清新的朝气。

1916年冬,陈独秀在《新青年》二卷二期中,发表了《驳康有为致总统总理书》、《宪法与孔教》、《孔子之道与现代生活》等文。以后在1917、1918两年中,又连续发表了《再论孔教问题》、《旧思想与国体问题》、《复辟与尊孔》、《驳康有为共和评议》等,都是针对康有为主张以孔教为国教,并要求把它载入民国宪法的谬论而发的。其中心内容不外以下几点:

1. 在袁世凯复辟帝制失败之后,康氏竟对于别尊卑、重阶级、事天、尊君、为历代民贼所利用之孔教,锐意提倡,若惟恐中国人之"帝制根本思想"或至变弃也者。其致书黎、段二公,强词夺理,率肤浅无常识,本无辩驳之价值。然由于国人脑筋不清,析理不明,极易受其蛊惑,故不能不加驳辩。

2. 指出孔教绝无宗教之实质与仪式,为教化之教,非宗教之教。另外,对其书中所提出的论点理由,种种不合历史实际与现实实际的,均一一举出实证,以驳斥之。特别揭出其书中自相矛盾之处甚多,如一面认为议院、国务院无擅议废拜废祀之权,一面又乞灵议院,以孔子为大教,编入宪法。陈氏问道:"夫无权废之,何以有权兴之?"其同时指出康氏说赞成共和,又推尊孔教,并主张民国之祀孔,这无异专制国之礼华盛顿与卢梭,这又是多么大的矛盾!

3.民国宪法与孔教所主张"三纲"之说,绝不相容,因此类"别尊卑,明贵贱"之阶级制度,乃封建宗法社会的产物。而今之宪法无非采用欧制,而欧洲法制之精神,无不以平等、人权为基础。民国宪法草案百余条,无不与孔子之道相抵触,其将以何并存?

4.孔子所提倡的封建道德所垂示之礼教,其范围不越少数君主贵族之权利与名誉,与多数国民之幸福无与焉,此即"礼不下庶人,刑不上大夫"的真义。立国于今日民主、民权发扬之世界,而惟注意于少数贵族之举动,云为人伦日用,可乎不可?

最后,作者指出浅人认为当时风俗人心大坏,莫过于臣不忠、子不孝、男不尊经、女不守节。凡这一切谓之不尊孔则可,谓之风俗人心之大坏,则是异常荒谬的。因为他们不知道道德与真理殊,它是随着社会组织生活的变迁而变迁的,决不是万世不易的。

陈独秀这一时期的批孔文章,都是针对康有为提倡尊孔读经的种种荒谬反动的论点而发的。对当时烟雾弥漫的中国思想界,的确产生了荡涤廓清的作用。

与陈独秀同时、力排孔教的吴虞是一位反孔的老将。当《新青年》创刊后,他接连发表了一系列批孔论文,如《宗教制度为专制主义之根源论》、《读荀子书后》、《礼论》、《儒家主张阶级制度之害》等,都是从历史的发展以及前人所记孔子的言行上,来揭露孔子的本来面目,以打破世人把孔子看作神圣偶象的迷信。

其次,他还从先秦诸子的学说说明,孔子所主张的礼教早已遭到道家和法家的抨击,而现在还有死抱着孔教那一套不放的人,竭力阻遏新学说新道德的输入,完全不了解世界潮流,不了解国家现状已到了不得不变的情况。他以愤怒嘲讽的口吻斥责他们道:

> 莫说孔孟的灵魂,在山东睁睁看着,日本占据他桑梓的地方,他的道德和《十三经》远远没用,止有忍气吞声。就是活起的孔教会、儒教会的人,又能把旧道德去抵抗日本吗?

吴虞对晚清以来排荀批孔运动的发展,是非常清楚的。他的排孔见解,可以说继承了严复、章太炎以及夏曾佑等人之论,而又有所发展。他在批荀的文章《读荀子书后》中指出,荀子《礼论》中"三本之说"即后来吾国"天地君亲师"五字牌之所由立。而君主现握政教之权,复兼家长之责,作之君,作之师,且作民父母,于是宗族制度与君主政体,逐相依附,而不可离。因此,他认为政治改革而儒教家族制度不改革,则尚余此二大部专制,安能得其共和也?吴虞的批孔,可以说与陈独秀桴鼓相应,真如一声霹雳,震撼了中国当时沉闷朽腐的思想界。

当吴虞用西方的民主主义观点抨击中国几千年来家族制度的弊害的时候,鲁迅发表了震动文坛的小说《狂人日记》。小说概括了几千年来中国儒者为巩固封建家族制度所制定的一整套道德教条,残害被压迫者的罪恶事实。而其中受害最深的是妇女和儿童。作者以他饱含着深广忧愤的笔触,塑造了敢于痛斥封建礼教的狂人形象,一针见血地揭示了几千年来封建道德的吃人本质。我国从晚清以来直到五四前夕,有哪一篇批孔文章能像《狂人日记》寓意之深刻、影响之深远呢?继《狂人日记》之后,吴虞发表了《吃人的礼教》。从此,孔学与礼教一时成为思想界的众矢之的。胡适发表了《贞操问题》,鲁迅发表了《我之节烈观》,这是抨击"三纲"中"夫为妻纲"以及由此而产生的压迫禁锢妇女的封建礼教的。吴虞发表了《说孝》,胡适发表了《我的儿子》,鲁迅发表了《我们现在怎样做父亲》,这是批判"三纲"中"父为子纲"以及封建家长制的荒谬观点的。批孔与反礼教运动促成了五四运动的爆发。而五四运动轰轰烈烈的发展,又推动了思想革命进一步地扩大与发展,终于给中国思想界开辟了一个崭新的历史时代。毛泽东同志说:"五四运动所进行的文化革命,则是彻底地反对封建文化的运动,自有中国历史以来,还没有过这样伟大而彻底的文化革命。当时以反对旧道德提倡新道德、反对旧文学提倡新文学,为文化革命的两大旗帜,立下了伟大的功劳。"(《新民主主义论》)这充分证明了思想革命与文学革命最后取得了伟大胜利,而死抱着封建主义不放的顽固派,终于以彻底失败,退出了历史舞台。

根据以上论述,我们可以得到以下几点启示:

1. 从十九世纪九十年代中期维新派的"排荀"、二十世纪初革命派的批孔,直到"五四"前夕的"打倒孔家店"形成了思想革命的高潮,这是由渐变到突变的历史辩证发展的必然规律。没有晚清的"排荀"、"批孔",就不可能出现五四的思想革命。如果不从思想革命的发展来看,认为五四时期的思想革命为突发事件或偶然现象,那就大错而特错了。

2. 在反对封建思想的过程中,最值得人们深思的,是戊戌前康有为的弟子梁启超与其晚辈谭嗣同均为"排荀"健将。康在当时也曾被目为"离经叛道的罪魁祸首"而遭到顽固派叶德辉、王先谦等人的猛烈攻击。叶、王等人的《翼教丛编》与张之洞的《劝学篇》,都是针对康、梁维新派而发的。但曾几何时,到了辛亥革命以后,康氏却一反既往,声嘶力竭地卫护孔教,并提出以孔教为国教,列入宪法之中,而成为全国进步人士攻击之的。陈独秀当时的批孔论文,均系为驳斥康氏谬论而发的。陈氏在文中谈到自己早年读到康氏师弟文章时,真是茅塞顿开,觉昨非而今是,并说:"吾辈今日得稍有世界知识,其源泉乃康、梁二先生之赐。不谓辛亥以还,且于国人流血而得之共和,痛加诅咒。天下之敬爱先生者,无不为先生惜之。"(《驳康有为致总理书》)这不能不说是一个悲剧。其原因即在时代已经发展前进,而康氏仍坚持其往日尊孔主张,逆时代潮流而动,终于成为历史的绊脚石,为天下所笑骂与唾弃。其他如严复、刘师培,都可以说是与康氏同一类型的人物。

3. "五四"前夕爆发的思想革命和由此而爆发的文学革命,二者虽性质不同,但其精神是一致的。当时的文学革命不只是反对封建文学的旧形式,而更重要的是反对封建文学的旧思想、旧内容。为了反对封建的传统思想(即封建礼教和封建迷信),也必须要求具有表现这种新思想的新形式,即通俗易懂的白话文。故当时提倡文学革命的,无不是反对孔教的,即如钱玄同、周作人、胡适等。而反孔教的,也必然主张文学革命,即如当时反孔最力的陈独秀,他首先树起了文学革命的大旗。

4."五四"前夕的思想革命与文学革命,就其主张来看,仍系用西方资产阶级的政治思想、伦理思想与文艺思想来批判中国传统的孔学、中国的伦理观与文艺观的,其性质仍属于旧民主主义的范畴。待到十月革命爆发,马克思主义传入中国,以及欧战结束后,由于山东问题而爆发了五四运动,于是马克思主义为当时中国先进人士所接受,并进行了广泛的传播,从而进一步推动了这一伟大运动的开展。从此揭开了中国历史的新篇章,开辟了中国历史的新纪元,即出现了一个无产阶级领导的新民主主义革命的新的历史时代。

晚清文学革新与"五四"文学革命

（一）

晚清文学的革新运动，从发展上看，曾经出现过两次：一次是为维新派所倡导的，一次是为革命派所倡导的。前者出现于戊戌变法的前后，而后者则在辛亥革命的前夕。

维新派所倡导的文学革新，其目的已如上述，革新的方面为：1.诗界革命，2.散文解放，3.小说、戏曲的改革与提倡。下边依次加以分述。

梁启超在《饮冰室诗话》中，在评论谭嗣同的诗作时，曾论及早期他们所提倡的诗界革命道：

> 盖当时所谓新诗者，颇喜挦扯新名词以自表异。丙申、丁酉间（1896—1897），吾党数子皆好作此体，提倡之者为夏穗卿，而复生亦綦嗜之。……其《金陵听说法》"纲伦惨以喀私德，法会胜于巴力门"。"喀私德"即 Caste 的译音，盖指印度分人为等级之制也。"巴力门"系 Parliament 之译音，英国议院之名也，又赠余诗四章中，有"三音不识乃鸡鸣，莫共龙蛙争寸土"等语。苟非当时从学者，断无从索解。盖所用乃《新约全书》中故事也。其时夏穗卿尤好为此。穗卿赠余诗云："滔滔孟夏逝如斯，亹亹文王监在兹。帝杀黑龙才士隐，书飞赤鸟太平迟。"又云："有人雄

起琉璃海,兽魄蛙魂龙所徒。"此皆无从臆解之语。当时吾辈方沉醉于宗教,视教主非与吾辈同类者,崇拜迷信之极,乃至相约以作诗,非经典语不用。所谓经典者,指怫、孔、耶三教之经,故《新约》字面络绎笔端焉。

梁启超对这种倾向,后来也深不以为然,认为这不是一条正确的革命途径,他说:

> 过渡时代,必有革命。然革命者,当革其精神,非革其形式。吾党近好言"诗界革命",虽然,若以堆积满纸新名词为革命,是又满洲政府变法维新之类也。能以旧风格含新意境,斯可以举革命之实矣。(同上书)

当然这种满纸新名词,说不上什么革命,至所谓旧风格含新意境,同样也难称为革命。既言革命,应该是内容、形式都能脱去旧诗的窠臼,而创造出一种崭新的作品,如"五四"后的新诗,那才配称为革命。当时维新派由于在理论上认识得不彻底,所以在这方面,未能开辟出一条新的道路。

维新派中在诗歌的理论同创作上,取得了较大成就的是黄遵宪。在晚清诗坛上,有所谓"江西诗派"的,是宗法宋人黄山谷的,当时以陈三立为代表。有标榜魏晋六朝的,以王闿运为代表。这些作者不免于拟古或模古,未能摆脱前人的格套。至于黄遵宪,他是反对步趋古人的,他说:

> 俗儒好尊古,日日故纸研,六经字所无,不敢入诗篇。古人弃糟粕,见之口流涎。沿袭甘剽盗,妄造丛罪愆。黄土同抟人,今古何愚贤。即今忽已古,继自何代前。……我手写我口,古岂能拘牵。即今流俗语,我若登简编。五千年后人,惊为古烂斑。(《杂感》)

这是在诗歌形式上,主张"我手写我口,古岂能拘牵"。至于内容,他又说:"其述事也,举今日之官书、会典、方言、俗谚以及古人未有之物,未辟之境,皆笔而书之。"(《人境庐诗草自序》)这说明不论是语言还是内容,都要创新。黄遵宪的理论是这样,他的创作,也基本上实践了他的理论。

黄遵宪是晚清诗坛上的大家,平生写诗千余首。由于他多次出使日本同欧美各国,耳目所历,有许多异闻异事,因而他的诗歌内容多是"古人未有之物,未辟之境"。尤其是他是个具有高度爱国主义思想的诗人。在晚清,他亲历了帝国主义对中国的多次入侵,在中国屡次战败、割地赔款、人民涂炭、国将不国的情况下,他写出了许多满纸忧愤、反映现实的写实之作,即如《悲平壤》、《哀旅顺》、《哭威海》、《降将军歌》等,堪称为一代史诗。至于《今别离》、《樱花歌》、《锡兰岛卧佛》、《以莲菊桃杂供一瓶作歌》等,所写的尽是"古人未有之物,未辟之境"。而《都踊歌》、《山歌》,在运用方言俗谚上,已接近于"我手写我口"的地步。不过黄遵宪的诗作,一般还未能摆脱古体与近体,而所用语言,大半还是古人的语言,所以只能说是革新,还说不上是革命。

在散文方面,晚清时期的散文,几全为桐城派所笼罩。他们讲究所谓"义法",并提出"神理、气味、格律、声色",作为写作上探究的原则。不论内容与形式,无不设置了一些清规戒律,严复介绍西方的学术名著,林纾介绍西方的文学作品,都是运用古文体裁,一时号为严林。另外是骈俪的作者,如阮元提出齐梁时的文笔之分,后来刘师培阐发其说,以与桐城相对抗。当时首先不为这两派所囿,而能自出机杼的为梁启超。梁氏自称:

> 启超夙不喜桐城派古文,幼年为文,学晚汉魏晋,颇尚矜练。至是(指其办《时务报》时期)自解放,务为平易畅达,时杂以俚语韵语及外国语法,纵笔所至不检束,学者竞效之,号"新文体"。老辈则痛恨,诋为野狐。然其文条理明晰,笔锋常带情感,对于读者别有一种魔力焉。(《清代学术概论》二十五)

梁启超的散文,当时风靡海内,一时号为"新文体",由于他的文章平易畅达,加以"笔锋常带情感",内容又是极其新颖的变法思想,所以特别具有动人的力量。这种影响,直到辛亥革命后,严复《给熊纯如书》中还说:"其笔端又有魔力,足以动人,土暗杀,则人因之而惆然暗杀。主破坏,则人又群然争为破坏矣。最为非常可喜之论,而不知其种祸无穷。"此即足以说明梁启超的散文,在当时影响之大了。

在小说戏曲方面,维新派梁启超、夏曾佑等人,由于受到外国文学思想的影响,对小说、戏曲有着超迈前人的正确认识。在晚清以前,一般士大夫都是称小说、戏曲为"小道"。宋元以来,平话小说以及杂剧、传奇的兴起,给社会以极其深远的影响,但是一般通儒大师,如顾炎武(著《日知录》、《世风》、《重厚》)、黄梨洲(著《明夷待访录》、《学校》)却把它看做是诲淫诲盗、贻患社会的东西,而当时政府也无不下令予以禁止。

由于小说、戏曲受卑视,于是有些作者不敢把自己的真实姓名刊印出来。但是到晚清,维新派为了宣传他们的变法维新的主张,要利用这种体裁作为工具,于是大力宣传小说、戏曲的社会效果。他们首先是从理论上给以阐发,如梁启超的《论小说与群治之关系》、《译印政治小说序》,严复、夏曾佑的《国闻报馆附印说部缘起》,他们把小说的作用,往往夸大到不恰当的地步。其次是自己带头创作,即如梁启超就发表了一些小说同戏曲,如《新中国未来记》、《新罗马传奇》、《劫灰梦传奇》等。同时他们还自己办刊物。梁启超 1903 年在东京发行了《新小说》杂志,不仅发表自己的作品,而且发表不少国内作者如吴沃尧等人的作品。

由于这种大力提倡,于是国内小说刊物纷纷出现,如《小说林》、《月月小说》等,而申报馆这时又印了许多旧小说,一时呈现出一个小说、戏曲的极其繁荣时期。就中比较知名的作家同作品,有李伯元的《官场现形记》、《文明小史》、《活地狱》,吴沃尧的《二十年目睹之怪现状》、《九命奇冤》,曾朴的《孽海花》,刘鹗的《老残游记》等。

以上这些作品,基本上反映了晚清的政治同社会的精神面貌。而对社会的影响,有其积极方面,也有其消极方面。就前者来说,它们暴露了面临崩溃的清王朝政治上的腐朽与黑暗,已达到了不可收拾的地步。同时对当时的民族矛盾、阶级矛盾的尖锐也有着不同程度的反映。对广大的读者,也产生了发聋振聩的作用。但就后者而论,这些作者的世界观,除曾朴外,都是比较落后的。曾朴的《孽海花》还歌颂了一些革命人物,暗示了中国未来的曙光。至于李、吴、刘三人,他们的作品都未能正确地反映出时代的新潮流,因而看不出中国的前途。而且所写的人物,往往是是非颠倒的,他们所歌颂的正是人们的仇敌,而他们所诋訾的,则恰恰是一些民族英雄。另外他们都深受中国传统的儒家思想以及迷信思想的影响,对当时一些思想家所大力提倡的民主与科学精神,他们不但不予以宣扬,而且往往持反对的态度。

在写作艺术上,这些作品比着清初蒲松龄、吴敬梓同曹雪芹的作品,简直有霄壤之别,人物是概念化的,更不要说典型了。故事情节的描述,比一般报章的新闻报道高明不了多少。所以不能给读者以亲临其境的感觉。当然也有个别作品,在某些情节的描述上,有着一定的艺术水平,如《老残游记》中某些章节。不过总的说来,同清初的那几部名著是远远不能比拟的。

综上所述,晚清维新派所倡导的文学革新运动,虽然在成就上并不怎样理想,但应该说还是卓有成效的。这就是在原有旧文学的基础上,进行了一定程度的革新。在他们的影响下,到辛亥革命前夕曾出现以鲁迅为首所提倡的未能成为运动的第二次文学革新运动。

(二)

1906年,鲁迅从仙台医专申请退学回到东京,准备从事文学运动,并拟出版刊物《新生》。后因资金问题,刊物流产了。详细经过,他在《呐喊自序》中讲得很清楚。《新生》虽未能出来,但到次年,他为刊物准备的论文,却在东京一个革命刊物《河南》上陆续发表了。同时,他和周作人译的东欧作家的小说,用自己筹措的资金,又连续出了两本。遗憾的是这些论文与译著,由于当时国内革命高潮的到来,革命党人正竭全力从事起义运动,同时当时中国文艺界认识水平的低下,故曲高和寡,未能引起足够的重视,因而我称这次运动为未能成为运动的运动。

现在我们细绎鲁迅同周作人当时在《河南》上发表的论文以及他们所译的小说，可以看出他们对这一运动所持的方向与道路、宣扬的个人信仰与主张以及所抨击的社会上的种种旧观念和风靡一时的所谓"新风尚"。概括起来有以下各点：

1. 进化论思想。鲁迅在《人之历史》中评述了进化论的发展史，其目的在于对社会上顽固派以及口头上讲进化而实际上对之茫无所知的赶时髦的人们进行一次启蒙教育。

2. 提倡科学。《科学史教篇》一文指出，欧人之所以强根本原因由于他们科学的发达，并总结出：

> 故科学者，神圣之光，照世界者也，可以遏末流而生感动。时泰，则为人性之光；时危，则由其灵感，生整理者如加尔诺，生强者强于拿坡仑之战将云。

这种对科学的推崇，可以说上承严又陵之论，而下开"五四"提倡的"赛因斯"之风。

3. "掊物质而张灵明，任个人而排众数"。所谓"物质"，指的当时一般人所提倡的"兴业"与"振兵"。鲁迅认为这不过是欧洲文明的葩叶，而其根本不在此。至于"张灵明"，实际是发展人们的个性。人们的个性发展了，才能建立起"人国"。他说："是故将生存两间，角逐列国是务，其首在立人。人立，而后凡事举。若其道术，乃尊个性而张精神。"（《文化偏至论》）至于"任个人而排众数"，所谓"众数"，是指当时维新派所高唱的"立宪"、"国会"之说。鲁迅认为按照他们的说法，不过把"事权言议"交给那些奔走干进的政客，再不然是饶有资金的富人。这不过是把临民的独夫，换成千万无赖之尤，对人民国家究竟能产生什么好处呢？这是具有极其精辟的政治预见之言。

4. 阐明文学的巨大作用，并标举欧洲"摩罗派"诗人的抗争精神作为学习的典范。鲁迅在《摩罗诗力说》中，对文学作用曾有较详细的论述。由于他曾受梁启超的影响，因而对文学的效能，强调得或不免于过分,但对欧洲摩罗派诗人拜伦、雪莱等人的论述,在当时是能够发人深思的。鲁迅称这派作者为"精神界之战士",实际他们都是思想革命家同文学革命家。

5. 对中国文学的评价与对儒家文学思想的批判。鲁迅在介绍欧洲摩罗派诗人的崇高品质及其对旧社会、旧习惯敢于斗争的大无畏精神的同时,回顾了中国文学,相形之下,就觉得黯然失色。他非常感慨地说:

   试稽自有文字以至今日,凡诗宗词客能宣彼妙音,传其灵觉,以美善吾人之性情,崇大吾人之思理者,果几何人?上下求索,几无有矣!

其所以如此,究其原因,乃由于儒家思想的束缚。他批判汉儒把"诗言志"解为"持人性情",并且指出孔子的"思无邪"给后人的限制更大,他说:"强以'无邪',即非人志。许自繇于鞭策羁縻之下,殆此事乎!"

至于周作人对"思无邪"之说,更是诋訾不遗余力。他说:

   夫邪正之谓,本亦何常!此所谓正,特准一人为言,正厉王雄主之所喜,而下民之所呻楚者耳。删诗定礼,夭阏国民思想之春华,阴以为帝王佑助,推其后祸,犹秦火也。(《论文章之意义暨其使命因及中国近时论文之失》,见《时论选集》第三集)

除此之外,并对当时中国文坛论文学的专著,如《中国文学概观》、《中国文学史》等书用儒家的观点来评论文学的种种谬见,进行了驳斥。最后提出,文学的改革实为当务之急。而改革的最大目的,即在把文学从一人手中夺来,公诸百姓,也就是把为帝王服务的文学,改变为为人民服务的文学。

至他们所译的《域外小说集》,正是为纠正当时林译之失,而有选择地认真地介绍了东欧具有现实主义精神并对读者有着深刻教育意义的作品。

鲁迅、周作人准备发动的这次运动,从它的意义来说,对前者维新派所发起的文学革新运动和后者"五四"文学革命运动,实有着承先启后的作用。首先,他们都曾受到梁启超的文学观的影响,这一点周作人在回忆鲁迅的文章中,谈得很清楚。另外,也曾受到严、林译著的影响,不过"后来者居上"。鲁迅弟兄对文学的认识,比前于他们的这些作者,要深刻、全面得多了。他们把民族的兴亡与文学的盛衰密切地联系起来。他们希望中国能出现像"摩罗派"诗人那样"精神界的战士",同时他们认为中国过去的文学能毫无顾忌,发出真正的雄声的很少,主要原因则由于受儒家思想的束缚与专制帝王的压制。他们痛诋儒道两家思想的流毒,而尤其以儒家为最。这种观点实上承章太炎而下开"五四""打倒孔家店"的先河。

至于这次运动的缺点,是他们忽视了语言的改革,不论论文同译文,都有点艰深古奥,远不如梁启超的文章与林译著作的易懂,而这正是他们这次运动失败的一个重大原因。

(三)

"五四"前夕,中国文坛上出现的文学革命运动决非偶然。首先,由于1914年欧战的爆发,中国民族工业有了进一步发展。民族资产阶级、工人阶级同时登上了历史舞台,加上受到西方科学与民主思想影响较深的知识分子,这样就形成了一支比较过去强大的反封反帝的革命力量。其次,在思想上,由于封建势力篡夺了革命果实,复辟帝制成为当时反动派竭力实现的目标,于是伴随而来的是对孔教的推崇与宣传,借此为他们的阴谋作舆论准备。这样就引起了先进的知识分子同他们进行斗争。由陈独秀、吴虞等发动批孔运动,就是针对康有为、袁世凯的尊孔谬论而发的。继晚清的文学革新运动,随着思想上的革命运动,而发展为文学革命运动,这是必然的趋势。当时的桐城派同选派的作者,很少不是卫道派,革命派为表现反封反帝的新思想,不能不革除古文学的旧格套同旧语言,而代之以新形式同白话。

当时文学革命运动,由胡适的《文学改良刍议》开其端,接着陈独秀发表了震动一时的《文学革命论》。这篇文章给中国文学革命提出了一个系统的战斗纲领。文中指出了以下几个重要问题：

1. 伦理、道德、文学、艺术与政治的关系。他认为中国在政治上几次革命的失败，原因在于对旧的伦理道德、文学艺术，根本没有进行过革命。而当时对孔教的讨论，实际为对孔教的批判，也就是对旧的伦理道德革命的先声。文学上胡适的《文学改良刍议》，应该说是文学革命发难的义旗。

2. 标出文学革命的三大主义。首先，明确提出了要推翻的三种古文学和要建设的三种新文学。前者为贵族文学、古典文学、山林文学，后者为国民文学、写实文学、社会文学。这三种正反两面的文学，一是从文学的服务对象来说的：所谓贵族文学，其服务对象自然是封建贵族阶级，内容必然是阿谀逢迎的，而形式也必然是雕琢粉饰的。至于国民文学，其服务对象为广大的国民，内容自然是抒情的，而形式也是平易的。二是从创作方法上说的：古典文学由于缺乏进步的思想，所以在创作方法上，只能是堆砌一些陈词滥调，或者运用空泛的铺张扬厉的写法，所以没有什么价值。至新的文学，应用写实主义的创作方法，来表现作者对现实的认识和态度。由于这类作品表现了作者的真情实感，因而能成为新鲜可喜的作品。三是从作者对现实的态度而言的：山林文学是回避现实斗争的文学，是消极避世的文学，是应该批判的。而新文学则是应该关心民生疾苦，国家兴亡，对现实生活能够发现问题，提出问题，而给以正确反映的文学。这样既有破，又有立，不像胡适只主张在文学形式上进行改革，而是要求在文学内容上进行一次革命。

3. 对中国古代文学，有分析地给以肯定或否定。即如对《国风》、《楚辞》以及唐代的古文运动，是肯定的。对韩愈即作了一分为二的评价，认为他变八代之法，开宋元之先，自是豪杰之士，但他不能令人满意的，即文犹师古，并抱有"文以载道"的谬见。对元明以来戏曲家如马致远，小说家如施耐庵、曹雪芹，则称之为"盖世文豪"。他所坚决反对的则是明代的前后七子，因为他们是复古主义者，主张拟古模古,提出"文必秦汉,诗必盛唐"的荒谬口号。对当时桐城派所奉的祖师归(有光)、方(苞)、刘(大櫆)、姚(鼐)等,则称他们为"十八妖魔",作为当时革命的对象。

4.标举西欧的几位浪漫主义、现实主义与唯美主义的大作家,如法之雨果、左拉;德之歌德、赫卜特曼;英之狄更斯、王尔德等作为作家学习的典范。他希望中国文学界能有以上述作家自命的,来同中国的十八妖魔进行战斗,他愿拖四十二生的大炮,为这些革命者的前驱。

这篇文章是这次文学革命的宣言书,是向封建文学进军的号角,是明确的、系统的战斗纲领。以后参加这一运动的作者,如鲁迅、胡适、周作人、钱玄同、刘半农等,都曾发表过不少论文,对这一纲领进行补充与发展。

这次文学革命运动取得了伟大的胜利,给中国文学开辟了一个新的历史时代。"五四"后到现在六十多年间,中国文坛上涌现出了许多伟大的杰出的作家,特别是鲁迅,成为世界文坛上喧赫的巨人。

至这次文学革命之所以取得伟大的胜利,主要有以下原因:首先是鲁迅杰出的具有划时代意义的《狂人日记》的发表,像春雷一样,震动了当时中国的文坛。接着又发表的《孔乙己》、《药》等,给新文学树立了光辉的典范,开辟了一条崭新的创作道路。由于这些作品给中国文学开辟了新的历史时代,因而鲁迅被公认为是中国新文学的开山。

接着,十月革命一声炮响,给我们送来了马列主义。中国先进人士,用共产主义的宇宙观和社会革命论,来重新观察中国的命运,并指出了新的战斗方向与道路。李大钊对十月革命的欢呼与对马克思主义的介绍,为五四运动的爆发,作了思想准备。

由于五四运动的爆发,促使了文学革命运动进一步发展。"实践是检验真理的唯一标准",通过对这次运动的宣传工作,充分证明了白话文学是最锐利的武器,从而宣判了古文学的死刑。从此新文学取代了古文学的宝座,而为全国进步人士所公认。

（四）

从晚清的两次文学革新到"五四"的文学革命，其间发展的径路，给我们以如下的几点启示：

1.文学的发展，必然要受到经济与政治背景的制约。中国新兴的资产阶级，由于受到帝国主义的压迫与本国封建主义的束缚，具有一定的软弱性。加上西方资本主义文化已走向没落阶段，所以晚清中国由地主阶级转向资产阶级的代表人物，提出向西方学习的口号，对已沦为半封建半殖民地的中国，却不敢提出反帝口号，同时对几千年来巩固封建制度的孔孟之道，也不敢进行彻底地批判。维新派批程朱，批"三纲"，却不敢触及孔孟，并且还借孔子的旗号，来进行政治上的改良。革命派才对孔子进行了批判。因此维新派在文学上也只是限于改良，而未能作彻底的革命。

"五四"时期，由于国内形势与国际形势有了巨大的变化，特别是中国资本主义在欧战时期有了长足的发展，工人阶级登上了政治舞台，苏联十月革命的胜利，马列主义传播到了中国，思想革命——批孔运动有着进一步的发展，因而爆发了彻底的不妥协的反封反帝的文学革命运动，给中国文学开辟了一个新纪元。

2.历史是发展的，同时也是有其先后继承性的。就理论上看，晚清的维新派提出"诗界革命"，但黄遵宪的作品，也只能说是"革新"，说不上"革命"。至于对旧文学的批判，鲁迅同周作人的文章，都有所涉及，但是并未打出革命的旗帜，而且理论还不够系统。到了"五四"时期的陈独秀，他总结了过去的经验与教训，发表了《文学革命论》一文，这是具有强烈战斗性的纲领性的文章，因而影响特别地大。另外在思想革命上，一是反孔教，二是介绍民主与科学，这都是继承晚清的余绪而进一步有所发展，因此才形成了一个革命运动。所以从晚清到"五四"，从革新到革命，发展是完全符合历史辩证法的。即由渐变到突变，从量变到质变。"五四"时期有些反对文学革命的文人，如林纾、严复以及刘师培等,他们在晚清都曾为这一运动起过一定的推动作用,但由于他们思想的停滞,到最后竟成为新的运动的反对者,这是由于他们昧于历史发展动向的缘故!

3.在创作上,拿鲁迅的小说与晚清谴责小说相比较,再拿"五四"的白话诗与晚清的诗歌相比较,其相去简直不可以道里计。

总之,"五四"的文学革命运动,是晚清两次文学革新运动的继续和发展,完成了晚清文学革新运动的未竟之业。我们为了进一步了解"五四"文学革命运动的伟大意义,就必须对晚清文学进行探索,找出其来龙去脉,否则"五四"文学革命就成为无源之水,无本之木,成为一个突如其来、不可理解的历史事件了。

试论晚清第二次文学运动[①]
（存目）

孔学评议的今昔观

　　孔学，也就是孔子的学术思想。但孔子死后，其后学便分出了许多流派，正如《韩非子·显学篇》中所说的，"自孔子之死也"，"儒分为八"。到了战国时期，继承并发展了孔学的，又有孟轲和荀卿。由于流派的不同，自然各派间的学术思想既有共同的一面，也有相异的一面，即如对人性的看法，孟子主"性善"，而荀子则主"性恶"。然而到后来，凡是宗法孔子之学的，统统标之为儒学。

　　秦始皇统一中国后，虽曾焚书坑儒，但书并未被烧尽，儒者亦未被杀绝。西汉初期，先秦各派学术，又重新呈现繁荣的局面，儒学自

[①] 本文曾于1981年由作者编入《鲁迅散论》一书中，此次整理对其文字进行校对后仍编入原书，见文集"鲁迅研究"17页，此处仅作存目处理。

然也不例外。至于儒术一尊,则始于汉武帝时。董仲舒出于加强封建专制集权的需要,在《举贤良对策》中提出:

> 臣愚以为诸不在六艺之科,孔子之术者,皆绝其道,勿使并进。邪辟之说灭息,然后统纪可一,而法度可明,民知所从矣。(《汉书·董仲舒传》)

此后,便开始了"罢黜百家,独尊儒术"的封建专制主义的文化政策。东汉光武帝尤崇儒术,史称:

> 光武中兴,爱好经术。未及下车而先访儒雅,采求阙文,补缀漏逸。先是四方学士,多怀挟图书,遁逃林薮,自是莫不抱负坟策云会京师。(《后汉书·儒林列传》上)

魏晋以后,虽佛、道盛行,其与儒学三者往往被帝王所崇尚,用以稳定和巩固他们的统治,但儒学仍然起着主导的作用。历代帝王几无不以儒术为选用人才的标准的。到了宋代,程、朱派理学家,更是吸取佛、道思想的内涵,建立了新的儒术理论体系,强化了纲常伦纪和对广大人民思想的束缚与禁锢,因而越发受到封建统治者的赞赏与推崇。到了明、清两代,统治者则进一步把程、朱注解的《四书》、《五经》规定为读书人从事科举考试的教科书,要求士子们按一定的格式写八股文,内容必须在程、朱的注解范围内作些发挥,从而进一步强化了封建的思想文化专制。

由于程、朱理学,自南宋后期以来被封建统治者奉为官方的御用哲学,因而封建阶级的剥削、压迫便被美化为天经地义。统治阶级可以过着奢侈纵欲的生活,而广大人民群众则必须在"存天理,灭人欲"教条面前过着非人的生活。程伊川的"饿死事小,失节事大"的话,把广大妇女推入了更悲惨的境地,一座座贞节牌坊,记载了多少寡妇的痛苦身世。

到了晚明,王学左派中出现了李贽这一伟大的思想革命家。他曾痛诋程、朱派的理学家们,揭穿他们的虚伪本质,说他们"口谈仁义,行若狗彘"。并赞扬汉代的寡妇卓文君再嫁司马相如说是"归凤求凰,安可诬也"(《藏书》卷三十七)。他正因为敢于抨击程、朱派理学,并向孔夫子挑战,而遭到反动统治者的迫害,终死于狱中。

继李贽之后,清代中叶的皖派朴学大师戴震,发扬了反程、朱的战斗精神,他在《孟子字义疏证》中,从儒家的哲学理论上,对理学进行了分析与批判,他说:

> 理欲之分,人人能言之。故今之治人者,视古圣贤体民之情,遂民之欲,多出于鄙细隐曲之不措诸意,不足为怪。而及其责以理也,不难举旷世之高节,著于义而罪之。尊者以理责卑,长者以理责幼,贵者以理责贱。虽失,谓之顺。卑者、幼者、贱者以理争之,虽得,谓之逆。于是下之人不能以天下之同情、天下所同欲达之于上。上以理责其下,而在下之罪,人人不胜指数。人死于法,犹有怜之者,死于理,其谁怜之?

梁启超在《清代学术概论》中,把戴震的反理学思想比之欧洲中世纪文艺复兴时期反基督教的禁欲主义,而代之以希腊的情感主义。他说:

> 戴震确有见于此,其志愿确欲为中国文化转一新方向。其论尊卑、顺逆一段,实以平等精神作伦理学上一大革命。其斥宋儒之揉合儒佛,辞带含蓄,而意极严正,随处发挥科学家求真求是之精神,实三百年间,最有价值之奇书也。(第69~69页)

清代学术思想上有所谓正统派。作为这派代表的,即在乾隆时期出现的桐城派。桐城派的创始者方苞以"学行程朱,文章韩欧"为立身祈向。后来的刘大櫆、姚鼐继方氏之后,发扬了这种理论,并以之传授弟子,形成了所谓桐城文派。到咸同时期,镇压人民革命的大刽子手曾国藩,他是程、朱派理学的竭力维护者;同时又是桐城派文论的大力提倡者。他自称:"国藩之粗解文章,由姚先生启之也。"他在《圣哲画像记》中,对过去儒者所标榜的道统与文统的代表人物,则倍加推崇。所谓道统,即《画像记》中所称道的:"文、周、孔、孟、周、程、朱、张。"所谓文统,即"班、马、左、庄、韩、柳、欧、曾"与"李、杜、苏、黄。"

曾国藩由于镇压了太平天国革命,而使摇摇欲坠的清王朝又延续了几十年的国运。所谓"同治中兴",曾国藩实为"元勋"。由于他的政治地位,所以他的思想在当时发生了极其广泛而又深远的影响。

洋务派后期代表人物张之洞,虽然提倡学习西方的科技,但却反对维新派在政治上的变法运动。他的臭名昭著的《劝学篇》就是继叶德辉等人的《翼教丛编》之后,针对维新派所提倡的"民权论"而发的。他的"中体西用"论,对当时思想倾向保守的人士,也曾产生了极坏的影响。

康、梁等人主张接受西方民主主义,实行君主立宪的政体,但仍要借孔子的招牌,用西汉公羊家"三世"之说,来"托古改制"。而维新派中的左翼谭嗣同,却敢于批判程、朱,并上及荀卿。他在《仁学》中,沉痛地指出:

> 故常以为二千年之政,秦政也,皆大盗也。二千年之学,荀学也,皆乡愿也。惟大盗利用乡愿,惟乡愿工媚大盗。二者交相资,而罔不托之于孔。

当时维新派中的梁启超、夏曾佑等人,曾经发起过一个排荀运动。就中只有夏曾佑在排荀的同时,敢于触及到孔子。即如在他写的《中国历史教科书》(后又以《中国古代史》之名出版)二篇一章六节《秦与中国之关系下》中,论及荀子性恶时说:"本孔子专制之法,行荀子性恶之旨。"后边又在二篇一章六十节《儒家与方士之糅合》中论及荀子时,又说:

> 荀子死于秦前幸耳,荀子而生于秦皇汉武之世,有不为文成五利者乎?虽然,亦以孔子尊君重生之极致有以致之也,于汉儒何尤!于荀子何尤!

维新派之后,首先揭出批孔旗帜的,是革命民主派的章太炎和刘师培。随着革命浪潮的日益高涨,满清统治者为挽救其摇摇欲坠的政权,便极力提倡孔学,大搞尊孔、祀孔的活动。章太炎针对这种形势,在上海《国粹学报》上发表了震动一时的《诸子学略说》。在这篇文章中,作者首先把孔子作为儒家学派的创始人,而与先秦诸子如道、墨、法各家学派的鼻祖并列。其次选取庄子和墨子书中诋毁孔子的言论史料,来丑化孔子。再次,从理论与实践上,揭批了孔子及其后学对后世所起的消极影响。文中说:

> 用儒家之道德,故坚苦卓厉者绝无,而冒没奔竞者皆是……用儒家之理想,故宗旨多在可否之间,议论止于函胡之地。彼耶稣天方教崇奉一尊,其言在堵塞人之思想,而儒术之害,则是涽乱人之思想。故程朱陆王诸家,所以有权而无实也。

另外还批判了孔子"中庸"之说,并诋孔子为"国愿"。文中说:

> 所谓"中庸"实无异于"乡愿"。彼以"乡愿"为贼而讥之。夫一乡皆称愿人,此犹没身里巷,不求宦仕者也。若夫逢衣浅带,矫言伪行,以迷惑天下之主,则一国皆称愿人。所谓"中庸"者,实国愿也,有甚于"乡愿"者也。孔子讥"乡愿"而不讥国愿,其湛心利禄又可知也。

继章太炎之后的刘师培,在还未叛变革命的时候,因受章氏的影响,他也写了一些反孔批儒的文章。他在《攘书·罪纲篇》中,继承了戴震的观点,批判了"三纲"之说,认为古代并无此说,乃后儒"舍理论势,以势为理,舍是非而论顺逆",于是产生了以强凌弱的以空理相诘责,禁锢民心,束缚才智的不合理现实。同时,刘师培还在《孔学真论》中,通过西学和孔学的比较,指出孔学的偏颇错误之处有四点:

一、信人事而并信天事。由于孔子创天变之说,西汉则有灾异学,东汉则有谶纬学,因而成为民智之一大阻。

二、重文科而不重实科。刘氏举西方学人从苏格拉底传至亚里斯多德等,昌明物理之蕴。我国孔门弟子,除六艺之外,无一能言名、数、质、力者。直到晚清,儒者仍高谈心性之学,视科学为无足轻重。唯物派之学术,于中国遂寂然无闻。

三、有持论而无驳诘。师生之间,没有相互驳难的风气。印度有因明学,欧洲有归纳演绎法,故持论圆满精微。孔子虽有正名之说,亦仅著空文,未能实求其用。故辩诘之法,杳然无闻。同时,还由于孔门的专制,弟子问难为孔子所不乐闻,于是有听受而少问难,因而教育上形成为专制之习。

四、执己见而排异说，孔子为儒教排外之鼻祖，禁言论思想之自由，仍衍官学时之遗法，孔子之后，孟子斥杨墨，荀子非十二子。荀卿之学流为李斯之焚书。孟子之学流为宋儒道统之说，学术定于一尊，凡学术与孔孟异教，悉以非圣无法罪之。

以上刘氏用比较分析的方法，指出孔学的种种弊端及其对中国学术发展之危害，可以说是深中要害，是非常精辟的。

章、刘之后，革命派中一时形成批孔的热潮，如《河南》杂志上凡人的《无圣篇》，文中有许多发前人所未发的名言谠论，而最有说服力的是，指出如果圣人足以造福人民，那么我国应该"超轶乎世界各国之上，为世界第一等国矣。奈之何征之往史，既如彼其黑暗，按之近世，且奄奄垂亡，不可终日"。实践是检验真理的唯一标准，孔学在中国思想界统治几千年，但是中国历史成为一部相斫书，广大人民的境遇正如鲁迅所说的处于"作稳了奴隶的时代，与欲作奴隶而不得的时代"。到了鸦片战争之后，国势日趋危亡，随时都会有亡国灭种之祸。凡人的批判，真是发人深思。

与凡人同时在《河南》上发表批判孔子文学观的文章的，则有鲁迅与周作人。鲁迅在《摩罗诗力说》中抨击：孔子以"思无邪"论《诗三百》，实产生禁锢创作自由的消极作用。周作人的《文章之意义及其使命，因及中国近时论文之失》，用西方的文学论点，批判了孔子的文学观。

此外，在辛亥革命前夕，四川《蜀报》发表了吴虞的《辨孟子辟杨墨之非》，此文指出天下有二大患：一为君主之专制，二为教主之专制。君主之专制，极于秦始皇之焚书坑儒、汉武帝之罢黜百家；教主之专制，极于孔子之诛少正卯、孟子之拒杨墨。吴氏除论文外，还在《辛亥杂诗》中，揭发抨击了孔学思想。革命派的批孔，实为推翻清王朝，在思想上扫清道路，对当时武装起义，应该说是产生了一定积极作用的。

辛亥革命后，革命实力的薄弱与革命的不彻底，而使得革命果实被大军阀、大官僚袁世凯所篡夺。袁世凯当国后,封建势力卷土重来。当时部分封建余孽如张勋、康有为之流,妄图复辟废帝溥仪,而袁世凯本人也意欲恢复帝制,登上帝位。于是,便不约而同地提倡尊孔读经,并且恢复清代夏、秋两季祀孔的大典。不多久,袁氏就宣布了帝制,国号洪宪。但好梦不长,在全国一片讨伐声中,终于忧愤而死。接着,张勋、康有为拥立溥仪复辟的阴谋,也以失败告终。

历史的反复,帝制丑剧一再重演,不能不令当时有识之士对之进行深入的反思。于是有陈独秀主编的《新青年》杂志的出现。这是穿破沉沉阴霾的一缕曙光,也是冲入腥臊朽腐气氛中的一股清新的朝气。

《新青年》发刊后,首先提出的即是"打倒孔家店"的问题。当时,正是袁世凯帝制垮台之后,康有为又极力鼓吹"以孔教为国教",并上书总统,要求把尊奉孔教列入民国宪法中的时候,陈独秀针对此荒谬绝伦的主张,在《新青年》二卷二期中发表了《驳康有为致总统总理书》、《宪法与孔教》、《孔子之道与现代生活》等驳斥抨击的论文。以后,又在1917、1918两年中,继续发表了《再论孔教问题》、《旧思想与国体问题》、《复辟与尊孔》、《驳康有为共和评议》等。

与陈独秀同时,批孔老将吴虞也在《新青年》上发表了一系列的批孔论文,如《家族制度为专制主义之根源论》、《儒家主张阶级制度之害》等。而鲁迅则在《新青年》上以面貌全新的小说《狂人日记》,深刻地揭示了儒家思想的核心——礼教的"吃人"本质。于是"吃人的礼教"成为投向"孔家店"的一枚重磅炸弹。

鲁迅在30年代追叙他当时的小说创作时说:

> 在这里又发表了创作的短篇小说的是鲁迅。从一九一八年五月起,《狂人日记》、《孔乙己》、《药》等陆续的出现了。算是显示了"文学革命"的实绩。又因那时的认为"表现的深切",与"格式的特别",颇激动了一部分读者的心。(《中国新文学大系·小说二集序》)

鲁迅在文学领域内与陈、吴等人在理论战线上的斗争相呼应,促使了反封建礼教的运动形成了一股势不可挡的大潮。五四后,新文坛上出现的诗歌、小说、戏剧、散文等多种体裁或题材的作品,其主题思想,几无不与反礼教和批孔学这一时代的脉搏相通。

五四后,卫护封建传统思想的顽固派对新文化运动进行了疯狂的反扑。当时任大军阀段祺瑞执政府司法兼教育总长的章士钊,就是这种顽固势力的代表人物。他利用手中的权力,大肆提倡尊孔读经。其时在教育部任职的鲁迅,为女师大学生被开除事件,以及后来发生的三·一八惨案等,曾与炙手可热的章士钊进行了针锋相对的斗争,并驳斥章士钊的荒谬主张发表了《十四年的"读经"》,指出这不过是历来当权者所耍的一种把戏,而某些老实人郑重其事地去评论,实在是些笨牛。此文揭露那些历来提倡读经的阔人:他们从经书中所学得的不过"瞰亡往拜"、"出疆载质"。而文中最精彩的,是对那班读过经书的阔人的批判:"他们大抵是聪明人,而这聪明,就是从读经与古文得来的。……古书实在太多,倘不是笨牛,读一点就可以知道,怎样敷衍,偷生,献媚,弄权,自私,然而能够假借大义,窃取美名。再进一步,并可以悟出中国人是健忘的,无论怎样言行不符,名实不副,前后矛盾,撒谎造谣,蝇营狗苟,都不要紧,经过若干时候,自然被忘得干干净净;只要留下一点卫道模样的文字,将来仍不失为'正人君子'。况且即使将来没有'正人君子'之称,于目下的实利又何损哉?"

这就一针见血地揭露了那些提倡读经者。他们从经书和古书中所悟出大道理,而这道理,正是让人们怎样欺骗,怎样假借美名,从而达到个人自私自利的目的的。这就彻底揭露了经书的实质和提倡读经者的卑劣用心。

到了30年代,一直意欲吞并我国的日本帝国主义在汤岛落成了孔子的圣庙,国民党政府中的大官僚湖南省主席何键,特意寄赠了一幅珍藏的孔子画像。为此,鲁迅发表了批孔杂文《在现代中国的孔夫子》。文章的中心内容大致有三点:

一、孔子及其徒的一套学术,不能应付当时世界各国竞争生存的新形势,所以到清末,从政府到一些大官僚们认识到"与其拜着孔夫子而死,倒不如保存自己之为得计"。其结果是拼命尊孔的政府和官僚们用官帑大翻其洋鬼子的书籍。而一批批派遣留学生到外国学习,也正是在这个时候。文章回忆他自己到日本留学时,一次学监大久保约集中国学生到御茶之水的孔庙去行礼的心情说:

  正因为绝望于孔夫子和他的之徒,所以到日本来的,然而又是拜么?一时觉得很奇怪。

所谓"绝望",正是认为孔学无用的证明。

二、孔子死后,为历代统治者所粉饰、打扮,被捧到惊人的地位,从而成为他们的"敲门砖"。而在辛亥革命后,袁世凯、孙传芳、直到张宗昌,这些官僚军阀们也都携了这块"敲门砖",企图敲开幸福之门,但却一个个都失败了。这一切说明时移事异,想步过去统治者的后尘,用孔子这块"敲门砖"去实现野心的事,已经是行不通了。

三、指出孔子的一套治国方略都是为权势者设想的,"为民众本身的,却一点也没有。这就是'礼不下庶人',成为权势者的圣人,终于变了'敲门砖',实在也叫不得冤枉"。这就从孔学的本质上说明它服务的对象是些什么样的人。

解放后,在经济上进行了土地改革,在政治上打倒了地主阶级,在思想上对知识分子进行了改造。但是孔子的幽灵并未消灭,林彪准备篡党夺权时,用所谓的"克己复礼"作为他们阴谋计划的代用语。因而在林彪反革命集团垮台后,就掀起了一个批林批孔运动。在这一运动中,成立了一些写作班子,如梁效之类,后来为江青所利用,借以为她篡党夺权开拓道路。但这从反面利用孔子的企图,其结果,同样以失败而告终。

到了80年代,提倡孔学之论在港台以及东南亚又甚嚣尘上。尊孔者认为孔子之道是医治西方资本主义末流流弊的无与伦比的良方。几年前,港台的大学生对此问题,曾与国内复旦大学学生代表进行过辩论,其结果是以尊孔者失败而结束。

综上所述可知,孔学从汉以后,到现在,几千年来,在对它的评价,与人们对它的态度上,鲜明地可以分作三个阶段:一、从汉武帝"罢黜百家,独尊儒术"起到五四"打倒孔家店"止为第一阶段。二、从五四文化革命运动到近期为第二阶段。三、今后对孔学在认识与研究以及态度应该为第三阶段。而这三个阶段的发展,恰恰符合辩证法所谓正、反、合的三个发展历程。

先就第一阶段来看,孔学从西汉得到封建统治者的尊崇之后,而被作为全民的统一思想,逐渐使九流中一流的儒家思想,成为人们的应事接物,以及修、齐、治、平的规矩准绳,同时成为封建时代伦理的典范,凡言行与之相合的,即受到社会的称誉与赞扬。从历代的选举制度看,汉代用"贤良方正"同"孝悌力田",作为乡里向政府推荐人才的标准。以后继起的九品中正制,其评价人物,无不以儒家所提出的伦理道德作为最主要的条件。隋唐以后,选举制度虽然以文章考试作为士大夫进身之阶,但历代考试文章,在思想内容上,也无不以儒家思想作为主导思想。到明清两代,以八股文取士,更是以程朱派理学家所注释之《四书》、《五经》作为考核的唯一准则。

孔子后来为封建帝王所尊奉,被加上许多荣誉的称号,最后被称为"大成至圣文宣王",凡孔子的言行,只有赞颂、学习,决不容许任何人加以批评或非议,否则就是"非圣无法",不仅要受到社会舆论的谴责,并且会遭到政府的逮捕与制裁。晚明李贽的受到迫害,就是最明显的例子。所以从汉代到辛亥革命后的五四运动是孔学一尊的时代。孔子虽与耶稣基督、穆汉默德作为宗教的教主不同,但封建统治者以及广大的知识阶层对他的尊奉与顶礼膜拜,实与耶稣、天方两教的教主,可说并无二致。所不同者,不过是没有它们那种繁琐的宗教仪式而已。

几千年来的孔学是与封建统治阶级相依为命的。封建统治者,为卫护其政权,不得不推敬孔子,用孔学来钳制人心,使广大人民老老实实地受其奴役,为其效忠。这样,封建统治阶级从最高层的皇帝直到最低层,大大小小的统治阶级,就可以安富尊荣,享受其天下太平之福。但是,社会上有压迫者与被压迫者两种。压迫者有压迫者的思想,这就是孔学。而被压迫者也有被压迫者的反抗思想,这就是历代具有民主思想的先进思想家的思想。这些先进的思想家代表了广大被压迫的劳动人民,为他们的不幸而控诉,而鸣不平。但这一些人,往往更会受到统治者的迫害,再不然就是落魄潦倒终生。晋代的嵇康、明代的李贽,就是最显著的例子。

但鸦片战争后,西方的民主主义思想也随着帝国主义者的坚船利炮,同时打进了中国的大门。于是西方的民主主义与中国固有的先进的具有要求民主倾向的思想相汇合,在特定的历史时代,出现了资产阶级改良派与资产阶级革命派的反封建专制主义。前一派,还不敢触及孔子,并且还在利用孔学作为护符。而后一派,则旗帜鲜明地对孔学进行了批判与抨击。道理很清楚,要推翻封建专制主义,就必须先从思想上打倒几千年来为虎作伥的孔学,而打倒孔学,实为推翻封建专制主义的先决条件。历史证明,正由于辛亥革命前对孔学批判抨击的不彻底,所以在辛亥后,又出现了帝制、复辟的两次丑剧。对孔学与封建专制政体的关系,到五四前夕,陈独秀看得最清楚,所以他创办的《新青年》首先要进行的,就是反孔、批孔。"打倒孔家店"这一革命运动,声势浩大,影响也极为深远。从1919年到1989年,70年来,孔学在人民思想上的威信,的确是一落千丈。而一般人甚至不称孔子,而称"孔丘"、"孔老二"。至于目前一般青年,甚至没听说过《论语》、《孟子》为何书,更不用说受其中思想的影响了。不过从家庭父子、夫妇关系上看,过去封建时代的思想残余,还并未被肃清。父亲压迫子女,特别具体到婚姻问题,"父母之命"的观念,还在起作用,而一般丈夫压迫妻子的情况,更是"司空见惯"。所以反封建思想的时代任务还并未完成。不过从学术思想的发展来看,对孔学,五四前的崇奉,到五四后几十年来的批判,这个一正一反,恰恰符合辩证的发展规律,而今后似应走向第三阶段,即"合"的阶段。

马克思列宁主义,对于民族文化,从来是采取"批判继承"的方法与态度。列宁曾经论到马克思主义的三个来源,充分说明了这种道理。毛泽东同志在四十年代发表的杰出著作《新民主主义论》中,曾详论中国民族文化的发展问题。其方法与态度,即完全符合马克思主义的辩证唯物主义与历史唯物主义。他说,"中国的长期封建社会中,创造了灿烂的古代文化。清理古代文化的发展过程,剔除其封建性的糟粕,吸收其民主性的精华,是发展民族新文化,提高民族自信心的必要条件。但是决不能无批判的兼收并蓄。必须将古代封建统治阶级腐朽的东西和古代优秀的人民文化,即多少带有民主性和革命性的区别开来","中国现时的新文化也是从古代的旧文化发展而来,因此我们必须尊重自己的历史,决不能割断历史。但这种尊重是给历史以一定的科学的地位,是尊重历史辩证法的发展,而不是颂古非今,赞扬任何封建的毒素。"又说:"从孔夫子到孙中山,我们都应予以总结。"

虽然毛泽东同志有这样的理论与主张,但对孔学进行分析研究与批判继承的,固不乏其人,但还没蔚成风气。目前在港台的学者,以及东南亚各国的治中国学术的学者,虽然又出现了推尊孔学的思潮,但又往往重新蹈袭过去的盲目推崇的老路。所以我们马克思主义者,特别是从事学术思想史研究的同志们,对孔学进行分析研究,予以科学的评价,实在是责无旁贷的。

孔学有其大量的封建糟粕,但也不能说没有民主的精华。即如他思想中最重要的,所谓"忠恕",据宋儒解释,"尽己之谓忠","推己及人之为恕"。这样的伦理道德,就在今天,不是还值得继承发扬吗?又如孔子一生所奉行的"学而不厌,诲人不倦",今天从事教育工作的同志们,不也应该奉行吗?

今天有一部分狂妄之徒,提出要彻底反对中国的传统文化,真可谓"荒谬绝伦"。毛泽东同志对中国文化的发展曾提出三个标准,即一、科学的,二、民族的,三、大众的。彻底否定中国的传统文化,势必要走"全盘西化"的道路,那么在文化上,就会成为西方的附庸。庄子讥笑的"邯郸学步",所谓"未得国能,又失其故行矣,直匍匐而归耳?"所以这些对民族文化抱虚无主义态度的人,他们的观点是决不会得到有识之士的认同的,而且在现实中也是绝对行不通的。我们今天不是要建设具有中国特色的社会主义新中国吗？那么其中最重要的一环,就是要建设具有中国特色的中华民族的新文化！

1989 年 9 月 10 日教师节

龚自珍与晚清诗坛

"诗人如果是预言者,艺术家如果是人类的导师,他们不能不站在历史的前线,为人类社会的进化,清除愚昧保守势力,负起解放斗争的使命"(《1930年2月《中国左翼作家联盟的理论纲领》》)。

1840年鸦片战争爆发的前夕,清王朝的政治、经济已逐渐走上崩溃的边缘。西方殖民主义者侵略的魔爪,已伸进中国的大门。大清帝国外强中干的情势已充分暴露,而广大被压迫被剥削的人民群众,在长期被奴役的悲惨生活之下,忍无可忍,已在图谋揭竿而起。这是暴风雨的前夜,是历史将出现大变革、大转折的前夜。当时,对这一将变未变、终将要变的形势,有着深刻的预感并用瑰丽而含蓄的语言发出由衷的响亮之音的,就是开中国近代文学新局面的先驱者、诗人龚自珍。

龚自珍(1792~1841)出身于三世为宦于京师的封建官僚家庭,同时,他的外祖父段玉裁是乾嘉时期最有声望的朴学大师。他幼年即承其外祖父之学,从事古文字学与经学的探讨,后来又从著名的公羊学家刘逢禄受业,深通公羊学的微言大义。

在嘉道之际,时代变化自然不可能不影响到学术的变化。通经致用、关心民生疾苦、关心中外的政治实际、关心国家前途与民族命运的公羊派,就代替了单纯为学术而学术的考据学派而兴盛起来。

龚自珍虽早年饱受其外祖父的朴学学风的熏陶,但由于祖上几代官于京师,所以他熟悉当时的朝章国政,尤其是对现实时代的发展、朝野情况的洞察,特别是作为伟大诗人的敏感,使他倾心于公羊学的探索。

龚自珍是最熟悉中国的经史及诸子之学的,他从先秦哲学中掌握了朴素的辩证法,从中国历史发展中理解到朝代更替的客观规律,从宋代哲人张载的著述中,接受了民胞物与的思想,尤其是从王安石政治思想中,接受了变法的主张,在公羊学中又吸取了不断发展与不断变革的观点。这样就使他对当时现实的观察,分析与理解,以及如何才能顺应时代的潮流,根据历史的规律,用诗的语言,对当代时弊进行揭露、抨击,并提出了自己改革的主张。

龚自珍是嘉道时期杰出的政论家,同时也是对当时腐朽的政治,破产的经济以及文化、教育、世风的深刻的批判家。他具有渊博的学识、磅礴的感情、锐敏的观察与果敢的精神,在一般士大夫"呓誓粟斯,喔咿儒呢",惟恐丢掉个人名位,即所谓"避席畏闻文字狱,著书都为稻粱谋"的情况下,他用他那富于感情而又极其生动形象的笔触,发抒了个人不能已于言的心底的话,因而使他开罪了一些权贵,触怒了一些庸人,这就是他所以在宦途上一直蹭蹬,潦倒,甚至后来京师都住不下去,而匆匆离去的原因。但他具有深义、富于哲理的文章,不知启发教育了多少当时的读者和千千万万的后人。在他的呼唤风雷的时代的最强音的惊醒下,出现了革新的政治潮流,为中国政治的变改,打开了新的局面。"三百年来第一流",柳亚子对龚定庵的这个评价,我认为是非常恰切的。

到嘉道时,政治的极端腐朽与经济的极端凋敝,减弱了清王朝对士大夫的高压政策的凶焰。在一般士大夫都还是心有余悸的情况下,定庵对现实中所暴露出的种种问题,虽有时用含蓄象征的笔法予以揭发,但毕竟还是敢于放言直陈的。所以他的诗文比起他的好友魏源来说,已经是犀利明快得多了。

首先,使他痛切地感到而为之切齿腐心的,就是前代康雍乾三朝对士大夫所施行的一套高压政策,使这些人都变成寡廉鲜耻、毫无气

节的奴才和毫无能力的庸才。他十分沉痛地说:

> 大都积百年之力,以震荡、催锄天下之廉耻;既殄、既搣、既夷,顾乃席虎视之余荫,一旦责有气于臣,不亦暮乎!(《古史钩沈论一》)

从清王朝的开国到定庵写这篇文章时,已经百余年,所谓的"大都积百年之力以震荡催锄天下之廉耻",终于产生了最大的效果。但这种效果对清王朝的统治来说,恰恰又走向它的反面。所以定庵很坦直地道:"顾乃席虎视之余荫,一旦责有气于臣,不亦暮乎!"

其次,定庵在《京师乐籍说》中,对历代帝王为了巩固政权,不惜对士大夫用声色腐蚀的方法以消磨其精神与岁月,使之无暇无力来谋人之国家的愚民政策进行了揭露。

定庵对封建专制政府的高压必然造成一个无耻的官僚阶层,作了极其形象的刻画。他说:

> 窃窥今政要之官,知车马、服饰、言词捷给而已,外此非所知也。清暇之官,知作书法、赓诗而已,外此非所问也。堂陛之言,探喜怒以为之节,蒙色笑,获燕闲之赏,则扬扬然以喜,出夸其门生、妻子。小不霁,则头抢地而出,别求夫可以受眷之法,彼其心岂真敬畏哉?问以大臣应如是乎?则其可耻之言曰:我辈只能如是而已。至其居心又可得而言,务车马、捷给者,不甚读书,曰:我早晚直公所,已贤矣。作书、赋诗者,稍读书,莫知大义,以为苟安其位一日,则一日荣;疾病归田里,又以科名长其子孙,志愿毕矣。且愿其子孙世世以退缩为老成,国事我家何知焉?嗟乎哉!如是而封疆万万之一有缓急,则纷纷鸠燕逝而已,伏栋下求俱压焉者尠矣。(《明良论二》)

这把当时政府官僚们的言行以及个人打算真是刻画得穷形尽相,淋漓尽致。定庵不仅看到了内忧,亦且考虑到外患。所以他说,"如是而封疆万万之一有缓急",那么这些人就会像鸠燕那样个个溜掉,真正能挺身而出、担当艰巨,与朝廷共命运的,那就很难找了。

朝廷上的官僚们是这样,而且人民群众在经济凋蔽、惨遭剥削的情况下,则是日不聊生。定庵以嘲讽的笔墨,写出了《馎饦谣》,往日"父老一青钱,馎饦如月圆",今天呢?"儿童两青钱,馎饦大如钱"。下边用月与馎饦的对话,给现实以极尖锐的讽刺:

> 月语馎饦,圆者当缺;馎饦语月,循环无极。大如钱,当复如月圆。

最后,定庵以诙谐的口吻道:

> 呼儿语若:"后五百岁,俾饱而玄孙。"

也就是说,等着吧,再迟五百年,你的玄孙们可以吃饱。

当时人民受到政府残酷盘剥和生活上所受的冻馁之苦,在定庵的《己亥杂诗》中,也有极其沉痛的反映:

> 不论盐铁不筹河,独倚东南涕泪多。国赋三升民一斗,屠牛那不胜栽禾?

> 诗谶吾生信有之,预怜夜雨闭门时。三更忽轸哀鸿思,九月无襦淮水湄。

定庵还以朴素的辩证观点,从中国朝代鼎革的历史规律和清王朝开国后百余年的朝野变化之中,透过现实的表面现象而揭露出其内在的本质。他说:

> 世有三等,三等之世,皆观其才;才之差,治世为一等,乱世为一等,衰世别为一等。衰世者,文类治世,名类治世,声音笑貌类治世。黑白杂而五色可废也,似治世之太素;宫羽淆而五声可铄也,似治世之希声;道路荒而畔岸骧也,似治世之荡荡便便;人心混混而无口过也,似治世之不议。(《乙丙之际箸议第九》)

这就一针见血地道出了现象与本质的区别。朝野的人物如何呢?庸人充斥,而才者被扼杀。他说:

> 左无才相,右无才史,阃无才将,庠序无才士,陇无才民,廛无才工,衢无才商,抑巷无才偷,市无才驵,薮泽无才盗。……当彼其世也,而才士与才民出,则百不才督之、缚之,以至于戮之。……其法亦不及要领,徒戮其心,戮其能忧心、能愤心,能思虑心,能作为心、能有廉耻心、能无渣滓心。又非一日而戮之,乃

以渐。(同上)

在这样的情况下,于是才者不能不谋求出路,文中说:

> 才者自度将见戮,则蚤夜号以求治;求治而不得,悖悍者则蚤夜号以求乱。……然而起视其世,乱亦竟不远矣。(同上)

该文是定庵在嘉庆二十一年写的,时年二十五岁,正是锋芒毕露、踔厉风发的时候写的。《尊隐》一文,其产生时间与此篇可能相去不远。《箸议》是以论文形式出之,而《尊隐》乃是用比较含蓄而隐晦的艺术语言出之。文中用京师与山中情况的变化,实际也就是用朝野的变化作对比。真正的人才因为入京师,京师不受,非但不受,又裂而磔之,于是不得不反于野。而其结果正如文中所说:

> 如是则豪杰轻量京师,轻量京师,则山中之势重矣。如是则京师如鼠壤;如鼠壤,则山中之壁垒坚矣。

而最后终于发生了爆炸性的巨变,文中说:

> 俄焉寂然,灯烛无光,不闻余言,但闻鼾声,夜之漫漫,鹖旦不鸣,则山中之民,有大音声起,天地为之钟鼓,神人为之波涛矣。

定庵直到晚年,回忆早年的文章,还说:"少年《尊隐》有高文,猿鹤真堪张一军。"至他的"九州生气恃风雷,万马齐喑究可哀"与其早年的《尊隐》的思想,仍是一脉相承的。他不仅预感到时代将有大的动荡与变革,同时他也期望这种变革能早日到来。

定庵正是在这样认识的基础上,而向清王朝的最高统治者敲起了警钟,而忠告他们要以变法图存。只有自己从事变法,才可免于异姓的起而代之。他在《乙丙之际箸议第七》中说:

> 无八百年不夷之天下,天下有万亿年不夷之道。然而十年而夷,五十年而夷,则以拘一祖之法,惮千夫之议,听其目胘,以俟踵兴者之改图尔。一祖之法无不敝,千夫之议无不靡,与其赠来者以劲改革,孰若自改革?……《易》曰:"穷则变,变则通,通则久。"非为黄帝以来六七姓括言之也,为一姓劝豫也。

定庵这种期望变革与要求变革的思想,不仅仅是改良主义,同时也具有革命的因素。所以"诗人是预言者",是走向变革的时代风气的开辟者与推动者。他抨击陈腐而主张创新,反对保守而提倡改革。尤其在《病梅馆记》中,那种主张竭力打破一切束缚,而追求个性解放的精神,真是溢于言表。所以他不只是晚清改良派的前驱,也应该说是革命派的前驱。

我们了解了龚自珍的思想特点,然后再看他的诗歌。他的诗歌不但内容是崭新的,而形式也是解放的。他自称:"庄骚两灵鬼,盘踞肝肠深。"(《自春徂秋,偶有所触,拉杂书之,漫不诠次,得十五首》)又说:"配食漆吏与楚臣。六艺但许庄骚邻,芳香恻悱怀义仁。荒唐心苦余所亲,我才难馈仙官贫。"(《辨仙行》)可见他的创作是深受庄骚影响的。

先就他的诗歌的内容来看,想象是极其丰富的。就如屈原那种:上九天,下九源,怪怪奇奇,与丰隆宓妃交谈,让羲和为他赶车,风伯为他先驱,雨师为他洒尘。又像庄周那样:上与造物者游,而下与外死生无终始者为友;忽然梦为蝴蝶,栩栩然蝴蝶也,俄然觉,又蘧蘧然周也,以至于连自己也说不清是周之梦为蝴蝶,抑蝴蝶之梦为周。试以《西郊落花歌》为例,就可以看出定庵诗的意境的奇特。他写丰宜门外一里,有海棠大十围者八九十本,由于花时,车马太盛,未能前去观赏。不久即大风,俟风少定,即偕友人前往。试看他对落花的描写。

呼朋亦得三四子,出城失色神皆痴。如钱唐潮夜澎湃,如昆阳战晨披靡;如八万四千天女洗脸罢,齐向此地倾胭脂。奇龙怪凤爱漂泊,琴高之鲤何反欲上天为?玉皇宫中空若洗,三十六界无一青蛾眉。又如先生平生之忧患,恍惚怪诞百出难穷期。先生读书尽三藏,最喜维摩卷里多清词。又闻净土落花深四寸,冥目观想尤神驰。西方净国未可到,下笔绮语何漓漓!安得树有不尽之花更雨新好者,三百六十日长是落花时!

他在诗中表现出的对人民困苦的关心以及对社会前途的忧虑,如:

> 黔首本骨肉，天地本比邻。一发不可牵，牵之动全身。圣者
> 胞与言，夫岂夸大陈？四海变秋气，一室难为春。宗周若蠢蠢，
> 燊纬烧为尘。所以慷慨士，不得不悲辛！（《自春徂秋，偶有所
> 触，拉杂书之，漫不诠次，得十五首》其二）

这不正是屈原那种"长太息以掩涕兮，哀民生之多艰"的态度吗？在写作的手法上，庄骚的影响，更其突出。

在运用象征的手法与寓言的手法上，更是不一而足。即如他的近于诗歌的散文《病梅馆记》、《尊隐》和《己亥杂诗》中的"罡风力大颠春魂"、"九州生气恃风雷"，以及《伪鼎行》都是极好的说明。

在风格上，形成他独有的汪洋姿肆、瑰丽雄奇的特点。在这方面，正可以拿他评论别人诗歌的话，来评论他自己的诗。这就是《送徐铁孙序》中的一段话：

> 于是乃放之乎三千年青史氏之言，放之乎八儒、三墨、兵、
> 刑、星气、五行，以及古人不欲明言，不忍卒言，而姑猖狂恢诡以
> 言之之言，乃亦摭证之以并世见闻，当代故实，官牍地志，计簿客
> 籍之言，合而以昌其诗，而诗之境乃极。则如岭之表，海之浒，磅
> 礴浩汹，以受天下之瑰丽，而泄天下之拗怒也，亦有然。

龚自珍在诗歌上，不论其思想内容或艺术形式，都是解放的，革新的。他不像康乾时代的诗人，如沈归愚，讲究所谓格调，又不像王渔洋，讲究所谓神韵，乃是像公安派诗人那样，是"独抒性灵，信腕直书"的，他所不同于公安派的，乃在其所处的时代不同、个人的胸襟抱负和世界观不同。前者是退隐的，消极的，而他则是入世的，积极的。前者是觉时代无可为而撒手不再去为，而他则是明知其不可为而仍要去为。至客观形势不容他为的时候，于是发而为文章，以抒发其坎坷潦倒，与满腹抑郁愤懑的不平之气。他代表的倾向是前进的，革新的，是时代的新潮流。所以他能成为近代新风气的开拓者，不只在政治思想上是如此，他的诗歌亦是如此。

梁启超在《清代学术概论》中论龚自珍道：

> 段玉裁外孙龚自珍，即受训诂学于段，而好今文，说经宗庄

刘……往往引公羊义,讥切时政,诋制专制。……综自珍所学,病在不深入,所有思想,仅引其绪而止,又为瑰丽之辞所掩,意不豁达,虽然晚清思想界之解放,自珍确与有功焉。

这是总论龚自珍的学术思想和他的贡献。接着又论他对晚清思想界的巨大影响道:

> 光绪间所谓新学家者,大率人人皆经过崇拜龚氏之一时期:初读定庵文集,若受电然,稍进乃厌其浅薄。然今文学派之开拓,实自龚氏。(二十二)

这是就今文学以及革改政治的思想而言是如此,实际在诗歌上亦莫不如此。即以改良派的巨擘康有为而言,他早年的作品抒发那种豪放不羁,以澄清天下为己任,但因无人推荐,深有怀才不遇之感。这种处境与心情,与定庵颇有近似之处。即如他的《出都留别诸众》之第一首:

> 沧海惊波百怪横,唐衢痛哭百人惊。
> 高峰突出诸山妒,上帝无言百鬼狞。
> 岂有汉庭思贾谊,拚教江夏杀弥衡。
> 陆沉预为中原怀,他日应思鲁二生。

这里边的第三、四两句即借用定庵的《夜坐》中的"一山突起丘陵妒,万籁无言帝坐灵",而略加改易。又如《去国吟》中的"此去东山与西山,白石齿齿松柏顽",又是从定庵《己亥杂诗》之四中的"此去东山又西山,镜中强半尚红颜"句脱胎而出。又如七古《庐山谣》,在风格上同定庵的七古非常相似,放到定庵集中,简直可以乱真。由此可知,长素早年是如何的熟读定庵的诗作了。

梁启超的诗歌也不例外,由于也是熟读定庵诗的,因而他在创作时,不自觉地会流露出定庵诗的影响来。即如任公的《壮别二十六首》,在抒怀上,极似定庵的《自春徂秋,偶有所触……得十五首》。而在意境和用韵上,也有相似的地方,即如在这组诗的最末的一篇中的"浩荡天风远,侵驰白日斜,惊心自鞭影,何处不天涯"试与定庵那篇组诗的第五首"传闻智勇人,伤心自鞭影。……出门何茫茫,天心牖其逗。既窥豫让桥,复瞰轵深井。长跪奠一卮,风云扑人冷"何其相似?

又如任公的《赠别郑秋蕃兼谢惠画》:"鲁扆漆室泣,周蠡嫠纬悲。谋国自有肉食辈,干卿甚事胡乃长叹而累欷。覆巢之下无完卵,智者怵惕愚者嬉。天下兴亡各有责,今我不任谁贷之。"这与定庵的上引组诗的第二首中的"圣者胞与言,夫岂夸大陈。四海变秋气,一室难为春,宗周若蠢蠢,嫠纬烧为尘,所以慷慨士,不得不悲辛!"又何其相似!

至于任公的《刘荆州》:

> 二千年后刘荆州,雄镇江黄最上游,笔下高文蠢鱼矢,帐前飞将烂羊头。忍将国难供谈柄,敢与民权有夙仇,闻说魏公加九锡,似君诗赋更无俦。

这是痛斥嘲骂张之洞的。在诗韵上,却是与定庵的《咏史》相同。而在诗歌的内容上,也都含有揭露与诋斥之意。如果将两个人诗歌详加比较,其近似者当不止此。

被梁启超誉为诗界革命代表人物的黄遵宪,对定庵诗作自是极熟悉的。我觉得他对诗歌创作上的进步观点,也是源于定庵的。定庵主张创作要自然,反对矫揉造作。他在《自春徂秋,偶有所触》的组诗中道:

> 忽忆姚归安,锡我箴铭早。雅俗同一源,盍向源头讨。汝自界限之,心光眼光小。万事之波澜,文章天然好。不见六经语,三代俗语多。孔一以贯之,不一待如何?

"文章天然好"、"不见六经语,三代俗语多",这同公度的"我手写我口,古岂能拘牵。即今流俗语,我若登简编。五千年后人,惊为古烂斑"的看法,不是极相同吗?

其次是贵独创,反对因袭。定庵《己亥杂诗》中有"勇于自信故英绝,胜彼优孟俯仰为"的诗句(《别汤海秋户部鹏》),而潘飞声在《山泉诗话》中引公度论写诗的意见:

> 过香港,枉驾寓楼,论文竟日。京卿谓后人学艺,事事皆驾

前人上,惟文字不然。以胸中笔下均有古人在,步步追摹,遂不能自成一家面目。是以宋不如唐,唐不如六朝,六朝不如汉魏也。(语见《人境庐诗草笺注诗话上》)

两人见解亦极一致。

第三,主张诗歌反映生活的领域要扩大,而所引用、涉及的历史、思想等资材也应该尽量的广阔。定庵在《送徐铁孙序》中有关于这一类的话(已见前引),公度在他的《人境庐诗草自序》中说:

> 其取材也,自群经三史,逮于周秦诸子之书,许、郑诸家之注,凡事名物名切于今者,皆采取而假借之。其述事也,举今日之宫书会典方言俗谚,以及古人未有之物,未辟之境,耳目所历,皆笔而书之。

试看,两人的见解不完全相同吗?因此,我们可以说,晚清梁任公、夏曾佑以及黄公度他们所倡导的"诗界革命"运动,实定庵的文学观有以启之。

至于在创作上,定庵有《己亥杂诗》。当时,定庵年四十八岁,在京因评论时政,臧否人物,而遭忌刻,政治环境不佳,于是遂乞养告归。经扬州,到苏州,又到杭州观潮,后又回到苏州,在别墅羽琌山馆稍事料理,不久即又北上,经山东,北进至固安县,其眷属于冬至后五日出都,相会后却南返。年谱谓定庵途中杂记行程,兼及旧事,得绝句315首,题曰《己亥杂诗》。这315首诗,不但写出了个人生活的历程,而且也写出了自己心灵的历程,是诗人的自叙传,同时也是反映时代精神面貌的史诗。

公度在戊戌政变中,虽不像六君子那样惨遭杀害,但由于挂名党人,株连所及自不能免,终于在上海被逮,后赖日首相伊藤博文的斡旋,才得旨放归。翌年即为"己亥",念定庵当年之遭遇,视个人今日之处境,实有异世同符之慨,所以他仿定庵,也写了《己亥杂诗》89首。从内容上看,同定庵的一样,也是个人生平的自叙传,正如梁任公在《饮冰室诗话》中讲的:

> 龚定庵有《己亥杂诗》三百六十首,近世文学者喜诵之。近

顷见人境庐主人亦有《己亥杂诗》数十首,盖主人一生历史之小影也。

诗在命意与遣词上,受定庵诗启发之处不一而足,而最显著的如《种兰》:

  忍向当门再种兰,露翻风打莫重看。思量空谷安身好,犹恐他时画地难。

这虽与定庵:

  促柱危弦觉太孤,琴边倦眼眄平芜。香兰自判前身误,生不当门也被锄。

两人虽命意有所不同,但借香兰的遭遇,以抒发胸中的无限愤慨,则完全是一致的。又如公度的

  滔滔海水日趋东,万法从新要大同。
  后二十年言定验,手书心史井函中。

定庵也有:

  文章合有老波澜,莫作鄱阳夹漈看。
  五十年中言定验,苍茫六合此微官。

诗中自注"庚辰为《西域置行省议》、《东南罢番舶议》两篇,有谋合刊之者"。二诗都表现出诗人对自己在政治上的见解,是有着多么的自信!

谭嗣同也是非常推许定庵的。他有《论艺绝句六首》,今录其论及定庵的一首及其自注,作为晚清维新派对定庵诗作评论的代表。

  千年暗室任喧豗,汪(江都汪容甫中)魏(邵阳魏默深源)龚(仁和龚定庵自珍)王(湘潭王壬秋闿运)始是才。万物昭苏天地曙,要凭南岳一声雷。

自注:

  文至唐已少替,宋后几绝。国朝衡阳王子,膺五百之运,复斯道之光,出其绪余,犹当空绝千古。下此如魏默深,龚定庵,王壬秋,皆独往独来,不因人热,其余则章摹句效,终身役于古人而已。

关于维新派在诗歌的创作上,与定庵关系已如上述。至革命派如何呢?同样有些作家对他异常地佩服,即以南社发起人柳亚子而论,他是最推许定庵的,他仿定庵《三别好诗》之意,而作论诗三绝句,其第三,即为赞扬定庵的:

　　三百年来第一流,飞仙剑客古无俦。
　　只愁孤负灵箫意,北驾南辕到白头。

推定庵为近三百年来第一流人物,应该说不限于诗歌,而诗歌应该说是最主要的。这种评价,是并不过分的,即如乾隆时期袁、赵、蒋等三大家,再早一点的如王渔洋、沈归愚,他们的作品对后人的影响能与定庵相比吗?

亚子称定庵为"定公",他真是熟读定庵诗者。即如他的《送黄季刚北上》一诗,就是集定庵的诗句而成的。

　　江湖侠骨恐无多,俭岁高人厌薜萝。
　　又被北山猿鹤笑,满襟清泪渡黄河。
　　文人珠玉女儿喉,凤泊鸾飘别有愁。
　　一语避君君匿笑,万重恩怨属名流。

此外,在亚子诗中用定庵诗句的,真是不一而足。即如《题张苍水集》的"北望中原涕泪多",即系用定庵《己亥杂诗》中的句子。又如《与颖若夜话……别后追记一律》中的"论世未妨中晚怨,求全自古圣贤稀",即仿定庵的"我论文章恕中晚,略略感慨是名家"之意,而扩大到评论人物的。

南社中的苏曼殊,写了不少的言情篇什,如《本事》、《无题》、《吴门依易生韵》、《东居杂诗十九首》,其缠绵悱恻、哀感顽艳的风格,确与定庵《己亥杂诗》中的言情之作相近。因而他的《东居杂诗》不自觉地流露出他在这类篇什上所受定庵的影响,即:

　　镫飘珠箔玉筝秋,几曲回阑水上楼。
　　猛忆定庵哀怨句,三生花草梦苏州。

至于鲁迅先生,早年也是喜欢读定庵诗作的。沈尹默《追怀鲁迅先生之绝句》中有:

少时喜学定庵诗,我亦离居玩此奇。

血荐轩辕荃不察,鸡鸣风雨已多时。

鲁迅先生同定庵一样,是非常喜欢庄骚的,在关心祖国前途、同情人民疾苦上,与定庵都有相似之处。鲁迅先生旧体诗中,其对黑暗现实的揭露,同时在写作手法上,也都有受定庵影响之处。即如为人们所传诵的名作《无题》:

万家墨面没蒿莱,敢有歌吟动地哀。

心事浩茫连广宇,于无声处听惊雷。

这种用"惊雷"来象征革命,就是很好的说明。

中国近代文学,其总的精神,是为了振兴中华民族,使广大人民群众从封建之主义的压迫与帝国主义的侵略下解放出来,是为了"救亡图存",所以关心人民、国家、民族命运的志士仁人们,声嘶力竭地要求要除旧布新,革去一切政治、经济、文化等方面的苛法虐政、陈规陋俗以及一切腐朽与渣滓。所以其精神是革新的,而非保守的,是前进的,而非退婴的;是勇敢的,而非怯懦的;是坚韧的,而非脆弱的。正由于这种精神,中国革命者前赴后继,终于推翻了清王朝。五四后,中国人民在中国共产党的领导下,终于取得了推翻三座大山的伟大胜利,而这种革命进取的精神,在近代文学中,最早给以体现的则是龚自珍,所以把他作为中国近代文学的开山,应该是毫无愧色的。但是在近代学者中,对定庵进行诋訾的,也并非无人。一是王国维,他在《人间词话》中,根据定庵《己亥杂诗》中的"偶赋凌云偶倦飞"一诗,诋定庵为"凉薄无行"。殊不知定庵此诗,实系抒发其愤世嫉俗之情,无关于个人的道德品质。

其次是章太炎。定庵作品,在晚清风靡一时,特别是维新派,由于他们在学术思想与政治主张上,均受定庵启蒙的影响,正如梁启超所说:"光绪间所谓新学家者,大率人人皆经过崇拜龚氏之一时期。"因而在写作上,不自觉地受其影响。章太炎因反对今文经学,后来由于提倡革命,对维新派主张保皇,更是竭力加以诋排。由嫉恶维新派,于是对他们所推崇的龚自珍,也给以抨击。他在《说林下》中道:

>魏源、龚自珍乃所谓伪体者也。……自珍承其外祖之学,又多交经术之士,其识源流,通条理,非源之侪……若其文辞侧媚,自以取法晚周诸子,然佻达无骨体,视晚唐皮陆且弗逮,以校近进,犹不如唐甄《潜书》近实。后生信其诳耀,以为巨子,诚以舒纵易效,又多淫丽之辞,中其所嗜,故少年靡然向风。自珍之文贵,则文学涂地垂尽,将汉种灭亡之妖邪!孔子云,觚不觚,觚哉!觚哉!

章太炎是我国近代学术界的大师,而且是革命的先觉,但他的文学见解,却极其保守。另外,他对中国近代学术思想及时代潮流的发展,似乎也缺乏辩证的理解,对定庵,单纯对他的学术见解,以及作品辞采,作形式主义的理解与抨击,而忽略了他的除旧创新的革命精神。从这点说,他的认识深度是不及梁启超的。至于对定庵文学的评论,显然是有偏见的,也有点失之于片面,是不足以作为定论的。

1983 年 10 月 18 日

从文学流派上看文学研究会与中国现代文学

一

文学研究会,筹备于1920年11月,发起者为周作人、郑振铎、沈雁冰、郭绍虞、朱希祖、瞿世英、蒋百里、孙伏园、耿济之、王统照、叶圣陶、许地山等十二人,他们共同署名,在北京各日报上发表宣言,并征求会员。宣言的要点有三:1.联络感情;2.增进知识;3.建立著作工会的基础。同年12月30日,招开第三次筹备会,决定于翌年招开成立大会。

1921年1月4日,该会在北京中央公园召开成立大会,决议多项,其中最重要的是为成立读书会,募集资金,发行汇报同丛书等。简章规定该会的宗旨是:1.介绍世界文学;2.整理中国旧文学;3.创造新文学。

茅盾(沈雁冰)在《中国新文学大系·小说一集·导言》中,对文学研究会曾有过以下的说明:

> 这是最早的一个纯文艺的社团,然而这一个团体发起的宗旨也和外国各时代文学上新运动初期的文学团体的创立很不相同。文学研究会的成立并不是因为有了一定的文学理论要宣传鼓吹。

......

在这一个宣言里,只有第三项略略表明了文学研究会对于文学的态度,这态度在今日看来,自然觉得平淡了,但在那时候这正是新文学运动的纲要之一,并且和那时候一般的文化批判的态度相应和。

......

同时,也因为只是"著作同业公会"的性质,所以文学研究会这个团体从来不曾有过对于某种文学理论的团体的行动,而且文学研究会对于它的会员,也从来不加以团体的约束;会员个人发表过许多不同的对于文学的意见,然而"团体"只说过一句话,就是宣言里的"将文艺当作高兴时的游戏或失意时的消遣的时候,现在已经过去了"。

这一句话,不妨说是文学研究会集团名下有关系的人们的共通的基本的态度。这一个态度,在当时是被理解作"文学应该反映社会的现象,表现并且讨论一些有关人生一般的问题"。这个态度,在冰心、庐隐、王统照、叶绍钧、落华生以及其他许多被目为文学研究会派的作家的作品里,很明显地可以看出来。

以上几段话说明,这个文学团体是一个极其松散的团体,既没有共同要宣传或遵奉的文学理论,同时对社员的创作与评论,也从未给以任何的限制,而是有着极大的自由的。但在对现实与人生的态度上,却有着共同一致之处,即文学应该反映社会的现象,表现并且讨论一些有关人生的一般问题。实际在创作思想上,是主张"为人生而艺术"的;而在创作方法上,是倾向于写实主义的。

鲁迅在讲述晚清以来上海文艺的发展变化时,曾论到文学研究会,说:"是主张为人生而艺术的。"(《上海文艺之一瞥》,见十卷本卷四)

我们从五四文学革命后中国现代文学的发展看,文学研究会确实是继承并发扬了《新青年》提倡的文学革命的传统。这从以下几方面可以证明:

（一）在对封建文学以及鸳鸯蝴蝶派的批判上，都发扬了《新青年》的文化批判的革命精神。在《新青年》中，胡适的《文学改良刍议》、陈独秀的《文学革命论》以及钱玄同的《寄胡适之》(《新青年》三卷六期)均对封建文学提出过大力的抨击，尤其以陈独秀提出中国文学史上的十八妖魔（明之前后七子及桐城派所宗法的归、方、刘、姚）和钱玄同提出的"桐城谬种"与"选学妖孽"作为封建文学流派中主要打击的对象，因而收到了摧陷廓清之功。但到了二十年代，反封建的文学任务并未彻底完成，新文学虽已取代了封建文学在文坛上的正宗地位，然而已垮台的封建文人，仍不免变换花样来阻碍新文学的正常的健康的发展，这时文学研究会中的作家，不能不起来同他们进行斗争。当时沈雁冰发表的《什么是文学》（副标题为"我对于现文坛的感想"）批判了中国几千年来对文学两种极端对立的看法，即"文以载道"与"把文学当成游戏"，认为这两种看法都是极其错误的。前者把真实的文学弃去，而把含有主义的非纯文学当作文学作品。因此以前的文人往往把经、史、子、集都看作文学。后者把文学当作游戏，对自己的作品，视为消闲遣闷，而这类作者，往往以风流才子自命。文中指出文学革命后的新，恰恰与名士派文学立于敌对的地位。而其最突出的，前者是重个人，而不重社会，所以拿消遣来作目的，假文学骂人，假文学媚人，发自己的牢骚。后者大都是社会的，即使有抒写个人情感的，也一定是全人类共有的真情感的一部分，一定能和人共鸣。

另外，郑振铎的《新文学之建设与国故新研究》，提出用西方新的文学原理，指出旧的文学的真面目与弊病之所在，把他们所崇信的传统的信条，都一个个地打翻。而对于中国固有的文学作品，要重新估定，或发现其价值。最后并提出在"整理国故"上，要无征不信，以科学的方法来研究开发前人未开发的文学园地。

从沈雁冰与郑振铎两人的文章看来，沈是针对文学革命的高潮过后，文坛上出现的那种封建文学观，与封建文人的积习未能涤除的错误的不健康的情况，予以揭露并批判。而郑则就整理国故问题，从两方面认为是必要的,一是用西方的文学观点去批判封建的文学观,从而对封建文学改革达到拔本塞源的目的。二是对文学遗产中的精华部分,要通过研究,重新评论其价值,作为从事新文学创作的借鉴。其中心意图,也就是进行批判地继承。

(二)在创作上,提倡"人的文学",反映社会生活中的一些被污辱与被损害的不幸的人们的悲惨遭遇。我们就从沈雁冰回顾他编写的《小说月报》在十三卷(1922年)中所发表的几篇小说的评述,也不难看出当时他们的创作倾向。他说:

> 我们看见了描写学徒生活的《三天劳工底自述》,我们又看见了描写年青而好胜的农村木匠阿贵的悲哀的《乡心》,我们又看见了很细腻地表现卖儿女的贫农在骨肉之爱和饥饿的威胁两者之间挣扎的心理的《偏枯》,我们又看见了巧妙地暴露世俗所谓"孝道"的虚伪的《两孝子》。这几篇,不但在题材上是新的东西,就是在技巧上,也完全摆脱了章回体旧小说的影响。他们用活人的口语,用"再现"的手法,给我们看一页真切的活的人生图画。(茅盾《中国新文学大系·小说一集·导言》)

这些作品,都是写农村或小城市中的一些劳动人民的生活遭遇以及思想情绪的。这种作品是"人的文学",是要求改革现实、要求社会上消除这种不合理的现象的文学,因而都是具有积极意义的。

(三)在创作方法上,则是自然主义与写实主义的。沈雁冰在《一年来的感想》一文中,提出"自然主义",他说:

> 现代文艺都不免受过自然主义的洗礼,那么就文学进化通则而言,中国新文学的将来,亦是免不得要经过这一步的,所以我觉得现在有注意的必要。

而郑振铎的《文艺丛谭》与叶绍钧的《创作要素》,都提出"写实主义"。特别是叶氏在文章中论到中国的社会是"兵荒屡见的乱世",而反映这时代的创作,应该是怎样的悲惨动人的。他认为中国社会存在着顽固守旧的老人和创新进取的青年在思想上的冲突,应该有易卜生的《少年社会》和屠格涅夫的《父与子》一类的作品来表现它。迟缓而惰性的国民性,应该有龚察洛甫《奥勃洛莫夫》一般的小说来表现它。从这里说明,他们在理论上都是主张自然主义同写实主义的。同时,从上边所引茅盾所举的《小说月报》第十三卷所发表的王思玷等人的小说来看,在创作方法上,也是写实主义的。

(四)《小说月报》在进行改革后,大量地翻译了外国的写实主义或自然主义方面的名著。在该刊革新的第一期里,耿济之就翻译十九世纪俄国的写实主义大作家果戈里的《疯人日记》,同时还载有沈雁冰的论文《脑威写实主义前驱般生》,并有冬芬译的般生的剧本《新结婚的一对》。此外有耿济之、式之兄弟对俄罗斯写实主义作家托尔斯泰、屠格涅夫、契诃夫、果戈里等人作品的介绍。此外有对法国写实主义作者福罗贝、莫泊桑等人作品的介绍。尤其值得注意的是沈雁冰与周作人关于翻译文学书的讨论(十二卷第二号),周氏对外国文学主张多译近代或现代的作品,而对古典东西主张缓译。沈氏同意周氏的看法。至于对作品,他主张有选择的介绍,少取讽刺体及主观浓的作品,多取全面表现的普遍呼吁的作品。

对外国文学,《小说月报》于十二卷第十号出了"被损害民族的文学号",对近代波兰、捷克、塞尔维亚、芬兰、犹太等国文学,进行介绍。对这个问题,直到三十年代,林语堂在《今文八弊》中,讽刺绍介波兰诗人与捷克文豪谓"此与妇女新装术入时一样,总是'媚'字一字不是"。鲁迅当时曾立即给以反击,他说:

"绍介波兰诗人",还在三十年前,始于我的《摩罗诗力说》。那时满清宰华,汉人受制,中国境遇,颇类波兰,读其诗歌,即易于心心相印,不但无事大之意,也不存献媚之心。后来上海的《小说月报》,还曾为弱小民族作品出过专号。这种风气,现在是衰歇了,即偶有存者,也不过一脉的余波。但生长于民国的幸福的青年,是不知道的。至于附势奴才,拜金崽子,当然更不会知道。(《题未定草三》,《且介亭杂文二集》)

林语堂当时推崇英、美、法、德,而卑视弱小民族文学,鲁迅以"附势奴才,拜金崽子"来痛斥他。

根据上边的论述,对文学研究会所倡导的文艺论以及创作思想、创作方法和翻译的倾向,已经有个概括的理解了。

在四十年代,拙著《中国现代文学史》上册第二章论述中国新文学初期的创作特点第三项时,曾说:

> 接触了西洋文学,面向着世界的文学潮流迈进,不仅是形式,就是内容与方法,也纯然走上了"人道主义"与"写实主义"的大道。

在论到《新青年》中的翻译时,曾概述当时所介绍的外国作品与作家的情况,最后说:

> 至于当时提倡新文学者之所以要介绍上列诸作家之作品,并非率而为之,实亦有其深意存焉。一、为提倡人道主义,故介绍托尔斯泰与武者小路实笃;二、为提倡写实主义,故介绍莫泊桑与易卜生;三、为表彰弱小民族的文学,故介绍显克微支。至于这些作家对中国的新文坛都曾发生了很大的影响。

拿这与前边对文学研究会的情况相比较,则文学研究会之继承了五四文学革命传统,并在文艺观点、创作思想等方面又进一步地加以发扬,不是很清楚了吗? 又何况鲁迅、周作人为文学革命时的主将,而后来又参加了文学研究会(鲁迅虽非文学研究会成员,但应该视为非会员的成员),则其方向道路之影响于文学研究会,是丝毫不庸置疑的。

二

从1921到1927年,文学研究会逐渐发展壮大,北伐革命后,由于中国政治经济以及革命的发展变化,因而也走上了分化的道路。1930年左联成立后,中国文坛各个流派,由于新的分裂与组合,于是文学研究会也就无形中解体了,所以二十年代中期,是这个流派的全盛时期。所谓全盛,并非是在这一时期这一流派的作家们写出了什么震撼一时的伟大作品,而是比诸同时期的其他流派,参加的成员较多,致力于体裁的领域较宽,而反映的社会生活面也比较广阔的缘故。

先就文学的体裁而论,诗歌方面有朱自清、俞平伯、冰心、徐玉诺等。小说方面有叶绍钧、王统照、许杰、冰心、庐隐、孙俍工、彭家煌、罗黑芷等。散文方面有周作人、俞平伯、朱自清、冰心。翻译方面有耿济之、耿式之、沈雁冰、周作人。文学评论方面有沈雁冰、郑振铎等。研究并介绍中国文学遗产方面则有郭绍虞、郑振铎等。只有戏剧方面,当时成员中从事者绝少。

在创作内容上,除诗歌、散文有些系写个人私生活方面的感触与理想外,在比较客观地反映旧社会生活方面比着其他流派还是广阔的。大体分起来,写青年知识分子对现实生活的感受与对人生真理的探索与憧憬的有冰心的《超人》、庐隐的《海滨故人》。写北方农村的凋敝残破、土匪横行的,有徐玉诺的《一只破鞋》、《祖父的故事》等。以农村生活为背景,写出具有地方特色的野蛮风习为户族间械斗的有许杰的《惨雾》。以写中小学教师的生活为题材,反映小市民知识分子的灰色生活的,有叶绍钧的《隔膜》、《一个朋友》、《城中》等,另外,他在作品中还对社会现实提出一些问题,如《一生》(妇女问题)、《饭》《搭班子》(小学教育问题)、《晓行》(农民问题)等。

文学研究会诸作家作品的风格,也是多种多样的。即如冰心的诗歌(《繁星》《春水》)、散文(《寄小读者》)以及小说(《超人》)真是如山中的溪流,澄澈无滓,给人以清新爽快之感。庐隐的小说委婉曲折,倾诉衷肠,令读者手不释卷。周作人的散文,其内容涵义渊懿,生活阅历丰富,而语言平淡自然,大似东坡对渊明诗歌的评语,所谓"质而实绮,癯而实腴",因而为不少读者所爱好。沈雁冰的评论文章,对文坛有较全面的考察,对中国新文学的发展前途有比较明确的认识。他对当时作品分析细致,评价适当,对作者与读者都产生了诱导与启迪的效果。

文学研究会的主要刊物《小说月报》、《文学周报》等,特别是前者,由于是大型的期刊并且历史较久,在编辑按照正确的理论与方向的指导下,不仅把老作家优秀的诗、文、小说与译作介绍给广大的读者,并且给文坛介绍了新的杰出作家,培养了一批后起之秀。活跃在三十年代并成为文坛巨匠的如丁玲、巴金、老舍,他们的早期作品都曾发表于《小说月报》,所以这个刊物对中国文学的发展所起的巨大作用,的确是有非其他流派的期刊所能及的。

总起来说,"文学研究会"这一文学流派从其成绩来看,在理论上是提倡"为人生而文学",因而在创作思想上对中国社会之沦为半封建半殖民地以及人民遭受的苦难,是抱着无比愤激与同情,而希望用文艺来教育读者、惊醒读者。所以一般作品都不同程度地反映了当时的社会生活,或者说提出了一些引人注目的社会问题。所不足的是,这一流派的作者,都比较谨慎持重,当时马克思主义已在广泛传播,中国共产党已经成立,除其中极少数的成员如瞿秋白、沈雁冰,接受马克思主义较早外,其余的则对之还没给以足够的重视,因而对社会的观察与表现,还往往不免于停留在对现实表面现象的揭露,未能开掘到事物的核心和本质。

在创作方法上,一般都倾向于写实主义,这是抱着"为人生而文学"的作者必然要走的道路。

在翻译上,不论理论同创作都作了极大努力,像鲁迅、周作人、沈雁冰、沈泽民,他们对日本文学、俄罗斯文学,特别是东欧一些弱小民族的文学,进行了较多的介绍,因而对当时一般创作之具有揭露批判的倾向是起了一定的影响的。

根据以上情况,我认为文学研究会是继承五四中国新文学的革命传统而进一步加以发展的,并在发展中,为三十年代无产阶级文学的发展打下了较为稳固的基础。

三

任何文艺团体,在前进中都会有分化,而且终至于解体。《新青年》团体是这样,文学研究会自然也不例外。

二十年代是中国社会的一个大动荡的时代,同时,在知识分子方面,也是一个大改组的时代。一方面中国共产党的成立、孙中山对国民党的改组、国共合作,加速了中国革命的进程。另一方面,国际资本主义的不景气,与加紧对殖民地与半殖民地进行掠夺,1925年由于英日帝国主义对上海工人的大屠杀,因而爆发了全国性的反英日帝国主义的爱国运动。到了1926、1927年,接着爆发了北伐革命。但当革命正在顺利前进中,蒋介石叛变了革命,发动了"四一二"反革命政变,大肆屠杀共产党人同革命人民,使中国反帝反封建的新民主主义革命运动,受到巨大的挫折。

　　就在这时,党罢免了陈独秀的领导职务,纠正了他的右倾机会主义路线的错误,采用了毛泽东同志的用农村包围城市的路线,建立了农村的革命根据地,于是革命就重新得到了长足的发展。

　　革命的大发展与政治上的大变动,必然会影响到作家。文学研究会成员的分化,似乎与新青年团体稍有不同,新青年团体的分化是前进、退隐、与高升;而文学研究会成员的分化则为一部分接受马克思主义,到了三十年代参加了左联;又一部分比较稳健,他们在思想上属于民主个人主义者。其中民主个人主义者有的则抛掉了创作生活,走向大学的讲坛,从事于古典文学的研究;有的虽然坚持创作,但其中一部分人由于不满于国民党反动派的法西斯统治,而同情革命,因而在创作内容上,也有了较为明显的发展;而另一部分人则由于对历史发展的进程认识不清,对国家民族的前途,濒于绝望,于是走向消极与退隐。

　　属于第一类的,有沈雁冰、瞿秋白等。

　　沈雁冰在北伐时曾参加革命,北伐革命失败后,东渡日本。1930年回国,参加左联的领导工作,当时曾与鲁迅、瞿秋白等在党的领导下并肩进行了反"围剿"的斗争。1932年,长篇小说《子夜》问世,为左联文学创作大张声势,并且为无产阶级文艺奠定了基石。茅盾在《子夜》问世以前,已写过中篇小说《幻灭》、《动摇》同《追求》等,还有长篇小说《虹》,短篇小说《野蔷薇》。但在创作方法上,还是属于旧现实主义。但到《子夜》以及与《子夜》前后发表的短篇小说如《林家铺子》、《春蚕》、《秋收》、《残冬》等时,已发展为新现实主义。他运用马克思主义的科学方法,对中国当时社会进行了深入的解剖,并给以形象的刻画,对当时的中国社会性质问题作了正确的回答,它不仅教育了人民而且对敌人也给以沉重的打击。

瞿秋白也是文学研究会的成员,1920年赴苏联考察,归国后为中国共产党杰出的理论工作者。北伐革命失败后,曾继陈独秀担任过党的总书记,由于执行了左的路线而去职。三十年代初在上海参加了左联的领导工作,与鲁迅并肩战斗,为粉碎蒋介石的文化"围剿"发表了不少有力的理论文章。

属于第二类的,像郭绍虞,已停止创作,而专力从事中国文学史与中国文学批评史的研究,担任了燕京大学的教授及系主任的职务。朱自清、俞平伯,虽偶然还写几篇散文,但已放下了写诗的笔,而从事古典文学的研究,也都担任了清华大学的教授。

至于坚持小说创作的则有叶绍钧,他在北伐革命失败后,曾发表长篇小说《倪焕之》。这部小说的主人公曾一步步地被时代的风暴卷进到革命斗争的漩涡,由于形势的急剧变化,受到幻灭、悲哀、愤慨种种情绪的袭击,最后肠窒息结束了他的生活旅程。

茅盾对这部小说既肯定了它的成就,同时也指出了它的缺点,即前边对主人公写的较生动真实,后边则逐渐变成了纸片上的人物。这本不足怪,因为作者对教育生活比较熟悉,而对革命生活,则比较陌生,用想象来刻画人物,自难写得逼真。但作者能把书中主人公的活动放到大时代当中,从自由主义到集团主义,并在认真仔细地在进行描述。在那班仅仅根据了一点耳食的社会科学常识或是辩证法,便自负不凡地写他们所谓富有革命情绪的"即兴小说"的时候,像这样"扛鼎"的工作,即便有多少缺点,也是值得赞美的(《读倪焕之》)。

至于从叛徒到隐士的周作人,在"九一八"后日寇长驱进入中国的情况下,他完全丧失了民族自信心,而走向消极悲观,因而写出了一些只能供人排遣时日的小品散文,同当时革命的方向,已经完全背道而驰了。

总之,文学研究会这一个文学团体,到1928年革命文学运动兴起后,即无形趋于结束。但是由于这一流派对文学所持的态度(为人生而文学)和创作思想(人的文学)以及创作方法(写实主义)都给中国文坛以极深刻的影响,所以从五四文学革命到三十年代的左联文学,文学研究会实际起了一个承先启后的伟大作用。它们的方向道路实代表了中国现代文学的主流。到了四十年代,毛泽东同志用马克思主义的立场观点与方法,总结了中国五四以来中国新文学发展中的经验和教训,为中国文学制定了新的方向与道路,中国文学就开始了另一个新的历史时代。

四

中国的新文学开始于《新青年》提倡的文学革命,到1921年《新青年》团体解散了,但由于新文学是应时代的潮流而产生的,所以它仍在不断地发展壮大。1921年后,文学团体纷纷成立,绝大部分都是致力于新文学的创作与批评,只有极少数是复古派,如"学衡"和稍后的"甲寅"二派。另外,鸳鸯蝴蝶派,因《小说月报》被改组,而他们又创刊《小说世界》,但因受到革命派的批判,其生意已非复往日之兴隆矣。至于新起的属于新文学的流派,其文学观点与创作倾向以及他们与文学研究会的关系,也不妨略加阐述。

(一)语丝社。

成立于1924年,在创刊时,其中主要成员均属新青年团体中作者,如鲁迅、周作人、钱玄同、刘半农等,当然也加入一些新的作者。其发起并担任编辑出版发行工作的为孙伏园与章川岛、李小峰等。后来孙伏园离去,长期负编辑责任的则为周作人。该刊迁到上海后,曾由鲁迅和柔石继续担任过编辑。

在《新青年》团体散掉后,从《新青年》的革命传统的继承上来说,可以说一分为三:在纯文艺上,为文学研究会。在对旧文化与旧社会的批判来说,为语丝社。而在宣传马克思主义,与运用马克思主义的新观点批判中国社会的,则为1920年9月后的《新青年》以及《响导》等。

《语丝》中也论文学,也发表较短的文艺作品,但主要则为对封建文化与黑暗现实的揭露与抨击。鲁迅1927年以前的译作与小说大半发表于《小说月报》,而他的杂文同散文诗《野草》,则发表于《语丝》。《语丝》最初为周刊,并且篇幅极小,后来稍为扩大,但容量还是有限,因而不可能披露较长的文学作品。就当时的文坛来看,《语丝》最具有强烈的战斗特色。正如鲁迅所说:

> 任意而谈,无所顾忌,要催促新的产生,对于有害于新的旧物,则竭力加以排击——但应该产生怎样的"新",却并无明白的表示,而一到觉得有些危急之际,也还是故意隐约其词。(《我和语丝的始终》,见《三闲集》)

从语丝社与文学研究会的关系上看,可以说是相当密切的。其原因,即《语丝》编辑周作人,为文学研究会的发起人。而在创作思想上,文学研究会的作者,也是提倡周作人在五四时期所提倡的"人的文学"的。至于鲁迅当时的文学观点,确像他后来所讲的:

> 说到"为什么"做小说罢,我仍抱着十多年前的"启蒙主义",以为必须是"为人生",而且要改良这人生。我深恶先前的称小说为"闲书",而且将"为艺术的艺术"看作不过是"消闲"的新式的别号。所以我的取材,多采自病态社会的不幸的人们中,意思是在揭出病苦,引起疗救的注意。(《我怎么做起小说来》)

而在文学研究会宣言中的第三条,就曾提出"将文艺作为高兴时的游戏,或失意时的消遣的时候,现在已经过去了",这不同鲁迅的看法完全一致吗?另外,该会丛书的缘起,讲到文学是人生的镜子,通过文学,用深沉的人道的心灵,轻轻的把一切隔阂扫除掉,这实际也是用文学改良人生的主张。由于对文学的观点的一致,所以在《语丝》没发刊之前,周作人同鲁迅都曾在《小说月报》上发表了一些创作和译作。甚至到《语丝》发刊后,在1924年5月份的《小说月报》

上,还发表了鲁迅的小说《在酒楼上》,1925年的第一期上,又发表了鲁迅译的日人厨川白村的《西班牙剧坛的将星》。至于周作人在该刊上发表的译作同论文,就更多了。鲁迅对文学研究会是有感情的,这从他三十年代的讲演《上海文艺之一瞥》中,谈到创造社同文学研究会的关系时所表现的爱憎,就可以充分地说明了。

(二)创造社对文学研究会进行过多次的抨击,但每次文学研究会都很少给以反击,而对此进行揭露的则为鲁迅。

他在《上海文艺之一瞥》中说:

> 这后来,就有新才子派的创造社的出现。创造社是尊贵天才的,为艺术而艺术的,专重自我的,崇创作,恶翻译,尤其憎恶重译的,与同时上海的文学研究会相对立。那出马的第一个广告上,说有人"垄断"着文坛,就是指着文学研究会。

按:这是指的1921年9月29日《时事新报》,其中有"自文化运动发生后,我国新文艺为一二偶像所垄断"的话。我看这个话说不定就是指的鲁迅同周作人,因为他们都是提倡文学革命的重要作家,在文坛上有着显赫的声誉。后来,周作人为文学研究会的发起人,而鲁迅也经常在《小说月报》上发表作品,所以称之为偶像。

鲁迅接着又说:

> 文学研究会却也正相反,是主张为人生的艺术的,是一面创作,一面也着重翻译的,是注意于介绍被压迫民族文学的。这些都是小国度,没有人懂得他们的文字,因此也几乎全都是重译的。并且因为曾经声援过《新青年》,新仇夹旧仇,所以文学研究会就受了三方面的攻击。一方面就是创造社,既然是天才的艺术,那么看那为人生的艺术的文学研究会,自然就是多管闲事,不免有些"俗"气,而且还以为无能,所以倘被发现一处误译,有时竟至于特做一篇长长的专论。

按:这是指成仿吾在1923年5月出版的《创造季刊》第二卷第一期上发表的《雅典主义》的文章。这是针对文学研究会作者王统照以佩韦的笔名发表在1922年12月份《小说月报》上的《今年纪念的几个文学家》一文里误将"无神论"(Atheism)译为"雅典主义"而加的抨击。这种矛盾,在郭沫若的《创造十年》中也有所论述,后来,由于商务负责人的调停而趋于和解。

1928年后期创造社的作家们提倡"革命文学",首先向鲁迅展开了"围攻",同时,也对文学研究会中的作家如茅盾、叶绍钧、冰心女士等进行了批判。论文有李初梨的《怎样地建设革命文学》、同克兴的《小资产阶级文艺理论之谬误——评茅盾君的〈从牯岭到东京〉》等。不过当时创造社的攻击矛头主要集中在鲁迅身上,所以对文学研究会的作家并未展开攻击,只不过在抨击鲁迅时,顺便涉及到而已。

(三)新月社。文学研究会与新月社作家的关系,似乎与创造社大不相同。早期的新月社参加的人并不多,他们只是在《晨报》上发行过《诗刊》,1928年才又重整旗鼓,出版《新月》月刊,接纳了一些新的会员。但有些并非从事文学工作的,这个团体成员中徐志摩与胡适和文学研究会有一定的关系,原因是他们的作品,特别是徐的早期诗歌,有许多是在《小说月报》上发表的,所以这一个团体与文学研究会没发生过矛盾冲突。

总之,文学研究会在发展中同当时其他文学团体的关系,与语丝社较密切,原因一则在成员上有部分是两个团体中的骨干,其次,更重要的是在文学观上比较一致。其不同的是,文学研究会的刊物如《小说月报》同《文学周报》系纯粹的文学刊物,而语丝社的《语丝》虽也发表文学作品,但更主要的是对封建社会与封建文化的批判,两者显然有着分工的不同。至于文学研究会与创造社的矛盾,主要原因是文艺观上的分歧,这一点鲁迅在《上海文艺之一瞥》中所讲的非常中肯。而新月社与文学研究会,在文艺观上虽不尽一致,但也不存在大的矛盾,所以并没有发生文字上的论争。

此外,由于《小说月报》为一大型的定期的刊物,并且维持的时间之长,是其他任何文学团体所发行的刊物所不能企及的。它不只发表了自己成员的一些杰出的代表作品,并且对培养年轻的作家与介绍新起的杰出作家,都对中国文坛产生了巨大的作用。即如二十年代涌现于文坛,到后来成为文艺界有着光辉成就的如丁玲、巴金、老舍等,他们的早期作品,最先都是刊载于《小说月报》的。所以文学研究会中负责《小说月报》的编者,这种功绩是不应抹煞的。

五

综上所述可知,五四后的中国仍然是半封建半殖民地社会,中国资产阶级所领导的旧民主主义革命,并未能解决民族的和阶级的主要矛盾。而这一神圣的革命任务,是不能不落在新兴的无产阶级所领导的人民大众的肩上。而五四的文学革命以及革命发展中产生的新文学,在创作思想与创作方法上,是完全适应新的革命形势和要求而提出的。1921年后,文学研究会的诞生以及这一团体的文艺思想与创作实践,可以说完全继承了五四时期的革命文学传统,而又有所发展。从二十年代到三十年代,文学研究会中的主要的与先进的成员,随着时代的前进与革命的步伐,在世界观上有着不同程度的进步和发展,表现在创作思想与创作方法上,也有突飞猛进的提高。因而在左联中不论对无产阶级文艺论的介绍与阐发,以及在创作实践上配合革命形势的需要,都作出了伟大的贡献。因此我们把文学研究会所提倡的方向道路,作为中国现代文学发展中的主流,决非是无稽的妄谈。

1983年1月9日

简论从批孔到尊孔的章太炎

章太炎在二十世纪初,以批孔的骁将名闻一时。他是继维新派的排荀运动,进而掀起了一个批孔运动,从而成为五四前夕"打倒孔家店"的先驱。但到晚年,他讲学苏州,又有"读经有千利而无一弊"之论。鲁迅先生说他:"既离群众,渐入颓唐。"又说他:"先生遂身衣学术的华衮,粹然成为儒宗。"(《关于太炎先生二三事》)这个从批孔到尊孔的变化情况及其原因,是值得我们作一番探讨的。下边拟就此谈一下个人粗浅的看法。

太炎幼年从他外祖父朱左卿读书的时候,就听到了明末思想家顾炎武、王船山之为人,因而种下了民族思想的根子。同时,当时的中国,正是内忧外患纷至沓来的时候。一个具有爱国思想的青年,不能不关心国家大事。所以他最初曾参与维新派康梁等的变法运动。戊戌政变后,也曾受到株连。庚子后,就又参加了革命运动。一个从事学术研究,而又抱有救亡图存思想的青年,对于统治中国思想的"至圣先师"孔子,不能不对之进行探讨,而提出自己的看法的。

太炎在戊戌前,虽然已了解到清王朝系异族统治中国,但由于参加康梁师弟的维新变法运动,所以在政治上还不免同他们一样,走的是"纪孔保皇"改良主义的道路。他在1899年曾写了篇《客帝》,认为清帝既欲变法维新以御白人之侮,就可以继续统治中国;请清帝退居为客帝,承认孔子的王统,来平息反清舆论。

但到庚子事变之后,清王朝的对外投降、对内镇压的反动面目彻底暴露出来了。章太炎对清廷所抱的幻想也因之而彻底破灭了,于是在这一年(1902)出版的《訄书》中写下了一段批语,进行了自我批评。认为过去是"饰苟且之心,弃本崇教,其违于形势远矣"。中间谈到联军入北京后中国人民对清廷的态度,从而断言:"满洲弗逐,欲士之爱国,民之敌忾,不可得也。"从此,太炎与康梁就分道扬镳了。特别在庚子这一年,维新派在武昌假革命之名而行勤王之实,章太炎当时对之坚决反对,毅然剃发,表示与保皇派彻底决裂。

尊孔与保皇,二者是密不可分的。章太炎既走上排满的革命道路,因而对孔子不能不有着新的看法与新的评论。太炎在经学上,原属古文一派,一向是推尊西汉刘歆的,与康梁的讲公羊的今文学派是对立的。今文派一向视孔子为"素王",深信西汉今文派的谶纬之说。而古文学派只把孔子看作整辑《六经》的史学家,和把从来属于官府的学术传授给一般平民子弟的教育家。所以与今文经学家把孔子当作"教主"者,就大相径庭了。

太炎在1902年出版的《訄书》中,即有《订孔》一文,一开始即引日人远藤隆吉的话说:

> 孔子之出于支那,实支那之祸本也。夫差第韶、武,制为邦者四代,非守旧也。处自人表,至岩高,后生自以瞻望弗及,神葆其言。革一义,若有刑戮,则守旧自此始。故更八十世而无进取者,咎亡于孔氏。祸本成,其胙尽矣。(远藤氏《支那哲学史》)

太炎不同意远藤氏的禄胙之说,认为凡说人事,固不当以禄胙应塞。但却认为孔子的闻望,实有点不符实际。特别是他拿后来的孟荀与孔子相较,认为孔子在某些地方,是远逊于孟荀的。

他认为"孟、荀道术,皆踊绝孔氏"。那么为什么孟、荀在后人眼中远远不及孔氏呢?他认为"惟才美弗能与等比,故终身无鲁相之政。三千之化。才与道术,本各异出。而流俗多视是崇堕之"。也就是说流俗评论人物,多半着眼于政治地位与政治上的成就。由于孔子做过鲁相,这是孟、荀所不及的,可是一般人偏偏都重视这个。下边他举出明代的王守仁和清代的曾国藩之所以为人所称道,也都由于事功的成就。特别是曾国藩,至微末,而以横行为戎首,故士大夫信任其言,贵于符节章玺。而孔子,孟轲对之盛加称道。至荀卿学过孔子,尚称颂以为本师。这一些都是孔子的虚誉夺实的重要原因。

文章的最后,章太炎肯定孔子为"古良史也,辅以丘明而次《春秋》,料比百家,若璇玑玉斗矣"。

到了1903年,当时革命派在上海创办爱国学社,培养革命人才。太炎在那里任教,曾出作文题为"×××本纪",实际是让学生们写自传。过去正史把"本纪"作为记载帝王的大事记,而太炎一反过去尊君的作法,认为平民的传,也可以名为"本纪"。那时学生中有陶亚魂、柳人权(柳亚子原名)两人,写自己过去曾经走过康梁所提倡的维新变法的道路,到后来又转向革命。太炎对此,深有感触,写了《致陶柳二子书》,对自己过去和陶柳二人同样走过"纪孔保皇"道路,进行了自我批判。信中说:

> 简阅传文,知二子昔日曾以"纪孔保皇"为职志。人生少壮,苦不相若,而同病者亦相怜也。鄙人自十四五时,览蒋氏《东华录》,已有逐满之志。丁酉入"时务报馆",闻孙逸仙亦倡是说,窃幸吾道不孤,而尚不能不迷于对山(按,此为明代文人康海号,此处指康有为。)之妄语。《訄书》中《客帝》诸篇,即吾往岁之覆辙也。今将是书呈览,二子观之,当知生人智识程度本不相远,初进化时,未有不经"纪孔保皇"二关者。以此,互印何如?!

所以此后太炎为了反对康梁的"保皇",于是也同时对孔子进行批判。道理很清楚,孔子之教实为后来封建专制主义的理论根据,为了革命,为了推翻清王朝,在学术思想上,在道德观念上,认为最足以危害人们思想的,就是孔教。当他在1906年从上海出狱后到了日本东京,这时在那儿留学的革命人士,举行了盛大的欢迎会来欢迎他,他当时在会上发表了慷慨激昂的演说。在演说辞中,就论到了孔教。他首先批评孔子想改良当时的贵族政治,但又不敢同当时的贵族作对,反而要依附他们。他认为孔教最大的污点是使人不脱富贵利达

的思想,最后他以坚决的口吻说:

> 我们今日想要实行革命,提倡民权,若夹杂一点富贵利禄之心,就象微虫毒菌,可以残害全身。

这对当时的革命人士来说,无异给予一次当头棒喝。

这次演说之后不久,他在国内的《国粹学报》上发表了一篇轰动当时思想界的论文——《诸子学略说》。这篇文章值得注意的,有以下三点:

一、根据刘歆《七略》,把儒家与其他先秦各家,一概目之为九流。这就推翻了从西汉董仲舒以来,轻视诸子而独尊儒术的传统观点。

二、根据《墨子》同《庄子》中诋訾孔子,揭露他的言行的记载,抨击批判了这位圣人生平的言行不一和背弃其师老子的种种丑行和恶德。

三、对孔子之徒及其后学,大抵只知醉心利禄,而在政治上庸懦无能的表现,进行了批判。

另外,太炎称孔子为"国愿",说明这比他平时所诅骂的"乡愿",还要坏。而最后归结为:

> 用儒家之道德,故艰苦卓厉者绝无,而冒没奔兢者皆是。……用儒家之理想,故宗旨多在可否之间,论议止于函胡之地。彼耶稣教、天方教,崇奉一尊,其害在堵塞人之思想。而儒术之害,则在淆乱人之思想。此程朱陆王诸家,所以有权而无实也。

太炎这篇文章,在当时影响极大。后来在晚清初步形成了一个批孔运动。在《河南》同《新世纪》中,都曾发表了一些批孔非圣的论文。直到三十年代,鲁迅在写《故事新编》中的《出关》中,对孔、老关系的看法,还是受太炎当时的影响。他说:

> 老子西出函谷关,为了孔子几句话,并非我的发现或创造,是三十年前在东京从太炎先生口头听来的,后来他写在《诸子学略说》中。但我并不信为一定的事实。(《〈出关〉的关》,见《且介亭杂文末编》)

到了五四前夕,在中国思想界又爆发了一次声势更加浩大的反孔运动,这次运动,应该说是晚清批孔运动的继续与发展。当时反孔的主将、一时被称为"只手打倒孔家店的老英雄"吴虞,在他的批孔文章中,就一再提到太炎这篇文章。他说:"知政治儒教当改革者,章太炎诸人也。"(《读荀子书后》)

同时,鲁迅也在《新青年》上发表了震动文坛的《狂人日记》,把孔子及其后学所卫护的封建家族制度和提倡的孔教,认为是封建统治阶级吃人的工具。于是,"打倒吃人的礼教"成为当时思想革命最响亮的口号。从此,孔子在人们脑海中的神圣地位以及儒家思想在社会上的统治地位,被彻底推翻了。所以就五四文化革命运动的渊源来说,不能不追溯到章太炎在参加革命后的批孔论著的巨大作用。

但在辛亥革命后,袁氏当政,一时封建势力卷土重来,尊孔复古思想又死灰复燃,当时,陈汉章为首组织孔教会,而康有为则向国会提出以孔教为国教的主张。太炎为反对这种谬论,曾发表《驳建立孔教议》和《示同学诸生》,在内容上虽不承认孔子为教主,但却肯定了其对中国的功绩。说他,

> 为保民开化之宗,不为教主。世无孔子,则宪章不传,学术不起,国沦戎狄而不复,民居卑贱而不升,欲以名号列于通达之国,难矣!

又说:

> 故以德化,则非孔子所专,以宗教,则为孔子所弃。今忘其所以当尊,而以不当尊者诂之,适足以玷阙里之堂,污泰山之迹耳!(《驳建立孔教议》)

这对孔子的评论,比之过去已大有不同。不过不同意康有为等的把孔子作为教主,并以孔教为国教罢了。至于由批孔到尊孔,此文已开其端。到了1914年被幽禁于龙泉寺后,他在《菿汉微言》中,把孔子地位抬得更高了。他在论述他的为学次第时说:

> 癸甲(1913~1914)之际,厄于龙泉,始玩爻象,重籀《论语》,明作《易》之忧患,在于生生,生道济生,而生终不可济,饮

食兴讼,旋复无穷。故唯文王为知忧患,唯孔子为知文王。《论语》所说,理关盛衰,赵普称半部治天下,非尽唐大无谂之谈。又以庄证孔,而耳顺"绝四"之指,居然可明,知其阶位卓绝,诚非功济生民而已。至于程、朱、陆、王诸儒,终未足以厌望。

太炎在辛亥后,由于反袁被幽于龙泉寺后,对孔子的看法有进一步的变化,其原因,上边所引这段话,已讲得很清楚。至于认为孔子在哲理上造诣之深,成就之卓,在他当时与其弟子吴承仕讲学的记录《菿汉微言》中,有不少阐述。

即如对《庄子·天道篇》中孔子与老子两人的一段对话,孔子讲:"乌鹊孺,鱼傅沫,细要者化,有弟而兄啼"等得到了老子的肯定,说:"可!丘得之矣。"太炎评论道:

> 先说群生孳乳,次"有弟而兄啼"者,自然淘汰,后来居上,即所谓"天地不仁,以万物为刍狗"。以此推证,而绍迹之不可守明矣。故曰:"丘得之矣。"

此外,如以"忠恕"解释孔子的"一贯"为道与为学,并比之于西方逻辑学中的归纳与演绎二法。于孔子之"绝四"(即毋意、毋必、毋固、毋我)又以佛理解之,而终于以文、孔、庄、老,推为"域中四圣"。这就是他的以佛释庄,以庄证孔,另外又以佛证孔所得到的结论。

太炎到了晚年,在1918年《与吴检斋书》中,提出:"居贤善俗,仍以儒术为佳。虽心与佛相应,而形式不可更张。"(北京师范大学出版社出版的《章炳麟论学录》)1926年,《与吴检斋书》中又说:

> 友人多言,救世当用佛法,仆谓不本儒术,则王摩诘、裴相国之伦,何益人事?佛儒相资,杨大年、赵清献辈,乃可有立耳。

(同上)

这和1906年在留日学生欢迎会上所讲的"用宗教发起信心,增进国民的道德",并认为专宗孔教,对提倡民权的人,一旦存有利禄之见,就会像微菌一样残害全身的看法,不完全是背驰的吗?

章太炎早年批孔,晚年尊孔,与严复之早年批中学,倡西学,晚年诋西学,尊孔孟,颇有相似之处。这种原因,颇值得深思。对此,毛泽

东同志说:

> 在当时这种所谓新学的思想,有同中国封建思想作斗争的革命作用,是替旧时期的中国资产阶级民主革命服务的,可是因为中国资产阶级的无力,和世界已经进到帝国主义时代,这种资产阶级思想,只能上阵打几个回合,就被外国帝国主义的奴化思想,和中国封建主义的复古思想的反动同盟所打退了。被这个思想上的反动同盟军稍稍一反攻,所谓"新学"就偃旗息鼓,宣告退却,失去了灵魂,而只剩下他的躯壳了。(《新民主主义论》)

就中国近代文化的发展来说,这个看法是非常正确的。至于从作为资产阶级革命家的章太炎而论,他之由批孔到尊孔,由趋时到复古,这样一百八十度的大转弯,原因是什么呢?我认为主要原因,是由于思想的停滞,与对国家前途看不出出路的结果。

资产阶级文化的软弱无力,毛泽东同志的话已讲得很清楚。在辛亥革命后,资产阶级的一套治国方案,对中国来说,并未收到显著的效果。继专制政治之后而来的是军阀割据,无异于驱除了猛虎,而迎进了群狼。这时能救中国的,只能是马克思列宁主义,只能是在这一科学理论指导下成立起来的中国共产党。但章太炎对这种无产阶级社会革命论是拒绝的,对新的革命力量是反对的。这样,在政治思想与学术思想上,不能前进,就必然停滞,最终至于倒退。在辛亥革命后,由于袁氏当国,政治腐败,太炎当时竟缅怀晚清大吏,如曾、左、刘、张之徒(《近思》)。那么,在学术思想上,认为"居贤善俗,仍以儒术为佳",认为"读经有千利而无一弊",最后"身衣学术的华衮,粹然成为儒宗",便是很自然的事了。

综上所述,可知太炎在早年因参加维新运动,曾一度追随康梁等,走过"纪孔保皇"的道路。由于改良运动的失败及清廷反动面目的暴露,于是他从事革命,由于反对康氏的"纪孔保皇",因而在政治上排满,在学术思想上对孔子进行批判。在他的影响下,一时曾形成了批孔的高潮。这种反对儒家封建主义的运动,为推翻清王朝在思想上扫清道路,其功是不可没的。

但当辛亥革命后,由于袁氏窃国,封建势力又卷土重来,太炎因反袁被幽禁,这时他对中国前途看不出光明,于是就回到往古去,认为改革社会,儒、道两家思想还是可行的。认为文、孔、老、庄为域中四圣。后来五四运动爆发,马克思主义传入中国。中国共产党成立后,领导了中国新民主主义革命。这时他对新的形势与中国将来的命运,已茫然无所知了。因此,他对新的潮流,是抗拒的。最后不惜接受馈赠,参与投壶,这时他的精神支柱,只有仰赖古昔的几个圣哲,把他们的言论作为修、齐、治、平的良药,大唱其谈经有千利而无一弊的谬论,这同严复晚年给他弟子熊纯如信中所说的:

> 不佞垂老,亲见支那七年之民国与欧罗巴四年亘古未有之血战,觉彼族三百年之进化,只做到利己杀人,寡廉鲜耻四个字,回观孔孟之道,真量同天地,泽被寰宇!

是多么相似!一个改良派,一个革命派,过去曾彼此诋訾,但当他们看不出历史前进的方向后,竟不约而同地向后看,居然得出了相同的结论。这对二十世纪初叶中国资产阶级的思想家来说,不能不说是一个悲剧。鲁迅在三十年代的《趋时与复古》中论到康有为、严复同章太炎三人时曾说:

> 广东举人多得很,为什么康有为独独那样有名呢?因为他是公车上书的头儿,戊戌政变的主角,趋时;留英学生也不希罕,严复的姓名还没消失,就在他先前认真地译过几部鬼子书,趋时;清末,治朴学的不止太炎先生一人,而他的声名远在孙诒让之上者,其实是为了他提倡种族革命,趋时,而且还"造反"。后来"时"也"趋"了过来,他们就成为活的纯正的先贤。但是晦气也夹屁股跟到,康有为永定为复辟的祖师,袁皇帝要严复劝进,孙传芳大帅也来请太炎先生投壶了。原来是拉车前进的好身手,腿肚大,臂膊也粗,这时还是请他拉,拉还是拉,然而是拉车屁股向后,这里只好用古文,"呜呼哀哉,尚飨"了。(《花边文学·趋时与复古》)

这对一般知识分子来说,是多么深刻的教训啊!

鲁迅论中西文化[①]
（存目）

鲁迅与龚自珍[②]
（存目）

鲁迅与晚清几个作家[③]
——严复、梁启超、章太炎
（存目）

鲁迅与周作人[④]
（存目）

[①][②][④] 本文原由作者编入《鲁迅散论续编》一书中，此次整理对其文字进行校对后仍编入原书，见文集"鲁迅研究"303页、325页、316页、246页，此处仅作存目处理。

[③] 本文曾于1981年由作者编入《鲁迅散论》一书中，原名为《鲁迅与晚清几个作者》，此次整理对其文字进行校对后仍编入原书，见文集"鲁迅研究"3页，此处仅作存目处理。

鲁迅与胡适[①]

（存目）

[①] 本文原由作者编入《鲁迅散论续编》一书中，此次整理对其文字进行校对后仍编入原书，此处仅作存目处理。